2006
总第1卷

Yearbook of Western Legal Philosophers Study

西方法律哲学家研究年刊

邓正来 主编

北京大学出版社
PEKING UNIVERSITY PRESS

图书在版编目(CIP)数据

西方法律哲学家研究年刊(2006年总第1卷)/邓正来主编.—北京:北京大学出版社,2006.12
ISBN 978 – 7 – 301 – 11513 – 8

Ⅰ.西… Ⅱ.邓… Ⅲ.法哲学–研究–西方国家–年刊 Ⅳ.D90 – 54

中国版本图书馆 CIP 数据核字(2006)第 162023 号

书　　　名：	西方法律哲学家研究年刊(2006 年总第 1 卷)
著作责任者：	邓正来　主编
责 任 编 辑：	白丽丽
标 准 书 号：	ISBN 978 – 7 – 301 – 11513 – 8/D · 1667
出 版 发 行：	北京大学出版社
地　　　址：	北京市海淀区成府路 205 号　100871
网　　　址：	http://www.pup.cn
电　　　话：	邮购部 62752015　发行部 62750672　编辑部 62752027
	出版部 62754962
电 子 邮 箱：	law@ pup.pku.edu.cn
印 　刷 　者：	北京宏伟双华印刷有限公司
经 　销 　者：	新华书店
	787 毫米 × 1092 毫米　16 开本　30.5 印张　581 千字
	2006 年 12 月第 1 版　2006 年 12 月第 1 次印刷
定　　　价：	48.00 元

未经许可,不得以任何方式复制或抄袭本书之部分或全部内容。
版权所有,侵权必究
举报电话:010 – 62752024　电子邮箱:fd@ pup.pku.edu.cn

《西方法律哲学家研究年刊》
学术委员会

主　　编　邓正来

学术委员　邓正来　季卫东　陈弘毅
　　　　　　於兴中　刘小平　郑　戈
　　　　　　姚建宗　赵　明　杨纯福
　　　　　　黄文艺　汪习根　程志敏
　　　　　　凌　斌　朱　振　柯　岚
　　　　　　邹立君　蔡宏伟　资　琳
　　　　　　张　琪　周红阳　张书友

学术助理　邹益民　毕竞悦　陈　昉

回归经典 个别阅读
——《西方法律哲学家研究年刊》总序

《西方法律哲学家研究年刊》，顾名思义，是一套专门研究西方法律哲学家理论的长期的大型学术辑刊。创办这套辑刊，不仅是为了否弃与批判中国学术界在当下盛行的那种"知识消费主义"的取向，而且也是为了倡导与弘扬一种回归经典、进行研究性阅读与批判的新的学术取向，亦即知识生产和再生产过程中的一种"个殊化"取向或"个殊化"思潮。我愿意把它称之为中国学术研究向纵深发展的一种转向。

然而，这种转向何以必要呢？简言之，在我看来，中国学术在后冷战时代之世界结构中所担负的使命，乃是实现这样一种根本性的转换：即从"思想中国"向对"思想中国的根据"进行思想层面的转换。作为这个时代的学术人，我们必须根据我们对这种世界结构中的中国本身的分析和解释，对中国的"身份"和未来命运予以智识性的关注和思考，而这需要我们以一种认真且平实的态度去面对任何理论资源。

但是，我们必须坦率地承认，中国法学界甚或整个中国人文社会科学界，在一定的程度上乃是在违背知识场域之逻辑的情形下对待我们必须直面的各种理论资源的。仅就西方理论资源而言，在中国的学术界，尽管当下已有蔚为大观的西方学术思想的译介与"研究"，尽管已有相当规模的西方知识生产和生产者，但是我们却不得不承认，在一般意义上讲，除了国人对自己在不反思和不批判的前提下大量移植西方观点的做法仍处于"集体性"不思的状况这一点以外,我们的研究还流于这样两个层面:一是对不同的西方论者就某个问题的相关观点做"非语境化"的处理,误以为不同西方论者的思想可以不受特定时空以及各种物理性或主观性因素的影响;二是即使对个别西方论者极为繁复的理论而言,我们所知道的也不过是他的姓名、某些论著的名称、某些关键词和一些"大而化之"的说法而已。显而易见,这种把知识误作为消费品,对理论做"脸谱化"和平面化处理的做法以及对不同论者的思想做"非语境化"处理的做法,已经导致了一个我们无从回避的结果:我们至今还没有切实地、比较深刻地把握绝大多数西方论者的理论——而这些论者的理论乃是我们进行学术研究所必不可缺的思想资源之一;我们至今还没有能力就我们关心的问题与西方学术论者进行实质性的学术对话,更是没有能力建构起我们自己的关于人类未来"美好生活"的理想图景——而这一理想图景的缺失则导致了我们定义自身"身份"能力的丧失。

正是为了回应这样一种知识生产的现状,我们创办了《西方法律哲学家研究年刊》,其目的就在于以一种平实的态度去实践一种阅读经典与批判经典的方式。当然,在践履一种研究性阅读与研究性批判的同时,这也是在试图建构一种进入大师思想和开放出问题束的方式或者方法,亦即那种语境化的"个殊化"研究方式。其中,依凭每个西方论者的文本,关注其知识生产的特定时空,尤其是严格遵循其知识增量的具体的内在逻辑或理论脉络,乃是这种方式或者方法的关键所在。

具体而言,我所主张的这样一种对每个西方论者的思想进行"个殊化"研究的学术取向,在根本上讲,乃是以明确反对如下几项既有的或流行的误识为其前提的:第一,明确反对那种要求在阅读或研究西方论著的时候以西方自身所"固有"的问题脉络为前提甚或为判准的观点。因为这种观点误设了这样一个前设,即西方有着一个本质主义的问题脉络,由于它是客观存在的,因而是可以被复制或还原的,而且是能够被我们完全认识的。需要强调指出的是,这种试图以西方"固有"的问题脉络为依据的"还原式"阅读设想或努力,乃是以阅读主体可以完全不带前见地进行研读这一更深层的误识为其基本假定的。第二,明确反对大而化之的"印象式"言说西方思想。因为我们知道,这种整体的西方思想并不存在,所存在的只是以各自特定时空为背景而出发的每个个体西方论者的思想。第三,与之紧密相关的是,明确反对以笼而统之的方式谈论所谓的一般"问题",因为不同的西方论者在不同时代和不同空间中对于"相同"的理论问题可能持有极为不同的、甚至相互紧张的观点,更是因为这些所谓"相同"的一般问题在不同时空的论者那里实际上已然变成了不同的问题。第四,明确反对那种所谓人有能力不带前见、进而可以不以中国作为思想根据的阅读西方的方式。由此可见,我在这里所主张的乃是一种明确承认以"中国"作为思想根据的"个殊化"研究方式,亦即一种以研究者对于"中国"当下情势的"问题化"处理为根据而对西方法律哲学家的思想进行逐个分析与批判的研究路径——尽管这种思想根据在绝大多数情况下是以一种隐微的方式发挥作用的。

中国学术发展进程中这项新的"知识拓深"事业,在学界同仁的共同努力下,已然发展为今日之三绪:一是《法律科学》杂志设立的"西方法律哲学书评"之专栏,复为《河北法学》"西方法律哲学论著书评"之专栏的建立,三是北京大学出版社《西方法律哲学家研究年刊》的出版。基于此,我们有理由期待,这种以中国作为思想根据的"个殊化"西学研究之成果将汇流成为一种新的结构性的研究思潮,一种能使中国学术真正意识到自身之存在、认清自身之存在、并自觉建构自身之存在的重要路径。

无论如何,《西方法律哲学家研究年刊》这套学术辑刊,毕竟还只是一种探索性的和试验性的学术实践。因此,一方面,我们真诚地邀请读者能够从这样一些基本问题的思考及思考方式出发进入"真实"的知识场域;另一方面,我们也真诚地邀请学术界同仁以一种批判性的方式参与到我们的这一实践当中来,为中国法学或中国学术的发展作出我们的贡献。

邓正来
二〇〇六年中秋
北京北郊未名斋

《西方法律哲学家研究年刊》(2006 年总第 1 卷)

目 录

邓正来　回归经典　个别阅读
　　　　——《西方法律哲学家研究年刊》总序　　1

研究专论

(一) 国外论文

〔英〕哈特　耶林的概念天国与现代分析法学/陈林林译　　3
〔英〕拉兹　法治及其美德
　　　　——评哈耶克的法治观/朱振译　　13
〔荷〕爱默伦、格鲁腾多斯特　佩雷尔曼与谬误/杨贝译　　28
〔美〕赖特　超越哈特/德沃金之争:法学中的方法论问题/王家国　张红梅译　　38
〔美〕庞德　罗斯科·庞德论奥斯丁的法律哲学理论/邓正来译　　69

(二) 国内论文

张书友　法律科学及其对象如何可能?
　　　　——对凯尔森纯粹法理论的初步解读　　90
张翠梅　诺齐克之获得财产权利的"限制性条款"　　105
姜　峰　自由与权力:普布利乌斯的思想世界　　116

肖厚国	人,自然平等?抑或自然差异?	
	——柏拉图与霍布斯对勘	138
葛四友	莱昂斯论法律与道德的关系	153
柯 岚	霍姆斯的司法哲学及其影响	168
曹卫东	法的历史性与有机性	
	——萨维尼的法学理论及其思想史意义	180

书评与评论

陈弘毅	西方古今法治思想之梳理	
	——读《法治:历史、政治与理论》	193
焦宝乾	"发现的脉络"与"证立的脉络"	
	——读弗特瑞斯《法律论证之基础》	207
王 恒 刘晨光		
	托克维尔的自由幻梦	
	——评傅勒对《旧制度与大革命》的解释	212
刘 晗	霍布斯《利维坦》中的自然法与上帝	222

大师纪念

曹 明	亚里士多德:政治生活方式的教导者	
	——纪念亚里士多德诞辰2390周年	243
周红阳	谁与斯人归?	
	——纪念穆勒诞辰200周年	249
樊 安	美国法理学中的兰代尔	
	——纪念兰代尔教授诞辰180周年	254
李 娟	用法律承载理想的渡者	
	——纪念施塔姆勒诞辰150周年	263
朱 振	公共性的复兴:从极权主义到公民共和主义	
	——纪念阿伦特诞辰100周年	275
杨晓畅	功能现实主义的法人类学观	
	——纪念霍贝尔诞辰100周年	285

韩 平　拒绝"讹诈"
　　　　——纪念米歇尔·福柯诞辰 80 周年　　　　　　　　　　292

名著序跋

〔美〕弗兰克　《法与现代心智》第六次印刷序言/于晓艺译　　　307
〔美〕诺齐克　《理性的性质》导言/邓正来　陈昉译　　　　　　322

学术简评

刘 剑　追求一种现实的法律确定性
　　　　——简评卡尔·卢埃林《美国判例法体系》　　　　　　331
於兴中　关于普芬道夫的《普遍法理学原理两书》　　　　　　　336
邹立君　法律分析的向度
　　　　——简评朗·富勒《探求自我的法律》　　　　　　　　341
崔 灿　目的性与自然意义
　　　　——简评朗·富勒《人之目的与自然法》　　　　　　　346
沈映涵　法律应当如何被确认？
　　　　——简评德沃金《哈特的后记与政治哲学的特征》　　　351
苗 炎　哈特与博登海默之间的论战
　　　　——简评《二十世纪中期的分析法学：回博登海默教授》　356
侯瑞雪　美国法社会学的两条进路
　　　　——读布莱克评《法律、社会和工业正义》　　　　　　361
资 琳　作为法哲学家的罗尔斯
　　　　——简评德沃金《罗尔斯和法律》　　　　　　　　　　365
邹益民　替代性论辩是否可信？
　　　　——简评科恩《对哈贝马斯论民主的反思》　　　　　　371
孙国东　如何回归康德？
　　　　——简评麦考锡《康德式的建构主义与重构主义：
　　　　　　对话中的罗尔斯与哈贝马斯》　　　　　　　　　　377
张 琪　"理论"之争
　　　　——简评德沃金《赞美理论》　　　　　　　　　　　　381

毕竞悦　规范式的法律经济分析
　　　　——简评卡拉布雷西《事故的成本——一个法律的和经济的分析》　386
王虹霞　谁看见了"皇帝的新装"？
　　　　——简评弗兰克《卡多佐和上级法院神话》　391

旧文重刊
邓正来　知与无知的知识观
　　　　——哈耶克社会理论的再研究　399

研究文献
西方法律哲学家研究文献（2005年）/4W小组编辑　437

《西方法律哲学家研究年刊》稿约　479

Yearbook of Western Legal Philosophers Study

西方法律哲学家
研究年刊

[1 — 190]

研 究 专 论

耶林的概念天国与现代分析法学*

〔英〕哈特 著　　陈林林** 译

I

耶林(Rudolph von Jhering)的杰出著作很少被翻译成英文,对此我表示遗憾。这是一出知识悲剧,即便是一流的《罗马法的精神》(*Geist des Römischen Rechts*)和《法学中的戏谑与认真》(*Scherz und Ernst in der Jurisprudenz*)[1]都没有英译本。我在此将讨论的《法学的概念天国》(*Im Juristischen Begriffshimmel*)一文也莫能例外——虽然1951年美国的一本法理学和法哲学文集中收有此文的若干英译片段。[2] 我希望有朝一日,我们能够对这些著作在翻译方面的缺憾予以弥补。

---

* H. L. A. Hart, Jhering's Heaven of Concepts and Modern Analytical Jurisprudence, in H. L. A. Hart (ed.), *Essays in Jurisprudence and Philosophy*, Oxford University Press, 1983, pp. 265—278.

** 陈林林,浙江财经学院法律系副教授、中国人民大学法学院博士后研究人员。本文初译于2001年,浙江大学外国语学院王兰女士和姜希颖女士对文中德文和法文字句的翻译作了指教,此次若干修订亦参考了支振锋先生的译文,一并申谢。

[1] 所有引文均出自该书第八版,参见 Jhering, *Scherz und Ernst in der Jurisprudenz*, Leipzig, 1900。

[2] Cohen and Cohen (ed.), *Readings in Jurisprudence and Philosophy of Law*, New York, 1951.

对法哲学感兴趣的英国法律人在阅读耶林这篇才华横溢的短论时,会产生两种反差极大的感受。一方面,他会感到诧异,或对或错地是因为他没想到一位19世纪德国法学家的作品具有如此的才气和情趣。可能除了早期的边沁以外,没有哪位法律领域的英国作家像耶林那样兼具这般轻快的文笔和深刻的见解。在另一方面,耶林此文的英国读者会产生一种似曾相识、甚至是曾经拜读过的感觉。对此我将在后面予以解释,而我首先要做的是将耶林所讥讽的智识缺陷进行概括。我认为从中可以概括出五点不同而又关联的法律思想偏差。它们是:

1. 过度关注抽象的法律概念,忽视了这些概念在现实生活中的适用条件[3];

2. 对应该考虑在内的社会利益与个人利益,以及在使用和发展法律概念过程中所碰到的其他实际问题视若无睹[4];

3. 确信能够区分某一法律规则或概念的本质(das Wesen)和法律后果(die Folgen),因此我们可以像普赫塔(Puchta)在分析"占有"时那样,"全盘脱离实际效用",对概念进行抽象的思考。[5] 这导致处理问题时的不着边际——我们据此可以说,占有之类的概念,"在事实上,其本质结果就如同法律"[6] 所以,"(概念)事实与法律是同一的"[7]

4. 无视法律的目的与宗旨,并拒绝"法律为什么是这样"的设问。在概念天国中,"没有人问为什么"[8],那些因受实用性考虑而被"扭曲"的概念,则被逐入了"解剖病理学概念手册"。[9]

5. 法律科学在方法和概念上对数学进行错误的模仿,以致全部的法律推理成了纯数学计算,并于其中通过逻辑演绎获取法律概念的内涵。[10]

我认为这些就是耶林所想批评的那类法律思考的主要特征。几乎所有的这些法律思考的特征也受到了一位伟大的普通法大师的批评,并且所用的措词常常极其相似。英国的法律人从他那儿学得了对自己法律体系的批判手段,但他并不是英国人,而是美国

---

[3] "Die Frage der Anwendung und des Beweises kommt für ihn gar nicht in Betracht", Jhering, supra note [1], p. 273.

[4] "Badet sich hier in dem reinen Gedankenäther, unbekümmert über die reale Welt", Ibid., p. 274.

[5] Ibid., p. 296.

[6] Ibid., p. 283 n. 8(引自萨维尼).

[7] Ibid.(引自萨维尼).

[8] Ibid., p. 287.

[9] Ibid., p. 297. Cf. "thörichte Frage nach seinem praktischen Warum", Ibid., p. 314.

[10] Ibid., pp. 287—288. Cf. "Der Jurist rechnet mit seinen Begriffen, wie der Mathematiker mit seinen Grössen", Ibid., p. 274.

最高法院一位伟大的法官兼法学家：奥利弗·温德尔·霍姆斯。霍姆斯和耶林的思想有许多惊人的相似之处，不过这位美国法学家的批判立场显然是独立获致的。的确，最近的、最权威和最详细的霍姆斯传记明确记述道，虽然霍姆斯确实在1879年阅读了四卷《罗马法的精神》，但并没有迹象表明他认为耶林对德国法律思想中的"逻辑至福"，表达了类似自己的抗议。[11]

这里是霍姆斯的一些名言片句："普通法并非是出没于天空中的幽灵"[12]，以及"法律的生命不是逻辑，而是经验"[13]；"认为法律系统能像数学那样依据一些一般公理进行运作，是一个谬误"[14]，再有"谬误就是认为促成法律发展的唯一力量就是逻辑"[15]；再如"一般命题不解决具体案件"[16]，以及"当遇到问题时，单一的逻辑工具是不够的"[17]。

美国哲学家皮尔斯（C. S. Peirce）的实用主义和操作主义批评文献，对霍姆斯启发良多，霍姆斯称其为对"逻辑形式之谬误"的批评。[18] 一如耶林对"法之目的"的倾心，霍姆斯对实用主义深信不疑，他认为法律人在解释和适用法律时必须时时留意"社会利益"。

霍姆斯是美国怀疑主义法学家阵营的精神教父，那些被称为"法律现实主义者"的松散联合，迎来了这一阵营最全盛的时期，他们的主要作品发表在20世纪30年代。罗斯科·庞德的主要作品在时间上出现在霍姆斯和现实主义法学家之间，庞德坦承他读了霍姆斯和耶林的所有著作，而在以"现实法学"（Wirklichkeitsjurisprudenz）取代"概念法学"（Begriffsjurisprudenz）的运动中，此二人是地位相当的开拓者。庞德的名著《法律史解释》[19]和《机械法理学》[20]很明显受了耶林的影响，在其中他用自己的话传达了耶林的思想，并批评法律发展仰仗于"对既有的、无视事实真相并常常与事实相抵触的法律概念进行严密的逻辑推演"这一信念，是完全错误的。庞德使用了许多贬抑性的字眼形容这种错误的方法，如"机械的"、"自动售货机"、"形式的"和"概念主义"。

除了这些显著的相似点以外，美国人对概念法学或曰"概念主义"的抨击和耶林的批评在方式上存有下述差异。人们记得耶林所攻击的对象，显然不是法律实务者，而是学

---

[11] Howe, *Justice Oliver Wendell Holmes: The Proving Years*, ii. 152.
[12] *Southern Pacific Co. v. Jensen*, (1917) 244 U.S. 205, 222.
[13] O. W. Holmes, *The Common Law*, Boston, 1881, p.1.
[14] O. W. Holmes, Path of the Law, in *Collected Legal Papers*, London, 1920, p.180.
[15] Ibid..
[16] *Lochner v. New York* (1940) 198 U.S. 45, 74.
[17] O. W. Holmes, Law in Science and Science in Law, in *Collected legal Papers*, p.239.
[18] O. W. Holmes, supra note [14], 184 ubi. Rep.
[19] Roscoe Pound, *Interpretations of Legal History*, Cambridge: The University Press, 1922.
[20] Roscoe Pound, Mechanical Jurisprudence, 8 *Columbia Law Review* (1909).

术界权威的法律阐释者(理论家,Theoretiker)。只有这些人才准许进入法学的概念天国,并且在记忆中他们几乎全都是德国人。萨维尼(Frederick Charles von Savigny)差点被挡在门外,但凭着一本论占有的书还是得以进入,因为此书对实用性表示了彻底的藐视。这些理论家对法律的实际操作不屑一顾,法官的任何实际决定,如果与他们探求法律概念之内涵的逻辑计算相抵触,他们就一概不予接受。实务在他们的眼里"败坏了法律",所以是坏的,就像有人诅咒战争是因为战争败坏了战士的形象。[21] 因此有资格进入概念天国的理论家,都准备好了以逻辑的不可能性批驳法律实务者的决定。[22] 至于罗马法学家,则将他们的衰落归因于在实用性考虑的邪恶影响下背离了严密逻辑的思想。[23]

霍姆斯及其追随者、庞德和现实主义者对概念主义的批评,与耶林的批评之间最大的反差是:前者将他们主要的非难加诸于法官和法律实务者身上,而不是法学家。对他们来说,这种法律思维的恶习体现在律师和法官身上,后者在决定案子时对"逻辑"过分依赖,认为一般规则和概念在法律决定中的适用是一个简单的三段论运作。美国法学家向英国法律人宣扬这一学说,可视为是对司法技术的批判。

耶林和他的美国同仁之间的批评差别,无疑反映了法官在德国和英美法律体系中的不同地位。当然,耶林的后继者在后来也将矛头指向了法官,这些法官相信凭借纯粹的逻辑演算,能够准确无误地得出立法者预先对一个具体案件的指定决定。[24] 同样地,霍姆斯的训示被庞德及其后继者扩展,其批评对象不但包括法官,也包括法学著作。

尽管存在上述差别,但我相信耶林最初指出的有关法律和法律概念之性质的智识谬误,和霍姆斯及其追随者所抨击的谬误是同一回事。而且,我拟以一种极其简洁的方式,尝试指出这种智识谬误的根源是什么。这种智识谬误,其基本的错误在于相信法律概念是"不变的"或"封闭的",理由是人们能够在一系列必要和充分的条件下对其作出完善的规定。因此,对任何一个现实的或假想的案件,都能确定地指出它是否归于某一法律概念;概念要么适用,要么不适用;概念在逻辑上是封闭的(受限定的,begrenzt)。这意味着在具体案件中适用一个概念是一个简单的逻辑运作,犹如对早已存在的事物进行展示。[25] 并且,在更简单的英美式阐述中,它导致了这样一种信念,即所有的法律规则在因适用而产生任何问题之前,它们的意思都是预定的和不变的。

---

[21] Jhering, supra note [1], p. 289 n. 2.
[22] Ibid., p. 300.
[23] Ibid., p. 297.
[24] Gnaeus Flavius, *Der Kampf um die Rechtswissenschaft*, 1907, p. 7.
[25] "Die Fülle des Inhalts, der in ihnen beschlossen liegt, für die Erkenntnis zu Tage zu förden", Jhering, supra note [1], p. 287.

如果问为什么这种关于法律概念之性质的观念是错误的,答案就如我曾指出的那样[26],是因为法律制定者是人而不是神。不仅仅是立法者,任何试图依靠一般规则来调整某些行为领域的人,都是顶着未来可能的相关情形之不可预见性这极大障碍工作的,而这也是人类困境之一斑。神可能会预见到所有的事情,但人却做不到,法律人也不能例外。当然,情况也可能会有所不同:假设我们生活的世界实际只具备一定数目的特征,并且假设我们知道这些特征所有的联系模式,那么就可以预先为所有可能的情形提供规范。我们就能够制定规则并塑造概念,而它们在具体案件中适用与否一开始就是决定了的,并且从不需要对实用性或实际问题作进一步的选择和考虑,而对初始规则的创造性发展也是如此。所有的事物都能够提前被预知,因此对于所有这一切而言,都可以事先对某些情形详加规范。这是一个理论家和实务者的工作能达成一致的世界,并且双方都能升入耶林所提到的那个概念天国。但这显然不是我们所处的世界。人类的法律创制者,不可能掌握关于未来所有可能情形的全部知识。这就意味着,所有法律规则和法律概念都是"开放的",当面临一个不曾预料到的案子时,我们必须作出一个新的选择,并以此改进我们的法律概念,使它们更符合社会所预期的目的。所有这些道理耶林完全明白,他嘲弄为未来所有诉讼决定的每个判决理由提供详尽规则的想法,这种嘲弄在《法之目的》(*Zweck im Recht*)一书中犹为激烈。他还强调了预见未来所有案件的无限变化和多样构成的不可能性。

当然,尝试赋予法律规则和概念以人为的精确性也是可以的,这种精确性可以最大限度地减少对逻辑演绎以外的事物的需求。我们因而可以通过给定某些要素来"固定"法律规则或概念的含义,并坚持说,如果这些要素具备的话,就足以在规则的适用范围内导致某些后果,而不管案件可能会具备其他什么特征,以及以这一严格的方式适用规则会带来怎样的社会后果。实际上,我们可能盲目地为一些未来案件预先作出决断,尽管我们对这些案件的内容一无所知。因而,我们事实上可能一直在预先处理某些问题,但只有当产生这些问题的情势被了解之后,它们才能得到合理的解决。前述恶习被英国和美国的法律人认定为司法过程中的概念主义,就实质而言,它与耶林在那些大理论家的著作中找出的恶习是同一回事,这些理论家自得于冷落司法过程和法律实务者的工作。

II

关于概念法学就谈到这里。现在让我们把话题转到英国和美国法律人所谈论的"分

---

[26] H. L. A. Hart, *Concept of Law*, Oxford University press, 1961, p. 125.

析法学"。对现在被称为"分析法学"的这项法律研究,我认为有必要将其区分为两个阶段。这一法律研究的第一阶段是与19世纪两位伟大的功利主义思想家——杰米·边沁[27]和约翰·奥斯丁[28]——的名字联系在一起。的确,至少在法律领域,人们可以称他们为英国伟大的启蒙人物。

第二阶段[29]的发展是最近的事,并受普通哲学中一场令人瞩目的、极为关注语言的运动的启发。这一运动的主要代表是:1930—1950年任剑桥大学教授的维也纳人路德维希·维特根斯坦(Ludwig Wittgenstein),以及另一个奥斯丁——约翰·L.奥斯丁(John L. Austin),后者从1952年开始担任牛津大学道德哲学教授,直至1959年去世。

我拟简要地概括一下第一阶段分析法学的特征。如前所述,边沁和奥斯丁是功利主义者,因而积极投身于在最大幸福原则下所构思的法律批判、法律改革和调整法律使其符合理性的目的。这就是他们的"法之目的"——是否出自耶林就不得而知了。不过这些思想家都将其功利主义的一些学说,和法律的性质、某些法律研究方式的重要性相联系。他们都以命令这一概念定义法律,因此可以被德国思想家列为意志论(Willenstheorie)的代言人——尽管我稍后将指出,持法律为主权者命令的学说,并不能意味着他们持有意志论通常所持的全部结论。两位思想家进一步强调在各种法律研究中价值中立方式的重要性,这类研究不仅包括法律这个概念(the concept of law),也包括其他用于描述所有成熟的法律体系的基本法律概念(legal concepts),通常还包括某一法律体系要素的结构和逻辑解释。边沁称这种法律研究方式为"注释(expository)"法学,和出于目的对法律所作的功利性批判相区别,后者被边沁称为"评判(censorial)"法学。同样地,奥斯丁将其对法律体系的结构和概念的分析性研究命名为"一般法学",区别于奥斯丁称之为"立法技艺"的法之功利性批判。两人都认为这两种法律研究方式——一种是分析的和价值中立的,另一种是在功利价值观的指引下对法律进行批判,并不是为同一问题提供对立的答案,而是为不同问题提供不同的答案;他们还认为这两种研究方式对培养一个开明的法律人来说,都是不可或缺的。

边沁在其分析性研究中强调,对法律概念的分析需要新方法。尤其是,他认为传统的属加种差的定义方式,对分析许多诸如义务和责任这样的法律概念来说已不再有效,因为这些概念结构特殊,需要特别的分析方法;他还阐释了一种被20世纪的逻辑学家称

---

[27] 1748—1832. See especially his *An Introduction to the Principles of Morals and Legislation* (1789), and *of Laws in General*, London, 1970; also *A Fragment on Government*, 1776.

[28] 1790—1859. See his *Province of Jurisprudence Determined*, 1832; ed. Hart, London, 1954.

[29] See Summers, The New Analytical Jurisprudence, 41 *New York Law Review* (1966), p. 861.

为"使用中定义"的方法。因为与尝试着定义单个语词(譬如"义务"或"责任")的做法相反,这种方法对包含被分析术语的句子进行整体性的考察。这样我们在澄清"义务"这一概念时,并不仅仅着手于"义务"这一单个语词,而是通过推敲"X 有义务付给 Y 一百英镑"这样的典型句子进行分析。[30] 但边沁的革新比这还要深刻。他还试着澄清各种类型的法律规则之间的结构性关系,并申言若要展示规则之间的逻辑联系,亚里士多德式的命题逻辑是无助的。边沁设计出了自己命名的"意图逻辑",这种逻辑非常适合于展现诸如"命令"、"禁止"和"许可"这类概念间的关系。[31] 他还预言了现代逻辑的一种形式——道义逻辑(deontic logic)。最后,他展开了一个今天仍有待解决的问题:如果我们设想一个法律体系由一些相互独立的法律规范或者法律条文所构成,那么哪一条算得上是真正的规范,而哪一条仅仅是规范的一部分?换句话说,我们对法律进行个别化的标准是什么?如果这一问题得不到解决,我们就无法对某一法律体系的结构给出一个融贯一致的说明。[32]

尽管奥斯丁缺乏边沁在逻辑方面的创新能力,但他仍紧跟着边沁的步调。不过关于这两位伟大的著述者,我想强调的一点是:他们运用并倡导这种分析法学,和耶林所驳斥的概念法学风马牛不相及。我以为,欧洲大陆的思想家们很容易认为只有当法律体系是一个封闭的逻辑体系时,逻辑分析才有用武之地;并声称边沁和奥斯丁都受到了耶林所驳斥的概念主义[33]的感染,因此这两人在概念天国中也都领有自己的席位。我认为这一错误源于对下一事实的不当推断,即边沁和奥斯丁都以命令定义法律,因而持有某种形式的意志论。但边沁和奥斯丁绝没有从自己的该理论中得出早期德国意志论者那种结论:当法官适用法律时,法律向来是完善地预先规定了的立法者意志,而法官的任务仅仅是一种逻辑操作,即将特定的案件归入表述预定法律规则的一般命题之下。相反,奥斯丁[34]极清楚地认识到,尽管英国的法官常常在嘴上说得好像也是这么回事,但事实上他们经常在"造"法。奥斯丁的确责备过法官,但并不是因为法官"造"法,而是他们不能根据对功利主义的领悟进行"造"法。奥斯丁由此时刻警惕那种以为法律是、并且能够通

---

[30] 边沁对定义的看法, see *Works* (Bowring edn., 1838-43), iii. 18; *Fragment on Government* ch. V, para. 6 n. 1, s. 6, and my "Definition and Theory in Jurisprudence", Essay 1 supra.

[31] *Of Laws in General* (ed. Hart, Collected Works, London 1970), ch. X.

[32] Ibid. ch. 16. Cf. *An Introduction to Principles of Morals and Legislation*, Preface para. 33—34, ch. XVII para. 29 n. 1; *Of Laws in General*, ch. XIV.

[33] See Friedmann, Legal Theory (1947 edn.), p. 209; Bodenheimer, Modern Analytical Jurisprudence and the Limits of its Usefulness, 105 *University of Pennsylvania Law Review* (1956), p. 1080.

[34] John Austin, *Province of Jurisprudence Determined* (1954 edn.), p. 191.

过单纯的逻辑演绎而发展的荒谬主张。但他也警惕着另外一种主张——所谓的许多法律概念的"不确定性"[35]或曰空隙特性，它迫使法律概念如奥斯丁所说的那样，就自身是否涵摄某一给定的事实，只能提供"一个难免出错的标准"。尽管情况如此，边沁和奥斯丁还是认为一项极其重要的工作是：运用定义和分类的新方法，从事分析诸如"义务"、"责任"、"权利"、"所有权"、"占有"等基本法律概念，并考察法规之间的逻辑关系。

现在让我们将目光转向分析法学的现代阶段。如前文所言，这一发展阶段的主要动力来自两位密切关注语言的哲学家：维特根斯坦和约翰·L. 奥斯丁教授。他们并不特别关心法律，但他们在语言的形式、一般概念的特性以及确定语言结构的规则等方面的论述，给了法理学和法哲学重要的启示，并被英国和美国的著书人运用到了这些学科之中。再有，和早期分析法学的一样，现代分析法学的著述者们和耶林所说的概念法学也无任何瓜葛。事实上，他们最有影响力的学说之一，就是摈弃旧时概念法学赖以立足的关于人类思维和语言的观念。我将向读者举两个例子，来说明作为新分析法学之基础的那种哲学。第一个例子将向你展示新分析法学距概念法学是多么得远。

概念的裂缝（Porosität der Begriffe）。这是维特根斯坦一个紧密追随者[36]的措词，因为许多经验概念——不仅仅是法律概念——有一个非常重要的特征，即我们无法设立能适用于所有想得到的可能事物的语言规则。不管我们的定义有多复杂，我们还是不能将它们精确化到分工适用于各个方面，精确化到对任何一种给定的情况，我们能够明确地说概念要不适用，要不就不适用。"假设我碰到了一样生物，看起来像人，话说得像人，举止像人，但只有一英尺高，我能称之为人吗？"[37]因此，概念不可能拥有最终的和穷尽一切的定义，即使在科学领域也是如此。"黄金这一概念似乎被界定得极精确，譬如以黄金特有的光谱序列进行定义。但是，如果我们发现一种物质看起来像黄金，符合黄金所有的化学标准，却发出一种新的辐射的话，又怎么称呼它呢？"[38]既然我们无望根除出现这种不可预见情势之可能性，就绝不能自信能掌控所有的可能性。当新情势出现时，我们只能再定义并精炼我们的概念去适应它。对这种概念"裂缝"——或如英国人所说的概念的"开放结构"——的承认，以我之见，是分析法学的现代形式所启发的那种哲学的一个显著特征。维特根斯坦曾以非常契合法律的话语表述过这种哲学："我说过，词的应用

---

[35] Ibid., pp. 204—295, 207.
[36] F. Waismann. See his "Verifiability" ("Verifizierbarkeit"), *Proc. Aristot. Soc. Supple.* 19 (1949), translated in *Sprache und Analysis* (ed. Bubner, Göttingen 1968).
[37] Ibid., p. 122.
[38] Ibid.

并非处处受规则的约束"[39],"我们不具备关于这个词的每一种可能的应用规则"[40],以及"并不是在任何地方都要由规则来作出约束的"[41]。

新分析法学的第二个特征,是以一种极独特的方式运用了现代语言哲学。维特根斯坦曾说过:语词也是行为(Wörter sind auch Taten)。而奥斯丁教授最具原创性的贡献,见诸其殁后出版的著作《如何以言行事》(*How to do Things with Words*)[42]。奥斯丁教授在此书中强调,在语言表现出来的多种不同的功能中,有一项功能经常被哲学家们所忽视,不过一旦我们想理解社会生活、尤其是法律中的某些事务时,这项功能就显得非常重要。举一个基督教受洗礼的例子。在一个重要的时刻说出一句话("我在此给这个孩子取名为 X"),陈述这些词的效果是改变了先前存在的社会情形,因此,现在可以正确地以名字 X 称呼这个小孩。与社会习惯之基本情况相左的是,此际语词的使用不再如最经常的方式那样去描述世界,而是带来一些确定的改变。对于承诺性语句的陈述,情况也是如此。"我答应用我的车把你送到车站",并非在描述什么,而是一个导致对说话者设定道德义务的陈述。它对说话者有约束力。很显然,语言的这种用法对法律而言是极其重要的。我们可在立遗嘱人的遗嘱中看到这种用法:"我在此将我的金表留给我的朋友 X",也可以在立法者的法令措词中发现它,譬如"在此规定,如果……那么……",在法律上,这些条件适格之人在适当场合陈述的句子,是具有法律效果的。

英国法律人有时称如此使用的语言为"行动性(operative)"语词,不过这种在法律之外被广泛使用的语言的一般功能,被大多数英格兰哲学家视为是"表述行为的(述行性,perforamtive)"。语言的述行性用法在法律之内和法律之外都具有许多有趣的特征,这些特征使得它不同于我们通过或真或假的陈述去描述世界时对语言的使用。我认为离开了语言的述行性运用这一观念,就无法理解法律行为(Rechtsgeschäfte)的一般特征。一些法哲学家,尤其是黑格什特勒姆(Hägerström)[43],深深地困惑于仅仅通过使用语言,就可能形成义务、转让权利并通常改变法律地位这一事实。在他看来这犹如一种魔术或者说法律炼金术,但毫无疑问的是,所有需要理解的仅仅是去承认语言的这种特殊功能:设

---

[39] Ludwig Wittgenstein, *Philosophical Investigations*, Oxford, 1953, para. 84.

[40] Ibid., para. 80.

[41] Ibid., para. 68. [注[39]、[40]、[41]这三句引文(原为德文)参照了李步楼先生的翻译(据英译本),参见〔奥〕维特根斯坦:《哲学研究》,李步楼译,商务印书馆 1996 年版,第 59、57、49 页。——译者注]

[42] John Austin, *How to Do Things with Words*, Oxford, 1962.

[43] *Der Römische Obligationsbegriff* (Uppsala 1927), ii. 399 and *Inquiry into Law and Morals* (Stockholm 1953), Preface and chs. XVII and XVIII.

定规则或惯例的使用背景,它规定如果一个特定的人说了某些特定的话语,那么其他某些特定的规则将开始起作用,并以此决定相关话语的功效,或者从更广泛的意义上来讲,决定这些话语的意义。

我所举的现代分析法学受惠于现代语言哲学的两个例子(概念的裂缝和述行性陈述),只是许多可引事例中的两个。更全面的阐述,将论及诸如清除陈旧观念等事宜,这种旧观念认为:当一个一般术语或概念适用于许多不同的事例时,那么所有的这些事例必定具有一组划一的共性。这是一个教条。除这种简单方式之外,某个一般术语的若干事例还存在许多不同的联系方式。并且,就法律术语而言,理解如许纷繁多样的方式显然至关重要。[44] 无论如何,我大体上可以声称,耶林所领悟的贴近概念的实际使用和运用的要求,与当代分析哲学的精神和新学说极其相似。维特根斯坦曾经说过,如果我们想要理解我们的概念,就必须在它们"工作"时对其进行思考,而不是在它们"闲着"或者"休假"的时候。[45] 如果我没弄错的话,这完全契合耶林对概念天国的否定,以及返回地球的要求:反对彼岸!

---

[44] See my *Concept of Law*, Oxford University, 1961, pp. 66—67, 234.
[45] Ludwig Wittgenstein, supra note [39], para. 132.

法治及其美德[*]
——评哈耶克的法治观

〔英〕拉兹[**] 著 朱振[***] 译

　　F. A. 哈耶克提出了一种关于法治理想的最清晰和最有力的阐述,即:"抛开所有技术性因素,法治意指政府在其所有行动中都受事前确定并宣布的规则的约束——这些规则使得人们有可能十分确定地预见到当局在特定情况中将会怎样行使其强制权力并根据对此的了解计划自己的个人事务。"[1]与此同时,哈耶克从这一法治理想得出某些结论的方式说明了当下对待法治理论的两大主要谬误之一:关于法治首要重要性的假定。我的目标有二,一是借助上文征引的哈耶克关于法治理想的论述之精神来分析这一理想;二是表明为什么他从这一理想得出的诸多结论不能因此而获得支持。但

---

　　[*] 本文首次发表于 The Law Quarterly Review(1977)。本文的一个草稿曾提交给由自由基金会和旧金山大学赞助的一个会议。我感谢 Rolf Sartoruls、Douglas Hutchinson 以及 David Libling 为改进本文的一个初稿所提出的有益建议。
　　[**] 拉兹,牛津大学法哲学教授。
　　[***] 朱振,吉林大学理论法学研究中心教师、2003级博士研究生。本文译自 J. Raz, The Authority of Law: Essays on Law and Morality, Oxford: Clarendon Press, 1979, pp. 210—229. 本文的副标题为译者所加。在翻译过程中,译者就翻译中的疑难之处与学友韦洪发有过许多有益的交流,特此致谢,当然翻译的所有失误之处当由译者承担。
　　[1] Hayek, The Road to Serfdom, London and Henley: Routledge & Kegan Paul, 1944, p. 54.

是首先,我们必须提防关于法治的另一常见谬误。

通常来说,当一个政治理想抓住许多人的想象时,这一理想的名称就变成了由它的众多支持者所使用的一个口号,这一口号也就与政治理想原初设计的用意甚少关联,或与之全无关系。不久前的"民主"与当下的"隐私"的命运正是这一熟悉进程的两个例子。1959年在新德里召开的国际法学家大会就关于法治理论的一个类似的歪曲给予了官方认可。

> 在一个法治之下的自由社会中,立法机构的功能是创立并维持将会维护作为一个个体的人之尊严的诸多条件。这一尊严不仅要求承认他的公民权利与政治权利,而且要求确立社会的、经济的、教育的和文化的诸多条件,这些条件对于其人格的全面发展来说是必不可少的。[2]

这一报告继续提及或参考了在战后世界各地获得支持的几乎(just about)每一种政治理想。

如果法治意味着良法之治,那么解释法治的性质(nature)就是提出一个完整的社会哲学。如果是这样,法治这个术语就缺乏任何有用的功能。如果仅仅为了认识到信任法治就是相信善(good)应当取得胜利,我们就没有必要改信法治。法治是一个政治理想,一个法律体系也许或多或少地缺乏或拥有这一理想。这是法治的共同点。如下看法也被坚持,即法治仅是一个法律体系可能拥有的诸多美德之一,这些美德也能对法律体系进行评判。不能将法治与民主、正义、平等(法律面前的平等或其他形式的平等)、任一种类的人权(或尊重人们,或尊重人之尊严)相混淆。一个建立在否认人权、广泛贫困以及种族隔离、性别不平等和宗教迫害基础上的非民主法律体系,也许大体上比更开明的西方民主国家之任一种法律体系更好地遵循了法治的要求。而这并不意味着这个法律体系将比那些西方民主国家的法律体系更好。它将是一个无比糟糕的法律体系,但是它将在一个方面是突出的:它遵循了法治。

考虑到近年来对"法治"这一表述的随意使用,我的主张将警示许多人肯定并不令人惊奇。我们已达到如下阶段:没有一个纯粹主义者(purist)能够主张真理在他这边并责备其他人歪曲了法治的观念。就我而言,我所能够主张的是:首先,我的看法呈现了关于法律体系应当拥有的一种重要美德的一个连贯观点;其次,我的看法也不是原创性的,即我正在效仿哈耶克以及许多其他以类似方法理解"法治"的论者。

1. 基本理念

"法治"在字面上的意思是:法律的统治。就其最宽泛的意义而言,这意味着人们应

---

[2] 1959年在新德里召开的国际法学家大会第Ⅰ委员会之报告中的第1款。

当遵守法律并受其统治。[3] 但是在政治和法律理论中,法治在一个更狭窄的意义上已被解读为政府应当受法律的统治并受制于法律。此种意义上的法治理想经常被表述为"法治的政府而非人治的政府"。一旦有人使用这些俗套话,它们的模糊性就显现出来了。确实,政府既是由法律来统治,又是由人来统治的。据说法治意味着所有的政府行为必须有法律上的基础,即必须由法律来授权。但是,那不是一个同义反复(tautology)吗?不经法律授权的行为不是一个政府的治理行为。它们将不具法律效果且经常是不合法律规定的(unlawful)。

如下看法是正确的,即我们能够阐明关于政府的一个政治概念(这不同于它法律上的概念)——作为社会中真实权力之所在的政府。正是在这种意义上,我们能够说,英国被伦敦城(The City)或工会统治着。对于此种意义上的政府,说它应当基于法律之上就不是一个同义反复。如果统治一个国家的工会为了对议会强加它的意志而违反产业关系法,或者如果总统或美国联邦调查局授权入室盗窃并密谋妨碍司法,它们将会被认为违反了法治。但是,此处的"法治"是在其服从法律的原初意义上被使用的。有权势的人们以及政府官员也如其他任何人一样应当服从法律。这无疑是正确的,然而这种看法穷尽了法治的含义了吗?法治的含义比法律和命令之解释所允许得更多。相对于适用在政府中的法律和命令,法治甚至意味着更多的内容。我将在如下假设的基础上推进对法治的研究,即我们要关注法律意义上的政府以及适用于政府和法律中的法治观念,而不仅是法律和命令之观念的应用。

问题在于,现在我们又回到了最初的困惑。根据定义,如果政府由法律所授权,法治看起来是一个空的同义反复,而非一个政治理想。

这一迷惑不解的问题之答案在于区分"法律"的专业含义与非专业含义。对法律人来说,任何事物如能满足存在于法律体系中的承认规则或其他规则之中的有效条件,它就是法律。[4] 这包括宪法、议会立法、行政法规、警方命令、有限公司的章程以及交易许可条件,等等。对外行人来说,法律只是上述规则的一个子集(subclass)。对他而言,法律(the law)在本质上是一套公开的、一般的以及相对稳定的法律集合(laws)。如果"法律"意指一般、公开且相对稳定的法,法治而非人治的政府就不是一个同义反复。事实上,此一解释的危险之处在于,法治也许设置了一个过于严格的要求,没有法律体系能够满足它,并且这一要求也只体现了非常之少的法治美德(virtue)。根据人的经验和知识

---

[3] 关于此一含义,请比较 Jennings, *The Law and the Constitution*, London: University of London Press, pp. 42—45。

[4] 在此我遵循了哈特的观点,参见 Hart, *The Concept of Law*, Oxford: Clarendon Press, pp. 97—107。

(humanly)，法律只能由一般性规则组成是令人难以置信的，即使如此也是非常不可欲的（very undesirable）。正如我们既需要法律治理的政府，又需要由人来治理的政府，因此我们既需要一般的、又需要特别的法律（laws）去完成诸多工作，因为这些工作我们才需要法律（the law）。

法治理论并不否认每一个法律体系应当既由一般、公开且稳定的规则（法律的通行观念）组成，又由特殊法律（法律命令）组成，即每一个法律体系都是由行政部门以及司法部门控制的一个必要工具。正如我们将看到的，法治理论所要求的是，特殊法律从属于一般、公开且稳定的法律。特殊法律的制定应当受公开且相对稳定的一般规则的指导，这是法治理论的一个重要原则。

这一原则表明了法治而非人治的口号怎样被解读成了一个有意义的政治理想。然而，这个原则没有穷尽"法治"的含义，并且它自身也没有详尽阐明其被宣称的重要性的理由。因此，让我们返回"法治"的字面含义。它包括两个方面：(1) 人们应当受法律的统治并遵守它，以及(2) 法律也应当能够指引人们。正如上文所述，我们关注的正是第二个方面：法律必须能够被遵守。一个人遵守法律是在他不违反法律的意义上说的。但是，仅当他遵守法律的部分理由是他对法律的了解时，他才服从法律。因此，如果法律将被服从，它必须能够指引法律主体的行为。法律必须如此，以致人们能够发现法律是什么并根据它来行动。

法治理论源于以下基本直觉：法律必须能够指引其主体的行为。显而易见，法治的观念是形式的。这一形式观念也没有说明法律是怎样被制定的：通过专制君主、民主的大多数，或其他任一方式。它也没有提及基本权利、平等或正义。人们也许甚至认为，关于法治理论的上述观点在如下意义上是形式的，即它几乎完全没有内容。这一看法远离了事实。在法治意味着所有关于国家（state）的美德之前，与法治相连的大部分要求都能够从这一基本理念中得出。

2. 一些原则

源于法治这一基本理念的许多原则就其有效性和重要性来说依赖不同社会的具体状况。尝试列举所有这些原则意义不大，但是其中一些重要的原则可列举如下：

（1）所有的法律应当是可预期的、公开的以及明确的。人们不能受一部溯及既往的法律的指引。在行为的当时这部法律是不存在的。而人们都知道，有时一部追溯既往的法律也可能会被制定。当这发生之时，追溯既往并不一定与法治相冲突（尽管基于其他理由这部法律也许遭到反对）。法律必须公开且被广为传播。如果法律将指引人们的行为，人们必须能够知道法律是什么。基于同样的理由，法律的含义必须是明确的。一部模棱两可、令人费解或不精确的法律将可能误导或搞混至少一部分欲受法律指引的人。

（2）法律应当是相对稳定的。法律不应当经常修改。如果频繁修改，人们将会发现在特定时刻了解法律的规定是困难的，并且人们也会持续地处于如下担心之中：即使他们最近知晓法律的规定是什么，法律也一直在改变之中。但更重要的乃是如下事实，即人们需要了解法律，这不仅为了短期决定（在哪里停车、多少酒水允许免税，等等），而且为了长期计划。对商业计划来说，至少了解税法和公司法的大体轮廓、有时甚至是了解细节往往是重要的，这些商业计划只是若干年后将会成功。如果人们在其长期决定中将受法律指引，稳定性是必不可少的。[5]

该原则表明了如下三个要点：第一，遵守法治通常是一个程度问题，不仅当对作为整体之法律体系的遵守岌岌可危时是如此，对于单个法律来说也是如此。一部法律或者是追溯既往的，或者不是，但它或多或少是明确的、稳定的，等等。然而应当记住的是，宣称遵守这些原则是一个程度问题，并不意味着遵守的程度能经由计算违反的数目或某个这样的方法而在数量上进行衡量。一些违反原则的行为非常恶劣。而有一些只是在形式上侵犯了这些原则，并没有违反法治理论的实质精神。第二，法治诸原则主要影响了法律的内容与形式（法律应当是可预期的、明确的，等等），但是不独如此。法治诸原则对政府行为方式的影响超出了法律事实上或能够有益地规定的范围。对稳定性的要求不能有效地屈从于完全的法律规制（legal regulation）。很大程度上它是一个政府的明智政策的问题。第三，尽管法治主要涉及屈从于义务以及行使权力之政府机构的私性公民（私性公民更应服从后者），它还涉及私权力的行使。授予私权力的规则被设计用来指引行为，如果这些规则能够有效指引人们的行为，它们必须遵守法治理论。

（3）特别法（特别法律命令）的制定应受公开、稳定、明确以及一般性规则的指导。有时认为，对一般性的要求是法治的本质。这一观念源自（正如上文所述）"法治"的字面解释，即法律在其非专业的意义上被认为是严格限制于一般、稳定且公开的法律。法治尤其与对平等的保护有关，并且平等是和法律的一般性相连的，这一信念也强化了上述看法。正如上文经常谈到的，这一信念是错误的。种族的、宗教的以及所有的歧视方式不但是共存的，且通常经由一般规则而被制度化。

我正在捍卫的法治的形式观念并不反对特别法律命令，只要它们是稳定的、明确的，等等。但是当然，特别法律命令主要用于政府机构把灵活性引入法律之中。警察管理交通，证件审核机关在某些情况下发放许可证，所有这些以及诸如此类的情形属于法律中

---

[5] 当然，由法律的不稳定性引起的不确定性也会影响人们的计划和行为。如果不是如此，稳定性也将不会有任何影响。这一观点是，仅当法律是稳定的，人们才受自己对法律内容的认识的指引。

更具即时性的部分。严格说来(as such),它们违背了法治的基本理念。这些行为使得人们基于对法律的了解而使提前计划变得困难。如果即时性的特别法只是在一个由一般性法律所设定的框架(framework)内而被制定,上述困难在很大程度上能被克服,因为一般法是更加持久的并限制了特别命令所引起的不可预期性。

两类一般性规则为特别法的制定创立了框架:一类是为发布有效命令授予必要权力;另一类是为引导权力持有者如何行使权力而强加义务。二者在为特殊法律命令的创立而提供一个稳定的框架方面具有同等的重要性。

显然,类似的考量也适用于不符合稳定性之要求的一般法律规定。它们也应该被约束去遵守一个稳定的框架。于是,大多次级行政法的制定应当遵循详尽的基本原则(ground rules),这一要求也规定在框架性法律之中。然而必不可少的是,不要把这一主张与民主的主张相混淆,后者是使民选机构对非民选机构的立法进行密切监督。这些更进一步的主张也许是有效的,但与法治无关,并且,即使有时它们加强了法治的某些类型的主张,在其他场合它们支持了不同的、甚至相冲突的结论。

(4) 司法独立必须得到保证。国内法律体系的本质是它们设立了司法机构,这些机构被赋予就起诉到法院的案件适用法律的义务(当然还有别的职能),并且司法机构对于那些案件之法律上是非的判断和结论是终局性的。既然几乎(just about)任何源于法律的问题都能受制于一个最终的法庭判决,那么显然,当问题提交裁决之时,法庭不适用法律而是以其他理由裁判,那么基于法律而指引人的行为就是徒劳的。这一点甚至能够以如下更强硬的立场提出。既然法庭的判决最终确定了适用于案件的法律是什么,仅当法官正确地适用了法律,双方当事人才能受法律的指引。[6] 否则,人们将只能根据他们关于法庭将可能做什么的猜测来指引自己的行为——但是,这些猜测不是基于法律而是基于其他因素。

涉及司法独立的诸多规则——任命法官的方法、法官职位的稳定性、确定薪水的方式以及其他的服务条件——被用来保证法官将免予外来的压力并独立于所有的权威而只服务于法律的权威。因此,这些规则对于法治的维续是必要的。

(5) 自然正义原则必须被遵守。公开且公正的听证、无偏私以及诸如此类的要求对于正确适用法律显然是必要的,并且因此,考虑到上文提及的同样因素,它们对于法律指引行为的能力也是极其重要的。

(6) 法庭应当拥有对其他原则之实施的审查权。这包括对下位立法、议会立法以及

---

[6] 我没有否认法官也在立法。法治的这一原则主要是在法官有义务适用法律的意义上应用于他们的。法官作为立法者正如所有的立法者一样受制于这些相同的原则。

行政行为的审查,但是就其自身来讲,它是一种非常有限的审查——仅仅是确保遵守法治。

(7)法庭应是易于接近的。鉴于法庭在确保法治中的核心地位(参见第 4 个和第 6 个原则),显然它们的可接近性至关重要。长期拖延、过高的费用等等实际上也许会把最开明的法律变成一纸空文(a dead letter)并挫败一个人经由法律而有效引导其自己的能力。

(8)不应当允许预防犯罪机构(the crime-preventing agencies)的自由裁量败坏法律。不仅法院而且警方和检方的行为都能背叛法律。例如,控方不应当被允许去决定对某些犯罪(commission of certain crimes)或某些种类的罪犯所犯的罪行不予起诉。不应当允许警方为避免全力预防和侦察某些犯罪或起诉某些类型的罪犯而分配其资源。

上述列举是很不完全的。其他原则也能够被提及,已提到的原则也还需要进一步的说明和正当性论证(正如第 6 个原则所要求的,为什么法庭而不是某个其他的机构应当审查对法治的遵守?等等)。[7] 我列举上述原则的目的只是为了表明法治之形式观念的力量与成效。然而应当记住的是,在最后的分析中,法治理论依赖其基本理念,即法律应当能够提供有效指引。这些原则不能根据自身而得到证明。它们必须根据(in the light of)基本理念不断地被解释。

上述所列 8 项原则可以分成两组。第 1 到第 3 原则要求法律应当遵守一些标准,它们被设计用来使法律能有效指引行为。第 4 到第 8 原则被设计用来确保实施法律的法律机构不应当通过歪曲的实施来剥夺法律引导行为的能力,并且确保法律机构应当能够监督遵守法治并对违反法治的情形提供有效矫正。在许多和法治直接相关的问题上,所有的原则直接涉及了政府的体制与方式。不必说,社会生活的许多其他方面以更为间接的方式加强或削弱着法治。渴望捍卫法治的人们的言论自由(a free press)在维护法治方面提供了巨大的帮助,正如一个被压制的新闻舆论或由想要破坏法治的人们操控的新闻舆论是对法治的危害一样。但是我们在此不必关注这些更为间接的影响。

3. 法治的价值

我正在捍卫的法治理论的诸多优点之一是,存在如此之多法治并不服务的价值。遵守法治是一种美德,但仅是一个法律体系应当拥有的许多美德中的一种。这使得明确法

---

[7] 众多学者已经探讨过类似的原则清单。长久以来,英国论者已被戴雪并不成功的理论迷惑住了。与我类似的一个列举参见朗·富勒的《法律的道德性》(The Morality of Law, 2nd ed., Yale, 1969, Ch. 2.)他对于许多原则的讨论有着良好的见识与判断。我放弃他的一些原则的主要理由在于,对于一个法律体系的众多法律之间的冲突存在观点上的差异。

治确实服务的价值变得更加重要。

法治经常确当地被用来与专制权力相对比。专制权力比法治更广泛。专制统治的许多形式与法治兼容。一个统治者能够基于突发奇想(whim)或自私自利促进一般性规则而不违反法治。但确定无疑的是,专制权力在许多更加一般的方面与法治相冲突。不允许一个法治政府溯及既往地、突然地或秘密地改变法律,无论这一修改是否符合政府目的,都是如此。法治排除所有形式之专制权力的一个领域存在于司法适用法律的职责中,在那里法官被要求只服从法律并遵守相当严格的程序。[8] 另外,并非不重要的是,法治强加了对于制定特别法以及因此对于行政部门权力的限制。为了个人目的——即出于复仇或偏爱——而专断地使用权力最经常地表现在制定特别法律命令方面。严格坚持法治可彻底限制这些可能性。

"专制权力"是一个难以解释的概念。我们没有理由在此分析它。然而看起来好像是,仅当行使权力的行为漠视其是否在服务于那些能够证成该项权力之运用为正当的目的,或者坚信它并不服务于这些目的,那么行使该项权力的这个行为就是专制的。被间接提及的这些目的的性质随着权力的性质而变化。这一情形把"专制权力"看成是一个主观概念。它完全依赖于掌权者的心智状态。严格说来,法治并不直接涉及专制权力的范围。但是围绕专制权力的主观内核,它已生长出一个明确的客观边界。既然人们普遍认为为私人目的而运用公共权力是错误的,任何这样的使用就其自身来说是一个权力之专制使用的例子。正如我们一直所见,法治确实有助于控制这些形式的专制权力。

但是有更多的理由来珍视法治。我们高度评价选择生活样式和生活形式的能力,即确定长期目标并把人的生活有效导向这一目标的能力。一个人这样做的能力依赖于关于人的生活与行为的稳定且确定的准则框架的存在。法律能够以两种方式有助于获得确定的参照标准(points of reference):(1)通过稳定社会关系的方式,要不是法律(but for law),这些社会关系也许以不稳定的(erratic)以及难以预知的(unpredictable)方式而瓦解或发展;(2)通过一个自愿限制(self-restraint)之政策的方式,这一政策被设计用来使法律自身成为一个对个人计划来说稳定的和安全的基础。后一方面关系到法治。

法治的另一美德经常被看成是——特别是哈耶克——保护个人自由。在自由的如下意义上这一看法是正确的,即自由被等同于一个在许多可能的选择之间进行有效选择的能力。人之生活环境中的可预期性确实提高了他的行为能力。[9] 如果这就是自由,

---

〔8〕 法治自身并未排除由法官进行专制立法的所有可能性。

〔9〕 但是福利法和政府的经济调控经由提高人们的福利(如果成功的话)也增进了自由。在这一意义上,如果法治作为自由之堡垒而得到捍卫,基本上它不能被用来反对政府对经济的管理。

那很好。更重要的是记住,自由这一含义不同于政治自由通常意指的含义。政治自由由两部分组成:(1)对某些侵犯个人自由之行为形式的禁止以及(2)为了把对个人自由的干涉最小化而对公共机构的权力所强加的某些限制。禁止侵犯个人的刑事犯罪是保护个人自由之第一种模式的一个例子,政府不能限制迁徙自由是第二种模式的例子。正是在此一含义与政治自由的联系中,宪法上保障的权利至关重要。法治也许还是保护个人自由的另一种模式。但是法治并不涉及免予政府干涉之行为领域的存在,并且与显著违反人权相符合。

比上述两种价值更重要的是如下事实,即如果法律尊重人的尊严,遵守法治是必要的。尊重人的尊严需要把人们(humans)看成能够计划和构想他们未来的个体性的人们(persons)。因此,尊重人们的(people's)尊严包括尊重他们的自主(autonomy),即他们支配其未来的权利。一个人(a person)对他生活的支配从来都是不完全的。对许多生活方面中的任何一个方面,这一支配都是不完全的。这个人也许不知道他的选择,不能决定做什么,没有能力认识到他的选择或在选择的努力中遭受挫折,或者他也许根本没有选择(或至少没有值得拥有的选择)。考虑到自然的原因或对一个人性格与能力的限制,所有的这些失败都能发生。

当然存在许多方式,通过这些方式一个人的行为也许影响其他人的生活。只有某些这样的干涉将会侵犯受影响的人的尊严或违背其自主性。这样的侵犯能够被分成三类:侮辱、奴役以及操纵(我正在一个有点特殊的意义上使用后两个术语)。如果一个侮辱包含或暗示了要否定一个人是一个自主的人或否定他应被作为一个自主的人而对待,这个侮辱就侵犯了他的尊严。如果一个行为通过对环境的操纵而在实际上否定了另一个人所有的选择权,这个行为就奴役了他(尽管这个行为也许是长时段的控制——正如在真实的奴隶制中,我在此意指的也包括在一个单独的场合以某一方式而强制其他人去行为)。通过故意地改变一个人的偏好、信仰、行为能力或做决定的能力可以操纵他。换言之,操纵是对人、也就是与内在于他的自主性相关的那些因素的控制。奴役是通过改变外在于人的因素来消除人的自我控制。

法律能够以多种方式侵犯人们的尊严。遵守法治绝不保证这些侵犯不发生。但确定无疑的是,蓄意忽略法治侵犯了人的尊严。通过影响人们的选择权而引导人的行为是法律的职责所在。例如,法律也许在没有违反法治的情况下建立奴隶制。但是蓄意违反法治侵犯了人的尊严。违反法治能表现为两种方式。它也许导致不确定性或受挫的以及失望的预期。当法律不能使人们预知未来发展或形成确切预期时(正如在模棱两可的情形中以及存在广泛自由裁量的大多数情形中),对法治的违反导致了不确定性。当鼓励人们依赖现有法律并在此基础上进行计划的法之稳定性和确定性被溯及既往的立法或阻碍适当执法等等所破坏的时候,对法治的违反导致了受挫的预期。不确性的危害在于为专制权力以及限制人们为其未来而计划的能力提供了机会。挫败预期的危害更大。除了这些危害引起的具体损害之外,它们表达出了藐视人们的自主性,这也侵犯了人的尊严。如此情形中的法律鼓励自主的行为只是为了挫败行为的目的。当这样的挫败是人之行为的结果或诸多社会机构之活动的结果时,那么它就表达了不尊敬。通常,这与诱捕相类似:一个人被无辜地鼓励依赖法律,然后那一保证被撤回,并且正是他对法律的依赖转而成为他受伤害的原因。一般而言,确实遵守法治的一个法律体系至少是在如下意义上把人们视为个体性的人们(treats people as persons),即它试图通过影响人们的行为环境而指引其行为。于是,这一法律体系预设人们是理性的、自主性的人(creatures)并意图经由影响他们的审慎思考而影响其行为与习惯。

遵守法治是一个程度问题。完全的遵守是不可能的(某些模糊性是不可避免的),并且最大可能的遵守总体来说是不可欲的(某个受控的行政自由裁量比没有更好)。人们一般认同,全面地遵守法治将被高度珍视。但是不应当贸然相信法治的价值,也不应当盲目坚守它。理清法治所服务的各种价值有助于明智评定在各种可能的或现实的对法治的侵犯中什么是利害攸关的。某些情形侮辱了人的尊严、对专制权力不加约束(give free rein to arbitrary power)、挫败了人们的预期以及破坏了人们的计划能力。其他情形只包含这些危害中的某一些。尽管法治理论依赖其基本理念的坚固内核,违反法治之不同方式的危害不总是相同的。

4. 法治及其本质

朗·富勒[10]一直主张他所列举的法治诸原则对于法律之存在是极其重要的。这一主张如果是正确的,不但对于我们理解法治而且对于我们理解法律与道德之关系都至关重要。我一直在把法治作为一个理想,即作为法律应当遵守的一个标准,但法律能够并有时确实非常彻底且系统地违反了这一标准。当富勒承认背离法治理想的情况能够发生之时,他否认这些背离是根本性的和彻底的。他认为,一个法律体系在某种程度上必须遵守法治是必要的。从这一认识出发,他得出结论,法律与道德之间存在必然关联。法律必然是道德的,至少在某些方面。

---

[10] 在《法律的道德性》一书中,富勒的观点是复杂的,他的主张众多且难以理清。他的许多观点是不牢固的且不能得到支持。其他一些观点富有启发性且是有益的。分析与评价这些观点不是我的目的。一个系统的讨论参见 R. E. Sartorius, *Individual Conduct and Social Norms*, Encino, California, 1975, Ch. 9。

上文第 2 部分所列举的大部分原则并不能够被任何一个法律体系一并违反,这当然是正确的看法。[11] 法律体系(legal systems)以司法机构(judicial institutions)为基础。除非存在设定这些机构的一般性规则,否则不能存在任何类型的司法机构。在一个具体的争论中,一个特别的规范能够授权司法裁决,但是多少数量的特别规范也不能设立一个司法机构。与此类似,溯及既往的法律能够存在,只是因为存在实施它们的机构。这意味着,如果溯及既往的法律将是有效的,必须存在可预期性的法律来指导那些司法机构适用溯及既往的法律。在哈特的理论术语中,人们能够说,在每一个法律体系中,至少它的某些承认规则和审判规则必须是一般的和可预期的。当然,如果这些规则将完全是表述清晰的等等,它们也必须是相对明确的。

显而易见,一般性、明确性、可预期性等等对法律来说所具有的必不可少之意义的程度是最低限度的并且该程度与对法治的严重违反相一致。在任何一个法律体系中,必定至少存在一些道德价值,上文论及的那些种类的因素对于确立这一看法不是充分的吗?我认为不充分。法治在本质上是一否定性价值。法律不可避免地存在产生专制权力的巨大危险——法治被设计用来把这种由法律自身产生的危险减到最小。与此类似,法律也许是不稳定的、模糊的、溯及既往的等等,并且因此侵犯人们的自由和尊严。法治也被设计用来阻止这一危险。于是法治在如下两种意义上是一否定性价值:(1)除非通过避免恶,遵守法治并不产生善;(2)被避免的恶本来只能由法律自身产生。当这一美德被狭窄地解释成避免欺骗时,于是它有点儿类似诚实(我并不否认,通常来讲诚实在更宽泛的意义上被设想成包括其他有德行的行为及偏好)。诚实的好处不包括人们之间交流的好处,因为诚实与拒绝交流相一致。诚实的好处完全在于避免欺骗的危害——并且不是来自其他人的欺骗,而是来自诚实之人自己的欺骗。因此,只有一个能够欺骗的人才能是诚实的。不能交流的一个人不能主张诚实的任何道德价值。一个人因无知或无能不能通过下毒的方式杀害另一个人,他不应为此而得到信任。与此类似,法律因为完全缺乏一般性、可预期性或明确性而不能惩罚专制权力或对自由与尊严的侵犯,这一点对于法律来说不是道德上的荣耀。上述看法只是意味着存在一些种类的并不能由法律引起的恶。但是在法律中,这不是一种美德,正如在法律中规定不能强奸或谋杀并不是一种美德一样(法律所能做的是惩罚这样的行为)。

富勒在法律与道德之间建立必然联系的努力失败了。遵守法治是一个道德上的美

---

[11] 在此我没有采用富勒的法律观念,而是宁可遵循我自己对哈特之观念的修改。请比较哈特的《法律的概念》和我的《实践理性与规范》(*Practical Reason and Norms*, 1975, pp. 132—154.)。因此,下文的讨论不是对富勒自己之主张的一个直接评论。

德,就此而言法治是一个理想,它应当成为现实,但也许无法实现。然而,存在另一个观点来确立法律与法治之间的必然联系,尽管这一观点并不保证对于法律的任何美德。对于达到法律被设计用来取得的任何目的来说,遵守法治都是非常必要的。这一陈述应当是有条件的(qualified)。我们能够把法律意欲服务的目的分成两类:通过遵守法律自身而确保的目的以及法律意欲获得的遵守法律或了解其存在的那些更进一步的结果。[12] 于是,法律禁止在政府雇佣中实施种族歧视,其直接目的是要在雇佣、升迁及政府雇员的服务条件方面确立种族平等(因为歧视行为是违法的)。法律的间接目的也许正是在总体上改善国家中的种族关系,防止某些工会罢工的威胁,或者制止政府声望的衰退。

遵守法治不总是使法律间接目的的实现变得便利,它对法律直接目的的实现也至关重要。这些目的通过遵守法律而取得,对法律的遵守可通过人们把法律铭记于心并因此来指引自己的行为而得以实现(除非对法律的遵守是偶然所致)。因此,如果法律的直接目的不被挫败,法律又能够指引人之行为,并且法律愈是符合法治的原则,那么它愈是能发挥它的作用。

在本文第二部分中我们认识到,遵守法治是法律应当拥有的道德上诸美德中的一种。当前的思考表明,法治不仅仅是一种道德上的美德——它在根本上还是法律直接服务任何良好目的一个必要条件。当然,遵守法治也能使法律服务于坏的目的。那并不表明遵守法治不是一项美德,正如如下事实一样,一把锋利的刀子能够被用来伤害,这并不表明锋利不是刀子的一项好的品质。这最多能表明,从当前的考量视点来看它不是一个道德上的善。锋利是刀子的一个内在善的特征。一把好的刀子是一把锋利的刀子(当然还有别的特征)。与此类似,遵守法治是法律的一个内在价值,而且确实是非常重要的内在价值。法律通过规则及负有适用规则之职的法庭而指引人之行为是其本质所在。于是,法治是法律的具体优秀品质。既然遵守法治就其自身来说是法律的美德,法律作为法律不顾它所服务的目的,法治被看成是法院以及法律职业负有特殊职责的法律诸美德之一,这是可以理解的且是正确的。

把法治看成是法律的内在的或具体的美德是一个工具性法律观念的结果。法律不仅是一个生活事实(a fact of life)。法律是一社会组织形式,应为合理的目的而被合宜地使用。法律是由人们控制的一种工具,它是多用途的并能为多种合适的目的而被使用,

---

[12] 关于这一区别进一步的讨论参见上述第九篇文章[本文译自拉兹《法律的权威》一书,该书第九篇文章是"法律的功能(The Functions of Law)",参见 J. Raz, *The Authority of Law*: *Essays on Law and Morality*, Oxford: Clarendon Press, 1979, pp. 163—179.——译者注]。

在这些方面它不同于许多其他的工具。像使用其他的工具、机器以及仪器一样,除非一个事物至少拥有某种履行其功能的能力,否则它不能成为这类事物。一把刀子除非拥有某种切割的能力,否则就不是一把刀子。法律要成为法律必须能够指引行为,不管它是多么无效率。像其他的工具一样,法律拥有一种具体的美德,在工具对于它所服务的目的是中立的这一层面上说,该美德在道德上是中立的。这就是效率之美德,即工具能作为一种工具所具有的美德。对于法律来说,这一美德是法治。于是法治是法律的一个内在美德,但严格说来不是一个道德上的美德。

法治的特殊定位并不意味着遵守它不具道德重要性。除了遵守法治也是一个道德优点之外,当使法律履行有益之社会功能成为必要之时,遵守法治也是一个道德上的要求;正如当生产一把锋利的刀子为一个道德目的所要求时,生产刀子也许具有道德重要性。对于法治来说这意味着,遵守法治实际上总是具有巨大的道德价值。

5. 一些陷阱(some pitfalls)

遵守法治之毋庸置疑的价值不应使人们夸大它的重要性。我们看到哈耶克怎样正确地注意到了法治对于自由之维护的重要意义。我们也看到,法治自身并不提供对于自由的充分保护。然而思考一下哈耶克的观点。他从一段宏大叙述(a grand statement)开始论述,这段叙述不可避免地导致夸大的预期:

> 法治下的自由观念(the conception of freedom under the law),乃是本书所关注的首要问题,它立基于下述论点,即当我们遵守法律(亦即指那些在制定时并不考虑对特定的人予以适用的问题的一般且抽象的规则)时,我们并不是在服从其他人的意志,因而我们是自由的。正是由于立法者并不知道其制定的规则将适用于什么特定的案件,也正是由于适用这些规则的法官除了根据现行规则与受理案件的特定事实做出其判决以外,别无其他选择,所以我们可以说这是法治而非人治(Laws and not men rule)。……由于真正的法律不应当指涉任何特定者,所以它尤其不应当指向任何具体的个人或若干人。[13]

然后,哈耶克意识到了这一段所导致的荒谬之处,他修改了他的观点,仍旧把法治看成是自由的最高守护者:

> 有关真正的法律规则必须具有一般性的要求,并不意味着,在有些情况下,一些

---

[13] F. A. Hayek, *The Constitution of Liberty*, Chicago: University of Chicago Press, 1960, pp. 153—154. (引文的翻译采取的是[英]哈耶克:《自由秩序原理》,邓正来译,三联书店1997年版,第190—191页,特此致谢)

特殊规则不能适用于不同阶层的人,当然,其条件是这些特殊规则所指涉的仅是某些人所具有的特性。有一些规则或许只能适用于女人,有一些规则或许只能适用于盲人,甚至一些规则或许只能适用于到了一定年龄的人(在大多数这样的情形中,有关规则甚至也没有必要指明该规则所适用的那类人:例如被强奸或怀孕;此时,有关规则就毋需明确指明该规则适用于女人,因为只有女人才能被强奸或怀孕)。如果这样的界分为该群体中的人和该群体外的人同时认为是有道理的,那么这类界分就不是专断的,也不会使某一群体中的人受制于其他人的意志。需要指出的是,这并不意味着这类界分的确立须得到一致的同意,而只是说个人的观点不取决于该个人是属于该群体还是不属于该群体。[14]

但是在这里,法治被改换成经由同意(consent)而包含了一个政府形式,并且这一政府形式被断言能保护自由。这是导致把法治等同于良法之治的危险之境。

哈耶克主要反对政府对经济的干涉:

> 现在我们必须转向讨论那些为法治从原则上予以否弃的政府措施;这些政府措施主要是指那些仅仅通过实施一般性规则并不能实现它的目的、而只有在对不同的人施以武断性的差别待遇的前提下方能实现其目的的措施。其间最为重要的措施包括:决定谁应当被允许提供不同的服务或商品的政府措施,并且以何种价格或以何等数量提供这些不同的服务或商品的政府措施——换言之,亦即那些旨在对进入不同行业和职业的渠道、销售条件、生产或销售的数量进行管制的政府措施。
>
> 人们有许多理由可以认为,政府直接管制价格的做法(不论政府是实际上规定价格,还是仅仅制定那些决定通行价格所须依凭的规则),是与一有效的自由制度不相容合的。在政府直接管制价格的第一种情形中,试图根据那些将有效指导生产的长期规则来确定价格,实是不可能的。这是因为适当的价格不仅依赖于不断变化的情势,而且还必须持续不断地针对这些情势加以调适。在政府直接管制价格的第二种情形中,政府并不直接规定但却通过某种规则(例如,价格必须在一定程度上根据成本加以确定的规则)加以确定的价格,对于不同的销售者会具有不同的意义,而且正是基于这个原因,它们会阻碍市场发挥自行调适的作用。此外,另一个更具重要意义的理由是,由于这种规定的价格与在自由市场上可能形成的价格不同,所以它们将导致供求关系失衡,而又如果欲使这种价格控制有效,那么政府还必须找到某种方法,以决定什么人应当被允许进行销售或购买活动,而这种决定则必将是一种

---

[14] Ibid., p. 154.(引文翻译采自〔英〕哈耶克,同上注,第192页)

自由裁量的决断,一定是那种即时的特定的决策,且必定是根据非常武断的理由对人施以区别待遇的决定。[15]

在这里,再次显而易见的是,充其量表明某些政策因经济原因是错误的诸多观点被用来表明这些政策侵犯了法治,并且据推测具有误导性但完全有事实依据的特殊命令之制定被谴责是权力的专断行使。

因为法治仅是法律应当拥有的诸美德之一,人们期望法治仅拥有初步的效力。法治总是不得不与相竞争的其他价值主张进行比较。哈耶克的观点只是表明某些其他目标不可避免地与法治相冲突,在此意义上他的观点并不是如下这类看法,即借助法律手段追求这些目标基本上是不适当的。法治与其他价值之间的冲突正是将被预料到的。遵守法治是一个程度问题,并且,尽管其他条件相同时遵守的程度越大越好——但其他条件很少是相同的。较小程度地遵守法治总是更受欢迎,正是因为这有助于其他目标的实现。

在思考法治与法律应当服务的其他价值之关系时,记住法治在本质上是一否定性价值具有特殊重要性。法治只是被设计用来使对自由与尊严的损害减到最低限度,法律在追求它的目标时也许引起这些损害,无论这些目标也许是多么值得陈赞的。最后,把法治看成是法律的内在优秀品质意味着法治基本上起到一个辅助性作用。遵守法治使法律成为实现某些目标的一个好的工具,但是遵守法治本身不是一个最终目标。法治理论的这一辅助作用表明了它的力量及其局限。一方面,如果追求某些目标与法治完全不相容,那么这些目标不应当经由法律的手段而被追求。但是另一方面,应小心翼翼地剥夺法律以法治之名追求大多数社会目标的资格。毕竟,法治意欲使法律能够提升社会之善,不应当轻率地被用以表明法律不应这样做。为了法治牺牲太多的社会目标也许会使法律变得贫瘠和空洞。

---

[15] Ibid., pp. 227—228.(引文翻译采自〔英〕哈耶克,同上注〔13〕所引书,第287—288页。须注意的是,这两段引文在哈耶克的著作中并不是连在一起的,中间还有一段话,具体参见〔英〕哈耶克,同上注〔13〕所引书,第287—288页。——译者注)

佩雷尔曼与谬误

〔荷〕爱默伦、格鲁腾多斯特* 著　　杨　贝** 译

在北美和欧洲,图尔敏和佩雷尔曼的著作长期主导着论证研究。两人都以法律推理的理性程序作为模式,试图提供一个更适合分析日常论证的形式逻辑的替代物。

在《新修辞学》[1]的论证理论中,佩雷尔曼和奥尔布莱希特-泰提卡对论证方法进行了描述:"论证理论的目标在于研究商谈方法,该方法使我们产生或加强对为获同意而提出命题之人的认同。"[2]在他们看来,他们的新修辞学为逻辑中单方的、不完整的论证的现实图像提供了重要补充。在新修辞学中,如果论辩追求的效果能够达到,即,认同或更加认同提出的主张,那么论证就被认为是正当的。由此,正当性相当于对"目标群体"的有效性。

---

* 爱默伦(Frans H. van Eemeren),荷兰阿姆斯特丹大学语言交流、沟通与修辞学系教授,国际论证研究学会主席;格鲁腾多斯特(Rob Grootendorst),荷兰阿姆斯特丹大学语言交流、沟通与修辞学系教授。原文刊载于《哲学与修辞学》,第28卷,宾夕法尼亚大学出版社1995年版。
** 杨贝,中国政法大学2005级法学理论专业博士生。

[1] Chaim Perelman, L. Olbrechts-Tyteca. *La nouvelle rhétorique: traité de l'argumentation*. Bruxelles: l'Université de Bruxelles, 1958. *The New Rhetoric: A Treatise on Argumentation*. Notre Dame: University of Norte Dame Press, 1969.

[2] Chaim Perelman, *The New Rhetoric: A Treatise on Argumentation*, Notre Dame: University of Norte Dame Press, 1969, p.4.

佩雷尔曼和奥尔布莱希特-泰提卡的论证理论可以归结为在说服听众的过程中各种作为"起点"或"论证结构"的要素的盘点。遗憾的是,佩雷尔曼和奥尔布莱希特-泰提卡并没有很好地界定在目录中区分出的种类,而且这些类型也没有互相排斥。其他一些缺陷也妨碍了将他们的理论明确地运用于对论证的分析。[3]

对我们而言,现在重要的是,佩雷尔曼和奥尔布莱希特-泰提卡最终将论证的正当性(soundness)与听众联系起来。这个听众可以是"特殊"听众或者"普遍"听众。按照佩雷尔曼和奥尔布莱希特-泰提卡的合理性(reasonableness)观念,他们反对现代形式逻辑。他们随之毫不费力地将逻辑与更为几何式(geometrico)的合理性概念联系起来,他们出于同样的原因认为,逻辑在研究用日常语言进行的论证方面是不充分、不切题的。然而,在我们看来,人们不应从现代逻辑运用通过有效性判准表达的合理性的形式标准的事实中,自动推出所有的逻辑学家都确实持有几何式的合理性观念。在《知与行》中,图尔敏说明了他所认为的几何式合理性观念:

> 当且仅当我们对某一事物怀有有根据的信仰时,我们才(在某一术语的完全而严格的意义上)"知道"它;当且仅当我们能提出好的理由来支持这一信仰时,我们的这一信仰才是有根据的;当且仅当我们能提出使信仰归结于不容置疑(并且宁愿不容置疑)的起点的"结论性的",或形式有效的论据时,我们的理由才是真正的"好"(根据最严格的哲学标准)理由。[4](着重号系原文标注)

这种"合理性"观念的缩减使其只适用于人工的推证的(demonstrative)[5]论辩形式。对这一标准的一贯坚持导致了汉斯·阿尔伯特(Hans Albert)的认识论怀疑主义,其与基础主义的证成主义相联系。[6] 但是,是否所有的逻辑学家都确实将论证的正当性与论证运用的推理形式的有效性等同起来?至少他们中的一些人曾明确指出,被运用的论辩计划也应当与论证辩护的观点相关。作为其中之一的阿那·奈斯(Arne Naess)就总是强

---

[3] 更多佩雷尔曼与奥尔布莱希特-泰提卡论证理论在理论与实践上的优缺点,参见 Frans H. van Eemeren, Rob Grootendorst and Tjark Kruiger, *Handbook of Argumentation Theory: A Critical Survey of Classical Background and Modern Studies*. Providence: Foris, 1987。

[4] Stephen Toulmin, *Knowing and Acting: An Invention to Philosophy*. New York: Macmillan, 1976, p.89.

[5] 对于 demonstration 的译法国内学者意见不一,由于 proof, demonstrate 都有"证明"之意,且在佩雷尔曼等人的原著中,proof 是更广意义上的"证明",为避免混淆,本文将 proof 译作"证明",而将 demonstration 译为"推证"。——译者注

[6] Hans Albert, *Marksoziologie und Entscheidungslogik*[Sociology of the Market and Decision Logic], Berlin: Herman Luchterhand Verlag, 1967.

调相关性标准的重要性。[7] 另一个关注相关性的逻辑学家的例子是霍华德·卡汉（Howard Hahane）。[8]

千真万确的是,逻辑学家一般不会赞成人类学的合理性观。现代逻辑——不论是独白式的还是对话式的,都是从人类学的合理性概念所考虑的关键因素,诸如论证的主体及讨论者的作用中抽象出来的。接受人类学的观点将意味着有效性的标准是在纯粹经验的基础上得到"证实"。由此,合理性将与维特根斯特的生活形式（Lebensformen）相联系。[9] 根据人类学的观点,一些形式谬误的情形将被认为是有效的论辩。

事实上,许多逻辑学家对被图尔敏称为批判的合理性观表现出了明显的偏爱,虽然他们使用的"批判的"概念与图尔敏有所不同。他们当然不会同意图尔敏对证成根据（justificationary basis）的分类,后者将证成仅仅与合理性相联系。然而,批判却相当于试图反驳。

在佩雷尔曼和奥尔布莱希特-泰提卡的《新修辞学》中,论证的正当性也与批判的理性评价相联系,但这种评价是由听众作出的。如果论证赢得了它试图影响的听众,那么他们就认为这个论证是正当的。这意味着他们对合理性持修辞学的观点,这一观点符合人类学的合理性标准。这种社会学导向的观点的后果是,在某一情形下正当的论证在另一情形下未必如此。论证的正当性取决于听众在评价时采用的标准。这意味着合理性的标准极具相对性。到最后,合理性的定义可能会与听众一样多（由于听众经过一定的时间会改变想法,实践中甚至更多）。

仅当普遍听众认为正当时论证才是合理的这一限定的引入,并不能导出任何必要的限制。[10] 在佩雷尔曼和奥尔布莱希特-泰提卡看来,每个个体都能自由选择他或她自己的普遍听众。因此,这只是将变化的来源由听众转到言说者。

---

[7] Arne Naess, *Communication, and Fallacies: Elements of Applied Semantics*. London: Allen & Unwin, 1966.

[8] Howard Kahane, *Logic and Philosophy. A Modern Introduction*. 2d ed. Belmont, Cal.: Wadsworth, 1973, p.231. *Logic and Contemporary Rhetoric: The Use of Reason in Everyday Life*. 2d ed. Belmont, Cal.: Wadsworth, 1976, p.6.

[9] John Passmore, *A Hundred Years of Philosophy*. Harmondsworth, Middlesex: Penguin Books, 1972, p.427.

[10] 在《科学评判的理论：主体与主张》（《方法论与科学》1984 年第 17 期）一文中,格鲁特区分了与佩雷尔曼的普遍听众相近的抽象评判,和与特殊听众相近的更为具体的专家意见的评判。

佩雷尔曼论谬误

既然佩雷尔曼与奥尔布莱希特-泰提卡对理性与合理性持相对主义观点,那么期望他们在其论证理论中就谬误进行充分论述看来就是不恰当的。新修辞学看起来没有给谬误留出一席之地。[11] 但应记住,新修辞学旨在为非分析推理提供一个用以取代逻辑框架的框架。法律人、哲学家以及其他学者很少为他们的论题提供完美的形式证明。然而,没有理由认为他们的证成是完全不合理的或非理性的。因此,合理性与理性的领域不应仅限于由经验观察和有效演绎的形式证明检验的陈述。

在佩雷尔曼和奥尔布莱希特-泰提卡看来,依据论证自己的权利,它是补充形式论辩的理性活动。他们试图提供一个模型以说明如何能在理性基础上证成选择和决定。新修辞学不仅仅是对非形式论辩实践的描述;它也试图为处理各种形式的非分析思考创造理论框架。尽管谬误被普遍视为对论辩对话中合理性与理性的违反,新修辞学仍应能应对它们。

关于谬误,什么是佩雷尔曼和奥尔布莱希特-泰提卡不得不说的?不论是在《新修辞学》还是在佩雷尔曼发表的其他作品中,都没有发现与谬误有关的一般说明或讨论。少有的一些关于具体谬误的评论显示,佩雷尔曼认为"恶念(bad faith)"是制造谬误的显著特征。坏的论证与好的论证的区别就在于,前者出于恶念有预谋地运用正当的修辞技巧。佩雷尔曼在《正义的理念与论辩的问题》一书中对此说得很清楚。[12] 在"论辩中的行与人"一章中,佩雷尔曼讨论了硕朋豪尔(Schopenhauer)的"争辩辩证法"中的第31种诀窍(Kunstgriff):

> 硕朋豪尔十分清楚地说明了,如果在困境中运用示弱的技巧,对这一论辩(指以能力为基础的源自权威的论辩)的滥用就可能出现。我们由此从修辞论辩而过渡到争辩的甚至诡辩的论辩。但这是因为修辞论辩具有一些也许会被恶念利用的价值,就像人们不会相信赝品,除非它和可信的有价值的票据一样。如果诡辩的论辩与诚实的论辩的区别在于前者运用了恶念,那么为了在别的论证中证实这一恶念的存在,我们运用全部的修辞论辩方法以使我们可以从行为中得出关于意图的结论。因

---

[11] 也许这就是为什么至今为止,据我们所知,只有克罗斯怀特写过佩雷尔曼对于谬误的态度的原因。可参见《美国论辩学会期刊》佩雷尔曼专题。

[12] Chaim Perelman, *The Idea of Justice and the Problem of Argument*. New York: The Humanities Press, 1963.

此，诡辩论辩对修辞学的价值和重要性给予了双重承认，因为它的价值既被那些出于恶念来模仿的人承认，也被那些用以质疑对手伪装的人认可。[13]

在《新修辞学》中，佩雷尔曼与奥尔布莱希特-泰提卡在讨论与特定谬误有些关系的论证方法时，有时会明确地说相关的方法是错误的。在其他情形下，他们持有一种更有见地的判断或者他们只是告诫要提防特定方法的使用，因为这些方法也许会对听众产生不可欲的影响（undesirable effect）。

佩雷尔曼与奥尔布莱希特-泰提卡批评论证方法的例子是其关于窃取论点之谬误（petitio principii）的讨论。他们认为窃取论点之谬误是论证中的一个错误。[14] 更有见地的态度的例子更是屡见不鲜。比如，他们在谈及基于人的论辩（argumentum ad hominem）时说，"在这一程序模式中没有什么是不正确的。我们甚至可以认为这种论辩是理性的"[15]。他们对源自权威的论辩的讨论是这种肯定态度的又一例。[16] 在讨论了洛克对源自权威的论辩的看法之后，他们说道：

> 由此观之，源自权威的论辩是伪论辩，其蓄意通过诉诸杰出人物的权威来掩饰我们的信仰的非理性并为他们赢得所有人或大多数人的同意。
>
> 相反，对于我们，源自权威的论辩是极为重要的，……除了在某些特殊情形下，它不会因为缺乏相关性而被不费周折地排除。[17]

对谬误的不可欲影响的警惕可见于佩雷尔曼与奥尔布莱希特-泰提卡关于基于人格的论辩（argument ad personam）的讨论：[18]

> 现在，在某些十分特殊的情形下——比如，当它是使不可靠的证人丧失资格的问题时，通过攻击人格来反驳对手的建议也许会被采纳。但在绝大多数情形下，人身攻击容易让攻击者丧失名誉。科学及其验证方法的威望已经削弱了所有与主题无直接关系并攻击对手而非对手观点的论证的可信度。[19]

---

[13] Ibid., p. 184.
[14] Chaim Perelman, supra note [2], Chap. 28, p. 114.
[15] Ibid., p. 111.
[16] Ibid., Chap. 70.
[17] Ibid., p. 306.
[18] Ibid., Chap. 72, on "The Speech as an Act of the Speaker".
[19] Ibid., p. 318.

佩雷尔曼论基于人的论辩

在20世纪关于谬误的文献中,对基于人的论辩的研究深受韦特利(Whately)和硕朋豪尔的影响。例如,小亨利·W. 约翰斯通和海姆·佩雷尔曼的著作就明显受到韦特利的影响。[20] 在约翰斯通的《哲学与论辩》一书的第五、六章中,他认可了韦特利的定义:他主张哲学论证不可避免地总是基于人的。[21] 他将基于人的论辩视为一种有效的争辩方式,并未提及它可能是一种谬误。[22] 佩雷尔曼也没有将基于人的论辩与谬误联系起来。在新修辞学中,佩雷尔曼和奥尔布莱希特-泰提卡不认为基于人的论证是一种错误,而认为其是论证成功的必要条件。

佩雷尔曼和奥尔布莱希特-泰提卡借鉴了硕朋豪尔对基于人的论辩的定义。然而,与硕朋豪尔不同,他们并不认为这种形式的论证有什么可受诟弊之处。[23] 他们甚至认为如果不以人为基础,论证将不可能在特定观点上赢得他人。在他们看来,以人为基础并非一种具体的(不正确的)论证方法,而是所有成功的论证都具备的普遍特征。

依据《新修辞学》,以人为基础进行的争辩意味着从听众关于事实和价值的观点出发。正如硕朋豪尔一样,佩雷尔曼和奥尔布莱希特-泰提卡将基于人的论辩与依据承认(ex concessis)争辩置于同一层次。拉丁语"concedere"意味着"承认",而基于人的争辩相当于运用听众进行的承认。

只有想要说服普遍听众的争辩者才会要求所有理性人的同意。这就有了佩雷尔曼和奥尔布莱希特-泰提卡所说的基于人文(ad humanitatem)的论证。[24] 认为其基于人的论证只对特定听众有效的论辩者不会要求以人文为基础进行论辩。

佩雷尔曼和奥尔布莱希特-泰提卡讨论了一个很有意思的基于人的论证的例子:"听说有11个人要来吃午餐,女仆大叫:'真倒霉!'她的女主人正忙着,答道:'不,玛丽,你错了;带来不幸的是13。'"[25] 在这个例子中,女主人机敏地利用了女仆的迷信。她有效地

---

[20] 在汉姆布林的《谬误》中,约翰斯通和佩雷尔曼都未被论及,但巴斯和马腾斯在其合著的《基于人的论证:从混乱到形式辩证》中讨论了他们。

[21] Jr. Henry W. Johnstone, *Philosophy and Argument*. University Park, Pa.: The Pennsylvania State University Press, 1959, pp. 73, 81.

[22] 在我们看来,约翰斯通和佩雷尔曼一样,他们对基于人的论辩的看法都来自他们的修辞学的合理性观念。参见爱默伦、格鲁腾多斯特:《论证、沟通与谬误:一种语用—辩证法的视角》。

[23] Chaim Perelman, supra note [2], pp. 110—114.

[24] Ibid., p. 110.

[25] Ibid., p. 111.

修改了小的事实性细节,而不是试图让女仆相信迷信是荒唐的。在佩雷尔曼和奥尔布莱希特-泰提卡看来,这没有什么不对。事实上,他们认为有充分正当的理由认为女主人的论辩方式是理性的。在他们看来,反对这一点相当于错误地假定论证总是以普遍听众的同意为目标。在这一特定情形下,只要由女仆组成的特定听众被说服就足够了。将这一事例中的论辩称为谬误或"伪论证",只是说这一论辩并不令人信服。[26]

佩雷尔曼和奥尔布莱希特-泰提卡也讨论了对对方进行人身攻击的论证方法。为了避免混淆,他们将这一方法称为基于人格的论辩(argumentum ad personam)而不是基于人的论辩。[27]

佩雷尔曼相对主义的语用—辩证的替代物

由于论证是人的活动,根据定义,在论证研究中就有人类学的一面。这并不必然意味着,这一研究应当始于或导致容许所有论辩者选择他或她自己的(普遍)听众的人类学方法,以至于参与各种生活形式的不同人群之间的差距不能被跨越,而身份原因(status quo)被维持下来。因此,论辩作为解决问题的活动的质量并不被真正考虑,因为论证的质量没有得到充分检验。

在我们看来,可以通过选择批判的理性主义的起点达成充分的检验。这样一来,所有的论证都被置于批判讨论的视角,这使所有的论辩都系统地面对质疑的反对性表述。在批判的讨论中,当论辩能经受系统的攻击程序提出的批判性反作用,以至于它们的主体间有效性和问题有效性(problem-validity)都得到最好的检查时,论辩才是可接受的。从哲学层面上说,批判理性的方法比相对主义的人类学方法更彻底。

如果采用波普尔式的批判的理性主义的观点,人类理性的不可靠就会被明确地考虑进人们的合理性概念。在所有人类思想和行为的领域,系统批判检验的观念成为解决问

---

[26] 在新修辞学中,说服(persuasion)与信服(conviction)存在重大区别。在佩雷尔曼看来,说服适用于特殊听众,而信服则适用于普遍听众。如果某一论证赢得了普遍听众的认同,那么这一论证就是有效的,令人信服的;而如果某一论证仅赢得特殊听众的认同,那么这一论证就是有实效的,可以说服人的。如果言说者意图使其论证令人信服,那么他将围绕所有理性人都认为是合理而且相关的论据来进行论证。与此不同的,劝说者(persuader)将仅仅满足于为特定听众而非普遍听众所接受的论据。佩雷尔曼还指出,说服与信服之间的界线并不十分清楚,二者在实践中常常是互动关系。——译者注

[27] 同样地,他们并不拒绝对对手的人身攻击。然而,他们警告说,在某些情形下,这种攻击并不如此有利,因为它有可能带来负面影响。科学的听众尤其不欣赏人身攻击。如果对对手的攻击产生适得其反的影响,言说者(或作者)自己的名望、声誉和信誉就会被削弱(Chaim Perelman, supra note [2], p. 318)。

题的指导原则。批判的理性主义方法推进了苏格拉底或者实际上是前苏格拉底的辩证法理想,在该种辩证法中,进行规定的批判讨论相当于是合理的。

看来有越来越多的作者采用了批判的理性主义观点。汉斯·阿尔伯特就是其中之一,他强调辩证的方法考虑到了不受任何限制的"全括的(all-embracing)批判理性主义"。在阿尔伯特看来,通过批判讨论进行理性检验的方法论适用于所有情形:不只是事实论断,也有规范性观点和价值判断。[28] 拉卡托斯认为"苏格拉底辩证法"的观念甚至可以用于数学。[29]

事实上,佩雷尔曼似乎已向苏格拉底辩证法让步了。在《正义、法与论辩》中,他将论证描述为"涉及批评和证成、反对和反驳、要求或提出理由时,我们在论争中使用的方法"。他认为,除了作为形式证明理论的逻辑学之外,论证理论也应得到发展:"这种扩大将通过研究自苏格拉底时得名的辩证法来完善形式逻辑。"[30]

批判的辩证方法的支持者将论证视为通过讨论解决问题的程序的一部分。在这一讨论程序中,逻辑方法和修辞学方法的要素都被考虑到了。在我们看来,这一程序的合理性源于由解决问题的有效性和习惯有效性两部分组成的标准。[31] 结果是,在辩证论证理论中提出的讨论和论证规则——比如我们提出的——应当被检查,一方面,检查其与争论解决的关系的充分性,另一方面检查其对讨论者的主体间的可接受性。这意味着论证的正当性依据其有助于解决争论的程度和讨论者能够接受的程度来衡量。

传统上,论证的逻辑方法关注作为产品的论证。结论通过一定的论辩形式从一个或多个前提中导出,论辩形式的有效性成为主要的关注对象。修辞的方法倾向于关注作为过程的论证。它检验在论证中采用的以被听众接受为目的的连续步骤的有效性。辩证的方法融合了这些产品导向和过程导向的方法。辩证的方法旨在确定讨论应当如何进行,从而尽可能精密地检验观点的可接受性。

在批判的讨论中,某一特定观点的支持者和反对者试图共同确定这一观点是否站得住脚。支持者提出论证为他或她的观点辩护。在支持型论证中,支持者力图证成,而在反对型论证中,则是力图证伪。在这两种情形下,反对者都批评地回应支持者作出的每

---

[28] See Hans Albert, supra note [6].

[29] Imre Lakatos, Proofs and Refutations. *British Journal of for the Philosophy of Science* 14 (1963—1964), pp. 1—25, 120—139, 221—243, 296—342.

[30] Chaim Perelman, Justice, *Law and Argument: Essays on Moral and Legal Reasoning*. Dordrecht, Holland: Reidel, 1980, p. 108.

[31] See Else M. Barth and Erik C. W. Krabbe, *From Axiom to Dialogue. A Philosophical Study of Logics and Argumentation*, Berlin: W. De Gruyter, 1982, pp. 21—22.

一步论证。这可能导致支持者以更多的支持型或反对型论证来继续努力证成或证伪。反对者可以再一次地作出批评回应,依此继续。通过这一方式,支持者和反对者的言说行为间得以连续产生互动。

如果讨论受到充分规制的话,这一言说行为的辩证互动只会导致争论的解决。辩证的论证理论应当提供进行批判讨论的规则,这些规则应当一起构成问题—有效的和习惯—有效的讨论程序。在《论证讨论中的言说行为》中[32],我们为理性的讨论者提出了这样一个行为准则。最近,我们已经在我们的《论证、沟通与谬误》[33]一书中总结了这一程序中最重要的要素。

在某种意义上,传统上被认为的谬误是对我们的行为方式的简单而具有决定性的证明。在我们看来,他们都可以被分析为对语用—辩证规则的违反。这是对传统谬误观的根本性悖反,但它看起来的确为我们所需。由于汉姆布林的《谬误》一书[34],人们也许会认为这是一种常识:所谓的谬误的标准论述存在严重的理论和实践上的缺陷。

在我们看来,在处理这些谬误时,重要的是不要夸大逻辑的作用。即使因此失去似乎由纯粹的逻辑方法提供的绝对确定性,也要求有一个更为宽泛的方法。为了正确地评价与其他错误步骤相比的"逻辑"错误的实际意义,人们应当首先明确,是什么将出现谬误的论证或其他言说行为置于更为广阔的批判讨论的语境中。

正如其他的言说行为,论证是日常语言使用者之间进行言词交流的功能要素。只有考虑到沟通、互动的语境时,论证的"修复作用"才会明显:它试图消除某一语言使用者对他者观点的疑虑。只有考虑到这些语用知识时,人们才能证成对这些讨论步骤的分析。

我们的语用—辩证替代物的要点是什么?在语用—辩证的理想模式中,合理的论证谈话的规则被具体化为在以解决争论为目的的批判式讨论中进行言说行为的规则。在讨论的任一阶段,当试图解决争论的参与者被授权或实际上是被迫去实施特定步骤时,规则将提供指示。他们必须观察所有有助于解决争论的规则。[35] 任何对讨论规则的违反,不论是何方所为亦不论处于讨论的何种阶段,都可能威胁争论,因此必须被视为错误

---

[32] Fans H. van Eemeren & Rob Gootendorst. *Speech Acts in Argumentative Discussions. A Theoretical Model for the Analysis of Discussions Directed towards Solving Conflicts of Opinion*. Dordrecht, Cinnaminson: Foris, 1984.

[33] Fans H. van Eemeren & Rob Gootendorst. *Argumentation, Communication and Fallacies: A Pragma-dialectical Perspective*. Hillsdale, NJ: Lawrence Erlbaum, 1992.

[34] Charles L. Hamblin, *Fallacies*. London: Methuen, 1970.

[35] 只有与适当的"更高级条件"的事实合作时,对规则的观察才能也构成解决争论的充分(第一级)条件。有关适用于讨论者的态度和意向的第二级条件,以及适用于讨论进行的环境的第三级条件,参见爱默伦、格鲁腾多斯特合著:《语用—辩证观的根据》,载《论证》1988年第2期,第271—291页。

的讨论步骤。谬误被分析为违反讨论规则的步骤。

在语用—辩证方法中,"谬误"一词于是与批判讨论的规则系统地联系在一起。这一谬误的方法比传统的逻辑中心的方法更为广泛,同时也更为具体。它更为广泛是因为,从一开始,不只是论证过程中与有效性有关的"逻辑"错误,所有对讨论规则的违反都会被分析。它更为具体是因为,谬误与界定好了的目标——解决意见分歧——系统地联系在了一起。

批判讨论的规则大体上提供了所有各种各样的有助于解决争论的规范。[36] 传统的逻辑中心的方法只有一个规范——形式有效性。语用—辩证的规则涉及多种不同的规范,不仅包括形式有效性或者毋宁是无效性,还有许多其他能在论证谈话中出错的事物。语用—辩证的谬误方法说明,如果抛弃对逻辑的绝对依赖,谬误可以被更充分地分析。我们认为这是佩雷尔曼应该会赞同的结论。

佩雷尔曼对谬误研究的贡献

佩雷尔曼和奥尔布莱希特-泰提卡对普通的日常论证中使用的论证结构和方法进行了冗长而具体的探讨。这可以成为分析谬误的丰富资源。在我们看来,这一计划并不必然与他们的人类学-相对主义(anthropo-relativistic)合理性观念矛盾。毕竟他们的听众概念可以根据语用—辩证法坚持的主体间及问题有效标准进行很好的界定。这将使我们的语用—辩证理论与佩雷尔曼和奥尔布莱希特-泰提卡的新修辞学富有成果地整合在一起。这可能是听起来比它实际上更令人意外的一步。是否我们没有完全明白佩雷尔曼声明的关于给其理论命名的犹豫:应名之为新修辞学还是新辩证法?现在应该清楚了,至少我们强烈支持后者。

---

[36] 关于提出这些规范的根据,参见同上注。

超越哈特/德沃金之争：
法学中的方法论问题[*]

〔美〕赖特[**]　　王家国　张红梅[***]　译

迄今 30 年里，英美法哲学中的许多课程是根据那个所谓的"哈特/德沃金之争"来组织编写的，这场争论的起点是 1967 年罗纳德·德沃金发表的对哈特之关于 20 世纪英国法学一部重要著作[1]——即其于 1961 年发表的《法律的概念》——所进行的批判。[2]哈特对此次争论的最后陈述可以在其过世后于 1994 年出版的《法律的概念》之附录中见到，然而德沃金自其在 1986 年出版了《法律帝国》之后尚未有实质性新东西付梓。[3]

---

[*] 选自 48·Am·J·Juris·17·(2003)。本文付梓之时，我们首先非常感谢导师於兴中教授提供原文和为本文的翻译、审校及其他诸多方面给予悉心帮助和支持，同时感谢邱昭继博士。对布莱恩·赖特教授的慷慨授权致以诚挚谢意！当然若所译有欠妥之处，责任还当由译者承担。

[**] 赖特(Brian Leiter)，美国 Texas 大学哲学系教授。

[***] 王家国，西北政法大学 2004 级法理学研究生，讲师；张红梅，吉林大学史学学士，馆员。

[1] 德沃金，"第一种规则模式"，参见 Dworkin, *Taking Rights Seriously*, Harvard University Press, 1977.

[2] Hart, *The Concept of Law*, Penelope Bulloch & Joseph Raz (eds.), Clarendon Press, 1994. 引自印有哈特后记的第二版。

[3] Dworkin, *Taking Rights Seriously*, *Law's Empire*, Harvard University Press, 1986. 德沃金在近二十年的成果，除了对 20 世纪 90 年代他在其著名的"正解"说(right answer)中提出的后设伦理学(metaethical)问题看似简要实属含糊地涉猎了一下外，其理论取向主要是政治哲学问题(尤其是公平理论)和宪法"应用"理论。见 Dworkin, Objectivity and Truth: You'd Better Believe It, *Philosophy & Public Affairs*

现在似乎是一个良机,让我们重溯过去,追问哈特/德沃金之争在 21 世纪的法学课程中是否值得像 20 世纪末期那样起着同样的组织功能。[4]本人虽不是坚决反对之,但仍倾向于消极地回答这个问题,因为即便没有哈特的那篇著名的核心大作,我也能构想法学的前景。我觉得哈特/德沃金之争(并且可以说还有其他许多人认为)在许多方面谁胜谁负已很明显,故德沃金对哈特的批判,其启发性价值何在都值得怀疑。

我先点一下,问题的关键不在于对法律实证主义尚未形成挑战,而在于法律实证主义者所面对的有价值的问题现在已经不同了,已不同于德沃金所提出的那些问题了。甚至经常是在问题的类别上已经不同了。这些我将要论证的问题可分为两大类:其一,要正确地说明承认规则的内容及其与法律权威之可能性(哈特/拉兹之争)二者的关系;其二,法学之适恰的方法论。由于哈特/拉兹之争是同一阵营的内部之争,发生在一些共同的实证主义假定的背景之下,故而我将相对少谈一些这方面的东西。相比之下方法论之争——至少是由于它受到了菲尼斯《自然法与自然权利》[5]之极具启发性的挑战而获得了一种全新的理解[6]——在我看来是更有意义的:它通过挑战法律实证主义者的方法论前提,有望揭示出在法律与道德之间存在一个关联层面。如果理解法律的概念这项工作要求对法律进行实证的道德评价,那么关于法律的道德基础问题就不能与关于法律的本质问题进行概念上的分离;其实,法律实证主义确实获得了局部的胜利,这也是菲尼斯本人所承认

---

25 (1996) 87—139。有关具体的批判请见 Brian Leiter, Objectivity, Morality, and Adjudication, in Brian Leiter, *Objectivity in Law and Morals*, Cambridge University Press, 2001。近来有一本德沃金尚未出版的手稿在传阅着,其中他声称要回应哈特的"后记"。该材料"不让引述",故我在此不讨论它,只是提示一下,它指出哈特有愧于"阿基米德主义",德沃金认为这也已影响了他在"Objectivity and Truth"中讨论的问题之一,即后设伦理问题。我斗胆说一句,近期对哈特之回应的失败反应了他这篇近作中观点的失败。即便是更近的时日,德沃金还假借对柯尔曼的一本近期的书进行评论而针对法律实证主义发表了一通怪论。见 Dworkin, Thirty Years On, *Harvard Law Review* 115 (2002), pp. 1655—1687。该争论显著标志是满篇对拉兹观点进行无情的错述(这个我在下文还要谈)以及从个人观点出发所作的骇人的指控,说法律实证主义者的真正的动机是期望划分出"法哲学,作为一个独立的、自足的学科和职业"而不需要关注"对法律的本体和程序领域中的学术研究"或"规范的政治哲学",同上,第 1679 页。奇怪的是,他以对柯尔曼之书评形式来作此指控,而该书中的 1/3 笔墨是来检验侵权法的哲学根基!更抢眼的是,他是在批判拉兹之后作此指控的,而拉兹在过去 20 年中的大部分著述是关注于规范的政治与道德哲学(哈特也对规范政治哲学作了重要贡献)!所以说,德沃金到底在想什么?这完全是个谜。

[4] 这个问题并非纯粹经院主义的。我自己对德沃金在法理学课程中的中心地位是持怀疑态度的,这种怀疑起于我多年的对其反对哈特的作品之教学过程中。

[5] Finnis, *Natural Law and Natural Rights*, Clarendon Press, 1980, 第一章。

[6] 见 Stephen R. Perry, Hart's Methodological Positivism, 载柯尔曼著的 *Hart's Postscript: Essays on the Postscript to the Concept of Law*, Oxford University Press, 2001, p. 313;"我对法理学中方法论的思考大大得益于菲尼斯对此论题的全面探讨,尤其受益于他对哈特的启蒙式的批评"。亦见 Julie Dickson, *Evaluation and Legal Theory*, Hart Publishing, 2001, 第三、四章。

的,他注意到,无论是哈特亦或拉兹的实证主义确实都对下述问题给出了一个充分的说明,即"任何有竞争力的法学家所说的都是(或不是)体制内有效的、给我们强加'法律要求'的法律"[7]。菲尼斯认为,实证主义却未能解释法的"核心情况"(central cases)[8],而这将是任何有说服力的法律理论所不可原谅的错误。方法涵摄着内容——即任何被提出来的法律内容学说(substantive theory of law)的正确性——故而设若哈特的实证主义在哈特与德沃金之争中赢得了胜利,那么法哲学家们现在就对方法论问题给予一种全新的关注着实是明智之举:因为正是在这里,发现了法律实证主义的一个新的弱点。

在第一部分,我将回述一下哈特/德沃金之争和哈特/拉兹之争;这种回述是基础性的,故熟悉此争论概况的读者可以放心地略过这一部分。在第二部分,我转而讨论法学中的方法论问题,我将在这里提出五点主张:(1)德沃金的建构性解释论并未给法律实证主义带来多大的挑战,因为它实在是问题太多;(2)对实证主义中肯的方法论挑战来自菲尼斯,并且德沃金本人也需要菲尼斯式的论证方法来推进其解释主义;(3)实证主义者们能够回应且也有条件击败这种方法论的挑战;(4)实证主义者有条件反驳 Perry 对菲尼斯式论证的新近说法;(5)被 Dickson 称为"间接评价法律理论"(indirectly evaluative legal theory),试图在方法实证主义(或哈特的描述主义)与菲尼斯的立场之间开辟一块中间地带的尝试是失败的。最后,在本文第三部分,我转而讨论一个关于方法论上更大的争论,这种方法论已经成为认识论、心智哲学和伦理学的前沿(fore)问题。在这一部分,我根据在本文第二部分先前提到的"条件"指出法律实证主义者们在反驳菲尼斯过程中可能存在的一些缺漏,然后论证一种建构法学方法论问题的不同路径。

一、哈特/德沃金之争和哈特/拉兹之争

哈特/德沃金之争始于德沃金 1967 年发表的论文《规则的模式》,该文的写成归因于德沃金所全盘反对的哈特的四个学说:法律是由"规则"构成的("规则"当理解为不同于德沃金所指的"原则"之法律标准);法律规则通过"承认规则"是可以识别的,也就是说,"通过不涉内容而只关乎谱系(pedigree)的检测";在规则无法应对个案时,法官有自由裁量权(discretion);另外,在法官有自由裁量权的个案当中,双方当事人都没有一个先在的法律上的优胜权利。[9]

---

[7] Finnis, On the Incoherence of Legal Positivism, in *Notre Dame Law Review* 75 (2000) 1611。
[8] Finnis, supra note [5], p.11。
[9] Dworkin, supra note [1].

当然我们知道,除了最后一点外,德沃金全部误述了哈特的观点。[10] 哈特确实认为当法官有自由裁量权(这是在哈特意义上的自由裁量,而不是德沃金所理解的更多内容)时,当事人都没有先在的法律上的优胜权利。不过他在《法律的概念》中并没想说"规则"排斥下述可能性:即在某些法律制度中,被德沃金称为"原则"的一些标准能够具有法律上的约束力。[11] 他认为在其对承认规则的描述中并无什么东西禁止法律把法律有效性之内容上的检测植入进来,实际上它早已经成了一种司法习惯[12];然而有一种意义上哈特认为当"规则"(如哈特所意指的,作更广意义上的理解,乃至包括德沃金所称的"原则")无法控制案件结果时,法官有自由裁量权。哈特自由裁量权学说的这一挑战,在德沃金将自由裁量权作"强式裁量"和"弱式裁量"之分时实际上并没有被化解掉。这最后一点是下文作进一步评述的重要理由。

德沃金作了"强式裁量"与"弱式裁量"区分,前者是指当决策者不受"系争之权威所制定的标准约束"时所拥有的一种自由裁量权[13],后者则是指"官员必须应用的标准不能被机械地运用,而要求运用判断"[14]。德沃金认为,如果我们认识到法律能够包括他所谓的"原则"即一种即便其真实的谓词(factual predicate)得到满足也不以全有全无形式出现、法官在作一个判决时得在诸原则的冲突中作出权衡时加以运用的法律标准[15],则会看到弱式裁量就既是微不足道的,也是不可避免的。因此,实证主义者要维护的唯一有意义的自由裁量权学说是强式裁量权。不过德沃金主张,既然我们承认原则也可以作为法律,那么说法官"不受(权威的)标准约束"就绝非实情:他们确实有可能在运用诸如"没人可从其错误行为中获得利益"这类原则时不得不动用自己的判断,但那只是承认无论何时在涉及应用原则时,法官有弱式裁量权。

作出强式与弱式自由裁量之区分是德沃金的事,与哈特无关,并且这种区分似乎是模糊而不是阐明了哈特之认为法官有自由裁量权的真实缘由。哈特没必要主张说在自

---

[10] 德沃金难以公正地重述其对手的观点,这是他的文集的一个重要特征。在哈特对德沃金的最后反驳中,即在"后记"中,我粗略计算了一下,有12个地方哈特可以抱怨德沃金说他误述了自己的观点(德沃金也没有很好地理解拉兹;见后注[32]的讨论)。事实上,哈特很明显在他的"后记"开头就提及后记的"第二节"中他考虑了除德沃金以外的批判;哈特说,对这些德沃金以外的评论家们,"我得承认,比我所关心的更广泛的情形和场合下去思考对我的批评,这是对的……"参见 Hart, supra note [2], p.239。哈特认为,德沃金仅有一点上与他的观点相同(这在下文中讨论)。

[11] Hart, supra note [2], pp. 259—263。

[12] Ibid., p. 247.

[13] 德沃金,"第一种规则模式",见[1]。

[14] Ibid., p. 31.

[15] 如哈特所言,"原则"是一个"非结论性的"标准。参见 Hart, supra note [2], p.261。即便有法律上的效力并对法官有拘束力,它们也不会结论性地决定手头的案件。

由裁量权的案件中,法官们不受任何权威性标准约束:事实上,可能存在着有约束力的标准,该标准缩小了可能的决策之范围。然而即便权威性标准划清楚了可能的决策范围,"现存法律,无论是规则亦或原则,有时也无法断定哪一种判决为正确的判决。这种情况绝非少数"。这就使得法官得运用"造法权力"。[16] 向权威性法律标准的堡垒中引入原则,这不排除"造法"之可能性,因为原则与规则一样可以是非确定的,以至于在原则中关键语词的含义的模糊地带(penumbra)里,具体个案中的事实也无法界定得清。"禁止车辆进入公园"这条规则,当它被应用在小孩玩具车上时就变得不确定了;同样道理,当"没有人可以从错误行为中获得利益"这条原则,被应用于因继承人的鲁莽行为导致被继承人死亡时,也会变得不确定。通过运用类比推理或求助于具体法律中的一般立法目的,"当然可以延缓…但无法排除法官造法的情形","因为在任何疑难案件中,诸多类比之间相互竞合着,支撑它们的诸原则会自动出现,法官就像一个心善神明的立法者一样,经常得凭借着其何为最佳的那种感受在诸原则中作出选择,而非借助于由法律为其描述的那些早已确立了的先在顺序(order of priorities)"[17]。

如果说"第一种规则模式"主要地是引起哈特去澄清其观点(可以证明,其所用的方法应该在对其《法律的概念》阅读中就已明白[18]),德沃金于1972年发表的论文"第二种规则模式"[19] 则导致哈特改变了其于上书首次提出的"实践规则说"(practice theory of rules)。根据哈特发表于1961年的那套理论,任何"义务"若要在社群中存在,必定存在着一个"社会规则",即处于这个社群中的诸多个体之间的趋同行为的实践。在社群中的个体接受了这种从"内在视点"描述该行为的规则,他们把这个规则当作是一种标准加以接受,这种标准可以为他们服从这种生活样式提供正当理由,并可用以作为对这种生活样式之背离行为予以批评的基准。德沃金认为该理论过于蛮横专断了,说:一个声称我们有不吃猪肉之道德义务的素食主义者并不断言妄说不吃肉是所有个体的共同习惯(general practice)。同理,1825年美国废除奴隶制的人声称不把其他的人们当作奴隶乃是我们的义务,他们也没有断言趋同行为的模式存在,更不必说一种来自内在视点加以接受的生活样式了。如此一来,哈特所说的实践规则说只有在这种情况下可以运用,即

---

[16] Ibid., p. 273.
[17] Ibid., p. 275.
[18] 为了比德沃金更公平地处理什么是清楚的,什么是不清楚的,见《法律的概念》第一版;亦见 Leslie Green 的富于启发的评论短文"The Concept of Law Revisited",载于 Michigan Law Review 94 (1996), pp. 1687—1717。
[19] 德沃金《认真对待权利》中的"第二种规则模式"。

"社群对规则的普遍遵守是社群成员们据以接受这些规则的诸多理由的一部分"[20]。因此,哈特认识到,无论是个人道德还是社会道德[21],实践说并不是一个对道德性的完满解释。但哈特坚持认为实践说"信实地说明了诸多习惯性社会规则",包括"承认规则(它实际上是一种司法中习惯性规则的形式),这种规则仅在当它被法庭接受并在法律识别(law identify)和法律运用的操作过程中加以应用时才会出现"[22]。对于德沃金的指责,说这种说明仍未解释这样一种规则是如何能够为行为建立起一种义务或理由的,哈特反驳道:德沃金混淆了两种不同的主张,一是"参与者诉求于规则并将之作为建立义务或为行动提供理由的依据,他必须相信存在着某种符合规则的道德原由或正当性"(justification),二是"在事实层面上必定存在这些善由(good grounds)"[23]。

不幸的是,哈特在其书之"附录"中竟纵容了这种混淆。实践规则说应与描述法学的目标相一致,我们应将之视为仅陈述社群成员用以施加义务的社会实践之事实情况,而不必说成起源于社会实践中的义务之真实原因。而当哈特把"社群普遍地遵守"规则说成"是各个体成员本已具有并据此接受"这些规则的部分原因时,他恰恰遭致了德沃金的误解:听起来似乎他在说,趋同行为(convergent behavior)这一事实是(或有必要是)行动的一个原因。[24] 其实,哈特为其"描述社会学"仅仅只需要这样一个更弱的主张:一些(非全部)"义务"理论的存在条件仅是这一事实,即趋同行为加上对那些从内在视点描述该行为之规则的接受。

德沃金在其早期批判了哈特实证主义之后,转而去建构自己的关于审判和法律的理论。他提出,一个法律问题的正确答案是一个符合该法律体系(如成文法、先例、宪法等等)的制度史的"最佳"理论的答案。而且,这个"最佳"理论既能解释或适合(fit)该制度史的一些重要部分,又能为之提供一套最好的道德证成。该学说首次于1975年的"疑难案件"(在《认真对待权利》中重印)中阐明,然后在1986年出版的《法律帝国》中得到了发展。[25] 尽管该学说常被德沃金拿来与哈特的实证主义相抗衡,但事实上德沃金已经

---

[20] Hart, supra note [2], p. 255.
[21] Ibid., p. 256.
[22] Ibid.
[23] Ibid., p. 257.
[24] 柯尔曼和我在我们合作的"Legal Positivism"中坚持了我们的论证路线,见 D. M. Patterson, *A Companion to Philosophy of Law and Legal Theory*, Black-well, 1996, pp. 247—249。但我现在看来那是个错误,原因详见下文。
[25] 我倾向于同意 Larry Alexander 在讨论《法律帝国》中说的:"在《认真对待权利》中所改变的大多数只是标签而已。"见 Larry Alexander, Striking Back at the Empire: A Brief Survey of Problems in Dworkin's Theory of Law, *Law and Philosophy* 6 (1987) 419。

偷换了争论中的许多概念,以至于他主要地是超出了哈特的意思范围侃侃而谈。就像哈特所讲的,"我就是不明白,德沃金的法律理论观念研究工作与我的研究工作之间如此的不同,为什么会产生甚或已存在这么多重大冲突呢?"[26] 具体而言,德沃金简单地推断"一个法律概念,必须解释它给法律所带来的并成之为法的东西(what it takes to be law)如何证成国家强制权力的运用"[27],但这个推定很显然未被哈特接受,德沃金也没说清楚为什么每一个法学家要接受它。一如哈特所言:

> 我此书的目的是提供一种理论,用以解释什么样的法律既是普遍一般的又是描述性的。它是一般性的,是因为它没有与任何具体的法律制度或法律文化死绑在一起,而是力求对作为一种复杂的社会和政治制度、带有规则治理(且在此意义上是"规范的")特征的法律给出解释和澄清。这种制度既然在不同文化和不同时代中有不同的变化,尽管存在着许多需要澄清的误解和模糊地带(obscuring myths),却已采用了同样的一般形式和结构。……我的说明是描述性的,因为它是道德上中立的,并且不存在正当性方面的目标:它并不为出现在我的法律一般性描述中的形式和结构去寻求正当性基础,也不会从道德上或其他方面为之阐明依据,尽管我认为对于任何在法律上有用的道德批判来说,对这些因素有一个清晰的理解是最基本的要求。[28]

当德沃金将其对法律的说明仅限制在那些疑难案件中,该类案件中依照法律实施的国家强制权力可以得到道德上的合理说明,但如此一来他就神不知鬼不觉地改变了争论之主题。这样,哈特说自己的工作与德沃金的"根本不同"自然没有错,因为后者把强制权力的合理性作为其理论的核心,并将一个具体的法律文化即英美法律文化作为其核心的理论关怀。对哈特而言,德沃金学说带来的唯一可能的挑战是:如果德沃金的关于英美法律制度的具体法理学(particular jurisprudence)被认定是正确的,而它却不能在哈特的一般法理学(general jurisprudence)的理论框架中得到阐明。具体而言,哈特实证主义的问题是,该学说能否说明白这样一个现象,即法官把某些原则当作在法律上有约束力,不是因这些原则所属之谱系,而仅因其中所含之内容。哈特鲜明地认为其理论可以做到这一点。

在论证法律实证主义也能够容纳法律上有效的"原则"(在德沃金讲的意义上)之可能性时,哈特作了两点声明:(1) 与德沃金相反,有些法律原则能在法律上有效正是由于

---

[26] Hart, supra note [2], p. 241.
[27] Dworkin, *Law's Empire*, supra note [3], p. 190.
[28] Hart, supra note [2], pp. 239—240.

其谱系(比如,普通法中有个原则"没有人可以从其错误行为中获得利益",它在法律上之所以有用正是因为它已长期为大多数的法庭所采用);(2)在实证主义者的承认规则概念中,对法律有效性的考查中并不排除内容性考查(content-based test),如"这条规则在法律上是有效的,是因为它体现为对公正的要求"之类的考查,这种考查也可以用来说明那些在法律上有效但缺乏谱系背景的法律原则。

在哈特对德沃金的两点回应中,正是第二点回应形成了在过去20年中核心(core)分析法学最为生动的争论之一的切入点,我称之为哈特/拉兹之争。此争论就哈特倾心关注的"法律的概念"之辅助构成因素(subsidiary components)提出了许多深层次问题:比如,法律的概念中需要一种什么样的权威概念?[29] 规则治理意味着什么?[30] 要搞明白此中要义,我们得回到哈特的承认规则,它是在法律制度中建立法律有效性之标准的次要规则。

根据哈特的学说,承认规则是一种社会规则,即它由法官中趋同行为的习惯性传统所构成,且描述这种行为模式的社会规则被那些官员们用一种内在视点加以接受。这样,特定社会的承认规则就是由官员们的实践活动所构成的,他们于诸多具体规则在法律上的有效性之冲突中进行决断:换言之,官员们仅仅是诉诸那些规则所属的谱系这类事实呢,还是说他们在评估这些规则的合法性时,也考查它们内容上的优点或缺点?

这样,哈特的角色就是一种"柔性实证主义"(Soft Positivism),因为柔性实证主义认为,对一个社会的承认规则之内容的唯一约束来自于官员们在决断合法性问题中的诸实践事实。柔性实证主义者以该原则为荣,即法律与道德在概念上相互分离独立,尽管这仍是一个概念上的可能性。因为以柔性实证主义者的观点看,存在一种承认规则亦或一种法律制度,道德性在其中不作为法律有效性的标准。道德性在有些制度中可以作为法律有效性之标准,但这只是在那些制度中官员实践里的偶然性事实,而不是实证主义对法律的描述之概念上的要求。

由拉兹引领的刚性实证主义者(Hard Positivist)反对这种观点。[31] 刚性实证主义认为,除了社会规则之事实外,承认规则的内容还存在着其他的约束,即它所确立的法律有效性之标准一定存在于系争规则的来源或谱系这些直白的事实中。刚性实证主义者们通过他们认为是法律概念之核心的其他特征来推进他们的主张。最为著名的是拉兹,他

---

〔29〕 Raz, Authority, Law and Morality, *The Monist* 68 (1985) 295.

〔30〕 见 Scott Shapiro, On Hart's Way Out, 载柯尔曼著 *Hart's Postscript: Essays on the Postscript to the Concept of Law*, Oxford University Press, 2001。

〔31〕 德沃金也反驳这一点,但理由不同。见布莱恩·赖特的 Legal Realism, Hard Positivism, and the Limits of Conceptual Analysis 中关于"公众引导"(public guidance)的主张。并见哈特的"后记" pp. 359—363。

主张法律概念的一部分就是要对权威进行理解,而这种要求在实践中时常不容易实现。根据拉兹的观点,一种法律制度只有在有可能只认同其指令(directives)而不必仰赖于该指令所潜在("依赖的")的原因时,它才可以宣称为权威。这是权威的一个"先决条件"(prerequisite),因为首先能区分开(实践的)权威性的东西就是其指令先行具备了那些关于我们应该做什么的支持性理由(包括如道德原因),这样才确实使得我们更可能去做真正应当去做的事。不过柔性实证主义使法律的识别恰恰依赖于假定权威指示先在的,这使得在法律原则中,更精确地说是承认规则中不可能有权威性。

　　拉兹在法律概念中不仅引进了对权威的要求,还引进了一个非常具体的权威概念,一个权威性指示据此就可对那些服从它的人发挥作用,帮助他们更为成功地遵守"正理"(right reason)所要求的东西。拉兹关于权威的主张在许多方面引起了争议[32],比如,他把"权威"的特点看成是其所发挥的作用;[33]再如他主张权威性理由必定是排它性的,也就是说,它们先占了权威性指示据以立足的所有可依赖的理由事项[34];又如假定所有的法律都真诚地主张权威性;最后他要求对实践问题应当有一个客观上较好和较差的答案(没有这样的答案,就无法详细说明一个权威是否发挥了其所要求的"功用")。

　　在有些情形中,拉兹派学人对权威理论中这些方面的异议给出了强硬回应。[35]　不

---

〔32〕　然而它们在德沃金"Thirty Years On"文中则并无争议,见同上注〔3〕所引书,第 1665—1676 页,因为其中的大多数讨论被断定为是误述了拉兹的观点,有时是很粗糙地错述。举例说吧,拉兹显然并不坚持说"法律中没有一个命题是真的,除非它成功地说明了立法权威的运作"(同上,第 1666 页)。一个命题即便是非权威的也可以成为法律命题;更重要的是,拉兹的渊源学说并不是一个关于使得一个法律命题为真的学说。拉兹当然没有对"每一个立法者相信他所制定的法律产生了道德义务"给出任何"经验论断"(同上,第 1667 页)。该理论是概念性的而非经验性的。拉兹并不坚持认为"法律必然具备立法权威的全部要件,否则就不是法律"(同上,第 1668 页)。法律要求权威,但它经常地并不能真正地拥有权威。拉兹并不主张说"它是每一个概念或权威之本质的组成部分……如果那些推定服从于权威的人在决定是否去遵从于它时进行道德上的反思,那么就没有什么东西可以算作是权威了"(同上,第 1673 页)。法律是否有一个正当的权威要求,这不同于我们是否有义务遵守法律这个问题。拉兹很明白地否认"把(一个特别愚蠢的)法令(statute)描述成法律完全是一个概念性的错误"(同上)。它会是一个对权威的非规范的假定,不过也有许多生效的法律缺乏权威,否认这一点就会犯一个概念性的错误。我也明白,在近数十年来的哲学争论中,没有一例争论出现过一个名家竟会如此完全地误述或误解其研究领域中的另外名家之观点的。德沃金还是拉兹在牛津的数十年的同事,这使得他有时对拉兹观点的低级的混淆更是令人困惑。

〔33〕　关于怀疑,见 Thomas Christiano, Waldron on Law and Disagreement, *Law and Philosophy* 19 (2000) 515。

〔34〕　Stephen R. Perry, Judicial Obligation, Precedent, and the Common Law, *Oxford Journal of Legal Studies* 7 (1987) 223。

〔35〕　见赖特"Legal Realism, Hard Positivism, and the Limits of Conceptual Analysis"(pp. 363—366)对本争论中一些问题进行了评述,基本赞同拉兹的观点。

过至少有部分刚性实证主义者们已作了另一种选择,证明我们可以通过较为适中的概念性论证也能达到对承认规则的同样约束力:如 Scott Shapiro 主张,实证主义效忠于一种理念,即法律指引着行为,但反思一下规则治理的概念就会发现,采用了以内容为基础的法律有效性标准之承认规则并不可能指引官员们的行为。[36] 倘若承认规则能够指引行为,我们就能从法律概念中一个更小(故而争议更少)的假定里达到一个刚性实证主义者的结论。

我倾向于认为刚性实证主义是正确的(虽不必然因上述之原因而正确),不过我在这里不想论证这一点,相反,我想请大家注意两点:第一点,哈特/拉兹之争(即对实证主义者们所持有的承认规则之内容是否存在约束),是近来分析法学之最为重要的持续的争论,它同时也早已超越了哈特/德沃金之分:拉兹、Shapiro、Waluchow、柯尔曼及其他一些学人们所提出的概念有望化解此次争论。第二点,如果说刚性实证主义是正确的,那么我们仍会把一些回应归因于德沃金的挑战,他说有些原则亦即那些被他区别于规则的非结论性的法律标准,也有法律上的约束力。当然,刚性实证主义者也能像哈特那样认识到,有一些原则由于其谱系原因而具有法律约束力:人们常说的"普通法中的诸原则"就是适例。对于那些非谱系性的而德沃金要求我们将之视为有法律约束力的其他原则,刚性实证主义者必须坚持己见,不要被这些案件中的司法修辞(judicial rhetoric)所误导:这些原则不具法律约束力,而法官在写司法意见时之所以会把它们当作有约束力,其原因也十分明显。

德沃金的理论经常是一种奇异的混杂,John Makie 称它为介于实证主义与自然法学说之间的"第三条道路"[37]。它既不追问古典实证主义的事实性/描述性问题,也不追问某些自然法理论中明确的道德问题。[38] 但如果哈特是正确的,那么德沃金的理论就绝非第三条道路,而只是在具体法理学中的一次小练习:德沃金只描述了那些具体法律制度(可能是美国法律制度)中的承认规则而已,在这些具体法律制度里,在法官们中间存在一种传统惯习(conventional practice),即依照道德标准来决定法律有效性问题。从这方面来看,与其说德沃金在反驳哈特的法律实证主义,莫不如说是在应用实证主义。另外,如果拉兹及其伙伴们是正确的,那么德沃金的理论也绝非第三条道路,因为它绝对不是一种充分的法律理论。加上还有其他的瑕疵:它使得法律对权威的要求无法得到理

---

[36] Scott Shapiro, supra note [30].

[37] John Mackie, The Third Theory of Law, in M. Cohen, *Ronald Dworkin and Contemporary Jurisprudence*, Duckworth, 1983.

[38] 正如 Larry Alexander 几年前所说的,"德沃金问:什么是最引人注目的政治/道德原则,一种能说明我们社会所采用的强制性的政治决策的原则?这是一个很奇怪的问题"。参见 Larry Alexander, supra note [25], p. 419。

解,它无法区分法律的约束力和官员们在法律外对道德的参考。另外,它具体解释了在疑难案件中法官去"发现"正确答案这一司法上的修辞,却忽略了法官们在疑难案件中运用其判断力时法律人之共同特征。[39]

于是,尚还存留的只是法律实证主义(以任意形式呈现于哈特/拉兹之争当中)和一些自然法理论,后者对前者提出了真正的挑战。既然菲尼斯公开否认自然法学家们效忠于肯定道德性是法律有效性的一个必要标准,而这种否认无疑是正确的,那么那种熟悉的表达和实证主义争辩的方法也就不在讨论之中了(辩证地看,德沃金最大的优势在于他确实断定说道德性是法律有效性的一个必要标准[40])。事实上,菲尼斯承认(如前所述),无论从哈特还是从拉兹角度理解,实证主义都充分地说明了"任何合格的法律人所说的法律都是(或不是)体制内有效的、施加'法律要求'的法律"。[41]

菲尼斯不是要把后面的妥协让步视为承认了实证主义已成功回答了其事实上在追

---

[39] Hart, supra note [2], p. 274。哈特评述道,"重要的是,把法官与律师在法庭判案中使用的仪式语言,与他们对司法过程的更具反思性的综合陈述区分开来",这当中"造法任务"常得到公认。

[40] 那里出现一小群人,他们的研究否定了法律实证主义的一个显著特征:对法律与道德之间的"必然"联系之拒绝。著名的例子如加德纳(John Gardner), Legal Positivism: 5 Myths, *American Journal of Jurispru-dence* 46 (2000): pp. 222—225。还有 Leslie J. Green, Legal Positivism, *The Stanford Encyclopedia of Philosophy* (spring 2003),见 http://plato? stanford? edu/archives/spr2003/entries/legal-positi-vism/。严格地讲,正如加德纳所言,主张"在法律与道德之间没有必然联系"是"荒谬的"(同上,第 223 页)。菲尼斯和其他一些人确认了这一点,此事实正说明它们有着更多的联系而不是没有。见 Finnis, supra note [7], p. 1606。其实,在近期的研究之前,人们可能已经假定,这个口号显然是对至少两个相互间不同的理论的速写(shorthand),而这些理论是法律实证主义的显著区别点(正如菲尼斯所说,这就与貌似荒唐实则有理的标语如"不公正的法律就不是法律"等非常相像。见 Finnis, supra note [5], pp. 363—366)。有一个就是加德纳自己认可的命题,即道德并不必然是法律有效性的标准。作为刚性实证主义者,加德纳机智地认可了一个更强式的理论(来追加这个弱式理论),即道德性必然不是法律有效性的标准。参见他的 LP 公式:"Legal Positivism: 5 Myths"之第 201 页。然而哈特似乎认可这个弱式主张,即"没有必然的联系"说,见 Hart, supra note [2], pp. 185—186("法律复生出或满足某种道德性要求,它尽管在事实上常是如此但绝非是一个必然的真理")。他还在"后记"中在认可"柔性实证主义"时再显此立场(同上,第 250—254 页),引述柯尔曼 1982 的论文"Negative and Positivism Positivism",该文普及了这种"无必然联系"说,后重印于 *Ronald Dworkin and Contemporary Jurisprudence*。现在即便菲尼斯也不反对这种理论。德沃金反对,认为这种理论必须肯定地解释为什么它会在法理学争辩中有着显著的地位。"无必然联系"说的第二个版本当然是哈特于 1958 年的论文"实证主义和法律与道德的分离"所提出的,见他的《法学与哲学随笔》(Clarendon Press, 1983),书中将那句口号详述为"实然的法与应然法得分离"(同上,第 52 页)。也要注意进一步说明实证主义者的原则的含义,哈特对第一个"非必然联系"说提供了一个解释:"在没有一个表达明确的宪法或法律规定的情况下,就不可能仅仅从规则是精神上值得向往的这一事实中得出它就是法律的规则。"(同上,第 55 页。)这种注解也声明了与实证主义的反对者们的一个重要的冲突,尤其是菲尼斯,他在《自然法与自然权利》第一章意图表明,如果我们不首先追问什么是应然,那么就无法说清法律是什么。这在下文中将有更多述及。

[41] Finnis, supra note [7], p. 1611.

问的问题。实际上他是在聪明地指责(lambasts)实证主义未曾追问也从未回答的一个问题,即"对于一个官员或私人的良心(最终的理性判断)而言,这些所谓强加的(法律上有效的)要求之权威性"以及"在彻底不公正时权威之缺失"。[42] 实证主义者们当然能够并且已经回答了这些问题[43],但他们不是借助于其独特的实证主义法律理论,而是运用了其合法性理论和正当的权威。菲尼斯的异议看起来从根本上误解了加德纳所恰当地称为法律实证主义"全面的规范性呆滞"(comprehensive normative inertness):"如若一位法哲学家宣称一种命题,它既非认可也非批判律师们所做的事,而只是识别他们所做的事的必要特征,那么律师和法学教员们就会对之失望。"[44] 正如加德纳所说,实证主义"只是陈述了所有法律指引中必然具备的一个特征。此即,如果作为法律它是有效的,那是由于其效力渊源(sources),而非因其价值(merits)"[45]。

不管怎么说,正如菲尼斯所指出的,自然法还有一个更重要的路径来对实证主义发起挑战,那就是对描述法理学之方法论上的挑战。现在我们就转向这个论题。

二、法学方法论:描述性法学有可能吗?

近来,当哲学家们担忧"方法论"时,他们通常担忧的是概念分析太渊博庞杂,以及已在哲学大部分支系中产生广泛影响了的直觉在认识论中的地位。[46] 从这方面看,法学

---

[42] 同上。因此,当菲尼斯说"紧跟柯尔曼和赖特,南非法律或它们中的一部分并没有约束力,虽然被当作有约束力而广泛地重视、对待和执行",他说与柯尔曼和赖特并无冲突,因为此二人没有主张南非种族隔离下的法律具有道德上的约束力,仅仅说它们在法律上是有效的。而后面的观点菲尼斯并不反对。我们并不经常追问和回答菲尼斯感兴趣的问题,这可能是柯尔曼和赖特以及其他实证主义者们的道德缺位,但这不能表明实证主义就是"不连贯的"!(菲尼斯其实认为,"不连贯"起源于这个事实,即实证主义给自己设定一个不可释手的"解释性任务";受到质疑的"解释性任务"即"通过作为法律制度的官员身体力行并通过他们的指令来要求和施行的权威和义务,它们是否、何时、何因真的是[官员或市民]自己良知行为的权威性理由",其困难就在于这个任务是菲尼斯为实证主义所设定的,而不是一个法律实证主义者自己设定的,这在本文中已有提及。)

[43] 例见 Leslie J. Green, Law and Obligations,载柯尔曼和 Shapiro 编,*The Oxford Handbook of Jurisprudence and Philosophy of Law*, Oxford University Press, 2002。

[44] Gardner, supra note [40], p. 203.

[45] 同上。加德纳当然假定刚性实证主义是真理。

[46] 例如 Gilbert Harman, Doubts About Conceptual Analysis, in J. O'Leary-Hawthorne & M. Michael (eds.), *Philosophy in Mind*, Kluwer, 1994; Frank Jackson, *From Metaphysics to Ethics: A Defence of Conceptual Analysis*, Clarendon Press, 1998; M. DePaul & W. Ramsey (eds.), *Rethinking Intuition: The Psychology of Intuition and Its Role in Philosophical Inquiry*, Rowman & Littlefield, 1998; Jaakko Hintikka, The Emperor's New Intuitions, *Journal of Philosophy* 96 (1999); Jonathan Weinberg, Shaun Nichols & Stephen Stich, Normativity and Epistemic Intuitions, *Philosophical Topics* 29 (2001) pp. 429—460。

中方法论之争也是意蒂牢结的而且是狭隘的：近年，那些像 Perry、Postema 和 Stavropoulos 等人一直担扰着哈特所称的"描述性法学"之前景，他们并没有质问哈特对概念分析的承诺，或是法哲学中直觉的角色。[47] 相反，他们却发难了哈特的这一假定，即法学方法论在特征上可以是纯粹描述性的。这些评论家们认可法学是概念与直觉驱动的，但不同意常为 Perry 所说的哈特的"方法论实证主义"的特征（可以证明其他法律实证主义者们也是），亦即哈特的观点："法学理论……能为特殊的社会现象即法律提供一种规范的中立性描述。"[48] 现在奇怪的是这种方法论之争却在哲学中找不到，即使是在 Perry 所坚持的法学是其一个分支的实践哲学领域中也无法找到。有趣的是，为什么法学会受此番争论的困扰与折磨，而道德和政治哲学家们如果说受到了一点干扰的话，也只是在做研究时对概念和直觉有点儿怀疑罢了，至少说在社会学中如此，在哲学中也可能亦如此。我初步认为，就像其他许多在哲学上特别是在法理学之争中一样，错误出在德沃金。

在《法律帝国》中，德沃金提出一种观点，认为法律是一个"解释性概念"[49]。说法律是解释性的概念也就等于说，在诸多物事万象之中，除非我们理解了法律的价值或要义，否则我们就无法理解这个概念。而根据德沃金的看法，法律的要义在于证明国家强制权力运作的正当性[50]，如果我们接受了这一点，那我们事实上就被引向这样一个结论，即法学不能被纯粹地描述：因为对法律的一种法理学说明必须开展一种规范性的调查，即追问在什么条件下一套规范性体系可以称作是"法律"，亦即证成国家强制力的正当性。为了便于参照，我将称之为"法律的规范性概念"（the normative concept of law），也就是说，法律根据此理解须履行一种规范性的任务，即证明国家强制力的合法性。德沃

---

[47] 其实，Stavropoulos 已经赞同哈特的概念隐含说（implicit theory of concepts），但不赞成概念分析方案本身。见 Nicos Stavropoulos 的"Hart's Semantics"。

[48] Perry 的"Hart's Methodological Positivism"（同上注[6]所引书，第 311 页）在文中省略号处，Perry 暗含着"并应当"：不过那与此处的问题无关，我们的问题只是法理学是否能做到描述上的中立。

[49] 德沃金当然也拿出"语义之刺"论来说明其他法哲学家正在从事的是一个失败的工作：为"法律"这个词的运用寻找共同的标准。德沃金的"语义之刺"论，现在已屈服于如潮般的摧枯拉朽的批评，如果希望在法哲学中有什么进步，我们应当准备说是否有些论点不再值得去讨论，我说的就是这个"语义之刺"论。有代表性的批评请见 Jules L 柯尔曼的 Methodology, 载柯尔曼和 Shapiro 编，*The Oxford Handbook of Jurisprudence and Philosophy of Law*, Oxford University Press, 2002, pp. 314—321。柯尔曼指出，阅读德沃金的《法律帝国》，一个自然的结论就是他说由于标准的语义学行不通，我们得被迫走德沃金的把法律作为"解释性概念"去理解的道路。柯尔曼注意到这个论点是无效的："只有在概念的语义学要么必须是标准的要么是解释性的这句话为真时，它才是有效的。"（同上，第 316 页）当然即便假定它是有效的，它仍然是错误的，因为德沃金反对标准的语义学的论点站不住脚。为节省空间，本文忽略了这些讨论。

[50] 比如见, Dworkin, *Law's Empire*, supra note [3], p. 190："一个法律的概念，必须说清楚它给法律所带来的东西是如何为国家强制权力之运作提供一个普遍的正当性说明的……"

金的立场也就是:由于法律是一个解释性概念,由此得出法理学中中肯的法律概念是上述的规范性概念。

如果说这里有什么需要论证的话,那就是法律是一种解释性概念,然而解释论的主张能否承担起这种重任,这尚不清楚。正如拉兹所评论的:

> 对某事物的解释是一种对其意义的解说。即便不是全部但也有许多的法哲学家们认为,他们自己是在解说着法律实践的根本特征,解说着它们与相关现象诸如其他形式的社会组织、社会实践以及道德等之间的关系⋯⋯(哈特他自己)也在努力解释法律这一复杂的社会制度是什么。如果说哈特以及其他人没有像德沃金那样滥用了"解释"这一概念,那一部分是因为范型(fashions)决定着语词的使用,一部分是因为他们可能早已准备好避开同那些在他们眼中误解了解释之本质的理论发生什么瓜葛。[51]

简单地说,大谈"解释"并不真正对德沃金的理论有多大作用:人们能够解释法律概念而无需认为此概念就等同于规范性概念。真正的问题是德沃金对规范性法律概念的解说是不是对我们的法律之概念的一种解说:号称他的解说是一种对法律概念的"解释",这并不足以使之得到证成。我倒是倾向于赞成哈特的看法[52],认为德沃金已是改变了话题:规范性概念是法律的一个概念,不过很明显它不等于法律这个概念,因为我们(包括像菲尼斯等自然法学家们)都知道,法律存在如此彻底的不公正以至它不可能说明国家强制力的合理性。

德沃金事实上没有论证为何把规范性的法律概念视同法律的概念,这一点也正说明了近期像 Perry 这些对哈特的"方法论实证主义"的评论家们会转向菲尼斯:菲尼斯不像德沃金,他给出了一套论证。近来的评论家们以这样或那样的形式使其论证方法得以复苏。

证明为什么菲尼斯是错误的,这很难说明为什么近年来关于描述法理学的方法论之争应当谢幕。

菲尼斯说"一个理论家是不可能对包括法律在内的社会事实给出一个理论上的描述和分析的,除非他也参与评估、理解什么是对民众而言真正的好,什么是实践合理性(practical reasonableness)所要求的等工作中来"[53],也就是,理性地思考人们应当做什

---

[51] 约瑟夫·拉兹,"Two Views of the Nature of the Theory of Law: A Partial Comparison",见哈特的"后记"之1—2节。
[52] 见上面的讨论,前注[28]及附随内容。
[53] Finnis, supra note [5], p. 3.

么。他无法这么做是因为"理论家研究的对象(即法律)与社会生活及实践的其他特征之间并没有清晰齐整的分界线"[54]。法律之类的社会现象是由人们行为和实践组成的,在这种情况下,"行为、实践等等要想得到充分理解,就得理解其要义,即它们的目标、价值、意义或重要性等等,这些东西已为人们所持有,人们践行着它们并致力于其中"[55]。然而,后一个说明与哈特的描述法理学之间并无冲突,因为哈特也同意在阐明社会现象中存在解释学的约束:例如他认为,一个对人类社会实践充分的描述必须注意到实践中的参与者是如何理解其内涵和目的的。当然,一个人也能够描述一项社会实践对其参与者所具有的价值而不必投身到评估活动中去。如哈特所言:"即便所描述的是一种评估,描述仍可以是描述。"[56]

所以说,这里如果存在什么与描述法理学间的真正冲突的话,那就是这个事实,即法律"与社会生活及实践的其他特征之间并没有清晰齐整的分界线"。就像菲尼斯讲的"有一个不可回避的理论的要求,即如果理论不只是一烂堆用许多不可比较的术语来描述的各色事实的话[57],就必须得对意义和重要性作出一种判断"。即使纯粹描述法学的支持者们,如哈特和拉兹也相信理论只关注法律之重要的或有意义的特征,但菲尼斯发问道:"重要性和意义可以在什么样的视点下以及系于何种关怀方可得到评测?"[58]根据菲尼斯的意见,对这些东西进行评测的视点得是一个"实践的"视点,即一个"可用于判决和行动的视点"[59]。菲尼斯指出,哈特与拉兹武断地将他们对法律的注意力限定到"从内在视点"理解之范围内,这是一种把法律当作替行为提供理由加以接受的公民视点,另外他们"坚决拒绝进一步区分"开"内在视点本身中之核心的……和外围的情形"[60]。为反对这种武断的拒绝,菲尼斯说:

> 理论家自己的这些评判是一些概念的选择或形成过程之不可或缺的决定性因素,这些概念用于描述诸如法律或法律秩序之类的人类事务。因为理论家无法识别此实践视点(内在视点)的核心情形,除非他在关乎人类事务和关怀的整个方面判定了实践合理性的要求实际上是什么,不过这种内在视点已被理论家用以识别他的研究对象的核心情形。对理论家认识和描述最重要的事是,用他自己的判断来分析,

---

[54] Ibid., p. 4.
[55] Ibid.
[56] Hart, supra note [2], p. 244.
[57] Finnis, supra note [5], p. 17.
[58] Ibid., pp. 11—12.
[59] Ibid., p. 12.
[60] Ibid., p. 13.

从实践视点看是什么使得拥有法律成了一件重要的事。[61]

这段话核心性的非推论性结论实际上折射了在 Perry、Postema 和 Stavropoulos 等人作品中的观点合并(conflations)。[62] 用菲尼斯的简明说法就是:从我所称的"凡俗真理"(banal truth),即认为"评测……是有些概念的选择或形成过程中不可或缺的决定性因素,这些概念用于描述诸如法律或法律秩序之类的人类事务这等方面",到这样一种主张,即认为有疑问的评测包括"判定实践合理性的要求实际上是什么",这种非推论性结论都会出现。我把这种凡俗真理当作是后库恩和后奎恩时代的科学哲学的无异议的承继:对于"与理论无涉"的事实之类的东西的调查研究,没有是不带有前提预设的(presuppositionless)。但这段话丝毫不能证立下述论点:描述工作的前提条件就是要对被菲尼斯称之为"实践合理性"的东西作出判断,或者说是要对据以评定"重要性"和"意义"的观点是"实践的观点"作出判断。

让我们在认识论维度(epistemic values)与道德维度(moral values)之间作一个区分。认识论维度详解了我们在理论建构和理论选择中热切期望得到的对真理有益的东西:证据的充分性("存留现象")、简洁性、对业已建好的理论架构和方法之尽量少的破坏(方法论的保守主义)、解释的一致性诸如此类。要尊重那些价值,并且我们希望要尊重哪怕明显是实用主义的如简洁性之类的价值,我们将能获得知识。道德维度关注实践合理性方面的问题,比如一个人应如何生活,对他人的义务是什么,一个人应当支持和服从什么样的政治制度如此等等。于是问题就在于菲尼斯合理坚持的在理论建构中不可或缺的

---

[61] Ibid., p.16. 菲尼斯在这里要求描述一种"被马克斯·韦伯(尽管基于更广泛的社会科学)较快得出来的"观点。同上,第16页。然而,鉴于菲尼斯的结论,韦伯的"理想模型"观念的符咒可能被放错了地方。同上,第9页。正如两位评论家对韦伯所评论的:"'理想的'这个词与任何种类的价值评估无关。就分析的目的而言,一个人可能会建构一个自然状态的理想模型,也会建构一个宗教领袖的理想模型。这个词并不等于说,要么是旧约中的预言书,要么是妓女才是示范性的或应当被当作一种理想生活方式的代表加以模仿。" H. H. Gerth & C. Wright Mills, The Man and His Work, H. H. Gerth & C. Wright Mills (eds.), *From Max Weber: Essays in Sociology*, Oxford University Press, 1946, p.59. "理想模型"其实包括"将现实生活中的某些元素建构成逻辑精确的概念,"就如同"近于具体历史情境的多样性"。同上,第59—60页。故而,"理想模型"实际上是这样一些模型,它们是从某些具体中抽象出来的并从理论上关注多变情境的显明特征;它们就如韦伯所讲的,是"一种技术手段,它促进了更明晰的安排和词典学",然后允许我们"决定历史性现象与理论建构的模型之间的近似程度"。"虔诚地拒绝世界及其走向",同上,第323—324页。

[62] 例如见,Stephen R Perry, Interpretation and Methodology in Legal Theory, A. Marmor (ed.), *Law and Interpretation*, Clarendon Press, 1995; Perry, supra note [6]; Gerald J. Postema, Jurisprudence as Practical Philosophy, *Legal Theory* 4 (1998) 329—357; Nicos Stavropoulos, Interpretivism (尚未发表的手稿)。

"意义"和"价值"的判断,除了认识论维度之外,是否还必须参照道德维度?描述法理学接受了凡俗真理并认为不必参照。它认为仅认识论规范即可足以满足为法理学研究的目的而划出法律现象的界线来。

看一个类推。如果我想为"城市"这个概念提供一种分析,无论我提供什么分析,它最好能说明纽约、伦敦、东京、巴黎的常见的共性。任何对"城市"概念的分析,只要它不符合这些范例(菲尼斯称之为"核心情形"),它就不是对我们的城市概念的分析。不过我们现在可以设想这样一段关于城市概念的对话,它发生在我称之为"自然城市学家"(NCT)和支持描述(概念)分析的"描述主义者"(译者注:以下简称"描")之间:

NCT:你怎么知道,这些诸如纽约、巴黎、伦敦等地的特征必定被包括进了对城市概念的分析当中了呢?换句话说,为什么这些"核心情形"符合你的分析意图?

描:哦,因为它们是此概念之范例:那些不知道纽约或巴黎是城市之范例的人就不会像我们使用"城市"这个概念的用法那样去用此概念。

NCT:我明白了,不过是谁赋予你这样的权利,说他们对"城市"概念的用法是错误的?如果不从实践的视角去考虑一个城市真正的样子,那你又如何能排除掉此概念之不相一致用法?

描:实际上,我不必说否定纽约和巴黎是"城市"的那个人就是错误地使用着此概念;我对规制(regulating)语言或概念的事不感兴趣,而只感兴趣于我们所讲的"城市"实际上是什么样。[63] 如果你是对的,"城市"的概念有许多不相一致的用法,那么,我将可能必须为我的概念"城市"重新起一个名称。你称它什么这都无关紧要:重要的是这些诸如纽约、巴黎、伦敦等地方有某些共同的东西,事实上,这些共性通常可以用"城市"这个概念提炼出来。我想要了解那些地方的共同点是什么,何况说到底我并不介意你称它们是什么。当然从事实上看,它们通常被称作城市。

NCT:不过,那岂不是诉诸一种统计学意义上的惯常用法了吗?

描:是的,那说法很适合用来解决同语反复的诡谬。[64] 主要问题是在这个世界上有这么一些地方,它们一直被称为"城市",有着某些重要的共同特征。这就使得对它们进

---

[63] 我应注意到,这种反击对 Frank Jackson 是否有作用尚不清楚;见下文第三节的讨论。

[64] 有趣的是,菲尼斯在《自然法与自然权利》中从未真正地考虑这种回应。最近的论述见于引证拉兹谈论法律的"典型案例"的文章中。Finnis, supra note [5], p. 10. 菲尼斯注意到"'典型的'这个词可以指相关的标准是统计学的概率",不过随后又加上一句,他更喜欢称这些为"核心案例",对这些核心案例的界定参考依据是它们在多大程度上满足"实践合理性"的要求。还有,"统计学概率"看起来完全是发起讨论"典型性"话题的最恰当的方法,然而菲尼斯如此唐突地忽视了这个标准的适当性,这是很不幸的(最终,我同意菲尼斯,认为它可能是不充分的:在第三节中对之有更多述及)。

行归类并追问它们共同点是什么变得十分有趣且很有成效。

NCT：啊哈！这样看来现在你承认你已对什么是"重要的"和"有成效的"作了一个价值判断，你的工作实际上毕竟不是一项描述性的了。

描：它的描述如同化学或认知心理学中的描述一样：我们中无人能够否认凡俗真理之可能性，即我们的对象必须得与经验的调研划清界线。认知心理学家们必须给心智赋予个性，并决定当主体受到了神经刺激的时候，大脑中的神经元反应是一定量的描述性数据，然而表皮上毛发的生长却不然。我们用一种认识论维度的眼光，诸如简洁性、符合性、与其他主要理论相一致性等等来切断了世界中的联系。在这种范围上讲，没有什么工作是"纯粹地"描述性的。

NCT：但你需要的不只有认识论规范，你还要道德和政治规范来描绘你的对象。毕竟若不关注一个人应当如何生存这个根本性的实际问题，你又何以能够讲明白"城市"为何物，让它能区别于房子、农庄、市郊区或小村落。

描：这就让我无法理解了。其实你追问实际问题，即追问一个人应当做城市居民、郊区居民还是做乡村居民时，我们早就需要理解城市、郊区与乡村之间的不同之处了。你的实际问题它们本身就是寄含着一种划分，这种划分是基于如下的纯粹的认识论标准作出的：

（1）统计学的惯常用法：大多数人称伦敦和巴黎为"城市"而不称"郊区"；

（2）证据上的充足性：经验表明，有多种多样的人类公共生活（communal life），它们是跨文化的并相互间在许多方面明显不同；比如"城市"，都有高密度的人口、精心设计的公共交通系统、更高层面的自我中心行为如此等等；

（3）解释上的一致性：它本该可以说明我们是否可能对上（2）中的注意到的现象有一个统一的说明，而不是仅把它们看作是关于不同乡村的非连续的、原始的（brute）事实。

这些认识论上的考虑非常自然地引导我们在"城市"与"乡村"、"郊区"（诸如此类）之间作为一个调研的课题而作出区分。但人类应如何生活却是一个不同的问题了。

NCT：然而肯定的是，你必须承认这个事实，即有一些人已将他们的公共生活组织成为城市，然而其他的人依然留在乡村和郊区，这个事实是否反映了由这些人所作出的实践利益和实践判断？

描：当然反映了啊！在我的研究中没有什么东西要求我去否认它，社会被分割成城市与郊乡、学校与医院、法律制度与非正式的社会规范制度等等，这种方式确认反映了人们的实践关怀。我不是在对社会这些特征的根源性上（etiology）作出什么个人主张，不管这些具体的社会现象如"城市"、"法律制度"等其根源是什么，我的目的只是想对我们所发现的东西给出一个令人满意的描述性说明。

现在来看,如果我们把"城市"概念换成"法律"概念,描述主义者们还有什么更惧怕的吗?很显然没有。故打个比方说,虽说很有必要去追问某些情形的法律制度是否是正当的并值得服从,一如很有必要去追问一下"城市"之生活是否是值得追求的并有益于人类的繁荣这个问题一样,不过这只是一个不同于描述性问题的另一类问题了,描述性问题只问"法律"、"法制"——或"城市"——是什么样子的。若是要问实践问题,我们似乎得进行一个适当的概念上的分离,使法律区别于其他形式的规范性控制。依此类推。

Perry 经常附和着菲尼斯[65],他在其近期的作品中却采用了一个稍有不同的论证策略。他现在把法哲学描述为在集中关注着"法律的规范性问题"[66]。事实上他对此太过执著以至于宣称说解释"法律的(明显)理性给定(reason-givingness)",即解释法律的规范性(normativity)就是法哲学的"中心任务"[67]。不过有什么证据可以支撑此强烈的主张呢?

Perry 说,法律的规范性问题包括此二问题:"法律义务的概念该怎样去分析"以及"对某人主张权威意味着什么"?[68] 这些问题看起来要求纯粹描述性的答案:比如,一种对法律义务的分析或一种对权威主张的解说。若说系争之概念是那些规范性的概念,这当然对,不过用 Perry 自己的说法,我们所要求的恰恰是对那些规范性的概念予以描述性解说。

现在就奇怪了,Perry 自己认识到了哈特甚至对法律义务没有进行过分析,事实上,哈特在其主要作品《法律的概念》中除了反驳奥斯丁之外确实对法律的规范性没作什么说明。Perry 已正确地提示我们,哈特的社会规则义务说"仅仅是一种描述性的陈述,即相关团体中(一定比例的)成员把他们自己和团体中的其他成员视为有义务遵从一些通用惯例(general practice),这种陈述不是对义务概念的分析"[69]。哈特的描述性说明固然区分开了两个类型的社会实践:一是趋同行为仅是一种习惯性的传统,二是趋同行为反映了一个事实,即社会参与者们感觉到他们有义务遵从此行为。根据哈特的意见,后者是有法律的社会之核心现象,但哈特在此情境中真正的批判目标是斯堪的那维亚的现实

---

[65] 比如,他说"任何特定社会现象可以用无数的方法去精确地描述",见 Perry, supra note [6], p. 327。更普遍地见于 Perry, Interpretation and Methodology in Legal Theory, supra note [62],这很大部分是从菲尼斯那里得到的灵感。

[66] Perry, supra note [6], p. 330.

[67] Ibid., pp. 330—331.

[68] Ibid., p. 330.

[69] Ibid., pp. 334—335.

主义者们,由于他们持有"外在"视点就没能把它与习惯性行为区分开来,故而他们也无法解说社会的法律现象。[70] 因此哈特的"描述性陈述"足以满足其真正的理论目的。[71]

对 Perry 来说,要把这种"描述性陈述"转换成一种理论主张,给法律以一种积极的道德支撑,唯一的办法就是不断地误述它。故此,尽管 Perry 对"法律规范性问题"最初表述,如上所示显然是描述性的(一种对法律义务的"描述"或对权威的"主张"),他很快对这个"问题"作如下描述:"法律真的以一种它所声称的行为方式去强迫我们的吗?"[72] 对于这个问题,他花言巧语地说,"它起于实践理性的哲学之内,并且看起来无法避免的是,该问题的解决似乎需要规范也可能还需要道德的论证"[73]。然而,这明显是另外一个非常不同的问题,无需根据哈特法律的概念理论进行分析即可得到其答案。所以说,Perry 的规范性问题显然不是哈特的问题。唉啊,几乎 Perry 的所有论证看起来是无声地游移于规范的描述问题与真正的规范问题二者之间,仿佛此二者就是一个东西。

Perry 对拉兹的理论发展不多,作为实证主义者他实际上已经对什么是"对某人主张权威"作了一个说明,下面是 Perry 的关键一段:

> 拉兹辅助于权威观念的主张本质上是道德的。如果他的主张是正确的,那么,国家不可能有其所声称的道德权威这一无政府主义论点就是错误的。拉兹的理论宣布了合法性的(legitimacy)道德条件,它在拉兹的法律概念中是固有的,当法律将引起人们本不会有的义务时就必然遇到这个问题。拉兹的法律理论故而也是一种政治哲学,它超越其他诸多理论,直接与德沃金的整体性理论(其本身也既为法律理论又是政治哲学)[74] 相媲美。

对这一段中的每一句话,我所能给出的最佳评语是,它要么就是直白地错误,要么就是暧昧不清。首先,拉兹并不赞成辅助于权威的概念建立在其道德上有魅力或道德上有善果之基础上:他主张它是我们的概念。那是一个描述性主张。其次,拉兹对权威的说

---

[70] 这些观点被 Shapiro 在对伯顿的回应中得到了进一步的发展,他反对 Perry 早期反对描述法理学的论点,见 *The Path of the Law and Its Influence: The Legacy of Oliver Wendell Holmes, Jr.*, Cambridge University Press, 2000。

[71] Perry 确实时常努力地去发掘这个在"后记"中的不幸的事实,哈特似乎把趋同行为这个事实视为是一种义务的基础。Perry 如是说,"它并不完全清楚……即哈特是否相信一种社会规则的接受给相关的群体中的成员引起了一种事实上的义务"或这个理论是否只是反映了当"人们自以为对规则负有义务"时什么是事情的真实情况,见 Perry, supra note [6], pp. 332—333。不过就像前面所讨论的,哈特以这种方法试图回应德沃金却是找错门了。见如前讨论[24]及相关内容。

[72] Perry, supra note [6], p. 335.

[73] Ibid., p. 336.

[74] Ibid., p. 352.

明十分符合"无政府主义者的论调,说国家(更准确地说是国法)永远不会具有其所声称的道德上的权威",因为拉兹的论调就是所有的法律(诚挚地)要求道德权威,而不是它们就真的具有该权威。用拉兹的话说[75],无政府主义者的论调就是主张法律经常不能满足规范正当性命题(normal justification thesis)。在拉兹的权威理论或法律理论中并不排除它。最后,拉兹的理论确实主张法律如果引起义务的话,必会遇到诸如"合法性的道德条件"之类的问题。不过作为法律理论,它只坚持所有作为法律的东西都要求有权威性从而要求引致义务,而不是事实上就有这种权威。后者不属于"政治哲学",而更是一个对法律概念和权威概念的描述性分析。

如果有人坚持认为描述法理学必须回答实质性的道德和政治哲学问题,即一个人应当做什么,应当遵从什么法律等问题,那它也就不再是纯粹的描述性的了,这种说法当然是对的。但过去也无人否认过须回答这些问题。Perry 论证中的困难在于他想把这些后面的问题视作是一些描述法理学家们事实上在追问着的问题,但这只是误读了批判的对象。

通过思考不同形式的大挑战后,我认为描述法理学还是有可能的。近来,Dickson 以一种解说拉兹观点的形式主张,在描述法理学与德沃金、菲尼斯的观点之间,即与法理学要求对法律进行道德评估这一观点之间存在着一个相互调停的场域,这被 Dickson 称为"间接评估法理学"。我认为,这种法理学实际上只是描述法理学的应用之一例,Dickson 称之为"后设理论"(meta-theoretical)维度,而我称之为认识论维度。简言之,一旦凡俗真理被人们所认知,在描述法理学与法学的规范性概念之间就不再有概念上的距离。

Dickson 通过拉兹的一段话激发起她提出间接评估法理学,故而有必要认真地来检讨拉兹说的这一段话:

> 法理学有助于……对社会进行更深刻的理解,但若由此得出这样的结论那就错了……即一个人对法律概念之分析的成功与否是通过该理论的社会成效来作出判断的。这样做会遗漏一个要点,即"法律"这个概念不同于"质量"(mass)或"电子",它是一个被试图了解他们自身的人们所使用的概念。我们并不能自由地挑选任何有利的概念,对法理学来说,一个主要的任务是通过帮助我们理解人们是如何理解他们自己的这种方式从而来推动我们理解社会。[76]

让我们区分隐含在本段中的两种不同的概念。我们说"自然类概念"(natural kind

---

[75] 参见 Raz, supra note [29]。
[76] Ibid., pp. 321—322,转引自 Dickson, supra note [6], p. 40.

concept)只要被任何经确证了的科学的(法律的)归纳(generalizations)所采用,其外延就被固定了。我们称任何符合下面两个条件的概念为"解释性概念"(hermeneutic concept):(1)它起到了一个启发的作用,也就是说,它蕴含了人类如何使得其自身及其实践活动对他们自己来说是可以理解的,和(2)其外延被这种解释的作用所固定。

从一开始我们就得注意,许多自然类概念确实起到过解释性作用。比如,资产阶级社会中的"黄金",或许多宗教洗礼中的"水",或密歇根州的"狼獾"(密歇根大学的"吉祥物")。然而它们中无一使这些概念成为解释性概念,因为我们不因它们所起的或可能会起的解释性作用就认为它们的外延是固定不变的:狼獾是一个生物学范畴,这并不因它在密歇根居民和球迷们理解自身及社会的过程所起的作用而受到什么影响。

故拉兹在上段引文中的核心主张就是,"法律"是一个解释类概念。该主张在过去的百年中很显然受到了每一位法哲学家的认可,斯堪的那维亚的现实主义者们除外。哈特有一个著名的论点(上文提及过),用以论证为什么我们必须把"法律"当作一种解释类概念来对待:如果我们不这样来处理,我们会无法将法律的外延与传统的社会实践的外延区分开来。就让我们假定它是正确的吧(换句话说,让我们假定若不作出这种区分将会导致法律理论中一些解释的错误)。[77]

利用这种适当的术语,我们就能将前面引文中的拉兹观点复述如下:根据拉兹的观点,社会科学的成效性(fruitfullness)并非法律概念分析之充分性的一个判断标准,因为法律概念是一个解释类概念,而科学领域丰硕的理论都关注自然类概念。

我当然意识到了,这种复述有点超出了拉兹在上述引文中所明确讲的东西,但它是我能负责地理解它的唯一方法:因为人们为何会认为一个成果丰硕、其靶子是解释类概念之成效标准(criteria of fruitfulness)的自然科学理论应当采用其外延不受解释作用影响的自然类概念,这从事情的表面上看彻底是一个谜,除非这个人认为自然科学理论范围内只有自然类概念。在逻辑实证主义鼎盛的年代里,这看起来似乎是一种有道理的假定[78]:人们会说,在科学上值得尊重的概念当然仅是那些其外延与其在自然科学中的概

---

[77] 勿需讳言,我不能确定这就是对的,有一个简单的原因:许多概念起着解释的作用,不过它们的外延并不被认为受那些作用所固定。其他类型的理论思考得说明为什么解释作用在"法律"案件中极为重要(而在比如"狼獾"中就不那么重要),以及那些理论思考是什么,它们的重要性如何得到衡量,这是一个复杂的问题,却在法哲学中很少有具体的讨论。

[78] 当然严格地讲,大多数逻辑实证主义者不会根据"自然的种类"交谈,除非可能在奎恩后来说的通货紧缩意义上用"自然种类",见 *Ontological Relativity and Other Essays*, Columbia University Press, 1969。

念外延根本相同(或可以包含)的概念。不过逻辑实证主义已退出舞台数十年。[79] 故此,既然一种科学的理论具有作为其靶子的解释性概念,我就不明白为什么 Dickson 所称的后设理论维度(meta-theoretic values)(我称之为认识论维度)何以不能成为一种法律理论。尽管描述法理学把解释性概念当作其靶子,但一种全面、简洁、相互一致的理论,也就是,一种描述充分的理论必须得说明白这个概念是如何"被人们用来理解他们自身"的。[80]

Dickson 自己的核心例子,即一个不可知论者对罗马天主教仪式的描述,清楚地说明了,我们只需以认识论维度观念即可说明解释类概念,Dickson 如是说:

> 假设一个不可知论的观察家,想了解他所参与的罗马天主教集会,为了成功地完成任务,他显然得致力于评估工作,因为为了了解这个集会,他尤其得要理解对该集会来说什么是最好的。这就要求判断各种各样的对相关各方能正确行事而言那些重要的东西,还要求理解那些行为对他们意味着什么。因此,观察者就会不可避免地对什么是集会最重要或有意义的特征作出判断,并对社会名流应践行什么样的理念作出判断。然而观察者的判断,说集会的某一具体特征是重要或有意义的,这将得不到他自己对于这些特征或那些被声称将致力的理论是善亦或恶的、是对亦或错这类直接的评估所支持,因为在关注这些事物时他是不可知论者,并且没有义务作出任何这类评估。相反,他对集会某一既定特性之重要性的间接评估性判断,将会被该特性在集会参与者之自我理解中所起的作用所支持或证立。这些参与者的自我理解将包括关于集会的某些方面进行精神和道德维度的归因,那些价值归因暗示着什么是对集会参与者来说是紧要的,什么是因重要而需要解说的。然而为了知道该集会的哪些特征对于那些参与者来说是重要的和有意义的,……不可知论的观察者不需要有那些价值观念,他自己也没必要对下面问题表态,即参与者们进行精神和道德维度归因是否正确。[81]

在这个例子中,我们把罗马天主教"集会"当作是一个解释类概念,其外延已被集会参与者们理解它的方式所固定。显然"存留现象"的认识论维度要求我们对群体的理论

---

[79] 比如见 Richard W. Miller, *Fact and Method*: *Explanation and Confirmation in the Natural and Social Sciences*, Princeton University Press, 1987。Nancy Cartwright, From Explanation to Causation and Back Again, in B. Leiter (ed.), *The Future for Philosophy*, Oxford University Press, 2004。就一个类似结论的早期论点而言,请参见 Dagfinn Fllesdal, Hermeneutics and the Hypothetico-Deductive Method, *Dialectica* 33 (1979), pp. 319—336。

[80] Raz, supra note [29], pp. 323—324.

[81] Dickson, supra note [6], pp. 68—69.

应关注群体的那些"有意义的"和"重要的"特征。这紧接着就要求我们关注那些参与到集会中的人是如何理解意义和重要性的。用 Dickson 自己承认的话说,它不要求我们关注理论家(不可知论者)是如何评价这些活动的。因此,推导出的结论是,"间接评估"仅仅在很小的意义上才存在,即为说明解释类概念的外延(这种解释性概念蕴含了采用此概念的行为者的评价),我们必须(描述式地)关注他们的评价活动。

Dickson 称它为"间接评估理论"而我称之为解释类概念的描述理论,这并非只是一种术语上的诡辩。因为 Dickson 的中心论点就是认为在下述两种观点之间存在一个概念上的距离:一种观点就是道德评价说[82],像菲尼斯和德沃金等理论家们所认为的,"为充分地理解法律,法理学家必须从道德上评论法律";另一种观点就是哈特式的描述主义者坚持认为的,对法律的充分理解不需要对法律进行道德上的评价。这里区分的标记就是提供"充分理解"的理论家的立场和评价在其理解过程中所起的作用。从这方面考虑,每个人都承认理论家在划分出理论研究的对象时必须采用认识论维度。唯一的问题就是理论家为了获得一种关于系争对象的理论,他是否也必须致力于道德评价。与每一位描述主义者一样,Dickson 否认那种观点,所以她的"间接评价法理学"对道德评价学说并未构成什么挑战,因为她完全同意描述主义者,也认为上述问题的答案是否定的。困惑产生于一个事实,即 Dickson 与拉兹一样,也认为认识论维度在科学理论之建构中不能容忍解释类概念的截然不同的特性。但这种假定源起于一种坏的科学哲学,这种哲学是动机不明的,因而这种假定不足以激发出一种既不同于描述法理学也不同于道德评价说的法律理论来。

三、哲学方法论:自然主义转向

依我看,法哲学家们对法学方法论是在进行着一次错误的争论:实际上,法哲学是描述性的,完全就像实践哲学的大多数其他分支一样都有一种重要的描述性成分。法学当然就是(或试图成为)描述性的,对法学真正的担忧并非因它是描述性的,而是它所依赖两个核心的理论工具,即概念分析和诉诸直觉。它们对认识论彻底无益。

先谈概念。从柏拉图到卡尔纳普再到皮考克(Peacocke),主流观点是"概念的每一种分析都难免与其他所谓的分析学相联系"[83]。但奎恩时代之后,我们知道(又谁人不

---

[82] Ibid., p. 9.

[83] Stephen Laurence & Eric Margolis, Concepts and Cognitive Science, in Eric Margolis & Stephen Laurence(eds.), *Concepts: Core Readings*, MIT Press, 1999, p. 18. 即便是更近的 Christopher Peacocke 提出对概念的"占有—情境"的描述亦要求它应当是分析的,即某些经过推论得来的过渡性理论因其中的个别具体概念而获得某些特权。

知)分析—综合的区分并不表示认识论的不同,而只是一个社会历史(socio-historical)问题。哲学家早已认为,有些真理是必然的而有些则是偶发的。20世纪在逻辑实证主义的影响下,这就被认为是那些"在内涵上为真"(故而必然为真)的陈述与那些"在事实上为真"(故而只是偶然的真)的陈述之间的区别。前者"分析的"真理恰好是哲学的领域,后者"综合的"真理恰好是经验科学的领域。奎恩认为这种区分是不会长久的:所有的陈述原则上都要对经验负责。反过来讲,只要我们调整一下我们的世界图景的其他部分,所有陈述都能够在坚实的经验面前得到维持。所以在"内涵为真"与"事实为真"两种主张之间,或说在"必然"真理与"偶然"真理之间,并不存在真实的差别;只存在这样的社会历史事实,即在历史研究的任一给定的点上看,有一些陈述即便在顽固的经验证据的面前我们也不可能放弃掉,也有一些陈述当经验证据相矛盾时我们会十分乐意地作出让步。

不留出一块领域给那些是前提性的(priori)并因其内涵而有效的分析真理,那么我们就会搞不明白什么样的专业特殊领域才是留给哲学反思的领域。如果说所有的主张在原则上讲皆因经验的证据而变得可修正的,那么是不是所有的问题都将沦落为经验科学?哲学将可能除了可作为经验科学的抽象的反思性的分支外一无用处。如果分析性陈述消失了,那么概念的分析也就没有了:因为任何概念分析的要求都易于受到其后的(即经验的)理论建构要求的攻击,哲学必须在经验科学后面亦步亦趋,它不再作为对经验科学之主张的裁判者了,却成了对经验知识进行概要性的澄清的一种反思式尝试。

仔细考察一下就会发现,即便是现代概念分析的领军人物弗兰克·杰克森似乎也承认了奎恩批评的重要性并认真地限缩了概念分析在哲学中的作用。根据杰克森的观点,概念分析的前进是"通过诉诸那些(系争概念中)对我们来说看起来很明显和很核心的东西……这种可能的情形(possible cases)通过我们的直觉得以揭示"[84]。对可能情形中"直觉反应的普遍一致",他说,"揭示了(系争概念中)大众理论(folk theory)的某些东西"[85],其"大众理论"就是指对概念的"通常"理解,它半明半暗地体现在通常的谈话与思维习惯之中。不过也得注意,杰克森特别严厉地批评了概念分析中"不谦虚的角色"(immodest role),即当"它在决定这个世界是什么样子时赋予了直觉……太高的地位"[86]:"在大众理论中没有什么是极端神圣的",他解释道:"它为我们发挥了很好的作用,但不是说就好得不能再动了,即根据对其严格意义包含什么进行的反思,根据对我们

---

[84] Jackson, supra note [46], p. 31.
[85] Ibid., p. 32.
[86] Ibid., pp. 43—44.

和我们的世界这样或那样的经验发现进行反思来改变它就可能会是不合理的。"[87]在作出这么大的让步之后,剩下的空间还有多大就成了问题。正如杰克森所构思的,概念分析变得与盖洛普原子测验类的凡俗描述社会学难以区分。实际上杰克森明确地说,若有必要他将倡导"针对人们对各种各样案件的反应开展严肃认真的民意调查"![88]不过这现在似乎模糊了概念分析与词典学之间的界线:因为难道词典编纂不也是要统计式地追踪语词或概念的规范用法吗?[89] 这岂不恰好就是一个精心设计的民意测验所欲寻求的用法模型吗?[90]

当然,杰克森会反驳说即使是民意测验也有其要发挥的作用;他说:当我们进行理论思索时,我们所问的问题是用语言来架构的,故而我们需要关注,语言的使用者通过他们所采用的语词来提出他们的问题时,使用者的意图是什么。当悬赏广告的应征者开展搜寻时,他们是要寻查一个人而不是一张寻人启事,不过如果他对传单上搜寻对象的代表性特征未予注意,他的调查就不会深入下去。这些特征给了搜寻者以目标,如果你愿意也可以说是限定了他们搜寻的对象。[91]

然而,这使得概念分析与词典学之间的区分越发模糊了:词典编纂不是也关注"语言使用者通过他所采用的语词来表达的意思"然后写出结论吗?从这方面考虑,哲学岂非徒具美名的词典学?

固然,词典学很重要,但其结论是严格地人种学的(ethnographic)和地方性的:这种方法无法说清楚的一件事是,"事物是如何存在的"这样一个永恒或必然的真理,但这恰恰是法哲学家们似在追求的(它也是法哲学家们应当去追求的,难道不是吗?)。比如从拉兹的观点看,正如 Dickson 所说的:

> 分析法理学关注解说法律的本质,其方法是努力分离和解说那些使法律成为其

---

[87]　Ibid., p. 44.

[88]　Ibid., p. 36.

[89]　Tony Honore 给我很深的印象,说这是对真正词典编纂的讽刺描述,词典编纂有着很强的规范性。所以文中这种刻画可以看作是描述一个新学科:"流行词典学"。在 Jackson 层面上的概念分析似乎只是要说明流行词典学。

[90]　Jackson 非常直接而又不同寻常地承认:"我们的课题实际是说明在我们用以提问题的词语掩盖下的可能的情境……我使用'概念'这个词,部分是顺从传统的术语……部分是想强调尽管我们的课题是说明形式多样的情境,它们为大量的根据不同的使用者而不同的语言所掩盖,或被普通民众所掩盖,它从对地方方言到任何具体的语言的思考中分离出来。"见 Jackson, supra note [46], p. 33。从这方面考虑,与词典编纂唯一的不同就是,我们不关注存在于只有一种语言的群体中的使用者们在统计学上的常态(statistical normalcy)。

[91]　Ibid., p. 30. 比较 Timothy Williamson 在 *The Future for Philosophy* 中,讨论了语言转向中还存留着什么。

本色的特征。成功的法律理论是由关于法律的这种命题组成的,它们:(1)必然为真,且(2)充分地说明法律的本质……我用"法律的本质"来指称那些根本属性,为了成为法律,一系列特定的现象必定展示出这些属性。[92]

一个采用概念分析来陈述必然真理和说明本质特征的法学理论,通常会在其自负的形式中包含着概念分析,因此在 Dickson 那里找不到慰籍。[93] 更为严重的是,这样一种路径依赖于一种假定,即奎恩在分析(analyticity)方面是根本错误的。在这样一个新时代,如果我们会认真对待法学研究的成果,这个假定就要求有一些清楚明确的辩护。

现在再来看直觉。[94] 根据杰克森推介的"最适中的"概念分析形式,我们来检讨一下用我们的直觉对可能的案例进行一种所谓的概念分析。与其他许多学者一样[95],Dickson 把 Gettier 知识分析反例法当作是"经证成了的确信"(justified true belief)来作为其核心方法。[96] 但我们现在已知道,根据 Jonathan Weinberg、Shaun Niehols 和 Stephen Stich 的经验主义的研究,Gettier 反例报告仅仅是关于某些社会经济集团和某些文化中的认识论直觉方面的人种学事实。[97] Gettier 尽管大量阐述了在特定社会处于特定阶层的

---

[92] Dickson, supra note [6], p. 17.

[93] Leslie Green 声称,在哈特的研究工作中,日常语言哲学的作用已被夸大叙述了。见 Green 的"The Concept of Law Revisited",同上注[18]所引书,第 1688 页。从某一个意义上看:在这本书中只有一个明确的日常语言哲学论点,诉诸有"义务"与被"责成"做某事间的日常语言之间的不同点,这也正表明奥斯丁法律概念的分析错述了法律规范性的特征。见 Hart, supra note [2], pp. 82—83。不过哈特也赞成拉兹式的法律理论的概念,Dickson 是这么描述的,我也这么认为。这样一来他就与日常语言哲学分享了一种哲学上更为重要的密切关系:即假定,在现实包括社会现实中,存在着有待发现的真理,无论是通过这些外在的符咒能否达致这些真理,但只要通过仔细地考虑日常概念就能发现之。

[94] 柯尔曼在"Methodology"一文中,对自然化法学的批判还是不够的,在其他方面,在处理对传统哲学方法的抨击中,就像奎恩对分析性(analyticity)的攻击一样无力。

[95] 比如,George Bealer 不幸在"直觉与哲学自治"中引证了 Gettier 的例子作为证据来证明"对人文学科的最基本的具体情形中的直觉知识有持续稳定的一致",见 *Rethinking Intuition*, pp. 204—205, 214。当然 Bealer 写得要早于 Weinberg, Nichols 和 Stich 的结论。

[96] Jackson, supra note [46], pp. 31—32. 在一篇著名的论文中,Edmund Gettier 意图表明大多数人的哲学共识,即"知识"是一种"被证成了的真信仰",不能因为描述了下述情形就说是正确的:此情形中的人们也有着被证成了的真信仰,但这些信仰(直觉上)看并不是知识。参见 Edmund Gettier, Is Justified True Belief Knowledge? *Analysis* 23 (1963), pp. 121—123。分析知识概念中"正当的确信"之 Gettier 的诸多反例全是这样一些情形:它们认为确信的正当性之理由不是那些说明为什么这些信仰为真的理由——这些信仰似乎只是偶然性地为真。大多数英美认识论者发现,这些直觉知识引人注目,他们试图附加其余的条件于这些多种多样的辩护,试图把确信变为知识。但直到目前,若想说激发 Gettier 反例的直觉知识是无争议的,这只能是想当然了。

[97] "Normativity and Epistemic Intuitions".

人们当中认识论直觉是普遍的,但他丝毫未能说明知识自身的本质。[98] 另外,为什么那些直觉会有其用处?在缺乏激进的认识论相对主义的情况下,这些直觉又如何能够说得清楚知识的必要条件和认识的正当性之本质属性?

　　Weinberg 等人发起的批评激发了强烈的反响,这主要是因为它代表了对"一知半解的相对主义"这个人们熟知的哲学妖精的一场"复仇"。这个敢作敢为的大学生说,"好吧,那仅仅是你对法律(或知识,或道德)概念的看法",他突然间拥有了许多受人敬重的哲学界朋友,甚至有些是上等部门的终身制官员。看一段 Robert Cummins 对发生于持外在视点者与持内在视点者之间在精神内容(mental content) 理论方面的冲突所作的严厉评注吧:

> 看一下目前精神内容学说中的"双胞地球"(twin-earth)情形。在这种情形下,同样的概念根据思考此概念的人处于不同的环境中而被声称有其不同的外延。对主张实存论题的研究者来说,相关的直觉知识似乎本就无可置辨,这种现象十分常见……这种情形的缘由也不难找到。普特南派学人(Putnamian)[99]把这些情形视为人们广泛地准许在信仰者们中间有一个内部活动的范围,那些不享有这种直觉知识的人只是不被邀请参加这种活动(games)。这种选择虽然允许事物发展,不过它是有代价的。因为大多数非哲学家们并不享有这种直觉知识,合成内容学说(the resulting theories of content) 对他们几乎没有什么影响,这对一个被寄望能成为认知心理学一个关键的基础部分的理论而言,当然是一个缺陷。让普特南式良知成为内容学说的入门要件,这会使内容学说有被边缘化的危险。我们必须注意这种确实存在的对直觉的认同并不只是一个选择的结果……不过我认为,如果我们自己很诚实正

---

　　[98]　R. M. Hare 几年前有水平地指控了罗尔斯的方法,指控他通过我们对具体案例的直观知识把一般性道德原则带进了"反思性平衡",尽管这些指控大多都无果而终。这很是不幸,因为正如 Weinberg 等人的结论所示明的那样,Hare 之挑战的牵连已扩大到了超出道德哲学的范围。Hare 写道:对道德直觉的诉诸不会成为道德体制的基础。当然也可以像我们这个时代的一些思想家所做的那样,去收集他们及他们同时代的人所深信的所有的道德观点,从中发现一些可以再现的相对简单的方法或手段,通过一些意见交换以及对生活环境作一些似是而非的假定,就像产生这些观点一样;然后宣称说,那就是道德制度,我们经过反思后必须承认它是正确的。但它们就此主张来说,除了原始的确信外绝对没有权威,因为没有给出任何理由或论证。它们所达到的"平衡"是一种介于可能由偏见所产生的力量之间的平衡,反思绝没有可能成为道德性的稳固根基。R. M. Hare, *Moral Thinking: Its Levels, Method and Point*, Clarendon Press, 1981, p. 12.

　　[99]　Cummins 在此影射了 Hilary Putnam,见"The Meaning of 'Meaning'",重印于 *Mind, Language, and Reality: Philosophical Papers* Vol. Ⅱ Combridge University Press,1975,此中 Putnam 使用了"双胞地球"案例来支持我们的直觉知识,即同样的语词根据不同的语词使用的环境(真地球或与真地球在许多方面有不同之处的"双胞地球")可能会有不同的意指。

直,我们就必须去直面这个事实,即这样的选择效应在当今哲学中很可能是相当的普遍。[100]

我们有理由认为法哲学可以免于这种指控吗?几乎不可能,尤其因为某一个学校完全统治着这个领域则更不可能,那就是牛津大学。我并不是说统治就是不合理的——以我们所能采用的最好的标准来判断,牛津大学很显然从20世纪50年代至今有资格统治着这个领域——而是说,职业与学术上的统治很有可能已夸大了在Cummins意义上的"选择效应"。[101] 时代不同了,欲表明Weinberg等人对认识论中直觉的批判对应到法哲学中也应开展类似的批判,这本身也是一个问题。[102]

让我们假定Cummins是对的:有什么可供选择的办法吗?作为一个哲学上的自然主义者,Cummins提出了下述选择办法来取代哲学依赖于直觉的方法:

> 我们可以放弃关于空间或时间之本质的直觉知识,代之以追问如果现行的自然科学理论是真实的和说明性的,那么空间和时间是何种动物(beasts)。我们可以放弃在表象方面的直觉性内容,代之以追问如果现行的认知理论是真实的和说明性的,表象(representations)会是什么东西。[103]

我欲将此当作我们所谓的"自然主义方法"(the naturalist method)的一个例子,这种方法可以理解为包含两个辅助论题:

实存论题(Substantive Thesis)。关于存有什么和我们能知道什么的问题,我们莫不如依靠成功的自然科学理论。

方法论题(methodological Thesis)。既然哲学关注有什么和我们能知道什么,那它必须作为成功的自然科学理论的抽象分支来运作。

自然主义方法的实存论题固然不是一个先验真理(priori truth),它也不是像奎恩及其同伴们所表述的那样。其实这个论题不只是遭到了后现代主义者和英国专家教授们的拒绝,它遭到了广泛的否定。[104] 不过从一种历史的眼光看,它又几乎不应当遭此排

---

[100] Cummins, Reflection on Reflective Equilibrium, p. 116.

[101] 美国哲学家,尤其是那些在大西洋此岸繁衍生息的自然主义者,经常取笑牛津,说那是一个哲学家过分看重直觉的地方。

[102] Ian Farrell 和我正在研究这个课题。

[103] Cummins, Reflection on Reflective Equilibrium, pp. 117—118.

[104] 参见 Bealer, Intuition and the Autonomy of Philosophy,如前[95];许多随笔性的评论(特别是 Alvin Plantinga 对批判的回应)载于 J. Beilby 的 *Naturalism Defeated? Essays on Plant-inga's Evolutionary Argument Against Naturalism*, Cornell University Press, 2002; S. Wagner & R. Warner (ed.), *Naturalism: A Critical Appraisal*, University of Notre Dame Press, 1993。

异。后启蒙时代(post-Englishtenment World)的本体论完全就是实存论的产物。继那之后哲学记录的所有形式的前提分析,无论是概念的或是直觉的,并没有什么特别的令人鼓舞的东西。康德说空间必然地有欧几里得几何学所描述的结构,并将之作为先验前提(priori);后来的物理学证明康德的直觉是错误的。正如 Jaakko·Hintikka 最近所写的:

> 就经验事实来说残酷的事实是,直觉的暗示并没有什么特权性的认识论地位。无论怎么证明它们都是主观性的,它们自己并不能带来任何自足的正当性。认识论上讲,它们是与聪明的猜测或可能与亚里士多德的或然性原理(公共意见)是一个档次的。[105]

道德自然主义者从这段历史中得出,选择某种形而上学的或认识论的图景而不选择其他,唯一合理的理由不是因为它看上去直观而显明(想一想康德和欧几里得的空间结构),而是因为它推动了一些成功的世界后天学说(a posteriori theories of the world)而赢得一席之地。康德和其他每一个人的直觉都该遭到诅咒,这刚好证明物理学对空间结构的非欧几里得式解释有其用处。从这段自然主义的历程来看,哲学对研究这个世界并没有其特别的方法,它只是经验科学中之抽象和反思的部分。

法学中自然主义的前景现在是一个活生生的和争论中的问题,我在这里不打算解决这个问题。其实,我想返回到第二节中的问题。因为如果对 Cummins 的担忧作出归纳——即事实上,如果我们应当从认识论上去怀疑在法哲学中起作用的直觉比在认识论和内容学说中的更好——那么这岂不是刚好支持了菲尼斯对描述法理学的批判?毕竟在第二节中,对描述法理学的辩护提出了一个未经批判的符咒(invocation),即我们是在描述着"我们的"概念,这当中第一人称复数所有格根据统计学上的概率而被忽略。不过,那个同样未经批判的符咒却支撑了 Gettier 反例法 30 年,我们现在才知道这只是一种修辞学,而不是什么统计学概率的准确报告(除非在精心设计的人类社群中)。所以 Quine-Stich-Cummins 对概念分析方法和诉诸直觉所持的怀疑论难道没有把我们引向了菲尼斯?我们似乎不能仅依靠描述"我们的"概念和"我们的"直觉来维护法律的解释类概念中"有意义的"和"重要的"东西。因为谈"我们的"会被证明为是虚假不牢靠的。我们似乎终究得同意菲尼斯,即我们须用非认识论标准,用诸如客观对象能够满足实践合理性所要求的程度等标准,在理论的诸多对象中作出区分。

这个结论因两个原因而可能是草率了些。首先,至今还没有证据表明"我们的"法律概念真的与"我们的"知识概念一样虚幻不实:统计学上的概率与其他认识论维度一齐协

---

[105] Hintikka, The Emperor's New Intuitions, p. 143.

力,有可能会足够应对传统的法律概念分析工程。其次,也是更为重要的,这个结论未经认证就绕过了 Cummins 式的问题解决方法:即如上述的自然主义的实存论题和方法论题,它会是一个真结论吗?

而且,争辩所带来的问题架构方法救济了一个非常不同的法学方法论问题。现在,像哈特这类方法论实证主义者有两个对手:菲尼斯式的批判,认为认识论维度不足以划分出研究的对象;还有自然主义者的批评,以为认识论维度同哈特的主打方法即概念分析,再加上诉诸直觉的三法联手协力,也只能得出仅是人种学相关的结果来。

故而现在也有两个"解决方案":菲尼斯方案,求助于法律的道德评价来划分出法学研究的对象;与之相对的是 Cummins 推介的自然主义方法,具体表现在上述的实存论题与方法论题之中。如果我们赞同拉兹,认为法律理论关注法律的本质特性[106],那么现在方法论问题是很鲜明的:在指出(本质上)是什么时,我们应当求助于道德还是科学?我认为,答案很明了。[107] 唉啊,不过那已是我另外一篇文章中的论题了。

――――――――

〔106〕 就自然主义而言,要在奎恩的术语来理解,如前注〔78〕。
〔107〕 B. Leiter, Objectivity, Morality, and Adjudication; Moral Facts and Best Explanations, *Social Philosophy & Policy 18* (2001), pp. 79—101.

罗斯科·庞德论奥斯丁的法律哲学理论[*]

〔美〕庞 德 著　邓正来[**] 译

分析法学家们乃是在上文所论及的"法律"三种意义中的第二种意义上使用"law"这个术语的。他们所考虑的只是在第二种意义上使用的法律的律令要素;他们把那种较为狭义的法律规则视作是法律律令类型;而且他们既把规则视为行为规则,也把规则视为审判规则,或者在最为新近的分析法学派的讨论中,他们还将规则视为各种威胁。

在英国,奥斯丁(Austin)之后的所有分析法学理论都是以他的思想为基础的。再者,晚近法国的[1]和德国的[2]法律分析理论,即使实际上不是由奥

---

[*] 译自庞德著《法理学》第二卷第十章"法律的性质"第 59 节"分析法学派的学说"。J Austin, *Jurisprudence*, *Analysis of Lectures 1—6*,(5 ed.), 1885, lect. 1(pp. 81—85.); Hobbes, *Leviathan*, 1651, pt. II, chap. 26, par. 6; Bentham, *A Comment on the Commentaries*, 1928, §§ I—VI, VIII; Holland, *Jurisprudence*, 13 ed., 1924, chaps. 2, 3; Markby, *Elements of Law*,6 ed., 1905, §§ 1—26; Pollock, *First Book of Jurisprudence*, 1896,chap. 1; Salmond, *Jurisprudence*, 1902, §§ 5, 16, 17; Brown, *The Austinian Theory of Law*, 1906, §§ pp. 552—639; Clark, *Roman Private Law*: *I Jurisprudence*, 1914, § 2; Jhering, *Law as a Means to an End*,trans. by Husik, 1913, pp. 233—246.

[**] 邓正来,吉林大学法学教授。

[1] Lévy-Ullmann, *La définition du droit* (1917); 1 Roguin, *La science juridique pure*, 1923, pp. 3—55.

[2] Somló, *Juristische Grundlehre*, 1917, § 11; Kelsen, *Reine Rechtslehre* (1934); Kelsen, The Pure Theory of Law; 50 *Law Quart. Rev.* (1934), p. 474; Kelsen, The Pure Theory of Law and Analytical Jurisprudence, 55 *Harvard Law Rev.* (1941), p. 44.

斯丁的思想发展而来的,也经由一个与奥斯丁类似的分析过程并且相同的前提假设而达致了相似的结论。因此,我们关于分析法学家如何认识法律性质这个问题的讨论,可以从奥斯丁的分析理论开始。

奥斯丁提出了三个初步的假定。第一个假定认为,法律(law)乃是诸种法则(laws)的总合。因此,奥斯丁关于"法律"的分析也就始于对"一项法则"的分析。边沁(Bentham)在此之前也坚持以这种方式处理这个论题,一如他所指出的,"law 或者 the law……乃是一个抽象术语或一个集合术语:这一术语……完全且只能意指一系列个别法则集结在一起的总合。"[3] 这就是说,"法律"乃是对"法则"之总合的一种集合性的表达。因此,我们必须首先搞清楚法则(laws)是什么意思或者一项法则(a law)是什么意思。我在前文中已经指出了我为什么认为这是一个无效假定的理由,因为这一假定排除了或忽视了第二种意义上的法律所具有的技术要素和理想要素。

萨尔蒙德(Salmond)也对奥斯丁的第一个假定提出了质疑。他指出,"law"既有一个抽象的意义(the law),也有一个具体的意义(a law)。他认为,the law 并不是由诸种法则(laws)组成的,而是由法律规则(rules of law)或法律原则组成的。他还补充指出说,"一项法则(a law)意指一项制定法、条例、法令、令状或实施立法机构之权力而出现的任何其他结果。一项法则(a law)乃是抽象意义之 law 的渊源之一。一项法则(a law)产生制定法,就像习惯产生习惯法或像先例产生判例法一样。"[4] 格雷(Gray)同意这种观点,并在大体上认为一项制定法只是 the law 的一个渊源;这就是说,一项制定法只是法院赖以产生作为 the law 的规则和原则的一个基础。[5]

就其所陈述的不只是一种有关英语言说的惯用法而言,萨尔蒙德似乎是经由阅读欧洲大陆论者的论著而获致上述观点的。例如,在法国,法典的条款以及对这些条款所颁发的诸项补充性的立法法令,被称为 lois。司法据以展开而且法律人为了裁定所受理的案件而能够据以对 lois 中的空白之处作出弥补的论说、原则、司法审判的传统和技术的整个体系,则被称作 droit。直到最近,也唯有一个业已确定的司法审判过程被视为是法律的一种形式。后来,下述论说实质上渐渐具有了某项单个判决的强力,而这项论说认为,最高法院的单项判决并不能够成为有约束力的先例,而且也不能直接为未来提供一项代表 loi 的规则,而至多只是表明了某种承认这样一项规则(即应当经由某一固定的审判程序而加以确定的那种规则)的趋势。[6] 的

---

[3] 1 Works (Bowring ed.), 1859, p. 141.
[4] Salmond, *Jurisprudence*, 1902, § 5.
[5] Gray, *Nature and Sources of the Law* (2 ed.), 1921, pp. 170—172.
[6] 1 Planiol, *Traité élémentaire de droit civil* (11 ed.), 1928, nos. 204, 205.

确，新的《法国民法典》草案(1955年)删去了1804年《法国民法典》的第5条(即"法官对于其审理的案件，不得根据一般性的判例或确立规则的判例[general or rule-making decisions]进行裁判")。[7] 但是，关于 lois 和 droit 的用法，却可以回溯至罗马法的论说。德国人也以同样的方式使用 Gesetz 和 Recht 这两个术语。[8] 在我们这里，终极复审法院的单个判决可以产生一项有约束力的律令；那么，欧洲大陆的上述用法对于我们而言是否也可以适用呢？我们认为，法院的审判基础首先是业已颁布之法律的规则。其次则是传统法律的规则或原则以及由先例所确立的各种律令。如果上述两种律令都不存在，那么我们便会期望法院以下述某种一般性的律令作为其审判的基础，即某种根据类推方法从传统法律材料中阐发出来的那种一般性律令。再者，那种一般性律令随后也就作为审判类似案件的一个权威性基础而在该法律体系中获致它的位置。边沁，以及追随他的奥斯丁，都不曾想把制定法作为我们法律体系中一项法则(a law)的类型。但是，在一个盛行先例论说的法律体系中，他们把那种经由司法审判所确定的一项律令视作是在类属意义上类似于那种经由立法制定而确定的律令，却并没有什么错。例如，一项反对永久持有权的普通法规则，在类属意义上讲，乃是与关于这样一项普通法规则之内容的一项制定法规定相类似的。即使在先例论说不被承认的地方，经由法院诉讼程序(usus fori)而确立起来的一项规则，在类属意义上讲，也类似于一项经由立法制定的规则。

至于格雷的观点，从边沁有关法律只是诸种法则之集合体的主张来看，他会说一项法则乃是法律的一个渊源，而不是法律的一个部分。我们可以把这个问题先暂时搁置起来，因为它只是影响到了这样一个问题，即在奥斯丁对一项法则(a law)进行分析的时候，他最终是在分析法律(the law)，还是在分析法律(the law)渊源中的一种渊源。

第二个假定认为，法律的律令要素乃是由规则(rules)构成的；这即是说，一项法则(a law)乃是一项规则。从"规则"这一术语所具有的一种宽泛的意义上来说，事实确实如此。据法审判(administration of justice according to law)乃是依据一个对结果具有权威指导这种意义上的规则进行审判，而这不同于那种根据审理案件的司法官员的个人情感所进行的审判。但是，值得我们注意的是，分析法学家却一直倾向于在一种较为狭窄的意义上来考虑规则，亦即把规则理解为一项把一个明确详尽的法律后果附加于一个明确详

---

[7] Léon Julliot de la Morandière, The Draft of the New French Civil Code: The Role of the Judge, 69 *Harvard Law Rev.* (1956), p.1264.

[8] 1 Enneccerus, Kipp, und Wolff, *Lehrbuch des bürgerlichen Rechts*(21 ed.), 1928, §§ 27, 32.

尽的事实状态的律令,一如一项财产权规则或刑法典中的某项条款。威胁理论所假定的正是这个意义上的规则。毋庸置疑,将奥斯丁的假定适用于法律原则,适用于概念和标准,并且适用于较狭意义上的规则,都是可能的。我们可以说,存在着一项从原则推出判决的规则,或存在着一项将案件归属于某个适当概念的规则,或存在着标准必须与之相符合的一项规则。但是,一如经常发生的情形那样,当不止一个同等的权威可供我们使用的时候,就我们从哪一项原则开始展开我们的推理而言,规则又能告诉我们什么呢?在这样的情形中,权威性技术和为人们所接受的理想乃是具有决定性的要素。欧洲大陆的法学家假定,就人们进行推理赖以为凭的根据而言,存在着一项而且是唯一的一项原则,即自然法的原则,或《学说汇纂》的文本,或法典的条款。奥斯丁在早年正是从这些法学家那里继受了他们的观点。

奥斯丁是一位衡平法院的律师。我们必须指出,衡平法院在 19 世纪上半叶所处理的主要是关于家庭财产协议、信托财产及其执行的诉讼;在这些案件中,诸如财产法规则那样详尽的规则具有极重要的意义。格雷是一位财产法(law of property)的教师。因此,奥斯丁和格雷都对财产法进行分析,并将分析财产法的结果作为对所有法律的一种分析。

第三个假定认为,法则(laws)是行为规则,而且是人的行为规则。从个人看待律令体(亦即通过司法维续法律秩序赖以为据的那种律令体)的视角来看,以上所述乃是显见不争的。这些法则所关注的乃是一个人做了什么,而不是他是做什么的。从奥斯丁的视角来看,法则乃是调整每个人的行为(亦即会影响其他人的那种行为)的行为规则。

根据上述假定,奥斯丁发现,在一个发达的法律体系中,法则或法律规则具有五个特征。第一个特征就是一项法则(a law)乃是一个主权者的一项命令。奥斯丁的这项主张实际上源出于 18 世纪。他只是以一种逻辑的方式详尽地阐释了这项主张的内容而已。一如他所说的那样,法则(laws)乃是主权者对其臣民所下达的命令。[9] 为了理解这个观点,我们就必须详尽探究他赋予这一陈述中三个名词之每一个名词的含义。所谓主权者,他告诉我们他是意指某一特定社会中的大部分人所习惯于服从的那个人或若干人,而后者却没有服从任何明确之高位者的习惯。[10]

奥斯丁想到的几个例子乃是东罗马或拜占庭皇帝、法兰西古老政权的国王、俄罗斯古老政权的沙皇以及大不列颠的国王、上议院议员和下议院议员。当今被五十

---

〔9〕 Austin, *Jurisprudence, Analysis of Lectures 1—6*, (5 ed.), lect. 1, pp. 86—87.
〔10〕 Ibid., pp. 220—221.

万之多的工人所默许服从的工党领袖,在奥斯丁的时代却是不为人所知道的。但是,毫无疑问,他却有可能会这样说,这些工人并不是他们生活于其间的政治社会中的大多数人;当然,他也很可能会这样说,这种领袖在大多数生活事务中也习惯于服从某些明确的实施着政治组织社会之权力的人。

一项命令,奥斯丁告诉我们,"区别于欲求所具有的其他的符号意义,而其区别不在于这种欲求被表征的方式,而在于命令未被服从的情况下以命令方式施加不幸或痛苦的那一方所具有的目的和权力。"[11] 奥斯丁指出,在存在这种权力和目的的地方,命令所指向的人就"必须"或"被迫"服从它们。命令所指向的人有服从的义务。虽说他们可能有道德上的义务,也可能没有道德上的义务,但是他们在事实上却是受到束缚的或有义务的。在国家命令的情形中,他们有法律义务去服从这种命令。[12] 正如霍姆斯法官所指出的那样,奥斯丁用一种玩世不恭的"酸"清洗了义务这个概念。[13]

在评价这个观点的时候,我们应当牢记,在 19 世纪,论者们乃是通过反对 17 和 18 世纪的论者将道德融入法律并且把道德和法律等而视之的做法来寻求将法律与道德分离开来的。他们所寻求的是确定性,而不是伦理结果。此外,我们还应当牢记,奥斯丁是军人出身。他有关命令和服从义务的观念乃是一种彻头彻尾的军事意义上的观念。[14] 霍布斯以另外一种方式阐述了这种观点,即命令乃是"这样一些律令,其间,服从它们的原因取决于发布命令者的意志;命令不是建议,因为建议乃是这样的律令,其间,服从它们的理据乃是源自于所建议的内容本身"。[15] 这种观点与哲理法学家们的观点相反,因为后者认为,一项法律律令之权威的基础乃在于其内在的正义或内在的合理性。

国会根据《邦联条例》(the Articles of Confederation)制定的法规,为奥斯丁的观点提供了一个很好的范例。汉密尔顿(Hamilton)评价它们说:"虽然在理论上讲它们的决议是……法律,而且按照宪法对邦联各州具有约束力,但是实际上,它们却只是些建议,邦联各州可以根据自己的意志选择服从它们或置之不理。"[16] 奥斯丁会说,如果邦联国会的法律不被服从,那么这种国会就没有施加任何后果的权力。因

---

[11] Ibid., p. 89.
[12] Ibid., pp. 89—92.
[13] Holmes, *Collected Legal Papers*, 1921, pp. 173—174.
[14] 参见奥斯丁给出的事例,Austin, supra note [9], p. 93。
[15] De Cive, cap. 14, §1.
[16] Federalist, no. 15.

此,邦联国会的法律是没有约束力的。它们只是些建议,而不是法律。在当时,没有哪个法庭是将《邦联条例》当作本地最高法律加以实施的。值得我们注意的是,这种情形是与自然法的思维方式相反的,因为自然法的思维方式认为,它们在道德上是有约束力的,因而在法律上也是有约束力的。奥斯丁会认为,它们之所以不具有约束力,乃是因为它们不像命令那样被强制执行,也不像命令那样具有可强制性。如果它们被置之不理,任何事情都不会发生,而且也不可能发生。在这里,没有任何机构确使或试图确使某种事情的发生。但是,美国南北战争却表明,美国的国会在其所颁布的法令被违反的情况下是具有施加后果的权力和目的的。因此,奥斯丁会说,美国国会在其权力范围内颁布的法令是有约束力的,也因而是法律。今天,这种观点的表达方式发生了变化,即一项法则(a law)乃是政治组织社会中的一些机构采取某种行动的威胁。[17]

所谓臣民,奥斯丁认为乃是指这样一些人,即实施政治组织社会之权力的某个明确的人或若干人能够强迫其服从他或他们命令的那些人。[18]

甚至对于发达的法律体系而言,那种将一项法则(a law)视作一项命令的观点也遭到了强烈的反对。首先,奥斯丁的主权观念乃是一个假设,而这个假设则是他从 17 和 18 世纪君主专制政府时代的法学家那里承继而来的。对今天的法学家来说,把奥斯丁的主权者概念适用于民主和联邦的国家乃是极其困难的。当然,在一个所有法律都将经由公民投票表决予以通过以及所有行政或司法工作都将由一个幅员狭小的城邦的城市会议来执行的纯粹的民主国家中,适用奥斯丁的主权者概念就没有那么困难了。然而,尽管查士丁尼或路易十四,或俄国旧政权时代的沙皇,或大不列颠的国王、上议院议员和下议院议员等情形都绝非如此简单,但是在法律乃是经由公民投票表决通过的地方,那些享有投票权(ius suffragii)的人当中的暂时的多数人,在总体上讲,却是在奥斯丁的意义上颁布一项命令,或者是在凯尔森的意义上对一项可欲的行为作一种权威的宣告。[19] 在一个联邦国家中,难度就更为明显了。但是,人们却可以说,奥斯丁意义上的主权乃是经由委托授权的方式而在中央政府和各州之间以及在政府各部门与官员之中加以分配和实施的。[20]

---

[17] Lévy-Ullmann, *La définition du droit*, 1917, p. 165; 1 Roguin, *La science Juridique pure*, 1922, p. 122; Kelsen, *Reine Rechtslehre*, 1934, p. 25.

[18] Austin, supra note [9], pp. 95—97.

[19] Kelsen, The Pure Theory of Law and Analytical Jurisprudence, 55 *Harvard Law Rev.* (1941), pp. 44, 58.

[20] Constitution, X Amendment; Coxe, *Judicial Power and Unconstitutional Legislation*, 1893, pp. 114—121. 另请参见 Austin, supra note [9], pp. 258—262。

Lundstedt 反对说:"在不存在一种禁止做某事或命令做某事的意志的情况下,命令乃是不可想象的。"而且"法律命令(legal command)除了可以适用于那种接受并理解这项命令的人以外而不能适用于任何其他人"。[21] 但是,一个威胁暗含着一种意志,一项命令基本上亦复如此。我们可以说,那些实施政治组织社会之权威和权力的人在发布命令,或者说他们在进行威胁;在这种意义上,国家正是在发布命令和进行威胁。至于那种认为命令暗含着同命令所指向的人进行沟通以及得到命令所指向的人的理解的观点,并不能够同样适用于一个威胁的情形。在道德层面上,人们有可能论辩说,没有人应当受到命令的束缚,也不应当受制于威胁,除非该项命令或威胁进行了交流或者得到了理解。然而,这种观点仅仅是从道德立场出发的。为了维续一般性安全的实际目的,法律秩序完全可以要求人们根据业已规定的法令进行沟通和理解。一项未颁布的命令或威胁依旧是一项命令或威胁,只要该项命令的发布者或该项威胁的发出者决定强制执行或实施它。Lundstedt 所提出的异议是道德的,而不是逻辑的。我们可以推测出,他的这种异议源自于欧洲大陆用来意指法律的那个语词中的道德要素。

第二种反对意见源自于这样一种困难,即如何使那种经由司法审判确立法律律令的情形与奥斯丁视律令为主权者命令的理论协调一致的困难。我们知道,日常生活中时常会发生一些不为既有的律令所调整但是法院却必须审理的案件。法院对这些案件进行审判,而且在普通法中,如果该项判决乃是终审法院或上诉法院作出的一项判决,那么它就会成为一项先例。于是,一项法律律令就经由判决而确立起来了。在大陆法系中,也出现了一种以与此相同的方式来审判类似案件的趋向,而这种趋向演化成了法院诉讼程序(usus fori)并因此创设了一项源出于司法审判的权威性的法律律令。19 世纪的法律理论认为,律令乃是先在的,因而它们是被法院发现的,而不是由法院创制出来的。历史法学家认为,律令存在于习惯之中,而这种习惯则经由立法或司法审判而被转换成了法律律令。[22] 哲理法学家认为,律令存在于道德原则或理性原则之中,而对这些道德原则或理性原则的适用则是经由某个发现法律的机构而获得国家认可的。[23] 奥斯丁认为,习

---

[21] Lundstedt, *Superstition or Rationality in Action for Peace—A Criticism of Jurisprudence*, 1925, pp. 35—37.

[22] Carter, *Law: Its Origin, Growth, and Function*, 1907, pp. 79, 310—312.

[23] "该决定……乃是对两个具有自我意识的个体之间的特定关系中所包含着的正当理念的展现。" Miller, *Lectures on the Philosophy of Law*, 1884, p. 59.

惯或实在的道德律令乃是通过司法审判而"转变成规则的"。[24] 法官、执业律师以及罗马法专家则认为,那种被适用来审判新案件的律令,从逻辑的角度或潜在的角度来看,乃是隐含在(1)普通法的诸原则之中的[25],或者(2)一部法典的章节之中的,或者(3)一部法典规定法官可以使用的各种补充手段之中的[26],而且这种律令乃是经由一种逻辑程序而从上述三者中获致的。事实上,这种通过司法发现法律或制定法律的情形,主要是经由对各种规则和论说的类推适用以及根据现行的法律体所提供的资料信息进行的类推推理而发生的。但是值得我们注意的是,这种通过司法发现法律或制定法律的情形,在或多或少的程度上也受到了类似于下述影响立法机关立法的因素的影响,即司法上的正当感和正义感,以及司法上有关社会利益的观念。[27] 这些因素对于从若干同等权威的根据中选择推理出发点来说,有着决定性的意义。但是,它们通常却是以业已接受的理想所赋予它们的那种形式发挥作用的。

让我们考虑一下它在许多情形中所导致的不同结果:在有关合伙的法律中,一方面,究竟是根据商业策略的观念或从法人的观念来确定出发点,在另一方面,还是根据共同债权人、共同债务人和共同所有人的观念来确定出发点[28];在有关水权的法律中,究竟是根据一种所有的观念还是根据一种使用的观念来确定出发点[29];在有关事实上的公司的法律中,究竟是根据那种把一个公司视作一种国家授权的垄断的观念还是根据一种商业策略的观念来确定出发点。[30] 再者,让我们比较一下我们出发点的结果与罗马人出发点的结果:我们乃是根据对贵族负有一项义务的共同承租人的封建采邑关系的类推来解决共同立约人的责任问题的[31],而罗马人则是根据对共同继承人的类推来解决 obligatio plurium pro parte 中的同样问题的。[32]

有论者认为,以这种方式确立起来的法律律令并不是主权者所发布的命令。奥斯丁

---

[24] Austin, supra note [9], pp. 101—102.
[25] Rensselaer Glass Factory v. Reid, 5 Cow. (N.Y.) 587, 628 (1825).
[26] Austin, supra note [9], pp. 672—673.
[27] Holmes, supra note [13], 1921, pp. 180—184. 原来的书都把这称之为 *argumentum ab inconvenienti*, Co. Lit. 66a。
[28] 比如说,参见 Crane, *Unintended Partnership*, 1924, 31 W. Va. L. Q. 1。
[29] 比如说, 1 Wiel, *Water Rights in the Western States* (3 ed.), 1911, § 500。
[30] 请比较 Davis v. Stevens, 104 F. 235 (D. C. S. D. 1900) 与 Merchants Bank v. Stone, 38 Mich. 779 (1878)。
[31] Sheppard's Touchstone, 375; White v. Tyndall, 13 App. Cas. 263, 276 (1888)。
[32] Inst. 3, 16, pr.; Dig. 45, 2, 11, 1. 这也是路易斯安那州的法律。Groves v. Sentell, 153 U. S. 465 (1894)。

对此的回答是,它们是"默示的"[33]命令(tacit commands),而制定法则是明示的命令(express commands)。这一观点略有点 18 世纪思想的特征,它源自于奥斯丁对 19 世纪早期学说汇纂派论者之思想的研究。早期罗马帝国的法学家认为,罗马民众的意志乃是法律的基础,但是这种意志究竟是通过投票还是通过习惯来表达则无甚区别。[34] 然而,18 世纪的罗马法研究者,则是根据那种认为国法大全是约束基督教世界之立法的学术观点进行他们的推论的;他们由此认为,制定法乃是法律的正常形式,因此,习惯的权威性只能依赖于法律制定者的默认。[35] 根据这种学说的精神,奥斯丁指出,"如果欲求是通过语词表达出来的,……那么这种命令就是明示的。如果欲求是通过行为来表示的,那么这种命令就是默示的。于是,当习惯经由有关法官的判决而转变成规则的时候[36],那些从习惯中形成的法律规则乃是具有主权的立法机关所作出的默示命令。有权力废除这些规则的国家,允许它的代理者去实施这些规则;因此,国家通过那种自愿的默认方式来表示它的意愿,即这些规则将作为被统治者的一项法则(a law)而发挥作用。"[37]

在这里,存在着一个错误的假设。大众的行为习惯很少能够成为审判的基础。在大多数情形中,审判乃是根据类推推理的方式展开的。奥斯丁的这一观点在 19 世纪得到了广泛的讨论,但是也遭到了论者们的反对;他们认为他关于一项法则(a law)的理论并不能够适用于那些经由司法审判确立起来的法律律令。这场争论在很大程度上乃是由权力分立(the separation of powers)之原则所提出的迫切需求而引发的。在权力分立被接受为一项基本的法学原则的时候或地方,论者们不愿意承认这样一种观点,即一项法律律令能够被或就是被国家的司法机关制定出来的。但是值得我们注意的是,在一个发达的国家,人们通常都有十分正式的理由说,法官所实施的是某项被明确授予的立法权。因此,《法国民法典》规定,当该法典没有规则规制一个案件的时候,法官不能据此为理由而拒绝审理该案件或拒绝进行救济。如果法官拒绝了,那么他们将要承担法律责任。[38] 在这类情形中,据说在讨论该法典的若干次会议中,人们认为,法官可以诉诸自然衡平法(natural equity)、自然法、罗马

---

[33] "Tacit"乃是我们的术语"默示的"(implied)的民间表达。

[34] Dig. 1, 3, 32.

[35] 1 Bierling, Kritik der juristischen Grundbegriffe, 1883, p. 23; 1 Dernburg, Pandekten (8 ed.) 1911), § 20.

[36] 请注意这一错误的假设,即司法立法把公众的行为习惯转变成了法律规则。这种情况极少发生。司法立法乃是把法律职业的思维惯习转变成了法律律令。

[37] Austin, supra note [9], p. 102.

[38] French Civil Code, art. 4. 这一条款在 1955 年的修订草案中被略去了。

法、古老的习惯法、惯例、判决过程、一般性原则、法律格言和教科书等为审判根据。[39] 奥地利的[40]、意大利的[41]、瑞士的[42]以及巴西的[43]法典都对这些"替补性手段"作了明确的规定,一如萨维尼[44]以及步其后尘的奥斯丁[45]所称谓的那样。换言之,法官应当为他们所审理的案件制定一项规则。在大陆法中,这并没有成为其他类似情形的一项常规。[46] 在有关大陆法的理论中,只有立法机关才能享有这种权力。但是,如果其他情形也遵循这种做法,那么由此导致的法院诉讼程序就会被视为具有法律的效力。[47] 因此,从最终的情形来看,在所有的法律体系中,立法者以及法官确实都在制定那些被认为对法庭具有约束力的规则。

奥斯丁关于上述由法官所制定的或由司法所确立的法律律令的观点,在某种程度上得到了美国立法情形的证实。在至少 27 个州中,其宪法或制定法[48]都作了如

---

[39] 参见 Savigny, *Vom Beruf unsrer Zeit für Gesetzgebung und Rechtswissenschaft* (3 ed.), 1840, p. 74., 在这里,有着详尽的参考文献。

[40] Austrian Civil Code, Introduction, § 7.

[41] Italian Civil Code, art. 3.

[42] Swiss Civil Code, art. 1.

[43] Brazil, Civil Code (1917, 1919) Intr. art. 7.

[44] Savigny, supra note [39], p. 73.

[45] Austin, supra note [9], p. 672.

[46] Cod. 7, 45, 13; French Civil Code, art. 5; Austrian Civil Code, Introduction, § 8; 1 Planiol, Traité élémentaire do droit civil (11 ed.), 1928, nos. 208—210.

[47] 1 Dernburg, Pandekten (8 ed.), 1911, § 23; Erskine, *Principles of the Law of Scotland* (1754) bk. i, tit. 1, § 17.

[48] Code of Ala. 1940, tit. 1, § 3; Pope's Dig. Stats. Ark. 1937, § 1679 [Ark. Stats. § 1-101]; Arizona Code 1939, 1-106 [A. R. S. § 1-201]; Deering's Pol. Code of California 1937, § 4468 [West's Ann. Civ. Code § 22.2]; 1935 Colorado Stats. Ann. chap. 159, § 1 [C.R.S. '53, 135-1-1]; 1941 Florida Stats. § 2.01 [F.S.A. § 201]; Code of Georgia Ann. § 2-8503; Smith-Hurd, Illinois Ann. Stats. chap. 28 § 1; Burns' Ann. Indiana Stats. 1933, § 1-101; Ann. Code of Maryland (Flack) 1939, Const. art. 5 [Code 1957, Const. art. 5]; Rev. Stats. Missouri 1939, § 645 [Section 1.010 RSMo 1949, V. A. M. S.]; Rev. Codes of Montana 1935, § 5672 [R. C. M. 1947, § 12-103]; Comp. Stats. Nebraska 1929, § 49-101 [R. R. S. 1943, § 49-101]; Nevada Comp. Laws 1929, § 9021 [N. R. S. 1.030]; New York Con. Laws Ann. bk. 2, art. 1, § 14; North Carolina Code of 1939, § 970 [G.S. §4-1]; Oklahoma Stats. Ann. tit. 12, § 2; Rhode Island Gen. Laws 1938 Ann. chap. 306, § 1 [Gen. Laws 1956, 43-3-1]; South Dakota Code of 1939, § 65.0103; Vernon's Ann. Rev. Civ. Stats. Texas 1925, tit. 1, art. 1; Rev. Stats. Utah 1933, tit. 88, § 88-2-1 [U. C. A. 1953, 68-3-1]; Pub. Laws of Vermont 1933, chap. 53, § 1234 [V. S. '47, § 1263]; Virginia Code of 1942. tit. 2, chap. 2, § 2 [Code 1950, § 1-10]; Remington's Rev. Stats. of Washington Ann. to 1931, chap. 1, § 143 [R. C. W. 4.04.010]; West Virginia Code of 1937, chap. 2, § 22; Wisconsin Stats. 1941, Const. art. XIV, § 15 [W. S. A. Const. art. 14, § 13]; Wyoming Rev. Stats. 1931, chap. 26, § 101 [W. C. S. 1945, § 16-301].另请参见 Const. Kentucky, § 233, Rev. Stats. 1942 [KRS Const. 233]。

下的规定,即在缺乏宪法规定或制定法规定的情形中,英国的普通法应当被确定为法院审判的规则。[49] 这样的立法可以被认为是一项命令,它要求或通过直接的方式或在一个全新的案件中通过类推的方式适用传统的法律律令,并且确立一个先例且根据普通法的先例原则在未来遵循这项先例。但是,这里所存在的难道真的只是对法官作出的一种关于如何审判以及根据什么材料进行审判的指导吗?这里没有什么命令是直接指向私性个人的。

在那些仅根据法院惯例认为普通法是有效法律的国家中[50],有一种权威的技术和若干权威性的理想,而这些理想使得人们在业已接受的材料中寻找到一个使用这种技术的出发点成了可能。没有人命令当事人去做某事或不去做某事。如果说有什么命令的话,那么它也是针对法院发出的一种命令,它要求法院运用那种为人们所接受的发展和适用审判之理据的技术。当然,这也同样不像是一种指向私性个人的法律律令或行为规则。

在普通法法律体系中,在上述情形的审判之后,一项法律律令也就确立起来了;而该项律令则会在此之后既约束法院又约束个人。奥斯丁论辩道,那种律令就是主权者以暗示的方式发布的命令。但是需要强调指出的是,这却并不适合于初审中的审判。就此而言,奥斯丁的观点要求我们承认存在着一种不据法的审判(a decision without law);这显然不是一个令人十分满意的理论。然而,如果我们把那种业已接受的技术和那些业已接受的理想承认为法律的一部分,那么即使当缺乏一项相关的律令——运用其他要素为所审理的案件以及此后类似的案件制定一项规则——的时候,对全新案件所作的最初的审判也是据法进行的。

为了理解奥斯丁的观点,我们必须牢记,19世纪的大多数论者都受到了孟德斯鸠关于权力分立之观点的影响。[51] 因此,在那时认为司法立法(judicial lawmaking)在现代国家中乃是达致权力分立之前一个阶段的残存物,乃是相当自然的。在那时,这样一种观点也是很自然的,即在一个完整的明示命令体系建立起来之前,相关方面的缺陷乃是通过司法确立法律律令这种技术而得到弥补的——这些法律律令乃是国家在能够颁布明

---

[49] 这样的规定一般被解释为对普通法体系的采纳,而不是被解释为对这样一种情势的规定,即必须遵循英国在某个特定时期中的判决。Williams v. Miles, 68 Neb. 463, 470, 94 N.W. 705, 708, 62 L.R.A. 383 (1903); Pope, English Common Law in the United States, 24 *Harvard Law Rev.* (1910), p.6.

[50] 在这些国家中,一些国家把普通法规定为殖民地的宪章;而在另一些国家中,普通法则被1787年的《西北地区法令》所规定,而这一法令后来又扩展至密西西比地区,也就是现在的阿拉巴马州和密西西比州。参见 State v. Cawood, 2 Stew. (Ala.) 360 (1830)。

[51] L'esprit des lois (1748) liv. XI, chap. 6.

示命令之前暂时以暗示的方式发布的命令。如果一个人把权力分立当作一项基本的法学原则来接受,那么他就完全有可能会说:把那种视法律为一种命令的理论适用于司法立法的情形乃是极其困难的,因为司法立法属于国家发展过程中的一种较古老的情形,其间司法、行政、立法等职能还没有分化或还混淆不清,然而那种命令理论却适合于一个完全发达的政治和法律秩序,其间司法、行政、立法等职能得到了极好的分化,因而立法机关确实也以一种默示的方式去命令此前由司法审判所确立的那部分法律。但是需要指出的是,权力分立乃是一项政治学原则,而不是一项法学原则。正如我们所理解的那样,三权分立原则乃是美国宪法和政治理论中的一种论说。它不是一种具有普遍法则之性质的论说。发现法律、解释法律和适用法律等职能,在某种程度上乃是不可分立的。从法官职责的本身性质来看,法官,不论他是否愿意,都必须在某种程度上成为一个立法者。[52]

论者们对奥斯丁视一项法则(a law)为一种命令的理论所提出的第三种反对意见认为,一项法律律令通常是针对法院而提出的,亦即是用来规制审判的,而不是针对私性个人并规制其行为的。在法律史的较早阶段,一项法则或一项法律律令,就其目标而言,更直接的是为法庭提供指导,亦即为法庭设定规则以决定其对各种纠纷的裁判问题,而不是为私性个人规定某种行为方式的。

这方面较好的事例可以见之于法律初期阶段的和解价目表(tariffs of compositions)之中。甚至现代立法也采取了上述两种形式。比如说,在一种制定法中,立法机构会做这样的规定,即如果诸当事人签订一份高于某一固定利息的合同,那么任何利息在法庭上都得不到支持,而且通过利息方式的所有支付也将根据本金来计算(一项指向法庭的法律律令)[53];在另一种制定法中,立法机构则会做这样的规定,即铁路公司享有把自己的道路围栏起来的权利,如果它们没有这样做,那么它们就要对那种因此而给那些在铁轨上游走的家畜带去的损害负责(一项既指向铁路公司也指向法院的法律律令)[54];而在第三种制定法中,立法机构则会规定,当一项动产抵押得到偿付的时候,它应当被注销记录或者从存档的部门那里销毁这些文档;如果没有这样做,那么受害方就可以依法要求一项民事罚款。[55] 所有上述规定都可

---

[52] 参见 Zitelmann, *Die Gefahren des bürgerlichen Gesetzbuches für die Rechtswissenschaft*, 1896, p. 19。
[53] 参见 Folsom 所总结的不同的制定法:Folsom, *A Summary of Usury Laws and Decisions*, 1927, pp. 104—107。
[54] Smith-Hurd, Illinois Ann. Stats. ch. 114, § 53.
[55] 参见 Jones 所总结的制定法:Jones, *Chattel Mortgages* (2ed.), 1883, § 663。

以被解释为是对个人的命令。但是需要强调指出的是，它们也可以被解释为是给法院设定的审判规则。

在历史上，我们法律中最初的类型乃是若干有关一个人怎样和何时可以取得一项法律救济的规则。有关中世纪普通法的极为重要的法律论著乃是《令状录》(Registrum Brevium)。的确，在一个现代的工业社会中，个人必须有法律律令可依循，否则就不可能有劳动分工，也不可能有工业企业。因此，制定这样的行为规则也就越来越成为国家的职能。在法律的成熟阶段，大部分法律都是通过国家的立法机关以这种方式制定的，而且另外一大部分法律实质上也是为私性个人或其顾问指明他们在其行为过程中可以安全采用的行事方式的，因而它们也可以被确定为一个有关行为规则的体系。在那种意义上，人们就可以说，个人是被命令遵循这些行为规则的。但是必须指出的是，由一般论说、思维方式、原则（亦即法学的和司法的推理赖以展开的前提）以及法律概念构成的那部分法律，却并不适合上述那种理论，除非当我们经由牵强附会的说明而宣称，国家的立法机关默认了上述论说、思维方式、前提和概念，因而也就以一种默示的方式对它们的逻辑后果作出了命令。就此而言，我们必须重申：论说、原则和概念的适用很少是如此简单的。通常来讲，推理乃是类推的，而不是演绎的。那种认为推理是演绎的而且所有为新案件发现法律的工作都是从那些以权威方式确立起来的文本所具有的合乎逻辑的内容中进行推演的观点，实是从12世纪到基督教改革运动期间若干所大学在帝国连续性这一学院式教条的支配下把法律当作是从《法律大全》(Corpus Iuris)所具有的合乎逻辑的内容中所做的推演之物进行教学和传授的结果。

总而言之，不考虑历史的因素（虽说这些因素近来已被注意到），而仅仅从分析的立场出发，奥斯丁视一项法则(a law)为一种命令的理论，与其说是向我们表明了一般意义上的法律的合理标准，不如说是向我们展现了在法律成熟阶段的发达国家中（亦即在那种把权力大都授予行政机构的服务性国家中）何者将成为最显著的法律类型。

奥斯丁坚持认为，法则所具有的第二个特征表明：法则乃是由明确的权力机构设定的规则；亦即它们源出于一个切实的渊源，而不是以笼而统之且含混不清的方式出现的。他论辩说，这个特征把这种严格限定的法则与他所认为的依凭良心的道德法则或道德规则区分了开来，与依凭理性的自然法区分了开来，而且还与那些依凭公众意见或舆论的信誉名声规则或法则(rules or laws of honor)区分了开来。他认为，那些严格限定的法则源出于国家这个明确的权力机构，而道德规则、自然法原则和时尚规则或信誉名声规则却源出于社会中在整体上肯定是不确定的某一部分人的良心或道德情感。[56]

从一个严格的分析立场上看,下述这一点乃是一个很重要的界分,即一项法则以国家为其后盾,而伦理原则和道德规则却只是以具有一定强力的公众意见或舆论为其后盾。但是值得我们注意的是,在法律的解释和适用中具有极其重要作用的法律体系的前提、思维方式和系统化(Systematik),却并不是以任何明确的权力机构(亦即确立它们的机构)为其后盾的。它们的起源大体上同道德规则的起源颇为一致。普通法或大陆法究竟是以什么样的国家为其后盾的呢?这些一般的法律体系所含括的却常常不只是这个国家或那个国家暂时的制定法。对法律律令与道德规则所做的一个更好的界分乃是:法院适用并且被要求适用法律律令,而不是道德规则本身,除非为了填补法律中的空缺或为了给法律解释或法律适用提供指导,诉诸道德规则才有可能是必要的。当法院确实把道德规则作为审判规则加以适用的时候,在我们的法律中,这些道德规则也就因此而变成了法律律令;而在大陆法系中,当道德规则被当作审判规则加以适用的时候,它们就会以成为法律律令的方式被提出来。因此,司法的适用和执行——对此我们现在还必须加上行政的适用——乃是一项标准,亦即人们在界分法则同那些与之类似的规则体时所必须达致的条件。它避免了奥斯丁主张中所存在的那些棘手难题。

根据分析法学家的观点,法则的第三个特征在于它们是具有普遍适用特性的规则。[57] 由于奥斯丁假设法则是规则,所以他论辩说,由此可以得出结论认为它们是普遍性的规则(general rules)。用普遍性的规则来裁决争议,而不是用特殊的规则来裁决每个个别的案件(这意味着根本没有规则),区分了据法审判(administration of justice according to law)与不据法审判(administration of justice without law)。但是,正如他所指出的那样[58],法则可以普遍地约束所有的人或一个阶层中的所有的人,当然也可以不用这样。一定程度的特殊豁免,长期以来始终是一种常见的做法,而且现在也是这么做的。

比如说,在大约三十年前的国家反托拉斯和反合谋限制贸易的法律中,对工会和农场主或农民进行豁免乃是常见之举。[59] 除了宪法上的限制以外,没有其他规定可以阻止对一个单独的工会或一个特定的农场主或农民进行豁免。实际上,美国

---

[56] Austin, supra note [9], pp. 87, 179.
[57] Ibid., pp. 92—95.
[58] Ibid., pp. 92—93.
[59] 比如说,Michigan, *Public Acts*, 1889, no. 225, § 6, p. 333.

殖民地立法也早就制定了这类特定的豁免规定。[60] 罗马人称这种豁免为"特惠"(privilegia)。[61] 克拉克(Clark)[62]在对这个问题进行评论时正确地指出,关于人或者一个阶层中的人这样一种普遍性,被融进了法律的理念之中。[63] 这种观念乃是在19世纪美国大多数州宪法中那些反对特殊立法或阶级立法的条款中所明确表达出来的。[64] 自然法理论特别坚持普遍性或一般性。但是在今天,随着那种视法律为意志的政治观点在美国越来越凸显,那种对普遍性或一般性的信奉也已是大不如前了。[65] 这个方面的标准应当是对法律范围内的人或行为具有适用的普遍性,而不是范围的普遍性。它们适用于其范围内的所有行为,但是却没有必要对人具有普遍的适用性。

分析法学家认为,法则的第四个特征乃是它们是处理人之外部行为的规则。它们与行为相关——亦即与行事相关,而与存在无关。没有论者对这一点作过严肃的质疑,除非在衡平法和自然法的阶段,亦即当法律和道德被等而视之的时候。[66]

最后,分析法学家还坚持认为,制裁也是法则的一个特征。在发达的法律体系中,这实是一个重要的特征。奥斯丁把这个特征视作他关于一项法则是一项命令的基本观点的必然结果。他告诉我们,命令隐含着一种制裁,亦即是说,如果说它们不是明确表达出来的话,那么它们也暗含着这样一项宣告,即这些命令的发布者会确使它们得到人们的

---

[60] 比如说,1 Hening, Stat. L. Va. 252;2 同上;321;Rhode Island Laws, 1768—1773, 24, 32—33, 47;1 Colonial Laws of New York, 555, 768;2 同上;868;5 同上;771, 911, 992, 1028, 1036;1 Laws of Delaware, 1700—1797, 95;38 Archives of Maryland, 132, 134, 137, 237, 257.

[61] Dig. 50, 17, 156.

[62] Clark, *Practical Jurisprudence*, 1883, p. 113.

[63] "法律并不是为了个人而制定的,而是为了普遍适用而制定的。" Ulpian in Dig. 1, 3, 8.

[64] Const. Ala. 1875, art. 4, §§ 23—25;Ark. 1874, art. 5, §§ 24—26;Colo. 1876, art. 5, § 25;Fla. 1868, art. 1, § 12, art. 5, §§ 17—18;Ga. 1865, art. 2, § 6, 1868, art. 2, § 26;Ill. 1870, art. 4, §§ 22—23;Ind. 1851, art. 1, § 23, art. 4, §§ 22—23;Iowa 1846, art. 1, § 6, art. 3, § 30 (also in Const. 1857, art. 3, § 30);Kan. 1859, art. 2, § 17;Ky. 1850, art. 2, § 38;Me. amendment of 1876 to Const. 1820, art. 4, pt. 3, §§ 12, 14;Md. 1867, art. 3. § 33;Mo. 1875, art. 4, § 53;Neb. 1875, art. 3, § 15;Nev. 1864, art. 4, §§ 20—21;N. J. amendment of 1875 to Const. 1844, art. 4, § 7, 11;N. Y. amendment of 1874 to const. 1846, art. 2, § 18;N. C. Const. 1868, art. 2, § 13;Ohio, 1851, art. 2, § 28;Ore. 1857, art. 4, § 23;Pa. 1873, art. 3, § 7;Tenn. 1870, art. 11, §§ 6, 8;Tex. 1876, art. 3, § 56;W. Va. 1872, art. 6, § 39.

[65] 比如说,The Norris-LaGuardia Act, 47 Stat. 70—73 (1932) 并且许多州中类似的立法,它们都将"劳资纠纷"作为一种特殊的范畴来处理,并且是调整其他纠纷的法律所不能处理的。参阅 the English Trade Disputes Act, 1906 (6 ed. 7, c. 47).

[66] 参见前文第33节注释[4]至[10](本文乃庞德《法理学》中第二卷第十章第59节。——译者注)。

遵守。[67]

在发达的法律中,制裁乃是通过下述方式附加在法律律令上的:(1)惩罚;(2)为了阻止发生具有危害性的违法行为,法院或官员所采取的预先干涉;(3)要么以特定的方式使事物恢复原状,要么以某种同等的替代物来取代违法行为发生之前的那种状态来使事物恢复原状。但是,关于这个论题的讨论,却没有因为下述趋势而获致助益,亦即那种根据刑事法典的规定来思考法律律令的趋势以及根据惩罚来思考制裁问题的趋势。

这个术语的起源揭示出了它的含义。制裁条款(Sanctio)在当时乃是使法律律令变为神圣的东西,这就是说,把它置于与神授规则相同的位置,而对这种规则的违背则关涉到神罚的问题,即违法者要把自己的家属和财富奉献给诸神中的某位神。[68] 按照理性制定的人定法,乃是通过赋予它们以与那些违反被认为源出于诸神的传统规则的后果相同的后果而得到强化的。[69]

在考虑奥斯丁分析观点所强调的这个特征的时候,我们必须牢记惩罚仅仅是制裁的一个种类,而且动机并不是制裁,尽管制裁的目的有可能在部分上是要为人们遵守那种具有制裁性质的规则提供一种动机。制裁暗含着某种强制,亦即一种强力的适用或者适用随时可适用的强力的一种威胁。在法律的初始阶段,制裁充其量只是得到了很小的发展。在当时,一个胜诉的债权人(a judgment creditor)只是被授权进行自我救济。[70] 在罗马法中,扣押人这种较古老的做法被概括执行(universal execution)所取代。[71] 但是,直到帝国时期以及后古典时期,通过扣押和拍卖个别财产项目的特殊执行或自然执行(即强制执行 manu militari)才得到发展。[72] 当时只有一种通过专断条款(clausula arbitraria)而实现的间接的特定执行——在被告没有进行特定返还的情况下,它允许原告估算价值。这种估价的做法并没有得到认真的探究。[73] 因为对一项大笔金钱的判决的预期所依赖的乃是强制履行。在盎格鲁—撒克逊的法律中,国王威胁要"骑马"去一个不遵守该种法律的邻近地区的情形,只

---

[67] Austin, supra note [9], pp. 89—92, 443.

[68] Festus, 3 Bruns, Fontes Juris Romani Antiqui (6 ed. 1893, 7 ed. 1909), p. 35.

[69] 参见 1 Bruns, Fontes Juris Romani Antiqui (6 ed. 1893) 7, 11, 14 中所提供的例子。在"十二铜表法"中的一个铜表法上,也刻有这样的规定,tab. VIII, 1. 21-1 Bruns, Fontes (6 ed.), 1893, p. 33.

[70] Gaius, pp. 4, 21.

[71] Ibid., pp. 3, 78—79.

[72] Dig. 42, 1, 31; Dig. 6, 1, 68.

[73] Dig. 12, 3, 11.

是一种例外的情况。[74] 在宾夕法尼亚州，在法院被赋予衡平裁判权以前，特定履行只能够通过要求陪审团去发现高赔偿额的方式间接地实施，而且如果判决中的条件得到了遵守，那么这种履行将被取消。[75] 实际上，唯有发达的法律才能够做到有效的制裁。随着法律秩序的发展，执行机制也不断地得到了更好的组织。现在，那种通过政治组织社会的强力来实施行为规则的趋势，一直在持续。法律史和法律制度史，可以说都充满了制裁在赋予律令以作为法律的特征方面具有作用的例子。

比如说，正如我在本书另一个地方已然指出的那样，邦联下的国会没有权力强制执行它的议案和决议。因此，这些决议和议案得不到各州的重视并且是无甚作用的，尽管各州在此前已授权国会去处理这些问题。[76] 另一个例子可以见之于合宪性的"协议"或习惯，而英国有许多这样的"协议"或习惯，美国也有若干。在19世纪，分析法理学的批评者就极其重视这样的"协议"或习惯。历史法学家把它们视为法律。因此，在1890年出版的一本由法学教授撰写的论著中，那个在当时据信业已确立的有关总统不能连任三届的习惯以及有关总统选举团投票选举政党（即那些提名总统选举团的政党）所提名的候选人的习惯，都确证了一部不成文宪法的命题。[77] 关于委员会委员的资历以及无限制辩论的参议院惯例，有时候也被称为宪法性法律（constitutional law）。但是，关于总统不能连任三届的习惯在没有任何正式的反对下却得到了委员会的遵守，而且在（被提名进行投票选举其他人的）选举团选举一个总统的事例与一个不是本土出生的公民宣布已经当选的事例之间也是存在明显区别的。戴雪曾经指出，这些合宪性习惯中的一些习惯常常遭到忽视，但是即使如此，违反者也是不需要承担任何法律后果的。[78]

再者，教会法曾是一个法律体系。它实际上被公认为是调整人际关系中许多重要领域以及调整人之行为诸多重要方面的规则体，而支撑它的则是一个在西欧具有确使其规则得到实施的权力和意图的宗教性社会组织。直到基督教改革运动期间及其以后开除教籍的制裁失去了其威力之前，它都是一个发达的法律体系。现在，除了用于罗马教会的内部治理以外，教会法只具有某种历史意义了。

---

[74] Laws of Athelstan, Judicia Civitatis Lundoniae, cap. vii, 2 (about 930). 关于威廉征服英国以前英国法中行政权的软弱情形，请见 14 *Law Quart. Rev.* (1898), pp. 291, 296—297.

[75] Clyde v. Clyde, 1 Yeates (Pa.) 92 (1791); Decamp v. Feay, 5 S. & R. (Pa.) 323, 328 (1819).

[76] 参见前文注释[16]。

[77] Tiedeman, *The Unwritten Constitution of the United States*, 1890, chaps. 3, 4.

[78] Dicey, *Law of the Constitution* (8 ed.), 1915, chap. 14.

发达法律体系中一项法则(a law)的上述特征,构成了奥斯丁法律定义的基础。为了对这些特征作出总结,奥斯丁指出,一项法则(1)是一项命令;(2)是一个主权者对其臣民设定的,因而是由一个明确的权力机构所设定的;(3)是一项普遍的命令;(4)制定了一种行为的方式;(5)是实施制裁的,因为制裁隐含在命令之中。

我在本书的前一个章节中已经指出[79],英国第二代分析法学家修改了这种分析,因为他们用主权者的强制执行(enforcement by the sovereign)取代了主权者的命令或主权者对法律的制定(establishment by the sovereign),并且将之视为一种判准。依据这种观点,法律律令未必是由主权者制定的,但是,政治组织社会的各种机构却把制裁附加到律令之上,而这些律令既有可能是立法机关制定的,亦有可能是由法院发现和阐明的,还有可能是传统的。附加了国家所强制实施的这种制裁的律令,就是法则。一般说来,传统的原则,亦即法律体系的诸前提,并不是由立法机关以明示的方式提出来的。[80] 但是值得我们注意的是,根据这种思维方式,如果传统的原则和论说是法律的一部分,那么这实是因为制裁融入进了国家司法法院所作的强制执行之中。后来的论者还加上了行政法院所作的强制执行。[81] 这显然是对奥斯丁分析所作的一项改进。

格雷教授的论式——即"法院制定的规则"[82]——乃是一种受到美国司法趋向于立法的那种态度之影响的美国版。它假设了英美先例论说的普世性。

如果法则是命令,那么它们就有可能是国家通过立法机构或法院这些代理者予以制定的。格雷教授反对那种视法则为命令的观点,但是他却并不反对那种视一项法则为某种由公共权力机构所制定的东西的观点。他指出,它们实际上并不是由立法机关制定的,而是由法院通过适用制定法规则、传统的规则和传统的原则所制定的。因此,他论辩道,普通法、制定法以及论著文本都是法院赖以制定法律的渊源或原始材料。格雷教授乃是在美国行政裁决出现之前阐发上述观点的,而且只是在对行政裁决进行司法审查的限制条件确定下来以后,人们才清楚如何用他的理论来解释行政机构适用和阐发制定法的问题。无论如何,我倾向于认为,制裁乃是由司法和行政的适用所赋予的。任何不是如此适用和实施制裁的规则,都不是法律这个术语所具有的第二种意义上的那种法律。但是需要指出的是,法院不是一个像立法机关那样自由的机构。它必须诉诸制定法、传

---

[79] 1CL. & Fin. 527(1833).

[80] 尽管如此,仍有一些案件对一种普通法原则作出了制定法上的假设或采纳或宣告。参见 Sherman Anti-Trust Law of 1894 (26 Stat. 209); the Federal Trade Commission Act, 38 Stat. 717, § 5。

[81] Clark, *Roman Private Law: I Jurisprudence*, 1914, p. 75.

[82] Gray, supra note [5], p. 93.

统原则和传统律令作为其进行审判的基础（亦即作为原始材料以及发展和阐发它们的方式），而且法院有关法律制定或法律发现的工作，亦即通过类推的方式来遴选和发展或阐发它将适用的规则或者通过类推的方式来遴选和发展或阐发它进行推理的出发点，仅仅是一种附带性质的工作。审判所依凭的原始材料也是第二种意义上的那种法律。甚至先例也可以归入这一类庞大的原始材料之中去。因此，格雷教授的观点就可以被归结为这样一种观点，即根本就没有法律，有的只是渊源，亦即原始材料。再者，法院也越来越少承担制定法律这样的工作了。

  种种迹象表明，美国的法院将不可能再有能力去维续那种以纯粹的司法方式发展或阐发普通法的做法所要求的那些条件了。当今法院所面临的工作压力，正使得下述情况变得不可能了，即法院能够在更长久的时间里除了赋予其他机构所制定和阐明的规则以权威的形式以外，还可以做许多其他事情。在1813年，美国联邦最高法院所处理的案件数量同最高法院的法官数量之比是12比1。[83] 在1913年，这个比率变成了33比1。[84] 在1934年，这个比率是113比1。[85] 在1941年的十月期间，这个比率竟变成了129比1。[86] 各州最高法院在这方面的情形亦复如此。[87] 所有这些都在某种程度上意味着法官必须迅速地工作并且尽量减少思考的时间。为了审理所有这些案件，允许论辩的时间就必须大大地缩减，而且许多案件也都是根据那些书本中的论据作出判决的。因此，在一个世纪以前，法官在倾听论辩的时候始终会把口头论辩中的每个细节都探究清楚，然而在今天，法院却被迫把论辩时间限制到一个专断的时间许可之内，即通常论辩的每一方只有半个小时的时间，而且很少有超过一个半小时的。[88] 越来越清楚的是，法律的阐发或制定都是在法院以外发生的。几乎不争的是，无论是立法还是司法审判，在没有外界的帮助下，是不可能与下述重要人物在下述法律的制定方面所作出的贡献相媲美的：威格模（Wig-

---

[83] 9 Cranch, covering February 1812 to March 1913.

[84] 参见230 U. S. 汇集了60个案例，而在这些案例中，其间的意见于1913年6月16日被公之于众。

[85] 参见290—292 U. S.。

[86] 参见 the table, 316 U. S. 719. 或许应当加上：自从废除了"Swift v. Tyson"一案中 [16 Pet. (U. S.) 1, 10 L. Ed. 865 (1842) by Erie R. Co. v. Tompkins, 304 U. S. 64, 58 S. Ct. 817, 82 L. Ed. 1188, 114 A. L. R. 1487 (1938)] 的那项规则以来，美国联邦最高法院的判例对私法问题所具有的创造性影响很可能也已经消失殆尽了。

[87] Jackson, *The Supreme Court in the American System of Government*, 1955, pp. 13—17.

[88] 关于州法院的一个论述，参见 Pound, The Judicial Office Today, 25 *Am. Bar Ass'n Journ.* (1939) pp. 731, 731—732。另请参见 Cardozo, *The Growth of the Law*, 1924, pp. 11—17。

more)对我们的证据法所作出的贡献,或者威利斯顿(Williston)对合同法所作出的贡献,或者毕尔(Beale)对冲突法所作出的贡献,或者斯考特(Scoott)对信托法所作出的贡献,或者美国法律协会的诸报告人(the reporters of the American Law Institute)对恢复原状问题(准合同)所作出的贡献。的确,无论是美国法律教师在法律重述中的工作,还是法院和法律行业对他们工作的接受,都是在发表自己的意见。由于法学家们已经放弃了那种在前不久还起支配地位的纯粹历史方法并且渐渐相信法律是能够通过刻意的努力而得到完善的,所以法律教师以及法学论者(他们很可能是同一的)就肯定是我们最终的依凭。英国就有诸多迹象可以证明这种情势,特别是在法院越来越多地使用教科书的情况下就更是如此了。[89] 法律教师渐渐能够在终身教职和独立的条件下进行他们的工作,而这些条件曾是普通法法官的力量之所在。现在,法律教师能够从事一项历史的、批判的和分析的工作,而在现代司法的观点看来,即使在适当的位置上,这也是不可能的。再者,法律教师可以把法律当作一个整体来处理,也可以把法律的各个部门当作一个整体来处理,但是法院却必须一件一件地处理案件。法律的问题已经不再是地方性的问题了。我们按照一种极其经济的方式统一了起来,以至于任何问题都不会如同过去那样受到管辖范围和审判地点的限制。法律问题已经变成了一种在全国范围内统一的问题,甚或是一种在世界范围内统一的问题。在当事人、管辖范围和审判地点受到上述情势影响的情况下,对

---

〔89〕 过去,在英国有这样一条规则,即除非一本教科书的作者是一个法官或此前做过法官,否则这本教科书就不应当被引证;而且活着的人写的教科书也不应当被引证。Lord Eldon in Johnes v. Johnes, 3 Dow, 1, 15 (1814); Ion's Case, 2 Den C. C. 475, 488 (1852); Kekewich, J. in Union Bank v. Munster, 37 Ch. Div. 51 (1887); Note (1888) 4 Law Quart. Rev. 236; Note, 同上,360—361; Note, 同上,229. 在最近的英国案例汇编中,法官们经常论及甚或讨论那些在世的而且不是法官的教科书作者们的观点。参见 Pound, *The Formative Era of American Law*, 1938, p. 167, note〔2〕中长长的引文列表。在这个列表中,还应该从法律汇编的后续卷目中加上下述内容:United Australia v. Barclays Bank, [1941] A. C. 1, 18 (美国法律协会对有关恢复原状的法律所作的重述得到了 Simon 勋爵的引证及赞同);Joseph Constantine Steamship Line V. Imperial Smelting Corporation, [1942] A. C. 154, 169, 205 (Porter 勋爵引证了 Salmond 和 Wifield 关于合同的论著); In re An Arbitration, [1942] 1 K. B. 232, 239 (Oppenheim's International Law cited by DuParcq, L. J.); Sea and Land Securities v. William Dickinson & Co., [1942] 1 K. B. 286, 289, 298 (Atkinson 引证并讨论了 Carver 关于海上运输的观点以及 Maude 与 Pollock 合作写的有关商船运输的观点); In re O'Keefe, [1940] Ch. 124, 130 (Cheshire 关于国际私法的论著也得到了 Crossman, J 的引证)。除了这些卷目之外,还有大量对 Halsbury 所著的《英国法》一书的征引。In re Paine 中,论者还引证并且依凭了戴雪关于法律冲突的论著:In re Paine, [1940] Ch. 46,49; In re O'Keefe, id. 124, 130; In re Luck's Settlement Trusts, 同上,864, 883—884,890. In re Paine 中还引证了 Westlake 关于国际私法的论著,见前文和 by Scott, L. J. in In re Luck's Settlement Trusts, 前文, 915. Scott, L. J. 还引证了 Foote 关于国际私法的论著(同上,914)以及 Lafleur 关于法律冲突的论著,同上。

这些问题的处理不可能有什么创造性可言了。

于是，法院的所作所为，就是把国家的印记铭刻在律令之上，而在那些律令当中，有一部分是法院自己阐发和制定的，但更大的一部分则是法院根据理论著述选择出来进行发展和作出调适的。[90]

---

[90] 参见 Pound, *The Formative Era of American Law*, 1938, pp. 138—167。

法律科学及其对象如何可能?
——对凯尔森纯粹法理论的初步解读

张书友[*]

引　言

　　无论在一般意义上(in general)还是在个别意义上(in particular),"法律是什么"都是一个相当重要的问题,如将其理解为对法律的本体论追问,即"法律究竟是什么(本质)",则此问题之意义对法学而言更非比寻常:一切五光十色的法学流派聚讼纷纭者皆出自对这一问题的不同回答。然而重要问题却未必是根本问题,在"法律是什么"背后,尚有一个为人所司空见惯、习焉不察的大问题:"法律如何可能?"司空见惯绝不表明此问题不重要,相反,后问乃是前问之逻辑前设,若法律不可能,又如何谈得到"是什么",此二问题之关系,恰是另一意义上的"存在先于本质"。那么,"法律如何可能?"这个看似不必回答的问题究竟何指?追问的乃是如何才能将某些人类生活秩序称为法律,而其他类似的生活秩序则否?一言以蔽之,法律何以为法律,我们凭借什么区分法律与其他非法律者,法律自身之法律性/合法性(legality)从何

---

[*]　张书友,西北政法大学法理学教研室教师。

而来？譬如，何以现代国家所实施者是法律，而初民社会所奉行者则否？再如，何以国家机关之议事规则为法律，而黑社会之分赃规矩则非？回答类似的问题远不必深思熟虑，否则便提前进入"法律是什么？"的思辨了——答案其实简单得令人乏味：有一套关于法律的知识充当了我们鉴别（或曰发现）法律的标准，若无这一知识体系，法律便不可能，更遑论其本质，而若该知识体系发生改变，则昔日为法今则不法或相反的情形出现也绝不令人惊讶。因此，法律之可能性并非本体论问题而系认识论问题，并非实事问题而系解释问题：如何将那些生活实事解释为法律及其效果的问题。在这里，本体论受制于认识论，在回答"法律是什么"之前，逻辑上必须先回答"法律如何可能"（尽管法律理论的历史并未遵循这一逻辑），前问所问者乃是法律自身，后问所问者则是关于法律的知识，而此知识便是我辈通常所称之法学（jurisprudence/Jurisprudenz）或曰法律科学（legal science/Rechtswissenschaft）。法律之本质受制于法律之合法性（即法律之可能），而法律之合法性来自法律科学之解释，那么法律若欲合法，则法律科学必须可能，换言之，即不辱科学之名，唯其如此，方有认识论意义上之法律可言，进而才能问个本体论上的"是什么"。假如接受上述逻辑，那么暂时的结论便是：唯有法律科学可能，作为其对象的法律方才可能。然而问题在于，法律科学又如何可能呢？

法律科学及其对象之可能性，正是奥国人凯尔森（Hans Kelsen）所孜孜以求者，其纯粹法理论（Rein Rechtslehre/pure theory of law）便是笔者所见对此问题的一个相对圆满之解答[1]，然而却因"句奇语重喻者少"而至今未能引起学界尤其是中国学界足够的关注，因此对该理论进行符合中国法学知识背景与阅读习惯的梳理便成为必要，本文的写作目

---

[1] 笔者将凯尔森的理论译作"纯粹法理论"以求名符其实，而不采用国内法学界"纯粹法学"之译法。其理由在于，学问当以正名为先。Rechtslehre 不仅是个名称，更体现了一种独特的学术立场与研究方法，即德语公法学界中具有浓厚实证主义色彩之"一般法学说"，关于 Rechtslehre 及其与 Rechtsphilosophie 之区别与联系，参见〔德〕考夫曼：《法哲学、法律理论和法律教义学》，载〔德〕考夫曼、哈斯默尔编：《当代法哲学和法律理论导论》，郑永流译，法律出版社2001年版，第11—12页；但凯尔森主要将 Rechtslehre 与法律实证主义相联系，而以 Rechtsphilosophie 指称以自然法学说为代表的法的形而上学。而 jurisprudence/Jurisprudenz 则主要体现英美经验主义传统。若将立场与方法大相径庭之理论形态一概译作某某"法学"（诸如自然法学、纯粹法学、社会法学之属），难免有不求甚解的"一刀切"之嫌。因此，译者将 Rechtslehre 译作"法律理论"，当其与 Rein 构成词组时，则省译为"纯粹法理论"。需要指出的是，凯尔森有时也用法学（jurisprudence/Jurisprudenz）表达与法律理论（Rechtslehre）相同之意义，此时，二者皆相当于 legal science/Rechtswissenschaft，即"法律科学"，在凯尔森看来，纯粹法理论便是一门以实在法为研究对象的典型法律科学。

的便在于此。[2] 在本文中,笔者试图阐明,纯粹法理论乃是自所谓"休谟问题"入手,使法律作为一种有别于事实和道德的规范体系而存在,其回答休谟问题的关键乃是具有康德先验哲学之鲜明品格的基础规范,并以此维系了纯粹法理论的双重纯粹性,进而为法律科学和法律自身提供了双重合法性。在此之前,笔者将先对纯粹法理论作一概览(仅述其要点,而不作全面展开),以彰显该理论的独特之处。

一、纯粹法理论素描

作为20世纪之经典法律理论形态,纯粹法理论通常被看作法律实证主义(legal positivism/Rechtspositivismus)在20世纪发展的巅峰阶段。然而,该理论却总给人一种与众不同的异样感觉:倒不完全是在于其比此前奥斯丁(John Austin)的分析法学和此后哈特(H. L. A. Hart)的新分析法学"更彻底"甚至"更极端",而恰恰在于纯粹法理论的字里行间似乎总散发出一种与法律实证主义传统格格不入的"形而上学"陈腐味道——尽管凯尔森一向以反形而上学(anti-metaphysics)斗士自居。[3] 即使勉强承认凯尔森是实证主义者(正如他本人所一贯承认的那样),那么他也实在是个"有所不同"的实证主义者:其实证也并非"分析的"(anylitical)而是"规范的"(normative),然而"规范实证主义"本身就

---

[2] 笔者理解纯粹法理论之思路在相当大的程度上受到了美国学者鲍尔森(Stanley L. Paulson)之启发,尤其是其论文"纯粹法理论的新康德主义之维"(The Neo-Kantian Dimension of Kelsen's Pure Theory of Law, 12 *Oxford Journal of Legal Studies*, pp. 311—332.),但笔者所尤其强调者却并非康德证明而是休谟定律,因为在笔者看来,不仅提出问题远比回答问题更有意义,而且康德回答的仅仅是休谟的两个问题之一,更何况凯尔森的规范主义才是他真正的发明,否则凯尔森与同属新康德主义的施塔姆勒(Rudolf Stammler)之辈又有何分别? 当然,此思路也仅仅是理解凯尔森的众多思路之一而已,关于对纯粹法理论的其他解释,可参见埃本斯坦(William Ebenstein):《纯粹法理论》(*Pure Theory of Law*, trans. Charles H. Wilson, Wisconsin UP, 1945);拉兹(Joseph Raz):《法律体系的概念》(*The Concept of the Legal System*, 2nd edn, Oxford: ClarendonPress, 1980)、《实践理性与规范》(*Pratical Reason and Norms*, 2nd edn., Princeton UP, 1990)以及《法律的权威》(*The Authority of Law*, Oxford: Clarendon Press, 1980);罗斯(Alf Ross):《论法与正义》(*On Law and Justice*, Berkeley & Los Angeles: California UP);论文集《论凯尔森》(*Essay on Kelsen*, ed. by Richard Tur and William Twining, Oxford: Cleandon Press, 1986, 79—97;论文集《规范性与规范》(*Normativity and Norms. Critical Perspectives on Kelsen Themes*, ed. by Stanley L. Paulson, Oxford: Clarendon Press, 1998)。

[3] 至少对20世纪上半叶的美国法学家而言,对凯尔森以及纯粹法理论便作如是观。参见鲍尔森(Stanley L. Paulson):《美国对凯尔森的接受》(Die Rezeption Kelesns in Amerika, in *Reine Rechtslehre im Spiegel ihrer Fostestzer und Kritiker*, ed. by Ota Weinberger and Werner Krawizetz, Vienna: Apringer, 1988)。

是一种颇为吊诡的说法。[4] 如果说英国之法理学体现经验主义(Empirismus)传统,而德国之一般法学说则是历史法学派(Historische Rechtsschule)和浪漫主义(Romantik)传统之延续的话,凯尔森的纯粹法理论却卓然独立于两大传统之外——尽管其与英德两国的类似学说并非全无联系,但其理论之核心部分却称得上自出机杼,而与前述二者迥然有别。那么相对传统法律实证主义而言,纯粹法理论的创新之处究竟何在,换言之,究竟是哪些因素令凯尔森在法律实证主义的学术谱系中显得如此与所不同?

纯粹法理论作为一种有所不同的实证主义法律理论,其要旨大略有以下数端[5]:

1. 纯粹法理论乃关于规范(norm)而非事实之理论:其将所研究之实在法(positive law)视为一应然体系(ought system/Sollensordnung)。法律体系被描述为规范——客观事实之主观意义——而非事实之结构。唯其如此,方足以发现法律之内在之意义(immanent meaning),即效力(validity/Geltung)。纯粹法理论因此与法社会学理论针锋相对,后者否认规范法学存在之可能,而将法律解释为实事之集合。

2. 纯粹法理论乃一反形而上学之法律理论:法律规范被定义为客观意志行为(act of will)之意义。因此,其与一切自然法学说势不两立,无论后者将法律看作超自然意志之造物(形而上学的宗教自然法)抑或人类理性之成果(伪理性主义的世俗自然法)。就此而言,法律理论之要务便在于尽可能精确地确定并描述法律创造者(law-maker)之意志。

---

[4] 自方法论的角度观之,法律实证主义在历史上的确主要与分析方法(此方法与康德的先天综合判断相对立)联系在一起,英国分析法学尤为明显,分析方法不可避免地与"还原主义"相勾连,即法律最终会被解释为某种事实,如"命令"(奥斯丁)或"惯习"(哈特),因此,在传统实证主义中并无有别于事实之规范的位置,"规范实证主义"就是一种自相矛盾的说法(若实证主义就等于承认世界上除事实外别无其他、除事实科学外不存在其他科学的话)。我国学者有时也将分析实证主义称为"逻辑实证主义",以与社会/经验实证主义相区别,这恐怕也是对概念的误用,因为所谓"逻辑实证主义"乃是新实证主义维也纳圈子的别名,其另一别名则是逻辑经验主义,即使该学派强调运用逻辑与数学工具,但其分析的最终结果仍是某种经验事实。参见〔奥〕克拉夫特:《维也纳学派》,李步楼、陈维杭译,商务印书馆1998年版,第22页以下;〔奥〕哈勒:《新实证主义》,韩林合译,商务印书馆1998年版,第18—24页。

[5] 凯尔森著作等身,与纯粹法理论关系较大的专著主要包括以下数部:《纯粹法理论》第一版(*Reine Rechtslehre: Einleitung in die rechtswissenchaftliche problematik*, Leipzig and Vienna: F. Deutike,英译本为 *Introduction to the Problems of Legal Theory*, trans. Bonnie Litschewski Paulson and Stanley L. Paulson, Oxford: Clarendon Press);《法与国家的一般理论》(*General Theory of Law and State*, Cambridge, Mass: Harvard UP)、《纯粹法理论》第二版(*Reine Rechtslehre*, Vienna: Franz Deuticke,英译本为 *Pure Theory of Law*, trans. Max Knight, Berkeley and Los Angeles: California UP)、《规范的一般理论》(*Allgemeine Theorie der Normen*, ed. Kurt Ringhofer and Robert Walter, Vienna: Manz,英译本为 *General Theory of Norms*, trans. Michael Hartney, London: Clarendon Press),文中观点系笔者所作之归纳,不再一一注明出处;凯尔森学术生命长达近七十年,其关于纯粹法理论的部分具体观点前后有所变化,本文唯求展示其稳定的"中心地带",有意忽略其模糊多变的"边缘地带",试图形成一个完整而非破碎的纯粹法理论形象,当不违背解释学之原则。

3. 纯粹法理论之基石乃是"是"(is/Sein)与"应当"(ought/Sollen)之两分,即认识论上的三个二元论:事实与价值之二元论、陈述与规范之二元论以及认识与意志之二元论。通过此种区分,纯粹法理论反对一切从法律之实效(efficacy/Wirksamkeit)——即法律实际上被遵守——推出其效力(validity)——即法律应当被遵守——之法律理论形态。对法律客观效力之终极证明则依赖于凯尔森对基础规范(basic norm/Grundnorm)之预设(presuppose/Voraussetzung)。基础规范并非一切规范秩序之基石,而仅为大体上有实效者之基础。尽管如此,社会实效也并不足以充任法律之效力根据,而仅仅作为法律科学之合理条件,此亦为纯粹法理论将法律之道德价值相对化(relativization)之结果。关于现行实在法之知识无关乎个体是否实际守法,后者乃是社会学之研究课题。

4. 为前述命题之推论,纯粹法理论强调对法律科学与法律政策(legal policy)之严格区分。自认识论上之价值相对主义立场出发,绝对价值(如"正义"之属)无法运用人类理智进行认识。纯粹法理论之纯粹性亦体现在其对实在法与其他规范秩序,尤其是道德之区分。实在法必须与对其所进行之评价严格区分。因此,由于法律科学之兴趣在于认识(recognize)法律,而法律政策之目的则在于创造(creat)法律,前者为科学之任,后者则系政治之责,二者乃是截然不同的两个领域。

5. 为前述命题之推论,纯粹法理论主张实在法与法律科学之区分,规定性法律规范(legal norm)与描述性法律规则(legal rule)迥然有别。法律科学不能创造任何法律规范,而只能藉法律规则描述法律上之情形。

那么,纯粹法理论便具有两方面之使命:一方面,纯粹法理论乃是对传统法律学说之批判(自然法学说与法社会学),凯尔森指责后者虽披着法学外衣,实则却以意识形态扭曲实在法;另一方面,作为一种认识论和方法论,部门法学家得于纯粹法理论之基础之上建构法律教义学(lagal dogmatic/Rechtsdogmatik)意义上之个别法律科学(相对于一般法律科学而言)。[6]

二、休谟问题及其意义

人类思想史上之哲人盖有两类:提出问题者与回答问题者。前者于不疑处有疑,发

---

[6] 凯尔森对法律科学与法律教义学之理解如下:当法律科学作广义理解时,其包括法律教义学;作狭义理解时,其与后者并列。具体而言,法律教义学乃是个别法律之具体科学(即法解释学或中国学者所谓之部门法学),而法律科学则是一般法律之普遍科学。参见鲍尔森为《纯粹法理论》第一版英译本撰写之附注,第128—129页;另参见〔德〕考夫曼,同上注〔1〕所引书,第4—5页。

前人所未覆,提出牵一发而动全身之根本问题,并以此问题规定后世学者甚至全人类之思考;而后者纵然能对前者提出之问题对答如流甚至举一反三,但其终究受制于问题本身而后人一步,其与前者相较则未免等而下之。[7] 而休谟(David Hume)所提出之问题正是那些吸引无数智慧头脑为对其作出解答而殚精竭虑,却至今仍对答案莫衷一是,而只能试图对问题本身有所增益之关键问题之一。

概言之,哲学上所谓休谟问题乃是两个彼此关联却又相互独立之问题的统一体,即逻辑学上之"归纳假象"与伦理学上之"二歧鸿沟"。前者旨在拷问人类借以获得新知的归纳法之有效性,即因果关系如何可能;后者则关注"应当"观念之来源,即诸如伦理学之属的"应然科学"如何可能。此二问题之关系在于,纵然可凭借归纳法获得关于因果关系之知识,但此关于"是"之知识能否适用于应当领域仍存疑问,故毫无理由认为对前一问题之回答得以稍带解决后一问题,换言之,唯有证明不存在有别于是之应当领域,才有希望实现知识与科学之统一性。对于前一问题,姑且假设其已获得解决,即能够通过归纳获得对事物间因果关系之认识[8],即自然科学确实可能,那么现在的问题则在于,我们能否同样运用上述方法求证"应当"?此即笔者所谓休谟问题之实质,其对法学之合法性而言实在非同小可。

休谟之前的哲学家习惯于运用数学之方法论证道德问题,只缘数学乃是近代自然科学兴起前最具"科学"色彩之学问。但问题在于,人之是非善恶观念是否如点线面一般客观实在——即与作为主体之人无关?在休谟看来,恰恰相反,伦理道德观念无关于外在事物之属性,而仅与作出判断之天性结构有关。[9] 从外在世界之"是",便无法推出内心

---

[7] 学界公认,人类思想史中最有意义之问题有三:"究竟是什么"、"如何知道是什么"以及"如何表达所知者"。此三问题的提出分别引发了人类思想的三次革命:本体论转向、认识论转向以及语言学转向。在这三次伟大转向中,分别涌现出三位善于发问的思想巨匠,即柏拉图、休谟与维特根斯坦。而其他哲人之毕生冥思苦想,也无非是对前者提出之问题做力所能及之注释而已。

[8] 这个假设乃是为论证方便而设,丝毫不表示笔者赞同此结论,下文将要指出,即使仅限于自然科学领域,因果关系也远不具有如事实般存在的客观性。

[9] 休谟曾举一例说明此观点:

以公认为罪恶的故意杀人为例,你可以在一切观点下考虑它,看看你能否发现你所谓善恶的任何事实或实际存在下来。不论你在哪个观点下观察它,你只发现一些情感、动机、意志和思想。这里再没有其他事实。你如果只是继续考察研究对象,你就完全看不到恶。除非等到你反省自己内心,感到自己心中对那种行为发生一种谴责的情绪,你永远也不能发现恶。这是一个事实,不过这个事实是感情的对象,不是理性的对象。它就在你的心中,而不在对象之中。……因此,恶和德可以比作声音、颜色、冷和热,依照近代哲学来说,这些都不是对象的性质,而是心中的知觉。

既如此,以研究外在世界之方法来探索人之内心,当然也就毫无道理可言了。参见〔英〕休谟:《人性论》(下册),关文运译,商务印书馆1980年版,第508—509页。

世界之"应当",那么纵然以归纳法研究"是"什么之科学成立,其对回答究竟何谓人之"应当"与正当生活也无能为力。然而,休谟之前的哲人却从未意识到此问题,而只是一味地在"是"与"应当"之间上窜下跳。尽管休谟在其煌煌两卷的正义论中涉及此问题的只有只言片语,甚至其自身都未意识到此"微言"中之"大义",后来者则沿着他的思路进一步前进,将休谟定律发展为不容违抗的"休谟定律"及"自然主义谬误"[10],从此二者之间泾渭分明,老死不相往来。那么任何试图以身试法、跨越此鸿沟者,无论古代的"知识即美德",还是中世纪的"理解即信仰",抑或近代的"头上的灿烂星空与心中的道德法则"与"存在即合理",不仅有"伪科学"之嫌,更有堕入理论上万劫不复深渊之虞。

然而,休谟或许是出于"君子读书不读律"之传统,或许是对其家庭法律背景的厌恶,他在提到"是"与"应当"之问题时,往往仅就道德与宗教而言,对法律领域从未给予应有关注。而法学界也因"读律不读书"之习惯以及对自身职业与地位之挚爱,长期以来对休谟定律或闻所未闻,或视而不见。后者在论证法学命题时,毫无顾忌地在"是"与"应当"之间反复推导,信之不疑且乐此不疲,犹以自然法学说为甚(但不限于该学说)。尽管法律实证主义者一贯对自然法学说的此种倾向颇为不齿,但从其对后者的批判却始终显得软弱乏力而不能撼动其根基,甚至自身也被自然法学说引入歧途,犯了和后者相似的错误:为了驱逐上帝,引入人之"命令",结果前门驱狼后门入虎,最终把人(无论主权者还是所谓"人民")抬到了不应有之高位,以人取代上帝,其结果无非是造成了另一种"人为"自然法而已。其关键就在于,没有找到自然法学说的真正弱点与致命缺陷,缺乏真正有力之批判武器,结果其批判虽声势浩大,却只是隔靴搔痒而打不中痛处,当然也就无法致后者于死地。所谓工欲善其事,必先利其器,要在理论上打倒自然法,必须先在认识论上判其死刑,而这直到休谟定律运用于法律领域才初步实现。

三、规范与基础规范

若将自然法学说内部之分歧看作"诸神之争"的话[11],则法律实证主义对自然法之

---

[10] "自由主义谬误"由伦理学家摩尔(G. A. Moore)所归纳,是指将善与善者混为一谈的自然主义伦理学和从先验判断或理想状态得出现实结论的形而上学伦理学都犯了从"是"推出"应当"或从"应当"推出"是"的错误,他在此基础上提出了伦理学的直觉主义立场,即包括善在内的价值判断乃是人之感性知觉,因而是不可定义的。参见〔英〕摩尔:《伦理学原理》,长河译,上海人民出版社2003年版,第8页以下;另参见孙伟平:《事实与价值》,中国社会科学出版社2000年版,第9—11页。

[11] 即凯尔森所经常指出的,自然法学家运用相同的方法而得出的截然不同之结论,诸如个人自由与社会保障之争、民主主义与专制主义之争、资本主义与社会主义之争。参见凯尔森:《纯粹法理论与分析法学》(The Pure Theory of Law and Analytical Jurisprudence, 55 *Harvard L. R.*, pp. 44—70)、《科学法庭上的自然法学说》(The Natural-Law Doctrine before the Tribunal of Science, 2 *The Western Political Quarterly*, pp. 481—513)。

批判便是一场"人神之战",在这场伟大的战争中,任何与法律有关的理论形态皆必须在两个敌对阵营之间作出选择,其必须毫无保留地支持一方而反对另一方。而凯尔森之纯粹法理论之所以与两种理论传统皆有所不同,就在于其同时对自然法学说与法律实证主义开战,以此对二者进行共同的超越。那么纯粹法理论非神非人,神人之间若有他物,则难免为"妖",无怪乎该理论遭到了二者的共同围剿。

概言之,休谟定律在法律理论中表现为方法二元论(Methodendualismus),其意无非是指,何谓法律与法律应当如何乃是两个截然不同之问题,前者描述(describe)法律,乃实然领域之事,后者评价(evaluate)法律,则属应然领域。不同之领域自应运用不同之方法,法律理论之使命仅在于描述,而与评价毫无牵涉。而自然法则是依据一种外在的价值标准对实在法评头论足,其自然与法学研究毫不相容,因而应予以清除云云。方法二元论本是新康德主义对休谟定律之发展,法律理论领域中之学者接受此立场者远非凯尔森一人,但却鲜有如凯尔森一般将此立场贯彻始终者。凯尔森对自然法学说的精彩批判几近脍炙人口,本文便不再展开。[12] 然而需要注意的是,笔者以为凯尔森反对自然法之理由并不在于所谓"自然法"自身,而在于其与实在法之关系,即自然法学说不仅描述实在法,而是以"自然法"为标准来评价(evaluate)甚至规定(prescribe)实在法,从而不恰当地将"应当"(评价因素)引入了"是"(描述领域),从造成了方法而非对象上之混淆。[13]

凯尔森运用休谟定律打倒了自然法,然则若就此止步,那么其与传统法律实证主义便不过是一路货色,读者便可以像他本人经常承认的那样,将他当作一个名副其实的法律实证主义者了。然而,凯尔森对所谓价值问题(即应然问题)之理解却与休谟等人颇有

---

[12] 需要指出的是,凯尔森对"自然法学说"与"形而上学"的理解要比我们要宽泛得多,一切具有形而上学特征的法律学说都被他冠以"自然法"之名,而一切坚持实然法与应然法二元论的研究方法皆被其斥为形而上学。因此,凯尔森对自然法学说之批判同样适用于一切无自然法之名而有自然法之实的理论形态,因此,其批判并非与所谓"毫无自然法传统"的中国毫无关涉。其实,中国传统法律学说虽无自然法之名,却未必无自然法之实,关于中国的"自然法思想",参见〔日〕沟口雄三:《中国前近代思想之曲折与展开》,陈耀文译,上海人民出版社1997年版,第300—330页。

[13] 自然法学说当然也是一种关于实在法之学说,其所关注之对象与法律实证主义并无二致,皆为实在法,否则自然法学说在应然领域中自娱自乐,又与研究实在法的法律理论何干?但关键问题在于,这种思路最终将导致对实在法的取消,假如存在完备无缺且可认识之自然法的话,那么——正如凯尔森常打的比方——制定实在法岂非日下秉烛般的蠢行?因此,就出发点而言,自然法学说之研究对象与法律实证主义别无二致,皆为人定实在法,但其方法却与后者大相径庭,即不仅描述而且评价。那么自然法学说之主要缺陷就并非对象二元论而系方法一元论。至于凯尔森以强制因素作为区分法律与道德之类规范体系的标准,笔者以为并非理想的选择,其实"特定区域能具有普遍属地效力的规范体系"才是法律有别于其他规范体系的规范意义上之特点,尽管此特点未必具有动态性。

不同。[14] 他在事实与价值之间增加了一个新领域：规范。[15] 规范绝非价值本身，而系价值产生之根据，价值与规范之关系可类比于规律与事实之关系[16]，其并非描述事实间的因果联系，连接两事实之间的并非"是"而系"应当"，即一种"归属"（imputation/Zurechnung）关系[17]，换言之，是将效果"人为"而非"自然"地归给条件。引入规范之概念后，"杀人是恶行"之价值判断与"不应杀人"之道德规范便是两码事，前者恰依后者作出。而无论伦理学上之直觉主义者抑或情感主义者皆忽略了规范这个重要环节：价值乃规范之结果（无论是何种规范），那么真正应当追问的就并非价值自身，而系产生价值之规范。凯尔森对价值问题尤其是客观法律价值之问题持规范主义（normativism）立场[18]：价值不等于口味或偏好，其并非感觉问题，而系对规范之认识（理性）问题。规范可理解，并且规范自身便是理解之结果，即规范科学之结果。一言以蔽之，凯尔森对价值

---

[14] 有必要指出的是，休谟以及其后的一大批学者对"应当"的理解都比较肤浅，他们往往将价值自身与具以作出价值判断之标准混为一谈，甚至根本忽略此标准之存在。因此，其并非严格区分了"是"与"应当"这两个截然分明的领域，而是从根本上取消了"应当"的存在。此种倾向尤以伦理学上的情感主义最为突出，并与20世纪之科学主义不谋而合：维也纳小组的重要成员石里克（Moritz Schlick）等人恰是情感主义的重要代表人物，而石里克的伦理学更常常成为凯尔森批判之靶子。情感主义的直接结果就是将"应当"问题逐出科学领域之外，那么其逻辑上之最终结局就是人之一切行为皆由基因获得解释，世界上不再有罪人而只有病人，但是否"病人"又依何标准判定？因此将出现无政府状态，无人有权判断他人以至于自身之行为。正如哲学电影《骇客帝国》（Matrix）中之"母体"，取消了一切自由意志，最终将人再度自然化（naruralization）。其实，休谟本人正是情感主义之先驱，他曾说过："当你断定任何行为或品格是恶的时候，你的意思只是说，由于你的天性或结构，你在思考那种行为或品格时，产生了一种责备的感情或情绪。"参见同上注[9]所引书，第509页。

[15] 在此意义上，人类生活不只有两个泾渭分明的领域，而是有三个领域，凯尔森对世界的基本判断并非一分为二，而是一分为三：事实、规范与价值，正对应于人脑的三种功能：理性、意志与情感，认识、规定与评价。正因为如此，纯粹法理论才成为卓然独立于两大法律理论传统中的"第三者"。对事实而言，规范是应然领域，而对价值而言，规范则是实然领域。关系在于，规范乃行为之意义，通过对意志行为之认识实现，规范又是价值（依规范所作之判断或评价）之标准，正是规范沟通了事实与规范两个领域。规范相当于波普（Karl Popper）所谓的"世界三"（尽管含义并非完全相同），而后者正是以新实证主义之批判者的身份出现于思想史中。关于三个世界理论，参见[英]波普：《客观知识》，舒伟光等译，上海译文出版社2001年版，第114页以下。

[16] 即规范乃事实（尤其是行为）之意义，但却不与事实等同，同样，价值乃依规范对实事所作评价之结果，但却也不能与作为价值判断之标准的规范划等号。

[17] 笔者将Zurechnung译作"归属"或"归属律"，而不采取"归责"之译法。理由在于，"归责"一词在中文中具有明显感情色彩，仅适用于消极评价，且已成为部门法学责任理论之专业术语。而凯尔森所使用之Imputation/Zurechnung则与Causality（因果律）相对应，乃是规范所根本有别于规律之关键所在，即人为地将某结果归给某条件，而"归责"不过是对"归属"原理在部门法中之具体运用而已。若将其译作"归责"，在法律理论语境中未免失之狭隘。

[18] 规范主义并非法律理论领域中之孤立现象，其在伦理学领域同样有所表现，如黑尔（R. M. Hare）的《道德语言》（万俊人译，商务印书馆1999年版）就在某些方面体现了与凯尔森相当近似之倾向。

持规范主义立场,对规范则持认知主义(cognitivism)立场。[19] 那么,凯尔森之所以反对传统法律实证主义之原因也就一目了然了:法律实证主义虽与自然法学针锋相对,但却与前者一样存在"自然主义谬误":其误以"应当"为"是",将规范不合法地还原为事实,犯了对象上而非方法上之错误。凯尔森与传统法律实证主义者之根本区别,就在于其并未在批判自然法的同时将"应当"也一笔勾销,而是科学世界中为应然领域保留了一席之地。

至此,凯尔森体现出了其与实证主义前辈的最大区别,他不是一次、而是两次运用了休谟定律:第一次,以实在法为是,而以自然法(即评价与判定实在法之标准)为应当,凯尔森主张是而拒绝应当,即主张描述实在法,而拒绝对其进行评价。第二次,以法律本身之意义为应当,而以法律创制、适用或遵守之事实为是,凯尔森主张应当而拒绝是,即将法律之意义理解为应当(规定性)而非是(描述性),法律本身正是行为之评价标准。正是为了纠正传统实证主义将应当还原(reduce)为是的自然主义谬误,凯尔森才引入规范之概念以与事实相区别,在他看来,规范乃客观行为之主观意义,即"创造"规范之行为对遵守规范者之意义(所关涉者并非后者之感觉而系理解),其无所谓真假,只谈得到有效(valid)或无效(invalid)。规范的确存在,但其却并非如事实一般存在——其存在便意味着效力。效力虽与人遵守法律之实事即实效有关,却不能等同于实效自身。既然作为规范之整体的法律体系之功能在于对人之行为作合法或非法之评价,但其效力既不能来自于另一规范领域(道德或所谓"自然法"),也不能来自"创造"规范之事实领域,那么如何才能将现行法律理解为具有效力(既针对守法者也针对违法者之拘束力)之规范,而非单纯的暴力(譬如劫匪之命令)?注意,这种理解正是对实在法持描述而非评价态度的法律科学之所以独特之处,换言之,凯尔森的问题便是,作为实在法知识的法律科学如何可能?注意,其不问是否可能,而只问如何可能,其可能性已被预设,换言之,之所以现实中存在与自然法有别之实在法,存在与自然科学有别之法律科学,其根源究竟何在?[20]

---

[19] 对于凯尔森是否是认知主义者有不同结论,认为凯尔森对道德持非认知主义的学者犯了混淆效力与实效的错误:将事实上作出道德行为的诱因误当作应当为此行为的根据。典型的例子参见拉兹(Joseph Raz):《纯粹法理论的纯粹性》(The Purity of the Pure Theory, 138 *Revue Internationale die Philosophie*, 1981, pp. 441—459, repr. in *Essay on Kelsen*, ed. Richard Tur and William Twining, Oxford: Cleandon Press, 1986, pp. 79—97; repr. in *Normativity and Norms*.)。

[20] 就此而言,规范主义者凯尔森的确不能被称为实证主义者,因为只有一种实证主义,即分析实证主义,其所研究者仅系经验事实,必将把法律还原为事实,因为在他们看来,只有分析命题才能验证真假,而综合命题与先天综合命题并不能验证,因而,在真正的实证主义者眼中,没有规范的位置。后者只在方法上运用休谟定律一次,而凯尔森却是两次,不仅在研究方法而且在研究对象上运用休谟定律,对纯粹法理论而言,以维也纳小组为代表的新实证主义者所追求的方法与知识的同一性是无法实现的(参见〔奥〕哈勒,同上注〔4〕所引书,第18—19页),必须在实事科学之外为规范科学留有余地。否则实证主义者眼中的法律科学也将如自然法学家眼中的实在法一般,成为"日下秉烛"般的多此一举。那么

基础规范(basic norm/Grundnorm)这一纯粹法理论中之关键概念便用以回答此问题,其为康德(Immanuel Kant)先验哲学意义上之预设[21],其对法律科学之意正相当于康德所谓之"先天综合判断"对一切形而上学之意义,这也正是康德这个18世纪最具智慧的大脑对休谟问题所作的回答,尤其是第一个问题的回答:假如知识不能来自对经验之归纳,即科学不能来自事实,那么其到底来自何处?康德的答案便是"先天综合判断",即人类认识自身之结构,或者说是以理性为自然界立法。与之相似,当凯尔森必须回答其因自身运用休谟定律而产生之问题:实在法之效力根据与法律科学之合法性基础何在时,他便提出了基础规范,依该规范,效力被作为效果归属于法律大体上具有实效之条件[22],凯尔森以此规范作为对理论上的怀疑主义和现实中的无政府主义之消解:法律之

凯尔森至多可以成为修正主义的实证主义。可惜在其著作中,凯尔森仍把自然法与形而上学作为其主要对手,而对实证主义之批判却因微言大义而不为人所重,造成对其观点的众多误解,以至于其往往被当作法律实证主义在20世纪的典型甚至极端代表,甚至他本人也对此居之不疑而不作辩解。

[21] 凯尔森认为《道德形而上学基础》是古典自然法学说17—18世纪在新教基础上演化时的最完美之表达,但是遗憾的是出于对实在法律秩序效力的承认,作为康德实践哲学一部分的法哲学没能贯彻批判哲学的原则,主动拥抱了某一确定的意识形态。理论上的原因在于"物自体"把形而上学二元论的先验性带入了理论哲学的一元论主张,造成了批判哲学体系内部的矛盾。关于纯粹法理论与康德及新康德主义哲学的关系,凯尔森说:

这种说法总的来说是确切的:纯粹法理论的哲学基础是康德哲学,尤其是经过柯亨解释的康德哲学。……确切地说,由于纯粹法理论是把康德哲学引入实在法理论——而不像施塔姆勒那样陷入自然法之泥沼——的第一个尝试,那么在一定意义上这种理论就迈出了超越康德的一步,因为后者的法律理论却拒绝先验方法。非但如此,纯粹法理论是比其他从康德出发的法律哲学更加忠诚的康德智慧遗产守护人。纯粹法理论第一次通过发展康德哲学、而不是拘泥于康德自身的法哲学使康德哲学成为一种成熟的法律学说。

引自《致雷纳多特雷弗斯的信》(Hans Kelsen, A Letter to Renato Treves, in *Normativity and Norms*, ed. Stanley Paulson and Bonnie Litschewski Paulson, Oxford: Clarendon Press, 1998, pp. 169—176)。很明显,凯尔森的新康德主义是否定了物自体,抛弃了实践理性的新康德主义,因而也就是把先验逻辑作为康德哲学的首要内容的康德主义。

[22] Grundnorm 在纯粹法理论中充当整个法律体系中之一切规范之最终 reason of validity /Geltungsgrund(效力根据/基础),德文词根 Grund 兼有基础与理由之双重含义,而中文"基本"一词之含义却与此大相径庭,"基本"者未必就是在逻辑上先在者,其不足以彰显此预设规范居于效力链条之起点、并直接或间接赋予体系内一切规范以效力之功能。基于上述理由,译者将 basic Norm/Grundnorm 译作"基础规范"而未采取"基本规范"之通译。凯尔森往往采取一段对追问规范效力的对话来作为基础规范理论(不限于实在法而是适用于一切规范体系,诸如道德、宗教之属)之引子,譬如:

若父亲命令孩子说,你该去上学。孩子便问道,我为何该去上学呢?若父亲回答道,为父命你如此,他便援引了其发布应去上学那条规范的那个事实本身,相当于根本未回答孩子的问题。合理的答案是:你应当服从父亲的命令。这便意味着,父亲所发布规范之效力根据并非其发布规范那个事实本身,而是另一规范:孩子应当服从其父下达之命令,正是此规范授权父亲发布规定孩子特定行为之规范。而后者之效力根据可以认为直接来自于上帝于西奈山发布之十诫(Ten Commandments)。若进一步追问十诫之效力根据,也就是说,我们为何要遵从十诫,答案往往是:因为上

所以为法律并不取决于其自身如何,而取决于法律科学对其赋予之意义,正如因果关系之规律是无论如何也非人所能经验到之事实,而系科学对事实赋予之意义。[23]正如自然规律与认识对象无关,而仅与科学自身有关,同样,规范之效力与其实效无关,而仅与法律科学自身有关。换言之,法律科学为作为以效力链条连接之规范体系的法律预设了作为其最终效力根据的基础规范。

笔者以为,对于"预设"这一观念,在中文语境中最好理解为"题中应有之义",其并非对未知世界之假设,而是表达如下观念:若欲对法律作此等理解(即其具有效力),便必须作此预设(基础规范存在即有效)。此预设之意义就在于回答下述问题:如何依法律对合法行为与非法行为进行判别,并对此判别作出理论上之解释?答案取决于那个作为判断标准之法律存在,而此标准不能是事实层面上之习惯、强制或暴力,否则法律与匪徒之命令、国家与黑社会就无法加以区别了,而能作出此种解释者只能是法律科学这一规范科学而非社会学或心理学等事实科学。若是与应当之二歧鸿沟不能以桥梁横跨的话,那么纯粹法理论便充当了一条不显眼的隧道,其即以意志行为沟通事实与规范(实事之意义),又以认识行为媒介规范与价值(规范之结果)。但请注意,规范所起的作用也仅限于媒介与沟通而已,尽管二者皆与规范发生关系,但事实与价值之间依然无法通约。套用我们通常对自然规律的描述,凯尔森只是创造条件,改变了休谟定律的作用方式,却从不曾"消灭"休谟定律自身,这也正是其与那些标榜"超越自然法与法律实证主义"之后辈的最大区别。

帝发布了十诫;但此答案再次援引了一个事实,因而并非正确答案。比较恰当的、援引规范的答案应是:因为我们应当服从上帝。一旦回溯到此规范,人们便拒绝再去寻找其效力根据了,因为我们觉得它理所当然、认为其不证自明。由于上帝被认为是最高立法者,而此规范则是上帝立法的规范基础(namative foundation),因此其并非某个意志行为所创制之规范:除非上帝之上仍有更高权威,才可能作出那个行为。那么,此规范便并非一条实在规范(positive norm),而是人之思维所预设的规范,若将上帝所发布之规范作为其他道德—宗教规范之效力根据的话,就必须如此预设,则此规范即道德—宗教秩序之基础规范。

引自《论基础规范》(Hans Kelsen, On the Basic Norm, 47 *California L. R*, (1959), pp. 107—110)

〔23〕 譬如民法中的法律行为理论就犯了未认清研究对象之错误:其所研究者其实是规范而非行为,所谓"法律行为具有法律规范之品格"云云其真正在于此,只不过当日德国学者建构此概念时尚未弄清行为与其所"创造"之规范的区别、仍误以应当为是而已。明确此点之后,近年来国内学界争议颇大的法律行为之合法性问题也就迎刃而解了:岂有不合法之法律规范? 在此意义上,其实完全可以写一本不含法律行为(实然领域)概念,而以法律规范(应然领域)为核心范畴的民法教科书。

四、结论：双重纯粹性与双重合法性

两次运用休谟定律令纯粹法理论具有双重纯粹性：

（一）相对自然法学说而言，描述而非评价——方法之纯粹；

（二）相对传统法律实证主义而言，规范而非实事——对象之纯粹。

纯粹之法律（以应然为其意义之实然规范——区别于事实）与纯粹之法律科学（对法律之描述性陈述而非评价性标准——区别于自然法）便是纯粹法理论之全部结果，也是凯尔森对本文引言中所提问题的回答。在此意义上，纯粹法理论乃是兼具古典与现代双重性格的理论形态。相对于自然法学说，其相当现代，仅对研究对象进行描述而不作任何评价，恪守科学研究中之"价值无涉"原则；相对于具有科学主义浓厚色彩的实证主义而言，其又极端古典，承认作为规范之意义的"应当"，反对将世界解释为一个单纯事实体系的科学主义决定论观点，为自由意志保留了一席之地。[24] 纵然因果铁律当真是人类无法摆脱之宿命[25]，凯尔森仍强调人独立作出选择与判断之责任。法律科学绝不宣布任何法律体系非法（legal system 如何可能 illegal？），而留待法律实践中的人对其进行选择——由人自

---

[24] 鲍尔森在《纯粹法理论的新康德主义之维》一文中曾用一个关于命题的表格说明纯粹法理论与两种传统理论的异同及其成因，此表格被广为引用，现照录于此：

法与道德 \ 法与事实	规范命题（法与事实可分）	还原命题（法与事实不可分）
道德命题（法与道德不可分）	自然法理论	
分离命题（法与道德可分）	凯尔森之纯粹法理论	经验实证主义法律理论

[25] 凯尔森在《因果与归属》（Hans Kelsen, Causality and Imputation, 61 *Ethics*(1950), pp. 1—11）一文中写道：

> 要使盛行于作为规范秩序的社会中之自由与盛行于作为因果秩序的自然界中之因果律相容，未必非要持非决定论的形而上学宗教立场。此种相容在理性科学领域中完全可以做到：假如把归属律看作虽与因果律不同、却也有几分相似之原则，不过一个在社会科学中起作用，而另一个在自然科学中起作用罢了。这正是自然之必然与社会之自由之间看似不可解决之问题的解决之道。两种哲学之间看似存在冲突，根本不同且无法相容：一个是理性——经验之世界观，而另一个则是形而上学之世界观，但实际上两者乃是两条平行线上的不同认识，是用来认识其不同客体的不同方法，两者是完全并行不悖。此即因果与归属之二元论。

身而非法律对其运行之后果负责,这的确是一项苛刻的知识与伦理义务。[26]

那么凯尔森两次运用休谟定律造成了何种结果?盖言之,纯粹法理论的双重纯粹性可以理解为双重合法性(或曰双重可能性):法律科学之合法性:对规范之描述独立于对其所作之评价,否则便非科学;法律自身之合法性:规范领域独立于事实领域而存在,否则便非法律。两合法性之关系在于,正因为法律科学将规制人之行为的规范当为法律来认识,后者才得以作为法律而存在,而法律科学之合法性则由预设之基础规范(无关事实与道德)赋予。换言之,法律之合法性由法律科学保证,而法律科学之合法性则由思维之预设保证。因此,作为康德意义上之先验范畴的基础规范直接保障了法律科学之合法性,也间接保障了法律自身之合法性。此种自结果推知原因的逻辑这便是康德的逆溯式先验证明[27],其实法律理论中对此证明之运用本非少数,只不过不自觉而已。[28] 当然,对所谓"法律"也完全可以有其他解释,比如阶级统治或上帝意志,但法律科学一旦要将某法律之意义解释为应当,而又不得诉诸道德论证,就必须如此,而一旦如此解释,就必然导致对一切法律皆如此解释,否则理论自身便存在矛盾而无法维系其体系之统一。就此而言,纯粹法理论正因其纯粹才保障了法律自身与法律科学的合法性。

在此基础上,便不难明了凯尔森在法律理论中驱逐道德与事实因素之原因所在:唯有恪守确定之方法与恒定之对象,法律科学才得以成为自身,法学只应去试图回答那些其能够回答之问题("应当意味着能够"),对其所无力回答者只有保持沉默,否则那些强作解人之回答必成法律理论的"生命中不能承受之轻"。在一定意义上,凯尔森之"法律科学"相对于传统法律理论而言不是在前进而是在后退——或者说是以退为进——从那些其所不能胜任之领域坦然退出。正是这一富于担当之退出,正是通过承认"科学"对某些领域的力不从心,才使他接近成功地捍卫了法律科学之独立与自足,并间接维护了法律之尊严——科学的长处并非包治百病,法律的优点也不在于屡试不爽。而贪多务得之

---

[26] 纯粹法理论对我们同样有伦理学上之启示:人之行为并非单纯是实事世界中的力学体系(无论是物理力还是心理力)中之现象,行为不仅需要解释,更需要评价(甚至主要是评价)。自然科学中之因果律不能成为伦理上之借口,而是要对自身之选择负道德责任。凯尔森之价值相对主义并不建立在心理主义与情感主义之基础上,而是建立于规范主义之基础上,不是否认可认识之道德存在,而是强调道德体系之不唯一,这正与其为法律提出的评价标准一致:没有理由认为此为法律而彼非法律,假如要将此类规范体系解释为法律的话。

[27] See Stanley L. Paulson, supra note [2], pp. 311—332.

[28] 诸如责任乃义务之基,救济先于权利等法律格言。此皆非假设,而是题中应有之义:为某行为之所以为义务,乃是由于法律为相反行为设定了一项责任;为某行为之所以为权利,则是由于法律为其规定了救济措施。非如此便不足以在法律内部解释义务与权利存在之基础。因此,并非行为因违法而招致制裁,而是法律科学将受制裁之行为解释为违法,否则规定制裁之法律便因此丧失合法性。此即纯粹法理论之连贯的解释力。

野心却往往招致"外患",治国与治学盖莫能外,以夷变夏和反客为主的例子俯拾即是。当代法学(尤其是备受口诛笔伐的中国法学)之所以对社会学与经济学等外部学科之"侵略"显得毫无还手之力[29],其原因恐怕不言而喻。一言以蔽之,法律科学绝不能通过放弃自身而维护自身,正如反恐行动之手段绝非将自身也变成恐怖分子,法学之所以在科学巨树上独占一枝,绝不在其兼具其他学科之能,而在于能其他学科所不能:将法律解释为"法律",如此而已。而欲成此事,除恪守双重纯粹外别无他途。否则法律科学与法律还有何存在之必要?不如径去闭门读经或上街革命来得实在。先哲柏拉图(Plato)早就提出以理智统率意志与情感者方为人,否则即为禽兽,那么假如法学家不以理智认识法律,而是纵容其意志对法律发号施令或姑息其情感对法律爱之欲生、恨之欲死,法律科学云乎哉?

---

[29] 中国法学往往被斥为"幼稚",其实这个恶评与贪多务得的毛病也不无关系,20 世纪 80 年代法学恢复之初,行为主义、系统论甚至计算机量刑便一哄而起,恰似追求新奇好玩小孩心性。时至今日,虽换了玩具,但玩兴却不减当年,如此虽不乏童趣,却难有长大成人之日。学科之成熟一如人之成熟,找到自身的位置、认识到自身的能与不能乃是一个重要的衡量标准。

诺齐克之获得财产权利的"限制性条款"[*]

张翠梅[**]

我们经常会说诺齐克在《无政府、国家与乌托邦》一书中对以权利为基础的自由意志论的最弱意义国家作出了最为连贯的陈述,其中论述了历史性财产权利的绝对不可侵犯。我暂且不论其从康德的"把人绝不仅仅作为手段,而是同时也作为目的"[1]的绝对命令得出的"个人权利是他人行为之边际约束(side constraints)"[2]的前提未必无懈可击,单单从其在论述获得财产权利之正义原则时以洛克的限制性条款为必要条件之一项,即认为它很容易使对他人的福利的关心获得道德正当性。这必然与诺齐克的权利作为行为的边

---

[*] 我非常感谢奥克兰大学法学院教授 Jim Evans 对这篇论文的早期英文稿件所给予的悉心评点和对文法的酌词润色。同时,我还真诚地感谢 Nicholas Smith 对我的资料收集所给予的大力帮助和我的博士生导师邓正来先生对诺齐克思想的引介以及他在我的博士生阶段授课过程中的辛勤劳动。当然,本文对诺齐克理论之解说的责任完全由我个人承担。

[**] 张翠梅,哈尔滨工程大学人文学院法律系讲师,吉林大学理论法学研究中心 2004 级博士研究生。

[1] 〔德〕康德:《道德形而上学基础》,H. J. 佩顿译,载《道德法》,伦敦:哈辛森公司 1956 年版,第96 页。转引自〔美〕罗伯特·诺齐克:《无政府、国家与乌托邦》,何怀宏等译,中国社会科学出版社 1991 年版,第41 页。

[2] 〔美〕罗伯特·诺齐克,同上注,第37—38 页。

际约束的前提矛盾。如果我对其限制性条款的理解是对的,那么它也将为更多功能的国家履行强制行为提供重要的机会。这可能是诺齐克权利理论中的最薄弱环节,但同时也可能为我们对诺齐克的理解提供新的视角:从这种被适用来避免"灾难的某种状况"[3]的适度做法中可以推断出诺齐克应该是接受基本平等观念的。

  基于此,本文分为三个部分,首先对于诺齐克对"限制性条款"的适用作一说明性陈述,在论证这一条款的适用对其理论成立之基础和前提可能具有破坏性影响后,提出这种对自由意志论者立场的偏离可能恰恰为我们对诺齐克所提出的命题作开放式解读提供新的视角,即我试图对诺齐克的正义的权利理论是否与基本平等这一价值判断勾连作一尝试性分析和初步判断,以期对诺齐克之权利理论的理解,甚至是发展提供大胆假设。正如诺齐克对自己的哲学所作的描绘,"我的思想不是为了得到你的同意——只是在你自己的思考旁边放置一会"[4]。我以此为鞭策,不奢求论证的圆满,只求思想的迸发和启迪。

诺齐克之"限制性条款"的适用

  对于个人权利的来源和基础的追溯,诺齐克有所保留地采用了洛克对自然状态和自然权利的阐释,即形而上学的这种假定使其能够获得道德正当性。其中,个人的生命权、自由权和财产权先于国家和政府而在自然状态即存在,并且不因为国家的产生而使其失去绝对性和不可剥夺性。但是与此同时,诺齐克还将必须"留有足够的和同样好的东西给其他人共有"[5]这一洛克的限制性条款(the proviso)视为其权利理论中财产权利获取道德正当性的必要条件。[6] 他将这一条款理解为,"意味着使其他人的状况不致变坏"[7],即如果占有使另一人的情况变坏,这种占有就是不合法的。对占有如何使人变坏,诺齐克认为有两种方式,"首先,使别人失去通过一个特殊占有来改善自己状况的机

---

[3]　同上注,第185页。

[4]　Robert Nozick, *The Examined Life: Philosophical Meditations*, New York: Simon & Schuster, 1989, p.15.

[5]　[英]洛克:《政府论》(下篇),叶启芳、瞿菊农译,商务印书馆1964年版,第19页。

[6]　诺齐克明示将洛克的限制性条款作为获取正义理论的必要条件,但是洛克是否同样将其视为占有的必要限制条件,是有歧义的。Jeremy Waldron 即认为洛克只是表明人类早期限制私人占有,但是随着金钱的发明,这一限制则被合法地搁置,所以禁止损坏原则是唯一对占有的限制。参见 Jeremy Waldron, Enough and Good for Others, 29 *The philosophical quarterly* (1979), pp. 319—328。

[7]　[美]罗伯特·诺齐克,同上注[1]所引书,第180页。

会；其次是使别人不再能够自由地使用他先前能使用的东西"[8]。诺齐克表明自己接受的是洛克的"较弱"限制性条件，即后者。这样而言，"如果不再能够自由使用某物的他人的状况将因此而变坏，一个通常要产生一种对一原先无主物的永久和可继承的所有权的过程就不被允许"[9]。所以，"一个人就不可以把一个沙漠中的唯一一眼水井占为己有，并随意开价"[10]。这种财产权利获取过程中的限制必然要求一个更为复杂的矫正正义过程。假如我的占有违背了限制性条款，使他人的情形比他们的底线情形更糟，那么我的占有就不具备道德正当性。但是，诺齐克又说，"如果某人赔偿别人，使他们的状况并不因其占有而变坏，那么，其占有本来要违反这一条件的人就仍然可以占有。但只有当他确实赔偿了这些人时，他的占有才不会违反有关获取的正义原则的这一条件，从而才会是合法的占有"[11]。

一旦某人对无主物的占有违背了限制性条款，那么他的占有就是不正当的，或者已经占有了，就要赔偿对方，虽然这种情形的发生并无他的过错。诺齐克在此显然作了很大的让步，虽然他认为其权利理论所支持的市场体系的自由运作实际上不会与洛克的条件冲突[12]，并且"如果这是正确的，这一条件就不会在保护性机构的活动中扮演很重要的角色，就不会为将来的国家行为提供一种很重要的机会"[13]，但是他却在这被怀疑理论结构可能转为目的状态模式的关键一点上没有进一步地论证而直接转向了对罗尔斯的批判。此处显然不能只用一句"它关注的是占有行为影响别人的特殊方式，而不是目的状态的结构"[14]就可了事——虽然他使用了医学研究者的例证试图说明洛克的条件不是一个"目的"原则，但是这个例证只能说明"某人拥有他人生存的某种必需品的全部的事实，并不意味着他（或任何别人）对某物的占有一定会使某些人（当时或随后）的状况从基线下降"[15]，即私人所有权系统并不必然导致违背限制性条款，而至于行为因为有了限制的参照而是否发生实质的转向并无否证效果。所以我还是以为，虽然他只是接受了这一条款的较弱理解，但还是让人们怀疑其理论可能因此而出现缺陷。

---

[8] 同上注，第181页。
[9] 同上注，第183页。
[10] 同上注，第184页。
[11] 同上注，第183页。
[12] 同上注，第187页，理由见第181—182页："一个允许私人占有和永久所有权的体系，使那些（由于没有更多的可利用的无主物而）不能再占有的人们的状况变坏了吗？再次我们看到各种赞成私有制的熟悉的社会方面的考虑：比方说私有制通过把生产资料放在那些能很有效率地（能产生利润地）使用他们的人手中而增加了社会产品，因为由分别的个人掌管资源，就不存在有新思想的人必须说服某人或某个小团体才能试验的现象，试验就受到鼓励等等。"
[13] 同上注，第187页。
[14] 同上注，第185—186页。
[15] 同上注，第185页。

对诺齐克的权利理论可能产生的影响

诺齐克设置这个条款的意图是什么,是我们解读这个条款对其理论影响之关键,同时还有些未意图的结果发生,可能并非诺齐克所愿,但却实实在在对其理论打上了缺陷的烙印。此处我们先看未意图的对其理论的可能影响。

首先,限制性条款的设置与其权利作为行为的边际约束的前提不一致。一方面,我们是分立的个人,每个人有属于自己的生活和计划。自治和自我确定对我们非常重要。"自我的观念"允许我们抵制他人将我们当作他们目的的手段的企图。财产权利的享有也因此而具备了道德正当性。[16] 但是,另一方面,限制性条款的约束使其又有了比较的底线:强迫他人存在于基线收入之下的财产获取不应该被允许。这一限制的附加使无限的财产权因为他人生存之需要而被折衷,并使某人完全可能成为他人生存之手段:通过放弃对自己财产的处置和享用。这使其理论成立的道德基础迷失。不但如此,源于洛克的这一条款的初衷来自对自然法的诠释。从自然法的角度理解,其基本原则是保护尽可能多的人,这是一个肯定性的义务,而不只是不侵犯他人权利。正如洛克所相信的,人的生存和繁荣是经济生活的基本的道德命令,其对财产权利之获取原则的限制性规定也是基于强烈的自我维续之意念的结果。"从这种'尽可能保存'的最大限度的原则看来,洛克应该是赞成'权利的功利主义'观点,而不是边际约束的观点。"[17] 在这一点上,诺齐克明确表示是反对的[18],但是因为限制性条款的存在,其理论中基于个人权利的历史的排他性主张和基于人之需要的普遍性义务就可能同时并存,而二者之间显然存在着紧张和对立。我们无法理解劳动者基于劳动而对物品享有的不可侵犯的权利,却同时要因另一个人的需要而放弃的事实,或者说既然劳动已经使物品归属于某人,另一个人的需要怎么可能再把劳动抽离出去?更何况,洛克的限制性条款的适用有一个前提性条件,即资源的足够。如目前很多地区的资源紧缺状况,任何占有都有可能使别人的境况变坏,那就只能是彻底地牺牲所有权才能满足限制性条款,结果是或者彻底放弃所有权的正当性,或者放弃将限制性条款作为财产获取的普遍原则,而这都是与诺齐克的理论相悖的。可见,诺齐克的这一条款使其理论陷入了两难境地,难以自圆其说。

---

[16] John T Sanders, Projects and Property, in David Schmidtz (ed.), *Robert Nozick*, Cambridge: Cambridge University Press, 2002, pp. 43—45.

[17] 〔英〕乔纳森·沃尔夫:《诺齐克》,王天成、张颖译,黑龙江人民出版社 1999 年版,第 27 页。

[18] 参见〔美〕罗伯特·诺齐克,同上注〔1〕所引书,第 37 页。

其次，诺齐克是不承认个人拥有福利权的，但是对洛克的限制性条款的较弱理解作为正当获得财产权利的必要条件，会不会在实现财产权利正当性的同时，使他人的福利权利也获得了正当性呢？古典自由主义者们的观点是只有财产权利的主张是正当的，他们不承认基于需要而在同一物品上设置的普遍性义务的存在。但是如前所述，诺齐克对限制性条款的接受说明他并不否认这二者矛盾性共存的可能，甚至是必要。如果对于诺齐克的这一理解是正确的，那么其阐述的否定式财产权利和肯定式福利义务就应当都具有正当性。虽然他并不情愿如此，而宁愿主张慈善原则的自愿而主动的实行[19]，但是为了避免灾难状况的出现而不得不至此——虽然他极力否认这一点，因为他所认为的具有正当性的国家是"仅限于防止暴力、偷窃、欺骗和强制履行契约等较有限功能的国家"[20]，而这种福利权利的存在将可能摧毁其最弱意义国家的唯一正当性。[21] 这样看来，在道德哲学里，我们当然可以把财产权利作为一理论主张的基点和路径，但也要考虑它们作为一个系统的协调和人们之间的权利是否兼容。如果只是诡辩一般的复杂的道德计算，就会最终沦为具有结果主义者特点的理论。[22]

再次，限制性条款终究还是可能使其理论具有模式化特性，并且这一让步的规定的确可能给更多功能的国家行为提供正当的理由。因为占有多余财产而需作的赔偿会使一个纯洁的历史理论结合了目的状态的考虑吗？诺齐克认为其关注的仍然是过程——过程中，占有行为影响别人的特殊方式，而不是目的状态的结构。John Simmons 也认为，"其公平分配的思想不是为保证某个持有模式的需要而提出，而是基于我们占有和持有对他人无害或无不公平的受损的要求"[23]。Barry 替诺齐克作的辩解似乎更为彻底，"他并不因产生了一些不理想的结果而对一些本来是合法的程序加以限制，而是重新定义坚持权利的方式。要反对的不是处于垄断价格的水的最终状况，而是（在他人不可能获得

---

[19] 同上注，第265页，"我指出过个人为何可以自愿帮助和支持某些他们赞成的活动、制度或境况"。

[20] 同上注，前言第1页。

[21] Jeremy 也认为诺齐克对于限制性条款的较弱条件的接受说明他认可福利的一定存在。参见 Jeremy Waldron, Nozick and Locke: Filling the Space of Rights, 22 *Social Philosophy and Policy* (2005), p.109。David Lyons 则认为诺齐克最初采用洛克的限制性条款作为对自然资源无限攫取的限制就已经将其历史权利理论弱化了，所以这种对绝对性的稀释应是理论原有之意，但这层意思的蕴含使财产获得服从于人类福利并因此而剥夺了权利特性。参见 David Lyons, The New Indian Claims and Original Rights to Land, in Jeffrey Paul(ed.), *Reading Nozick*, New Jersey: Rowman & Littlefield, 1981, pp.363—369。

[22] See Jeremy Waldron, Ibid..

[23] John Simmons, *Justification and Legitimacy: Essays on Rights and Obligations*, Cambridge: Cambridge University Press, 2001, p.234.

必需品的情况下）一个人占有对他人生存必需的东西的权利。虽然目的状态与过程之间在这一点上的区分危险地接近于无差别的区分"[24]。我同意他所说的理论侧重点的偏离——不是单纯个人权利的主张,而是这一主张可能对他人的影响。但是分立个人之权利的绝对不可侵犯因对他人的生存威胁而作出的让步——这种权利的权衡和牺牲能够彻底摆脱功利的量的计算吗？为了避免灾难的考虑是不是基于一种结果的考虑呢？这种结果可能只是未意图的结果,但却实实在在使其历史理论无法再坚持同类似于功利主义的目的状态的结果理论之间的明显区别,这同时使其无法坚持其自己建构的道德评判框架。[25] 而接下来的更严重的可能结果是,如何将占有的多余财产转让出去,以满足无法生存的穷人之紧急需要？如果赔偿可以使这种超越底线的占有"合法化",那么谁来负责主持赔偿？以什么方式赔偿？赔偿的基线有多高？只是提供吃住,还是包括医疗和教育,甚至更多？人们是否会同意把自己的靠才能得到的财产自愿给他人,作为多得的赔偿？其履行,或者诺齐克所言的赔偿会不会是"强制"？我认为这恰恰为将来的国家行为提供了一个很重要的机会,而且是道德上非常正当的机会,这非常容易使诺齐克的立场滑向"福利国家"的深渊。

我同意诺齐克在这里使用了一个"适度"原则的观点[26],但是 Richard J. Arneson 所言的"柔性自由意志论"（soft libertarian）的立场却同时可能使更多功能国家的很多强制行为也获得正当性。诺齐克对其理论的这种缺陷并不试图隐藏,"边际约束是否是绝对的,或者为了避免悲惨的道德事件,是否可以被侵犯,这是我避免谈的问题"[27],但是我却不能因此就有了权且理解的态度,因为这涉及经济领域中的道德优先性的问题,涉及诺齐克与罗尔斯的政治哲学立场的角逐问题。终上分析,诺齐克虽然敏锐地认识到福利和慈善对于财产权利的威胁和挑战,但是他仍然无力解决二者之间的紧张；他虽然以为结果平等主义是某种错误的分配模式,但却无法解释当代的财产占有在历史性权利的久远影响中为何还出现如此之多的不正当。显然,只是对于非正义的观念加以纠正,或者只是简单地维护自由市场经济是远远不够的。到目前看来,我至少可以说,这一条款的

---

[24] Norman P. Barry, *On Classical Liberalism and Libertarianism*, Basingstoke: Macmillan, 1986, pp. 152—153.

[25] Robert Nozick, Moral Complications and Moral Structure, 13 *Natural Law Forum* (1968), p. 2. 其中,诺齐克将对道德禁止行为的评价框架分为根据要求某种量的最大化的原则和推理原则,前者可能服从一种数量限制的考虑,传统的功利主义属于此,而诺齐克的主张则属于后者。

[26] Refer to Richard J. Arneson, The Shape of Lockean Rights: Fairness, Pareto, Moderation, and Consent, 22 *Social Philosophy & Policy* (2005), pp. 279—281.

[27] 〔美〕罗伯特·诺齐克,同上注[1]所引书,第 38 页,注解。

承认是诺齐克整个论证的最薄弱环节。

这是否关联基本平等？

自由至上论者通常会对有利于平等的预先假设抱有疑问，认为人们之间追求平等价值的理由往往源自想当然，而较少论证的成分。[28] 诺齐克更是如此。"持有正义的权利观念不以任何赞成平等或任何别的全面结果或模式的命题为前提。人们不能够径直认定必须把平等放进任何正义理论。"[29] 他明确反对机会平等与结果平等，这在他对罗尔斯之公平的正义的批判中清晰可见。但是，诺齐克竟然关心底线的收入而宁愿给自己的理论留下如此棘手的难题。这，的确使我对诺齐克借用洛克的限制性条款作为其获得财产正当性的必要条件的动机很感兴趣。我并不想将诺齐克的理论与任何平等凭空地牵连起来，但是对诺齐克适用限制性条款的深层动机的探究的确将其对"基本平等"这一价值的态度认同与否的问题牵连进来，至少它应该是答案之一，或者至少它是可能对诺齐克之权利理论诠释的途径之一。

Will Kymlicka 认为当今被认真对待的所有政治理论在平等是他们的基本价值的意义上说，都是平等主义者的理论。[30] 但是，在一个公平的社会里到底需要何种平等却并无共识。这里所谓的基本平等就与目标平等完全不同。它与资源平等或机会平等无关，或者说，这些都不是必要的。基本平等不需要具体地回答"什么平等的问题"，虽然那可能是有帮助的，它只是道德立场建构中考虑的抽象平等的信念，要求平等地对待彼此作为人的价值。这种抽象的平等表达了我们应该平等地关心和尊重人们的思想，从而为不以无视我们平等的人的价值的方式去分配权利和其他社会商品提供一个道德的理由。[31] 它在当代政治哲学中充当着重要的角色以至于很多人都将其作为道德和政治思想的前提或假定。[32] 值得注意的是，它并不专指利益平等，甚至有时可能成为允许各种

---

[28] 同上注，第 235 页，"对平等的论据是令人惊奇的缺乏的，而这种平等会与一种非总体和非模式的持有正义观的根本思想发生冲突"。

[29] 同上注，第 235—236 页。

[30] Will Kymlicka, *Contemporary Political Philosophy：An Introduction*, Oxford：Oxford University Press, 1990, p.4.

[31] Refer to Nicholas Smith, Why do we speak of equality? 11 *Otago Law Review* (2005), p.57.

[32] 在文法上，基本平等有时指"深层"平等（Ronald Dworkin, *A Matter of Principle*, Cambridge：Harvard University Press, 1985, pp.271—273），有时指"抽象平等"（Ronald Dworkin, In Defense of Equality, 1 *Social Philosophy and Policy* (1983), p.24）。Refer to Jeremy Waldron, Two Essays on Basic Equality（未发表，1999—2003。参照页数依照不同的版本可能不同），p.1, note [3]。

利益不平等的基础。它更指"平等的关心和尊重"[33],并因此而可能使我们"被平等地视为义务的承受者和德行的主体"[34]。至于,我们为什么要信奉于此,一方面,我们很难说事实上我们在很多基本方面是相似的就推导出我们"应该"平等的结论;另一方面,在关于平等的传统智识中,无论是康德的纯粹实践理性,还是亚里士多德所言的均衡模式——"正义要求每个人的价值和人的某种善的分配的均衡的平等"[35]——都还不足以让人信服,所以到目前为止,我们还很难给出有说服力的辩护或找到富有洞见的陈述。我们只能说我们相信彼此是平等的,在关涉文化的推进和社会状况的改进这样的事情上人们有资格得到平等的关心和尊重(甚至包括动物)。

让我们回到对诺齐克的限制性条款的考察。对获得财产权利的机会限制的理由是什么?一旦已经占有,通过赔偿而矫正的理由又是什么?限制性条款在以规范性条款的身份发挥着作用。但是从诺齐克的表述中只能看出,"每个所有者对其持有的权利,都要受到这一洛克式的有关占有之条件的历史限制。我们要注意,这一理论并不是说所有者没有这些权利,而是认为为避免某种大灾难,有必要逾越这些权利"[36]。某种大灾难的避免似乎是将限制性条款适用为获取财产权利之必要条件的唯一理由。"无论如何,这些结果可能是与大灾难的条件共外延的,由于这一比较基线相对于私有制社会的生产率来说是如此之低,洛克条件被侵犯的问题就仅出现于面临灾难的事例中。"[37]他将比较基线设置得很低,以尽量降低对绝对财产权利侵犯的几率。但是无法否认的是,这还是使财产权利被侵犯获得了特定场合的正当性和可能性。而这种对自身理论的完整的牺牲,唯一值得的代价似乎是对他人生命底线的维护,对他人具有的平等的生命价值的尊重。而且这种尊重所需要的对获得财产权利的机会的限制不会在根本上影响诺齐克对天赋和资历差异的强调,因为它不是为了没有得到"公平的份额"而赔偿,也不是因为穷人不应该的坏运气、令人厌恶的个性还是遭受事故或者疾病而赔偿,更不是一种占有机会平等化的体系,它只是在尊重人的平等价值的基础上符合直觉主义之正义的一种做法。

不但如此,这一对人的平等基本价值的尊重还使诺齐克的权利理论实现了不仅仅对分

---

[33] Ronald Dworkin, *Taking Rights Seriously*(Revised Edition), London:Duckworth, 1977, 180 ff. Cited from Jeremy Waldron, supra note [32], p. 23, note [36].

[34] Refer to Jeremy Waldron, supra note [32], p.23.

[35] Aristotle, *Nichomachean Ethics*, translated by Sir David Ross, London:Oxford University Press, 1954, Bk. V, Ch. 3. Refer to Jeremy Waldron, supra note [32], p.66, note [136].

[36] [美]罗伯特·诺齐克,同上注[1]所引书,第185页。

[37] 同上注,第185页。

立个人自我观念的强调,而且兼顾了人与人之间的关系问题。诺齐克在《省思的生活》中曾经对自己的自由意志论立场作了修正,他写道,"我曾经推崇的自由意志论立场,现在看起来不是特别充分,部分因为它没有完全结合仁慈的考虑和结合合作活动,它为更紧密的结构留下空间"[38]。我恰恰认为限制性条款中所体现的精神在"无意"中一定程度上弥补了他所说的缺憾。因为限制性条款讲述的是人与人之间的故事,而不只是局限于从自我出发的个人权利的主张,它涉及了权利对他人的影响和顾及。在诺齐克看来,财产权利之所以具有正当性,始于对个人自治和自由的关注,这是一种对自我表达和自我象征[39]的追求,它是为个人生活提供结构稳定性之重要程度的个人计划的重要组成部分。但是这种权利的主张无需在完全孤立主义者(Isolationist)的进路上获得。正如John T. Sanders所说,"人的权利理论的最基本的动机包括对于人类相互作用的公平合理规则的考虑"[40]。这种权利的处理方式与康德的人是目的的禁令不但不矛盾,还相得益彰,因为康德定义了要求不能将人当作手段而是他们自身的目的的绝对命令的同时认为,"人的范畴被要求看作在目的王国里共存"[41]。这说明在复杂的道德理论中可能很好地定义几个基本范畴,并且需要关注他们的同时共存、互相关联和他者定义变化对任何他者的影响。

诺齐克也有他的底线,即个人权利的不得侵犯。这始终是前提和基础,虽然可能在某些情形下受限,但却绝对不能更多地甚至导致无休止的让步。所以,与对财产权利的维护相比,对"基本平等"的尊重只是"辅助但却必备"的地位。它绝对不能成为对最初自然资源占有的"平等分配"[42]或对社会物质的"平等共享"的道德依据。因为那样会使诺齐克的权利理论彻底转化为功利主义论,并且可能因并不比其他价值系统更好地保护这种共享或者不如其他能够获得更多利益与履行公共责任兼得的体系而不再具备特性和优越性。也正是基于这一点考虑,我认为还需注意避免通过提高参照的比较底线而更多体现关心的程度,因为那将彻底地使最小化国家滑向罗尔斯主张的福利国家,而结果可能是更多的人权利的被侵犯。还有,我避免将前述的限制性条款所体现的"人与人之间的关系"界定为是"社会合作体系"中的必备原则。因为那将可能彻底脱离诺齐克

---

[38] Robert Nozick, supra note [4], p. 287.

[39] 同上注,第 185 页。

[40] John T Sanders, supra note [16], p. 38.

[41] Immanuel Kant, *Groundwork of the Metaphysics of Morals*, Mary Gregor (ed.), Cambridge: Cambridge University Press, 1997, pp. 35—38. Cited from Jeremy Waldron, supra note [32], p. 18, note [25].

[42] Jeffrey Paul, Introduction, Jeffrey Paul, supra note [21], p. 4. Also see Hillel Steiner, Justice and Entitlement, Jeffrey Paul, supra note [21], p. 382.

之理论存在的个人主义和自由意志论下的基点和情境。人与人之间的关系是任何理论陈述不能脱离的范畴,但是否必须是合作下的关系则另当别论。这几点小心翼翼的限定会不会使诺齐克的理论虽然与"基本平等"价值勾连却仍然能够避免转变成"权利功利主义"呢？我对此不太确定,并认为这是本文难以论述圆满的困境之所在。不过,我并不认为尊重人的基本平等价值就必然会如洛克那般,赞同维续最大多数人生存的信念,原因还是程度和侧重点的不同：基于前者考虑,如果我对财产的占有导致他人生存之不能,那么这个占有是不正当的；但是基于后者,则会以"最大多数人"的如何而来限定我的权利,那将是功利主义的。另外,还必须强调的是,基本平等的观念只是道德体系建构中的一个原则,而并不是一个目标,所以它绝对不会使诺齐克的理论因此而与结果主义者所秉持的目的状态的模式化理论等同或类似,虽然这种勾连可能会不可避免地使诺齐克的权利理论具有了一定的模式化特征——具备一定的模式化特征的确与诺齐克建构的权利理论的体系有所相悖,但是否因此而不可欲却超出了本文讨论的范畴,只能作为一个开放的问题暂时留给读者。这样,对个人财产权利的维护与对他人基本价值的平等的关心和尊重的并存可能使诺齐克的权利方案中,对福利的关心获得了一定的正当性；权利的边际约束显然不是绝对的；最弱意义国家的功能可能会不仅仅限于防止暴力、偷窃、欺骗和强制履行契约等较有限功能。这些对原有理论的修正可能使其理论夹杂了一定的功利计算,填涂了一定的模式化特性,但却可能使其理论更趋近"完善",至少不会如从前在道德平衡中出现冲突。

结 论

本文中,我指出我所认为的诺齐克权利理论中的最薄弱环节,并不是为了借此否定或推翻其理论,恰恰相反,我对诺齐克所主张的对个人权利完全尊敬和关心,反对任何社会关系特权模式的自由意志论乌托邦是赞赏的。我只是想指出这一所谓的最薄弱环节可能为我们对诺齐克的权利理论的理解提供新的解读视角。因为在诺齐克的财产权利方案中,本来可以避免对权利与福利的平衡,但却因服从于限制性条款而使其在诠释其财产权利方案特性时出现了价值冲突。这其中的根源诺齐克并没有明示,但是我推断它可能与一个假定的"基本的平等"的观念,即尊重人的基本平等价值,给予平等的关心和尊重的信念有关。不管诺齐克在《无政府、国家与乌托邦》一书中阐述的反平等主义如何健全,这本书的逻辑除了能排斥一些使目标平等得以获得的方法之外,都不能排斥对人的平等价值的尊重,至少天赋的巨大差异不会使较弱者的饿死街头变得正当。所以,我只想记录下我的这个信念:诺齐克接受了被自己道德框架所排除的考虑,其原因是对人们彼此平等价值的尊重和平等的关心。既然我们找不到诺齐克明确反对基本平等观念的佐证,又不能想当然地简单地以为他是反对一切平等的观念,那么基本平等的观念至少能够为我们理解诺齐克的权利理论提供一个可能的解读视角。正如诺齐克所言,"追溯真实(tracking the truth)"[43]的过程应该在"锚定和调整"[44]之间。我们不知道哪一次探寻会为我们提供一个可用于寻求更好政治权威的大体的发展方向。也许这一次尝试还不能够给我们所有我们需要问的问题的答案,但是在对其限度揣摩的过程中,我们可以更好地理解答案可能在何处被发现。我认为如此对待事物的方式寓意更为深远。不管怎样,我希望在本文中我的努力对此论题的探讨已经有所推进。

---

〔43〕 Robert Nozick, *Philosophical Explanations*, Cambridge, Massachusetts: The Belknap Press of Harvard University Press, 1981, p. 178. Cited from Michael Williams, Nozick on Knowledge and Skepticism, David Schmidtz, supra note〔16〕, p. 132.

〔44〕 Robert Nozick, *Socratic Puzzles*, Cambridge, Mass.: Harvard University Press, 1997, pp. 8—9. Cited from David Schmidtz, Introduction, David Schmidtz, supra note〔16〕, p. 4.

自由与权力：普布利乌斯的思想世界

姜 峰*

> 在组织一个人统治人的政府时，最大困难在于必须首先使政府能管理被统治者，然后再使政府管理自身。[1]
> ——亚历山大·汉密尔顿

> 立法、行政和司法权置于同一人手中，不论是一个人、少数人或许多人，不论是世袭的、自己任命的或选举的，均可公正地断定是虐政。[2]
> ——詹姆斯·麦迪逊

一、引 论

政治和社会生活的主题，可以归结为个人与社会的关系问题，因而成为社会理论的一个核心。在政治哲学上，个人与社会的关系集中体现为自由与

---

* 姜峰，北京大学法学院博士研究生，山东大学讲师。
[1] 〔美〕汉密尔顿、杰伊、麦迪逊：《联邦党人文集》，程逢如、在汉、舒逊译，商务印书馆1980年版，第264页。
[2] 同上注，第47篇，第246页。

权力的关系如何处理,对不同方面的侧重,形成了政治哲学史上的不同流派。如同许多其他见解一样,它们构成了一个思想的武库,随时等待着为不同目的而战的人们选择使用。在思想家那里,历史也常被作为破碎的片断使用,它们是等待编织成协调一致的锦缎的质料,在不同的人们那里被赋予不同的情感和诉求——爱与恨、希望与恐惧、赞美或者是反对。凌厉的思想家或许尤其如此,所以思想所呈现的外貌,往往并不如其本来的逻辑那样均衡,也给误解留下了余地。

作为宪政思想渊源之一的自由主义,也常常面临同样的境地。在反对君主专制的年代,它是自然权利哲学宣扬的个人权利的号角;在平等化浪潮席卷世界的时代,它是抵制"多数暴政"的盾牌;在试图消除社会不公的人们那里,它用来反对自己——平等的自由带来的不平等社会后果;在极权主义日渐颓败的年代里,它被视为国家主义的主要敌人,是自由主义对个人权利和自由的伸张,给了自由的敌人——专制权力以重重的一击。不过,当人们把权威等同于奴役,把服从等同于屈从的同时,也把自由等同于不受约束。自由与权力在很多人眼里已经成为此消彼长的零和博弈,它们的历史似乎为此提供了足够的证据,仿佛这个命题已成为自由主义定义中不可分割的部分。

原因可能是复杂的。那些生活于自由政府治下的人们,似乎只是忘记而不是厌恶谈论权威,因为它已经淡出政治争论的核心领域,他们更关心遗产税应该高一点还是低一点,对失业者的救济期长一点还是短一点,以及政府对经济的干预多一点还是少一点,他们争论政府起作用的范围和方式,却很少怀疑政府即意味着力量。而那些生活于威权政府下的人们,出于对暴政的恐惧,更多地从西方自由传统中吸收了个人至上观念和不干预主义,鲜于注意到自由亦需要权力保驾护航。西方老师不谈论权威,在东方学生那里被误解为反对权威,20世纪的冷战经历,愈加强化了自由及其敌人之间的意识形态色彩,紧张变成了不可调和的对立,本可携手并进,却已宛若仇敌。

然而,自由与权力真的已是狭路相逢?这一立场不但在当下的复杂社会面前是一个误解,若是追溯到现代成文宪法的起源——美国联邦立宪的时代,或许也是一个本可澄清的问题。本文试图以此为例说明,在权力基于"同意"、自身受到约束、致力于公益的条件下,它与自由的关系是可以协调的,而宪政主义的目的,恰恰是在它们的紧张中寻求一致。美国联邦立宪的启示,即在于通过改善权力自身的品格达到保障自由的目的,集权专制是自由的敌人,而基于民主、分权和共和主义公益导向的权力则可以成为自由的保障。对于威权政府的制度变革来讲,这或许可以成为一个有益的智识前提。

上述立场其实并非新奇之见,它只是在重申一个被遮蔽的主题,本文对美国联邦立宪的经验所作的观察,似乎可以提供一个证据。不过,这样的讨论或许多少要冒着从具体历史得出抽象结论的危险,作为一个矫正的方式,我们将把对美国立宪思想的讨论放在一个更宽泛的传统中进行。

二、个人自由的公共属性

普布利乌斯认为,基于美国当时的经验,对自由的威胁至少来自两个不同但相互联系的方面:第一,来自于各州间的无政府状态对权利保护的缺席;第二,来自于社会上另一部分人的压迫,正如公共权力可能被滥用一样,行使权利的个体也可能基于诱惑把权利用到极限。这两个方面,直接地与邦联的软弱无力有关,也与政府体制本身的构成状况有关。

1787年的联邦宪法序言,清晰地揭示了立宪的目的——"为了建立一个更加完善的联邦",为新宪法辩护的《联邦党人文集》(下文简称《文集》),全部的篇章都是围绕这一主题展开的。在第1篇,汉密尔顿开宗明义:"对目前邦联政府的无能有了无可置疑的经验以后,要请你们为美利坚合众国慎重考虑一部新的宪法。"那么,邦联政府为什么"无能",什么才是一个"更加完善"的联邦?

(一)邦联的缺陷

1781年,独立后的北美各州怀着对政府权威的警惕和必须建立某种联合的双重心态,组建了一个松散的邦联来协调相互的关系,这就是《邦联条例》(下文简称《条例》)所确立的体制。《条例》确立的唯一权力机构,是集立法、行政、裁判权能于一体的邦联国会,各州无论大小,在国会中均享有平等表决权。引人注目的是,国会无权对各州公民实施权威,它只能通过州政府发挥影响,但也无权强令各州执行邦联决议;邦联国会虽下设行政和纠纷裁决机构,其功能却极其有限。国会实际上只是一个州际协调机构。从各州间政治关系来看,独立后的十三州在很大程度上仍处于无政府状态,不过,这同《独立宣言》所宣告的事实是一致的,北美不是作为一个整体独立,而是各州相对于英王独立,独立不是一个事件,而是一组事件。

邦联的缺陷越来越明显,无政府状态从各个方面显现出来。国会无权征税,这使它缺乏解决问题的财政能力。独立战争期间,大陆会议曾举债4000万美元,现在却无力偿还,当国会要求各州负担1000万美元战争费用时,各州只能支付150万。国会无权强制州政府和其所属公民做任何事情,公民只受州政府统治。贸易方面,国会虽有权与外国签署协定,却无力保证各州执行。有的公民从外国进口商品却拒绝付款,意识到贸易风险的外国商人不愿再与美国人做生意。当英国发现美国国会根本无力控制外贸时,曾关闭西印度群岛和北美间的贸易通道。由于不能将商品出口到其他国家,很多美国人无钱可赚,而另一些人则无法从国外买到商品。

州与州之间的关系也日渐败坏。国会无权调节州际贸易,结果一些州对经过本州销往其他州的商品征税,纽约和宾夕法尼亚都向销往新泽西的商品征收苛捐杂税,这种情况严重阻碍了经济的发展。更糟糕的是,政府不能有效保护公民的财产权。战争结束后,大量亲英分子还住在美国,邦联政府和英王签订的《巴黎条约》承诺保护亲英分子的权利,确保他们受到公平对待,而一些州拒绝承认该条约,亲英分子向其债务人索债时,常常遇到障碍,有的州政府还在战争期间没收他们的财产作为惩罚。这不但使公民财产权受到威胁,而且由于邦联政府无力信守条约义务,同英国的紧张关系有增无减。控制州议会的党派还通过了取消债务的法律,他们通过发行纸币导致通货膨胀,使债务人获利,债权人遭殃。

外交方面,邦联国会只是各州的传声筒,没有能力用一个统一而有力的声音说话。邦联政府甚至都没有发动战争的能力,正如汉密尔顿抱怨的,"迄今为止还没有一次印第安人战争是由于软弱无能的邦联政府的侵犯引起的;但是却有几个实例表明,印第安人战争是由于个别州的不当行为引起的,这些州不能或不愿意制止或惩罚犯罪行为,从而造成了对许多无辜居民的屠杀"[3]。

国会中经常有些州的代表缺席,致使许多决议无法通过,到了1785年,甚至邦联国会主席约翰·汉考克本人也懒得到纽约去主持国会,另一任国会主席戴维·拉姆齐则警告说,"无政府状态和无止境的州际战争,直到有一天,或者某个未来的凯撒大帝把我们的自由夺走,或者我们沦为欧洲政治的玩物"[4]。普布利乌斯不无痛切地指出,"我们可以正确地说,现在几乎达到国家蒙受耻辱的最后阶段了。凡是能伤害一个独立国家的尊严或降低其品格的事情,我们差不多都经历过了"[5]。1786年,马萨诸塞州发生了"谢斯起义",这次仅有两百多人的叛乱在充分暴露了邦联的无能之后才最终被平息下去。这一事件成为改变邦联体制的直接动因。[6]

---

[3] 同上注,第3篇,第14页。

[4] David Ramsay to Certain States, New York, 31 January 1786, in *Letters of Delegates*, vol. 23, p.130.

[5] 〔美〕汉密尔顿等,同上注〔1〕所引书,第15篇,71页。

[6] 1786年5月,在马里兰州召开了安那波利斯会议,这是第二年制宪会议的一个序幕,会上建议大陆会议召开一次修改《邦联条例》的会议。1787年5月25日至9月17日,旨在修改《邦联条例》的会议在费城召开,共有12个州的55名代表参加,罗德岛州拒绝参加。大会制定了一部新的合众国宪法草案交由各州审议,批准过程中,反对和支持的两派进行了激烈的公开辩论。

研究专论

在制宪会议和批准新宪法的辩论过程中,集体的安全是被作为个人幸福的条件对待的,而这一条件必须通过集体的合作实现。杰伊认为,全体的安全就是全体的利益,"再没有比政府的必不可少这件事情更加明确了"[7],而建立统一的联邦有助于"全体的安全"。"联合和一个有效的全国政府是必要的,它可以使他们处于和保持在一种不致引起战争,而有助于制止和阻碍战争的状态。这种状态存在于尽可能好的防御状态之中,而且必然依赖于政府、军队和国家的资源。"[8] 同样,如果不能行使有效的州际司法合作,犯罪就会日益猖獗,危及人们认为的各种好东西,这种状况的改变,只能依赖于一个强有力的政府。所以总的来看,自由不仅是一件私人物品,更是有待政府提供的公共物品。

(二)社会性压迫

对自由的威胁也来自于社会本身,这个方面在自由主义理论中经常处于被遮蔽的地位,因为,强调这一方面似乎是在分裂"人民"、"社会"自身,毕竟,把人民、公民或社会的一部分描述为"压迫者"在道德上和政治上都是困难的,用我们当下的评价来说,这"在政治上不正确"——人民是崇高而神圣的,怎能成为压迫者?我们看到,联邦党人在同反联邦党人的宪法论辩中就面临着这一被意识形态化了的争论。为了论证强有力的联邦政府的必要性,普布利乌斯不免要强调权力的意义,而这很容易地就被反联邦派指责为爱好专制。在《文集》第1篇,普布利乌斯对那些以保障自由为名否定权威的人表达了不满,下面的文字清晰显示了双方态度的分歧:

> 他们会共同希望表明自己意见的正确性,而且用慷慨激昂的高声演说和尖酸苛薄的谩骂来增加皈依者的人数。明智而热情地支持政府的权能和效率,会被诬蔑为出于爱好专制权力,反对自由原则。对人民权利的威胁过于谨慎的防范——这通常是理智上的过错,而不是感情上的过错——却被说成只是托词和诡计,是牺牲公益沽名钓誉的陈腐钓饵。一方面,人们会忘记,妒忌通常伴随着爱情,自由的崇高热情容易受到狭隘的怀疑精神的影响。另一方面,人们同样会忘记,政府的力量是保障自由不可缺少的东西;要想正确而精明地判断,它们的利益是不可分的;危险的野心多半为热心于人民权利的漂亮外衣所掩盖,很少用热心拥护政府坚定而有效率的严峻面孔作掩护。历史会教导我们,前者比后者更加必然地导致专制道路;在推翻共和国特许权的那些人当中,大多数是以讨好人民开始发迹的,他们以蛊惑家开始,以

---

[7] 〔美〕汉密尔顿等,前上注〔1〕所引书,第2篇,第7页。
[8] 同上注,第4篇,第17页。

专制者告终。[9]

在这段文字中,普布利乌斯实际上暗示,当把支持政府的权能诬蔑为爱好专制,把对人民权利的谨慎防范当作牺牲公益时,政治理论争论实际上已经被意识形态化了,宪法辩论一旦陷入这样的境地,就不会朝着接近真理的目标推进,而一味地"讨好人民"恰恰使得那些人会"以蛊惑家开始,以专制者告终"。这一论辩为普布利乌斯关于自由与权力的全部讨论确立了一个出发点。从《文集》的全部论文中可以发现,自由最需防范的危险是"社会中一部分人压迫另一部分人的危险",政府专制可能不过是社会专制的一种表现形式而已。

从前面对邦联缺陷的描述也能看得出,这种社会专制的危险是现实存在的,财产权的保护是一个例子,"财产"不是指特定的物品,而是表示一种受保护的关系,如果不能通过公共机构防止内部的侵害,这一权利就难以实现。作为民主制核心的多数决定原则,强化了这一危险,普布利乌斯由此发现"滥用自由与滥用权力一样,都可能危及自由"[10]。美国面临的问题不是由于政府本身权力太大造成的,而在于无法为受到侵害的自由提供有效的救济,它太缺乏作为政府应有的力量了。从这一方面来看,保障自由之目的的达成,奉行不干预主义是行不通的。汉密尔顿毫不掩饰地说,"坚强有力的政府"是"对自由和财产的进一步保证"。[11]这一点并不是新的见解,从一些思想家的论述中,我们可以看到普布利乌斯思想的影子。霍布斯曾经说过:"没有武力,信约便只是一纸空文,完全没有力量使人们得到安全保障。"[12]杰里米·边沁认为:"财产与法律同生共死。法律产生以前没有财产可言;一旦消灭了法律,财产就不复存在。"[13]杰斐逊在《独立宣言》中写道,"为了保障这些权利,人们才在他们中间建立政府",显然,权利依赖于政府。

对于普布利乌斯来说,建立一个"更完善的联邦"的主要方式,就是要强化联邦政府的效能,因为"软弱无力的行政部门必然造成软弱无力的行政管理,而软弱无力无非是管理不善的另一种说法而已;管理不善的政府,不论理论上有何说辞,在实践上就是个坏政府"[14]。普布利乌斯认为当下的体制存在着"实质性缺点",国家所经历的祸患并非细枝末节的修补所能克服,因为缺陷"来自这个建筑物结构上的基本错误,除了改变建筑物的

---

[9] 同上注,第1篇,第5页。
[10] 同上注,第63篇,第324页。
[11] 同上注,第1篇,第6页。
[12] 〔英〕霍布斯:《利维坦》,黎思复、黎廷弼译,商务印书馆1985年版,第128页。
[13] Jeremy Bentham, *The Theory of Legislation*, edited by C. K. Ogden and Richard Hildreth, Oxford, Eng.:Oxford University Press, 1931, p.113.
[14] 〔美〕汉密尔顿等,同上注[1]所引书,第70篇,第356页。

首要原则和更换栋梁以外,是无法修理的"[15]。他们的选择是建立一个"全国性政府(national government)",汉密尔顿说:"一个国家无一全国性政府实为危险可怖的状况。"[16]

三、"全国性政府"

这个"全国性政府",将是与邦联政府完全不同的政府形式,它意味着在各州之上将有一个更高的权威以克服各州间的无政府状态,意味着最高政治权威的来源更多地诉诸"人民"这个超越州界的、一体性的概念。在1787年的美国,与建立一个有力的"全国性政府"相联的问题是如何消解各州的主权地位,用汉密尔顿的话概括,即必须清除"主权内的主权"这个"政治上的怪物"[17]。

(一) 立法原则的变化

按照《邦联条例》,"在国会中,每个州保有其主权、自由和独立,及每一项没有明确授权给邦联的权力"[18],这显示了各州对一个强有力的联邦政府的不信任,反联邦党人认为,防止权力被滥用的最好方式是干脆不授予权力。宪法辩论分歧的一个关键在于,到底是延续过去以州为单位的法律原则,还是采取以公民个人为单位的法律原则,这一问题事关是否接受一个各州之上最高的、建立在统一的民族国家认同之上的有效政府。

普布利乌斯指出,构成邦联的特点同时也是其缺点的,是权威只及于州而不能及于个人,正是由于不能对个人实行制裁,国会无法执行法律。不仅如此,由于州保有其主权地位,邦联政府只能用建议的方式履行权能,如果它打算强制州做些什么,只有一种方式——动用武力,这意味着对州宣战,而宣战必然导致邦联解体。显然,以州为单位的立法原则妨碍了各州作为一个整体的利益。汉密尔顿指出,这种立法原则是邦联无能的一个根本原因。

> 目前邦联政府结构上的主要弊病,在于立法原则是以各州或各州政府的共同的或集体的权能为单位,而不是以它们包含的各个个人为单位。虽然这一原则并没有贯穿到授予联邦的全部权力之中,然而它却渗透到并且支配着那些决定其他权力的

---

[15] 同上注,第15篇,第73页。
[16] 同上注,第85篇,第440页。
[17] 同上注,第15篇,第73页。
[18] 《邦联条例》第2条。

效率的权力之中了。除了按比例分配的规则,合众国还有一种征调人员和征收款项的并不明确的处置权;但是各州却无权通过约束美国公民个人的规定实现以上目的。这种情况的结果是,虽然在理论上他们的有关这些问题的决定在宪法上是使联邦成员受约束的法律,但在实际上只不过是各州随意遵守或不遵守的一种劝告罢了。[19]

布莱克斯通曾经说,无政府状态比暴政更差,任何政府都强于无政府。以州为单位的立法原则,在联邦党人看来恰恰会成为"无政府状态的根源"[20]。

在制宪会议上,来自宾夕法尼亚的代表古文诺·莫里斯解释了"联邦政府"与"全国""最高"政府之间的区别:前者仅仅是出于各方良好意愿的一种结盟;后者则有完整而强制性的手段。他指出,在所有社会里都必须有一个最高权力,而且只有一个。[21] 普布利乌斯用"同盟(league)"和"政府(government)"来表示这两种建立在不同原则之上的统治机构。

在这一问题上,即使是多数新宪法的反对者也没有异议,建立一个"全国性政府"成为长达三个月的制宪会议上形成的第一个政治决议。乔治·梅森是制宪会议结束时三个没有签字的代表之一,在会议上也坦陈邦联的立法原则缺陷,他指出,处罚就其本质而言不可施加于作为集体的州,必须建立一个能直接管理个人的政府,处罚那些罪有应得的人。[22] 汉密尔顿后来为新宪法辩护时也坚定地说,"我们必须使联邦的权威达到政府的唯一真正对象——公民个人的身上"[23]。这个政府"自己必须能直接说明每个个人的希望和恐惧,并吸引对人心最有影响的情感来支持自己。简言之,它必须具有州政府所有的一切手段,并有权采用州政府所行使的一切方法,以执行委托给它的权力"[24]。

根据新的法律原则,联邦政府强化了自身的权力。联邦有权向公民征收直接税,这样就提高了合众国政府的财政汲取能力;新宪法建立了独立的联邦法院系统行使司法权,合众国的司法权涉及"一州与他州公民间之诉讼案件;各州公民间之诉讼案件;同州公民持有不同州之土地让与证之争讼;一州或其公民与外国或外国公民或属民间之诉讼案件"[25]。

---

[19] 〔美〕汉密尔顿等,同上注〔1〕所引书,第15篇,第73页。
[20] 同上注,第16篇,第78页。
[21] 〔美〕麦迪逊:《辩论:美国制宪会议记录》,尹宣译,辽宁教育出版社2003年版,第22页。
[22] 同上注,第22页。
[23] 〔美〕汉密尔顿等,同上注〔1〕所引书,第15篇,第74页。
[24] 同上注,第16篇,第80页。
[25] 见《美利坚合众国宪法》第3条第2款。

（二）国家认同与"我们人民"

如前所述,各殖民地之间的政治联系只是同盟性质的,《独立宣言》确认了这一状况,它所宣称的是不但各州独立于大英帝国,而且各州相互独立,在这样一个基础上建立一个强有力的永久性联邦,当然要比建立一个作为权宜之计的松散邦联困难得多。要说服人民接受新宪法,似乎有必要构建一种超越州界的现代民族国家观念。在《文集》第2篇,杰伊不惜笔墨论述了北美各州在地理、文化、政治上的历史联系,目的即在于强化十三州的"国家认同"。

杰伊从不同方面阐述了这个主题。从地理上看,"独立的美国不是由分散和彼此远隔的领土组成,而是一个连成一片、辽阔肥沃的国家,是西方自由子孙的一部分。上帝特别赐给它各种土壤和物产,并且用无数河流为它灌溉,使它的居民能安居乐业。连接一起的通航河流,围绕边界形成一种链条,就像把这个国家捆绑起来一样。而世上最著名的几条河流,距离适当,为居民们提供友好帮助互相来往和交换各种商品的便利通道"。从文化上看,杰伊指出,"上帝乐于把这个连成一片的国家赐予一个团结的人民——这个人民是同一祖先的后裔,语言相同,宗教信仰相同,隶属于政府的同样原则,风俗习惯非常相似"。从政治上看,"在各个阶层和各个派别的人们当中,仍然流传着同样的意见。总的说来,我们是一个和谐如一的人民,每个公民到处享有同样的国民权利、特权并且受到保护。作为一个国家,我们创造过和平,也打过仗;作为一个国家,我们消灭了共同的敌人;作为一个国家,我们同外国结成联盟,签订条约、合同和公约"。[26]

通过唤起"国家认同",杰伊试图强调,北美各州之间不仅仅是地理意义上的近邻,而且在文化和政治上是一个共同体,这是超越州政府构建一个"全国性政府(national government)"的观念基础。

杰伊竭力塑造的美利坚民族国家概念,当然是一个有效的步骤,不过它的意义主要是意识形态的。我们注意到,宪法序言是以"我们人民(we the people)"而不是"我们各州(we the states)"开篇,是意味深长的。对"人民"而不是"各州"的强调,表明政府性质是一个统一的整体,而不是若干政府的联盟。[27]

---

[26] 〔美〕汉密尔顿等,同上注[1]所引书,第2篇,第8页。

[27] 对于"我们人民……"这样的一般宣称背后的真正意图,强调州权的反联邦党人表示了深切的怀疑:"这部被提议的宪法将做什么？它改变并且是完全改变了你们现在的政府形式。你们设计良好、精心构筑的民主政府正变为贵族政府。"参见 James Lincoln, South Carolina, Cecelia M. Kenyon, ed., *The Antifederalists*, Indianapolis: Bobbs-Merrill Company, Inc., 1966. p. 184. 一位署名"加图(Cato)"的反对者也声称,"新宪法的原则和实践将危及你们的自由和幸福"。参见 John P. Kaminski and Richard Leffler (ed.), *Federalists and Antifederalists: The Debate over the Ratification of the Constitution*, ed. by John P. Kaminski and Richard Leffler. Madison House, 1989, p. 14.

"我们人民"的宪法化,不仅体现于序言宣告,而且体现在对政府部门的制度安排上。制宪会议上的一个争论焦点是如何确定参议院的代表制,大州主张实行以人口为基数的代表制,这样就能把各州实力的不均等现状合法化,小州则主张实行平等代表制,以确保各州有同样的发言权,避免小州被大州吞并,最后达成的"伟大妥协"确定国会两院实行不同的代表制,众议院以人口基数为标准的选举原则,就体现了"我们人民"这一超越州界的政治概念。从行政部门来看,总统作为合众国行政首脑享有广泛职权,而且可以连选连任,这强化了其独立于各州的地位;新宪法授予联邦法院处理州际纠纷的权力,也弱化了州的主权地位;从新宪法的批准程序来看,也是交由各州新组成的批宪大会表决,而不是直接交由各州议会批准。

上述安排实际上造成了这样一种状况,即联邦权力的正当性在很大程度上不再立基于各州,而是来自十三州人民的直接授权,州的界限被淡化了。显然,这样的后果绝不是仅仅一个名分之争能够概括得了的。难怪在纽约州宪法批准大会上帕特里克·亨利的矛头就直指"我们人民":"……即使暂将公共福祉放在一边,我的政治好奇也让我感到不解,是谁授权他们用'我们,人民'而不是'我们,各州'的措辞讲话?各州才是联邦的特征和灵魂。"[28] 曾作为制宪会议代表的罗伯特·雅茨也质疑说,"这种政府体制的真实效果,是借助司法权这一中介诉诸人民的情绪……最高法院的观点,无论如何,都会拥有法律的效力;因为在宪法中没有设定任何纠正其错误的权力,或者能够控制判决。你无法对这一法院的判决上诉……我的意思是,各州的立法、行政和司法权力已经被完全颠覆"[29]。

由于认为联邦政府的权力太大,反联邦党人担心联邦政府会成为另一个英王乔治三世。不过,他们的所有指责,都集中于对新宪法强化联邦政府权力方面产生的不安,而没有注意到新宪法在改善权力自身品质方面的精密安排,这些安排包括确认政权的民主性质及其宪法约束,以及强化分权制衡特征,下文将对此作详细的讨论。

四、权力与"同意"

制定新宪法的目的,是通过建立强有力的联邦政府强化各州的政治联合,但这一目

---

[28] 帕特里克·亨利(Patrick Henry)1788年6月4日在弗吉尼亚宪法批准大会上的演说,引自 J. R. Pole(ed.), *The American Constitution: For and Against*, Hill and Wang/New York, 1987, p.116.

[29] Robert Yates, New York, Cecelia M. Kenyon, (ed.), *The Antifederalists*, Indianapolis: Bobbs-Merrill Company, Inc., 1966. p.335.

的的实现又不能危及通过独立战争获得的自由,基于此,联邦党人必须两面作战,既要说服人民接受建立强大的联邦政府的必要性,又要表明这种权威有助于保障自由,那么,他们如何处理自由与权力的关系?在这一问题上,立宪者又回到了洛克、《独立宣言》的思想脉络上来——政府的正当性来自于被治者的"同意",人民的"同意"构成了改善政府权力品格的要素。

(一)作为正当性基础的"同意"

普布利乌斯说,"美利坚帝国的建筑物应该奠立在人民的同意的牢固基础上。国家权力的河流应该直接来自一切合法权力的洁净的原始的泉源"[30]。"人民是权力的唯一合法泉源。"[31]在著名的《文集》第10篇中,普布利乌斯指出,新宪法确立的共和政体的一个主要特征就在于公共权力应当直接或者间接地来自人民:

> 如果我们以各种政体赖以建立的不同原则为标准,我们就可以给共和国下个定义,或者至少可以把这个名称给予这样的政府:它从大部分人民那里直接、间接地得到一切权力,并由某些自愿任职的人在一定时期内或者在其忠实履行职责期间进行管理。对于这样一个政府来说,必要条件是:它是来自社会上的大多数人,而不是一小部分人,或者社会上某个幸运阶级;否则少数暴虐的贵族通过他们所代表的权力进行压迫,有可能钻入共和者的行列,并且为他们的政府要求共和国的光荣称号。这样一个政府是有资格的:它的管理人员,是直接、间接地由人民任命,他们根据刚才详细说明的条件保持自己的官职。[32]

进一步来看,怎样才算是"同意"?普布利乌斯从来没有将默许视为同意的方式,那充其量是最弱意义上的同意,它的合法性成色明显是不足的,因为,对暴政的恐惧和容忍也可以被说成是默许。现代政治合法性的唯一方式是选举,并且是周期性、经常性的选举。麦迪逊指出,"用选举方式获得统治者,是共和政体独有的政策"[33]。经常的选举,是自由政府的"柱石"[34]。经常性的选举表明政府和人民存在共同利益,这对自由是必不可少的,"所以特别重要的是,考虑中的部分应该直接依赖人民,对人民有亲密的同情。

---

[30] 〔美〕汉密尔顿等,同上注[1]所引书,第22篇,第113—114页。
[31] 同上注,第49篇,第257页。
[32] 同上注,第39篇,第193页。
[33] 同上注,第57篇,第290页。
[34] 同上注,第53篇,第273页。

经常的选举,无疑是有效地获得这种依赖和同情的唯一方针"[35]。这种观念是为早期的建国者们所共有的,华盛顿认为权力必须来源于人民,他在一封致盖奇将军的信中说,"一切权力如系出自英勇自由人民的公正选择,应视为最光荣、尊贵,并为一切权力最纯洁的来源"[36]。

(二) 汉密尔顿的失败

在署名为"普布利乌斯"的三位作者中,约翰·杰伊是一位以外交天才闻名的政治家,他在《文集》中的少数几篇论文也多与这一身份一致;詹姆斯·麦迪逊因其在制宪会议上发挥的重要作用及在《文集》中为新宪法所做的辩护而被称为"宪法之父",他对共和政体的新理解被称为"麦迪逊式共和主义",他的理论无论是在秘密的制宪会议还是在公开的宪法辩论中,都是协调一致的;亚历山大·汉密尔顿则是一位颇有争议的人物,《文集》中大部分论文出自他手,为美国宪法获得批准起到了重要推动作用,不过,他在制宪会议上表达的那些真实想法在很大程度上并不与其后来的论文一样。在公开的宪法辩论中,他是一位新宪法的坚定拥护者,在秘密召开的制宪会议上,他给人留下的印象是一个君主论或者贵族政治论者,从他身上或许我们似乎可以看出政治和实践中"动机"与"理由"之间分裂,但本文并不想在这一问题上展开评论,而是指出他在制宪会议上的一些观点没有得到认可所说明的问题。

1787年6月18日的制宪会议上,沉默多日的汉密尔顿发表了一个长篇演说,使他的贵族政治论表露无遗:"英国模式是关于这一问题的唯一优良者……为了获致稳定和恒久,我们应在共和制原则允许的范围之内走得尽可能远。"[37]在他向会议提交的宪法修正建议中,不但各州所有法律若与宪法和联邦法律抵触均无条件作废,而且参议院和总统都是终身任职。汉密尔顿实际上采纳了一种选举的君主制,他认为,唯有任职稳定,才能防止政府被"群众的洪流冲垮"。汉密尔顿的思想部分地源于他对普通民众的不屑。他认为一般民众总是倾向于以激情代替理智作判断,容易为琐事吸引,"民众的声音被说成是上帝的声音;可是这种格言是在一般意义上被引证和信奉的,实际上它并不真实。

---

[35] 同上注,第52篇,第269页。
[36] 〔美〕乔治·华盛顿:《华盛顿选集》,聂崇信、吕德本、熊希龄译,商务印书馆1983年版,第54页。
[37] Madison's Reports,202,转引自〔英〕阿克顿:《自由与权力》,侯健、范亚峰译,商务印书馆2001年版,第142页。

民众好骚动而反复多变;他们难得作出正确的判断或决定"[38]。

尽管对社会多数派权力的警惕之心并不仅为汉密尔顿所有,但对于很多人来说,汉密尔顿对君主制的青睐以及对新宪法的设想是不可接受的。[39] 汉密尔顿思想中的贵族政治论调在制宪会议上的失败,恰恰说明当时人民主权原则已经是根深蒂固了。

(三)"同意"的功能

从功能上看,民主首先是防御性的,由于历史经验证明专制统治通常罔顾人民的利益,民主的价值首先在于约束政府牢记人民的福祉。杰斐逊在其著名的第一次《就职演说》中曾表达了政治原则的一个核心:"小心维护人民的选举权——一种温和而又安全的矫正弊端的手段,如果没有和平的矫正手段,这些弊端就得用革命的利剑来砍掉;绝对服从多数的决定,这是共和政府的主要原则,离开这一原则就只能诉诸武力,而武力是专制的主要原则和直接起源。"[40] 麦迪逊认为,国会议员的责任、感恩、私利、抱负固然是约束其行为的方式,但都不如"经常的选举"能够使公职人员"经常想到他们对人民的依赖"[41]。

民主也有其积极功能。托克维尔在评价美国的民主制度时就认为,当政府号召人民去制定法律,不管是直接号召还是间接号召,法律就拥有巨大的权威,法律的"群众基础……能大大增强立法者的力量"[42]。现代论者一般认为,从最低限度来讲,人民的"同意"是使政权表明其合法性的一个根本方式;从最高限度来讲,"民主制度可以培养现代的公民意识,造就一个强大的国家共同体"[43]。

进一步来看,一个建立在民主原则之上的政府如何是一个有权威的政府呢?权威因其来自于人民而防止专断,以其强有力而防止无政府状态。民主非但不削弱权威,反而强化权威,它为权威及其稳定提供保障,而专制败坏权威,使权威堕落为恐吓和暴力。在

---

[38] Farrand, Max (ed.), *The Records of the Federal Convention*. New Haven: Yale University Press. 1937. p.299. 转引自〔美〕汤普森编:《宪法的政治理论》,张志铭译,三联书店1997年版,第104页。

[39] 当然,汉密尔顿并非传统意义上的贵族政治论者,他绝不是埃德蒙·伯克。正像有学者所说的那样,汉密尔顿的贵族政治是一种以能力和才智为特色的贵族政治,而非以传统和世袭为特色的贵族政治。参见〔美〕丹尼尔·G.兰格:《亚历山大·汉密尔顿及其追随者:政治理论与政治遗产》,载〔美〕汤普森编:《宪法的政治理论》,张志铭译,三联书店1997年版,第104页。

[40] 〔美〕杰斐逊:《杰斐逊选集》,朱曾汶译,商务印书馆1999年版,第307—308页。

[41] 〔美〕汉密尔顿等,同上注〔1〕所引书,第57篇,第292页。

[42] 〔法〕托克维尔:《论美国的民主》(上卷),董果良译,商务印书馆1988年版,第275页。

[43] 参见李强:《超越大众民主与权威主义》,2003年11月18日在北京大学第五届学术文化节开幕式上的学术讲演,唐益整理,见 http://www.tszz.com/theory/republicanism/republicanism006.doc.html,访问于2006年8月5日。

美国建国初期,就有许多人担心共和政府不会强有力,杰斐逊对此的回答是很有力量的:"我相信这个政府是世界上最强有力的政府。我相信这是唯一的一个政府,每个人一经法律召唤,就会飞奔到法律的旗帜下,对付破坏公共秩序的行为,如同处理个人的事情一样。"[44]

民意赋予政府力量,托克维尔对美国民主的观察也是一个很好的例子。托克维尔在对比了新英格兰乡镇官员和法国公务人员的权力后,惊讶地发现前者的行政专权比后者还要大。[45] 托克维尔的解释是,"在民主国家,多数每年都能从他们以前委托的人们手里收回权力,所以他们绝不害怕那些人滥用职权。多数每时每刻都能使执政者知道他们对政府的意见,所以他们喜欢让执政者发挥自己的能力,而不愿意用一套死规矩去束缚执政者,因为这样的死规矩既限制执政者又限制他们自己"[46]。

专制权力因容易引起警惕和反抗而克制收敛,民主的权力往往因被寄予信任而理直气壮。是民主改善了权力中暴力因素的属性,"没有一个地方的法律,像在民主共和国那样使行政官享有如此大的专权,因为这种专权没有可怕之处。甚至可以说,随着选举权日益扩及底层,行政官的任期日益缩短,行政官更加自由了"[47]。当然,托克维尔对美国的民主政府的权力并不总是持赞赏的态度,但他至少指出了这样一个事实,即民主赋予政府效能,"我最挑剔于美国所建立的民主政府的,并不像大多数欧洲人所指责的那样在于它软弱无力,而是恰恰相反,在于它拥有不可抗拒的力量"[48]。

(四) 公共利益与民主

在美国联邦立宪的时代,民主共和的价值在原则上是被广泛接受的。但是,关于其具体含义和制度设计的理解恰恰构成了对立两派的争论焦点。在涉及民主共和的一个基本目标——公共利益上,两派的立场尤为不同,讨论这一点,可使我们进一步认识到美国宪法中的"同意"是什么意思。

---

[44] [美]杰斐逊:《第一次"就职演说"》,载[美]杰斐逊:《杰斐逊选集》,朱曾汶译,商务印书馆1999年版,第306页。

[45] 托克维尔看到,在法国,如对一个公务人员授予如此可怕的权力,不管他怎样去执行,人们必定认为老百姓的生命和自由处于危险之中了。而在新英格兰,乡镇的行政委员还有权把酗酒者的名字张贴在酒店里,禁止居民向他们提供酒类,违者罚款。这样的查禁权限,在最专制的君主国,也会激起人民的反对;但在新英格兰,却毫不费力地被人服从了。参见[法]托克维尔,同上注[42]所引书,第234页。

[46] [法]托克维尔,同上注[42]所引书,第233—234页。

[47] 同上注,第235页。

[48] 同上注,第289—290页。

麦迪逊把代议制作为共和政体的一个必要含义。他对民主政体和共和政体作了区分：第一，后者的政府委托给由公民选举出来的少数公民；第二，后者所能管辖的公民人数较多，国土范围也较大。[49] 这里的"民主政体"指的是那种"由少数公民亲自组织和管理政府的社会"的"纯粹的民主政体"，"共和政体"则特指代议制的民主政体。虽然两种政体均系于人民的同意，麦迪逊钟情的却是代议制民主。事实上，正是在代议制基础上，下文提到的分权制衡体制才得以建立。这与联邦党人普遍持有的对于直接民主的不信任是有关联的。关于对多数人权力的防范，本文第五部分从分权的角度作了讨论。这里谈到的是，既然共和政体都旨在实现公共利益，那么问题就是，对民主及其实现方式的何种理解能够有助于实现公共利益。

反联邦派与联邦派对共和传统的不同理解，显示了民主观上的差别。反联邦派坚持古典共和传统的特征，他们认为，按照孟德斯鸠的理解，共和国只能限于狭小的地域[50]，因为公民美德——对公共事务的直接参与，是维持共和政体的必要条件，基于此，必须捍卫州的平等主权，维持小共和国的现状，因为只有小共和国能保证公民直接参与公共事务，公民美德才成为共和主义所崇尚的"公共利益"的最佳保证，而一个扩大了的共和国将使得代议制成为必要，这会弱化公民参与，政治生活将成为少数人的特权，公共利益将无从实现。

普布利乌斯并不否定古典共和传统的"公共利益"价值，只是认为在美国这样渐趋成型的商业社会，实现公共利益的传统方式已经不再适用。利益的分化导致观念的分化，结党营私、阴谋诡计这些共和政体"最危险的死敌"[51]将成为威胁自由的一个重要因素。基于此，麦迪逊认为，古典共和传统——公民美德意味着必须在公共利益需要时舍弃其个人利益，以及对公共事务的平等参与——在现代条件下已不再适用，"纯粹民主政体"——麦迪逊眼中的古典共和国——将无法"阻止牺牲弱小党派或可憎的个人的动机"。因此，"这种民主政体就成了动乱和争论的图景"[52]。按照普布利乌斯的看法，必须"通过某个选定的公民团体，使公众意见得到提炼和扩大，因为公民的智慧最能辨别国家的真正利益，而他们的爱国心和对正义的热爱似乎不会为暂时的或局部的考虑而牺牲国家……由人民代表发出的公众呼声，要比人民自己为此集会，和亲自提出意见更能符

---

[49]〔美〕汉密尔顿等，同上注〔1〕所引书，第10篇，第49页。

[50] 关于共和国适用范围的问题，可参见汉密尔顿在《联邦党人文集》第9篇中的讨论。孟德斯鸠的论述，参见〔法〕孟德斯鸠：《论法的精神》（上卷），张雁深译，商务印书馆1961年版，第124页。

[51] 在《联邦党人文集》第68篇，汉密尔顿说："最应寄予希望的是，要采取一切实际可行的步骤去反对结党营私、阴谋诡计、贪污腐化。共和政体的这些最危险的死敌……（着重号为引者加）"。

[52]〔美〕汉密尔顿等，同上注〔1〕所引书，第10篇，第48—49页。

合公共利益"[53]。这样,公民美德在麦迪逊那里被寄望于人民的代表,而不是人民自身,在这一点上他与汉密尔顿的看法是完全一致的:"每部政治宪法的目的就是,或者说应该是,首先为统治者获得具有最高智慧来辨别和最高道德来追求社会公益的人。"[54]

麦迪逊认为,民主的"同意"虽然是宪法制度必须体现的价值,但并不能为实现超越党派私利的公共利益提供充分保障。大共和国及其代议制民主设计,更能摆脱已经给各州带来危害的纯粹多数主义决定规则,他提出的供制宪会议讨论的方案——代议制、大选区、给予各部门"以野心对抗野心"的动机和手段、间接选举以及官员的较长任期,构成了一个复杂的体系,其目的即在于既使政治权力立基于人民的"同意",又能防止权力排他性地垄断于某个权力源尤其是多数派手中,通过这种方式,"共和政体的优点得以保留,缺点可以减少或避免"[55]。反之,较短的任期、小共和国(亦即小选区)都不利于展现"公民美德"和保障公共利益,古典共和主义方式——小共和国、公民教育,以及平等而直接的政治参与,不但无助于公共利益的实现,反而成为滋生党争的沃土。邦联所面临的困境也确实证明了这一点。

简言之,一个良好的、具有延续性的权威必须是体现公共利益的,政治权威的持久力量来自于对公共利益的忠诚。而对于如何实现公共利益,麦迪逊共和主义给出了不同于传统共和主义的解答,这种解答显示了民主与宪政之间的张力,这是我们在理解人民的"同意"作为政治权威属性的时候需要注意到的。这二者之间的紧张,着重体现在宪法的分权制度上。

五、权威与分权

汉密尔顿说,"一个好的政府应该做到两点:一,信守政权的宗旨,亦即人民的幸福;二,了解实现其宗旨之最佳途径"[56]。他旋即指出,美国的问题就在于后者。仅仅宣称政权的美好宗旨是不够的,只要看到存在选举的君主制这种可能性,就会发现仅有选举机制尚不足以防止暴政。专制政府也有可能真诚地将人民的幸福奉为政权的宗旨,但是它往往难以找到"实现其宗旨的最佳途径",由于缺乏对人民需求的敏感而有效的回应机制,善良的专制者往往走向穷途末路。一个保障自由的政府,在防止暴力和犯罪的同时,

---

[53] 同上注,第 10 篇,第 49 页。
[54] 同上注,第 57 篇,第 290 页。
[55] 同上注,第 9 篇,第 41 页。
[56] 同上注,第 62 篇,第 316 页。

还必须避免自身的专制独裁,它既能公平有效地提取社会资源,还能负责地重新配置这些资源,为社会提供有用的公共物品。从历史经验来看,民主和分权制衡体制似乎正是"实现宗旨之最佳途径",它有助于克服汉密尔顿所说的关于政府如何管理被统治者以及如何管理自身的难题[57]。

(一)分权的防御功能

古典自由主义强调对自由的保护和对国家权力的防范,同时无法否认的是,对抗一种国家权力需要借助于另一种国家权力,对自由的救济存在于权力的对抗中。由于"自己选出的统治者根据我们的意愿由于滥用保卫自由的必要手段而可能危及自由"[58],分权可以作为弥补民主机制的一个不足。孟德斯鸠认为,只有当权力控制权力时,自由才能受到保护。[59] 阿克顿也揭示了分权制衡的功能:"自由建构于权力之间势均力敌的相互斗争和对峙的基础上。权力之间的相互制衡使自由得以安然无恙。"[60]

华盛顿曾经从消极功能的角度来论证宪法的合理性,他指出,新宪法"采取了比人类迄今所建立的任何政府所采取的还要多的防范和其他难以逾越的措施,以防止走向暴政"[61]。在普布利乌斯的观念中,保护各个部门的相对独立、警惕权力越出各自的边界,一直是分权的主要目标,"政府各部门之所以应该分权的原则,也同样说明各部门之间应能互相独立"。对司法部门的设计,主要目的即在于保护其必要的独立性,只有独立才能保障其公正地履行保卫宪法的职能。再以两院制为例,他们认为,立法权在共和政体中往往处于主导地位,而防止其侵吞其他权力的方式就是将其一分为二,"在共和政体中,立法权必然处于支配地位。补救这个不便的方法是把立法机关分为不同单位,并且用不同的选举方式和不同的行动原则使它们在共同作用的性质以及对社会的共同依赖方面所容许的范围内彼此尽可能少发生联系"[62]。

按照普布利乌斯的理解,分权的一个理由在于可以防止把某些权力逐渐集中于同一部门,其原理在于能够"给予各部门的主管人抵制其他部门侵犯的必要法定手段和个人的主动。在这方面,如同其他各方面一样,防御规定必须与攻击的危险相称。野心必须

---

[57] 汉密尔顿说:"在组织一个人统治人的政府时,最大困难在于必须首先使政府能管理被统治者,然后再使政府管理自身。"参见同上注,第51篇,第264页。
[58] 同上注,第25篇,第125—126页。
[59] 〔法〕孟德斯鸠,同上注〔50〕所引书,第153页。
[60] 〔英〕阿克顿,同上注〔37〕所引书,第312页。
[61] 〔美〕乔治·华盛顿,同上注〔36〕所引书,第198页。
[62] 〔美〕汉密尔顿等,同上注〔1〕所引书,第51篇,第265页。

用野心来对抗"。这样的后果旨在实现"彼此有所牵制——使各人的私人利益可以成为公众权利的保护者"[63]。

联邦和州的纵向分权所形成的两级政府体制，也具有防御性功能，它非但不应予消除，恰恰是制度设置的目的，因为这会对自由构成"双重保障"：每当一个政府危及自由时，公民都可以寻求另一个政府的保护。州与联邦的分权使得二者之间的紧张变得富有建设性，产生了近似于"不把鸡蛋放在同一篮子里"这一常识经验的效果。权力并非越大越好，也并非越不受限制越好，集权专断并非权力的要素，分权制衡对于保障权力倒是有益的。对此，休谟的观点也是一个证明，他指出，分立的相互约束的权力"并不小于，或者通常大于那些独裁国家的权力"[64]。现代论者们也承认分权的这一原理，史蒂芬·霍姆斯说，分权机制和代议制政府与政府官员完全独占肉体暴力的合法使用权的体制，是完美融合在一起的，"制衡机制的意思是规范政府，而不是使它瘫痪或破坏它的统治的能力"[65]。

（二）分权的积极功能

事实上，与"同意"对政府权力的功能一样，分权制衡的意义不仅是消极的，也是积极的。这可以体现为两个方面：一是分权强化了民主价值，从而强化了权威的合法性基础；二是分权带来了基于分工原理产生的治理绩效。

首先，分权强化民主的功能是与其抵制专制的防御性功能相联系的，其中的道理在于，相对独立的各部门由于建基于不同的原则之上，就能避免彼此之间轻易勾结起来。普布利乌斯认为，国会遴选"意志（will）"，总统掌握"强力（force）"，法院实施"判断（judgment）"[66]，通过赋予政府在处理问题上的不同视角，各部门能够维持一种建设性的紧张关系，为纠错提供了机会。关于各部门的选举方式也是一个例子："众议院直接由人民选举，参议院由州议会选举，总统由人民为此目的而选出的选举人选举，这样就没有什么可能会有一种共同利益把这些不同部分结合起来，偏袒任何一个阶级的选举人。"[67]

---

[63] 同上注，第51篇，第264—265页。

[64] David Hume, Origin of Government, in *Essays Moral, Plitical and Litary*, Indianapolis: Liberty Classics, 1985, p. 41.

[65] 〔美〕斯蒂芬·霍尔姆斯：《反自由主义剖析》，曦中、陈兴玛、彭俊军译，中国社会科学出版社2002年版，第287页。

[66] 在著名的《联邦党人文集》第78篇，汉密尔顿提到"……司法部门既无强制、又无意志而只有判断"，实为对三个部门各自特征的简明概括。见该书第391页。

[67] 〔美〕汉密尔顿等，同上注〔1〕所引书，第60篇，第305页。

麦迪逊敏锐地认识到,在一个民主的社会中,对权利的最大威胁不是来自于政府,而是来自于社会中的多数派力量,多数派力量可能通过政府达到偏私的目的。他在1788年写给杰斐逊的一封信中说,"在我们的政府里,真正的权力由社会的多数派所掌握。……对私人权利的侵害主要应该理解为政府是否充当了多数选民的工具,这是一个最重要的真理"[68]。汉密尔顿在制宪会议上也曾指出,"若把所有的权力都给少数人,他们就会压迫多数。若把所有的权力都给多数人,他们就会压迫少数。因此,双方都应该有权。这样,各方都能捍卫自己,抵制对方"[69]。苏珊·邓恩认为,麦迪逊担心的是多数群体的压制性权力。他建立新联邦政府的计划就是要通过权力的分割、制约和平衡来限制多数群体,"这样少数派就可以通过控制某一政府部门、在该部门中寻求庇护,来发挥其在政府中的积极作用。麦迪逊不仅使少数派在政府中拥有代表成为可能,他同时还赋予少数派否决多数派的权力"[70]。分权因为保护了少数派而维护了民主价值,这强化了政府权力的正当性基础。

其次,分权带来了基于分工原理产生的绩效。分工在经济领域的功能是最容易理解的,社会学家孔德、斯宾塞、涂尔干还从更宽泛的层面上论证了分工的意义。从政治法律领域来看,亚当·斯密曾敏锐地指出,司法权从行政权中分离出来最初正是由于社会事务的日渐改善而引起的社会事务的日益增多。[71] 史蒂芬·霍姆斯的分析也相当有说服力,他认为同其他宪法条款一样,分权有助于增强治理能力,能够使交叉管辖的问题得到解决,有助于克服因为权力的集中导致的功能紊乱。"作为政治方面的劳动分工,由于专业化强化了对多样化的社会问题的敏感度,所以分工是创造性的。"[72]

霍姆斯还提出了一种更具思辨性意义的见解,他认为,分权造成的权力平衡应该被看作一种极易被打破的情势:一根稻草就足以使天平倾斜。如果政府的不同分支相互之间保持平衡,那么作为一个整体的政府就更容易从外部受到影响。[73] 普布利乌斯对联邦与州政府的分权格局表达了同样的见解:"权力几乎总是互相敌对的,全国政府随时准备阻止州政府的篡夺,州政府对全国政府也有同样的布置。人民倒向哪一方面,必然会

---

[68] James Morton Smith (ed.), *The Republic of Letters: The Correspondence between Thomas Jefferson and James Madison, 1776—1826*, 3 vols., New York: Norton, 1995, Vol. I, p. 564.
[69] 〔美〕麦迪逊:《辩论:美国制宪会议纪录》,尹宣译,辽宁教育出版社2003年版,第145页。
[70] 〔美〕苏珊·邓恩:《姊妹革命》,杨小刚译,上海文艺出版社2003年版,第173页。
[71] Adam Smith, *The Welth of Nations*, New York, Modern Library 1937, p. 363.
[72] 〔美〕史蒂芬·霍姆斯:《先定约束与民主的悖论》,载〔美〕埃尔斯特、〔挪〕斯莱格斯塔德编:《宪政与民主——理性与社会变迁研究》,潘勤、谢鹏程译,三联书店1997年版,第254页。
[73] 〔美〕埃尔斯特、〔挪〕斯莱格斯塔德编,同上注,第255页。

使哪一方占优势。如果人民的权利遭到一方的侵犯,他们就能利用另一方作为补救的手段。"[74]

(三) 分权政府的特征

一个体现分权制衡原则的政府与独裁政府的差别,不仅仅在于权力的行使方式上,甚至也不体现在统治者的道德素养上——独裁者未必都是恶棍,二者的区别还体现于政府自身的特征上。大致来看,独裁政府似乎总是铁板一块,为了达到令行禁止的效果,它不但压制来自外部的异议,而且以严格的纪律压制自身,它对政治议题的审议也往往是秘而不宣的。这样,独裁政府更像霍布斯笔下人格化的"利维坦"。与之不同的是,分权政府本身更像一个矛盾的集合体,它不是作为一个有机整体来保障自由的,而恰恰需要在政府各部门的紧张和冲突中达到目的。在很大程度上,分权政府只是一个行动的程序和关系结构,而非一个人格化的实体。

与之相联的是,分权政府与社会的关系也不同于独裁政府。对于社会而言,独裁政府是一种异己的力量,这种力量很大程度上依赖于自身的暴力动员能力,甚至来自孟德斯鸠所说的弥散于整个社会的"恐惧"——政府是恐惧的制造者,而社会是承受者。而分权政府预示着"社会是由自己管理,并为自己而管理"[75]。政治权威恰恰要从社会当中汲取力量,当一个社会派别受到某个政府部门侵扰时,可以向另一个部门寻求保护,这样,分权制衡意味着政府成了一个纠错机制,从这一意义上说,制度性的分权设计也捍卫了民主的多元价值。

在保障自由的动机上,分权政府也更具主动性,因为周期性选举形成的政治压力迫使它敏感地回应公民的利益诉求,并为分权机制提供顺畅的通道。专断政府也保障自由,只不过这种保障是选择性的,只有那些不危及政府总体目标的自由才会受到保护,这样,公民自由就成了一项政府实施的政策而非法定的、不容质疑的权利。总之,一个分权的政府更容易形成品质良好的权威,并且使这种权威具有高度的可延续性。

六、结 论

被意识形态化的自由主义理论,往往将政治专制描绘为政府对人民的关系,本文认为,除了这一方面之外,专制还是一种社会性格——它不独为政府所有,或者说,政府专

---

[74] 〔美〕汉密尔顿等,同上注[1]所引书,第28篇,第139页。
[75] 〔法〕托克维尔,同上注[42]所引书,第63—64页。

制往往不过是更深层的社会性压迫(社会中一部分人压迫另一部分人)的一种表现形式。从政治科学的角度看,是不应在道德上将任何一个特定的阶层、集团妖魔化为专制者的,专制是弥散于整个社会的性情的一个方面,"人民"既可能是专制的受害者,也可能成为专制的始作俑者或帮凶,"统治者"与"被统治者"的划分也是不能等同为"政府"和"人民"的划分的。普布利乌斯看到了这一点,所以他们更多地是从防止社会性专制的角度来思考宪法制度的设计的。同时也基于人是"天使"与"魔鬼"的混合这一基本的人性预设,宪法的设计者们警惕所有的权力,无论它掌握于"一个人、少数人还是多数人"手中。抵制一种权力可能需要另一种权力,有效的分权体制既使政府约束了自身,又为社会通过政府实施压迫设置了障碍。

同时也要承认,权力自身的品质至关重要,它绝不仅仅意味着暴力,如果将与之相关的基于"同意"的正当性问题剥离出去,权力将真正堕落为与自由对立的危险力量。美国立宪者们试图塑造的,正是一种能够保障自由、基于民主和分权原则的强大权力。我们可能获得的一个基本启示是,没有权力呵护的自由是不安全的,而没有自由精神的权力则是虚弱的。

在一些国家,面对种种意识形态或者紧迫现实的需要,坚持自由与权力的二元对立,导致了理论与实践上的双重困境。在理论上,它使得制度改革的弹性空间变得狭窄,问题的解决之道被不恰当地简化,制度变迁徘徊于无政府与威权统治之间,只能作机会主义的选择。如果政府仅仅是一个"必要的恶",那么问题就容易化约为如何尽可能减少公共权力的影响。如果经验告诉我们权力是如此必要而无法与自由的诉求相协调,那就可能为追求秩序而牺牲自由,这是非此即彼的危险选择。在实践中,现代社会的复杂性已经迫使各国政府权力在广度和深度上不可避免地扩张,这种状况让自由主义者感到迷茫,如果不能在原则上作出说明,则公共权力的扩张固然有着强有力的现实需求,却有可能在专制与无政府之间迷失方向。注意到自由依赖于权力这一简单的见解,可以使我们以新视角看待老问题。它或许能引导人们正确评价古典自由主义作为一种意识形态的特定历史功能,以及作为一种政治理论的指导价值,基于此,应给予公共权力在现代社会中的地位一个客观的评价。我们的讨论也有希望引发一连串的问题,从关注公共权力的强度大小问题开始,还可以进一步讨论诸如由谁决定授予权力、授予谁权力、对谁行使权力以及如何行使权力的问题,与之相关的原则、价值也将被论及,而思考可能会逐步深化。

进一步来看,传统的威权政府的改革,实际上面临着双重任务。一方面,要约束政府的力量,通过强化民主监控来约束公共权力中的暴力因素,毕竟,只有一个受到"同意"约束的政府,才能对人民的利益诉求保持高度的敏感。另一方面,需要改善政府的品质,思考公共权力所能起作用的恰当范围和强度。当然,在这一努力过程中,实践远比理论要复杂得多。我们总是生活在具体的历史当中,对特定国家的权力而言,历史的复杂性也总是难以用抽象得有些简陋的理论来厘清,协调的理论状态总要受到某些紧迫任务的干扰,人们免不了在踌躇中前进,在教训中反思。然而,对宪法和政治科学的思考,仍然有希望使我们获致普布利乌斯式的自信——通过"深思熟虑和自由选择"而不是"机遇和强力"[76]去找寻较为理想的政治生活。

---

[76] 在《联邦党人文集》第 1 篇,汉密尔顿提出了一个重要的政治哲学问题:"人类社会是否真正能够通过深思熟虑和自由选择来建立一个良好的政府,还是他们永远注定要靠机遇和强力来决定他们的政治组织。"对此,普布利乌斯作出了肯定的回答。引语参见该书第 3 页。

人，自然平等？抑或自然差异？
——柏拉图与霍布斯对勘

肖厚国*

　　一切人天生（自然）平等乃自近代以来哲学思考中普遍接受的观点，被奉为近代自然权利哲学所揭示的普遍真理，这一思想深刻地影响了人类的命运、塑造了当今的整个世界图景。这是霍布斯们的贡献。霍布斯、洛克以及卢梭等自然平等主义的主张者们将我们带回到无人类丰碑的时代，在那里，人是孤独的动物，没有理念，没有人类建制，没有人类享乐，也没有人的腐化堕落，他们仅仅受动物本能所驱动。与其他动物一样，人类用四足爬行而栖居在丛林中。于是，在个体品质（心灵的或身体的）上人彼此之间几乎毫无差异。然而，一个柏拉图式的真理是：人类是一个等级的、差异的存在，其等级来自于构成质料和灵魂的差异性。正是人的构成质料的差异决定了人存在等级的不同。人的质料差异形成于宇宙过程，因而具有本体论的意义，它拒绝一切化约倾向。这样，不难明白，人依自然平等或不平等取决于宇宙论，仰赖于人类对世界所抱持的观点和看法。于是，现在就让我们一道进入宇宙论中去解明人的自然。

---

* 肖厚国，法学博士，西南政法大学法学研究所副教授。

一、古典宇宙论下人的自然

人依自然是平等抑或不平等,取决于我们对自然的理解,即什么是人的自然。在人类历史上,关于自然,一直存在着目的论与机械主义的二元对立认识。无论何种模式,都与人自身的认识联系在一起。列奥·施特劳斯说,只要自然 physis 不为我们所知,我们便无由知道和理解人类自身。[1] 当泰勒斯追问世界的本原是什么的时候,便已经开启了对自然的探索。自然的发现乃哲学对人类知识的巨大贡献,这种发现与对事物的第一原理或事物的本原的寻求一致,也正是这一发现使哲学与神话分道扬镳。对本原性事物的寻求规定了哲学,为了开启这一寻求,哲学假定,本原性事物是永恒的,而永恒的事物是不朽的,而且永恒的、不朽的事物比变化的、有死的事物包含着更多的真实存在(物理经验世界的因果次序在存在论上必得中止于一个必然性和超越性的存在)。[2] 万物的始基是什么?万物始基如何变成个别事物?对此本原问题的探询,在苏格拉底之前采取的是自然哲学的进路,将从可感知的宇宙自然中直接出现的东西上升到理解中的东西,以当下感知的事物为万物的本原。自然哲学家们把本原归结为物质性的感性事物。泰勒斯以水来解释整个宇宙,认为水作为最初本原规定着宇宙的自然(本性)。一切事物源出于水并复归于水。在赫拉克利特,火是万物的最初实在,整个宇宙由火生成。显然,自然哲学家们渴望在经验存在中直接发现世界的本原和始基,自然哲学的这种思想路线仍然残留着神话时代的遗迹。苏格拉底站在哲学史的转折点上,正是他使哲学完成了从自然向伦理、从物理到心灵的转向,自此以后哲学成为探索人的灵魂的科学。

苏格拉底不满于直接感知到的东西而要求助于心灵,以考察诸事物的真理。在他看来,从现象推至实在是徒劳的,从物理经验世界到本原的思想道路走不通。回到人的世界的起点、从人自身出发、从人的心灵出发乃是认识宇宙的正确方法。"认识你自己"成为苏格拉底一生奉行的格言,其标志着从物理宇宙的探询转向对人自身的探询,并进而将宇宙自然的考察与对人自身自然的探究统一在一起。于是,人本质地成了知识的对象,"认识你自己"乃是将自己置于大宇宙中,对宇宙的把握成了对人的自然(本性)了解的途径。这样,苏格拉底将人的自然置于整个宇宙及其与宇宙的关系的理解上。从此以后,对人的自然的理解维系于对宇宙结构的正确把握。柏拉图接过了苏格拉底的思想模

---

[1] Leo Strauss, *Natural Right and History*, Chicago & London: The Chicago University Press, 1953, p. 81.

[2] Ibid., pp. 82—90.

式,在沉思中发现了理念与实在,由此也产生了现象与实在的对立观念。现象与实在的二元对立乃柏拉图哲学思考的前提。我们生活于其中的世界是一个感觉世界,在那里一切都处于不断流变和永远生成的过程中。赫拉克利特提出了"一切皆流,无物永驻"的命题。克拉底鲁说:"人一次也不能踏进同一条河流。"这正是对现象界的生动描述。现象的世界永不止息,生生灭灭。在生成的世界里,一切事物要生成,必得有其原因;在这里,没有原因,便没有存在。[3] 理念的世界宁静不变、完美透明、永恒沉寂,现象世界是对理念世界不完善的模仿。故而,理念乃现象世界的原型。在柏拉图看来,理念作为自在自为的实体,是宇宙万物永恒的、超越的原型。[4] 其先于且独立于我们所感知的任何事物,而且在存在等级上更高,在地位和尊严上更为可敬。现实世界乃是理念世界中的卑微者而已。柏拉图认为,我们看见的个别事物是这些永恒模型片面的反映和复制,个别事物生生不息而理念则永存。作为理念复制品的事物繁多,但一类事物只有一个理念,这诸多理念最终统一于善的理念中,构成有条理的、理性的宇宙。[5]

善的理念的完满性和高贵性感动了创世神Demiurge,通过对理念的关照和沉思而自身变得善,于是善的理念就内在于神之中。神是善的,而善者永不嫉妒,于是希望一切尽可能像他自己。神想要万物皆善,尽量没有恶,因此当他发现整个可见世界处于紊乱无序的运动中时,便接管了那个混乱世界,使混沌的万物转变成为秩序,在他眼里,无论如何有序比无序好,这就是最真实意义上的创世根源和宇宙的起源。[6] 造物神按照理念从无秩序中创造出秩序来,这样我们便有了这个秩序井然的宇宙。在自己的创作面前,创世神反思这个本性可见的宇宙,觉得没有一个无理智的生命会比有理智的生命更美,而理智不可能在缺乏灵魂的东西里出现。由于这个原因,当创世神建构这个宇宙时,理智则放在了灵魂里,而将灵魂放进了身体里。他在用尽善尽美的自然进行工作,这样,他把整个世界创造成一个既有灵魂又有理智的存在[7],这个有生命的宇宙秩序就这样展现在我们面前。当灵魂赋予了宇宙而使其成了一个有生命的机体时,创世神的工作并未因此而结束[8],他转向了创造宇宙灵魂的模型并用同样的混合材料创造出人的灵魂来。

我们的生活世界是对完美的理念世界的不完满的反映,因而是理念所及的存在等级

---

[3] Francis M. Cornford, *Plato's Cosmology*, (Reprinted by Indianapolis&Cambridge) Cambridge: Hackett Publishing Company, 1997, p. 21.

[4] [美]梯利:《西方哲学史》,葛力译,商务印书馆2001年版,第66页。

[5] 同上注。

[6] Plato, *Timaeus*, Princeton University Press, 1989, 29e-30abc.

[7] Francis M. Cornford, supra note [3], p. 57.

[8] Plato, supra note [6], 35c.

中的最卑微者。世界的真理在于一种实在的等级秩序,在善的理念统领下,各种理念按逻辑次序排列。善的理念是一切理念的源泉,它至高无上,是宇宙的逻各斯,故而,理念世界也是一个等级实体。这样,从善的理念到理念,从理念世界到现象世界构成了一个有机的等级整体,其中善的理念乃宇宙的终极目的。我们处身的世界因分有、参与理念的实在而形成,在那里,一切事物的等级皆决定于他们与理念的关系,与理念接近者,分有其实在愈多,则其存在等级愈高。对柏拉图来说,在宇宙的构造中灵魂是活的元素,它不仅自己运动,也是其他事物运动的源泉;然而,它又是感觉和理智的存在,认识的主体。作为生命和运动的原则,灵魂属于流变的低级世界,当灵魂用感官去认知而目标指向物理对象时,同样如此。可是,倘使这同一灵魂离开变化的世界而朝向永恒的事物时,就变成更高级实体的分享者,因而成为永恒存在。[9] 可见,灵魂处于理念世界与经验世界之间,不具有超时间的、不变的理念本质,然而比流变的事物有着更长的活力,即不朽。灵魂的中间地位决定了灵魂必然具有两个世界的特征;在它的本质中,必定有符合理念世界的东西,也有感觉世界的东西。世界的灵魂与人的灵魂出于同一构造,创世神用"相同"、"相异"以及"存在"三种混合元素塑造灵魂,灵魂因其构成材料的混合性质及其包含的存在等级,也就有了等级不一的三种品质,这三种品质乃灵魂的三个部分,即理性或理智、激情以及欲望。[10] 灵魂的理智部分朝向永恒的事物,获取实在的知识,因其最接近理念而成为最高部分。欲望因留恋感觉事物,陶醉于经验享乐,将永恒事物遗忘,因而是最卑微者。激情可能是理性的天然朋友,它因趋向美的事物而唤醒人的理性,使人超越自身而指向善,对美的事物的热爱和倾心成为上升运动的起点[11];同时它也可能成为欲望的帮凶而助长其泛滥,因此激情位居理性和欲望之间。

创世神按照理念的不变模型规范了"必然性",并赋予了灵魂,这就是宇宙自然(physis)。这样,不难理解,经由创世神的工作,自然 Physis 就是被理性规划了的"必然性",经由理性规划,原来作为原始本质的杂乱无章的材料成为一件有美感的杰作——一个有意义的整体秩序即宇宙,这个宇宙在本质上与理念一致,它合于理念之善,是内在和目的的。[12] 可见,在自然(physis)里,既有质料的必然性因素,也有着理念的形式,而理念的形式比质料更为根本。自然就此获得了一种整体性意义,而对整个宇宙的把握也就

---

[9] 〔德〕文德尔班:《哲学史教程》(上卷),罗达仁译,商务印书馆 1996 年版,第 170 页。
[10] Francis M. Cornford, supra note [3], pp. 142—150.
[11] 〔英〕弗格森:《幸福的终结》,徐志跃译,中国人民大学出版社 2003 年版,第 61 页。
[12] 因为创世神在规划"必然性"时,对"必然性"进行了劝说,结果"必然性"便向理性心灵的规划开放,这样创世神的创世目的就成为"必然性"自身的目的。参见 Plato, supra note [6], 48ab。

不能还原为它的各个组成部分的简单总和。神圣理念内化于自然,这样,自然就被提升到了具有神圣品质的精神领域而成为事物的标准。由于灵魂包含着有着不同等级的三个部分,因而宇宙的自然乃等级式的,一如宇宙的自然,人的自然亦为一个等级秩序。于是,自然必然照亮人生整个历程,成为我们安身立命的基础。在人的自然里,因灵魂的三个部分与理念的不同关系决定了灵魂每一组成部分必定完成注定的任务[13],这是神圣智慧的安排、创世目的,因而是命运的永恒法则,同时也是自然的永恒法则。灵魂的不同部分追求和渴望不同的事物,有不同的需求,灵魂的等级性决定了各个部分的需求的等级。这样,人依自然有不同的需要,存在着一个需要的等级秩序。可见,人的需要的等级秩序乃由人的自然构造决定[14],按照自然而生活便是善的生活,而这善的生活之终点乃是作为宇宙逻各斯的善的理念,即善本身(至善)。善的理念是自然的神圣本原,这样,朝向善的理念即是朝向自然的本原,朝向自然本身。柏拉图既认识到了自然的内在本性,又将善的理念视为自然和世界的内在目的。自然从自身而来,作为一种自我循环的运动,其定义了我们生活的性质和意义。生活的终极目的就是朝向自然的本原、朝向至善的运动,从而找到自己在宇宙秩序中的真正位置。

灵魂的三个部分因创世神所使用的材料的差异而处于不同的等级,其不朽部分是理性,激情趋于理性而变得高尚,激情在热情的意志力量里找到了高尚的因素和力量。欲望则抗拒理性而低贱。因此,理性、激情和欲望乃灵魂的三种活动形式。灵魂的这三部分被创世神先验地规定着,注定地要完成各自的任务,在理性的统领下达到自身的完善。这样,柏拉图用灵魂的组成及其等级来阐明个人的道德命运。[15] 灵魂的三个部分不独代表着三种人及其三种人生,更昭示着三种不同的命运。于是,柏拉图在《理想国》中将人分为金质的统治者、银质的辅助者(军人)、铜铁质的农民和手工艺人。[16] 与此相应,产生了三种美德,统治阶级的美德是智慧,这种智慧是对整体有利的事物之洞见,服务于整体的伦理目的;军人作为国家的护卫者必须具备无所畏惧的美德即勇敢;而其余的大众依其自然适于服从,他们必得靠劳动和勤勉提供国家所需的物质料,但必须控制自己的物质和享乐的欲望,其美德为节制。只有当每个阶级尽了自己的职责而具备应有的美德时,国家的性质才符合正义的理想。

这就是宇宙的自然,同时也是人的自然。显而易见,在柏拉图那里,自然是伦理和价

---

[13] 〔德〕文德尔班,同上注[9]所引书,第172页。
[14] Leo Strauss, supra note [1], p. 126.
[15] 〔德〕文德尔班,同上注[9]所引书,第170页。
[16] Plato, *Republic*, Princeton University Press, 1989, 415bc.

值的等级体系;其显明,人类生活乃至宇宙的最终目的是要复归自己的神圣本原,这种复归被理解为人性的完满。

二、旧宇宙论的崩解与新宇宙论的形成

柏拉图关于自然目的论的等级秩序的思想在奥古斯丁那里也得到了清晰的表达。奥古斯丁对存在大链条抱持着不渝信念,存在大链条是对存在本身的一种衡量尺度。受造世界与创世神的关系被理解为存在大链条,在这里,宇宙中的每一事物根据它们与创世神的远近而定,距离近者,则对创世神的实在之分有就多,在地位和尊严上就更高和更优越,反之,其包含的实在就少,地位就较低劣。[17] 显见,存在大链条是一个森严的、不可动摇的等级秩序。这一观念的源头恰恰在柏拉图那里。新柏拉图主义者暗示说,世上每一事物都有其存在的程度,恰与其善的程度相配。奥古斯丁接受了新柏拉图主义的宇宙论图景,并发展成为一种根本的因果原理。在这种因果原理下,世界呈现为等级存在。[18] 其中,高品级者的"本质"外溢到低品级者并指导其行动,这一次序必定在宇宙论上终止于必然性存在。生存依赖于此种次序。在宇宙中,自然只有与上帝超越的、永恒的实在相联系才能存在。[19] 中世纪思想的任务,大致说来是探索存在的设计结构,个别存在的价值完全取决于其在整个结构中的位置,取决于它距第一因或远或近的距离。人人都认为,而且也不允许有人怀疑,存在被托付于一种不可移易的秩序,思想不能创造这种秩序,只能接受它。上帝、灵魂和世界是维系全部存在的三大支柱。这一体系并不排斥对自然的认识,但这种认识从一开始就被限制在固定的圈子里,一走出这个圈子,就要迷路,会把那盏照耀它的明灯弄得暗淡无光。认识自然等同于认识被造物,认识受造物与造物的关系。[20] 但在中世纪世界,上帝不能被理解为他自身之外的东西,他是完全自有的存在者。创世出于上帝"溢流的爱",正因为这样他创造了宇宙并在其中安置了人这一造物,而含有他自己本性之样式的人之灵魂借自由地发展而能回归于创世神。这样,人性的拯救维系于对世界结构的正确理解,而人性(自然)的等级便决定于灵魂的自由发挥而使人获得的"回归"神圣本原的能力,以及由此而产生的与造物上帝之间的亲疏远近关系。沉思的人无论如何比行动的人更接近上帝,也因而更高级。然而,中世纪沉思生

---

[17] 〔美〕沙伦·M.凯、保罗·汤姆森:《奥古斯丁》,周伟驰译,中华书局2002年版,第19—20页。
[18] 同上注,第20—21页。
[19] 〔英〕弗格森,同上注[11]所引书,第129页。
[20] 〔英〕卡西勒:《启蒙哲学》,顾伟民等译,山东人民出版社1988年版,第37页。

活的本质已悄然地发生改变,纵使理性依然十分重要,可是理性再也不被理解为沉思生活的充分条件,而是必要条件而已。这体现在信仰和理性的关系上。在这里,理性的地位逐渐弱化,而沦为为信仰服务的工具。[21] 于是,理性便开始与终极真理分离,这暗含着哲学命运的改变。正是奥古斯丁的内在性原则促成了理性的地位和尊严的这种转变。作为哲学家,奥古斯丁将其所有的观念集中在内在经验的直接确实性上,他的形而上学用以力求理解宇宙奥秘的思想几乎完全出于此。他力求通过怀疑达到确定。奥古斯丁说,当我怀疑时,我知道,我,这个怀疑者,存在。怀疑者乃有意识的生物,就这样,正是这种怀疑本身包含这一生物现实性的有价值的真理。经由自我意识,人就断定自己的现实性是最可靠的真理。奥古斯丁说,我们没有任何理由怀疑内在的知觉如此不可抗拒的力量。[22]

奥古斯丁思维发展的结果引出了唯名论。唯名论认为,共相不过是集合名词,不同事物的共同称号,绝对不是什么实体。以唯名论为基础的形而上学声称,只有单个个体才是真实而现实的实体。[23] 由于个体存在于物理现实的世界中,因此,对唯名论形而上学来说,知识只存在于感官经验中。通过司各脱主义和唯名论,中世纪的信仰——形而上学已经崩溃,裂成两半:一切超感的东西送给了教义;经验世界作为哲学对象保留了下来。这样,超感世界本身便任由神学去摆布。而这时的哲学越是遵循新柏拉图主义的先例将自然当作精神的产物,哲学就越有可能心安理得地将自身奉献于自然科学。过去,神学教导说,上帝在《圣经》中显示自己,现在哲学的任务是以赞叹崇敬的心情在自然界中理解上帝的启示。文艺复兴时期的新柏拉图主义突出了宇宙之美;神性和太一对新柏拉图主义来说,是一种崇高的宇宙统一体,繁多性和谐地孕育其中。个别事物的缺点都消逝在整体之美中。世界是完美的,因为它是上帝的生活,一切事物都是如此。在布鲁诺看来,和谐是世界最内在的本性,上帝乃无限的宇宙力量,被认为是能动的自然;能动的自然在恒变中按照规律有目的地形成并发展自身成为被动的自然,宇宙是有机的活的整体,神的整体生命的脉搏跳动维持了世界的产生和消亡之过程。[24] 在这样的理解下,现象和实在、精神和肉体的二元论就被一种"完美"的一元论取代。于是,一种全新的、异质的宇宙论似乎正在其间孕育,当然全新宇宙论的横空出世还有赖于新的认识自然的方

---

[21] 〔美〕列奥·施特劳斯、约瑟夫·克罗波西主编:《政治哲学史》(上册),李天然译,河北人民出版社1998年版,第190页。

[22] 〔德〕文德尔班,同上注[9]所引书,第370—384页。

[23] 同上注,第388—397页。

[24] 〔德〕文德尔班:《哲学史教程》(下卷),罗达仁译,商务印书馆1996年版,第498—502页。

法的形成。

文艺复兴时期的泛神论可能促成这样一种意识:人作为最高生命原则的部分体现有能力认识到自己的本性,他自己就反映了神性的容貌,我们应该且也有能力感觉到这一点。由此,对宇宙自然和实在的认识恰在于对人自我的认识,一切世界的知识根源于此。这种思想的极端发展则是,人真正认识的只有他自己,唯有从他自己,他才能认识其他事物;一切知识是知觉[25],这种对知识的新定义是对柏拉图哲学的反动。既然我们有了一种关于知识的新定义,于是,获取知识的新方法和新工具也必得发明,以奠定科学的新途径。

培根相信他能指出科学的新途径,建立起与亚理士多德工具论相对立的"新工具"来。他说,日常知觉不能给正确的自然提供可靠的基础,为了成为科学所利用的经验,日常知觉必须首先净化,清除掉所有在认识事物过程中偶然产生的、错误的东西。总猜测事物中隐藏着目的和秩序,我们必须涤除诸如此类的一切错觉。培根劝告人们要摒弃以往哲学的神人同性说而亲自体验事物本身,要求不带偏见地接受现实。新科学应该脱离永无休止的概念争论转到事物本身上来,并且懂得新科学建立在直接的知觉上。对培根来说,我们进行认识,其目的不在于对人和自然本身的了解,而是要使我们的思想服从于实践的需要。所有人类知识的唯一任务就是利用人类对世界的认识来征服全世界,主宰自然。[26] 因此,解释自然、了解宇宙不过是人类克服自然的手段。他嘲笑旧的思想体系热情洋溢地歌颂宇宙的数之和谐以及他们对宇宙秩序之数学意义的抽象探索。新科学试图根据事实去理解和证明此种数学意义,他用大规模的归纳法去发现事物运动的规律。在这里,解释事物的关键乃运动以及由此而发现的运动规律。开普勒在宇宙中探索的神圣的算术和几何在事物的发生和变化的规律中找到,从该原则出发,他在方法上创建了作为运动的数学理论的力学。这种新方法实质性的后果在形而上学里有如在自然科学里一样导致了观念上的一系列根本转变。力学的新方法原则上排除了把每种物质现象归于精神力量。自然界被剥夺了精神,在自然界中除了极小物体的运动外,科学什么也看不见。[27] 自然世界中,一切事物相互作用,互为因果。新科学设想的这种因果链条压根儿就没有给超自然的力量留下活动余地。外部世界的现象只能用"自然原因"来解释。培根把目的论的自然观当作危险的幻想,就他而言,物理学乃是关于机械因的科学,机械的运动原则是解释一切现象的唯一基础,这种解释消除了精神。由于精神的东西被排除在自

---

[25] 同上注,第 503 页。
[26] 同上注,第 526—530 页。
[27] 同上注,第 548—550 页。

然世界之外,随之而消亡的乃旧世界观关于自然种种领域的性质差异和价值等级的观点。[28] 此在世界与超凡世界之等级区分已然失去了依据,星空的精神世界再也无力光照和辉映尘凡世界了,这两个世界有着相同的物质和运动。整个宇宙是完全统一而无差异的,不存在诸事物间的分级。于是,自然就从等级的宇宙变成了一个"平面"的宇宙。

三、霍布斯,一个没有质量的宇宙与人的平等

自苏格拉底以来,人自身的认识被放入了整个宇宙的理解中,对人的自然探讨就演变为对宇宙自然的考察,这样对人的自然之理解便仰赖于对宇宙自然的真确把握。在古希腊的目的论下,自然(physis)既是一个事实范畴,更是一个价值范畴,它融合了必然与理念,是必然和理念的统一,因而自然内在地包含着精神而成为一个等级的有生命的体系,其中个别事物都有自己固定的位置。理念的实在乃自然的本原,自然沐浴在理念的精神养育中,呈现为向自身的神圣本原的永恒回归,自然的运动过程乃是回归的运动。这一回归运动的最终完成(逻辑上可能的最终回归)维系于个别事物在自己的位置上完成各自命定的任务。在这里,灵魂成为一个至关重要的范畴,犹如万物的理念最终统一于善的理念一样,灵魂的各部分在理性的统领下各司其职,朝向终极实在。这样,理性就为灵魂沟通尘凡世界与超凡世界搭起了一座桥梁。理性乃通达真理的唯一道路。然而,历史进入中世纪,思想史上一个突出的现象便是,理性的力量在中世纪日渐势微,信仰之力量不断凸现,强调内心信念和感觉的思想便逐步升起。这些思想的发展连同世界的泛神化日益催生出这样的观念:内在的感觉可直达真理,而认识自然真理乃是认识自己,一切知识都是感觉。培根满怀信心地要为新的知识提供一种新的工具,奠定知识的确实基础。正是在这一背景下,各种各样关于新工具的思潮浩浩荡荡流入这个时代。新方法实质性的后果促成了关于事物性质以及因果关系之基本观念的改变,一种崭新的关于宇宙的理论正在形成。新方法清除了宇宙中一切精神的因素,因此,"从前为新柏拉图主义的精灵鬼怪所统治的占星术、炼金术转瞬间变成了科学力图克服的错误"[29],一切幽灵鬼怪、符咒和魔术都是有害的、危险的。科学新知一路战来,神学家、哲学家、玄学家纷纷落马;他们反对富有意义的秩序和实体性逻各斯的宇宙。[30] 于是,目的论便必须和精灵鬼

---

[28] 同上注,第 550—553 页。
[29] 同上注,第 550 页。
[30] 〔加〕查尔斯·泰勒:《自我的根源:现代认同的形成》,韩霞等译,译林出版社 2001 年版,第 246 页。

怪一起让路,用自然现象和目的性来解释世界的思想就显得与新科学原则矛盾了。这是德谟克利特的思想体系对柏拉图哲学的胜利。

世界被清除了精神,只剩下一堆死的无生气的物质,它的全部特性在于其在时空上的无限伸展。因此,这是一个空空荡荡的世界,其间没有任何神性的东西,没有秩序,只有沉默的物质及其永恒的随意运动。帕斯卡尔说:"这些无限空间的永恒沉寂让我充满恐惧。"[31] 这种对新宇宙论普遍的不安和对旧宇宙论的恋恋不舍潜藏着深深的无着落感、丧失方向感以及疏离感。在茫茫宇宙中,人别无选择地死死把牢自身作为生存之根,他不能视自己为宇宙的一部分,神性整体内的一份子。相反,他必须从自己有限的樊笼向外看整个世界,并在自身之内寻求一种可理解的秩序。[32] 外部世界变成了一个陌生而异在于我们的存在,失去了先前赖以生活的世界,我们便全身心地转向自己,投入自己的肉体之中,在这里发现了数目、时间、度量,并就此进行推论说,这就是自然。宗教改革运动最深的意蕴是:在人自身之内发现上帝。由于人自己乃是上帝塑造的最美丽存在,所以他必须在其自身内找到他在别处寻求的那些美丽事物的原型。结果是,人在自身内发现了映射出灿烂光芒的力量,正是此种力量把美赋予了外部事物,于是我们便获得了一个坚定的信念:一切根源在于我们自己。我们信心满怀和无限希望地存在着,什么也不缺;我们的存在具有上帝般自足的品质。[33]

霍布斯便是一个努力寻求此种内在秩序的哲学家。由培根和伽里略等人开创的新方法深刻地影响着霍布斯,他努力避开一切目的来解释自然,将世界局限于机械的因果关系。在他看来,所有事物的知识都基于将知觉到的东西还原为物体在空间的运动。科学不得不从现象推论到原因,再由原因推论到结果。但现象就其本质而言乃是运动,这样哲学转变为关于物体运动的学说。[34] "霍布斯的唯物主义建立在一个假设上:所有的存在物都是在空间中移动的物质碎片。这些物质碎片彼此依附,按照一定机械运动原理转动着,常常有一些碎片结合在一起,形成我们可以看见的物理客体。人的身体也是这样聚合而成的,因此支配非生命的物理运动同样适用于我们自己。我们的一切行为可以理解为物质微粒的彼此撞击、相互融合的一个机械运动过程。"[35]

霍布斯正是在此前提上奋力构建人自身的秩序,这一秩序同样称之为自然。在"论

---

[31] Blaise Pascal, *Pensees*, London: Penguin Books, 1966, p. 66.
[32] 〔英〕弗格森,同上注〔11〕所引书,第 199 页。
[33] 同上注,第 202—207 页。
[34] 〔德〕文德尔班,同上注〔24〕所引书,第 533 页。
[35] 同上注,第 12 页。

人性"[36]的开篇,霍布斯就指出人的自然乃自然官能(机能)和力量的总和,这些自然官能包括诸如营养、运动、生成、感觉以及理性。人的官能分为两大类:身体的和心灵的。身体的官能包括营养、运动和再生三种;而心灵则有认识和运动两种机能。[37] 我们所感知到的一切现象来自运动的外部物体作用于我们的感官产生的结果,由于物体运动的差异,便造成了诸多有差异的现象。人的一切观念或认识均源于物体的运动。[38] 在现象中,最原始、最直接的当属我们称之为感觉的东西。感觉是最鲜活的认识(观念),是物体当下运动的产物。在人类的心灵中,没有什么观念不是由感觉器官作用所致。感觉的原因乃外部物体(对象),外物压迫或作用于我们的感觉器官,感觉器官便形成相应的运动,此为感觉,亦称认识。这些感觉,在眼睛,存在于物体的光和色彩;在耳,则为声音;在鼻,则为气味;在舌,为味道;而物体的其余部分,如热、冷、硬、软以及其他性质,我们则以感触(feeling)为体验。[39] 这样,无论是眼睛对物体的光和色彩的获取,还是耳朵对物体声音的捕捉,都不过是外物作用于我们的大脑和身体内部物质而产生的影像。外物刺激身体,使我们产生印象;当刺激正在进行时,此印象鲜活而生动,是为感觉;而当刺激结束,印象便渐渐消去,虽然印象尚存,但已晦暗依稀,这种晦暗的印象称为想象。[40]

物体以各种各样的方式运动而作用于诸感官;正是物体的运动压迫我们感觉器官;而物体的运动不产生别的什么,只产生运动。一个静止不动的物体,除非有外力的作用,否则将永远处于静止状态。基于同样道路,一个运动着的物体,将永远处于运动中,除非有外物的阻挠。在这个空洞的物质世界里,没有什么能自行改变、自我变化。因而一切事物的动力来自外部,都处于相互作用的关系中。物体一旦进入运动,便处于永恒的运动中,除非有来自其他物体的阻碍。然而,无论阻碍物为何,阻碍的效果总是缓慢地发生,被阻碍物的运动逐渐地减弱,直至完全消失。这是一种普遍规律,人身体内的运动诸如想象和梦境也是如此。正如前面所讲的那样,想象乃是正在消退的感觉,感觉的消退是物体运动在我们头脑中因时间的经过而日渐模糊,是物体运动在我们的心灵中残存的印象,因此,想象乃记忆而已。[41] 我们已经明白,认识乃物体运动作用于大脑的内部物

---

[36] Human Nature 构成了霍布斯《自然法律和政治的要素》的第一部分(Thomas Hobbes, *The Elements of Law Natural and Politic*, New York & Oxford: University Press Inc, 1994),其内容与《利维坦》的第一部分"人论"的内容大致相当,只不过更为详细。

[37] Ibid., pp. 21—22.

[38] Ibid., p. 22.

[39] Thomas Hobbes, *Leviathan*, NewYork & London: W. W. Norton &Company, Inc, 1997, p. 11.

[40] Thomas Hobbes, supra note [36], pp. 23—27.

[41] Thomas Hobbes, supra note [39], p. 13.

质的产物,倘使这种运动继续向前,到达我们的心脏,必然会产生如下后果:那种运动要么得到促进,要么受到阻碍。得到促进者称为快乐、愉悦或适意;受到阻碍者为痛苦。这样,快乐、愉悦或适意不过是心脏的运动,恰如认识为大脑的运动一样。引起那种运动的客体被视为快适的事物。当这种愉悦指向引起愉悦的客体时,称为爱;而当痛苦指向引起痛苦的客体时,为恨;如果痛苦指向将来时,则为恐惧。物体的运动引起快乐或痛苦,带来快乐的运动使我们自然地朝向、趋近引起那种运动的事物,使我们接近快适的事物的运动乃为向往,因而向往便是对愉快的事物的接近;当客体为令人不快的事物时,我们便对那一事物避而远之,则为厌恶。就每个人而言,引起愉悦的事物为善,反之则为恶。[42] 霍布斯相信没有绝对的道德,无论如何,善与恶只与快乐和痛苦联系在一起。

霍布斯说:"快乐、爱以及向往就是欲望。向往是向着令人愉快的事物的趋近,当达到那一事物时,是为目标的实现。而目标,有些近在咫尺,有些则远在将来,其近者称为手段,较远者为目的。这样,手段和目的乃相互关系。手段与目的永无止境地循环,因而在这个世界中所谓的终极目的根本就不存在,那是人类的乌托邦。"[43] 向往是对缺乏者的渴望,指向较远的事物,所以欲望总是指向未来、朝向远方。一个目标的达成是新的目标追逐运动的开始,手段与目的的关系乃相对而暂时,鉴于此,生活中就没有满足,只有过程。而所谓幸福乃是欲望的连续过程,是从一个欲望到另一个欲望的无穷运动,前一个欲望之被满足是后一个欲望的实现之路。[44] 只要我们存在,我们就有感觉和想象,就有欲望;欲望达到终点的人、感觉与想象停止的人,均意味着死亡。这样,无论生命,还是感觉、欲望、想象都是一种运动,生命自身无尽地欲望着,处于永恒的运动中,没有欲望的生命不可想象,没有恐惧的生命不存在,没有感觉的生命则是死灭。于是,霍布斯警告我们说,生命中绝不存在诸如心灵的永恒宁静这样的东西。[45]

前面已经讲道,外部物体作用于大脑,引发大脑物质的运动,这种运动称为认识或观念,当这种运动继续向前到达心脏,我们称之为情绪。认识有三种态样:当下的认识为感觉,过去的认识则为记忆,而将来的认识为期盼。这是人与野兽共同具有的。然而,人类高于野兽,只因在于野兽缺乏对事物前后因果性的观念,无法记忆事物的因果次序;而人类发明了语言,借此能给事物命名。命名有助于我们对事物的记忆以及对诸多事物的联

---

[42] Thomas Hobbes, supra note [36], pp. 43—44.
[43] Ibid., p. 44.
[44] Thomas Hobbes, supra note [39], p. 55.
[45] Ibid., p. 37.

想,从而建立其各种事物之间的关系。[46] 可见,记忆的功能对人类生活具有至关重要的意义,它可以帮助我们找回已逝的东西,将我们带回从前曾拥有它的地方,经由此过去发生的事件的前后顺序便被保存起来。这样,从过去、现在至将来就形成了一条认识之流,此种认识之流能帮助我们规划当前生活并预料未来。由过去的事件来预判当前行动的未来后果,此活动谓为预见,亦称智慧。预见是对未来的想象和估量,由过去的经验凝聚而成,其准确性取决于一个人过去经验的多少,经验愈多,预见就愈是准确。过去发生的事情对未来是一个相当不错的指南,通过想象和观察一系列的事件我们可以发现并形成一个预期模式,此为经验之路。然而,无论我们想象什么,对象都是有限的,因而不存在关于无限的观念和认识,人类无法在自己的心灵中想象那些至大无穷者,无限的时间和空间、无穷的力量超出了我们的想象和理解,鉴于此,我们不要徒费心力去形成关于无限者的知识来。于是,霍布斯认为,我们之所以称上帝者,并非出于想认识他的目的,因上帝是无限者,我们或许会对他表现出无限崇敬,乃出于我们这样一种需要:在这个世界里,一切事物乃层层相因,事物的出现总得有产生原因,事物的作用过程是无穷尽的,我们必须追溯到一个永恒的存在,追溯到那被称之为所有力量的第一力量。尽管对其本质一无所知,但我们知道那一力量存在着,恰如一个生来盲目的人,纵使他不可能想象火是什么东西,但他确确实实知道有一种叫火的东西存在,温暖着他的身体。我们之所以将精神本质归诸于他,完全是作为象征意义来表达上帝,从那里抽象出有些可以为我们理解的东西,以解释周遭事物。[47] 生活中,无论我们说什么,认识什么,首先得经由感觉的理解,任何事物,如果不作用于我们的感官,人类根本无从理解,认识总是发生于特定的时空中。[48] 借由语言和记忆,我们就能从过去曾经发生在特定时空里的事件中对当下事件进行估量和甄别,做加减法运算,计算出一个结果有多少原因,此为推理、理智之路。[49] 人的经验之路和理智之路相互补充(经验和理智),为欲望的满足和目标的达成指明道路。

我们有感觉,于是我们就欲望着,追逐着。只要我们存在,感觉就永存,欲望就不会死灭,对生活的追逐也就不会停止。我们当然地追求善,善与快乐联系在一起。感觉与生俱来,人人皆有相同的感觉。既然感觉为我们指明了生活的目标,在这里,我们所需要的便是权力或力量,力量是达成人类未来福祉的手段。人拥有自然的力量,自然的力量

---

[46] Thomas Hobbes, supra note [36], pp. 30—40.
[47] Ibid., pp. 64—66.
[48] Thomas Hobbes, supra note [39], p. 19.
[49] Ibid., p. 40.

乃身体的和心灵的机能的卓越性,表现为突出的体力、远见、才艺、雄辩、心胸的宽广和高尚。[50] 在霍布斯看来,就成年人而言,人与人之间在身体的力量和知识方面的差异是何等微小。在身体力量上,通过秘密谋划或与他人联合,最弱者可能有足够的力量杀死最强者。至于心智上的力量,霍布斯说,所谓头脑的敏锐所涉及的是,人们在使用两种方法——理智之路和普通经验之路上的熟练程度。理性经由刻苦学习和训练养成,其获得首先需要正确命名,其次是运用良好的方法,把各个名称有机地组合起来,形成有逻辑的关系,得出结论。这些卓越的技艺少有人掌握,纵有掌握,种类也非常有限。[51] 普通经验形成预见和谨慎,虽不完善,但的确是一种十分有效的行动指南,纵然经验的不同、时间的长短导致了在预见能力上的差异;然而,一般而言,时间确实平等地眷顾一切人,时间一样长与经验一样多者,获得的谨慎和预见力也大致相当。这样,我们便可以得出结论:人,就其自然天赋而言,在身体和心智上是平等的,自然赐予我们每个人差不多相同的才能。[52]

由于能力的平等,产生了达成目标的希望之平等,于是,倘使两个人同时欲望一个事物,他们谁也无法满足,在实现目标的道路上,人们总是相互摧毁,努力征服对方。不幸的是,自然对人类相当吝啬,在追逐生存资源的道路上不可避免地充满了竞争和死亡;而且我们还要为荣誉分出高下。[53] 在这一不可避免的冲突和斗争中,理性是一个恶人,在我们耳旁低语,让我们去为自己的利益而行事,于是,我们现在或许可以确切地表达人类的这种困境了:一个人满怀成功的希望所追求的东西,另一个人却使之不可能。产生这种困境的既非罪,也非堕落;自然本身就是人的毁灭的制造者。因此,霍布斯认为,解救之道在于自然的发源地。拯救者不是来自另一个世界的观察者,也不是从混沌中创造秩序的像上帝般的理性力量。解救的前提是承认困境,其开端为对死的恐惧情绪所驱动。[54] 对死的恐惧乃解救行动的动力,而理性指示解救之道,这样我们便有了契约、政府和国家等人类建制,它将人类一步一步地引向文明。人是被对死的恐惧所文明化的生物。自然是人类的困境,其出自于人的自然的某种缺陷。这种对人的自然的认识是对柏拉图主义的反动,柏拉图将他所认识的人的自然作为城邦的基础和原型,然而对奥古斯丁来说,困境源于人自然中的某种缺陷,源于罪。对此,霍布斯的解释是,人类的困境来

---

[50] Ibid., pp. 48—50.
[51] Ibid., p. 69.
[52] Thomas Hobbes, supra note [36], p. 78.
[53] [英]奥克肖特:《〈利维坦〉导读》,载渠敬东主编:《现代政治与自然》,上海人民出版社2003年版,第203页。
[54] 同上注,第203—204页。

自人的利己主义性格,似乎人从自然来说是唯我论的牺牲者。[55] 尽管如此,值得注意的是,自然是人类的困境,其解救并非是对自然的否定,而是对自然的确认,是用人工来补充自然。于是,社会建制就将人的自然保存了下来,并使自然成为其基础,自然规定着社会努力的方向,犹如柏拉图的自然对城邦的引导一样。所不同的是,在柏拉图,自然是包含着灵魂因而属于精神的领域,其展示的乃是一个以善为目的的等级秩序,而在霍布斯,自然已完全祛魅而成为一堆干枯的物质,超越于一切道德的善恶,成了一个供人表演的舞台,一个人的无穷欲望展现的平面。

---

[55] 同上注,第226页。

莱昂斯*论法律与道德的关系**

葛四友***

一

法律与道德之间的关系一直以来就是法理学讨论的一个重要问题,并且也一直被认为是自然法与法律实证主义之间具有根本分歧的地方。本文试图介绍莱昂斯的观点,从而让我们对此具有一个较为全面且系统的画面。在笔者看来,莱昂斯在两方面值得我们重视:第一,莱昂斯打破了我们对于法律

---

* 大卫·莱昂斯(David Lyons)系哈佛大学哲学博士,他从1964年起长期任教于康奈尔大学哲学系,从1979年开始也在康奈尔大学法学院任教。1990年他被任命为Susan Linn Sage讲座教授。1995年起担任波士顿大学哲学和法学教授。莱昂斯获得过很多学术荣誉,包括古根海姆奖学金和三次国家人文科学奖学金。莱昂斯从事法哲学与道德哲学的交叉研究,发表了有关功利主义、密尔、边沁、权利等的相关成果。其主要著作有:Forms and Limits of Utilitarianism, Oxford University Press, 1965; Ethics and the Rule of Law, Cambridge University Press, 1984; In the Interest of the Governed: A Study in Bentham's Philosophy of Utility and Law, Oxford University Press, 1973, 1991; Moral Aspects of Legal Theory: Essays on Law, Justice, and Political Responsibility, Cambridge University Press, 1993; Rights, Welfare and Mill's Moral Theory, Oxford University Press, 1994. 本文的讨论主要依据莱昂斯上述1984年和1993年的两部著作。

** 莱昂斯对很多人的观点概括未必符合其作者的本意,这里的要求是:只要这种概括是人们对这些作者的一种平常解读,甚至只说是一种合理的重构即可。这样做一是为了论点具有代表性和典型性,二则是为了逻辑上的严密性。

*** 葛四友,哲学博士,中南财经政法大学人文学院副教授。

与道德关系的常规认识,即把法律与道德的分离看成自然法与法律实证主义的分水岭:法律实证主义者被认为接受法律与道德的分离,而自然法学者则否认这一点,认为恶法非法。莱昂斯提出较为充分的论证表明,分离论无法成为这个分水岭,并对法律与道德之间的各种可能关系进行了深入的讨论。第二,在方法上,莱昂斯淋漓尽致地展现了英美的分析风格,通过概念的区分以及观点的澄清来有力地表明,分析风格并不是玩弄语词,也不仅仅是逻辑分析,而是为了更好地帮助我们澄清事实与观点,更好地理解法律的本性。

为了更好地理解莱昂斯的观点,我们有必要交待几点:第一,这里讨论的法律不是理想意义上的法律,而是指现实法律体系中的法律,指的是实定法(positive law),而不是应然法。第二,这里讨论的道德是哈特所说的那种批判性道德,即那种能够具有真假值的普遍性道德原则。与此相对应的是实定道德(positive morality),指的是为某个共同体或社会所实际接受的或者约定俗成的道德。[1] 第三,我们所要谈论的是一般意义上的法律与道德之间的必然关系。它不是一种事实上的必然关系,比如说在生活中,法律与人们的道德信念总是相互影响的,而是通过分析法律与道德的概念或性质就可以得出的那种概念性必然关系。第四,注意区分制度(法律)义务与道德义务。前者是由各种制度所规定的义务,与道德可以没有任何关系。第五,注意区分初步义务与实际义务。初步义务指的是一种有条件的义务,它并不是压倒性的、绝对的义务。这种道德义务并不一定就是你的实际义务,因为综合考虑的话,其他方面的道德考虑有可能会压倒这个初步义务。

二

我们一般认为,传统自然法是最为反对分离论的,我们首先来讨论它。对于传统的自然法学者而言,对什么算作法律是有着非常明显的道德条件的,"一个不义之法根本不是法"。阿奎那认为,"法律的力量取决于其正义的程度……且立足于理性规则。但是理性的第一规则是自然法……结果是,当人法是从自然法推出的时候,它才具有那么多的法律性质。但如果它在任何一点上偏离了自然法,那么它就不再是法而是法的反常"[2]。

然而,在莱昂斯看来,这种观点并不与法律与道德的分离论相矛盾。即使一个东西除非是正义的,否则不可能是法律,并且同时所有要强行的道德命令的各种规则都能自动地获得法律地位,法律与道德仍然能够是不同的东西。因为这并不能确保下面两点:

---

[1] H. L. A, Hart, *Law, Liberty, and Morality*, Stanford, 1963, p. 20.
[2] Thomas Aquinas, *Summa Theologica* (1266—1273), I—II, q. 95, art. 2, In A. C. Pegis *Basic* (ed.) *Writings of Saint Thomas Aquinas vol. 2*,. New York: Random House, 1945, p. 784.

A. 所有道德原则都被纳入了法律；B. 所有法律都是从道德原则推衍而来的。退一步讲，即使法律与道德是共外延的，法律与道德仍然能够是分离的。下一个例子就可以清楚地告诉我们这一点。所有有心的动物就是有肺的动物，其外延明显相同，但是就其内涵而言，心与肺依然是不同的东西。这就表明，分离论无法作为自然法与法律实证主义的分水岭。

此外，莱昂斯还认为，如果我们仅从字面上来理解阿奎那的法律观点，会把阿奎那置于一种不一致的境地。因为除了心中作为理想法的自然法之外，阿奎那对现实中的人造法并非视而不见。他承认人造法"或者是正义的，或者是不正义的"[3]。在莱昂斯眼中，阿奎那提出自然法的概念，更多的是想发展出一种服从法律的义务观点。依照阿奎那，当人法是服务于公共善、公平地分配负担、不对上帝表明任何不敬、不超越法律制订者的权威时，它们才是正义的。阿奎那认为，当人法是不正义的时候，我们没有道德义务服从它。一个人在道德上有义务服从正义的法律，但没有义务服从不正义的法律。仅当环境要求，"为了避免耻辱和骚乱"而服从的时候，一个人才服从不义之法。[4] 可以看出，阿奎那的法律观的落脚点在于我们是否具有服从法律的道德义务。

莱昂斯指出，阿奎那对于人法的看法，与法律实证主义者没有太大的分别。然而，在法律实证主义者一端，也有相反的看法，即以法律来制约道德。这就是霍布斯与奥斯丁等提出的表面观点。在霍布斯看来，"法律不可能是不正义的"。他主张，"'正义'这一词等价于遵守该国的法律"[5]。而奥斯丁则说，"对于正义这词，我们意指，对于这种词所适用的一个给定对象符合我们用其作检验的一个给定法律……对于不正义这词，我们意指给定对象并不符合给定法律"[6]。

如果接受这里的字面观点，就会得出以下几点。第一，我们把法律描述成不正义就有点脑筋错乱，因为从定义上看，我们根据正义来评价法律显然是超出了这个概念的逻辑限制。第二，背离法律永远是道德上错误的，除非它能基于其他道德考虑得到辩护。第三，这种其他的道德考虑不能基于法律的不正义，因为它不可能是不正义的。由于当代很少有人相信这点，我们这里更多的是表明一种逻辑上的可能性。[7]

---

[3] Ibid., q. 96, art. 4, p. 794.

[4] Ibid., q. 96, art. 4 pp. 794—795.

[5] T. Hobbes, *Levithan*: H. W. Schnieder ed. 1958, Parts I and II, ch. 30, p. 271.

[6] J. Austin, *The Province of Jurisprudence Determined*, I. Berlin, S. Hampshire & R. Wollheim eds., 1954, p. 262 n. 23.

[7] 莱昂斯并不认为霍布斯与奥斯丁他们本人确实相信这种观点。他认为，奥斯丁的意义其实只是"没有任何实定法在法律上是不正义的"。而霍布斯实际上只是认为服从法律是公民社会正义的一种衍生要求。

显然，上面两种极端观点都认为法律与道德有着本质联系，要么是道德决定法律，要么是法律决定道德。凯尔森为代表的实证主义者还有一种极端观点。他们承认法律的执行正义与法律本身的正义是可以分开的，法律需要参考法外标准才能判断其正义与否，法律无法成为自己本身道德性的尺度。但是这种观点的极端之处在于，他们不承认法外的正义原则可以得到理性辩护。由于他们反对法律本身的正义，由此也就只存在法律的执行正义了。他们据此认为官员有义务服从法律，只要官员背离法律就违背了执行正义，并且官员背离法律就永远也得不到辩护，他们实际上就得出了一种官员按法律办事的绝对义务。

但是这种极端观点要想成立，必然克服两个困境。第一，我们必须表明法律本身的正义与执行正义在性质上具有根本差别。由于两者都是正义，都属于道德范畴，因此如果极端怀疑论者是正确的，那么所有道德原则都无法得到理性的辩护，执行正义也不例外。如果情形是这样，那么说官员有道德义务就是有点奇怪的事情。第二，他们必须向我们表明道德怀疑论是正确的，但在目前的道德哲学研究，这并不是一个很能得到辩护的立场。莱昂斯本人也提供了非常充分的论证，表明，只要我们不是彻底的怀疑论者，即怀疑知识的可能性，那么我们就很难有好的理由接受道德怀疑论。[8]

三

我们在上面讨论的是几种较为极端的观点，接下来我们讨论两种相对温和的观点。它们一方面接受法律与道德的分离，另一方面认为法律与道德之间存在着某种概念上的必然联系。一种是从自然法传统演变而来的，即富勒的法律内在道德性观点，这将在本节加以讨论。另一种则是从法律实证主义传统演变而来的，即哈特的形式正义理论，这在下一节讨论。

富勒承认法律实证主义者所做的标准区分，即法律与道德的区分，以及实然法与应然法之间的区分。同时，富勒还接受实证主义的另一个区分，这就是法律本身的正义与法律执行正义之间的区分。富勒的重大让步在于不再考虑法律本身的正义，而是重点在于法律的"程序"方面，实际上他强调的是法律的可遵循性。富勒的自然法方面是对于什么算作法律还是具有道德条件的限制。[9] 在他看来，一个体系要有资格被称作法律，它

---

[8] 详细的论证参见 David Lyons, *Ethics and the Rule of Law*, chap. 1.
[9] 注意哈特与富特的区别，富勒对于什么算作法律要求施加道德条件，而哈特则不，尽管他认为在执行法律上要求施加道德条件。

必然某足某种内在道德性。由于富勒的退让,他自然法版并不蕴含道德标准必然会决定现有法律的内容。也就是说,富勒并不承诺"恶法非法"这一观点,即承认法律是道德上可错的。

富勒的自然法版本有两层意思,第一,强调一种体系要有资格被承认为法律体系,它必须满足其内在道德;第二,这个要求不是偶然的,它表示的是在法律与道德之间存在着概念上的必然联系。富勒认为,公共官员,即那些制定与执行法律的人员承诺了法律卓越性的理想。由此,除非那些制定法律的官员制定的那种规则是能够被人们所遵循的,否则这些官员就并没有忠实于其目标,由此他们是不正义地行动。富勒对法律卓越性的看法大致可以概括如下:普遍性、清晰性、一致性、公共化、前瞻性、可满足性、稳定性与严格执法。[10]

但是富勒的论点有何根据呢?莱昂斯讨论了富勒可能给出的两个理由。富勒给出的第一个理由是官员在接受公共信托的职位时,已经暗暗地许诺要行为得体,即承诺法律的八个卓越理想。莱昂斯认为,这个理由面临着诸多困难。第一,官员可能是被迫接受这种职位的,比如纳粹时代的德国所发生的。由于富勒要求的是某种概念上的必然联系,因此官员是否有义务不能取决于偶然性事实。第二,即使官员是自动地接受这种官职的,这种承诺也不一定就产生道德义务。因为只有当我们的许诺满足了某些最低的道德条件时,它才产生道德义务。第三,退一步讲,即使官员作出了产生道德义务的承诺,他们是否必然会承诺富勒所强调的那八条理想,这也是很有问题的。至少我们从承诺的概念本身无法分析出富勒所说的那八条卓越性理想。

莱昂斯认为富勒给出的另一个理由来自于他对于人的看法。富勒认为:从事使人类受到规则支配的事业涉及承诺这样一种人的观点:人能够变成一个负责任的主体,他能够理解与遵循规则,从而对其行为负有责任。同时,富勒认为法律规则典型地是用来调节人类行为的,法律规则的主要目的就是确定法律要求。莱昂斯认为,富勒由这两点得到,法律概念本身的部分意义在于它本该是可遵循的,或者可以推定是如此。

由此富勒认为,在法律与用来评判它的标准之间存在必然的联系,不可遵循的规则就不是法律,因为法律本该是可遵循的。在莱昂斯看来,富勒之所以会得出这样的道德判断,是因为我们有一个更深刻的道德直觉:一个人因为未满足不可遵循的规则而受到惩罚,这是不公平也是不正义的。但是莱昂斯认为这里充满了混淆。为了表明富勒的混淆所在,莱昂斯区分了两个命题:

---

[10] Lon Fuller, *The Morality of Law*, New Heaven and London: Yale University Press, 1964, chap II.

A. 法律本该是可遵循的，由此，一个设定的法律要求如果是不可遵循的，那么它是有缺陷的。

B. 如果一个人因为未满足不可遵循的规则而受到了惩罚，他受苦于不正义。

对富勒的主张而言，这两个命题必须都正确而且彼此之间要具有逻辑必然的联系。但是莱昂斯指出，这两个命题都不是必然正确的。这可以通过溯及既往法来加以分析。一方面，只要我们同意人类无法改变过去的行为，溯及既往法的制定者与执行者就肯定并不指往它们可以调节人们以前的行为。对于这些法律的制定者与执行者而言，法律本该是可遵循的这个假设被驳倒了。这也就相当于说，法律制定者在制定法律时并不必然带有这种意图，即这个法律必须是可遵循的。由此，富勒的主张变成了：如果法律制定者想要制定行为指导，那么他们承诺了使得他们的要求是可遵循的。不仅如此，如果我们可以走到这一步，那么我们还可能以其他方式故意制定不可遵循的法律规则，这在逻辑上是完全可能的。然而，富勒的法律的内在道德性要表明的是在法律必然满足他的八个理想中所表现出来的可遵循性。

另一方面，即使一个人在不可遵循的规则之下受到惩罚，结果也未必就是不正义的。例如，对战争罪犯的惩罚有时就是通过溯及既往法进行的。一般我们认为，在总体上这件事情可以看作是正义的。不仅如此，即使一个法律要求是不可遵循的，这并不意味着必然会有人在它之下受到惩罚。如果没有人受到惩罚，我们不会说它是不公平的或不正义的。我们这之所以说不公平或不正义，实际上指有人在这些法律之下受到了惩罚，受到了不公平的对待。一个法律体系包含不可遵循的的法律要求，这一事实并不会在逻辑上得出有人必定会受到不公平的处理。因为当我们遇到这样的情形时，我们可以有意地不适用这个法律，我们可以判断法律是否是可遵循的，从而有意地避免人们受到不公平的对待。这里的一个要点是，制定不可遵循的规则是一回事情，执行它则是另一回事情。如果承认这点，那么法律要求是有缺陷的判断并不蕴含实践一定是不正义的这个道德标准。

莱昂斯承认，面对这两种反驳，富勒可以作出以下让步，声称他的观点只是表示，某物的观念纳入了或蕴含了用来评判它本身的标准，但它并不必然满足其标准。人们可以说刀子的概念意味着其在切削上的锋利，但是这不能得出刀不可能被误用，也不可能排除人们可能有意制定出不好用的刀子来。我们对于法律要求可以说同样的话：法律规则实质上被假定是可遵循的，因为它们的实质功能就是为行为提供指导，但是也不排除人们故意制定出无法指导行为的法律规则来。然而，这种观点充其量表明不可遵循的法律规则是有缺陷的，但并不是每个有缺陷的规则都是道德上不正义的。由此，莱昂斯认为，如果富勒的观点只是这个意思,那么他就不是在作出一个道德判断,也没有蕴含一个道德判断。

莱昂斯认为,我们之所以容易认为正义标准蕴含在法律之中,是因为有缺陷的要求与因为没有满足它而受到惩罚的不正义实践往往是耦合的。我们的分析表明,隐含在法律中的标准,至少就作为指导人们行为的一个部分,对于什么算作不正义没有发表任何见解。它们只能告诉我们这一点,不可遵循的要求是有缺陷的。但是对于为什么适用这样一种规则是不正义的,它没有说任何话。

当然,富勒可能会主张,惩罚,至少制裁是嵌入了法律概念本身之中的。正如假定法律本该是可遵循的那样,不满足它们则本该是受惩罚的。法律并不是一组中立的允许或不允许某些步骤的规则。莱昂斯对此的回答是,只要法律体系能够没有制裁而存在,那么批判法律要求是不可遵循的并不蕴含任何需要使用制裁的东西。莱昂斯设想了一个没有法律制裁的法律体系在逻辑上是完全可能存在的,尽管在现实世界中也许无法存在。[11]

莱昂斯指出,富勒的根本败因在于:我们不可能仅仅通过理解法律是什么而知道制裁的何种使用是不正义的。要做到这一点,我们必须知道什么构成了不正义。到目前为止,我们对法律的理解并不能告诉我们这一点。富勒之所以会犯下这种错误,原因则在于这样一种直觉:惩罚一个人不受控制地做的行为或者他们相信没有任何理由受到惩罚的行为,这是不公平的。莱昂斯接受这点,但是认为关键在于:富勒并没有给出任何理由让我们相信这种公平性的观念蕴含在法律的概念或本性之中。

四

接下来我们讨论以哈特为代表所主张的温和形式正义论。就形式正义而言,它认为执行法律时按法律行动是正义的必要条件,因此任何官员背离法律都是不正义的。形式正义认为,任何背离法律的行动总是会受到一种道德反驳,不管其后果如何,不管环境如何。这种观点的温和之处在于,它并不认为这种道德反驳是不可压倒的。换言之,任何官员都有按法律行事的初步义务,但这种义务是可以压倒的。

支持这种形式主义的论据首先在于它能够解释这样一种直觉。即不管一种法律本

---

[11] 详尽的论证请参见 David Lyons, *Ethics and the Rule of Law*, p. 47. 以及 David Lyons, *Moral Aspects of Legal Theory: Essays on Law, Justice, and Political Responsibility*, Cambridge University Press, 1993, p. 12。

身是否是正义的,对它的适用都可能是正义或不正义的。有很多执行的不正义本身不取决于法律本身的正义性,这里的不正义在于法律执行的方式,而不是法律本身的道德属性。形式正义能够非常轻易地解释这种现象,这是人们认可形式正义的理由之一。

然而,莱昂斯认为解释这种现象并不需要用到形式正义。因为判断法律与判断官员的行动是不同的,即使类似的要素对于两者的评价是相关的,它们依然可以是独立的。例如,两者都关注人们以何种方式受到法律的影响,但是各自的关注是不同的。一方面,我们考虑可以归属于法律本身的效果,在另一方面,我们可以考虑归属于公共官员的效果。为了解释两种类型的道德评价,我们不需要执行正义必定是形式主义的。执行正义不仅仅关注官员背离法律,而且关注人们在此之下是如何受到影响的。我们很难设想出这样的一个例子,其中官员背离了法律,然而没有任何人受到伤害,但我们还是会认为这里存在什么不正义之处。当这种非形式要求出现时,看来是它们,而不是官员背离法律在道德上才是相关的。

支持形式主义的另一个论据是认为有支持官员服从法律的一般性设定。官员背离法律总是被假定存在做不义之举的危险。然而,莱昂斯认为,这里相关的不正义总是取决于在执行时确实有人受了苦,而这种受苦的发生又总是取决于背离法律的具体环境。换言之,我们能够理解假定总是存在对于官员不服从的道德反驳,但是这种道德反驳不一定真的总是存在,因为这要依环境而定。

莱昂斯认为,人们还可能错误地以下面三个事实来支持以上的论据。第一,官员通常被认为有特殊的义务来支持他们负责执行的法律。我们已经谈到过,认为官员许下了诺言是无效的,这受制于道德约束。形式主义者可能会说,官员的义务只是初步的。但是莱昂斯认为,当官员是被迫进入职位时,就根本不存在那种义务。说自愿地保留一个职位就有义务,这也是一种道德判断,这取决于什么构成一个有效的和有约束力的契约的道德观念。于是,即使官员真的有义务来服从义务,这也与形式正义是不相关的。第二,官员的不服从具有某种负效用。莱昂斯指出,这取决于偶然的和环境要素,官员背离法律并不必然导致负效用。第三,有人认为官员背离法律会导致对不同的人有不同处理。莱昂斯指出,即使这是不正义的,它也与形式正义是无关的,因为官员可以统一地背离法律,从而不存在处理上的差别。因此,就解释执行正义与法律本身正义的分离这一现象而言,形式主义并不能得到多少支持。

对于形式正义,除了以上的一些直观论据以外,哈特提供了三类一般性的论证:

A. 类似情形类似处理。哈特认为这是正义观念的核心成分,但是他也知道单纯这个观念不能指导任何行动。原因在于人们总是在某方面是类似的,在其他方面总是存在不类似的东西,因此何种类似性是相关的就成了关键。在确定相关的类似性之前,这个纯粹只是个形式要求,只相当于统一处理。但是正义的要求肯定超过统一处理,有多种统一处理问题的方式,但是类似情形类似处理并不能把它们区分开。并且,正义并不仅仅在于系统地处理案件,它要求以某类方式来处理某类人。

莱昂斯认为,尽管正义在根本上要求对案件的统一处理,而且法律规定了一种统一处理的方式,但是这里无法得出法律规定的那种方式恰好就是正义所要求的那种方式。只要我们意识到,法律的正义并不是由法律所决定,或者说法律所告知的人、行动与环境之间的相似与差别并不必然就是正义所认为的那样,那么形式主义的错误就是非常明显的了。形式主义可能有如下的反驳,他们本来假定的只是法律执行的正义,这并没有穷尽正义,包括法律本身的正义。但是莱昂斯认为,这种反驳是无效的。原因在于,类似情形类似处理并不能给予任何理由来认为,法律所规定的处理模式就是正义原则给出的处理模式,或者与之是相容的。

当然,如果官员统一处理案件的唯一方式就是遵循法律,那么哈特的论证是有效的。但是官员明显可以有其他的统一方式,比如说统一地偏向某些人。这里要注意的是,官员背离法律有可能产生不正义,但这是偶然的,它取决于环境。这不能给予形式主义任何安慰,由此,类似情形类似处理不能支持形式正义。

B. 按规则行事。哈特认为:"在正义的这方面与按规则行事的概念之间有着紧密的联系。实际上,也许可以说正义地把法律适用到不同的案件就是是认真地对待这个主张,在不同案件中适用的就是相同的普遍性规则,不带偏见、私利和反复无常。"[12]

这是一个不同于类似情形类似处理的论证,类似情形类似处理根本不参考规则。即使没有任何相关的规则存在,也可以设计出统一的处理方式。但是同样可能的是,适用一个现存的规则并不就是类似情形类似处理,如第一次适用一个规则。适用一个规则到案件的概念也许是产生一个判断行为的原则。这个原则并不考虑规则要求或允许什么,其可能的结果又是什么。当存在官员要适用的规则时,这个原则就必然起作用,他们都受到它的约束。

如果按规则行事就是正义原则,那么任何人偏离他本来要适用的规则都将是不正义之举。但是,这里没有任何东西把这种论证模式只限于公共官员和法律。因为这个理由,这个论证必定失败,因为它要么对所有类型的规则有效,要么不对任何规则有效。但是它明显对一些规则无效。我们知道,不正义的指控是有道德分量的,只要违反某些规则并不带

---

[12] H. L. A Hart, supra note [1]. pp.156—157.

有这种道德分量,那么这个论证就会失败。只要我说话时没有遵守语法规则,我就破坏了语言规则。如果按照这里的逻辑,那么我就做了不义之举。但这明显是不合道理的。当然,我可以通过误用语言而做不当之事,但这不仅仅是因为我语法上不正确,而是因为我的行动中存在某类不正义,对人们产生了某种伤害等,从而可能违反了基本道德原则。

这里的问题是,如果形式主义只取决于按规则行事,那么它就没有办法区分法律规则与语法规则等其他的规则。如果法律规则与其他规则之间存在实质性的差别,那么这也不能从它们都是规则来决定。如果援引的考虑不是法律规则中固有的东西,那么这种考虑也是失败的,因此按规则办事不能为形式正义提供支持。

C. 不偏不倚地适用法律。哈特提供了一种更可行的观点,即执行正义在于不偏不倚地把法律适用到特定案件。这里需要注意,不偏不倚性并不暗含在按规则行事或者类似情形类似处理之中。尽管不偏不倚要求某种统一方式,但是统一方式并不就是不偏不倚的。例如一个官员统一地偏向于其亲属,但这并不是不偏不倚。同样,不偏不倚也没有暗含按规则行事,因为规则留有自由裁量的空间。现在来考虑不偏不倚对于形式正义的影响。对于法律形式主义者而言,由于所有法律规则都是官员能够机械地应用的,因此形式正义就完全在于遵循规则,这样,背离法律就是执行不义的充分且必要条件。这样一来,不偏不倚性也无法进入法律形式主义者的基本立场。

只有当我们不接受一种机械式的法律观念时,不偏不倚对于形式正义才具有相关性。这种法律观念下,官员有时候面临着几个合法的备选项,必须作出重大的选择。如果形式主义者也相信合法的备选项也受制于正义之名的批评,那么他必须相应地限制他的形式正义,因为官员在法律之内行动的简单要求不能使得形式主义者可以在合法行动之间进行区分。为了评价它们,形式主义者必须加上法外准则。严格来说,当官员面临自由裁量时,法律的约束已经被穷尽了。这个时候可以援引不偏不倚作为补充标准。由此导致的观点是,给定法律本身不能完全决定什么构成了它的不偏不倚的适用,执行正义在于把法律不偏不倚地适用于特定案件。尽管纳入了法外标准,这种观点还是在原初意义上的那个形式主义,因为它认为遵循法律是执行正义的一个必然条件。

哈特根据对于语言表达的认识,认为总是存在官员运用自由裁量的空间。官员在合法备选项之间的选择受制于正义之名的批评。因此法官的自由裁量可以是不偏不倚的,也可以是有偏向性的。如果官员没有不偏不倚地行动,那么他们就做了不义之事。这种主张的形式主义版本强调,不偏不倚地适用现有法律充分体现了执行正义,这种主张在根本上要求官员在法律制定的限制内行动。这个公式被认为穷尽了执行正义的主题,因为官员实质上做的就是执行法律。如果人们超越了这个公式,超越了不偏不倚地适用现有法律规则,有人会主张,人们必然是在改变主题,因为一个人不再把自己限于执行法律的正义之内。

莱昂斯认为这是一个错误的观念。执行正义要求不偏不倚地适用法律并不是固有地是形式主义的。人们会主张,法律的正义适用方式是不偏不倚,但是正义有时候要求不适用法律。一个官员可以超越法律而在其职责内行动。问题是,这种行动是否必定是不正义的,或者是违背了一个基本原则。这里有一个前提,即莱昂斯把法律执行正义等同于官员的行动正义,或者至少是共外延的。

让我们假定,为了公正,官员必须不偏不倚,并且假定唯一正义的适用方法就是不偏不倚。我们同意,假如法律的适用不是不偏不倚的话,它是不正义的。但是,这不能得出所有偏离法律的判决是不正义的,因为并不是每种背离法律都可以描述成没有不偏不倚地适用法律。官员可以故意地不适用法律,这不同于有偏向地适用法律。因为官员可以基于有原则的根据而拒绝遵循法律,恰恰是为了避免自己作为不正义之工具。

如果官员拒绝遵循法律可以避免某种不正义,并且不产生其他的不正义,那么不偏不倚地适用法律就没有穷尽执行正义的主题。如果情形相反,不偏不倚地适用法律穷尽了执行正义,这时只要法律受到了违反,就将产生不正义。莱昂斯用分配利益来说明问题,假如原有法律是偏袒白人的。但是法官没有遵循法律,而是更公正地分配了利益。这里法官超越了其自由裁量,他根本就没有适用法律,因此也就没有不偏不倚地适用法律。这里产生了不正义吗?莱昂斯认为没有。如果有的话,那么必须要有不不正义的标记,或者症状,或者有人受到了不当待遇。但是在这个例子中,都没有。由此,不偏不倚也无法给予形式正义以必然的支持。

五

上面的讨论表明,分离论无法成为法律实证主义者的特有属性,并且法律与道德是否具有必然的联系也无法区分自然法与法律实证主义。莱昂斯认为,如果说有一种观点能够标示法律实证主义的话,它就是明定道德内容论:除非法律有明文规定,否则法律不具有任何道德内容或条件。

莱昂斯提出了法律实证主义者支持此观点的几个可能理由。第一条理由来自于这点,即法律实证主义者都承认法律概念的分析性研究不同于其他如法史、法律与其他社会现象之间关系的研究。不过,莱昂斯指出,具有这样一种研究根本不同于告诉我们法律与道德是否是分离的,特别是法律与道德之间是否存在某种必然的联系。如果我们假定法律和其他的法律概念与道德概念没有任何重大联系的话,这又是诉求正在要解决的问题。

法律实证主义者的第二条理由是认为分析法律必须是价值中立的。但是这个理由的含义是不清楚的。如果说我们不应用法律与道德具有任何特殊关系这种假设开始工作,那么我们同样不能法律与道德不具有任何特殊关系的相反假设开始工作。就此而言,法律与道德之间的概念性关系的可能性是个悬而未决的问题。至少我们从法律概念的分析性研究中无法给出答案。

第三条理由是,有些实证主义者这样提出他们的法律理论,有如他们是在描述法律概念、法律的实质性质或者其他类似地给定的东西。他们同时相信道德并不是类似地给定的,那么他们会认为在法律的分析研究中忽略道德问题是恰当的。

莱昂斯认为这存在两个错误。第一,假定道德在相关的意义上不是类似地"给定的"。如果对于道德问题具真假、对错等答案,那么道德如同任何其他可以探究的东西一样是给定的。这里没有理由做出相反的假定,因为只有极端的道德怀疑论者才会否定这一点。

第二,道德概念,或者法律与道德共有的概念,对于恰当理解法律是必要的。这里一个最关键的地方就是辩护概念。当我们谈论得到辩护的司法判决时,它有两重含义。基于弱的解释,辩护一个司法判决就是给过去或将来的行动打个标签,它对于一个人应该如何行动没有任何意义。基于强的解释,辩护一个司法判决就是确立人们在良知的约束之下(本来)应该如何行动。基于这种解释,一个得到辩护的司法判决明显不是道德中立的事情。如果人们假定一个司法判决只能诉诸于法律,在强意义上的辩护要求法律考虑能够决定人们应该如何行动,这明显不是道德上中立的。

法律实证主义者在此有一个严重的混淆,即法律义务与道德义务的正当性。我们知道,前者存在的充分与必要条件是法律要求以某种方式行动,这一般被假定不蕴含任何道德条件。但是有很多法律实证主义者把法律义务与道德义务看成是平行的,认为它们都对人们如何行为提出了理由。但是做出这种推理的时候,他们就作出了支撑德沃金法律理论的假设,即法律,而不仅仅是道德,都具有某种正当性来决定我们应该如何行动,我们的行动应该如何被恰当地评估。[13]

---

[13] 莱昂斯还有两点提醒。第一,法律是道德上可错的这一论据并不支持明定道德内容论。法律是道德上可错的并不表明法律与道德之间是否具有任何必然的联系,对于什么算作法律是否具有道德条件。第二,法律是道德上可错的理由并不在于法律受到人类行动和决策的影响。确实,这使得法律是受到人类有意控制的,而人类是容易犯错的。但是,我们并不认为所有受到人类有意控制且犯错的事情都会用道德来评价,比如说机器。我们有时会说,人类的创造是好的或坏的,但是这已经预设了实质性的道德价值,并且是根据所谈论的那种创造对人类产生的影响来作出这种判断的。没有从道德观点看是什么是相关的东西的实质性观念,我们不可能理解法律为什么和如何受制于道德评价。

莱昂斯认为,法律实证主义者的真正、最重要的理由来自于法律的社会观念。一般的法律社会观念是这样的:法律的存在即内容是由社会环境下的人的某范围的事实所决定的——关于人类行为、历史、制度和信念等的事实。也就是说,识别法律的内容和决定其存在只取决于能够以价值中立术语描述的人类行为的事实,不用诉诸道德论证而能适用。[14]

莱昂斯认为,只要我们消除对于道德的误解,那么在社会事实与道德判断之间完全可能具有相同的关系。如果伦理自然主义是在摩尔的狭窄意义上得以理解,那么道德判断可以为事实性命题所蕴含。即使这种伦理自然主义是错误的,道德判断不可能为事实命题所蕴含,宽泛意义上的自然主义也可以是对的。还是有道德原则是真的,尽管不是根据定义为真,道德判断也可以为某种事实命题所确定。当然,也可以有第三种可能性存在,即没有任何事实性命题能够决定任何道德价值,但这是一种激进的怀疑论,法律实证主义者支持此点的人甚少。

由此,只要我们接受伦理自然主义,它蕴含着道德价值能够为社会事实所确定,那么即使我们接受通常的实证主义观念,即法律与道德义务在概念上是不同的,具有独立的存在条件,我们也不能就此得出法律与道德是分离的。也许如同存在决定法律的事实一样,也存在决定道德的事实。到目前我们依然可以讲的是,决定法律的事实也许能够相当于或者蕴含决定道德的事实。也就是说,决定法律的存在及内容的事实也许能够支持,甚至蕴含关于法律和关于法律之下所作行为的的道德判断。法律的社会观念并不排除这一可能性。因为这个理由,法律的社会性观念并不能告诉我们任何关于法律与道德关系的观点。

这个结论并不取决于法律社会观念的抽象性。原因在于这个问题不仅仅关注法律为社会事实所决定,而且也关注事实与道德价值之间的关系。由于法律的社会观念在这事实与道德价值这个问题上沉默不语,由此,它对于法律与道德的分离上没有任何意义。不借助于道德理论,我们无法作出任何相关的结论。

对于明定道德内容论,我们还有一个论证值得考虑,这就是哈特的语言论证。语言术语是通过参考一组规则而适用的,在某些情形中它们是清楚的满足的,在另一些中则是相互冲突的。哈特区分语言适用的两种情形,即核心情形与半影部。在核心情形中,我们能够演绎地适用,在半影部则不能。在无争议地适用的案件中,法律考虑都有利于一方,而在有争议的案件中,则法律考虑可以归入两方。因此支撑自由裁量的理论更为

---

[14] Joseph Raz, *The Authority of Law*, Oxford, 1979, pp. 39—40.

根本的假设是：当且仅当合理的分歧不存在时，法律才是确定的。当一个法律规则的识别与含义没有争议时，不存在司法自由裁量。当合格的律师对一个法律问题能够就两方都发展可行的论证时，那么我们无法机械式地判决，而必须涉及到权衡两方的理由，由此法律必须视为不确定的，存在司法自由裁量的空间。这个思想的语言版本就是明定内容论，这种观点的推论就是明定道德内容论。

但是莱昂斯认为这种推理是无效的。原因在于，尽管语言表达是有开放结构并且可能是模糊的，但是不能只有在我们现有语言资源能够直接表达清楚的地方才能存在确定的事实。即使我们假定法律表述不可避免地有含糊之处，但是我们不能由此得出只要法律表述具有含糊的地方，那么法律就是不确定的。莱昂斯的理由在于我们还有其他的资源来帮助决定如何判决案件，比如说语境。德沃金的法律理论也是其中的一种，我们是否赞同并接受他这种法律观点则是另一回事情。

六

上面的讨论表明，下面三个观点之间并非如人们通常所认定的那样具有某种逻辑联系，它们实际上是彼此独立的。第一，法律与道德是分离的；第二，法律是道德上可错的；第三，法律与道德具有必然联系。在莱昂斯看来，尽管明定道德内容论是许多法律实证主义者所持有的观点，但是最能把捉实证主义精神的应该是他所提出的扩展分离论：法律的存在与内容是由这样的事实所决定的，它使得法律受制于道德评价，但是并不能确保它具有任何道德价值；基本的、最一般的决定法律的事实并不蕴含或者确保任何道德价值的事实。[15]

扩展分离论认为，有些东西能够成为法律而不必满足任何道德条件，这是针对一般的法律体系，而不是特定体系的法律。因为特定的法律体系可以对什么算作法律施加道德条件，正如明定道德内容论所规定的那样。明定道德内容论在几方面不同于扩展分离论。首先，它并不能完全确保对于什么算作法律不存在道德条件。其次，它又不必要地排除了对于什么算作法律的道德条件，仅仅因为它们不是明定的。德沃金的理论就是认为非明定的道德条件有时候能够决定什么是法律，但是并不蕴含不可能存在没有这种道德条件的法律体系。德沃金的论证能够用来反对明定道德内容论，但是它并不否认法律

---

[15] David Lyons, Moral Aspects of Legal Theory, 7*Midwest Studies in Philosophy* (1982), pp. 223—254, in Lyons, *Moral Aspects of Legal Theory: Essays on Law, Justice and Political Responsibility*, Cambridge University Press, 1993, p. 100.

是道德上可错的。最后,明定道德内容论并不保证法律要受制于道德的评价,而这是扩展分离论所认可的,实际上也是我们所接受的。

我们在前面的讨论中发现,尽管实证主义者认为法律与道德是分离的,但他们却依然倾向于表示法律涉及到对于权威的正当要求,并且是我们需要尊重的。也就是说,很多人认为我们有一种自动的义务来服从法律要求。正是因为这点,莱昂斯觉得我们极有必要澄清法律与道德之间的关系,然后我们才有可能搞清楚我们是否有义务来服从法律要求。[16] 根据对以上理论的理解,莱昂斯得出了他关于服从法律的义务问题的答案:法律是道德上可错的,我们并没有任何自动的义务来服从它,法律必须通过自己满足道德标准的行动来赚得我们的尊重,从而使我们服从它。

最后要声明的一点是,笔者并不是认为莱昂斯的所有观点都无懈可击,他的论证也涉及在学界具有争议的预设与假定。但是,笔者认为,莱昂斯所提出的问题,他对于很多常见观点的反驳,都是值得我们仔细审视的。即使我们不赞同他的结论,我们也必须努力地应对他的挑战,寻找到新的更有力的论据来反驳他。无论莱昂斯的结论是否正确,他的讨论都能够促使我们对法律与道德关系进行更深入的反思,促进我们对于服从法律的义务这一问题的理解。无疑,这是我国法哲学与道德哲学的交叉研究中所需要的。

---

[16] 需要提醒的是,法律是可错的观念与有服从法律的自动义务是相容的。实际上,阿奎那对于人造法的观点就有点这样的苗头,因为他承认在某些特殊条件下我们需要服从不义的法律。如果可错的法律满足那些特殊的条件,那么我们就可能有服从不义之法的义务。

霍姆斯的司法哲学及其影响*

柯 岚**

起初,美利坚民族在西方文化中是一个学步很迟的幼童,尽管今天美国人的文化和价值观念已经获得了远胜于它的欧洲宗主的霸权地位,但是它毕竟只有二三百年的历史。美国开国后不久,美国人对于文化上仰人鼻息的地位一直没有很清醒的自觉,法律领域也不例外,起初独立时美国甚至没有自己独立的法律教育,法律沿袭了古老的普通法,律师们没有正规的教育场所,靠从欧洲远途运来的法律书籍滋养自己。只有宪法是真正属于美国人自己的,也是他们引以自傲的。但是一部长久的宪法,需要深厚的文化积淀。美国人需要自己的民族文化,需要在文化的各个领域涌现属于自己的思想者。

1837年8月,爱默生在马萨诸塞州剑桥城大学生联谊会上发表了一篇震撼人心的演讲——《美国的学者》(American Scholar),这是美国人的知识独立宣言,也是美洲文艺复兴的宣言,"也许现在时机已经成熟了。这个大陆昏昏沉沉的心智将从它的铁一样坚硬沉重的眼皮下展望开去,取得比机械技巧的成就更高一层的成就,以大展美洲大陆已被搁置了多年的宏图。我们仰仗别

---

* 本文写作过程中,受惠于中国政法大学舒国滢教授、郑永流教授及香港中文大学於兴中教授诸位师长的批评指点良多,笔者在此谨致以诚挚的谢意。於兴中教授和中山大学熊明辉教授为本文写作提供了部分英文资料,在此一并致谢。当然,文中如有错误疏漏之处,责任是由作者自己来承担的。

** 柯岚,西北政法大学副教授,中国政法大学法学院2004级法理学博士生。

的民族的日子,我们向其他大陆讨教的漫长的'学徒期'就要结束了。我们周围有千千万万的人正在奔向真正的生活,来自异国他乡残存下来的枯萎的食粮再也不能来喂养他们了。他们制造了各种各样的事件,有了各种各样的行动,这些事件和行动必得被歌唱,而且是由他们自己来歌唱。谁还怀疑诗歌将要复兴,在一个新的时代里领其风骚?诗歌就像天琴座,现在它在我们头顶闪耀,天文学家指出,终有一天它将成为供人辨明方向的北极星,时间将长达一千年之久"[1]。

美国的学者就要在各个领域出现了,美国人将不再在文化上依赖别人。1869年,纽约市的一名律师兰代尔(C. C. Langdell,1826—1906)被任命为哈佛法学院的首任院长,兰代尔在哈佛大学任职期间,创立了统治美国法学界50年的判例教学法(case method)[2],而他在探索教学过程中提出的法律理论,也成为统治美国法学界50年的正统法律教义,并被后来的批评者们誉为"形式主义"和"机械法理学"[3]。这是第一代的美国法律哲人,尽管兰代尔缺乏个性和才华,他的理论对于美国法理学是具有开创性意义的,他创立了真正美国式的法律教育,也创立了真正意义的美国法理学。

1897年1月8日,马萨诸塞州最高院的法官奥利弗·温德尔·霍姆斯(Oliver Wendell Holmes, Jr., 1841—1935)应邀参加波士顿大学法学院庆祝法学院所在的礼堂落成典礼并发表演讲,这就是著名的《法律的道路》。从这篇演讲开始,美国法理学要走向另外一条道路,而霍姆斯也要取代兰代尔,成为新一代的美国法律哲人。

一、《法律的道路》及其影响

《法律的道路》这篇演讲发表时并没有引起什么震撼,《波士顿法学院杂志》(Boston Law School Magazine)的学生编辑最初甚至很为难到底应该怎样给它命名。在当时,这是一篇寂寂无名的讲话,既没有被口诛笔伐也没有获得什么赞誉。这以后几十年间,也没有法学院的教授提请学生特别注意这篇讲话。[4] 直到20世纪30年代,新一代的现实主

---

[1] [美]爱默生:《自然沉思录》,博凡译,上海社会科学院出版社1993年版,第66—67页。

[2] Neil Duxbury, *Patterns of American Jurisprudence*, Clarendon Press. Oxford, 1997, pp. 13—14.

[3] 兰代尔和他的追随者们并没有提出"形式主义"的概念,可以说,形式主义者并没有真正属于自己的概念定位,作为一种法律理论,它只存在于像霍姆斯、庞德、卢埃林、弗兰克这些批评者的反思当中。在某种意义上,形式主义作为一种系统的、内在一致的法律理论实际上是被反形式主义者有意识创造出来的。See Anthony J. Sebok, *Legal Positivism in American Jurisprudence*, New York: Cambridge University Press, 1998, p. 57.

[4] See David J. Seipp, Holmes's Path, 77 *B. U L. Rev* (1997), pp. 550—551.

义法学家才开始把它打造成一个经典的文本。

从一个纯粹的文学角度来看,《法律的道路》是一篇辞采华美的演讲词,即便一个母语非英语的人也能感受到它辞章的华丽。但正如列文森和巴尔金所指出的,它所使用的隐喻"坏人"(bad man)是一个糟糕的隐喻(bad metaphor),这样一个隐喻表现出作者对人性缺乏深刻的体察。[5] 从法理学的角度来考察这个文本,可以从一般法理学(general jurisprudence)和特殊法理学(particular jurisprudence)两个不同的维度入手。如果从一个一般的、普适性的法理学的角度去看,《法律的道路》并不是一篇非常重要的论文,它提出的"坏人"理论在逻辑上和学理上都不是很站得住脚的。但是从一个特殊的美国法理学的角度去看,《法律的道路》是一个非常重要的开创性的文本,它把法律定义为"对法院将要做些什么的预测",这种理论把诉讼和执业律师放在了法律过程的中心,美国法律制度的许多特征使得这种新观点特别容易被美国律师们接受。[6] 在某种意义上,霍姆斯的预测理论在英美法理学中实现了立法过程中心论的法理学向司法过程中心论的法理学的范式转换,"霍姆斯是第一个把法理学理论建立在一个源自法律实践的视角之上的学者"[7]。

《法律的道路》在美国法理学中开创了一个新的视角,一个看待法律的律师的视角。到了20世纪30年代,多半是律师出身的现实主义法学家们将把这篇演讲看作他们的法哲学宣言。在美国法理学和法律教育中,一直存在着学院派出身的法哲学家和律师出身的法律职业者争夺话语霸权的斗争,这场斗争一直延续到今天。兰代尔创立的形式主义法理学不仅忽视职业律师看待法律的经验,也终结了美国法律教育中律师执教的传统(这个传统沿袭自英国普通法法律教育的模式)。[8] 现实主义要在法哲学和法律教育两个层面同时对形式主义予以反动,而霍姆斯将成为他们掀起这场反叛的代言人和精神领袖。[9]

---

[5] See Sanford Levinson and J. M. Balkin, The "Bad Man", the Good, and the Self-Reliant, 78 B. U. L. Rev. (1998), p. 886.

[6] See Lord Lloyd & M. D. A Freeman, Lloyd's Introduction to Jurisprudence (Seventh Edition), London. Sweet & Maxwell Ltd, 2001, p. 802.

[7] Thomas C Grey, Holmes and Legal Pragmatism, 41 Stanford Law Review (1989), p. 836.

[8] 参见〔美〕菲特烈·G.坎平:《盎格鲁—美利坚法律史》(影印版),法律出版社2001年版,第87页。

[9] 《法律的道路》在美国法理学史上是具有多重解释的,除了对现实主义法学的直接影响之外,到了20世纪末,《法律的道路》又将成为美国后现代法律理论的经典文本。《法律的道路》是一篇寓言式的文本,其中蕴涵着多重理论维度,除了法律实证主义,其中还蕴含着一种尼采式的唯意志论哲学和一种平庸的个人主义哲学,而后两者都将在后现代法律理论中以新的形式再现。See Robin West, The Path of the Law Today: Three Positivisms, 78 B. U. L. Rev. (1998), p. 791. 关于霍姆斯理论的这一维度及其影响,不属于本文的探讨范围,笔者拟另撰文予以讨论。

二、霍姆斯的预测论及其理论意义

霍姆斯在《法律的道路》中提出了一种关于法律的"坏人—预测"理论。

"坏人—预测"理论包括这样几个要点：

1. 要想了解法律的性质，最好是从一个坏人的角度出发。"如果你只想知道法律而非其他什么，你必得将人当作一个只在乎法律知识允许其得以预测之物质后果的坏人，而非一个好人，其秉依冥冥中良心制裁的训喻，懂得自己行为的理由，不论其为法律或非法律的理由。"[10]

2. 从一个坏人的角度出发，法律就是法院实际上会对他做的事情，因此从预测的角度可以合理地显示法律的特征。

3. 法律在某种意义上是区别于道德的，应当将二者分离开来。尽管法律中充满了转借于道德的语词，但这些语词在法律中往往具有与道德不同的含义，将法律与道德混淆导致的谬误之一就是把权利义务当作绝对的、先验的范畴。

"坏人—预测"理论是一个内在矛盾的命题，因为并不是只有坏人才会预测法院将会做什么，所有当事人都会预测法院将会做什么，恰恰相反，一个非道德的坏人很多时候并不会预测法院将会做什么，而是会关心警察将会做什么，或者说，他（她）会更多地关心怎样不让法院做些什么。[11]

那么，刨去"坏人"这个不适当的隐喻，霍姆斯的预测理论就是他最重要的司法哲学。预测论是一种典型的律师视角的法律理论，一个好的律师就是能为当事人更好预测法院判决的律师。"当法律的预测理论被理解为一种关于法律实践的理论时，它具有强烈的直觉上的吸引力。它的解释力源于这样一个事实，即它准确地描述了律师们所做的事情——实际上，律师们确实运用法律原理去预测未来案件的结果。"[12] 在兰代尔通过"判例教学法"巩固了学院法律教育在美国法律教育中的地位之后，霍姆斯则为其指明了实践的方向。判例教学法是要训练学生"像律师一样思考"（think like a lawyer），那么怎样才算是"像律师一样思考"呢？法学学生必须去认真地阅读过去的判例集，分析影响法官们裁决的推理过程，从而去预测在以后的案件中法院会怎样裁决。

---

[10] 〔美〕霍姆斯：《法律之道》，许章润译，载《环球法律评论》2001 年秋季号，第 323 页。
[11] 参见拙文《霍姆斯的坏人论及其神话》，载《清华法学》第五辑（2005）。
[12] Catharine Pierce Wells, Holmes on Legal Method: the Predictive Theory of Law as an Instance of Scientific World, *18 S. ILL. U. L. J. 342*(1993—1994)。

然而预测论可以成其为一个具有普适意义的法律概念吗？哈特和他的后继者指出，预测论最大的缺陷在于无法解释法官的行为，对一个法官来说，法律不可能是去预测他自己怎样判决，法官对于法律必须持不同程度的内在视角。如果从一个坏人的角度去预测法院实际会怎样处理他的案件，就是去预测一个忠于职守的、善意的法官会怎样运用各种法律渊源来裁决案件，因此一个"坏人"的视角隐含着一个"好法官"的视角。"不是从一个'坏人'的视角而是从一个'好法官'的视角来看什么是法律，他面临一个待决的法律问题，那么声称'法律'就是对他（她）自己实际上将怎样解决案件的预测，是无法让他（她）满意的。"[13] 波斯纳为此辩解说，预测论对法官也适用，对法官来说，法律就是去预测高级法院的法官会怎样判决，从而尽量作出不会被高级法院推翻的判决。[14] 这种辩解是不能完全成立的，因为会存在一个最高的法院，对这个最高法院的法官来说，他的判决是终局的，法律就不可能是去预测谁会怎样判决，法律只可能是他（她）自己作出的判决，法院必须适用规则来判决。

预测论无法解释法官的行为可以说明，霍姆斯把法律看作一种完全外在的经验事实，一堆律师们用来作出法律服务对策的外在参数，而没有从内在的视角去理解法律。从一个内在的视角去看待法律，法律不仅是可资利用的工具，法律本身就需要法官们积极主动地解释，法官们还需要运用具有合法性和合理性的标准去解释法律。然而令人百思不得其解的是，霍姆斯在发表这篇讲话时就是马萨诸塞州最高法院的资深法官，在他试图提出一个法律的概念的时候，难道他的职业经验没能给他一些启示吗？

对一个文本的解读不能脱离其特定的语境，《法律的道路》是一篇演讲词，而且是一篇对法学院学生所作的演讲词。也许霍姆斯根本没有想要提出一个一般意义的、理论上具有普适性和融贯性的法律概念，他只是从法律教育的角度出发，以一个资深律师的身份来向法学院学生说明应当怎样学习法律（霍姆斯在充任马萨诸塞州最高法院法官之前做过多年执业律师）。在他发表这篇讲话之后，他在给朋友的信中将其命名为《法律教育》，当时的报纸在报道时则将其命名为《法律教育的价值》，当年11月《波士顿法学院杂志》登出时才冠名为《法律的道路》。[15] 看来霍姆斯的初衷只是要向法学院的学生们阐明法律教育的意义和功用，并没有经过理论上的深思熟虑。即便作为一个不太成熟的理论雏形，那个非常可疑的坏人形象也大大削弱了预测论的解释力。霍姆斯在开篇不久就

---

[13] Robert George, One Hundred Years of Legal Philosophy, *74 Notre Dame L. Rev.* (1999), p. 1536.

[14] 参见〔美〕波斯纳：《法理学问题》，苏力译，中国政法大学出版社2002年版，第281—282页。

[15] See David J. Seipp, supra note [4], p. 550.

迫不及待地推出了他的坏人朋友,这颇像是一个急于得到轰动效应的演说技巧。这一天的典礼霍姆斯非常不幸地最后一个出场,排在他前面的有很多例行公事的讲话,还有单调乏味的财政报告,而且他并不是这个典礼中最有吸引力的发言者,这一天的焦点人物是72岁高龄的埃德蒙·贝奈特(Edmund H. Bennett)法官,他在波士顿大学执教长达25年,典礼当中毕业生们捐了几千美元专门用来给他画一幅油画。[16] 作为一个极度自负的人,霍姆斯也许无法容忍这样的冷遇(在他看来这也许就是一种冷遇),所以他急切地投下了一串修辞的炸弹去激起公众的反应。霍姆斯就是在这样的情境之下提出了他的坏人—预测理论,在他后来的生涯中他一直没有顾得上对这一理论再作深思熟虑的完善,但他肯定想不到在他死后,这篇当时颇遭冷遇的演讲词就要成为美国法理学中最重要的论文,有无数的法理学家们在其中发掘他自己最初并没有想到的微言大义,甚至想尽办法弥合其中的矛盾,而他自己更被塑造成了反叛以兰代尔为代表的法律形式主义的法理学英雄。

三、霍姆斯与兰代尔之争及其真相

形式主义与现实主义之争是贯穿一百年来美国法理学争论的一条主线。如果我们要用哈特那个著名的隐喻来说明这条主线,这是一个高贵的梦和一个噩梦的斗争。我们可以用很多个二元对立来描述这场斗争:逻辑与经验,确定与不确定,内在视角与外在视角,规则反应与事实反应。

现实主义者对于兰代尔的法律学说和判例教学法十分不满,都把霍姆斯作为他们的精神导师,从霍姆斯那里寻找批判兰代尔的便利的武器。自现实主义者开始鼓吹霍姆斯、猛烈批判兰代尔以来,美国法学的这段历史就被讲成了一个一成不变的漫画式故事:兰代尔是一个脑筋僵化、对实践一无所知甚至有些低能的怪物书呆子,这个无处不在的怪物统治了美国法学院长达50年的时间,他发起编写了一堆毫无生气、刻版僵化的判例法教科书,用一种完全脱离实践的判例教学法向学生灌输他的机械法理学,禁锢了学生的独立思考能力和实践能力。他是美国法律史上最大的罪人,幸而后来一个叫霍姆斯的英雄在法学界发起了对兰代尔的英勇反抗,他使人们认识到,法律的生命不是逻辑而是经验,法律不是写在判例法教科书上的那些死板公式,法律是要去预测法官将怎样判决,这个叫霍姆斯的英雄终于拯救了美国法和美国法学。[17] 近一些年来,很多学者都已指

---

[16] Ibid., p. 548.
[17] See Patrick J. Kelley, Holmes, Langdell and Formalism, *15 Ratio Juris.* (2002), p. 29.

出,弗兰克、卢埃林等法律现实主义者在美国法理学中虚构了一个霍姆斯反抗兰代尔形式主义教义的神话,夸大兰代尔法律学说的缺陷,甚至丑化兰代尔本人的形象,以此来反衬霍姆斯作为一个敢于反对法学院教条主义的叛逆英雄形象的伟大,从而为现实主义法律理论攫取了有力的合法性支持。但是这个神话根本不符合历史的真实,实际上霍姆斯在世时虽然对统治法学院的教义有一些不满,他自己却远不是现实主义的。[18] 他在世时根本没有过现实主义者们所说的同兰代尔之间的激烈论争,他在哈佛法学院仅仅持续了两个月的教职就是应兰代尔院长的邀请而去的,被现实主义者奉为经典的《法律的道路》,其中有很多段落和兰代尔的教义都有惊人的相似[19],他在法官席上的所作所为也从来没有表现出他对概念和逻辑有过多的不屑。当兰代尔的《合同法教科书》最初出版时,霍姆斯是兰代尔学说的热情洋溢的鼓吹者,他建议每一个法学院的学生都应该购买和研读这本书,在评价兰代尔为该书编写的附录时他说:"没有一个具有判断力的人能读了兰代尔附录的一页而不马上认出一位大师的手笔,每一行都洋溢着天才的和独创的思想……可以毫不夸张地说,把大量细节组织成原创性的理论,而且从表面看上去是一堆相互冲突的元素中推论出逻辑的连贯性,这样一种耐心而深刻的智力的绝技,是不可能在这个国家的其他法律著作中发现的。"[20] 兰代尔的时代是美国法开始从英国普通法的母体中分离出来逐渐成形的时代,而兰代尔的法律学说和判例教学法改革,在其中起了十分关键的推动作用。对于兰代尔的思想开创性和理论分析能力,霍姆斯是十分赞赏的,他只是反对兰代尔使用纯粹逻辑的方法来构建法律学说。[21]

霍姆斯主要反对的是兰代尔学说使用纯粹逻辑的方法,并且用生动的修辞表达了他的不满,"法律的生命不是逻辑,而是经验,时代的迫切要求、盛行的政治道德理论、公共政策的直觉认识,无论是坦率承认的还是讳莫如深的,在确定约束人们行为的规则的作

---

[18] 哈特认为,把霍姆斯作为反叛形式主义的先驱是一个误读,这种误读是因为把形式主义法律方法同霍姆斯时代联邦最高院流行的经济自由放任主义联系在一起而造成的,而实际上二者之间并没有必然的联系。See H. L. A. Hart, American Jurisprudence through English Eyes: the Nightmare and the Noble Dream, in H. L. A. Hart, *Essays in Jurisprudence and Philosophy*, 1983, p.130. 近期还有学者认为,霍姆斯在法律方法上不仅不是反形式主义的,而且他的思想中仍有许多属于兰代尔传统的形式主义的因素,不同的现实主义者出于在智识上寻找一个先行者的需要,在霍姆斯的思想中断章取义地寻找投合他们自己需要的东西,而弃置和自己观点相冲突的东西。See Neil Duxbury, supra note [2], pp.41—46.

[19] See Albert W. Alschuler, The Descending Trail: Holmes' Path of the Law One Hundred Years Later, *49 Fla. L. Rev.* (1997), p.32.

[20] Patrick J. Kelley, supra note [17], p.31, quoting O. W. Holmes, Book Notice, *14The American Law Review* (1880), pp.233—234.

[21] See Ibid., pp.30—31.

用上远胜于三段论式的演绎推论,甚至那些法官们共有的偏见也是如此"[22],"一般性命题并不能决定具体的案件,判决将依赖于一种比任何明确表述的大前提都更为精微的判断或直觉"[23],"逻辑方法与逻辑形式所彰显与满足的乃是冥涵于每一人心中对于确定性与和谐之追求。然而,确定性不过是一种幻象,而和谐亦非人类命定固有的状态"[24]。归结起来说,霍姆斯提出了三点对形式主义的不同意见:在判决过程中起最重要作用的不是逻辑和规则,而是经验,这包括政策的考虑、政治道德理论、个人的偏见还有直觉;法律本身是不确定的;法官在裁判中不应刻板适用规则,而应权衡社会利益。但霍姆斯从来没有认为逻辑和概念在裁决中是完全无用的,他的某些现实主义后继者们把他的观点极端化了。

从20世纪30年代以来,形式主义与现实主义的二元斗争叙事成了主导美国法理学历史叙述的脉络,而兰代尔和霍姆斯正好处于这个斗争的两极。在这种斗争叙事中,兰代尔和霍姆斯都在某种程度上被误解和误用了,他们的真实形象和理论的真正面目也都被遮蔽了。兰代尔倡导的形式主义法理学适应了19世纪末期美国商业的迅速发展,成熟的商业需要一种形式合理性的法律,作为19世纪晚期美国势力日增的社会集团,商人对法律的可预测性具有特别的需求。[25] 兰代尔的形式主义法律理论在这时出现并占据统治地位,也正好印证了韦伯关于形式合理性法的分析。在关于法律推理的性质这一问题上,兰代尔和霍姆斯是存在共识的,他们都认同判例及其法律原理在法律推理中的重要作用,也都认同法律推理和逻辑、概念是分不开的。所不同的是,兰代尔认为"普通法是以一个永恒的结构为基础的,并且这一结构有时是暗含在宇宙的自然秩序之中的。对霍姆斯来说,法律结构是具有历史偶然性的,在功能上是与社会背景相联系的"[26]。实际上,兰代尔和霍姆斯对法律都持一种科学主义的立场,只是他们对科学具有各自不同的理解。兰代尔理解的科学是以几何学为范本的唯理科学,霍姆斯理解的科学则是经验的实证科学。霍姆斯的预测论是要把法律构造成一种经验科学,其中先前的判决是经验材料,通过观察这些经验材料,律师们可以从中概括出一些法律原理,从而去预测法院在未来的判决。

---

[22] O. W. Holmes, *The Common Law & Other Writings*, The Legal Classics Library, 1(1982), 转引自於兴中:《法律的形式与法律推理》,载葛洪义主编:《法律方法与法律思维》第2辑,法律出版社2003年版,第95页。

[23] Lochner v. New York, 198 U. S. 76 (1905).

[24] 〔美〕霍姆斯,同上注[10]所引书,第325—326页。

[25] See Thomas C. Gray, Langdell's Orthodoxy, *45 U. Pitt. L. Rev.* (1983), pp. 28—32.

[26] See Catharine Pierce Wells, supra note [12], pp. 334—335.

四、霍姆斯的遗产——法律哲学的外向路径及其困境

预测论是一种很复杂的理论，尽管它存在自身的缺陷，但是它在当代法理学演变中具有重要的转型的意义，在某种意义上它是美国法官法理学的开端，后来的现实主义法理学主要是在预测论的前提下发展起来的。

现实主义的早期代表人物杰罗姆·弗兰克（Jerome Frank，1889—1957）主要继承了霍姆斯关于法律不确定性的怀疑主义遗产，而且把他的怀疑主义推到极致。弗兰克用庸俗化的弗洛伊德理论来解释司法过程，他认为法律本身就是不确定的，追求确定性是人类儿童期父权情结的残余。在司法过程中真正决定裁判的是法官的个人癖性，法官们不是从规则出发，而是首先对事实的刺激作出个性化的反应，接着根据直觉作出判断，然后才去寻找规则将自己的判断合理化。[27] 弗兰克过分夸大了影响司法裁决的非理性因素，而一个称职的法官在判决过程中是不可能不节制自己的个人偏好的，法官们"常常面临这样的情境，即发现遵守规则是自己的义务，但适用这些规则产生的结果却有悖于自己的个人偏好。没错，一个任性的法官会在适用规则的伪装下径直使自己的偏见生效，至少直到一个更高级的上诉法院（如果存在这样的法院的话）推翻它为止。但与其说这种情况是对法律客观性的威胁，还不如说这表明人们有时会不道德地行为进而威胁道德的客观性"。[28] 因此弗兰克的理论除了揭示出有些法官不那么称职这一社会现象之外，并没有太大的法理学意义。弗兰克关于法官个人癖性的主张成了使整个现实主义蒙羞的主要原因，一些英国法理学的教科书甚至把"法官的腹痛影响判决"画成漫画用来讥笑现实主义。在很长一段时间内，把现实主义这种内部很复杂的思潮弗兰克化使得现实主义成了英美法理学中的一个笑话，哈特更把现实主义誉为是法理学中的一场"噩梦"。[29]

并不是所有的现实主义者都是这样极端的，把弗兰克作为现实主义者的典型代表而对现实主义一概予以否定对于现实主义这场确实产生了很大影响的思想运动也是不够

---

[27] 弗兰克将他的结论总结成了一个著名的公式：S（Stimulus，刺激）× P（Personality，个性）= D（Decision，判决）。参见严存生主编：《西方法律思想史》，法律出版社 2004 年版，第 358 页。

[28] Robert George, supra note [13], p.1541.

[29] See H. L. A. Hart, supra note [18], pp. 125—128. "尽管现实主义对美国法律教育以及律师、法官怎样思考他们所做的事产生了不容置疑的强有力的影响，它对英美法理学的主流却几乎没有影响……哈特在《法律的概念》第七章中对现实主义者摧毁性的批评已经使得现实主义变成了英语世界中的一个哲学笑话。" Brian Leiter, Rethinking Legal Realism: Toward a Naturalized Jurisprudence, 76 Tex. L. Rev. (1997), 270.

公正的。[30] 现实主义当中不太极端的派别摒弃了个人癖性说，而认为司法裁决中起决定作用的是与法官有关的心理—社会事实，包括他们的职业化经验、背景等等，这些因素不是个人化的，通过分析这些因素对裁决的影响，可以帮助律师有效地预测法院将会怎样裁决。这样现实主义者就对预测论作出了更为复杂的社会学解释。如果摒弃其中过于极端的观点，把现实主义作为一种比较严肃的司法理论，大致可以将其主要观点概括为：

1. 法官在裁决过程中主要是对案件的事实作出反应，而不是对可适用的规则作出反应；

2. 法官在遇到事实时是直觉式地下结论，这个过程中逻辑和概念都是无用的；

3. 在形成结论以后法官将在事后以适当的法律规则和理由对该结论予以合理化；

4. 决定裁决的主要因素是非法律理由（政策、道德等理由）而不是法律理由，法官是（也应该）根据对社会利益的衡量来作出裁决；

5. 法律本身是存在裂隙的，法官应当通过裁决来立法以推进社会改革。[31]

现实主义的司法理论确实非常富于法律人的洞见，在司法裁决过程当中，对案件事实的定性，即将具体个案归摄于一般法律范畴的这一关键过程，形式主义者确实没有给出解说。问题在于，在这个过程当中一般范畴是不是完全无用的。[32] 逻辑在怎样对具体事物进行分类时是无用的，逻辑只能从规则推出进一步的规则，而不能得出这种特殊的判断。现实主义者将这种判断能力完全归结为直觉，这是普通法传统中很多著名法官们支持的观点。哈奇森法官认为，"判决的至关重要的推动力是一种关于对这件事情中什么是对什么是错的直觉"[33]，肯特大法官也非常自得地描述了他的神秘的直觉在司法过程中的关键作用，他说在面对案件的事实时，他总能"看到正义在哪里，而且一半的时候道德感决定了判断。我于是坐下来寻求权威……但我几乎总是能找到适合我关于案件的看法的原则"[34]。对案件事实的直觉判断是一种实践理性的复杂的综合判断，但这并不是一种只可向鬼神道的神秘的"第六感"，而是一种结合了道德感、常识和职业训练

---

[30] 很多学者都已指出，哈特对现实主义的批判很大程度上是对一种和他自己的法律理论不同性质的法律理论的非语境化的误读。See William Twining, The Bad Man and English Positivism,, *63 Brooklyn L. Rev.*, 199 (1997), pp. 1897—1997; Brian Leiter, Ibid., p. 270.

[31] See Brian Leiter, Ibid., pp. 278—285.

[32] 形式主义者并不认为法律裁决是独立于案件的事实的，没有人会否认对事实的定性在裁决过程中的决定性作用，形式主义司法理论只是没有涉及这个问题，而是把事实的定性作为其理论的不言自明的前提。See David Lyons, Legal Formalism and Instrumentalism—a Pathological Study, in David Lyons, *Moral Aspects of Legal Theory*, 9(1993), pp. 48—49.

[33] Brian Leiter, supra note [29], p. 276.

[34] Ibid..

的复杂的判断[35],而其中职业训练即对法律一般范畴的准确把握是最为关键的。哈奇森法官和肯特法官正是因为具备良好的职业训练,才能将准确的判断运用自如。如果缺乏职业素养,甚至对法律的一般概念和范畴都未能全面把握,仅凭普通人的道德感和社会常识,直觉就难免出错。[36] 很多法官在司法中都会运用自己的直觉来作关键判断,但是这个直觉的过程不是什么人都可以熟练运用的,所以在判断过程中不断试错、运用法律一般范畴来检验、修正自己的直觉判断对每一个法官都是必不可少的,只不过经验越丰富、职业素养越深厚的法官,出错的几率就低一些,试错、检验修正的过程就短一些。在这一点上,形式主义者坚持法律推理是一种人为理性,需要特别的训练和经验,而不仅仅是一般意义的认清事实和作出有效推断的能力,这种立场是完全正确的。[37] 现实主义者认为在司法过程中,一般范畴和逻辑基本是无用的,这是一种流于表象的肤浅结论。在裁决过程中尊重规则的权威确实会限制法官的主动创造,而法官们往往不甘心墨守成规而沦为平庸,但是司法不是艺术创造活动,在大部分案件中墨守成规是每个法官不可推卸的政治责任,而且规则之治在绝大多数情形下都是公平之治。法官们可以在确实需要主动创造的案件中追求卓越,但是卓越的境界不是每个法官都能达到的。哈奇森法官和肯特法官在自得于自己的熟练直觉时,恐怕不会忘却自己多年法律生涯中的深厚职业素养和为之付出的智识的努力,而宣布自己是无师自通的。现实主义者正是忽视了这一点,而神秘化了司法过程中的直觉判断。这种错误的根源就在于把法律推理这种人为理性等同于普通人的常识理性,这就好像把武林高手无招胜有招的绝顶修为同庄稼汉胡轮草叉的瞎把式相提并论,把作曲家的神来之笔同唱歌走调的人对别人歌曲的随意篡改相提并论一样的荒谬。先下直觉判断、再寻找规则对其进行合理化的过程不是(也不应是)随心所欲、不受任何限制的,在这个过程中一般法律范畴不是无用的,而是内化于法官的职业经验中而对判断过程进行限制的。

现实主义的司法理论还是完全工具主义取向的,现实主义者认为法院不是一个科学

---

[35] See Thomas C. Gray, supra note [25], p. 22.

[36] 苏力教授在《送法下乡》第六章中关于耕牛一案的分析中,一审法官显然是因为民法知识的缺乏,凭直觉将一个隐名合伙的案例判断为一般合伙而作了错误判决。参见苏力:《送法下乡——中国基层司法制度研究》,中国政法大学出版社 2000 年版,第 201—215 页。苏力教授因为没有意识到此案中的法律错误,还以此案为根据分析了乡村基层法官的司法过程步骤:① 考虑案件处理必须结果比较公平;② 判断先于法律适用、推理和法律证;③ 抓住核心争议;④ 根据对案件的直觉把握剪裁案件事实。同前书,第 274—277 页。这几乎就是一个现实主义司法理论的翻版,苏力教授还就此得出了在基层司法中法律知识并不重要的错误结论。

[37] See Martin Stone, Formalism, in *Oxford Handbook of Jurisprudence and Philosophy of Law*, 2002, p. 170.

权威机构,而是一个解纷机构,而解纷必须服务于特定时代的社会目的。因此决定司法裁决的主要依据不是法律理由,而是非法律理由。姑且不论是否大多数案件都需要这样裁决,即便在需要非法律理由、需要考虑规则的目的来克服规则的僵化时,非法律理由怎样经过法律论证而进入正当的裁决过程,现实主义者却没有提出令人信服的理论。"要么回到过去的形式主义,要么把所有的主张化简为粗糙的政治利益集团的要求,我们怎样才可以放弃这二者来进行规范的法律论证呢?"[38]大部分现实主义者都接受霍姆斯的观点,主张对社会利益进行衡量,问题是衡量的标准是什么。尽管霍姆斯指出了法律形式主义的不足,认为政策和社会实际需要影响法律的发展,但他从来都不认为"不同价值间的选择可能被科学地证实,对霍姆斯来说,这种选择的仲裁者最终只能是赤裸裸的暴力"[39]。在《法律的道路》中,他表达了他对未来的期望,相信在未来社会利益可以借助经济学来精确地衡量,预言法条主义者的时代会过去,未来是属于经济学家和统计学家的时代。[40] 这成了现实主义者构造司法决策中的政策科学的基本依据,也成了以法律经济学为代表的新现实主义引入从外部研究法律的方法的基石。

霍姆斯的司法哲学是当代法理学史上第一个律师视角的法律理论,而它在法律哲学中带来的影响却是使法律理论日渐演变成一种外在视角的理论,使法学日渐演变成一个丧失自主性的学科。这是霍姆斯的司法哲学面临的困境,20世纪70年代,美国的法哲学家已经看到了这个困境,他们不仅要哀叹"法律的死亡",当我们重新审视这个困境,我们不得不追问:如果我们不需要法律形式主义,我们是否就应当拥抱其他学科的形式主义?作为新现实主义代表的波斯纳版法律经济学,已经被誉为美国法理学中继兰代尔教义之后的新教义[41],其思维之简单僵化,丝毫不亚于兰德尔的法律几何学教义,甚至有过之而无不及。形式主义只是一种方法,这种方法不是法学的专利,如果相信概念秩序、相信推理大前提的无所不在就是形式主义,那么非法律形式主义并不比法律形式主义更令人向往。无论霍姆斯的初衷如何,他的司法哲学正在把法律哲学引向朝外的道路,而在走向法律之外的路途中,他的后继者仍然拥抱了据说是他最为痛恨的形式主义,这是一个绝妙的反讽,谁又知道,这位真正属于美国的法律哲人,他被真正理解了多少?又被误用了多少?

---

〔38〕 Joseph William Singer, Legal Realism Now, Bookreview on Laura Kalman, Legal Realism at Yale: 1927—1960. 76 Calif. L. Rev., 467(1988).

〔39〕 Lord Lloyd & M. D. A Freeman, supra note〔6〕, pp. 801—802.

〔40〕 参见〔美〕霍姆斯,同上注〔10〕所引书,第327页。

〔41〕 See Thomas C. Gray, supra note〔25〕, pp. 51—52.

法的历史性与有机性
——萨维尼的法学理论及其思想史意义*

曹卫东**

  德国现代思想的发生是一个相当漫长的历史过程,作为一个常识,在这里我们无需过多讨论。一般看来,德国现代思想在18世纪已经初步定型,这点虽然也是常识,却需要我们作进一步的讨论和辨析,因为德国现代思想最终所采用的形态并不明确。事实上,德国现代思想初步成型后的模糊性和歧异性,从18世纪德国的思想格局当中可以找到最好的证明。我们知道,18世纪在德国思想史上是一个充满争论和辩驳的时代,从认识论意义上的理性批判到审美现代性批判意义上的诗学之争,从时间意义上的"古今之争"到空间范围内的"东西之争",从涉及上帝与人的关系的神学争论到针对现代社会结构和政治秩序的法律之争,这些争论范围之广、内容之丰富,在我们今天看来,仍然可以说是构成了思想史上轰轰烈烈的景观。

  从思想史意义上来说,18世纪的诸多论争实际上也恰恰是德国现代思想发生的表现和历史过程。德国18世纪的论争以高德舍特与苏黎世学派之间

---

  * 本文根据与清华大学法学院学生座谈的纪要整理而成,感谢许章润先生的盛情邀请,感谢我的学生战洋帮助整理讲稿。
  ** 曹卫东,北京师范大学教授。

的诗学争论拉开序幕,充分暴露了现代思想的基本矛盾,随后,无论是"东西之争"还是"古今之争",乃至神学争论等,都围绕着德国现代思想的基本分歧展开,那就是:现代德国究竟应该从哪里获得建构自身的资源。而到了19世纪初期,萨维尼和蒂博围绕德国立法问题进行了一场广为人知的法律之争,则因其彻底的世俗性而一方面为德国现代性的分歧寻找到了一个共同的基础,使现代性的争论脱离了神义论的框架,而真正在世俗世界的前提下展开;另一方面则更加尖锐地凸现了德国现代性的内在分歧,把德国现代思想的基本矛盾展现在我们面前。这里不想详细讨论这场争论的具体过程,因为争论终究只是一种阐明立场的手段,而并不代表立场本身。这里想要讨论的是历史法学派的核心人物萨维尼的法学思想,看看他所开创的以有机性和历史性为核心范畴的法学思想在德国现代性的发展过程中究竟具有怎样的历史意义和政治意义。

作为历史法学派的中心人物,顾名思义,萨维尼的法学观念和法学主张显然与"历史"二字关系密切。简单来说,就是他主张法的历史研究和系统研究的一体性,也就是主张法律历史和法律科学的一体性。他曾说过,整个法律科学就其根本而言不过是法律的历史。而早在1802年的讲义中,萨维尼就指出,立法科学,首先是历史科学,其次是哲学,法学必须把二者结合在一起。[1] 在他与艾希霍恩创办的《历史法学杂志》的创刊文章中,萨维尼也明确宣称:历史法学的任务,与其说是研究法的历史,不如说是重新把法学理解为一门建立在历史基础上的科学。[2] 他所依据的观念是:法律的过去和法律的现在之间有着一种普遍的历史关联,而法律的所谓科学性就贯穿于这种历史关联之中,法律的科学性不能超越法律的历史性而存在。这样一来,法律现象和法律形式之于当下的内涵和意义也就不能够摆脱历史的约束而自动浮现出来,只能根据其发展的历史来加以阐明。所以,法律科学实际上永远都是历史的法律科学。

这里需要注意的是,萨维尼并不是首先把"法律科学"和"法律历史"作为两个概念区分开来,然后开始谈论二者之间的关系,也就是说,萨维尼乃至整个历史法学派的法律观念所涉及的,并不是"如何才能正确理解法律科学和法律历史的关系"这样的问题。相反,确定法律科学和法律历史的关系,不过是法哲学理论论证法律基础和法律发生的一个结果而已。说到底,历史法学派和自然法学派一样,他们所关心的和所要解答的,不是一个历史的问题或科学方法的问题,而是一个哲学问题,那就是:什么是法律? 法律存在和发生的基础何在?

---

〔1〕 Karl Larene, *Methodenlehre der Rechtswissenschaft*, 5. Auflage, Springer Verlag, 1983, S. 11.
〔2〕 〔德〕萨维尼:《历史法学杂志》创刊文章,转引自刘全德:《西方法律思想史》,中国政法大学出版社1996年版,第102页。

对于以上这个哲学层面的问题,萨维尼以及历史法学派的回答建立在两个关键词之上,那就是"历史性"和"有机性"。法具有历史性和有机性,这是萨维尼法律思想的核心观点。体现这一观点的主要是他的《论立法和法学的当代使命》、《历史法学杂志》序言以及他在后期写作的《现代罗马法体系》。从"历史性"和"有机性"这两个关键词出发,萨维尼的历史法学概念在内涵上大致可以概括为两个命题:

第一,法律和语言、习俗以及文化一样,都是一个具体民族的生活方式的有机表现;法律的基础和源泉在于民族的"共同意识",在于民族精神。在《现代罗马法体系》中,萨维尼解释过他的这种想法,他写道:

> 在人类早期的阶段,法律已经有了该民族独存的固有的特征,就如同他们的语言、风俗和建筑有自己的特征一样。不仅如此,而且这些现象并不是孤立存在的。它们不过是不可分割地联系在一起的、具有个性的个别民族的独特性的才能和意向。把它们联结为一体的是民族的共同信念和具有内在必然性的共同意识。[3]

第二,作为民族精神的表现,法和民族精神一样,处于历史连续性当中。也就是说,法有一个历史发展过程,而且也不断处于历史变换之中。法的发展不是自由意志的产物或偶然的产物,而是一个有机的历史的生成和增长的产物。在《论立法和法学的当代使命》中,萨维尼写过这么一句很有意味的话:"法律随着民族的成长而成长,随着民族的壮大而壮大,最后,随着民族对于其民族性的丧失而消亡。"[4]这就突出了法律在历史中的有机演进过程,突出了其所谓的"历史性"和"有机性"。

这两个基本命题涉及的概括起来就是两点:法律的存在根据和法律的发生根据,这就触及到了历史法学派所要回答的哲学问题。在萨维尼看来,法律的存在根据不是超越历史的普遍人性,也不是超越历史的先验理性,而是民族以及主宰民族的民族精神。换言之,法律的存在根据并没有超越历史,而是一个历史实体。这一点在萨维尼《论立法和法学的当代使命》中论及"实在法的起源"的问题时,我们已经可以看得很清楚:

> 有文字记载的历史初期,法律如同一个民族所特有的语言、生活方式和素质一样,就具有一种固定的性质。这些现象不是分离地存在着,而是一个民族所特有的机能和习性,在本质上不可分割地联系在一起,具有我们看得到的明显的属性,这些

---

[3]〔德〕萨维尼:《现代罗马法体系》,转引自张宏生编:《西方法律思想史》,北京大学出版社1983年版,第371页。

[4]〔德〕萨维尼:《论立法和法学的当代使命》,许章润译,中国法制出版社2001年版,第9页。也有译作《论当代立法和法理学的使命》。

属性之所以能融为一体是由于民族的共同信念,一种民族内部所必须共同意识所至。[5]

萨维尼所强调的这种历史性的民族精神,或者说民族的共同意识,不仅是法律得以存在的正当化的基础,同时也是法律的发生根据。这就是说,正是在民族的共同意识当中,法律才得以形成,并得以存在下来,甚至,作为无意识的有机体的法律也跟随着民族的成长而成长。罗马法就是一个好例子。萨维尼研究罗马法,颇为用心,《论立法和法学的当代使命》中论及罗马法时曾说道:

> 罗马人的法理学在公元三世纪所享有的崇高地位非常值得研究,我们也必须适当注意它的历史。认为它仅仅是一个了不起时期的产物,与前期毫无关系,是非常错误的。与此相反,其科学的材料是前一时期传下来给这个时期的法学家的。不仅是这些材料,而且还有那有益的方法本身也来源于自由时期。[6]

在历史法学派看来,这种共同的法律意识在文化的更高发展阶段上分化成为两种不同的机构及其代表:一个是法学家阶层,他们是法律结构的基础;另一个是立法阶层,他们不过是把有意识的权利具体表达出来或加以补充。萨维尼把法学家阶层看作是社会意识的代表,他说:

> 如今,法学家越来越成为一个特殊的阶层;法律完善了这一阶层的语言,使其持取科学的方向,正如法律以前存在于社会意识之中,现在则被交给了法学家,法学家因而在此领域代表着社会。[7]

在他看来,法学家们的任务实际上在于发掘民族的意识,特别是在近代社会,民族意识已经不再能够直接地自我发现,而必须经过法律家作为中介将法的技术巧妙地显示出来。可以说,法律家是民族意识的反映中介,立法阶层则只是法律生成的最后阶段而已,用萨维尼的语言来说:

> 一切法律都来源于习惯法;也就是说,它最初是通过习惯和一般信念而创立的,只有到了后来才根据法理学来建立。因此,它无论如何都不是某位立法者的武断决定,而是默默工作的内在行动力的作用。[8]

---

[5] [德]萨维尼:《论当代立法和法理学的使命》,转引自《西方法律思想史资料选编》,北京大学出版社1983年版,第526页。

[6] 同上注,第532页。

[7] [德]萨维尼,同上注[4]所引书,第9页。

[8] [德]萨维尼,同上注[5]所引书,第528页。

综上可以比较清晰地看出来，在历史法学派那里，法律似乎不再是抽离于历史的某种先验的、抽象的理性或者人性的衍生物，而是在一个民族的具体的和经验层面存在和发生的，依赖于民族的共同意识。顺着这样的思路，我们可以看到，法律最起码在两个意义上与历史发生了关联并受到历史的约束：一方面是针对抽象的个体主义理性的立法要求，这种抽象的个体主义的理性否定了一个民族作为群体的生活秩序，而历史法学派把民族的集体的共同意识作为立法的依据，看作是法律得以生长的动力，使得法律的哲学基础受到历史的制约；另一方面是针对一个具有革命精神的立法者或政治权威的权力意志和秩序意志，这种权力意志和秩序意志在历史法学派看来往往过于鲁莽，否定了传统和逐渐成长的价值。历史法学派则坚持把法律看作是一个民族有机体生长的结果，也就是看作是不可随意超越的一个历史过程，从而制约了法律的哲学基础。事实上，无论是从世界历史的角度，还是从意识形态批判角度，我们都容易看出，历史法学派毫无疑问是对启蒙运动个体主义的反动，并且揭示了法国大革命激进的革新意志所暴露的种种问题，并因此而发挥了相当值得回味的历史效果。

但是，在萨维尼和历史法学派所设想的这种历史对于法律的约束当中，法律的历史性问题是不是真的得到揭示并得到表达呢？有没有可能，历史法学派自身恰恰是建立在对法律的非历史的理解之上呢？如果回溯到历史法学派的精神之中，顺藤摸瓜，我们会发现这越来越成为一个问题。为此，我们有必要对历史法学派的三个重要概念作进一步的讨论，那就是法律、历史和民族精神。

第一个重要概念当然是法律概念。萨维尼在为《历史法学杂志》撰写的序言中曾提出了历史法学派的基本观念，用以针对"非历史学派"，他写道：

> 每个人，都必须同时被认为是一个家庭的成员、一个民族的成员和一个国家的成员，而一个民族的任何一个时代都必须被看作是一切过去的继承和发展。

在萨维尼这里，"人"不是抽象意义上的个体的人，人被嵌入到了家庭、民族、国家这些历史实体之中，有了一种赫尔德意义上的"归属感"[9]，这样一来，人的自由受到了家庭、民族、国家的制约，但同时，人也不再是被某种绝对的超验概念所辖制的人，而开始在家庭、民族和国家之中恢复了自主和自身的可能性。至此，自由和必然在一种超越个人、同时具有决定作用和被决定色彩的关系当中达到了平衡。而这种关系的支柱就是"民族性"。一个民族永远都是一个处于生成和发展过程之中的整体，当代只不过是这个民族

---

[9] 请参阅谢鸿飞：《萨维尼的历史主义与反历史主义——历史法学派形成的内在机理》，载许章润编：《萨维尼与历史法学派》，广西师范大出版社 2004 年版。

的一个短小环节而已,过去是现在的一部分,现在也是未来的一部分,不能够把当代和过去的传统割裂开来,也不能把当代的价值放大,而把过去视作彻底的黑暗。

因此,在历史法学派看来,法律的题材恰恰是受制于一个民族的全部历史的,而不仅仅受制于当代和眼下。顺理成章,这也就意味着,和民族以及民族的历史一样,法律也必然处于一个不断生成和发展的过程之中。当然了,这里所谓的"法律受制于历史",不是受制于专断意志,而是受制于民族自身及其历史的内在本质。每个时代的活动目标应当在于考察具有内在必然性的法律题材,并对它加以完善,保持其鲜活性。

第二个重要概念是民族。萨维尼在这里所使用的,不是经验—社会学意义上的民族概念,而是形而上学和文化哲学意义上的民族概念。也就是说,萨维尼所谓的民族,并不是肤色、习俗、传统等等的简单对应物,而强调的是某个民族的内在本质。关于这一点,维亚克(Franz Wieacker)早有说明。在萨维尼那里,民族概念的本质是自然总体性。一个国家总是在一个自然总体性的基础之上产生,并由此获得发展的。法律作为民族精神的流溢,则是一种自我合法化的现实性。也就是说,法律和民族概念一样具有一种形而上学关联。个体和民族生活在法律当中,并和法律一道生活,他们创造或建立法律,并不是为了追逐一定的社会目的,而是在顺应自己的"自然总体性"。社会运动不是决定历史的主体,法律也不是进行某种社会运动或者推动某种历史进程的手段。历史法学派把法律还原到历史当中,还原到民族概念那里,就为历史的演变打开了广阔的视野。由此就可以为法律制度、法律形式以及现实生活关系设定一种内在的有机对应物。

第三个重要概念就是历史。萨维尼和历史法学派的历史思想就其本质而言是一种非历史的思想。一般看来,历史法学派既然强调历史的普遍联系的作用,既然把法律科学看作是法律历史的科学,他们的想法本质上似乎应该是历史主义的。但是,萨维尼和历史法学派的历史概念恰恰不是通常我们理解的那样,他们不是立足于历史,并不把历史看作是决定性的力量,也不试图寻找历史中的所谓规律,而是有意识地与历史保持联系,而且是以一种历史理论的形式与历史保持联系,因而可以说是一种非历史的历史主义。对于萨维尼来说,历史思想的本质在于,不能从孤立和自为的角度,而应当从调和自由和必然的联系的角度来理解人的此在及其表现。作为这样一种联系,人的更高本质表现为一种不断生成和发展的总体性,对于这个总体性而言,现实不过是总体性的一个组成部分。这样一种历史性概念中透露出来的是一种有机的发展思想。历史不是被理解为事件的本真样态,而是被还原为一种自然发展的空间,这种自然发展依据的是一种内在原则,具有有机性。历史性并不意味着按照现实的必然性和要求而把事物带入未来,相反,意味着从一个具体的历史概念出发和历史建立起联系。因此,历史法学派实际上已经设定了要打破历史。人已经把自身置于历史之外,作为那种不断发展的总体性的携带者对历史进行思考,并由此形成标准用来解释和建构当下。

现在我们再回过头来看看,萨维尼的这种非历史的历史概念所依靠的两个非常重要的人物:赫尔德(Johann Gottfried Herder)和默泽尔(Justus Moeser)。首先是赫尔德,我们知道,他用相对主义的方式反思了各种不同民族的历史。促使赫尔德反思不同民族历史的是一个自然理论问题。在他看来,既然上帝在自然当中根据尺度、数量和重量来归整一切,既然上帝在人的肉身和灵魂当中也凌驾在一切之上,那么,上帝在决定和塑造人的天性的时候怎么会置人的善和智慧于不顾呢?怎么会没有任何计划呢?赫尔德坚信上帝是有计划的,这个计划就是历史和人性发展的"自然法则"。对于赫尔德来说,上帝的计划表现为历史的发展,而历史的发展就是人的"本性"展开成为一种通往人性的完善的道路和这种完善的可能性。由此我们可以看出赫尔德和萨维尼精神上的契合。

另一个影响萨维尼历史概念的人是默泽尔,他的历史观念也具有自然理论特征。他所要做的是阐明人的社会结构在历史当中的基础和发生过程。他也是从"自然"出发,认为在每一个组织、民族的内部必然存在着一种伟大的普遍的观念,代表着民族观念的充满生机的力量。[10] 在他看来,理性法理论所主张的抽象—理性主义的孤立自然和历史当中具体而有机的人的自然是截然对立的。在具体而有机的自然概念中,发挥决定作用的是生产和成长。发展和自我逐步展开也表现在这个过程当中。历史不是决定性的力量,也不是构造性的力量,而是一个有机发展过程的展开空间。起源、目标以及由此形成的内在"Entelechie",都受制于"自然"。萨维尼和历史法学派的历史概念当中活跃着的就是这样一种自然理论因素。他们不仅从形式结构的角度把历史理解为有机的发展过程,而且还结合法律从自然理论的角度明确了这个发展过程的内涵。认为有着悠久历史的民法的内涵是预先确定的。这也就是为什么历史法学派认为法律是被发现的,而不是被制定的,也就可以理解为什么"习惯法"在他们心目有相当重要的地位。

因此,归结起来,我们可以说:对于历史法学派的观念而言,法律是一个历史实体,它的根基是形而上学意义上的民族整体,是一个自足的精神—文化世界的结构。法律获得正当化,依靠的也并不是什么目的或社会功能,而是作为一种精神和文化的生活力量,它源于民族的"更高自然",有着一个有机的发展过程,其基础是对法律平等和法律自由的承认。法律在原则是可以从自身出发得到说明的,而法律概念和法律制度也是可以根据传统的法律材料加以建构和发展的。这样,我们就可以来揭示历史法学派和萨维尼法律

---

[10] 请参阅李宏图:《西欧近代民族主义思潮研究:从启蒙运动到拿破仑时代》,上海社会科学院出版社1997年版,第202—205页。

概念的系统特征。萨维尼的法律制度、系统的基本同一性,构成了法律形态,决定着合法的生活关系。它们不是从对现实生活关系的有意识把握和合法构造中获得的,而是来自法学家的法律意识,而且主要是来自传统的法律材料及其代表人物。在萨维尼看来,自然系统与涉及权利的生活关系之间有着一种先定的和谐,其基础是民族精神学说和发展思想。

可以看到,历史法学派的法律概念最后导致的是对法律的非历史的理解。也就是说,历史法学派的法律概念是建立在预设的"自然法则"之上的,或者说,是建立在不断增长的"自然的总体性"之上的。法律在历史之中的生长,民族精神在历史中的演变,都是在"自然法则"所提供的空间之中展开的。他们并没有带给我们一般意义上的"历史主义",并没有把历史看作是决定性的力量。同时,回顾萨维尼的法律研究,可以发现,萨维尼对罗马法的研究也是在一个抽象的层面上展开的,他把德意志作为罗马法所携带的那种民族精神的正宗,他以及弟子们的主要工作就是在罗马法中发现普适的、永恒的规则,在很大程度上,萨维尼延续的还是德国莱布尼茨—沃尔弗的理性法学派(Vernuftlehre)的传统,以完全的理性基本假定为基础创设了制度,努力要把法律以及法典的效力归于以古代罗马法渊源为基础编织的规范网络中。[11] 简言之,结构的体系性在根本上是和历史的具体性相冲突的,而萨维尼不可能去追究罗马法所面对的一个又一个具体的个案,他只能不可避免地从罗马法中寻找法律的体系和规则。总之,历史法学派的学说最终并没有对抽象的—形式的法理学构成挑战,反而为它铺平了道路。

由于历史法学派一方面为一种非历史的概念法理学铺平了道路,另一方面又描述了一种脱离当下、面对过去的纯粹的法律历史,因此,历史法学派本身就是19世纪打破历史的做法的具体体现和具体途径。索姆(Rudolf Sohm)在1880年的时候就曾说过:

> 由于历史法学派试图复兴古代罗马法的荣耀,因此,它对于我们世纪也是一个重要的因素,以便我们从法律的实践效果中解脱出来。历史法学派有助于打破历史。现在在我们面前,古代法律的统治和罗马法的有效性都丧失了。19世纪由此得出了自己的原则,而这些原则在18世纪曾发动过启蒙运动。18世纪的观念是个体的解放和立法者从传统中的解放。而这也正是我们世纪法律发展的生活原则。在科学上,我们是历史的,而在实际的立法当中,我们却是革命的……

最后,我们要尝试给萨维尼的法律思想作一个定位。传统的观点一般认为,萨维尼是保守主义者。如博登海默认为:"萨维尼是一个憎恨法国大革命平等理性主义的保守

---

[11] 〔爱尔兰〕J. M. 凯利:《西方法律思想简史》,王笑红译,法律出版社2002年版,第310页。

贵族",是"一个反对法兰西世界主义理论的日耳曼民族主义者"[12]。虽然这样的评价因为携带了过重的意识形态批评色彩让人觉得有失中立和公允,但博登海默还是看出了问题的实质。萨维尼以及历史法学派的确是保守主义思想的重要一支。

保守主义在德国是一个相当重要的思想传统。这一思想传统和德国具体的历史语境密不可分。自17世纪开始,法国文化大行其道,整个德意志不仅学习法语,也开始模仿法国的生活方式,翻开任何一本历史书,我们都可以看到对17、18世纪德意志软弱地位的描述。在这种状况下,德意志的知识分子强烈感受到精神上的自卑感和无家可归感,相应地,在精神层面,也孕育着民族精神的高涨的潜流。当法国大革命吹响理性的号角,把激进的世界主义的革命带到世界面前的时候,德国知识分子的第一个反应却并不是忘我地投身激进现代性的计划之中,相反,德国出现了对法国大革命以及法国大革命所倡导的启蒙理性的强烈反动,这个运动体现在文学、艺术、政治理论等各个领域,法学领域则以历史法学派为代表。在对激进现代性的反动之中,德国知识分子真正要寻求的是自己的民族国家,是自己的文化认同。可以说,德国保守主义发展演变的过程,就是德意志建构自己民族的过程,也是德国建立民族国家的过程。也正是因为德意志特殊的历史语境,德国的文化保守主义才会最终以强调民族的精神性和形而上学的意义的方式表现出来。

在这样的背景下,我们也就比较容易理解,为什么萨维尼和其他历史法学派会把"民族精神"作为论述和思考的起点。为什么以"民族精神"为起点进行思考,会产生历史法学派那样的思想立场和历史效果。详细一些说,带有形而上学意味的民族精神是在对普遍理性的拒斥当中找到自身的位置的,强调民族性,就意味着强调自然生成的多样性,也就是拒斥普遍的理性,并最终造就了德国的文化相对主义。强调民族性,还意味着要回顾自身的历史,或者说,建构自身的历史,民族性必须在历史中才能带有历史法学派意义上的神秘色彩,"有机性"也只有借助历史才能让人信服。这种想法在政治上的推论就是:历史上不存在着有从事革命的正当理由,只有改革是容许的。因为我们永远不能给有机体插上"翅膀"。

当然,需要指出的是,从思想史的角度来看,18世纪末到19世纪初,历史法学派并不是保守主义的唯一立场。这一点,卡尔·曼海姆(Karl Mannheim)已经有过相当精当的分析。卡尔·曼海姆在《保守主义》一书当中把萨维尼所代表的历史学派的思想立场看作是起源于保守主义的第三种道路。在曼海姆看来:

---

[12]〔美〕博登海默:《法理学:法律哲学与法律方法》,邓正来译,中国政法大学出版社1999年版,第90页。

（历史法学派）并没有像浪漫主义经验最终所作的那样逃避历史而进入对纯粹运动的纯粹内在化的经验，而是试图把这些运动与历史不断生成的东西联系起来。像黑格尔一样，它旨在成为客观的和具体的；然而，与黑格尔不同的是，它并不认为抽象理性与作为一种较低理性形式的动态发展相对立。虽然历史学派像黑格尔一样贬低"抽象"理性，但是在它看来，这种理性的对立面不是更高一级的运动概念，而是历史生活本身，也就是说，纯粹动态的非理性。[13]

---

[13] 〔德〕卡尔·曼海姆：《保守主义》，李朝晖、牟建君译，译林出版社2002年版，第181—182页。

Yearbook of Western Legal Philosophers Study

西方法律哲学家
研究年刊

[191—240]

书评与评论

西方古今法治思想之梳理
——读《法治：历史、政治与理论》

陈弘毅*

一

20世纪70年代末，伴随着改革开放的年代的开始，我国法学界曾经有过一场关于法治与人治问题的大辩论[1]，为"文革"后社会主义法制的重建奠定了基础。到了90年代后期，关于以法治国、依法治国、法治、社会主义法制国家和法治国家的讨论进入另一个高峰，1999年的修宪，把"实行依法治国，建设社会主义法治国家"的庄严承诺写进了宪法，可算是中华法制史和宪政史上的重要里程碑。近年来，我国法理学界对法治的概念和理论的研究渐臻成熟，多部高素质的专著相继面世[2]，其中对西方关于法治问题的研究也有

---

* 陈弘毅，香港大学法学院教授。
[1] 参见《法治与人治问题讨论集》，群众出版社1981年版。
[2] 例如王人博、程燎原：《法治论》，山东人民出版社1998年版；程燎原：《从法制到法治》，法律出版社1999年版；卓泽渊：《法治国家论》，中国方正出版社2001年版；程燎原、江山：《法治与政治权威》，清华大学出版社2001年版；贺卫方：《具体法治》，法律出版社2002年版；郑永流：《法治四章》，中国政法大学出版社2002年版；高鸿钧等：《法治：理念与制度》，中国政法大学出版社2002年版；梁治平编：《法治在中国》，中国政法大学出版社2002年版；吴玉章：《法治的层次》，清华大学出版社2002年版；高鸿钧：《现代法治的出路》，清华大学出版社2003年版；夏勇：《法治源流》，社会科学文献出版社2004年版。

不少介绍。但是,本文准备评介的《法治:历史、政治与理论》一书[3],似乎仍未进入我国法学界的视野。

本书在 2004 年由英国剑桥大学出版社出版,作者是特玛纳哈(Brian Z. Tamanaha),他是美国圣约翰大学(St John's University)法学院的讲座教授,也是著名学刊 *Law and Society Review* 的副编辑。他在理论法学方面的造诣很深,其著作屡获奖项,除本书外,他的学术专著包括 *Understanding Law in Micronesia: An Interpretive Approach to Transplanted Law* (1993); *Realistic Socio-legal Theory: Pragmatism and a Social Theory of Law* (1997);及 *A General Jurisprudence of Law and Society* (2001)。关于法治问题的本书是他最新的著作。

本书的篇幅不太长,全书不到二百页,共六万多英文字。全书分为引言和十一章,正如作者本人指出[4],头几章乃关于历史,中间几章涉及政治较多,最后几章则侧重于理论,但全书整体来说是以历史进程为主干的。以下首先顺序介绍各章中的主要观点,尤其是笔者认为是较值得留意的洞见;然后谈笔者的读后感。

二

在引言里,作者指出,在当今世界,几乎全世界——包括不同政体和意识形态的国家——都一致认为"法治"是好事,这种对于法治的广泛支持和共识是史无前例的,"没有任何其他政治理念曾经得到过这样的全球性的认同"[5]。究竟法治是什么一回事?它的含义是什么?它和民主、人权以至具体的社会和经济安排有怎样的关系?它的成就和局限如何?有些西方学者关于法治在当代社会的衰落的分析是否正确?这些都是本书探讨的课题。由此我们可以预见,本书的内容应该是丰富和引人入胜的。

第一章探讨法治在西方文明的古典时代的渊源,先谈古希腊,然后是古罗马。关于古希腊,作者的分析是,"法作为对民主的制约"与"民主立法"这两个思想的张力已经存在,正如在西方日后的历史中一样。他指出,在古雅典,古老的法——如梭伦(Solon)的立法——享有崇高的地位,被认为是反映那个超越的秩序的,不容易被修改;因此,"人民的主权"是从属于"法律的主权"的。作者认为柏拉图和亚里士多德都关注到民主所可能导致的"大多数人的暴政",因此他们重视作为那永恒不变甚至是神圣的秩序的一部分的法

---

[3] Brian Z. Tamanaha, *On the Rule of Law: History, Politics, Theory*, Cambridge University Press, 2004. 迄今为止,笔者未有见闻本书的中译本。

[4] See Ibid., p.5.

[5] Ibid., p.3.

律,虽然柏拉图认为法治(相对于哲学家王之治)只是次佳的国家治理模式。

关于古罗马对西方法治传统的影响,作者认为其既有积极的一面,也有消极的一面。积极的是西塞罗(Cicero)的法律论,他指出官员受制于法律,所以社会是由法律而非官员统治的;国王之治有别于一个自由的社群在法律下之治;实在法应符合自然法和社群的公益。消极的方面则包括"王法"(Lex Regia)和《民法大全》里的一些观点。前者说明罗马从共和演化为帝国时,人民授予皇帝绝对的权力去维持国家秩序。《民法大全》里有这样的思想:君王之意愿便是法律,君王不受法律的拘束。

罗马法传统因为日耳曼人攻陷罗马帝国和"黑暗时代"的来临而中断数百年。作者指出,西方文明中延绵不断至今的法治传统乃起源自中世纪而非希腊罗马的古典文明。[6] 在第二章,作者把中世纪法治传统的形成的因素归纳为三个。第一是国王与教皇、国家与教会在权力和管辖权上的角力;教会发展出教会法,神学家阿奎那(Aquinas)提出神圣法和自然法均高于人间法的理论。作者特别指出,中世纪时国王在加冕就职典礼中一般会宣誓依法行使其职权,而在基督教和日耳曼传统影响下,这个"法"被理解为不但是实在法,也包括神圣法、自然法和习惯法。第二,日耳曼部落有这样的传统,就是君王受习惯法的约束,必须履行其在封建制度下的义务和契约。第三是1215年英王约翰被贵族所逼而签署的《大宪章》所树立的典范,就是法律可用于限制君主的权力并同时保障人民的权利。

在第二章里,作者提出的其中一点洞见是,在中世纪,法的至上地位的重要支撑是,人们相信神圣法和自然法的超越性以至习惯法的神圣不可侵犯;但是,到了近代,当人们不再相信这些类型的法的神圣地位时,当代表着立法者的意志的实在法变成了法的唯一或主要渊源时,"法高于统治者"的法治传统如何能维持下去确是一个难题。"当政府成为了法律的终极来源时,它如何——或甚至能否——受到法律的拘束,这是一个历久犹新的问题。"[7]

第三章的题目是自由主义,作者认为,我们当代的法治必须以自由主义为背景来理解,虽然在西方历史里,某种意义的法治曾存在于非自由主义的社会,如古典文明和中世纪文明。作者在本章讨论的主要问题是,既然法律限制着每个人的自由,自由主义为什么可以说,在法治下个人仍是自由的。作者指出,这个问题可从四方面回答。第一是用"政治自由"或自治的概念,就是卢梭所说的,只要管治人民的法律是由人民自己订立的,那么人民在法律下还是自由的。第二是用"法律下的自由"(legal liberty)这个概念,

---

[6] Ibid., pp. 7, 15.

[7] Ibid., p. 28.

就是政府依法办事,法律的运作有可预见性,就如孟德斯鸠所说,自由就是可以做法律容许或没有禁止的任何事。第三是用公民自由、人权或个人自主等"个人自由"(personal liberty)的概念,就是说法律是保障人权的。第四是用"自由的制度性保障"的概念,就是说法律确立了分权制衡,所以自由便得到保障。

作者指出,在这四种自由之间可能存在一定程度的矛盾或张力;在某一个社会里,这四种自由也不一定同时存在。例如,有些社会只有"法律下的自由"而无"政治自由"(民主)或"个人自由"(但反过来说,这两者均不能在无"法律下的自由"的情况下存在),而"个人自由"和"政治自由"之间,或者说自由与平等之间,也可能有某种程度的冲突。

在第四章,作者评介了他认为对塑造现代西方法治传统的贡献最大的三部经典著作,就是洛克的《政府论》(下篇)、孟德斯鸠的《论法的精神》和美国立宪者所著的《联邦党人文集》。他指出,在洛克的社会契约论中,法律占有重要的位置,法律的统治和暴政是对立的,由预先公布的、稳定的法律来管治与专制者任意行使其权力也是对立的。洛克已经提到立法权和行政权的区分,孟德斯鸠则进一步发展了关于自由和分权制衡、司法独立的学说。《联邦党人文集》把自由主义和法治等基本理念进一步制度化,提出了关于如何规范民主以保障个人自由的三个重要构想:代议式的民主(有别于古希腊的直接民主)、横向的和纵向的分权模式(即立法、行政与司法的三权分立和在联邦政府与州政府之间分权的联邦制)、对立法的司法审查(违宪审查)制度。"成文宪法、民主选举、明订的个人权利、分权与对立法的司法审查,现在已被公认为自由主义和法治的要件。"[8]在这里,作者的一点洞见是,在现代,宪法取代了古典文明时代和中世纪的古法、自然法、神圣法和习惯法,成为了对主权者的权力构成法律约束的主要依据。[9]

在本章末,作者讨论到英国作为法治的形成的一个个案和法治的社会条件等问题。他指出,英伦普通法原来(被认为)是被"发现"而非被"创造"的,就是说法院在判案时是在宣示(从传统习惯而来的)法律而非立法,普通法甚至曾经一度被认为是高于和约束主权者的立法权的。到了19世纪,法的概念已经历了重大改变,法变成了主权者的意志的产物,根据国会主权论,得到人民授权的国会享有至高无上的立法权。作者特别指出,英国的法治的关键是人们的信念、习惯、舆论和看法,英国人始终相信,政府的权力是应该受到法律约束的。读到这里,我想起了我国法理学界近年来关于"法律信仰"问题的

---

[8] Ibid., p. 55.
[9] See Ibid., p. 56.

讨论。[10]

在介绍英国这个个案后,作者讨论到法律职业共同体对法治的重要性。他认为法治很大程度上取决于法官和律师等法律执业者的态度和取向,就是他们是否有对法律的忠诚。"法律执业者处于法治的核心地带。……没有这个群体对于与法律相关的价值的效忠,法治是很难运作的。"[11]这又使我想起当代中国的法官和律师的职业状况。

在第五章和第六章,作者分别谈及"保守主义者"(conservatives)和"激进的左派"(radical left)对于法治在现代西方社会的演变——尤其是当社会从自由放任式的资本主义过渡到社会福利国家的时候——的分析和评价。第五章介绍的是戴雪(A. V. Dicey)和哈耶克的观点。在19世纪末,戴雪表达了对于法治的衰退的担忧,他有感于行政权的膨胀和有些行政机构行使立法权甚至司法权,受法律和法院的制约的程度减低。哈耶克强调法治之法的普遍性、平等性和明确性,他批评(在社会主义思潮影响下的)"实质平等"和"分配上的正义"等概念,认为它们有违法治的原则和精神。

第六章讨论的包括法律现实主义、批判法学、昂格尔(R. M. Unger)、德沃金(Ronald Dworkin)、诺内特(Philippe Nonet)和塞尔兹尼克(Philip Selznick)[12]的观点。作者特别指出,如果真的如法律现实主义和批判法学所说的,法院的判决结果并非由本已存在的法律规范所决定,而是取决于与法官个人有关的主观因素(如其价值信念、政治取向、阶级利益、个人偏见等),那么法治就无从实现,它只能沦为人治。他认为在当前的西方法学界,就这个问题的争论的高潮已过,主流观点已经形成,就是一方面承认法律规范不可能在所有案件中都完全决定判决的结果,但是,法治所要求的一般的可预见性还是存在的,因为法律共同体的成员都受同一法律传统所熏陶,他们能分辨出对于某法律规范的哪些解释是可以被这个共同体的成员接受的,哪些解释是难以被接受的。

在第七章和第八章,作者分别介绍和分析了关于法治的"形式性"(formal)理论(即关于"形式法治"的理论)和"实质性"(substantive)理论(即关于"实质法治"的理论)。他把形式性的理论归纳为三种,它们处于不同层次,较高层次相对于较低层次提出额外的要求。第一是"以法治国"(rule by law),就是政府以法律作为其统治工具,法律是为政权而服务的,而非用来限制国家权力。作者认为这是最低程度的形式法治,并说"有些中

---

[10] 参见谢晖:《法律信仰的理念与基础》,山东人民出版社1997年版;许章润等:《法律信仰:中国语境及其意义》,广西师范大学出版社2003年版。

[11] Brian Z. Tamanaha, supra note [3], p. 59.

[12] 这两位学者合著有《转变中的法律与社会:迈向回应型法》(Law and Society in Transition: Toward Responsive Law)一书,国内版本由张志铭翻译,中国政法大学出版社1994年出版。

国法学学者宣称中国政府倾向于这样去理解法治"[13]。第二是"形式法治"(formal legality),这是哈耶克及拉兹(Joseph Raz)等人的法治观,也就是富勒(Lon Fuller)提出的关于法的"内在道德"的八项原则。作者认为这是当代西方学界主流的形式性法治理论,它强调的是法律作为预先公布的、具有普遍性和客观性的规则对人们的行为的指引作用和在运作上的可预见性,使人民有法可依,可计划其生活,不会无所适从。第三是"民主的法治",也就是包含上述的"政治自由"的法治,就像哈贝马斯所说的,在人们不再相信自然法的今天,民主的立法程序成了法的正当性的唯一依据。

作者指出,无论是"形式法治"还是"民主的法治",都与法治中的"法"是否"良法"并无直接关系,民主不保证制定出来的法一定是良法,形式法治更能与专制统治共存,它没有以自然法、习惯法或道德原则来对统治者的立法的内容进行实质性的规范。但是,对于法治(形式法治)因福利国家的兴起而衰落的讲法,作者却不以为然。他认为只要国家的强制权力的行使(例如在刑法或征收私有财产等领域)仍然受到形式法治的规范,福利国家的发展对法治并不构成威胁;虽然在福利国家里,某些行政部门享有较大的裁量权,但它们仍受法律的约束,它们的运作也具有可预见性。

至于关于法治的实质性理论,作者也把它们分为三种,它们均认为,真正的法治不但应满足上述形式性理论的要求,而且应满足以下的关于法律的实质内容的要求。这三种理论也可分为不同层次,较高层次的理论相对于较低层次提出额外的要求。第一种理论要求的是个人权利的保障,例子是德沃金的权利论(作者在这里特别讨论到美国最高法院的违宪审查权是否抵触民主(多数决)原则的问题)。第二种理论加上正义或人的尊严的价值理念,如德国的《基本法》开宗明义地宣布,人的尊严不容侵犯,予以尊重和保障乃所有国家机关之义务。第三种理论再加上社会福利的要求,例子是国际法学家协会(International Commission of Jurists)在1959年的德里会议上发表的关于法治的含义的《德里宣言》(Declaration of Delhi)。

作者在第九章提出了他自己对法治的观点。他指出,虽然关于法治问题众说纷纭,但是可以从漫长的西方法治传统中提炼出三条主线。第一条主线是政府的权力必须受到法律的限制,这可以分为两方面。首先,政府官员和人民一样受到法律的约束。其次,立法权本身也应受到限制。在中世纪,这种限制主要来自习惯法和自然法;到了现代,宪法里的人权条款扮演着同样的角色。在实践层次,作者指出,"作为对政府的限制的这种法治概念的成功落实,关键在于人民和官员心中是否相信法治应发挥这种限制政府的功能"[14]。

---

[13] Brian Z. Tamanaha, supra note [3], p. 92.
[14] Ibid., p. 119.

至于法治传统的第二条主线,就是上面谈到的"形式法治",强调法律作为一套规则在运作上的可预见性。作者指出,形式法治有利于经济发展,但它并不排除法律在内容上不符公义的可能性。正如上面提到,作者认为福利国家与形式法治可以相容。另一方面,作者指出形式法治并非万能,它也有其局限,例如在某些情况下,调解可能是比严格地执行法律规则更为有效的解决纷争的办法。作者谈到的第三条主线是"要法治而非人治"。这里要求的是法官的大公无私,毫无保留地效忠于法律,以及司法独立。"法治而非人治"的前提是法律的客观性,法官不能主观地任意解释法律;法治要求法官有很高的智慧和判断能力。

在第十章,作者从国内法的层次跳到国际法的层次,他沿着上述的三条主线探讨国际上的法治问题。第一,各国政府是否遵守国际法?他认为在当代世界,大部分国家在大部分的情况下都是按国际法的规范行事的,尤其是在经济事务的领域;即使某些国家作出了被认为是违反国际法的行为,它们还是会提出一些法律的论据来辩称它们没有违反国际法。第二,形式法治在国际层次如何?作者认为,虽然当今国际法已相当发达,但在有些方面仍有改进的空间,例如须减少不同规范体系之间可能存在的矛盾,或增加国际司法在运作上的透明度。第三,"法治而非人治"能否在国际法层次实现?作者指出,国际法的"执业者"来自不同法系和法律文化,国际司法机关的成员有政治任命的成分,这些因素不利于法治所要求的客观性。作者最后强调,国际上的法治能否成功,很大程度上取决于国际法的正当性和重要性是否在全球范围内被广泛接受,而并非被认为是只代表西方世界的利益和观点。

第十一章在全书之末,作者对法治是否可算是一种"与人类有关的有普遍意义之善"(universal human good)进行反思。他提到英国左派历史学家汤逊(E. P. Thompson)的观点,汤氏认为在英国历史中发展出来的法治是"具有普遍意义的一项文明成果","法治对权力加以有效的制约,替公民抵御权力的过分侵扰,因此我觉得可以毫无保留地说法治是一种与人类有关之善(unqualified human good)"[15]。本书作者同意,如果把法治理解为对政府的制约(即上述第一条主线)的话,那么它的确是一种"与人类有关的有普遍意义之善"。但是,如果把法治理解为"形式法治"(即上述第二条主线),那么"它是一种非常有价值之善,却不一定是一种与人类有关的有普遍意义之善"[16],因为形式法治强调的是规则之治,而在人类社会生活的某些领域,一味要求硬性地适用规则不一定是解决所有问题的良方。

---

[15] Ibid., p. 137.
[16] Ibid., p. 139.

在本书的结尾一页,作者尝试回答这个问题:法治理想如何才能付诸实施?他认为关键是"在社会中广泛存在的关于对法治——包括它的三个上述含义——的忠诚的看法"[17]。在这里我把全书最后几句翻译如下:"法治传统的形成历时数世纪。在这段历史中,法治的不可或缺的要素是,政府官员和人民群众都接受了法治的价值和正当性,并逐渐习以为常。环顾当今世界,我们可以看到,在不少原来没有法治传统的社会,上述的情况(即官员和人民对法治的接受)正开始出现。希望便在于此。"[18]

三

本书由浅入深地介绍了法治在西方的来龙去脉,又对当代的法治论作出了有条有理的系统分析,并提出了一些作者独到的观点,实在是不可多得的佳作。在当代西方,理论法学的著作汗牛充栋,琳琅满目,包罗万象,但是以类似本书的方法来处理法治问题的书,难得一见。我认为本书对于我国的读者的价值甚至可能大于它在西方的价值,因为我国正处于法治国家的建设的"初级阶段",相对于当代西方国家的比较成熟的法治,我国的法治还在相对落后的水平,我们需要的是从基本的观念出发,从基本的事情做起。相对于一些深奥的、甚至是钻牛角尖的法理学或宪法学的理论,我们更需要的是像本书这样的基础的、务实的关于法治的历史和理论的研究,在这种层次的研究正是中国法学理论界对中国法治的建设所能作出的一点贡献。因此,我期待着本书的中译本的面世,更期待着关于本书所带出的问题的进一步讨论和研究。

本书书名为《法治:历史、政治与理论》,它谈的其实只限于西方的法治,作者并没有从比较法学的角度探讨西方文明以外的各大文明的法治传统(或是否有法治传统),这是本书的一个局限。本书的另一个不足之处,是作者偏重于英美的法治传统,相对忽略欧洲大陆的法治理念在近现代的发展,尤其是德国的"法治国家"(Rechtsstaat)理念的演化。如果作者能另辟一章处理这个方面,本书定必生色不少。19 世纪以来,德国的法治国家论独树一帜,与英国的法治论分庭抗礼,并驾齐驱。在英国,虽然法治传统在中世纪已经形成,但对于"法治"(rule of law)这个词语和概念的学术阐述,到了 1885 年才见于戴雪所著的《英宪精义》(*Introduction to the Study of the Law of the Constitution*)。戴雪的法治论可说是他对于英国实存的宪法和法律制度和实践的理论浓缩。和英国的这种法治论不同,德国的法治国家论较为学术化,其思想渊源乃是康德的政法思想,例如康德认为国家

---

[17] Ibid., p. 141.
[18] Ibid.

是人们依据法权律则组成的一个联合体[19],所以德国人很早便把"法"(Recht)和"国家"(Staat)两者结合一起来思考,并首创出"法治国家"这个用语;法国后来的 Etat de Droit 的词语和概念,就是从德文的 Rechtsstaat 翻译过来的。

早在18世纪末,德国哲学家普拉西杜斯(J. W. Placidus,又名 J. W. Petersen)已经首次使用"法治国家"一词。[20] 自由主义法学家魏克尔(Carl Theodor Welcker)在1812年的一本著作里也用了"法治国家"这个词语,他指出,国家发展的三个阶段是从专制到神权再到法治,法治国家所实施的是理性法。[21] 到了19世纪末,德国的法治国家论渐臻成熟,其代表人物是迈尔(Otto Mayer)。迈尔对法国行政法有深入的研究,他的法治国家论强调国家须依法行政,一切国家机关的行为必须有明确的法律依据,立法机关应制定法律去规范行政机关的活动,行政机关的行为的合法性应受行政法院的审查,法院和法官必须独立,依法审判。[22] 由此可见,迈尔的法治国家论的主要关注是行政滥权的问题,这点对当代中国有特别的意义。迈尔又指出,法治国家的本质在于国家和人民的关系乃是以法的方式来界定的。[23]

德国在第一次世界大战后,帝国解体,魏玛共和国成立。虽然和德意志帝国1871年的宪法不一样,魏玛宪法对人权作出了明确和详尽的规定,但在法学理论界,法律实证主义和强调"形式法治"的法治国家论仍占主导地位,例如凯尔森(Hans Kelsen)便认为,国家和法律这两个概念本身便是唇齿相依、等量齐观[24],每个国家都有自己的法秩序,也就是一个法治国家,每一项国家行为都是法律行为。[25] 在这里见不到法律作为高于国家的、对国家构成外在限制的规范的观念。虽然凯尔森对形式意义的法治国家和实质意义的法治国家这两个概念作出了区分,但他只重视前者。[26] 在同一时期,另一位著名德国法学家施米特(施密特)(Carl Schmitt)最初同样偏重形式意义的法治国家,如国家的行为必须有法律依据和可预见性、对行政行为的司法审查权、司法独立等。[27] 施米特早期的法治国家思想也包含人权保障的成分,但是,随着纳粹主义的兴起,施米特的思想迅

---

[19] 郑永流:《法治四章》,中国政法大学出版社2002年版,第88页。
[20] 同上注,第83页。
[21] 同上注,第84—85页。
[22] 同上注,第102—103页;陈新民:《德国公法学基础理论》(上册),山东人民出版社2001年版,第74—84页。
[23] 陈新民,同上注,第81—82页。
[24] 参见〔德〕G. 拉德布鲁赫:《法哲学》,王朴译,法律出版社2005年版,第183页。
[25] 陈新民,同上注[22]所引书,第85—86页;郑永流,同上注[19]所引书,第113页。
[26] 陈新民,同上注,第85页。
[27] 同上注,第87页。

速转向。他和其他受纳粹思想影响的法学界人物一样,摒弃了传统的(即19世纪以来在德国发展的)形式意义的法治国家理念,转而支持他们所谓的实质意义的法治国家理念,就是体现纳粹主义的"精神"的、实现"民族正义"的、尊崇"元首(希特勒)的意志"的"实质意义"的法治国家[28],也就是施米特所说的"国家社会主义法治国家"[29]。就是这样,整个德国法制沦为纳粹狂魔的血腥统治的工具。

德国在第二次世界大战战败后,痛定思痛,法学界对先前的法学理论——尤其是法治国家论——沉痛地、深切地反思。在这方面最负盛名和最具代表性的法学家是拉德布鲁赫(Gustav Radbruch)。[30] 拉氏原来是法律实证主义者,信奉价值相对主义,大战后转向自然法思想,大力宣扬"正义"和"超法律之法"等理念。他认为在纳粹统治时期德国成了一个"非法治国家"(Unrechtsstaat),战后德国法治国家的重建应以"追求正义"为指导原则。他大声疾呼:"几十年来为德国法学家公认占主导的法律实证主义观和其主张的'法律就是法律',在以法律表现出的不公正面前失去抵抗力,黯然神伤。这些学说的追随者被迫承认这些非公正的法律为法。法学必须重新思考几千年来古代、基督教中世纪和启蒙时代的全部智慧结晶,即存在一个作为法律的高高在上的法,一个自然法、上帝法、理性法,质言之,超法律之法。"[31]

德国战后从事法治国家理论重建的另一位著名学者是谢伊勒(Ulrich Scheuner)[32]。谢氏提倡一种有实质意义的法治国家理念(但当然不是当年纳粹主义者所谓的实质意义的法治国家),并把传统的形式意义的法治国家的标准(如政府权力的行使必须有明确的法律依据,立法、行政与司法三权分立,行政行为可受独立的法院的司法审查等)融合于其中(而不像纳粹主义者那样对此予以排斥)。在他那里,法治国家的实质意义包括法律"由人民所出"[33],通过民主程序而制定,并体现个人自由、人际平等、正义等实质性的价值。谢氏又提出一个发人深省的观点,就是德国的法治国家应建基于对若干欧洲传统法律文化的价值信念的承认之上[34],如承认人性尊严、法律至上、分权制衡、司法独立等。

由此可见,德国法治国家论走过了一条迂回曲折的道路,累积了丰富的经验,吸取过沉痛的历史教训,最后开辟出一个新天地。如上所述,1949年的德国《基本法》在第1条

---

[28] 郑永流,同上注[19]所引书,第121—126页;陈新民,同上注,第89—90页。
[29] 郑永流,同上注,第122页。
[30] 同上注,第130—132页;陈新民,同上注[22]所引书,第90—92页。
[31] 转引自郑永流,同上注[19]所引书,第131页。
[32] 郑永流,同上注,第134页;陈新民,同上注[22]所引书,第93—94页。
[33] 陈新民,同上注,第93页。
[34] 郑永流,同上注[19]所引书,第134页;陈新民,同上注[22]所引书,第93页。

第1款便宣布，人的尊严不容侵犯，予以尊重和保障乃所有国家机关之义务。第2款进一步说，德国人民承认，所有社会以至世界和平与正义之基础，乃是不可剥夺与不可转让之人权。《基本法》"将法治国连同民主、社会、共和和联邦列为基本法五大原则，并将民主、社会原则与法治国原则结合在一起，创立了所谓的'民主的、社会的法治国'新模式"[35]。不少德国学者认为，虽然德国宪法（即《基本法》）对人权或基本权利作出了规定，但这"并不意味着基本权利是国家宪法赋予的，它先于国家和宪法存在于每一个人类共同体中，国家和宪法的作用只是表现为对它进行确认和具体化"[36]。《基本法》又设立了宪法法院，从此以后，德国的违宪审查制度为战后不少新兴国家（包括20世纪八、九十年代以来的新兴民主国家）树立了一个典范。

这便带我们进入另一个问题，就是法治与宪政的关系究竟如何？虽然《法治：历史、政治与理论》一书探讨了法治与民主、法治与人权等关系，但它没有正面论述法治与宪政的关系，这也可算是本书的美中不足之处。美国学者麦基文（Charles Howard McIlwain）认为，宪政的精髓在于政府权力受到法律的限制；宪政的反面则是专制主义和权力的任意行使。[37] 如果这样理解宪政，它便近于特玛纳哈所说的法治传统的第一条主线。笔者自己对宪政或立宪主义的理解是[38]，宪政的宗旨在于保障人权和维护人性尊严，而由于历史证明，政治权力的滥用是人权受到侵犯的最常见原因，所以宪政对政治权力设限，方法是在法制上遵从法治和司法独立原则，在政制上遵从权力分立原则。如果这样理解宪政，那么它便近于特玛纳哈所谓的法治的实质性理论。

我认为上述德国的历史经验有助于我们区分法治和宪政这两个概念。德国19世纪后期渐臻成熟的法治国家论——所谓形式意义的法治国家论——所关注和追求的是法治，而第二次大战以后实质意义的法治国家论所关注和追求的其实是宪政；宪政可理解为法治的进一步发展和深化。在18世纪末和19世纪初，德国早期的法治国家论者都是自由主义者，"他们的法治国在根本上是一种自由法治国，也即实质法治国"[39]，他们热衷于宪法的制定，通过宪法来保障公民基本权利，并建立议会以分享和限制君主原来的

---

[35] 郑永流，同上注，第140—141页。

[36] 同上注，第141页。

[37] [美]C. H. 麦基文：《宪政古今》，翟小波译，贵州人民出版社2004年版，第16页；并可参见笔者对此书的书评：《西方宪政的历史轨迹》，载邓正来编：《中国书评》第一辑，广西师范大学出版社2005年版，第58页，第60页。

[38] 陈弘毅：《论立宪主义》，载于氏著：《法理学的世界》，中国政法大学出版社2003年版，第108，119—120页；陈弘毅：《2004年修宪与中国宪政前景》，载《二十一世纪》（香港）第88期，2005年4月，第67页。

[39] 郑永流，同上注[19]所引书，第95页。

绝对权力。[40] 但是，1848年至1849年的德国资产阶级革命失败后，"德国法治国走上了一条形式化的道路。……严酷的现实迫使许多学者日渐放弃了理想化的自由法治国方案，采取了与现实政治相妥协的方式：扬其法律形式，抑其自由实质"[41]。因此，在19世纪下半叶，法治国家论者强调的只是依法行政和行政法院对行政行为的司法审查，而非宪法对人权的保障或议会制度下的分权制衡。1871年，德国正式统一，当时制定的宪法"将公民的基本权付之阙如"[42]，法学家却仍然相信德国可以是一个法治国家。

如上所述，德国在第二次世界大战后建立了新的宪政秩序，拉德布鲁赫提出"超法律之法"这个具有自然法色彩的理念，谢伊勒的实质意义的法治国家概念包含了人性尊严、自由、平等、正义、民主等道德价值，不少法学家认为宪法所确认的人权是先于宪法而存在的，《基本法》建立了违宪审查制度。笔者认为，这样的实质意义的法治国家便是实行宪政的国家。虽然特玛纳哈没有作出这样的分析，但是笔者认为他提出的一个问题和他对这个问题的答案可以帮助我们明白什么是宪政。问题是，既然中世纪的法治传统乃建基于对于神圣法、自然法、习惯法的超越性或不可侵犯性的信念之上，那么，到了一切都"解咒"或"除魅"的现代，当法律不外是人间的立法者或统治者的意愿时，法为什么能维持其至高无上的地位，仍能高于统治者？特玛纳哈给我们的答案是，在现代，宪法——包括宪法中的人权条款——取代了那些中世纪的超越性法源，成为神圣不可侵犯的东西。

于是我们可以这样说：宪法至上的国度，便是宪政的国度；就是这样，法治（法律至上）与宪政便得以区分。但是，宪法为什么能占有这个至上的、神圣的位置呢？特玛纳哈的答案是，因为人民和官员都信仰它。我们不禁会追问：那么，人们为什么会对宪法如此虔诚？特玛纳哈没有处理这个问题。美国学者阿克曼（Bruce Ackerman）认为，宪法的至高无上的权威来自国家的全体人民，它是人民在昙花一现的制宪时刻所订立的，超越一般日常的政治和立法活动。[43] 笔者自己的看法是，宪法的权威不但取决于它的制定过程，更取决于它的内容，就是其内容所体现的价值信念，是否正是该国人民所虔诚信奉的、甚至信奉为具有超越意义的。这个信仰的问题和这个国家的历史、传统、文化以至宗教有千丝万缕、密不可分的关系。

---

[40] 同上注，第96—100页。

[41] 同上注，第101页。

[42] 同上注，第107页。

[43] Bruce Ackerman, *We the People*, Volume 1: *Foundations*, Cambridge, Mass: Balknap Press, 1991; 中译本见：[美]阿克曼：《我们人民：宪法的根基》，孙力、张朝霞译，法律出版社2004年版；并可参见汪庆华：《宪法与人民——从布鲁斯·阿克曼〈我们人民：奠基〉谈起》，载《政法论坛》2005年第6期，第182页。

上面提到,战后著名德国法学家谢伊勒认为,在重建德国的法治国家理论时,应首先承认若干欧洲传统法律文化的价值信念。同样地,我相信我国在可见的未来进一步发展我们的法治和宪政时,不应忘记中华民族的传统文化和智慧,包括中华文化(尤其是儒家文化)中对于超越性和道德理性的理解。值得留意的是,近年来我国已经有一些学者开始循这样的进路思考中国的宪法和政治体制的未来。例如夏勇提问道:"宪法之上有没有法?"[44]并说:"我们要认真研究法之为法、宪法之为宪法的根据。这个根据,便是古人所说的'道'。"[45]"宪法和宪政的道德根基"在于"蕴涵基本价值的根本法则","这样的法则……与其说要靠我们来制造或发明,不如说要靠我们来发现或叙述。这样的法则如何论证和阐发,表现着特定国家和文化的理论能力和哲学风格。……我们可以称之为'客观法'、'自然法'、'最高法'、'天法',也可以称之为'共识'、'基本原则'、'宪政观念'、'道统'、'天道'等"[46]。夏勇又尝试在中国传统的民本思想的基础上,引进现代权利和人权理论,从而建立"新民本说"。[47]

夏勇的新民本论试图融合传统儒家思想与现代自由主义,主张"彻底的民主主义"、"权利主义"和"伦理学的自由主义"[48]。与此相比较,康晓光和蒋庆的文化保守主义对自由主义则持更批判的态度。康晓光指出中国的"道统"就是儒家所提倡的"仁政",也就是主张"以德服人"的"王道"政治(而非"以力服人"的"霸道");他认为一种"现代仁政理论"可成为当代中国的政治体制的"合法性"的理论基础。[49] 蒋庆也提倡王道政治和仁政,"依王道政治,政治秩序不仅需要民意的合法性,还需要超越的合法性"[50];"行王道者必效法天意施仁政利民生,政治权力始能合法,否则违背天之意志必会遭天谴"[51]。在最近引起广泛议论的《关于重建中国儒教的构想》[52]一文里,蒋庆甚至建议"将'尧舜孔孟之道'作为国家的立国之本即国家的宪法原则写进宪法,……把儒教的义理价值尊奉为中国占主导地位的统治思想,建立中国式的'儒教宪政制度',以解决中国

---

[44] 夏勇:《宪政建设》,社会科学文献出版社2004年版,第6页。
[45] 同上注,第7页。
[46] 同上注,第8—9页。
[47] 夏勇:《朝夕问道》,上海三联书店2004年版,第310页;夏勇:《中国民权哲学》,北京三联书店2004年版,第12,50—55页。
[48] 夏勇:《中国民权哲学》,同上注,第54页。
[49] 康晓光:《仁政:中国政治发展的第三条道路》,(新加坡)八方文化创作室2005年版,第xxviii—xxxiii页,第121—124页,第250—259页。
[50] 蒋庆:《政治儒学》,三联书店2003年版,第204页。
[51] 同上注,第207页。
[52] 蒋庆:《关于重建中国儒教的构想》,http://www.cccrx.com/2006-1/2006115174902.asp,访问于2006年8月5日。

政治权力百年来的'合法性缺位'问题,为中国的国家政权奠定合法性的基础"。

上述三位学者的见解不尽相同,但他们都尝试回归中华文化,从这个博大精深的文明传统之中吸取精神资源,以回应中华文明正在追求复兴的这个大时代的挑战。他们的共同关注是政治和宪法体制的合法性(或正当性,即 legitimacy)依据的问题。他们的洞见是,就最深层次的宪政原则来说,"世俗的合法性"[53]是不足恃的;宪政必须接受更高层次的合法性的检验,而关于这种更高层次的合法性的道理不在别处,而已经在多个世代以前,为我们的祖先所发现。

《法治:历史、政治与理论》是一本关于西方法治传统的著作,它所述说的是西方文明在法治和宪政上的经验。读这本书,我获得了一个意外的收获,就是它启发了我对中华文明的一些较深层次问题的思考,启发了我对当代以至未来的中国的法治和宪政的道德基础、文化基础、信仰基础和超越性的基础的思考。就让我们一起进行这方面的反思和探索吧。如上所述,德国在 19 世纪首先致力于建立法治国家,它的宪政时代在 20 世纪后半终于来临,一个新的法治和宪政的国家在战后废墟的瓦砾之中崛起。今天,中国人仍未能自豪地称法治国家已成功地建立于神州大地。路漫漫其修远兮,吾将上下而求索。

---

[53] 蒋庆,同上注[50]所引书,第 204—205 页。

"发现的脉络"与"证立的脉络"
——读弗特瑞斯《法律论证之基础》

焦宝乾[*]

法律论证理论是近三十年在欧美学界兴起并且获得重要发展、取得重要地位的法律方法论研究新领域。一开始,法律论证主要是在法律理论(法理学)和法哲学的语境下进行研究。法律论证被视为法律逻辑即法律方法论或法律判决的制作理论的一部分,而不是本来的意义上的法律论证。[1] 20世纪70年代,不仅法律理论家,而且论证理论家和哲学家对法律论证的兴趣日愈高涨。在多种学科如一般论证理论、法律理论、法理学和法哲学的共同观照下,法律论证方面的研究展现出多种多样的论题、方法和原则。埃维里那·T. 弗特瑞斯(Eveline T. Feteris)的这本《法律论证之基础——法律判决之证立理论概览》(*Fundamentals of Legal Argumentation, a Survey of Theories on the Justification of Judicial Decisions*, Kluwer academic publishers, 1999)提供了一种对迄今法律论证方面重要研究成果的通览式介绍,使我们由以对当今西方法律论证理论发展状况有一个整体性的认识和把握。

---

[*] 焦宝乾,山东大学威海分校法律系讲师,法学博士。
[1] Eveline T. Feteris, *Fundamentals of Legal Argumentation, a Survey of Theories on the Justification of Judicial Decisions*, Kluwer academic publishers, 1999, p. 13.

弗特瑞斯供职于荷兰阿姆斯特丹大学语言沟通、论证理论和修辞学系。对这个读起来显得拗口的系名,国内读者或许会感到陌生。其实早在1991年,阿姆斯特丹大学的凡·埃默伦、罗布·荷罗顿道斯特的《论辩、交际、谬误》一书的中译本(施旭译,北京大学出版社1991年版)即面世。近年来,这二位学者出现了另一力作《批评性论辩:论辩的语用辩证法》(张树学译,北京大学出版社2002年版)。阿姆斯特丹大学荟萃了致力于论证理论、沟通理论和修辞学方面的一批学者,已然形成一种很有声势的研究传统和研究群体。其实,弗特瑞斯的这本《法律论证之基础》即为由凡·埃默伦和罗布·荷罗顿道斯特等主编的论证丛书系列(Argumentaton library)其中之一。而且更重要的是,弗特瑞斯在书中末尾章节提出的"批评性论辩语境下的语用—辩证法律论证理论即立足于荷兰论证理论家凡·埃默伦、罗布·荷罗顿道斯特的对话论证理论"。

在法律领域,论证起着重要的作用。"有人提出某一法律命题,人们就要预期他出具论据来支持它。"[2]不管是律师、法官,还是立法者,乃至于法律学者,在提出某种法律主张或者法律观点时,都必须对之予以证立,由此才能被人接受。因此,就要求理论家们有充分的手段来分析提出上述主张或观点的论述,以确定其正当性和可靠性。在法律中,一个重要问题是,法官作出的判决怎样才能被认为是合理的?传统法律解释理论一般预设了,法律语词具有客观存在的概念内涵。法官只需透过形式逻辑的三段论即可获得科学的判决结论。然而,当代法律解释学已经突破了这种科学主义的主观、客观二分的思维图式。当今法律方法论的重心移至法律文本的理解及其论证的合理性、正当性基础之探求。在作者看来,引发人们对法律论证兴趣日浓的重要原因是,人们对法官的任务的看法发生了改变。19世纪人们的观念一般是,立法者的任务是制定清晰明确的法律规范,而法官应当把这些规范被动地适用于具体案件。到了20世纪,人们对于立法者和法官各自任务的看法发生了变化。因为立法者无法预料到所有可能发生的案件,以及社会的新变化,因此法官获得了某种自由裁量的余地。在法学史上,20世纪初期的欧洲自由法学和后来美国现实主义法学均在很大程度上释放和阐扬了这种主观性的司法理念。然而,这种将司法决定的合法性和正当性完全建立在法官主观性的理论路径往往导致人们质疑乃至否弃法治的信念。从哲学上,这种理论依然没有摆脱主观、客观二分的思维模式。不过,在20世纪哲学解释学、修辞学和沟通理论等哲学社会思想整体转型的背景下,在法律领域,人们开始从学理上注重论证在司法程序中的重要作用。于是,司法程序中开始区分"发现的脉络"(context of discovery)(裁判的过程)和"证立的脉络"(context

---

[2] Ibid., p.1.

of justitication)(裁判的正当化)。[3] 前者涉及发现正确的判决结果的过程,后者则涉及该判决结果的证立以及在评价该判决中所使用的鉴定标准。[4] 作者认为,简易案件无须作进一步解释,法官只需提及事实和可适用的法律规则。而在需要进行解释的疑难案件中,就得作进一步证立以阐明其解释。亦即,法官必须说明他为何选择了对法律规则的那种解释。显然,"在这里,研究的焦点既不是作为客观的成文法,或者作为主观的法官律师,还不是法律文本与读者之间的视线往返的关系结构,而是当事人与当事人之间、当事人与法律家之间以及市民社会内部的主体之间的相互作用。"[5]

从结构上,本书共分 12 章。其中前三章是对法律论证进行的总论性的一般介绍。第一章概述法律论证的一般研究背景,并确定所要研究的主要问题。在这里,作者尤其详细探讨了论证在法律解释中的作用。第二章概览了法律论证研究的各种进路(approaches)和论题(topics)。这里区分了三种研究进路:逻辑学的、修辞学的和对话学的进路。构成法律论证研究的论题包括哲学的、理论的、重构的、经验的和实践的几个方面。在法律论证研究中,有着最久历史传统的要数逻辑学进路。逻辑学进路强调形式效力之作为法律论证合理性的标准。而逻辑语言被用于重构各种法律论述。在这种进路中,人们发展出的各种逻辑系统用以分析和评价法律论证。在第三章,作者即具体讨论了对法律论证所采取的逻辑学进路。例如形式逻辑作为法律论证合理性标准的作用、用于重构法律论证的各种逻辑系统、法律论证逻辑分析的操作运行以及逻辑之于法律论证重要性的讨论。

应当指出的是,迄今为止的关于法律论证的各种学说有多种,其内部还没有实现相对一致的整合性。在介绍不同学者的法律论证理论时,弗特瑞斯将其大体区分为两类。第四章到第六章概览了图尔敏的论证理论、佩雷尔曼的新修辞学和哈贝马斯的交往理性论。他们从论证理论、逻辑学和哲学的角度发展了关于法律论证合理性的观点。他们视法律论证为一般论证的特定形式,并研究了为使其可以接受,法律论证应符合何种领域依赖(field-dependence)标准。[6] 继所评论的从逻辑、论证理论和哲学角度研究法律论证之后,作者转向那些从法律理论的角度研究法律论证的理论。第七章到第十章分别论及麦考密克的法律判决的证立理论、阿列克西的法律论证理论、阿尔尼奥的法律解释确证理论以及佩策尼克的法律转化理论(Theory of transformation in the law)。作者具体叙

---

[3] Ibid., p. 5.
[4] Ibid., p. 10.
[5] 季卫东:《法治秩序的建构》,中国政法大学出版社 1998 年版,第 100 页。
[6] Eveline T. Feteris, supra note [1], p. 189.

述了法律理论中得到发展的关于逻辑的作用、可靠性的实质标准、法律论辩规则以及法律理论中得到发展的关于分析和评价法律论证的各种观点。这些理论的核心问题是:理性重构法律论证应该怎样进行?法律解释应当怎样证立?法律论辩中应当运用何种理性程序规范?应当适用何种正当性的法律标准和实质标准?[7] 从总体上,在超过全书半数以上篇幅中,作者以人物为线索,大体上比较全面地反映、描绘并评价了当今西方法律论证理论的概况。

当然,本书并没有流于纯粹地对既有法律论证研究成果的介绍。置身于"阿姆斯特丹学派"(Amsterdam School)的语用—辩证理论研究传统中,作者提出了自己对法律论证观点的理论建构。在第十一章,基于凡·埃默伦和罗布·荷罗顿道斯特所发展出的一种对话论证理论,弗特瑞斯对法律论证采取语用—辩证进路。从语用—辩证的视角出发,法律论证可以被视为那种旨在解决争议的批评性论辩的一个组成部分。这一进路的目的是,将对法律论证进行理性分析和评价的模型发展为一种具体的、制度化的论证形式。[8] 在本章中,作者首先概述了作为批评性论辩一个组成部分的语用—辩证论证进路。随之阐明法律论证如何能够被视为批评性论辩的一个组成部分。然后讨论了法律论证的语用—辩证式的分析和评价。由此展现了这种语用—辩证观点怎样运用于分析和评价法律论证。最后一章是对前面各章的总结。

相比之下,法律论证这个国外发展兴盛数十年的研究领域,国内有分量的研究并不多见。[9] 这固然跟我们的法理学研究水平有关。尤其是,长期以来,在法的本体论上,传统的观点一直视法律为统治者的意志。这种观点其实预设了一种自上而下的单向法律运行模式,即法律是由国家制定的,用以治理民众的强制性规范。这种法律概念跟现代法治观念难以协调。[10] 值得注意的是,近年来,学者们已经开始从另一种角度反思和建构法的概念。如有学者提出法律的可诉性应当成为现代法治国家法律的基本特征之

---

[7] Ibid., p. 193.

[8] Ibid., p. 163.

[9] 较早的有季卫东对国外法律论证理论的介绍,参见季卫东:《法律解释的真谛——探索实用法学的第三条道路》,载季卫东:《法治秩序的建构》,中国政法大学出版社 1998 年版;最近有阿列可西的论著,参见〔德〕罗伯特·阿列可西:《法律论证理论——作为法律证立理论的理性论辩理论》,舒国滢译,中国法制出版社 2002 年版。我国台湾学者的研究,参见颜厥安:《法、理性与论证——Robert Alexy 的法论证理论》,载颜厥安:《法与实践理性》,允晨文化实业股份有限公司 1998 年版;张钰光:《"法律论证"构造与程序之研究》,载 Http/datas.ncl.edu.tw。需要提示的一点是,有些台湾地区学者将 legal reasoning 也译为"法律论证",而国内学界一般将其译为"法律推理"。

[10] 刘星:《中国"法"概念与现代法治观念的关系》,载刘星:《语境中的法学与法律》,法律出版社 2001 年版。

一。[11] 这不仅带来传统法律观念上的深层变革,而且有助于建立一个双向良性运行的法治系统。还有学者主张法律是一种理性对话。[12] 其实,法律天然地具有论证(论辩)的性格。而"法学的理性在于它的论证之理性"。[13] 法律论证理论的引入和研究有助于提升我国法理学的研究水平与学术品味,从而建立一种与国外法理学沟通和交流的渠道。

---

[11] 王晨光:《法律的可诉性:现代法治国家中法律的特征之一》,载《法学》1998年第8期。
[12] 张千帆:《法律是一种理性对话——兼论司法判例制度的合理性》,载《北大法律评论》第5卷第1辑。
[13] 〔德〕阿图尔·考夫曼、温弗里德·哈斯默尔主编:《当代法哲学和法律理论导论》,郑永流译,法律出版社2002年版,第462页。

托克维尔的自由幻梦
——评傅勒对《旧制度与大革命》的解释

王 恒 刘晨光[*]

一

在托克维尔留给后世的两份丰厚的思想遗产中,《论美国的民主》的影响——至少在知名度上——要大得多,这在很大程度上乃拜"民主"和"美国"二词之赐,而《旧制度与大革命》的命运似乎跟"传统与现代"的纠葛一样诡谲多变。托克维尔自认为《旧制度与大革命》是其著作中最好、也用力最深的,一些敏锐的学者也认为《旧制度与大革命》要远比《论美国的民主》深刻,尽管如此,人们在提及托克维尔时,脑海里更多浮现的却是《论美国的民主》。即便像施特劳斯和克罗波西主编的《政治哲学史》这样权威的经典教材,有关托克维尔的论述也是基本围绕《论美国的民主》展开的,仅在文后参阅书目中提到《旧制度与大革命》。[1] 在中国学界,此种情况更加明显:人们要不是遗

---

[*] 王恒,西南政法大学 2004 级法学理论博士研究生;刘晨光,复旦大学国际关系与公共事务学院政治学理论专业 2004 级硕士研究生。

[1] 〔美〕列奥·施特劳斯、约瑟夫·克罗波西主编:《政治哲学史》,李天然等译,河北人民出版社 1998 年版,第 32 章。

忘了《旧制度与大革命》,就是将两书割离开来,似乎《论美国的民主》属于政治学界,而《旧制度与大革命》属于史学界。

如果说后人对《论美国的民主》的理解往往难以跳出时代精神或政治正确之类的窠臼,那么,对于《旧制度与大革命》则似乎从来误解多于理解。对此情形,托克维尔似有先知先觉。1856 年该书出版时,他曾忧心忡忡地对妻子说:"这本书的思想不会讨好任何人:正统保皇派会在这里看到一幅旧制度和王室的糟糕画像;虔诚的教徒……会看到一幅不利于教会的画像;革命家会看到一幅对革命的华丽外衣不感兴趣的画像;只有自由的朋友们爱读这本书,但其人数屈指可数。"[2] 言下之意,托克维尔并不觉得当世之人中深谙自由精神的为多。但他始料未及的是,仅至三年后他逝世之时,该书在法国就已印行了四版。不过,自 19 世纪 70 年代以后,它便遭到世人的冷落,直到 20 世纪后半叶,才重新受到重视。[3]

在托克维尔诞辰两百周年之际,著名法国大革命史家傅勒的杰作《思考法国大革命》,终于被引进汉语思想界。此公乃杰出的托克维尔专家,曾获 1990 年托克维尔终身成就奖。最值得一提的是,托克维尔的《旧制度与大革命》乃其研究法国大革命史最重要的思想资源,说他在一定意义上忠实和复活了托克维尔的幽灵或许过分,但说他在很大程度上引起世人对《旧制度与大革命》的重新关注绝无不妥。伟大思想家的真正不幸,往往不在于不被世人理解,而恰在于被世人误解。也许傅勒的解读算不上正解,但至少他试图理解《旧制度与大革命》的积极努力是令人钦佩的。在他看来,《旧制度与大革命》始终是史学著作中一个可怜的长辈,"引用的人多,读它的人少;涉猎的人多,读懂的人少"。[4] 在《思考法国大革命》一书下篇第二章,傅勒细致解读了《旧制度与大革命》一书,深入挖掘并评论了它的成就和不足,为我们理解此书乃至理解托克维尔的整个思想提供了重要的启发。

二

傅勒的《托克维尔和法国大革命问题》一章有一个简短的引论和三个小节。在引论中,傅勒浓缩性地概括了托克维尔思想和写作的成就和特色。与那些将《论美国的民主》和《旧制度与大革命》割离开来的学者不同,傅勒深刻地洞察到这两本著作之间的内在联

---

[2] [法]托克维尔:《旧制度与大革命》,冯棠译,商务印书馆 1996 年版,序言 viii。
[3] 同上注,序言 viii—ix。
[4] [法]弗朗索瓦·傅勒:《思考法国大革命》,孟明译,三联书店 2005 年版,第 26 页。

系：托克维尔首先不是到时间中去探索，而是在空间上探索，把地理作为一种比较史学来使用。他天才地以颠倒传统假设为代价，竟至于做起美国研究来，但不是为了追寻欧洲的童年踪迹，而是为了猜测欧洲的未来。欧洲史对他来说不过是与初次游历紧密相关的二次漫游，全都交给他从当前时代的实验中得出的相同假设。何况这两次漫游——空间的和时间的——被托克维尔赋予的智力感受连接起来了，早在投身活跃的政治活动之前，他伟大的前期创造性写作已经初露端倪，显示出他思考的两大主题是交错进行的。[5]

在接下来的第一小节，傅勒评论了托克维尔1836年写给英国公众的论文《1789年前后的法兰西社会政治状况》，并比较了托克维尔与基佐对大革命前法国史解释的异同。在他看来，这篇论文不仅"惊人地"预示了20年后的《旧制度与大革命》的主旨，而且与其在结构和内容上也"惊人地"相似：二者都是未竟之作。托克维尔在《1789年前后的法兰西社会政治状况》的结尾写道："法国人从旧国家中保留了哪一部分？构成教士、第三等级、贵族的那些部分，后来变成了什么？哪些新的划分取代了旧君主制的那些划分？贵族的和民主的利益采用了哪些新的形式？国民的整个思想、习惯、风俗、精神，发生了何种变革？这些问题乃是以下书信将论及的主要题目。"[6]但这些问题再也没有被接着讨论，就连20年后的《旧制度与大革命》也没有处理这些问题。托克维尔是以这样的话结束《旧制度与大革命》的："至此，我们已抵达这场值得纪念的革命的门槛；这次我们并不想走进去：也许不久我们能这样做。那时，我们将不再研究这场革命的原因，我们将考察革命本身，最后，我们将大胆评判大革命所产生的社会。"[7]据此，傅勒认为，托克维尔提供给我们的只是一部有关"旧制度"而非"大革命"、有关"1789年前"而非"1789年后"的著作。[8]在概括了《1789年前后的法兰西社会政治状况》的主要思想后，傅勒认为该文是一种对大革命的长时段历史阐释，它突出了往昔的沉重，并缩小了大革命自以为应该负责的变革意义，但托克维尔却没有发明其中的主要概念因素。[9]在傅勒看来，托克维尔将法国大革命纳入长时段中进行考察的方法，可能来源于基佐。两人分享了许多共同的政治价值、历史概念和研究方法，但二人却得出了不同的结论，其间最大的差异就在于二人对法国贵族制的认识和评价不同，这种不同或许与二人的政治选择或政治身份不同

---

[5] 同上注，第193—194页。
[6] [法]托克维尔，同上注[2]所引书，第312页。
[7] 同上注，第242页。
[8] [法]弗朗索瓦·傅勒，同上注[4]所引书，第195页。
[9] 同上注，第197页。

相关。

在第二小节中,傅勒简要介绍了《旧制度与大革命》的内容并细致入微地分析了该书的第二部分。《旧制度与大革命》分为三个部分:第一部分界说大革命的历史意蕴及其基本内容;第二部分分析大革命古老的、一般的原因;第三部分则分析大革命特殊的、较晚近的原因。傅勒尤其提醒我们注意《旧制度与大革命》第二部分的篇章结构,特别是这一部分的开头和结尾:第二至第七章检视了法国历史中行政中央集权化的特征,第八至第十二章检视了公民社会的特征,而第一章则是通过封建法权和农民问题的讨论来描述旧制度的失衡,最后一章又重提乡村社会研究。但这一前一后被中间讨论隔离开来的两个章节,是从不同的角度处理农民社会问题的:第一章讨论农民—领主关系,最后一章则讨论农民—国家关系。[10] 这一视角转换的内在原因,就在于中间部分讨论的行政中央集权化以及由此带来的公民社会特征的转变。公共权力和行政中央集权的扩展是托克维尔分析的关键问题,正是这一大事件在旧制度与大革命之间的连续性,使托克维尔得出了这一惊人的结论:大革命通过一番痉挛式的痛苦努力,直截了当、大刀阔斧、毫无顾忌地突然间便完成了需要自身一点一滴地、长时间才能成就的事业。这就是大革命的业绩。[11] 傅勒还敏锐地注意到,与1836年的论文相比,《旧制度与大革命》中对"民主"一词的使用少了许多,而"民主"是他以往分析问题时常用的关键词。傅勒认为,这一细微变化的原因,可能是托克维尔1848—1851年间从政的经验。1848年爆发的民众情绪和急剧高涨的社会主义革命热潮,使得民主在法国呈现出新的面貌,这一面貌使托克维尔在分析美国的民主时所具有的那份乐观转变成了对民主(尤其是这一法国新变种)的恐惧。于是,这种转变引出了双重问题:一个是理论上的定义问题,另一个是存在性的价值判断问题。[12] 从《论美国的民主》到《旧制度与大革命》的语调变化,也同样反映了这一问题。傅勒据此总结说,可以用这么一句话来概括托克维尔关于此问题的辩证法:"18世纪的法国社会太民主了,无法保留贵族的东西;太贵族了,无法拥有民主的东西。"[13]

在此章最后的第三小节中,傅勒分析了《旧制度与大革命》的第三部分并指出了《旧制度与大革命》的缺憾所在,在他看来,这一缺憾同时也是托克维尔思想的局限所在。总体而言,傅勒认为,尽管托克维尔最终建构了一种关于旧制度的历史阐释,但他始终没有很好地把握住法国大革命史应该提出的问题。这是因为托克维尔在法国史问题上一直

---

[10] 同上注,第205页。
[11] 〔法〕托克维尔,同上注〔2〕所引书,第60页。
[12] 同上注,第211页。
[13] 同上注,第217页。

摇摆在两条主要研究线索和两个基本假设之间,其中之一是行政中央集权化,这一线索固然使他能够很好地解释"旧制度"与"大革命"之间的连续性,但同时也废除了革命中的特殊性问题。因此,托克维尔不得不采用第二条线索来进行补充,这就是《旧制度与大革命》的第三部分采取的短时段分析:第二条线索把革命界说为一种激进的风俗和精神状态转变,一个激进的意识形态计划。[14] 但托克维尔在傅勒看来并未能将这两条线索完美地结合起来,从而能够对"1789年前"和"1789年后"作出令人信服的解释,这是因为托克维尔并没有找到将第二条线索概念化的途径和方式。与1836年的论文不同,《旧制度与大革命》已经模糊地感知到了第二条线索,只是没有能够清晰地将其概念化而已。因此,《旧制度与大革命》的第三部分仅仅可被视为从"旧制度"向"大革命"转变的一个过渡。

在傅勒看来,第二条线索的概念化是由古参完成的。因此,他在此章之后也就是本书的最后部分转向对古参的讨论。傅勒认为,古参直面并思考了雅各宾主义,既不是批判它也不是颂扬它,而是努力澄清和成全了叫作"雅各宾主义"的那种东西,从而将分析带入了大革命最神秘的地方,即它的政治动力和文化动力,并将这种大革命中最基本也最难以把握的东西加以概念化。[15] 而且,正是这一政治动力和文化动力赋予了法国大革命真正的独特性。古参认为,雅各宾主义既不是一个阴谋或针对某一种情况采取的对策,也不是一种意识形态,而是一种社会类型,我们必须揭开这一社会类型的种种限制和内在机制,才能在它的行动者的意图和话语之外去理解它[16],从而避免对雅各宾主义进行心理学的解释。古参把雅各宾主义视为一种社会政治组织类型完成了的形态,这种社会政治组织是18世纪下半叶在法国传播开来的,古参把它叫作"思想社会"。这种"思想社会"是一种社会化形态,它的原则是:其成员要想在里面扮演角色就必须去掉自身的一切具体特征,去掉自己真实的社会存在。每一个成员都只同抽象观念发生关系,正是这一点预示了民主的运转机能。因此,思想社会的目的不是行动、不是授权、不是"代表",而是表达意见,从成员之间、从讨论之中得出一种共同的舆论,一种共识,它将被表达、被传播、被捍卫。[17] 古参认为,在思想社会中实践的是一种"纯粹民主"或者暗示了民主的极限。通过一些拥有新合法性的少数人,这种"纯粹民主"就实现了两个神话般的飞跃:思想社会的共识变成了社会;共识统治了国家。这样纯粹民主就完成了从知识权力向政

---

[14] 同上注,第 232—233 页。
[15] 同上注,第 246 页。
[16] 同上注,第 247 页。
[17] 同上注,第 248—249 页。

治权力的转变,这一运动构成了法国大革命的实质。[18] 傅勒说,古参研究的问题不是使大革命变得可能的那些原因,而是伴随着大革命而诞生的一种新的文化合法性,即平等,与之相应的是一种新的政治游戏规则即"纯粹民主"或者说直接民主。[19]

但傅勒在拿古参补充托克维尔的不足时,也检讨了古参的研究的内在局限,这一内在局限只有通过托克维尔的工作才能得以补充和说明。这种直接民主的意识形态是从哪里来的呢?傅勒认为,18世纪在思想学社中并围绕着思想学社而发生的意识形态有两个先决条件:一是由政治哲学和伟大的个人著作组成的主体观念;二是一个业已丧失其传统原则的社会体。正是在这两种演变的交叉点,思想学社用均权意识形态和直接民主取代了宗教、国王和传统等级,但古参对这两个先决条件几乎未作任何分析。[20] 因此,傅勒的结论是:托克维尔可以解释1789年,却解释不了1793年,而古参解释了1793年,却解释不了1789年。他在此书留下的最后话语乃是:"古参的罗伯斯比尔不是启蒙运动的继承人,而是一个制度的产物,这个制度就是雅各宾主义,从这里开始了现代政治。通过这种方式,古参思考了法国大革命的中心秘密,这个秘密就是:民主的起源。"[21]

可以看到,傅勒的托克维尔解释是与对古参的解释联系在一起的。傅勒清楚地意识到:托克维尔探求的是历史连续性的秘密,古参则考察历史中断问题。所以这两个人永远也不会碰面,他们互不认识。二人提出的假设互不相容,想要解释的是完全不同的问题,但二者都清晰地提了出来,各有千秋。尽管如此,傅勒却想通过综合托克维尔和古参得出一个大胆的结论:大革命结束了。这一结论就是《思考法国大革命》一书的最终主题。无疑,傅勒为人们理解历史打开了一扇新窗,这位被誉为"法国大革命两百年学术王"的法国学者将概念史批判理论引入大革命史学领域,提出将法国革命事件开创的"民主文化"同革命者的行动方式分开来的解读法,是颇具创造性的思想行动。像厌恶法国大革命的人士一样采取简单粗暴的反对态度,或者像后世人数众多的雅各宾派学者那样为了不断注入民族的自豪感而把历史研究变成纯粹纪念式的,都不是傅勒乐意接受的选择。但是,就在傅勒自以为古参言托克维尔所未言,或他自己综合了托克维尔和古参二者之长时,是否真的理解了托克维尔本人最为关注的问题了呢?的确,单是托克维尔提出的问题就足够一切历史学者费尽脑汁了:为什么说大革命虽然成功了,但还是失败的?为什么大革命即便失败了,却还是成功的?这一问题在某种意义上像拿破仑的名言一样

---

[18] 同上注,第256页。
[19] 同上注,第281页。
[20] 同上注,第282页。
[21] 同上注,第289页。

难解:"拿破仑拯救了革命,还是绞杀了革命?"[22] 傅勒的研究在多大程度上帮助我们继续思考和解答这一难题呢?

三

托克维尔的问题,其实就是在中央集权化国家扩张之后,行政权凌驾于共同体和公民社会之上的问题。行政国家很大程度上已经被君主政治完成了,最后才经雅各宾党人之手以及帝国时代而告结束,而人们所说的"法国大革命",不过是先前社会政治演变的加速器罢了。这个事件摧毁的并不是贵族,而是社会上的贵族原则,从而取消了社会对抗中央国家的合法性。在傅勒看来,大革命的民主合法性是它自身的对立面,但同时也是它固有的另一面。它收回同一个空间,但它不愿分割这个空间,它只是往这个空间注入一个新的原则性内涵,即新秩序须以人民的意志为出发点。但卢梭早在1767年7月写给老米拉波的一封信中就说:"在最严酷的民主和最完美的霍布斯主义之间,我看不到任何可以接受的中间方案:因为人和法律的冲突一旦给国家带来持续的内乱,那就是所有政治体制中最糟糕的体制。"[23]卢梭给出了最激进也最美好的理想,同时又预言了"民主的悖论"。历史的讽刺性就在于,正当大革命以为可以实现让—雅克的思想之际,反而展示了卢梭悲观主义的真理,即法与事实之间的无限距离,不可能找到能同理论相结合的民主实践。但就像政治上的怪异本身也构成了它的魅力一样,傅勒认为,法国事件的普适性就在它自身的悖论之中:"法国大革命并不是一个过渡,而是一个起源和关于起源的幻想。这就是它身上创造了历史价值的独一无二的东西,正是这种独一无二后来成了普适的价值:民主的初次试验。"[24]傅勒对大革命的概念史研究看似客观实证的分析,层层盘剥,步步为营,但在这种属于严肃思想者的禁欲主义做法背后,似乎隐隐透露的还是对民主的乐观态度,即便可能夹杂无可奈何的微妙感受,但在卢梭或托克维尔那里的整全视野或者说对更为基本问题的关注似乎同时受到了遗忘,即便可能出于无意。

在我们看来,傅勒对《旧制度与大革命》的解释是服务于对"大革命结束了"这一结论的论证的。他在忽视托克维尔思想中最根本问题之时,构造了《旧制度与大革命》中第二部分与第三部分之间的矛盾,并通过古参的工作试图解释和克服这一矛盾。但实际上,不仅《旧制度与大革命》一书是一个整体,托克维尔的两部著作无疑也是一个整体,而

---

[22] 转引自上注,"序一"第1页。
[23] 转引自上注,第26页。
[24] [法]弗朗索瓦·傅勒,同上注[4]所引书,第118页。

且只有在充分理解《论美国的民主》的基础上，才可能深刻意识到《旧制度与大革命》更为根本的思想位置。尽管傅勒在开始解释托克维尔时注意到了《旧制度与大革命》和《论美国的民主》的内在关联，但在后来的解释中却逐渐偏离了这一关联。正是这一关联使我们把握到托克维尔最终的意图，即"新的铁笼和自由的可能性"[25]问题，而不是傅勒所言的法国大革命的终结。托克维尔在《旧制度与大革命》的前言中异常直率地坦言过这一问题："在未来的黑暗中，人们已经能够洞察三条非常明显的真理。第一条是，今天，举世的人都被一种无名的力量所驱使，人们可能控制或减缓它，但不能战胜它，它时而轻轻地，时而猛烈地推动着人们去摧毁贵族制度；第二条是，世界上所有社会中，长期以来一直最难以摆脱专制政府的社会，恰恰正是那些贵族制已不存在和不能再存在下去的社会；最后，第三条真理是，没有哪个地方，专制制度产生的后果比在上述社会中害处更大；因为专制制度比任何其他政体更助长这种社会所特有的种种弊端，这样就促使它们随着它们原来的自然趋向朝着那个方向发展下去。"[26]

通过简要分析《论美国的民主》的结构，我们可以进一步印证这一点。《论美国的民主》分上下两卷，第一卷于1835年出版，第二卷于1840年出版。第一卷包括一个简短的绪论和两个部分。在绪论里，托克维尔解释了自己的写作意图。令人惊讶的是：绪论的前半部分几乎就是1836年论文和1856年《旧制度与大革命》的提纲和缩写。1836年论文和《旧制度与大革命》提出的核心命题，在这个绪论中已经被清晰提出了。托克维尔看到，700年以来，欧洲尤其是法国发展的一个最明显的特征就是身份平等或民主。这一发展过程是天意使然，因此，重要的不是阻止这一进程的发展，而是对这一进程加以恰当的引导，这就需要一个全新的社会和一门全新的政治科学。[27] 法国的缺憾在于，它虽然拥有了民主，却缺乏可以减轻它的弊端和发扬它的优点的东西。托克维尔正是带着这一核心命题来考察民主在美国的实践的，他在绪论的后半部分说到一个令其难以释怀的问题：美国没有经历民主革命就收到了这场革命的成果。在第一部分和第二部分，托克维尔正是详尽而细微地从社会政治各层面考察了"民主在美国"的具体施展情况，尤其深思了美国实践民主的得天独厚的条件，言语中崭露出难以掩饰的赞叹和歆羡。

第二卷包括一个序言和四个部分。序言交代了第一卷和第二卷之间的关系，第一卷

---

〔25〕 这是借用韦伯在《新教伦理与资本主义精神》中提出的问题，它切中了现代性的要害。无疑，作为对现代社会政治具有深刻洞察的古典社会理论家，韦伯接过了托克维尔的命题。关于韦伯与托克维尔的可能牵连，傅勒在《思考法国大革命》下篇第一章中有所触及，尤其第163页。

〔26〕 〔法〕托克维尔，同上注〔2〕所引书，前言，第34页。

〔27〕 〔法〕托克维尔：《论美国的民主》，董果良译，商务印书馆2004年版，绪论，第6—8页。

研究美国民主的主要问题,第二卷研究它的次要问题,两卷相辅相成,从而合成一本完整的著作。那么,哪些是美国民主的次要问题呢? 第一部分题为"民主在美国对智力活动的影响",第二部分题为"民主对美国人情感的影响",第三部分题为"民主对我们所说的民情的影响",第四部分题为"关于民主的思想和感情对政治社会的影响"。可以看出,如果说第一部分和第二部分讨论的是纯粹的美国民主问题的话(二者标题中都有"美国"一词),那么,第三部分的后半部分已经不纯粹如此了,它主要讨论民主在一般社会中的问题。第四部分则更为奇特,它不仅没有专门讨论美国问题,而且在论述方式上也同前面三个部分颠倒了过来。前三个部分讨论了民主对思想、情感和一般民情的影响,而第四部分则讨论已经成为民情的民主对于政治社会的影响。正是在第四部分中,托克维尔重新回到了欧洲问题,并提出其一生最终的思想命题:民主国家害怕哪种专制?[28] 如上所论,这一思想命题在《旧制度与大革命》的前言中得到了重申。[29]

　　清晰可见,托克维尔关心的并非法国大革命终结的问题。对他而言,法国大革命本身只是此前一系列已经开始展开的趋向的最终完成而已。因此,真正值得关注和焦虑的是:在这一趋向完成之后,我们如何避免这一趋向带来的最坏的结果? 学会避免这一最坏的结果需要一门全新的政治科学,这门全新的政治科学的最终思想命题就是:民主国家害怕哪种专制? 在大革命之后的民主国家,自由何以可能? 如何可能? 尽管托克维尔指出了美国潜在的几个危险因素,这一预言在其后也得到了证实,但美国得天独厚的条件使其轻松解决了这一任务,这一点让托克维尔惊羡不已。法国则为这一问题所困扰,《旧制度与大革命》的第三部分即是对这一困扰进行分析并寻求获救之道,而其突然中断让我们感觉到托克维尔面对法国当下历史的苦涩心情。他在《论美国的民主》的结尾呼吁法国人依靠自己的才智和德性克服先天的缺憾:"上帝既未创造完全独立的人类,又未创造全都是奴隶的人类。不错,上帝是在每个人的周围画了一个他不可能越出的命运所注定的圈子,但是人在这个广泛的范围内还是强大的和自由的。一个国家或民族也是如此。"[30] 这让我们体会到亚里士多德或马基雅维里式的豪迈男性意味,但尽管如此,在《旧制度与大革命》的末尾,托克维尔却表达了自己对法兰西民族爱恨交织的复杂情感:"它从未自由到决不会被奴役,也从未奴化到再无力量砸碎桎梏;它适宜于做一切事物,但最出色的是战争;它崇尚机遇、力量、成功、光彩和喧闹,胜过真正的光荣;它长于英雄行为,而非德行,长于天才,而非常识,它适于设想庞大的规划,而不适于圆满完成伟大的

---

[28] 同上注,第四部分第六章,第867—872页。
[29] 〔法〕托克维尔,同上注[2]所引书,前言,第34—36页。
[30] 〔法〕托克维尔,同上注[27]所引书,第885页。

事业;它是欧洲各民族中最光辉、最危险的民族,天生就最适于变化,时而令人赞美,时而令人仇恨,时而使人怜悯,时而令人恐怖,但绝不会令人无动于衷,请问世界上有过这样一个民族吗?"[31]

人民成为政治权力唯一的源泉,这是法国大革命的产儿——"现代民主政治"的实质,也是法国大革命最重大的贡献。但法国大革命的遗产不再是雅各宾主义,而是人权和代议制。托克维尔和傅勒肯定都看到了这一点,但在傅勒宣布"法国大革命结束了"之前一百多年,托克维尔就未卜先知并略带悲哀地写道:"法国已不再热爱共和国了,却还深深地依恋大革命。"[32]究竟是谁说得更对,只有神知道,托克维尔诞辰两百多年后的今日世界的社会政治状况和民情风貌事实更为我们提供了启示。民主文化是法国大革命中真正降临的大事,但在这种文化的合法性转让中,有某种东西重构了绝对权力的传统形象。革命意识形态不再是规定权力的东西了,也不再是使权力符合于人民意志的东西了。它通过传授平等,成为服务于权力的东西。它从原则性的东西转化为从属性的东西,从合法性话语转化为共和制的宣传。在纯粹的民主之下,它本身曾经就是权力的场所,而如今它只作为现代代议制国家的工具起作用了。代议制共和国变成了某种寡头政治类型的东西,根本无力持久地肩负起它的重任。或许在"大革命结束了"这一断言中可能包含的哀伤和追悼意味上,傅勒是与托克维尔站在一条战线上的。托克维尔所谓的人们"依恋大革命"之语,潜在的含义便是,也许大革命的结束比开始更为突然。

说到傅勒,芝加哥社会思想委员会主席纳坦·塔科夫认为:"没有任何人能比他更负责任地复活了法国的自由思想。"[33]傅勒在对法国大革命的重新思考和对托克维尔的解读中,展示了他作为一个法国人对大革命精神的骄傲,基佐的名言"我乃1789年激情培养的一代"或许一直回响在他的心中。但当展示大革命的遗嘱在后世遭到悖论性地误解或背叛时,他的人性底色更为清晰起来:傅勒的知识分子肖像有点像孤傲的隐士,像巴黎奥斯曼街区老式路灯下的独行者。托克维尔的精神底色中一直暗藏着卢梭和帕斯卡式的敏感而忧伤的一面,这常常为其充满豪气和魄力的文笔所掩盖。后者可能为傅勒所远未能及,但傅勒毕竟展示了一个现代思想家面对生存境遇时真切而锐利的思索面相,这种严肃的工作在我们看来,是有助于思考"我们的"问题的。

---

[31] [法]托克维尔,同上注[2]所引书,第241—242页。
[32] 转引自[法]弗朗索瓦·傅勒,同上注[4]所引书,第113页。
[33] 同上注,"序二"第2页。

霍布斯《利维坦》中的
自然法与上帝

刘 晗*

引言:残缺的"霍布斯"

作为自然法传统中的重要人物[1],同时作为西方自由主义的奠基人[2],霍布斯在思想史上的地位毋庸置疑。但长期以来,中国法学界乃至整个思想界一直将霍布斯理解为一个无神论者,其自然法学说也被认为是完全世俗性的,而在法律思想史的研究中,对《利维坦》一书的解读也一直停留在前两部分(论人、论国家),而对该书的后两部分(论基督教体系的国家、论黑暗的王国)却视而不见。[3] 实际上,第三部分和第四部分处理基督教的部分

---

* 刘晗,北京大学法学院硕士研究生。

[1] See N. Bobbio, *Thomas Hobbes and The Natural Law Tradition*, Chicago: University of Chicago Press, 1991. 另外参见林国荣:《自然法传统中的霍布斯》,载渠敬东主编:《现代政治与自然》,上海人民出版社 2003 年版,第 1—54 页。

[2] See James Stoner, *Common Law and Liberal Theory——Coke, Hobbes, and the Origins of American Constitutionalism*, University of Kansas Press, 1992. 中译本参见〔美〕斯托纳:《普通法与自由主义理论——柯克、霍布斯及美国宪政主义之诸源头》,姚中秋译,北京大学出版社 2005 年版,第 111—210 页;另外参见李强:《自由主义》,中国社会科学出版社 1998 年版,第 46—47 页。

[3] 参见徐爱国、李桂林、郭义贵:《西方法律思想史》,北京大学出版社 2002 年版,第 114—126 页。

占据了全书的一半,可以说对于理解《利维坦》的整个意图以及霍布斯本人的思想而言,至关重要。据说,"《利维坦》的第三和第四部分才显示了整本书的主要目的所在"[4]。此外,奥克肖特(Michael Oakeshott)说道:在前两部分,似乎"公民哲学说要阐释的东西看来已经完成了。然而,这并非霍布斯的看法"。在他看来,《利维坦》的后两部分恰恰是前两部分的必要补充,甚至是"校正一个根本的错误"[5]。

这种略去不读的办法不仅中国学界是这样,在西方也大体如此。波考克(Pocock)坦言:"《利维坦》的后两部分阐述基督教信仰和神圣历史的篇幅与前两部分平分秋色,但在传统上,太多的学者在处理它们的时候,要么说它们放错了地方,要么说霍布斯并非真意如此。"在他看来,即使霍布斯真的只是用一些修辞来打发基督教的话,人们也应当看一下霍布斯是怎么处理这部分的,"如果第三部分和第四部分的效果或者意图是将基督启示降至微不足道,这种论断也不能基于预先假设的霍布斯写作此书时候的宗教信仰,而应当注意霍布斯实际上写了些什么"[6]。

施特劳斯(Leo Strauss)看到:"从《法律、自然和政治的原理》到《利维坦》,用于宗教批判的篇幅与日俱增。《法律、自然和政治的原理》用了三章,《论公民》增至四章,《利维坦》则专辟十七章。"[7]霍布斯为什么要在《利维坦》中写这两部分?他在这两部分究竟想表达什么?前两部分关于自然法和国家学说的论述和后两部分关于基督教的论述究竟关系何在?本文仅从自然法与宗教的关系角度来切入霍布斯的《利维坦》(特别是后两卷),试图对其中的内在关系进行一个剖析和阐释。

一、作为理性指令的自然法与公民国家

(一)自然状态到公民状态:非历史的过程

在论述《利维坦》的后两卷以前,有必要对于该书中广为人知的自然状态和自然法的经典论述重新进行阅读。在传统的理解当中,从自然状态到公民状态的过程是一个历史

---

[4] Hobbes, *Leviathan*, edited by Richard Tuck, Cambridge: Cambridge University Press, 1996, Introduction, p. xxxix.

[5] Hobbes, *Leviathan, or Matter, Forme and Power of a Commonwealth, Ecllesiasticall and Civil*, edited with an Introduction by Michael Oakeshott, Oxford: Basil Blackwell, 1955, Introduction, pp. xliv—xlv.

[6] Pocock, J. G. A, Time, History and Eschatology in the Thought of Thomas Hobbes, in Pocock, J. G. A, *Politics, Language and Time: Essays on Political Thought and History* (with a new Preface), Chicago: Chicago University Press, 1971, pp. 160—162.

[7] 参见〔美〕施特劳斯:《霍布斯的政治哲学》,申彤译,译林出版社2001年版,第85页。

过程,人们通过理性来认识自然法,进而达成契约,互相转让权利进而形成主权国家,走出自然状态。基于这种理解,著名的法律史家梅因在其名著《古代法》中攻击霍布斯的自然状态学说,指责说"它们都是以人类的、非历史的、无法证实的状态作为他们的基本假设"[8]。

可以说,梅因的指责既对又错。说梅因是错的,那是因为,霍布斯早已经预料到这种指责,并且在《利维坦》中对此做了一个预先的回应:"也许会有人认为这种时代和这种战争状态从未存在过,我也相信绝不会整个世界普遍出现这种状况,但有许多地方的人现在却是这样生活的。因为美洲有许多地方的野蛮民族除开小家族以外并无其他政府,而小家族中的协调则又完全取决于自然欲望,他们今天还生活在我在上面所说的那种野蛮残忍的状态中。"[9]

但在另一个方面,梅因确实又是对的。即便霍布斯为自己的自然状态学说做了一个辩护,但不可否认,霍布斯确实没有假设自然状态的历史真实性,而毋宁说是一种理论假设,在这个意义上,梅因对于霍布斯的指责和怀疑并非一无是处。

但霍布斯这里确实存在某种悖论,人们通过缔结契约来走出自然状态,进入公民社会,但霍布斯又说,自然法"只能在内心范畴内有约束力"[10],而自然法的天条是"契约必须信守"[11],但"没有武力,契约便是一纸空文"[12],因此就会出现一个悖论,如何在没有公共权力的外部约束下让人信守契约而建立公民社会?

其实,在霍布斯这里,主权是先于契约的,与其说是人们通过缔约来建立共同权力建立公民社会,不如说是社会契约不过是来论证主权的正当性的,社会契约是解释性的,而不是建构性的。否则,就无法解释这样一个现象,即,在《利维坦》中,霍布斯在谈论主权的形成的时候,区分为两类,一是自然形成的,包括以力取得的和家长制的,另一个才是按约建立的。[13]

因此,在霍布斯那里,自然状态不是一种历史的原始阶段,自然状态和公民状态的关系也并非单线演进式的,而毋宁说,自然状态不过是公民状态的例外状况,或者某种非常时刻。霍布斯说道:"不论如何,我们从原先在一个和平政府之下生活的人们往往会在一次内战中堕落到什么样的生活方式这种活生生的事实中可以看出,在没有共同权力使人

---

[8] 参见〔英〕梅因:《古代法》,沈景一译,商务印书馆1996年版,第66页。
[9] 参见〔英〕霍布斯:《利维坦》,黎思复、黎廷弼译,商务印书馆1996年版,第95页。
[10] 同上注,第120页。
[11] 同上注,第108页。
[12] 同上注,第128页。
[13] 同上注,第132页。

畏惧的地方,会存在什么样的生活方式。"[14] 从中隐含的意思是,不仅仅是美洲的野蛮民族的无政府状态是自然状态,文明国家的内战时刻也同样是一种自然状态,因为,在这种状态之下,并没有一个公共权力来使得人们进行服从,必然会陷入争斗的混乱状态。换言之,只要人类没有一个公共权力来约束人们的自然欲望的无穷争夺和猜忌的情况下,都是自然状态,这种自然状态并非一定存在于文明状态的历史序列以前,而毋宁说是穿插于公民状态之间。施特劳斯看到:"自然状态在一个公民社会的解体和另外一个新的公民社会出现之间存在,而在野蛮人中间,这是常态。"[15]

其实,正如施特劳斯和波考克发现的,霍布斯的自然状态到公民状态的演变背后,有着强烈的基督教背景。[16] "自然状态"这个术语本身就是基督教神学所有,其与"恩典状态"(the state of grace)相并举。[17] 但在基督教神学里,自然状态又分为纯洁的自然状态(亚当夏娃偷吃禁果以前)和堕落的自然状态(原罪状态),但霍布斯打消了这个区分,直接采用了自然状态这样一个概念,并且以公民社会状态取代了恩典状态。并且,在霍布斯这里,使得人们走出自然状态的也不是上帝,而是人们自己创造出来的世俗政府,"这就是伟大的利维坦(Leviathan)的诞生,——用更尊敬的方式来说,这就是活的上帝的诞生;我们在永生不朽的上帝之下所获得的和平和安全保障就是从它那里得来的"[18]。从某种意义上说,从自然状态到公民状态的转变确实是一种类似波考克讲的政治末世论(Political Eschatology),自然状态对应着基督教的起点,亦即"无中生有的创世",公民社会则对应着基督教的终点,亦即上帝的拯救或"千年王国"[19]。

但波考克另外又强调,在《利维坦》的前两部分,却没有体现出这种历史性,这种历史性的处理只有在后两部分当中,才得到了完全的体现,因此,从另外一种意义上说,在前两部分当中,从自然状态到公民状态的过程仍然是一个非历史的(a-historical)过程。在这种意义上,自然状态就是公民状态的非常时刻和例外状态。换言之,公民状态是人类社会的常态,或者说一如既往。在《利维坦》的前两部分,"公民主权是通过公民哲学和自然理性的非历史的过程实现的,它们超乎诸事物而宣布上帝存在并命令人们服从自然法,且

---

[14] 同上注,第96页。

[15] Leo Strauss, On the Basis of Hobbes's Political Philosophy, in Leo Strauss, *What is Political Philosophy*, Illinois: The Free Press of Glencoe1959, p. 191.

[16] 参见〔美〕施特劳斯:《自然权利与历史》,彭刚译,三联书店2003年版;Pocock, supra note [6];相关论述参见吴增定:《有朽者的不朽——现代政治哲学的历史意识》,载渠敬东主编:《现代政治与自然》,上海人民出版社2003年版。

[17] 〔美〕施特劳斯,同上注[16]所引书,第188页。

[18] 〔英〕霍布斯,同上注[9]所引书,第132页。

[19] 参见吴增定,同上注[16]所引书,第264—265页。

主权者亦服从"[20]。换言之,在仅仅触及自然理性的时候,自然状态和公民状态并非历史概念。那么按照这种说法,自然法到底处于一个什么位置呢?自然法在什么意义上是上帝的命令?其与世俗主权者利维坦及其实定法(民约法)[21]之间又是什么关系呢?

(二)自然法与实定法:非二元对立的结构

在西方法律史上,自然法与实定法之间的张力是一个重要的特征。这可以追溯到古希腊哲学中关于自然(Physis)和习俗(Nomos)的区分,这种区分使得在自然的法则和城邦的人定规则之间产生了一种张力。[22] 这种张力到了斯多葛哲学和法律思想那里变得更为明显。在西塞罗那里,自然法具有某种永恒性,"一切正确的、合理的都是永恒的,并且不随成文的法规一起产生或消灭"[23],自然法是正义的体现,"实在法的力量来自自然法,它不仅比人民和公民社会存在的时期还古老,而且与那位管理和统治天空和大地的神同龄"[24]。

随后,斯多葛哲学和基督教联姻,构成了基督教自然法的大统,并在托马斯·阿奎那那里形成了基督教自然法的经典表达。在阿奎那的永恒法、自然法、人法和神法的区分之中,当永恒法被具有理性的人类所分享的时候,就是自然法[25],而人法的正当性来自于自然法,如果人法未能达到自然法的要求,则根本不成其为法。

---

[20] Pocock, supra note [6], p. 166.
[21] 在霍布斯这里,主权国家的实定法就是民约法(Civil Law),在本文中,实定法和民约法是一个意思。
[22] 参见〔美〕施特劳斯,同上注[16]所引书,第95—106页。
[23] 参见〔古罗马〕西赛罗:《论共和国 论法律》,王焕生译,中国政法大学出版社1997年版,第196页。
[24] 同上注,第218页。
[25] Thomas Aquinas, *Summa Theologiae*, I—II, 91, 2, quoted from Etienne Gilson, *The Christian Philosophy of St. Thomas Aquinas*, London: Victor Gollancz Ltd, 1957, p. 266. 阿奎那的自然法乃是其调和基督教的上帝恩典和古希腊的自然理性之间的努力的一个重要方面,如何在神圣与世俗之间建立某种联系,乃是自然法的作用所在,自然法一方面是上帝对理性人的某种命令和恩典,另一方面也必须需要实定神法和人法来进行补充,这种理念在11世纪的格里高利教皇革命之后通过教会自然法获得了神圣和世俗的完美结合,教会通过自然法来控制世俗秩序,教会一方面被认为是人类在尘世尽可能贴近上帝的某种机构,其法律被认为是自然法和神法的反映,另一方面却亦然是一个世俗机构,其法律无疑是人法,正是在这样的张力中,教会形成了一个实体性的链接组织。参见〔美〕伯尔曼:《法律与革命》,贺卫方等译,中国大百科全书出版社1993年版,第654页;〔德〕特洛尔奇:《斯多亚——基督教的自然法与世俗的自然法》,载特洛尔奇:《基督教理论与现代》,朱雁冰等译,华夏出版社2004年版,第80—82页;刘小枫:《现代性社会理论绪论》,上海三联书店1997年版,第116—134页;林国荣,同上注[1]所引书,第15—17页。此外,霍布斯在处理自然法乃至整个国家学说的时候,始终以阿奎那作为对手,因此他的自然法理论也必须在上帝、神法以及自然法、世俗法等多个维度进行理解。

但在霍布斯这里,这种二元对立的张力并不存在。"自然法和民约法是互相包容而范围相同的。因为自然法就是公道、正义、感恩以及根据它们所产生的其他道德,……这一切在单纯的自然状况下都不是正式的法律,而只是使人们倾向于和平与服从的品质。国家一旦成立之后,它们就成了实际的法律,在这以前则不是;因为这时它们成了国家的命令,于是也就成了民约法,强制人们服从它们的乃是主权者。……自然法在世界各国便都是国法的一个组成部分。反过来说,民约法也是自然指令的一个组成部分。……所以服从国法便也是自然法的一部分了。"[26] 换言之,自然法作为人类理性的指令引导人们走出一切人对一切人的战争的自然状态,也就是指引人们进入公民国家,而法律作为主权者的命令,是臣民必须遵守的,所以自然法要求人们遵守主权者所颁布的民约法。

同时,霍布斯还说:"民约法和自然法并不是不同种类的法律,而是法律的不同部分,其中以文字载明的部分称为民约法,而没有载明的部分则称为自然法。"[27] 也就是说,民约法和自然法之间并不存在某种二元结构的对立,并不是自然法高于民约法,而毋宁是说,自然法和民约法就是一回事情,只不过在形式上不同而已,一个是写在白纸黑字的正式文件上,一个是刻画在人类的良心和理性之中的。

此外,霍布斯强调自然法由于其不成文性而面临更多的解释问题。"不成文的自然法对于不偏不倚、不徇私情的人说来虽然容易运用其自然理性加以了解,因而使违犯者无词可托;但我们要认识到很少人甚至没有一个人在某些时候能够不受自我珍惜或其他激情的蒙蔽,所以自然法现在便成了最晦涩的法,因之也就最需要精明能干的解释者。"[28] 换言之,在霍布斯看来,一旦人们各自以自己的意志去解释自然法,从而在认识论上又称为了一种无政府状态[29],从而又回到了自然状态,于是霍布斯将自然法的解释权力赋予了主权者,"自然法的解释就是主权当局规定来听审与决定属于这类纠纷的法官所下的判决词,此种解释在于将自然法应用于当前的案件上。因为在裁判中,法官所做的只是考虑诉讼人的要求是不是合乎自然理性和公道,所以他所下的判决词便是对自然法的解释。这种判决词之所以成为权威的解释,并不因为这是他个人的判决,而是因为他是根据主权者的权力下判决的;这样一来,这一判决就成了主权者的判决,而主权者

---

[26] [英]霍布斯,同上注[9]所引书,第207—208页。
[27] 同上注。
[28] 同上注,第214页。
[29] 其实霍布斯的自然状态与其说是真正的战争状态,不如说是认识论上的不统一和相互的猜疑带来的意识上的普遍冲突。参见钱永祥:《伟大的界定者:霍布斯绝对主权论的一个新解释》,载渠敬东主编:《现代政治与自然》,上海人民出版社2003年版,第127—169页。

的判决在当时对于诉讼双方说来就是法律。"[30]

实际上,如果由主权者来进行自然法的解释,并且自然法必须经由主权者来进行确认才能成为实定法,所以自然法与实定法的冲突在霍布斯这里不复存在。考虑到上面讲到的自然状态和公民状态之间的非历史过程,自然法与实定法也并非一个先后的顺序,而不过是在不同的状态下促使人们趋向共同权力的不同手段。用 Bobbio 的话来说,在霍布斯这里,"民约法与自然法之间并不存在差别,因为自然法命令人们遵守所有的民约法,并且命令人们遵守那些违背自然法的民约法"[31]。在这个意义上,霍布斯既属于自然法传统,又开创了法律实证主义的传统。但问题在于,民约法是否会违背自然法呢?主权者在解释自然法的时候,会不会出于主权者自身的考虑来曲解自然法呢?这些都需要在上帝和神法的背景下去解决。而解决这些问题,必须试图去理解霍布斯在整个《利维坦》中关于自然哲学和基督教部分的处理。

二、作为上帝命令的自然法与上帝之国

(一) 理性与信仰、自然与启示

虽然一般认为霍布斯受到伽利略的自然科学的巨大影响,甚至被当作无神论者,但霍布斯在《利维坦》中,确实为宗教启示和上帝留下了很多的空间,并且花大篇幅予以处理。在《论宗教》一章,霍布斯认为,宗教是人类所特有的东西,"除开人类以外便没有任何宗教的迹象或其成果,所以我们就没有理由怀疑宗教的种子也只存在于人类身上"[32]。霍布斯指出,这是因为人类探究事物原因的本性,而这背后,又是对于超乎理性预期之外的不可知的命运的恐惧和猜测,并且,问题在于,人类的理性知道得越多,对于原因的探问也就越多,随之而来的恐惧就越大,由于作为"想要知道为什么以及怎么样的欲望"[33]的激情,也就是好奇心促使人们去知道事物的原因从而预知其未来,而就因此产生了恐惧,因此"头脑中假想出的,或根据公开认可的传说构想出的对于不可见的力量的畏惧谓之宗教"[34]。这就是宗教的定义。因此,人类的宗教恐惧并不能因为理性的增加而减少,反倒会越来越强,这意味着,宗教恐惧是人长久的特性,并不能随着自然理性

---

[30] 〔英〕霍布斯,同上注[9]所引书,第215页。
[31] Bobbio, supra note [1], p.148.
[32] 〔英〕霍布斯,同上注[9]所引书,第79页。
[33] 同上注,第40页。
[34] 同上注,第41页。

的增长来解决。理性非但不能使人感到安全,反倒更因为追求事物的本原而感到畏惧。

宗教无法根除,并且宗教具有政治效果。宗教的种子一方面通过异教政治宣布尘世君主的命令和臣民的义务,另一方面通过基督教上帝的政治,通过亚伯拉罕、摩西以及耶稣基督来进行统治。[35] 同时,霍布斯又说,作为一神教的基督教政治是一种启示宗教,分为自然的上帝之国和启示的上帝之国,前者是上帝创世之后统治整个世界的自然之国,是依据上帝的权力来进行的,而后者是通过超自然的启示和先知的奇迹,通过立约来设立的。霍布斯打了个比方,"这一点正像指挥全军和指挥自己专辖的一个连和一个团一样并不矛盾"[36]。因此,霍布斯在《利维坦》论国家的一部分(第三十一章),专门讨论自然的上帝之国,此外,整个第三部分《论基督教体系的国家》专门讨论先知的上帝之国。

由于宗教的政治后果,霍布斯就面临着这样一个问题:上帝的法和世俗的法是一个什么关系?两者会不会有冲突?所以在第三十一章,霍布斯说:"在一套完整的有关民约义务的知识中,现在我们所缺的只是认识什么是神律。因为如果没有这种知识的话,当世俗权力当局命令一个人作任何事情时,他便会不知道是否违反神律(Lawes of God)。这样一来,要不是过多地服从世俗方面而冒犯上帝吾王,便是由于惧怕冒犯上帝而违反国家的命令。为了避免这两个暗礁,就必须知道神律(Lawes Divine)是什么。由于所有关于法律的知识都取决于关于主权的知识,所以往下我将讨论一下上帝的王国(天国)。"[37]

也就是说,如果在一个利维坦国家中,臣民是基督徒,并且以上帝的名义来指责主权者的法律并且不予尊崇那怎么办?这样就会出现每个人都诉诸上帝来满足个人的利益和要求,这样又会出现认识论上的无政府,出现自然状态。更为重要的是,由于基督教教义里面关于永生、地狱以及升天堂入地狱的说法对每个人都是一个巨大的恐惧,直接关系到臣民安身立命的精神选择问题,因而,出于死亡之后的恐惧(霍布斯的利维坦一定意义上说是为了解决人们对死亡的恐惧),臣民自然也可以对抗主权者,这样又会天下大乱,甚至比暴死的恐惧更为厉害。奥克肖特看得很清楚:霍布斯的国家学说的前提是自然状态中孤单的自然人,"但人们不曾知道的是,这个自然人不仅仅是孤单而非独一无二的,而且是某种实在的宗教的信徒;与其说他是信某种宗教,不如说那种宗教是加在他身上的"[38]。

其实,这种精神秩序与世俗秩序的冲突,在任何一个基督教国家,都是必须处理的问

---

[35] 同上注,第 83 页。
[36] 同上注,第 88 页。
[37] 同上注,第 277 页。
[38] Hobbes, supra note [5], p. xliv.

题。霍布斯坦言:"这统治者只能有一个,否则在一国之内,教会与国家之间,性灵方面与世俗方面之间,以及法律之剑与信仰之盾之间就必然会随之出现党争和内战;比这更糟的是,在每一个基督徒心中都必然会随之出现基督徒与普通人之间的冲突。"[39] 卢梭这样评论他的前辈霍布斯:"在所有的基督教作家中,哲学家霍布斯是唯一一个能很好地看出这种弊病及其不朽方法的人,他竟然敢于提议把鹰的两个头重新结合在一起,并完全重建政治的统一;因为没有政治的统一,无论是国家还是政府就永远不会很好地组织起来。"[40] 那么霍布斯究竟是如何处理这个问题的呢?上帝的法(神法)与世俗的法之间的冲突,伴随着自然法与实定法的潜在张力,构成了《利维坦》必须处理的内部紧张。

(二) 自然法、民约法与神法

在处理自然法与民约法、神法与世俗法的冲突的时候,我们或许需要回到《利维坦》的第一句话。全书开首的引言中,霍布斯便陈述道:"'自然',也就是上帝用以创造和治理世界的技艺,也像在许多其他事物上一样,被人的技艺所模仿,从而能够制造出人造的动物(NATURE, the Art whereby God hath made and governes the World, is by the Art of man, as in many other things, so in this also imitated, that it can make an Artificial Animal.)。"[41] 很显然,古代哲学中(特别是亚理士多德)关于自然(Nature, Physis)和技艺(Art, Techne)的二元区分在霍布斯这里不复存在,因为自然本身就是一种技艺的结果,是一种被造出来的东西,只不过自然的作者是上帝而已。而人便可以模仿上帝的创造,来自行创造出一个人造物来,这就是利维坦。

于是,如果自然(Nature)本身是上帝创造和管理世界的技艺,那么,自然法(Law of Nature)也就和上帝关联密切,自然法就是"自然的法",也就是上帝创造和管理世界的法。[42] 并且,在《利维坦》中,霍布斯多次提及,自然法就是上帝的命令,上帝的法。比如,"上帝作为自然的创造者,其约束全人类的法律便是自然法"[43],"服从神律(在这种情形下就是服从自然法)乃是最大的崇敬"[44],"神法也就是自然法,其中主要的一条是

---

[39] [英]霍布斯,同上注[9]所引书,第374页。
[40] 参见[法]卢梭:《社会契约论》,何兆武译,商务印书馆1997年版,第176页。
[41] Hobbes, supra note [4], p.9. 此处中文由笔者参照中文译本稍做改动。
[42] 关于这点的详细分析,参见 A. P. Martinich, *Two Gods of Leviathan: Thomas Hobbes on Religion and Politics*, Cambridge: Cambridge University Press 1992, ch.4, pp.100—135.
[43] [英]霍布斯,同上注[9]所引书,第276页。
[44] 同上注,第286页。

不要破坏信守"[45]。并且，霍布斯指出，只有在上帝的名义下，自然法才能称其为真正的法，在论述自然法的第十五章的末尾，霍布斯说："这些理性的规定人们一向称之为法，但却是不恰当的，因为它们只不过是有关哪些事物有助于人们的自我保全和自卫的结论或法则而已。正式说来，所谓法律是有权管辖他人的人所说的话。但我们如果认为这些法则是以有权支配万事万物的上帝的话宣布的，那么它们也就可以恰当地被称为法。"[46]换言之，自然法本身是一种理性的规定，是理性指引人们走出自然状态的某种认识，并不具备法律的效力，因为法律必须具有权力作为保障采是真正的法律。但在另外一种意义上，自然法却得到了权力的保证，那就是上帝的全能全知的权力，因此自然法也是一种法。也就是说，自然法只有在上帝的意义上，才是真正的法。

自然法作为上帝的命令这样一个维度，便使得自然法与神法合而为一。因此上帝的法（神法）与世俗的法之间的冲突，与自然法与实定法的潜在张力也就合而为一，也就是说，由于自然法就是神法，那么最终的张力都落实于精神秩序和世俗秩序之间的冲突。正因为如此，解决这两对矛盾的关键是处理一个神学政治论的问题。

（三）上帝之国：自然的和先知的

1. 约伯的苦难与对上帝的敬拜：自然的上帝国

霍布斯认为，由于法律的特征是用言词使得人们得以明晓，所以上帝告知人类神律的方法就有三种：自然理性的指令、神启（Revelation）、先知（一个人通过奇迹来取得他人信仰的方式）。[47] 但霍布斯排除了神启的方式，"由于从来没有任何普遍法则是通过超自然意识（即神启或灵感）提出的，因为上帝用这种方式降谕时只是对个别的人说的，并且对不同的人所说的事情也不同"[48]。按照这类区分，上帝的王国也就相应地有两种，一是自然的，二是先知的。前者是所有根据正确理性的自然指令而承认天意安排的人都归上帝统治，后者是上帝选定一个特殊的民族（犹太民族）作为臣民，用自然理性和先知的法律的双重方式来治理。

霍布斯在《利维坦》第三十一章集中处理了自然的上帝国。霍布斯采取了一种神义论（Theodicy）的方式，认为上帝统治人类的权力不是来自于其创造人类，而是来源于"不可抗拒的权力"（Irresistable Power），他引用约伯的例子说，上帝并不是善有善报、

---

[45] 同上注，第475页。
[46] 同上注，第122页。
[47] 同上注，第278页。
[48] 同上注。

恶有恶报[49]的,而恰恰是相反,这仅仅是因为"使人遭受苦难的权利并不永远来自人们的罪,而是来自上帝的权力","在约伯的问题上,这一问题是由上帝自己决定的;其理由不是根据约伯的罪,而是根据自己的权力提出的"[50]。

接着,霍布斯认为上帝作为主权者的神律规定了两种问题:一是人们间的自然义务(自然法),另一方面是出于上帝的权力人们对上帝的崇敬和敬拜。[51] 前者在自然法的部分讨论过了,因此霍布斯集中处理了关于敬拜上帝的法律。霍布斯认为,根据自然理性,对于上帝的敬拜应该采取这样的方式:(1) 祈祷;(2) 感恩;(3) 祭礼;(4) 除上帝之名以外,不以他名起誓;(5) 不妄谈上帝;(6) 择最佳方式敬拜上帝;(7) 私自敬神外还要公开敬神;(8) 服从神律(自然法)。[52] 由此,霍布斯开始讨论对于上帝的义务如何在主权者那里处理的问题,他认为:"国家既然只是一个人格,敬拜上帝也只应当只有一种方式。当它命令个人公开地敬拜时便是实行了这一点。这就是公共敬拜方式,其特性在于一律,因为因人而异的行为不能谓之公共敬拜方式。由此看来,一个地方如果允许各种私人宗教所产生的许多不同敬拜方式存在,就不能说是具有任何公共敬拜方式,这个国家也不能说信奉了任何宗教。"[53]

此外,由于言词的意义是人们依据协议和规定而来的,因此对于神的属性的形容词以及各种敬拜的词语也是人们的意志来决定的,因此主权者作为一个公共人格,具有制定法律的意志,因此,在敬拜上帝的词语方面,"主权者在上帝的敬拜中规定为表示尊敬的属性形容词,私人在公共敬拜中应当依式加以使用"[54]。到这里,神律(自然法和关于敬拜上帝的规定)都由主权者来进行规定,神律和世俗主权者的法律之间的冲突便解决了。

2. 从亚当到耶稣:先知的上帝之国的历史

在论述了自然的上帝之国后,霍布斯转向了先知的上帝之国,在其中,某个先知以奇迹来使得人们信仰上帝,并建立其上帝的王国。霍布斯特别强调,即使在处理奇迹和先知的问题的时候,也不能放弃理性。[55] 于是霍布斯问道,如何才能确定一个先知的真

---

[49] 关于基督教中由约伯引发的善良人受苦的问题,参见刘小枫:《〈约伯记〉与古代智慧观的危机》,载刘小枫:《个体信仰与文化理论》,四川人民出版社1997年版,第369—404页。
[50] 同上注,第279—280页。
[51] 同上注,第280页。
[52] 同上注,第285—286页。
[53] 同上注,第287页。
[54] 同上注。
[55] 同上注,第290页。

伪？霍布斯认为根据《圣经》，一个真先知有两个条件：行奇迹并且除开已建立的宗教以外不传布其他宗教。[56] 但是现在奇迹已经绝迹，唯一能够得到的关于先知的上帝国的信息只能来自后一个标准，也就是只传布基督教的教义，而《圣经》自从耶稣之后就代替了预言和先知，成为了研究先知的上帝之国的唯一材料。因此霍布斯讨论地上的基督教国家的统治者的权利以及臣民义务都是基于《圣经》。而我们正看到，在《利维坦》的综述与结论部分，霍布斯说："学说中的一切真理要不依据理性，就得依据《圣经》。"[57]

通过对《圣经》的篇章数目、年代、范围、根据以及注疏的论述，霍布斯将人们经常讨论的圣经的权威源泉问题转化为这样一个问题：圣经究竟是根据什么权威而称为律法的？因为基督教的信徒都会相信圣经乃上帝之言，真正关乎法律和政治问题的是，"基督徒国王和基督教国家的主权议会在自己的领土内究竟是直接处于上帝之下的绝对的主权者，还是要服从于一个属于普遍教会之上的教皇，并可由这教皇在自己认为有好处或公共利益有必要时，予以审判、定罪、废黜或处死"。也就是说，到底《圣经》把权威赋予了世俗主权还是教会。这是神学政治问题的焦点。换言之，到底谁是上帝的代理人？

霍布斯特别强调，"我们对于上帝是什么完全不能理解，而只知道上帝存在"[58]。基于此，通过把圣灵归为比喻意义上的超乎正常情况的能力和情感，将使者归为上帝的传谕者，将上帝的道严格限于《圣经》，霍布斯从而把上帝国（天国）完全建立在了地上。"上帝的王国一词在《圣经》中大多数地方都指正式的王国，由以色列人民以一种特别的方式投票建成。"[59] 上帝之国也是一个通过契约建立起来的真正王国，在霍布斯的诠释下，这个王国经历了历史性的三个阶段：

（1）上帝直接统治亚当，但其后裔因背弃上帝而遭上帝洪水惩罚；

（2）与亚伯拉罕立约（所谓《旧约》）统治其后裔，"那时虽然没有称上帝为王，也没有把亚伯拉罕和他的后裔称为王国"[60]，但性质就是"上帝之国"；这约后来通过与摩西重新订立，直接统治上帝的子民犹太人，明确建立了"上帝之国"[61]，在这种统治下，摩西掌握世俗和神圣两种权力。但是以后，在撒母耳统治时期，以色列人要求像邻近民族一样立人为王，这就终结了上帝的直接统治，"抛弃了上帝"[62]。在犹太人选出扫罗为王之

---

[56] 同上注，第 293 页。
[57] 同上注，第 576 页。
[58] 同上注，第 310 页。
[59] 同上注，第 321 页。
[60] 同上注，第 322 页。
[61] 同上注，第 327 页。
[62] 同上注，第 325 页。

后,世俗主权者与上帝的联系断裂了,主权者不再是先知了。但先知预言上帝的王国将由基督复兴。[63]

（3）对于基督耶稣,霍布斯强调基督就是"犹太人的王",这也是耶稣对自己的称许。作为弥赛亚,耶稣承担了赎罪、宣教以及做王三重任务,耶稣第一次降临人世,乃是为了完成订立新约,"使原先由于《旧约》属于上帝、后来又由于以色列人选扫罗为王背叛上帝而切断关系的王国复归于上帝"[64]。因此,他在世的时候一方面宣告自己是基督,另一方面通过宣教和行奇迹来劝服人们。但真正做王,却是要等到第二次降临,这样的"上帝之国"只会在未来降临,因为耶稣基督曾说,"我的国不属于这个世界"（《约翰福音》2：5）。在耶稣被钉十字架到耶稣复临的中间,是使徒时代。

由此,就推出了霍布斯版本的"三位一体"。"在天上的三位一体中,人格是同一上帝的人格,只是在三个不同的时间和机会上被代表而已。总起来说,三位一体的教义,就其可以从《圣经》上直接推论出的意义来看,主要内容是这样:上帝永远是同一个,他就是摩西所代表的人格,他的儿子降生为人所代表的人格,以及基督的门徒所代表的人格。由使徒代表时,他们借以说话的圣灵是上帝;由他的儿子（神与人两位合一）代表时——圣子也是这个上帝;由摩西和大祭司代表时——圣父（即主耶稣基督的父）还是这个上帝。"[65] 通过摩西（圣父）、耶稣（圣子）和使徒（圣灵）的三次临在[66],霍布斯将三位一体历史化了,即,上帝的三个人格是依次在世界上真正显现的。[67]

由于耶稣复临之前,上帝是由使徒（圣灵）来代表的,他们操持着教权,"圣灵——在宣传和布道的职位上接着受圣灵的使徒以及他们的继任者,在救主基督之后一直代表上帝"[68]。但霍布斯指出,在这个时期,使徒仅仅具有宣教的权力,却没有强制的权力。"我们的救主并没有将强制权力传给他的门徒,所传的只有这样一种权力,即宣告基督的

---

[63] 同上注,第 326 页。

[64] 同上注,第 389 页。

[65] 同上注,第 296 页。

[66] 其实,在论述人的第十六章,霍布斯已经提到了这种三位一体:"上帝首先是由摩西代表,摩西所治理的以色列人不是他自己的子民而是上帝的子民;他不用'摩西说'这样的说法以自己的名进行治理,而是用'神说'这样的说法以神的名进行治理。其次,上帝便是由降临人世、教化犹太人并引导所有的民族归向圣父天国的人子、他自己的儿子、我们神圣的救世主耶稣基督代表;基督不是自己来的,而是由圣父那里派来的。第三,他便由使徒身上说话和推动使徒的圣灵或保惠师代表;这圣灵不是自己降临人世的保惠师,而是同时由圣父圣子那里派遣前来的。"参见同上注,第 125 页。

[67] Pocock 指出,霍布斯的这种论述与约阿希姆主义相互呼应。参见 Pocock, supra note [6], p. 188 关于约阿希姆的论述,参见〔德〕卡尔·洛维特:《世界历史与救赎历史——历史哲学的神学前提》,李秋零等译,三联书店 2002 年版,第 177 页。

[68] 〔英〕霍布斯,同上注[9]所引书,第 394 页。

国,劝人服从基督的国,以诫条和劝谕教示服从者,要怎样做才能在天国降临时被接纳进入天国;同时如果现在已经清楚,使徒和其他传福音的教士都是我们的教师而不是我们的管辖者,他们的诫条都不是法律而只是有益劝谕……"[69]于是,使徒们不能依靠强制力来使得民众信基督,而只能依靠诉诸人们的理性,因为信与不信不能由命令来决定。换言之,使徒们的教权不能和世俗主权者的权力相抗衡,"基督在今世的使者,除非是同时具有世俗权力,否则基督便没有遗留给他们任何统辖他人的权柄"[70]。

这样,霍布斯就将所有的教会归入了私人团体的范围内。教会是"明证基督教信仰并结合在一个主权者的人格之中的一群人,他们应当在主权者的命令下聚会,没有主权者的权力为根据就不应当聚会"[71]。由此,教会也就不能超乎主权者的法律之外行使任何的强制权力,即便是对信徒颇有威慑的开除教籍(Excommunication)权,霍布斯也认为这不能用强制手段来进行,而只能用教会和指引的方式让人们在来世得救。换言之,如果这种行为僭越了主权者的权力,那么教会作为私人团体完全可以被世俗主权者宣布为违法。同时,由于教会并没有世俗的强制权,也就无法制定普遍适用的法律,无法强迫别人信仰基督,无法将《圣经》赋予法律的权威,这种权威只能由主权者来加以解释和确认。通过回顾犹太人的历史,霍布斯发现,从摩西到以斯拉(他们都是世俗主权者),"《圣经》从来都是通过最高世俗权力当局才被制定称为律法的"[72],因为在犹太人与上帝断约的时代,《圣经》"对犹太人来说既不是宗教法典,也不是法律"[73]。于是,霍布斯最终将所有的权威都赋予了世俗主权者,"在每一个基督教体系的国家中,世俗主权者既然是最高的牧者,全部臣民都交给他管辖"[74]。由此,霍布斯终于将鹰的两个头结合了起来。

同时,霍布斯还处理了最让人关心的永生、天国、地狱以及救赎的问题。霍布斯将地狱归为一种比喻意义[75],打消了人们的恐惧,同时通过将天国归为世俗之国,而耶稣的国在现在又不在这个世界上,信徒们"得救所必须的一切都包含在信基督和服从神律这两种美德之中"[76]。也就是信仰"耶稣就是基督",并服从自然法,遵守现世的世俗主权者。之所以如此,乃是因为一个末世论的理由,《圣经》中提到世界有三个,即上古的世界

---

[69] 同上注,第 397 页。
[70] 同上注,第 399 页。
[71] 同上注,第 373 页。
[72] 同上注,第 419 页。
[73] 同上注,第 318 页。
[74] 同上注,第 436 页。
[75] 同上注,第 364 页。
[76] 同上注,第 474 页。

(从上帝创世到洪水)、现在的世界(从洪水到末日审判)和未来的世界(从审判日后的来世)。[77] 在这个上帝中断了直接统治,而耶稣的国还未来到的时刻,是利维坦,这个"骄傲之王"[78]和"有朽的上帝"(Mortal God)[79]来压倒骄傲的人类,给人类带来安全和和平,由它来掌握两个权柄。它就是摩西,而《圣经》就是西奈山。之所以是"有朽的上帝",乃是因为,一旦耶稣回来做王,那么利维坦便完成了上帝赋予它的使命。通过把基督教政治化[80],将《新约》旧约化,把基督教犹太化[81],神法与世俗法的冲突不复存在。

(四) 自然法的公民宗教背景:对基督教的改造

行文至第三部分,《利维坦》的工作看似结束了,但他又专辟一部分,论述所谓"黑暗的王国"。实际上,就篇幅而言,第三部分和第四部分的比例和《旧约》和《新约》的比例大致相当,或许第三部分就是霍布斯论述宗教的"《旧约》",而第四部分就是他的"《新约》"。新在哪里呢?在第四部分,霍布斯集中处理的是这样一个问题,基督教如何在教会和教士的手中败坏了。霍布斯认为有以下几个因素:其方式有以下几种:第一,滥用和熄灭《圣经》之光;第二,引用异教神话的魔鬼;第三,在《圣经》中混入各种宗教的残余和许多希腊人的虚妄而错误的哲学,尤其是亚里士多德的哲学;第四,在这两者之中混杂上错误或不肯定的传说,以及虚构的或不肯定的历史。这些都使得"敌人一直存在于我们天性无知的黑暗之中,而且在撒播性灵错误的稗子"[82]。

在误解《圣经》方面,霍布斯认为最大的罪端就是"牵强附会地用《圣经》来证明其中经常出现的上帝国就是现存的教会或现在活着的基督徒群众,或是在最后的审判日将要

---

[77] 同上注,第370,510页。

[78] 参见同上注,第248—249页:"我已经阐明了人的天性(其骄傲和其他激情使其被迫服从于政府),以及其统治者的巨大权力。我将这个统治者比之为利维坦,这个比喻出自《约伯记》第四十一章结尾两行诗。神在此处阐明了利维坦的巨大权力,称其为骄傲之王。神说:地上没有什么造的像他那样无所惧怕。凡高大的,他无不藐视;他在骄傲的水族上作王。"

[79] 参见同上注,第132页:"这就是伟大的利维坦(Leviathan)的诞生,——用更尊敬的方式来说,这就是活的上帝(Mortal God)的诞生;我们在永生不朽的上帝(Immortal God)之下所获得的和平和安全保障就是从它那里得来的。"关于霍布斯的"利维坦"形象的集中阐述和发微,参见Carl Schmitt, *The Leviathan in the State Theory of Thomas Hobbes*, forward and introduction by George Schwab, translated by George Schwab and Erna Hilfstein, Greenwood Press, Westport, Connecticut and London, 1996.

[80] See Leo Strauss, supra note [15], p. 188.

[81] 参见孙向晨:《论〈利维坦〉中神学与政治的张力》,载《复旦学报》2005年第3期,第120页; Ronald Beiner, Machiavelli, Hobbes and Rousseau on Civil Religion, 55 *The Review of Politics* (1993), p. 628.

[82] [英]霍布斯,同上注[9]所引书,第490页。

复活的死去的人;几乎所有其他的错误都是由此而生的,或是从属于它的。"[83] 霍布斯认为这大大误解了《圣经》中的政治结构和历史脉络,因为"由于第二次降临人世的事还没有来到,上帝国便也没有来到,我们现在除开自己的世俗主权者以外,便不处于任何按约建立的国王的统治之下;只是基督徒由于已经获得在基督重临时被接纳的许诺,所以便已经处于神恩的王国中了"[84]。换言之,在这个现世的世界,世俗主权者才是统治者,而那些基督徒是因为相信"耶稣就是基督"的信条而在未来的基督王国里预留了臣民的地位,因而提前得到了上帝的恩典。

而在论及外邦人的魔鬼学等宗教残余中,霍布斯根据《利维坦》第一部分关于感觉和想象的论述,认为这些妖魔鬼怪不过是人大脑中的某种幻象,而教会受到外邦人偶像崇拜的影响以及外邦人皈依基督教之后带来的魔鬼学残余,将上帝、天使乃至圣母、耶稣等描绘出了形象,使得人们对基督和使徒的形象的崇拜越来越像偶像崇拜。但这恰恰是违反了十诫。霍布斯说:"我不是说根据幻象作画是一种罪,而只是说画出来把它当成上帝的代表形象时便违反第二诫律;它没有旁的用处,而只能用于敬拜。"[85] 此外,霍布斯认为,圣者的列圣、教皇的最高教长称号以及权力、仪仗队、火炬和蜡烛、嘉年华以及各种教会的权力结构、繁文缛节和仪式典礼都是从罗马人的宗教那里来的[86],霍布斯总结说:"有人如果好好看一下有关希腊与罗马人的宗教仪式的历史中所提出的东西,我毫不怀疑他还会发现更多的这种外邦人宗教的旧空瓶子,罗马教会的圣师们由于疏忽或野心而灌上了基督教的新酒,这种新酒到时候一定会使这瓶子炸裂。"[87]

最后,霍布斯痛斥混入了亚里士多德哲学的经院哲学,认为这一套错误的哲学为教会的权威做论证,认为经院哲学对灵魂、永生、地狱等的哲学阐释完全是逻辑不通,无法自圆其说。[88] 另外,霍布斯还批判了经院哲学以及其亚里士多德的道德哲学,认为他们关于上帝作为法律原因、自由意志、善恶标准、法治等观念的讨论都是错误的。在这些"空虚的哲学"之外,还有一些"老妪闲谈的鬼话",也就是虚伪的传说,也在蛊惑人心[89]。

在论述这些原因后,霍布斯认为它们共同缔造的黑暗王国的利益实际上归于教会。教会通过这些手段从而能够把持人心、控制政治权力,并能够豁免世俗法权的管辖,并通

---

[83] 同上注,第491页。
[84] 同上注。
[85] 同上注,第533页。
[86] 同上注,第535—537页。
[87] 同上注,第537页。
[88] 同上注,第545—547页。
[89] 同上注,第556页。

过圣职人员和大学来传播经院哲学,与世俗主权者分庭抗礼。[90]

霍布斯认为,这些东西必须予以清除,以保持基督教的纯洁性和信徒的独立地位,"于是我们便又归于原始基督教徒的独立状态,每一个人都可以随自己的心愿属于保罗、属于矶发或属于亚波罗"[91]。换言之,通过对被教会败坏了的基督教的改造,霍布斯的基督教隐匿了上帝的形象(以便由主权者加以代表),除去了因为外邦人的魔鬼学残余带来的繁文缛节(保持了世俗主权者的教权),并剪除了经院哲学在精神领域的盘踞(以使得人们的心灵统一到世俗主权者的教化),实际上构建出了他自己的一套公民宗教。这套公民宗教使得基督徒脱离了教会,称为独立的个人,并且,上帝通过理性启示他们去认识自然法,通过语言使他们缔结契约,走进公民社会,构建出一个利维坦,在上帝不直接统治的现在世界为人们提供安全。而作为基督徒,则通过信仰"耶稣就是基督"这样一个简单的信条,获得恩典之国的臣民资格,得到了救赎的慰藉。因此,在物理秩序和精神秩序两个层面,霍布斯奠定了公民国家的秩序和安全,在政权和教权两个方面确定了利维坦的统治地位。总之,针对他所处时代的政治混乱(内战)和精神无序的状况,"霍布斯的解决方案是在效果上恢复古老的犹太教神权整体,但通过在耶稣的位格上赋予一个垄断性先知地位,来保证建制主权的地位,使其能够在不受其他先知对权威的挑战的情况下进行统治。一个基督教神权政治(集中在主权的人格上)提供了犹太神权整体的优点同时避免了犹太先知的弊病"[92]。

更为巧妙的是,在这种解决方案中,霍布斯为所谓的"无神论者"和基督徒都提供了保障。对于"无神论者",他们自然可以通过理性来理解自然法走出自然状态,为公民社会进行正当性论证;对于基督徒而言,霍布斯的神权政体不但为其提供了安全,还提供了救赎的可能性,可谓两全其美。并且,霍布斯隐含的意思是,经过他改造的公民宗教,能更好地促进自然法和世俗法的结合,使得利维坦在世俗秩序和精神秩序双方面稳如磐石。换言之,自然法由于具有了上帝的命令这一维度,能够更好地论证世俗主权者的正当性和合法性。这就是霍布斯版本的公民宗教,按照塔克的说法,这也是一种"世俗宗教"[93]。

---

[90] 同上注,第557—563页。
[91] 同上注,第563—564页。
[92] Ronald Beiner, supra note [81], p. 629.
[93] 参见[英]理查德·塔克:《托马斯·霍布斯的世俗宗教》,载[英]菲利普森、斯金纳主编:《近代英国政治话语》,潘兴明、周保巍译,华东师范大学出版社2005年版,第104—120页。

结语：上帝、自然法与霍布斯

通过这样一番对《利维坦》的解读，我们最终会发现，在霍布斯这里，自然法并非完全是理性的指令，而且具有上帝的命令这样的维度。并且，霍布斯告诉世人的是，经过改造的基督教和上帝的概念将会更好地让人理解自然法，并通过信仰的力量来支持和遵守自然法。在这样的结构下，自然法不再与实定法构成张力，反倒在上帝的名义下与实定法合而为一，世俗主权者利维坦作为上帝在尘世的代表，同样遵守自然法（上帝的命令）。利维坦作为现在的摩西，只有它能够与上帝沟通，只有它能传授上帝的旨意，只有它能够解释《圣经》制定法律，在这个意义上，自然法、神法、实定法在"有朽的上帝"（Mortal God）和"永生的上帝"（Immortal God）的双重庇佑下完美地结合起来，为整个国家提供了秩序和安全，这种秩序与安全，不仅消除了身体层面的争斗和战争，也获得了精神上的安宁和平静。

可以说，在动荡的英国内战中，自称为"恐惧之子"的霍布斯看到了问题的要害。他的解决方案可谓完美，但正是这种完美成就了他的空想特征。"正如波考克所注意到的那样，霍布斯是一个空想家。《利维坦》不仅仅是（可能不完全是）对政治社会如何建立和进行自我管理的分析。该书也是一种展望，即共和国如何能使我们比在人类历史上以往任何时候都更加自由和富有。（据霍布斯的观点）从来没有任何一个时代在哲学家的错误被完全清除之时，人们能过着没有错误信仰的生活。革命时期容易滋生空想主义，或许我们一直忽视了英国革命的乌托邦的最伟大之处。"[94]的确，霍布斯坦言，他做的工作是和柏拉图的理想国一样的壮举。[95]

作为自然法传统的重要哲学家，霍布斯在处理自然法时涉及的宗教问题，构成了整个自然法学说的一个传统。日后的洛克和卢梭无不在论述自然法以及国家理论的时候考虑到霍布斯处理过的这个重要主题。[96] 对于开创了这一主题的霍布斯而言，或许重要的不是去争论他究竟是无神论者还是清教徒[97]，而是去看霍布斯如何在那样一个时

---

[94] 同上注，第120页。

[95] 〔英〕霍布斯，同上注〔9〕所引书，第288页。

[96] 对于洛克，这一主题体现在同样为人忽视的《政府论》上篇。卢梭则明确地将公民宗教写入了《社会契约论》的第四卷第八章。

[97] 关于霍布斯的信仰问题，参见 Willis B. Glover, God and Thomas Hobbes, in K. C. Brown (ed.), *Hobbes Studies*, Cambridge, Massachusetts: Harvard University Press, 1965, pp. 141—165; See also A. P. Martinich, supra note〔42〕, pp. 19—39. 在后者的论述中，霍布斯是英国清教徒的典型代表，他的《利维坦》就是"现代人的圣经"。

代处理世俗和精神的双重秩序的问题。

在他翻译的修昔底德《伯罗奔尼撒战争史》的引言中,霍布斯针对旁人对修昔底德无神论的攻击做了这样一个回应:"在他的战争史的某些地方,他注意到了神谕显灵的某些含糊暧昧之处;但是他却记住神谕预言证实了自己对于战争持续时日的断言。他责备尼西亚斯遵从其宗教礼仪过分严格死板以致自己及全军遭到覆灭,并使得国家统治崩溃,自由涂炭。然而在另一个场合他却赞扬对神的崇敬,并说像他这样最卑微的人在如此大灾难面前也要像他一样挺身而出。因此在他的著作里,我们的作者看起来是,一方面不迷信,另一方面并非无神论者。"[98] 看来,霍布斯对于修昔底德的评价,对于自己同样适用。

---

[98] Sir William Molesworth (ed.), *The English Works of Thomas Hobbes of Malmesbury*, Bart., London: Bohn,. 11 vols. Volume VIII, pp. 1839—1845; Thucydides, *History of the Peloponnesian Wars* (*History of the Grecian War*), trans. Thomas Hobbes Vol. 1, p. xv.

Yearbook of Western Legal Philosophers Study
西方法律哲学家
研究年刊

[241—304]   大 师 纪 念

亚里士多德：政治生活方式的教导者
——纪念亚里士多德诞辰 2390 周年

曹 明[*]

亚里士多德既非生于雅典，也非终老于雅典，不过他见证并延续了雅典最后的辉煌——希腊哲学。哲学的兴起正是政治衰落的标志，亚里士多德以哲学的方式提倡政治生活，这本身就提醒我们谨慎地去理解。

悲剧时代是古希腊的黄金时期，雅典达到了空前的繁荣，政治、艺术堪称希腊世界的典范，但巅峰的顶点同时是衰落的起点，危机开始渐露苗头。不知从何时起，智者开始兜售他们的论辩术，浮夸盛行，重言辞轻行动，民主的陋习逐步暴露。政治，是这场席卷雅典的清谈之风中的核心主题，智者们批评雅典的政治制度和法律不符合"自然"，只是"习俗"的产物，统治终究不过是谋求强者利益的手段而已——其中，自然和习俗之分是智者使用的基本方法。也许最著名的智者当属苏格拉底了，他只述不作。照西塞罗的说法，苏格拉底第一个将哲学从天上带到了地下；而依列奥·施特劳斯的读解，苏格拉底并非要研究地上之物——大地仍属神事之列——苏格拉底的独特之处

---

[*] 曹明，西北师范大学政法学院教师，西南政法大学法学理论专业在读博士生。

在于他从人类事务中看到了自然。[1] 柏拉图从根本上同意苏格拉底这一发现,他毕生所做的也就是要挖掘出灵魂和城邦中的自然秩序。作为柏拉图的学生,亚里士多德深受其师影响,但就像他所言"吾爱真理更甚于吾师",真理毕竟不等于柏拉图。

在柏拉图的对话中,苏格拉底从表面事物或从事物的某一部分开始,借助理性的力量,不断攀升,直指整体。辩证法可以从不同的起点出发,但是最终都是为了发现"整全"——一切神事与人事。这是一个无止境的过程,哲学就是爱欲的辩证法,它不可能在一个既定的领域驻足不前。在柏拉图的《法律篇》中,苏格拉底由雅典陌生人替代,因为苏格拉底不可能停留在政治的领域中为克里特人立法。亚里士多德与柏拉图最大的不同之处就在于,亚里士多德确立了一系列相对独立的领域,而且认为在每一个自足的领域中都可以实现相对独立的研究。[2] 当然,这成就了后来的科学划分体系,而这一切划分中最为根本的则是理论与实践的区分,这是理解亚里士多德的首要前提。

这个区分在某种程度上修改了哲学与政治的关系。亚里士多德对整全事物作了根本区分,即神事与人事之分,普遍、自在、独立的存在一定是属于神事的,对于这些永恒事物的沉思属于理论智慧;相对地,人事却是个体的、暂时的、依赖性的、处在变化中的,这便需要实践智慧来把握。二者的相对独立在某种程度上改变了在柏拉图那里占据核心位置的哲学与政治的关系,亚里士多德作出了最显白的教诲:政治生活才是最值得过的生活。

"实践"在亚里士多德的思想中意义重大,用海德格尔式的术语来说,实践活动是能够揭示本真状态的此在活动。海德格尔在给好友的一封信中透露,他的此在论直接渊源于亚里士多德的伦理学,此在论的政治意义就在于将人的政治行动重新拉回到前科学的理解;阿伦特更是直接以亚里士多德的实践行动为基础重新构造政治空间,而且将实践行动放在了作为"人的条件"的根本位置上。[3] 不过,也许政治哲学家列奥·施特劳斯重新发掘的"自然"纬度更加切近亚里士多德的本意。[4] 古典政治哲学家的出发点是自然目的论,由此将人定位于一种自然秩序中,从人的完善性的角度来理解人,每一种潜质的出色发挥都被称为"德性","实践"的根本目标是幸福,而幸福不过是美德的别

---

[1] Leo Strauss, *The City and Man*, Chicago and London: The University of Chicago Press, 1964, p. 13.

[2] Ibid., p. 27.

[3] 参见〔德〕汉娜·阿伦特:《人的条件》,竺乾威等译,上海人民出版社 1999 年版,第 5—7 页;也可参见 Charles Bambach, Arendt and Heidegger: The Fate of the Political, *Negations*, the Winter, 1998。

[4] 关于施特劳斯发掘的古典政治哲学"自然"纬度,参见〔美〕列奥·施特劳斯:《自然权利与历史》,彭刚译,三联书店 2003 年版,尤其是第三章论述。

称而已。

亚里士多德的德性构成学颇为复杂。人的灵魂由营养、感觉欲望和思想构成,营养部分无所谓是否听从理性,思想构成理性部分,感觉欲望是听从理性的部分。理性部分又可分为两类:一是科学或理论的部分,其对象是不变事物,以论证性的知识为目的,理论科学由此构成;其二是谋算或者实践的部分,其对象是人的行为,不是以知识而是以行为的改善为目的,此为实践科学,或者称为"实践智慧",这二者共同构成理论美德。感觉欲望对理性的服从则构成道德美德,道德美德只能在行为中逐渐获得。需要注意的是,道德美德和理性有关,但它本质上不是理性的,不可能给它下一个抽象的定义,只能由理性视具体情况来决定,用亚里士多德术语来说,这便是"中庸"的态度。

"实践智慧"在亚里士多德那里含义复杂[5],广义的实践科学不仅指道德——政治的知识,还包括了技艺,即制作的知识,这种知识寻求针对既定结果的最佳方法,而道德——政治的知识有时也必然涉及技艺。这种复杂性也许从开始就预示了阿伦特所说的"政治技艺化"的可能,不过,对此亚里士多德的态度是明确的:政治学是一切技艺的技艺,政治以最大的善为目的。在古典政治哲学中,政治学和伦理学是一致的,就亚里士多德而言,伦理学是政治学的绪言,政治学是伦理学的完成。从个人的角度看,最大的善乃是灵魂的崇高;从城邦的角度看最大的善就是公正。二者都面临着快乐、财富与美德、公正的辩难。但亚里士多德否认这种冲突,财富只是作为外在的善,不及人们的关系来得重要,这反映了亚氏的基本观点:人天生是政治动物。不过,亚氏承认这二者的一致最终依赖于神的恩赐,也许这就从根本上要求立法者:节制。因为我们都逃不了命运的摆布。

我们进一步关心的是实践智慧和政治技能的关系,政治技能是实践智慧的一种,亚

---

〔5〕 "实践智慧"的希腊语是 phronesis,phronesis 的词根是 phren,该词根指的是心或横膈膜,有视之为思想器官的意思,在哲学上,nous 引申为不牵动意志、目的的心灵活动,如积极理性、沉思等;而同心、胸膜相联系的 phren,则引申为牵动意念和追求的理性,赫拉克利特大量使用以 phren 为词根的动词、分词、名词,并且混入了"深思熟虑"、"持重"、"慎重"等伦理性含义。在《克拉底鲁篇》中,苏格拉底说:"phronesis 这个词可以表示运动和流变的观念,或许是运动的好处,但不管怎么说,它与运动有关。" phronesis 不仅跟意志有关,而且跟运动有关。亚里士多德赋予这个词系统的意义,将 phronesis 和 sophia 明确区别开来,将前者视为专门在实践领域起作用的智慧而将后者视为专门在理论领域起作用的智慧。拉丁语用来翻译 phronesis 的词是 prudentia,英语的 prudence 来源于拉丁词 prudentia。系统的论述可以看见徐长福先生的考证。

需要注意的是我们现在所指的法理学(jurisprudence),就辞源意义而言来自希腊语 phronesis,所以现在所说的法理学实际上在古典时代根本上是指关于立法的实践智慧,这里的立法比亚里士多德专门指城邦形式的含义更为广泛,集中探讨此内容的第一经典当属柏拉图的《法律篇》,后世有孟德斯鸠的《论法的精神》,最初严复将其译为《法意》,正是指法理学的古典含义。就此问题的深入讨论参见林国华先生的《古典的"立法诗"与政治哲学主题研究》,上海三联书店 2006 年版。

里士多德所说的政治技能包含两类,一类是系统的"立法",另一类是更"实用和审慎的"政治技巧。〔6〕亚氏所说的"立法"有其独特的含义,专指确定城邦的形式,这是城邦的灵魂所在。其他政治事务的知识,主要凭借政治家的经验,但就"立法"而言,情况并非如此,因为界定城邦制度的法律不能只凭经验。政治家囿于特定的时间地点,无法超越所在的城邦,超卓的立法者或许是天赐的,但哲学,或者说亚里士多德的政治学,或许也可以教导出这样的立法者。〔7〕"立法"正是《政治学》一书的主题。我们可以把由八卷组成的亚里士多德《政治学》看作一部论文集,尽管在该书中亚里士多德的行文颇多模糊和含混,而且关于八卷的编排顺序至今尚存争论,但该书的经典地位并不因此而受影响,可以说,后来关于政治学的讨论都是在亚里士多德的基础上进行的。

政治以及政治学都是希腊人的创造,据海德格尔的考证,polis 是 polos,即中枢,以其特殊方式吸引万物围绕着它的那个地方,这个中枢让存在者在它们隶属于它们牵涉事物的总体关系的存在中出现。polis 是一个所在的本质,"政治"就是存在者最基本的存在方式。〔8〕古希腊的政治体是建立在奴隶制基础上的城市国家,由一片郊区环绕一个城市构成。在柏拉图和亚里士多德看来,城邦是国家的代表。即使那个时代的帝国也是在哲学家的视野之外的,这一点是我们必须牢记的。

和柏拉图相对,《政治学》一开始,亚里士多德就提出了全新的思考起点:城邦是一种独特的合作关系,不同于家庭关系和主奴关系,也不是王者之治。城邦是"自然"的,因为人总会聚合为一个大于家庭的群体,这就是政治体。这样聚合起来的人群与蜂群有本质的不同,其最关键的差异就在于人群具备言辞和理性能力,人们能够分享善恶观念,家庭、城邦正是这种义理的结合。〔9〕我们不时可以看到亚里士多德批评的矛头直指其师,柏拉图构造最好的城邦,不惜阉割现实,亚里士多德则尊重城邦的差异,统一或者说一致性应该通过教育即习惯、哲学和法律的联合影响来加以实现。亚里士多德还分析了很多现实的城邦的局限性,但这并不是为了阐明现实问题,而是为了提出一种全新的理解。

在第三卷,亚里士多德展开了关于"政制"的论述,传统上一般理解为"政体",但在古希腊这个术语更侧重的是生活方式,而不是权力安排。亚里士多德从讨论公民的身份开始,最终的分析表明,公民取决于政体,寡头制下的公民也许就不是民主制下的公民。

---

〔6〕〔古希腊〕亚里士多德:《尼各马可伦理学》,廖申白译注,商务印书馆 2003 年版,第 177 页,1141b25—33。

〔7〕同上注,第 317 页,1181b。

〔8〕张汝伦:《海德格尔与实践哲学》,载《哲学动态》2005 年第 2 期。

〔9〕〔古希腊〕亚里士多德:《政治学》,吴寿彭译,商务印书馆 1965 年版,第 8 页,1253a7—18。

城邦的同一性可以说是亚里士多德提出的经典政治命题,博丹就是从对亚氏的城邦同一性的批判中而引发出了奠定现代民族国家理论基础的主权论,这其中蕴含的是政治的敌我问题。对于亚里士多德而言,生活方式的选择才是更主要的问题,而政体的不同仅在于统治者数量上的差别:或者是一人,或者是少数人,或者是多数人,也即君主制、贵族制、共和制,又有三种变体分别与之对应:僭主制、寡头制、民主制。[10] 但亚里士多德又提醒我们:政体差别最终落脚于政治公正,这里实际上是亚氏著名的分配正义原则,也即荣誉、财富、权力、自由到底应该依照什么原则来分配。[11] 不过亚氏并未得出——也不可能得出——一个抽象的理论结论,他期望通过各自的价值竞争走向实际的和解。

亚里士多德更关注的是现实的政体,包括其种类、变迁及改造问题。政体的种类很多,这和城邦的许多构成部分有关,但最普遍的部分是广大民众和少数富人,所以在第六卷亚里士多德着重讨论了平民政体和寡头政体。亚里士多德是"混合政体"的初创者,他注重穷人和富人之间的中间构成部分的调节作用。每种政体只是正义的一种形式,所以不可避免地会发生变化。亚里士多德也提出了最好的政体问题,甚至类似于柏拉图提到了在一个新的地方建立城邦的问题,但这不过是给致力于改善城邦的人提出一个蓝图而已。

卷七伊始,亚里士多德又重提个人和城邦最大的善,而且断言这二者的同一性,似乎又回到了生活方式的选择问题:最好的生活方式到底是沉思的生活还是政治的生活?但是在这里亚里士多德把这个问题与另一个问题紧密相联:哪种政体以及城邦的哪种对外倾向才是最好的?[12] 于是,最好的政体、进而最好的生活方式与城邦的对外政策密切相关。一般人认为,政治统治与奴役外邦人没有区别,并不反对在与他人的关系中做对自己来说是不正义的事,所以,统治就是要寻求最大的权威,以至于要在对异邦人的奴役中寻找出路。亚里士多德为了抑制政治家无所顾忌地追求权力而重新界定了实践生活,这种生活并不一定与他人相关,这是一种自足的生活,就像思想以自身为目的的研究一样。亚里士多德清楚地表明,哲学生活只对那些能够从事哲学的人而言,因而,哲人生活在城邦的边缘,那种纯粹的自足和完善则是神的状态。

最终,亚里士多德说出了暮鼓晨钟般的教诲:城邦之外非神即兽。[13]

---

[10] 同上注,第 132—134 页,1279a25—1279b10。
[11] 同上注,第 134—136 页,1131a10—1131b24。
[12] 同上注,第 339—348 页,7.1—2。
[13] 同上注,第 9 页,1253d28—28。

附录:亚里士多德相关的法哲学著作目录

(说明:在亚里士多德那里我们无法发现我们今天所谓的法哲学,虽然亚里士多德提出了学科分类,但是从不曾有法哲学,与此最接近的是政治学。不过我们并不能说亚里士多德没有关于法哲学的论述,正像我们在文中注释〔5〕所言,亚里士多德的法哲学需要从法理学[jurisprudence]的本源意义上来理解,所以我们必须从更广泛的意义上去研读亚里士多德著作,比如刘小枫先生最近的"古典诗学"演讲中认为,传统上将《诗学》归为文艺类,但实际上却是一部政治哲学著作,诗术最初主要是承担政治教育功能的。)

《形而上学》

《尼各马可伦理学》

《大伦理学》

《优苔谟伦理学》

《论善与恶》

《政治学》

《家政学》

《修辞学》

《亚历山大修辞学》

《论诗》

《雅典政制》

另:现代整理的亚里士多德全集还收有"残篇",但这很难说是亚里士多德的著作,因为基本上都是一些他人对亚里士多德的引述,而且也并非直接引述,多为重述、评论,所以这里并不将残篇的相关内容一并列举。

谁与斯人归?
——纪念穆勒诞辰200周年

周红阳[*]

在思想历史的"语境"之中,围绕穆勒(John Stuart Mill,1806—1873,又译"密尔")思想的争论是如此的广泛和深远,以至于当今学术能够毋庸置疑的一点乃是穆勒思想的影响力和繁复周折。其实,撇开对于穆勒思想的研究和解释,要阅读完近年新修订出版达33卷的穆勒全集就是相当的劳神费力。因此,理解穆勒总是一件很艰难的事。

据说,穆勒思想的力量和局限都是源自于他力图将一系列不同的问题线索融合在一起,这样就使得惯于从思想家的大量著作中归纳出一个"单一"和"真义"的逻辑框架和系统的尝试遭遇挫折。穆勒的写作似乎在搅乱连贯性思想的单薄?

众所周知,穆勒是个天才。自幼聪慧的他在父亲詹姆斯·穆勒(James Mill)的教育下,3岁学希腊文,8岁接触拉丁文、几何学和代数学,9岁阅读古希腊的文学与历史作品,10岁即读完古希腊哲学家柏拉图和德摩斯提尼的原著,12岁习逻辑,精熟亚里士多德和霍布斯等人的逻辑学著作,13岁研习李

---

[*] 周红阳,吉林大学理论法学研究中心2003级博士研究生。

嘉图的《政治经济学及赋税原理》和亚当·斯密的《国富论》，之后又深入研究过其他思想家如圣西门一脉的思想著作；在其精彩的一生之中，穆勒曾问学于当时代具有影响力的哲学家休谟、边沁和经济学家萨伊。当然，正是经由这一学习过程所逐渐累积起来的支援知识结构，自从1825年发表讨论商业政策与货币政策的论文起，穆勒就不断推出新的著作，诸如：《逻辑学体系》（1843年），经济学论文集《经济学上若干未决问题》（1844年），《政治经济学原理》（1848年），《论自由》（1859年），《论述和讨论》四卷（1859—1875年），《代议政治论》（1861年），《功利主义》（1863年），《论妇女的从属地位》（1869年），《自传》（1873年）。穆勒思想的"微言大义"就潜隐在这些论述之中。

如果顺着穆学界的研究过来，除了对于穆勒思想中诸多问题和题域的关注之外，可以知晓的是这些问题大体上都或显或隐地追随或预设了某一条线：解释中一个自然的倾向就是把穆勒著作的结构和意义推到逼临自身的"语境"的地平线上，以生成性地构建出自身于思想结构中的张力，或者是撑开穆勒思想的限度。在这些作背景性展开的"视域"当中，主要带出的线索有两条，一条线就是经由一些哲学家的思想所构成的题域来充任，例如对穆勒的思想而言，边沁功利主义的基本原理"最大多数人的最大利益"就具有奠基性的重要意义；另一条线则是在始自亚当·斯密经济学的思想脉络中挑出，例如李嘉图学说与穆勒思想之间的重要关联。

正是基于这样已经具有的研究之上，通常的理解就主要选择了边沁的体系和李嘉图学说作为穆勒理性观看问题的起点和支撑。而在揭示出这两条线的分合处的穆勒著作中，一种矛盾的张力似乎是清晰地显现出来，亦即是在《功利主义》与《论自由》二者之间存在着难以协调的冲突之处，这一紧张的"要义"甚或延伸到了足以代表穆勒思想精义的《政治经济学原理》。因为在《功利主义》一书的论述体系中，穆勒所试图达到的旨意乃在于让人们知晓应该促进和提高"善"或者"快乐/幸福"，"幸福是指快乐与避除痛苦；不幸福是指痛苦和丧失掉快乐。……这个人生观就是承认只有快乐，并免痛苦，是因它是目的而认为可欲的事物（在功用主义的系统内，这种事物与在任何其他系统内一样多），是因为它自身本有的快乐，或是因为它是增进快乐避免痛苦的方法而成为可欲的事物"[1]。与此有异，在《论自由》一书之中，穆勒所称信的却是"自由"，若是自我关切的行为得到了关照，社会和他人就不应该去干涉个人，即使这种干涉是出于对这些个人本身之"善"的权衡、计较，在经常被引为穆勒自由观核心的一段话中，这一认识典型地呈现出来："人类之所以有理有权可以个别地或者集体地对其中任何分子的行动自由进行干

---

[1]〔英〕约翰·穆勒：《功用主义》，唐钺译，商务印书馆1957年版，第7页。

涉,唯一的目的只是自我防卫。这就是说,对于文明群体中的任一成员,所以能够施用一种权力以反其意志而不失为正当,唯一的目的只是要防止对他人的危害。……任何人的行为,只有涉及他人的那部分才需对社会负责。在只涉及本人的那部分,他的独立性在权利上则是绝对的。"[2]因此,在《功利主义》一书之中起根基性作用的"幸福/快乐",到《论自由》一书却改换为是"自由"被摆在了首要的位置之上,那么穆勒的这一问题有否直接的承继之脉呢?

在亚当·斯密学说的研究中,有一个早在19世纪中叶就由德国历史学派的经济学家提出的所谓"亚当·斯密问题",即是《道德情操论》和《国富论》对比悬殊、相互矛盾的问题。信义于此问题的学者认为,斯密在《道德情操论》一书把人们的行为归结于同情或以同情心作为研究道德世界的出发点,而转入《国富论》一书却把人们的行为归结于自私或研究经济世界的出发点是利己主义。于这样的列出之后,对照一下穆勒和斯密的问题,固然不能够直接认定两处的问题是共有一条论述路径,但是"个人与社会"这一个共同的关键词就会在思想脉络延续间显著地开出来。穆勒是在什么样的意义上回答斯密的召唤呢?穆勒思想的关注乃是围绕"个人与社会"的核心展开?

如果这一猜测能够成立,那么"自由"就成为了组织穆勒思想的核心所在,他的著作只是对这一主题的展开了。根据穆学界的研究,穆勒的自由观实是可以概括为:"自由的真谛在于从多数人的专制中解脱出来从而走向不仅是多数人的而且也是少数人的充分发展的个体性。"[3]推进一点,也许在穆勒《论自由》一书卷首的题词里(这一题词来自于作为歌德和席勒朋友的德国哲学家罕布尔特),能够标明出他思想的要义:穆勒努力"来加以论证的这个崇高而重要的原理就是,人类能够向尽可能丰富多样的方向去发展是至关重要的"。[4]

当然,如此一来,严复也就是很幸运的了。因为他的学究天人使得其把穆勒的传世之作《论自由》译作了《群己权界论》。其实,在穆勒最有影响的两端学说:归纳主义和《论自由》之中,严复均有对应的研究和译介,足见严复对穆勒的把握是较为切中肯肇的。而中国学人知晓穆勒,实始于严复的译介,至当今已是百年。

又今之2006年乃穆勒诞辰200周年。遥念大师之际,学人不妨自问,对于穆勒著作的理解,是认真按照思想的内在逻辑来进入的,还是……?

---

[2] 〔英〕密尔:《论自由》,程崇华译,商务印书馆1982年版,第10页。
[3] 黄伟合:《英国近代自由主义研究》,北京大学出版社2005年版,第42页。
[4] 同上注,第89页。

附录[5]

一、穆勒的主要著作

1.《逻辑学体系》(全名为《一个演绎与归纳的逻辑体系》,*A System of Logic Ratiocinative and Inductive*,1843年)。

2.《经济学上若干未决问题》(*Unsettled Questions of Political Economy*,1844年)。

3.《政治经济学原理》(*Principles of Political Economy*,1848年),赵荣潜 桑炳彦 朱泱 胡企林译,商务印书馆1991年版。

4.《论自由》(*On Liberty*,1859年),程崇华译,商务印书馆1982年版。

5.《论述和讨论》(*Dissertations and Discussions*,1859年)。

6.《代议制政府》(*Considerations on Representative Government*,1861年),汪瑄译,商务印书馆1982年版。

7.《功用主义》(*Utilitarianism*,1863年),唐钺译,商务印书馆1957年版。

8.《对威廉·汉密尔敦爵士哲学的审查》(*An Examination of Sir William Hamilton's Philosophy*,1865年)。

9.《孔德和实证主义》(*Auguste Comte and Positivism*,1865年)。

10.《妇女的屈从地位》(*The Subjection of Women*,1869年),王蓁、汪溪译,商务印书馆1996年版。

11.《对詹姆士·穆勒心理学的诠释》(*Analysis of the Phenomena of the Human Mind*,1869年)。

12.《约翰·穆勒自传》(*Autobiography*,1873年),吴良健、吴衡康译,商务印书馆1987年版。

13.《论宗教》(*Three Essays on Religion: Nature, the Utility of Religion, and Theism*,1874年)。

二、Writings by John Stuart Mill[6]

(一) books / book excerpts

1. *The Logic of the Moral Sciences*, Excerpted from *A System of Logic*, London, 1843, 8th

---

[5] 引自 http://www.utilitarian.net/jsmill/,2006年7月10日访问。
[6] 引自 http://www.utilitarian.net/jsmill/,2006年9月15日访问。

ed. 1872.

2. *Essays on Some Unsettled Questions of Political Economy*, London, 1844.

3. *Principles of Political Economy*, London, 1848, 7th ed. 1871.

4. *On Liberty*, London, 1859.

5. *Dissertations and Discussions*, London, 1859, 4th ed, 1882.

6. *Considerations on Representative Government*, London, 1861.

7. *Utilitarianism*, London, 1863. Reprinted from *Fraser's Magazine*, 1861.

8. *Auguste Comte and Positivism*, London, 1865. Reprinted from *Westminster Review*, 1865.

9. *An Examination of Sir Hamilton's Philosophy*, London, 1865.

10. *The Subjection of Women*, London, 1869.

11. *Autobiography*, London, 1873.

12. *Three Essays on Religion* [Nature + Utility of Religion + Theism], London, 1874.

13. *Chapters on Socialism*, Fortnightly Review, 1879.

(二) articles

1. Free Discussion (1), *Morning Chronicle*, 1823.

2. Free Discussion (2), *Morning Chronicle*, 1823.

3. Free Discussion (3), *Morning Chronicle*, 1823.

4. A Defense of Bentham, Excerpted from "Whewell on Moral Philosophy". *Westminster Review*, 1836.

5. Note on N. W. Senior's *Political Economy*. In Senior's *Outline of the Science of Political Economy*, London, 1836.

6. The Negro Question, *Fraser's Magazine*, 1850.

7. Bentham, 1838, 2nd ed. 1859.

8. The Contest in America, *Fraser's Magazine*, 1862.

9. Inaugural Address, Delivered to the University of St. Andrews, 1867.

10. Meetings in Royal Parks, Delivered in Parliament, 1867.

11. Speech in Favour of Capital Punishment, Delivered in Parliament, 1868.

12. Thornton on Labour and its Claims, *Fortnightly Review*, 1869.

13. Theism, In *Three Essays on Religion*, London, 1874.

14. Nature, In *Three Essays on Religion*, London, 1874.

15. Utility of Religion, In *Three Essays on Religion*, London, 1874.

美国法理学中的兰代尔
——纪念兰代尔教授诞辰 180 周年

樊 安*

克里斯托弗·哥伦布·兰代尔(1826—1906),现代美国法律教育模式的奠基人之一,案例教学法的主要创始者和倡导者,哈佛法学院首任院长,19 世纪后 30 年至 20 世纪初美国主流法律思想的公认代表人物,是美国法律思想史上的风云人物之一。他跟奥斯丁的理论主张的部分重合又使那些试图给 19 世纪末 20 世纪初美国主流法律思想在世界法律思想长河中找到一席之地的人们将他视为是英国古典实证主义在美国的代表人物之一。亦有不少人拿兰代尔思想中法律形式主义成分同德国的概念法理学相类比。

1854 年从哈佛法学院毕业以后,兰代尔在纽约市渡过了近 15 年的职业律师生涯,以擅长写高度专业的律师辩论意见书而闻名。1870 年 1 月,他在迫切希望对哈佛法学院进行改革的艾略特校长的极力举荐下成为一名法学教授,他又于同年 9 月担任了新设立的法学院院长一职。在此后的 1 年内,兰代尔在艾略特的支持下进行了彻底的教学改革,比如,学士学位的入学条件,有序的分级制课程,升级和毕业所需要的年度测试,三年制法律教育的形成,

---

* 樊安,吉林大学 2004 级法律硕士研究生。

专业图书馆从教科书储藏室到学术资料库的转变,从案件开始教学的归纳教学法。总而言之,兰代尔领导的改革满足了哈佛校方的愿望,使得"法律教育从一种不严格的绅士派头的文化适应(undemanding, gentlemanly acculturation)转变为一种学术性英才教育"[1]。兰代尔在1895年卸任,在1900年退休,在此后的岁月里一直进行法律论文的写作。

兰代尔在解释自己为什么选择案例教学法作为法律教育的最佳方法时写下了下面这段话,这也是他对自己的法律思想的仅有的两次阐述之一。[2]

> 法律,被认为是一门科学,是由一些原则(principles)或原则(doctrines)组成的。精通这些原则以便能够永远轻松而又有把握地把它们适用于充斥着无尽纠纷的人际事务(human affairs),达到这一点才能成为真正的法律人;因此,达到对这些原则的精通就应该是每位认真的法律专业学生的本分。每一条原则都是一步一步缓慢地达致当下的状态的;换句话说,它是历经世世代代延续于众多案例之中的成长。追溯这一成长大体是通过一系列案例;并且彻底地精通这些原则的最简捷最佳的方式,如果不是唯一的方式,就是通过研究体现着这些原则的案例。但是在当下对于实现这一目的是有助益的或必不可少的那些案例在被汇编的案例中只占据极少的比例。就系统学习的目的而言,绝大多数案例是无用的,甚至比无用还要糟糕的。此外,基本法律原则的数量要比通常人们所想象的少得多;同一原则不断地以不同的方式被表述,并且法律著述在很大程度上彼此重复,这都是导致许多误解的原因。如果这些原则能够被加以分类和整理以使每一原则都处于其应有位置,而不是到处都是,它们的数量就不会再那么大得惊人。[3]

我们可以发现,这样的一小段话涉及了法律原则的发现和整理、法律体系的构建、法律的成长以及法律教育的方法等诸多问题。兰代尔在其《合同法要义》[4]中关于合同成立的邮箱规则的讨论中所凸显出来的那种三段论式的法律推理方式和其法律科学观、法律教育观一起构成了他的全部法律思想。

---

〔1〕 Bruce A. Kimball, The Langdell Problem: Historicizing the Century of Historiography, 1906—2000s, 22 *Law & Hist. Rev.* 277, p.278.

〔2〕 另外一次是在哈佛大学250周年庆典上的演讲,兰代尔又一次强调了他的法律科学观和法律教育观,兰代尔的演讲见 3 *L. Q. Rev.* (1887), pp.123—125。

〔3〕 Langdell, *A Selection of Cases on the Law of Contracts*, 2nd ed., Boston: Little, Brown, 1879, viii, ix.

〔4〕 Langdell, *A Summary of the Law of Contracts*, Boston: Little, Brown, 1880. 该书首次出现是作为第二版《合同法案例选编》(*A Selection of Cases on the Law of Contracts*)的附录,后来独立出版,但并未作实质性改动。

兰代尔并没有对自己的法律思想进行详尽的阐释。他没有专门的法理学方面的论著。他也甚少以文字的形式来对自己的案例教学法进行解释。在案例教学法备受反对和责难的时候，兰代尔选择了保持沉默，在它被广泛接受时，兰代尔依然是沉默。他更没有专门的法理学方面的论著。我认为我们之所以不能忘记他主要有两个原因。第一，他在《合同法要义》一书中所体现出形式主义思想被认为是 19 世纪后 30 年至 20 世纪初美国主流法律思想在学界的代表，并于此后的几十年间受到了霍姆斯、庞德、卡多佐、卢埃林、弗兰克等人的反复批判，这使得我们在审视美国法律思想的发展和沿袭的过程中不可不对其进行关注。也许他的贡献之一正如格雷教授所说，他"提供［给后人］了这个十分重要的反面先例，即一套令人满意的极端的学说，他们的后继者可以通过对其加以反对来定义自己"。〔5〕第二，哈佛法学院在其任期内的巨大成功使人们不得不仔细研究作为那场改革的领军人物的兰代尔的贡献，他已经成了我们讨论法律教育的过程中一个迈不过去的人物。正如达克斯博雷（Duxbury）所指出的，兰代尔的贡献就在于用案例教学法来促进"法律是科学"这一观念。〔6〕当我们认识兰代尔时始终都不能忽视一点，即他不仅是一位法律理论家，而且更是一位法律教育家。因为，他所作的一切努力都是为法律教育服务的，包括他备受争议的法律形式主义的载体——《合同法要义》一书也是为了教学的目的而作的。同时兰代尔曾明确指出，他之所以采取了案例教学法主要是取决于他对法律的本质和法律研究的理解。〔7〕而在持不同理论立场的教学者眼中，案例教学法又可以达到完全不同的目的，这也是那些反对兰代尔法律理论的学者也接受了他的案例教学法的原因。〔8〕因此，尽管我们没有办法把兰代尔的案例教学法和法律形式主义糅合成一套逻辑一致的理论体系，但是任何把兰代尔的法律理论同其法律教育思想、尤其是案例教学法，完全割裂开来讨论的做法都是值得商榷的。

然而，长期以来我们可以看到在批判或褒扬兰代尔的众多论者中却存在着两种极端的倾向。第一种倾向在持有法律现实主义立场的批判者身上表现得甚为明显，他们追随其精神导师霍姆斯，主要针对兰代尔的法律科学观和法律推理方式展开批判，把兰代尔塑造成为他们反对的法律形式主义的代言人。兰代尔的理论思想被冠以各种名号如"机械法理学"（庞德语）、"先验的胡说八道"（科恩语）。兰代尔本人被认为是"法律神学家"（霍姆斯语），成为了滑稽可笑的古老守旧派的代名词。在此种情形下，甚至连兰代尔在

---

〔5〕 Thomas C. Grey, Book Review: Modern American Legal Thought, *106 Yale L. J.*

〔6〕 Neil Duxbury, *Patterns of American Jurisprudence*, Clarendon Press. Oxford, 1995, p.14.

〔7〕 Langdell, supra note〔3〕, vi.

〔8〕 Paul D. Carrington, Hail! Langdell!, *Law & Social Inquiry*, Vol. 20, No. 3 (1995).

法律教育方面的成就也被竭力加以贬损,他被认为是"本质上愚蠢的人,在其早期偶然发现了一个伟大的理念,并从此以后以其天生的固执坚持了这一观念"[9]。自 20 世纪 80 年代以来,更多的论者参与了反驳此前人们对兰代尔的评价,尤其是法律现实主义关于兰代尔的批判,他们认为在法律现实主义者那里兰代尔被刻意地加以扭曲。而我们可以发现在这股重新评价兰代尔的潮流中有着另一种不好的倾向,有论者仅仅专注于对兰代尔的案例教学法展开分析[10],兰代尔在他们所讨论的案例教学法中是无足轻重的。因为不在兰代尔的法律科学观的参照下去评析案例教学法的优缺点的这种做法就体现不出其案例教学法的独特性,这就对我们认识兰代尔的贡献没有太大的帮助。这两种极端倾向的共同缺点就是,它们都只呈现给了我们一幅简单化了的或者残缺的兰代尔的画像。

可喜的是,在众多的论者中不乏有试图从一种综合的视角去理解兰代尔的学者,就我的阅读而论主要有托马斯·格雷(Thomas C. Grey)[11]和菲尔德曼(Stephen M. Feldman)[12]。格雷采用了流行于 19 世纪的穆勒(J. S. Mill)的几何学观念中的那种"公理的归纳和定理的演绎"来统合兰代尔思想中的体现于案例教学法的法律原则的归纳和体现于法律推理中的法律判决的演绎。这一类比的可贵之处是它指出了兰代尔思想中的致命症结,即循环论证问题。而菲尔德曼虽然也通过亚里士多德思想中形式与实质的关系同兰代尔思想中的法律原则和案件之间的关系相类比,以此来统合兰代尔的归纳和演绎的问题,但是他并没有进一步开放出问题。我猜想这也是格雷的这篇文章在发表之后便被人频频引证成为研究兰代尔的权威依据的可能原因,而这也是我之所以选择翻译它作为对兰代尔的纪念的原因。

附:研究兰代尔参考资料
一、著作
(一)中文部分
1. [美]卡尔·卢埃林:《普通法传统》,陈绪纲、史大晓、仝宗锦译,中国政法大学出

---

[9] G. Gilmore, *The Ages of American Law* 62 (1977),转引自 Marcia Speziale, Langdell's Concept of Law as Science: The Beginnings of Anti-Formalism in American Legal Theory, 5 *Vt. L. Rev.* 1 (1980), p. 1. 吉尔莫的这一极端言论受到了众多论者的质疑。

[10] 我个人认为典型的如 Paul D. Carrington。

[11] Thomas C. Grey, Langdell's Orthodoxy, 45 *U. Pitt. L. Rev.* 1.

[12] [美]斯蒂芬·M. 菲尔德曼:《从前现代主义到后现代主义的美国法律思想——一次思想航行》,李国庆译,中国政法大学出版社 2005 年版,第 166—211 页。

版社 2002 年版。

2.〔美〕罗伯特·斯蒂文斯:《法学院——19 世纪 50 年代到 20 世纪 80 年代的美国法学教育》,阎亚林、李新成、付欣译,贺卫方校,中国政法大学出版社 2003 年版。

3.〔美〕斯蒂芬·M. 菲尔德曼:《从前现代主义到后现代主义的美国法律思想——一次思想航行》,李国庆译,中国政法大学出版社 2005 年版。

4.〔英〕阿蒂亚、〔美〕萨默斯:《英美法中的形式与实质》,金敏、陈林林、王笑红译,中国政法大学出版社 2005 年版。

5.〔美〕霍姆斯:《普通法》,冉昊、姚中秋译,中国政法大学出版社 2006 年版。

(二) 英文部分

兰代尔本人著作

1. Langdell, *A Selection of Cases on the Law of Contracts*, Boston: Little, Brown, 1870.

2. Langdell, *A Selection of Cases on the Law of Contracts*, Boston: Little, Brown, 1871.

3. Langdell, *A Selection of Cases on Sales of Personal Property*, Boston: Little, Brown, 1872.

4. Langdell, *Cases in Equity Pleading*, Cambridge: Printed for the Author, 1875.

5. Langdell, *Cases in Equity Pleading*, Part II, Cambridge: Printed for the Author, by the Press of John Wilson, 1876.

6. Langdell, *A Summary of Equity Pleading*, Cambridge: Charles W. Sever, 1877.

7. Langdell, *Cases in Equity Pleading*, Cambridge: Printed for the Author, 1878.

8. Langdell, *Cases on Equity Jurisdiction*, Cambridge, 1879—1880.

9. Langdell, *A Selection of Cases on the Law of Contracts with a Summary of the Topics Covered by the Cases*, 2nd ed, Boston: Little, Brown, 1879.

10. Langdell, *A Summary of the Law of Contracts*, Boston: Little Brown, 1880.

11. Langdell, *A Summary of Equity Pleading*, 2nd ed., Cambridge: Charles W. Sever, 1883.

12. Langdell, *Cases on Equity Jurisdiction*, Cambridge: 1879—1883.

研究专著

1. Neil Duxbury, *Patterns of American Jurisprudence*, Oxford University Press, 1995.

2. Anthony J. Sebok, *Legal Positivism in American Jurisprudence*, New York: Cambridge University Press, 1998.

二、论文
兰代尔本人论文

1. Langdell,"Alimony","Condonation","Divorce","Nullity of Marriage","Promise of Marriage" and "Separation a Mensa et Thoro" in John Bouvier(ed.), *A Law Dictionary Adapted to the Constitution and Laws of the United States of America*, 12th ed., 2 vols., Philadelphia: George W. Childs, 1868.

2. Langdell, Address, in Harvard Law School Association, *Report of the Organization and of the First General Meeting*, 1886, pp. 49—50. Reprinted in Law 9 *Quarterly Review* 123 (1887), 21 *American Law Review* 123 (1887).

3. Langdell, A Brief Survey of Equity Jurisdiction, 该文的各部分先后依次发表于哈佛法律评论的以下各期, 1 *Harvard Law Review* 55 (1888), 1 *Harvard Law Review* 111 (1888), 1 *Harvard Law Review* 355 (1888), 2 *Harvard Law Review* 241 (1889), 3 *Harvard Law Review* 237 (1890), 4 *Harvard Law Review* 99 (1891), 5 *Harvard Law Review* 101 (1892).

4. Langdell, Report of the Ninth Annual Meeting of the Harvard Law School Association, in *Especial Honor of Christopher Columbus Langdell*, Boston: Harvard Law School Association, 1895.

5. Langdell, A Brief Survey of Equity Jurisdiction, 10 *Harvard Law Review* 71 (1897).

6. Langdell, Discovery under the Judicature Acts of 1873, 1875, 11 *Harvard Law Review* 137 (1897), 11 *Harvard Law Review* 205 (1897), 12 *Harvard Law Review* 151 (1898).

7. Langdell, The Status of Our New Territories, 12 *Harvard Law Review* 365 (1899).

8. Langdell, Patent Rights and Copy Rights, 12 *Harvard Law Review* 553 (1899).

9. Langdell, Classification of Rights and Wrongs, 13 *Harvard Law Review* 537 (1900), 13 *Harvard Law Review* 659 (1900).

10. Langdell, Mutual Promises as a Consideration for Each Other, 14 *Harvard Law Review* 496 (1901).

11. Langdell, The Northern Securities Case and the Sherman Anti-Trust Act, 16 *Harvard Law Review* 539 (1903).

12. Langdell, The Northern Securities Case under a New Aspect, 17 *Harvard Law Review* 41 (1903).

13. Langdell, Equitable Conversion, 该文的各部分先后依次发表于哈佛法律评论的以下各期，18 *Harvard Law Review* 1 (1904), 18 *Harvard Law Review* 83 (1904), 18 *Harvard Law Review* 245 (1904), 19 *Harvard Law Review* 1 (1905), 19 *Harvard Law Review* 79 (1905), 19 *Harvard Law Review* 233 (1905), 19 *Harvard Law Review* 321 (1905)。

14. Langdell, Dominant Opinion in England during the Nineteenth Century in Relation to Legislation, 19 *Harvard Law Review* 151 (1906)。

研究论文

1. The Increasing Influence of the Langdell Case System of Instruction, *Harvard Law Review*, Vol. 5, No. 2 (1891)。

2. D. H. Chamberlain, The Northern Securities Company Case; A Reply to Professor Langdell, *The Yale Law Journal*, Vol. 13, No. 2 (1903)。

3. Jeremiah Smith, Professor Langdell: His Student Life, *Harvard Law Review*, Vol. 20, No. 1 (1906)。

4. Austen G. Fox, Professor Langdell: His Personal Influence, *Harvard Law Review*, Vol. 20, No. 1 (1906)。

5. Eugene Wambaugh, Professor Langdell: A View of His Career, *Harvard Law Review*, Vol. 20, No. 1 (1906)。

6. Joseph H. Beale, Jr., Professor Langdell: His Later Teaching Days, *Harvard Law Review*, Vol. 20, No. 1 (1906)。

7. James Barr Ames, Professor Langdell: His Services to Legal Education, *Harvard Law Review*, Vol. 20, No. 1 (1906)。

8. Roscoe Pound, Mechanical Jurisprudence, *Columbia Law Review*, Vol. 8, No. 8 (1908)。

9. Eliot, Langdell and the Law School, 33 HARV. L. REV. 518 (1920)。

10. Franklin G. Fessenden, The Rebirth of the Harvard Law School, *Harvard Law Review*, Vol. 33, No. 4 (1920)。

11. Cohen, Transcendental Nonsense and the Functional Approach, 35 *Colum. L. Rev.* 809 (1935)

12. Chase, The Birth of the Modern Law School, 23 *Am. J. Legal Hist.* 329 (1979)。

13. Marcia Speziale, Langdell's Concept of Law as Science: The Beginnings of Anti-Formalism in American Legal Theory, 5 *Vt. L. Rev.* 1 (1980)。

14. Thomas C. Grey, Langdell's Orthodoxy, 45 *U. Pitt. L. Rev.* 1 (1983)。

15. John Henry Schlegel, Book Review: Langdell's Legacy Or, The Case of the Empty Envelope, 36 *Stan. L. Rev.* 1517(1984).

16. M. H. Hoeflich, Law & Geometry: Legal Science from Leibniz to Langdell, *The American Journal of Legal History*, Vol. 30, No. 2 (1986).

17. Dennis Patterson, Langdell's Legacy, 90 *Nw. U. L. Rev.* 196(1995).

18. Paul D. Carrington, Hail! Langdell!, *Law & Social Inquiry*, Vol. 20, No. 3 (1995).

19. William P. LaPiana, Honor Langdell: [Commentary], *Law & Social Inquiry*, Vol. 20, No. 3 (1995).

20. John Henry Schlegel, Damn! Langdell!: [Commentary], *Law & Social Inquiry*, Vol. 20, No. 3 (1995).

21. Laura Kalman, To Hell with Langdell!: [Commentary], *Law & Social Inquiry*, Vol. 20, No. 3 (1995).

22. W. Burlette Carter, Reconstructing Langdell, 32 *Ga. L. Rev.* 1(1997).

23. Bruce A. Kimball, That Impecunious Introvert From New Hampshire: Re-Imagining Langdell: Warn Students That I Entertain Heretical Opinions, Which They Are Not To Take As Law: The Inception Of Case Method Teaching In The Classrooms Of The Early C. C. Langdell, 1870—1883", 17 *Law & Hist. Rev.* 57(1999).

24. William P. Lapiana, That Impecunious Introvert From New Hampshire: Re-Imagining Langdell: Comment: Langdell Laughs, 17 *Law & Hist. Rev.* 141(1999).

25. Howard Schweber, That Impecunious Introvert From New Hampshire: Re-Imagining Langdell: Comment: Langdell, We Hardly Knew Ye, 17 *Law & Hist. Rev.* 145(1999).

26. John Henry Schlegel, That Impecunious Introvert From New Hampshire: Re-Imagining Langdell: Comment: Langdell's Auto-Da-Fe, 17 *Law & Hist. Rev.* 149(1999).

27. Bruce A. Kimball, That Impecunious Introvert From New Hampshire: Re-Imagining Langdell: Response: The Life Of Langdell Has Not Been Logic; It Has Been Experience, 17 *Law & Hist. Rev.* 155,(1999).

28. Arturo Lopez Torres and Mary Kay Lundwall, Moving Beyond Langdell II: An Annotated Bibliography of Current Methods for Law Teaching, 35 *Gonz. L. Rev.* 1(2000).

29. R. Blake Brown and Bruce A. Kimball, when Holmes borrowed from Langdell, *American Journal of Legal History*, Vol. 45, No. 3 (2001).

30. Arthur Austin, Chasing Cardozo and Langdell out of the Closet, 27 *Okla. City U. L.*

Rev. 23(2002).

31. Patrick J. Kelley, Holmes, Langdell and Formalism, *Ratio Juris*. Vol. 15, No. 1 (2002).

33. Bruce A. Kimball and R. Blake Brown, The Highest Legal Ability in the Nation: Langdell on Wall Street, 1855—1870, 29 *Law & Soc. Inquiry* 39(2004).

用法律承载理想的渡者[*]
——纪念施塔姆勒诞辰150周年

李 娟[**]

一、施塔姆勒简介

施塔姆勒（Rudolf Stammler,1856—1938）是近代最杰出的法学家、法哲学家之一，是新康德主义法学的代表。1856年2月19日生于德国汉森（Hessen）地区的阿尔斯菲尔德（Alsfeld）。曾求学于吉森（Giessen）大学和莱比锡（Leipsic）大学，1880年初为莱比锡大学法律教员，1882年受聘于马堡（Marberg）大学，该大学是新康德主义研究两大中心之一，施塔姆勒深受此思潮的影响，1884年至吉森大学，1885年在海尔（Halle）大学任民法及法哲学教授。后来又与柯勒（Joseph Kohler）于柏林大学同事2年，1919年柯勒去世后，施塔姆勒仍充任该校教授，后来荣誉退休，1938年离世。[1]

---

[*] 在这里要特别感谢我的朋友柯岚和於兴中老师，他们为我提供了许多有益的资料。还要感谢我朋友张薇薇和王歌，在许多德文著作、文章名的翻译上，给予我莫大的帮助。

[**] 李娟，西北政法大学助教，北京大学法学院2004级博士研究生。

[1] 此部分的参考资料主要为：[德]司丹木拉（施塔姆勒）：《现代法学之根本趋势》，张季忻译，中国政法大学出版社2003年版，原本作者概略。

施塔姆勒的著作可以分为两类,一种是实体法,另一种为法哲学,其中在实体法方面,又包括实践和理论,可以说对这方面内容的关注,使施塔姆勒在探讨法学思想理论时,不流于空泛。而且施塔姆勒对实体法研究的深度、广度,以及其对具体生活的理解,为施塔姆勒成为一位著名的法学家提供了丰富的资源与条件。[2]关于这方面,参考附录所列的施塔姆勒的著作文章,即可获得一个比较全面的认识。

二、施塔姆勒的思想背景简介

施塔姆勒的思想背景主要可以分为两方面,即法学与哲学。具体内容简述如下:

(一) 法学背景

首先,是古典自然法学派。[3]古典自然法学派中虽然又有不同的分支与不同的具体主张,但其共通之处在于,主张人类拥有理性,通过理性能够认识永恒不变的、普遍有效的自然法则,即一些抽象的权利原则,因而人类在制定法律时应当根据永恒不变的、普遍有效的自然法来制定,而且制定法的权威和效力来源于自然法,如果制定法违反这些自然法则,这些制定法不具有合法性、不具有效力。[4]

其次,是功利主义法学背景。功利主义的学说可以被称为幸福说,具体言之,即政府、法律的目的是保障最大多数人的最大幸福,因此某一行为、法律带来的苦与乐的大小程度,这一经验成为判断一个行为、一条法律是善还是恶的标准。更进一步,所谓的幸福,是否最终只是一种因人而异的、主观的幸福感,还是一个问题。[5]

最后,是历史法学与实证主义法学背景。18世纪流行的自然法法学派,其主张固然有点过,应运而生的历史法学派在相反的方向又走得太远,认为法律的发展不是由于人的主观伦理意识及人的努力,而是由于一个民族的民族精神使然,因此更强调法律的历史、传统及习惯,因此法学家的任务不是根据所谓的理想、目的、价值来改造现有的法律,

---

[2] 这对于当今的法学界学者,尤其是理论研究者而言,可以说是一个很好的榜样。相关内容可以参考 Francois Geny, The Critical System of R. Stammler, trans. by Isaac Husik, *The Theory of Justice*, Appendix I, New York, the Macmillan Company, 1925, pp. 495—496。

[3] 关于自然法学派可以参考〔美〕博登海默:《法理学:法律哲学与法律方法》,邓正来译,中国政法大学出版社1998年版,第38—74页。

[4] 关于施塔姆勒对自然法学派的批判可以参考 Rudolf Stammler, *The Theory of Justice*, trans., by Isaac Husik, New York, the Macmillan Company, 1925, pp. 71—93。

[5] 施塔姆勒这方面的论述可参考 Rudolf Stammler, The Idea of Justice, trans. by Isaac Husik, 71 *University of Pennsylvania Law Review*, (1923), pp. 311—313, 148—151。

而是通过对历史、传统及习惯的研究,去发现法律。同样实证主义法学试图将法律与道德、价值分离,并把法理学的任务限定在通过分析的方法,对实在法的概念、术语、结构、逻辑等进行研究和描述。总之,历史法学派试图将法律视为纯粹的历史的产物,否定人之努力的功效,而实证主义法学将法律本身作为目的,将道德、价值排除在法律研究之外。[6]

(二)哲学背景——马克思主义与新康德主义[7]

施塔姆勒之思想形成时期,正是德国迅速工业化的年代,在强有力的政府引导之下,此工业化所带来的社会变迁,实际上非历史法所能掌控,且法律的变化与法律的自发成长也无明显的联系。在这个社会变化中,政府作为一个主导者必须对新的工业秩序的要求有更多的意识,并作出明智的决策。而其中最重要的问题之一是,社会对个人福利所当担负的责任。另外,在工业化过程中,19世纪最后20年,意识形态上的一个特色,就是社会理想主义的盛行,在德国有回归康德运动,即新康德主义,和马克思主义,在英国和美国的社会理想主义者,也在回归古典传统。如果说施塔姆勒对自然法学、历史法学和实证主义法学的批判有点苛刻,那么对于马克思主义学说,施塔姆勒却是深表同情,同时又为马克思主义学说感到可惜。施塔姆勒与他的朋友、新康德主义者 Paul Natorp 一起积极参与对马克思主义哲学的修正。

针对这些思想理论中所存在的问题,施塔姆勒提出了自己的思想理论,其具体内容简述如下。

三、施塔姆勒的基本思想内容

施塔姆勒的思想丰富,且具有很强的思辨性,笔者只能就其思想做一个简要的概述。总体言之,可以从以下几方面加以理解:

(一)区分技术性法律科学与理论性法律科学、法律的概念与法律的理念

首先,施塔姆勒认为存在两种法律科学,即技术性的法律科学(technical legal science)、理论性的法律科学(theoretical legal science),前者满足于使具体规则与规条之含义与内容变得清晰,将它们视为一体,并将它们用有系统的次序展现出来;而后者提出的

---

[6] 施塔姆勒这方面的论述可参考 Rudolf Stammler, supra note [4], pp. 3—14。

[7] 参考 Gorge H. Sabine, Rudolph Stammler's Critical Philosophy of Law, *18 Cornell Law Quarterly*, (1933), pp. 324—329;注1,勘校者序:新康德主义法哲学家施塔姆勒,第4—9页。

问题是,所给出的法律是否是为了正当合理的目的、用了正当合理的方法(a right means for a right purpose)。第一种研究是必需的,是基础,但仍然不够,因为前者只能帮助我们解决实在法中存在的含义上的疑问、结构上的完善,却无法解决法律活动中有关善恶的问题。前者以法律本身为目的,而后者视所有的具体规条为实现目的的一个方法,因此追问所使用的方法的实际价值,并起到批判、引导法律条款的作用。[8]

与此相关的是区分法律概念与法律理念(the concept of law and the idea of law, Rechtsbegriff und Rechtsidee),前者是体现在每一个法律之中、构成法律之特性的一些要素,缺乏任何一个要素都会使法律本身不成为法律。而后者是根据手段与目的,体现一个完善的、系统的解释的目标。前者涉及的是法律的特征或形式要件,如法律具有意志性(volition or will)、权威性、内在的约束力、不可违背性,这些特性使法律区别于道德、习俗及仲裁;后者涉及的是法律的目标、目的或理想。[9]

(二) 法律的目的性(law of purposes)——法律与正义、社会理想

自然现象中事件之间的关系是因果关系(causes and effects),而涉及人类活动的关系则是手段与目的(means and purpose)的关系,前者考虑某事是否真实或是否存在,涉及的是事实问题,而后者考虑的是某事是否应该发生,是善还是恶,涉及的是价值的问题。意志(volition)属于后者,因此作为意志之体现的法律是有目的的,其目的就是正义。[10]

正义的判断标准是社会理想——"正义法的理念只是意味着,根据该社会的最终目的来对各种个人的目的进行有系统的调整",即社会理想(the social ideal)——拥有自由意志之人的社会(a community of men willing freely),因此说一个法律的意志内容是正义的,意味着其与该社会的理想是相吻合的。但是这些所谓的正义法理念、社会理想并不是在主张一个理想的法律体制,也不是主张法律规定的具体内容,而只是一种形式上的方法(a formal method)。[11]

社会理想并不能直接应用到具体的法律判决,因此需要像自然科学家一样,由社会理想发展出一些原则体系,进而根据这些原则来保证具体案件的处理与法的理念相合。这就是施塔姆勒著名的四项基本原则。

---

[8] Rudolf Stammler, supra note [4], pp. 3—14.
[9] Gorge H. Sabine, supra note [7], pp. 335, 337.
[10] Rudolf Stammler, supra note [4], pp. 137—145.
[11] Ibid., pp. 152—157.

(三) 引导正义法的四个原则

这四个原则分别是:(1) 一个人的意志不应当屈从于任何他人的专断意欲;(2) 每一个法律要求只有在下列意义上才能够存在,即任何被负以义务的人必须拥有同等的人格尊严;(3) 承担法律义务的任何人都不应被武断地排除在法律共同体之外[12];(4) 每一个由法律授予的权力只有在下列情况下才是正当合法的,即在其管辖之下的个人仍然能够作为一个具有同等尊严的人。[13]

其中前两条涉及的是个人,即尊重原则,对个人意志应有的尊重,保证法律共同体中的个人能够自由地根据正义来决定他自己的意志;保证服从外在规范的个人,同时有选择正义的可能性。换句话说,法律命令并不意味着,个人不应放弃一切来追随其他任何人有限的主观目的,也不意味着他有义务,一定要视别人的个人目的为自己的最终目的。

后两条涉及的是社会共同体和共同参与理念,即参与原则,表达作为连接个人、负有为共同生存而奋斗的法律命令,不能违背自己的宗旨;下列行为将犯自相矛盾的错误,即通过强制将一个人屈服于一个社会联合体,同时在具体案件中又将其视为一个除了义务之外不拥有任何权利的人;与他人共同服从在法律之下的人,不应被随意地孤立。[14]

由于施塔姆勒的目标之一在于证明正义原则可以用来引导法律思想、引导法律实践,因此施塔姆勒被误认为是一个复兴自然法的倡导者,另外,他自己的陈述,即"内容可变的自然法(natural law with changeable content)",也助长了这种观念,但是无论如何,施塔姆勒希望这一概括性话语被废弃不用[15],因为施塔姆勒的目的不是在于复兴传统历史形式上的经久不变的、具有具体内容且位于实在法之上的自然法,而是证明实在法追求的目标本身就是正义法,正义法可以是对实在法部分内容实现正义时所作的肯定评价,实在法可以是部分的正义,但完全正义的实在法是一个理想目标。随着社会理想的变化,正义的观念会跟着变化,正义法也会随着时代的正义观念而变化,但作为形式方法的正义原则是不变的,正义原则通过限制、引导人们的思想观念,进而引导实在法追求、

---

[12] 庞德将其表述为"不能武断地将任何人排除在公共利益之外",即每个人都有权享有社会提供的公共利益。参见 Pound, The Scope and Purpose of Sociological Jurisprudence (continued), 25 *Harvard L. Rev.* (1911), p.152。

[13] Rudolf Stammler, supra note [4], pp.161—165, 152.

[14] Ibid., pp.161—162.

[15] 这是施塔姆勒《经济与法律》一书第33章的标题,施塔姆勒在第二版时,就将此标题给换掉了。参考 Gorge H. Sabine, supra note [7], p.330。

实现最大可能的正义、正义法。[16]

但是在正义原则和具体法律实践之间还存在一个连接环节,这一环节就是正义法之模式。

(四) 正义法之模式(the model of just law)[17]

由于正义法理念本身是通过对所有法律经验资料的批判反思而发现,因此这些直接由正义理念得来的正义法原则本身在整理这些资料时,只能起到引导思考的作用。面对历史上的具体法律规范,处理具体纷繁多样且另人困惑的权利问题时,需要一种方法,就是所谓的正义法之模式。所谓的正义法之模式是根据正义法原则来指导和确定的特定社会之理念(the idea of a *special community*),特定社会这一方法性概念有助于解决具体社会中双方当事人之间的不同主张与目的。如在河边或海边的人对于河海所带来的危害的关注,现代社会对保险的关注等等,不同的社会理念带来不同的正义观念,因而对权利、责任的界定、分配也不同,带来不同的纠纷解决方式。

同样正义法之模式、特定社会也是一种形式方法,不具有任何具体内容,不是具体的法律规定。

(五) 法哲学与法律实践

施塔姆勒的法哲学是密切关注实践的法哲学。施塔姆勒认为,法律实践者的正确行为是一种基于科学洞见的艺术。没有科学洞见的法律实践行为,是无序的、无确定性的、不清晰的、没有明确方向的行为;同样,不能付诸实践的艺术科学,在科学与生活之间留下了一道沟。[18]

施塔姆勒认为发现正义法的四步分别为:(1) 社会理想;(2) 正义法原则;(3) 正义法之模式;(4) 具体案件中的正确判决。[19]从理想一步一步走向实践,理想引导正义,法律实践追求正义。在具体实践中,排除权、诚实信用原则、善良公俗、可行性原则、公平原则等在实践中的应用,说明正义法理论如何引导并应用于法律实践。[20]

因此,Sabine 认为,施塔姆勒试图提供的是一个规范或一个标准,以此用来批判和衡

---

[16] 由于施塔姆勒强调正义随着社会理念、社会理想的不同而不同,庞德认为施塔姆勒的思想对社会法学的发展具有重要意义。参见 Pound, supra note [12], p. 154.

[17] Rudolf Stammler, supra note [4], pp. 211—235.

[18] Ibid., p. 239.

[19] Ibid., p. 212.

[20] Ibid., pp. 243—490;. Rudolf Stammler, supra note [5], pp. 305—306.

量司法过程的结果,而不是提供有关法官和法官思考方式的传记式事实。同时施塔姆勒也关心司法实践结果,反对法律技术化,主张科学地证明客观正义实能够被定义且能够作为法律人的工具被使用。[21]

(六)法律的地位——法律与信仰(爱)

某种程度上,在历史法学派或实证主义法学派的心目中,法律的目的就是其自身,而不在其之外,也可以说,法律是自足的、甚至是至高的。但是施塔姆勒并不同意这样的观点,他认为法律的目的在于追求正义,同时,正义自身,或者说正义的理念自身,并不能必然产生正义的行为。因为"在原则上,正义的理念表明在社会中正义行为存在的可能性。但它给出的仅仅是一种可能性。这也正是所有科学活动中的一个普遍现象。科学活动给予的是拥有正确的知识与意志的可能性。将这些可能性转化为现实,则非如此之科学所能给予的"[22]。将这种可能性转化为现实的是信仰,是爱。因为法律、法哲学只能告诉我们什么是正确的、正义的,但不能给人力量去行出正确的、正义的行为,而爱意味着献身于善、献身于正义,与宗教情感、信仰紧密地结合在一起。[23]所以说"追求正义的重要性是有限的,当我们遵循圣经的教导去爱我们的邻舍时,正义就变成多余的、不必要之物了"[24]。

因而,正如伯尔曼一样,施塔姆勒认为法律与信仰的关系是密不可分的。首先,如上所言,法律与正义是手段与目的的关系,法律自身只是一种实现正义的工具、方法;其次,正义之实现的必要条件是宗教情感、是爱;因此,法律本身是有限的,是不完整的,但爱使法律得以完全,帮助法律实现其应然的目的。施塔姆勒直接引用新约罗马书13章第10节——"爱就完全了律法"(Love is the fulfilling of the Law)——来表述法律与爱(信仰)的关系。

(七)发现与证明的方法——系统的思考与批判的反思(systematic consideration and critical reflection)

施塔姆勒不相信经验与感觉,认为所谓的正义感只是一种个人化的认知与判断法律的方式。不同的人会因为其不同的环境与特别的成长背景而有所不同。[25]法理学的完

---

[21] Gorge H. Sabine, supra note [7], p.330.
[22] Rudolf Stammler, supra note [5], p.316.
[23] Ibid., p.316. 关于这方面还可参考 Isaac Husik, Traslator's Introduction, in Rudolf Stammler, supra note [4], xxx。
[24] Rudolf Stammler, supra note [5], p.316.
[25] Ibid., p.307.

成不能诉诸对正确的自然感觉或正义感,因为流行的观念并不比实在法更合理。同样,施塔姆勒认为司法判决或自由裁判也是如此不可靠,因为施塔姆勒认为一般情况下,一个良好的法典更可靠一些。[26]

所以施塔姆勒采用的是系统的思考与批判的反思,通过逻辑与概念的分析,发现法律现象之中普遍的规律。透过施塔姆勒对法律的概念的分析,以及对社会理想、正义原则、正义之模式等各个概念的分析及层层递近的分析,可以看到施塔姆勒方法论上的特点。

四、对施塔姆勒的评价

如 Sabine 所言,施塔姆勒在思想上虽然对康德的思想有所变化,但在整体上还是依赖康德太多,因此康德的优点与缺点都包含其中,如特别注重概念的分析、逻辑等,而且试图创造一种批判的方法,虽然这些方面存在一些问题,但是其思想的价值是不容忽视的。[27]而且虽然施塔姆勒用来证明其思想主张的方法有问题,但其将实质正义作为法律之目的的主张具有重要意义,不管这一主张是否能够得到证明。[28]

施塔姆勒的一位评论者 Kantorowicz 曾言,为了避免传统自然法中的乌托邦式的轻率和历史法学中对批判的冷漠,施塔姆勒寻求一条中间道路;他寻求一种方法,这种方法不去确定一种绝对的、永远的正义,而是去确定一种相对的、会随着时间而改变的正义;他试图给予我们一个内容不断发展的自然法。[29]

施塔姆勒的思想面世以来,在社会学、哲学、法学等领域都引起了强烈反响,且褒贬不一。只是人的认知能力是有限的,各人的洞见与关注点又不同,所以要批评一个人的观点极其容易,但要想建立一个得到普遍认同、没有异议的思想是不可能的。因此,对于施塔姆勒的思想,吴经熊的评论比较中肯,即"施塔姆勒所做的不是一种无中生有的玄想,而是用一生之久来努力解决一个并非想象的、而是一个十分真实且迫切的问题,这个问题存在于现代德国司法与经济生活中。如果只是浅尝辄止,很容易去批判其哲学,甚至将其撕为碎片;但是如果要理解一位如此伟大的思想家,必须进入到他的内心深处,真切地体会到是什么最让他感到不安、并迫使他去寻求解决方案"[30]。如此我们才会在认

---

[26] Gorge H. Sabine, supra note [7], p.329.
[27] 关于 Sabine 从哲学的角度对施塔姆勒的目的论科学、批判分析之方法的批判、对几组重要概念的批判,可以参考 Gorge H. Sabine, supra note [7], pp.321—350.
[28] Ibid., p.345.
[29] 转引自 Pound, supra note [12], pp.149—150。
[30] John C. H. Wu, Stammler and His Critics, in Rudolf Stammler, supra note [4], p.554.

识到其缺陷的时候,去欣赏他的思想、欣赏他的努力。

附录　施塔姆勒的主要著作与文章及对其思想的主要评论

（一）施塔姆勒的主要著作与论文[31]

1. Rudolf Stammler, *Der Niessbrauch an Forderungen*（作为债权的用益权）, Erlangen, 1880.

2. Rudolf Stammler, Ueber die Methode der geschichtlichen Rechtstheorie（论历史法学之方法）, *Festgabe zu Bernhard Windscheids fuenfzigjaehrigem Doktorjubilaeum*, Halle, a. S., Max Niemeyer, 1888.

3. Rudolf Stammler, *Praktishe Pandektenuebungen fuer Anfaenger*（潘德克顿初级实用练习）, Leipzig, 1893.

4. Rudolf Stammler, *Praktishe Institutionenuebungen fuer Anfaenger*（罗马法初级实用练习）, Leipzig, 1896.

5. Rudolf Stammler, *Wirtschaft und Recht nach der materialistischen Geschichtsauffassung*（唯物历史观之经济与法律）, Berlin: Vereinigungwissonschaftlicher Verlag, 1921.

6. Rudolf Stammler, *Das Recht der Schuldverhaeltnisse in seinen allgemeinen Lehren*（债关系法的基本学说）, Berlin, 1897.

7. Rudolf Stammler, *Praktikum des buergerlichen Rechts fuer Vorgerueckere*（民法高级练习）, Leipzig, 1 A., 1898, 2 A., 1903.

8. Rudolf Stammler, Ubungen im buergerlichen Recht fuer Anfaenger zum akademischen Gebrauch und zum Selbststudium（民法初级练习）, Leipzig, Von Veit, 1898. 2te Auf., 1902—1903. Dritte, verb. Aufl. in einem Band, Veit & Comp., 1909.

9. Rudolf Stammler, *Die Einrede aus dem Rechte eines dritten*（第三方的抗辩权）, Halle, 1900.

10. Rudolf Stammler, *Die Lehre von dem richtigen Rechte*（正义法理论）, Berlin, J. Gut-

---

[31] 此处主要的参考资料主要为 Francois Geny, The Critical System of R. Stammler, *The Theory of Justice*, Appendix I, New York: the Macmillan Company, 1925;其次是 Rudolf Stammler, Fundamental Tendencies in Modern Jurisprudence, *21 Michigan Law Review*, pp. 623—624 的译者注,以及[德]司丹木拉(施塔姆勒):同上注[1]所引书。在具体翻译与整理上,笔者作了些许修改,对此感兴趣的学者可以参照比较。

tentag, 1902.[32]

11. Rudolf Stammler, Wessen des Rechtes und der Rechtswissenschaft(法的本质与法科学的本质), *Systematische Rechtswissenschaft*, herausgegeben von Paul Hinneberg, Berlin und Leipzig, 1906.[33]

12. Rudolf Stammler, Die Zukunftsaufgaben des Rechtes und der Rechtswissenschaft(法与法科学的未来使命), *Systematische Rechtswissenschaft*, herausgegeben von Paul Hinneberg, Berlin und Leipzig, 1906.[34]

13. Rudolf Stammler, *Unbestimmtheit des Rechtssubjektes*(法律主体的不确定性), Giessen, 1907.

14. Rudolf Stammler, *Theorie der Rechtswissenschaft*(法科学之理论), Halle: Buchhandlung des Waisenhauses, 1911. cf. Francois Geny, The Critical System of R. Stammler, transl. By Isaac Husik, *The Theory of Justice*, Appendix I, New York: the Macmillan Company, 1925.

15. Rudolf Stammler, *Rechts und Staatstheorien der Neuzeit*(现代法律与国家的学理), Leipzig, Veit, 1917.

16. Rudolf Stammler, *Recht und Kirche*(法律与教会), Berlin, de Gruyter, 1919.

17. Rudolf Stammler, *Sozialismus und Christentum*(社会主义与基督教), Leipzig, 1920.

18. Rudolf Stammler, *Lehrbuch der Rechtsphilosophie*(法哲学教程), Berlin und Leipzig:

---

〔32〕 此书被 Isaac Husik 翻译为英文，即 Rudolf Stammler, *The Theory of Justice*, New York, the Macmillan Company(1925)。但是令笔者不解的是，Isaac Husik 在翻译此书的附录时，将此书名翻译为 The Thoery of Just Law, 并且在翻译该书的目录时也将 dem richtigen Rechte 翻译为 just law, 如 the problem of just law, concept of just law, method of just law, practice of just law, 但确定此书的书名时却翻译为 The Theory of Justice。因此民国时期被翻译为《公道论》(见〔德〕司丹木拉:同上注〔1〕所引书，第 2 页)，这显然与施塔姆勒的原意有些距离。所以笔者考虑再三，将此书名翻译为《正义法理论》。参考 Francois Geny, The Critical System of R. Stammler, transl. By Isaac Husik, *The Theory of Justice*, Appendix I, New York: the Macmillan Company, 1925, p. 498。另外, 鉴于施塔姆勒认为法律只是达到正义之目的的手段, Pound 建议将此书名翻译为 Theory of Justice through Law, 以区别于常见的观念即 justice according to law。

〔33〕 此据 Francois Geny, The Critical System of R. Stammler, transl. By Isaac Husik, *The Theory of Justice*, Appendix I, New York: the Macmillan Company, 1925. 据北大图书馆所藏该书，第一版应为 1913 年版。

〔34〕 来源同上。另外, Zukunftsaufgaben 在张季忻译《现代法学之根本趋势》"原本作者概略"中被译为"将来问题"，笔者认为此处翻译为"未来使命"可能比较妥当, 于此说明, 以备读者参考。

Walter der Gruyter & Co. , 1928.[35]

（二）翻译为英文的主要有

1. Rudolf Stammler, *The Theory of Justice*, transl. by Isaac Husik, New York: the Macmillan Company, 1925.

2. Rudolf Stammler, The Idea of Justice, transl. by Isaac Husik, 71 *University of Pennsylvania Law Review* (1923).

3. Rudolf Stammler, Legislation and Judicial Decision, transl. by Joseph H. Drake, 23 *Michigan Law Review* (1925).

4. Rudolf Stammler, Fundamental Tendencies in Modern Jurisprudence, 21 *Michigan Law Review*.[36]

（三）主要评论[37]

1. Isaac Husik, The Legal Philosophy of Rudolf Stammler, 24 *Columbia Law Review* (1924).[38]

2. Francois Geny, The Critical System of R. Stammler, transl. By Isaac Husik, *The Theory of Justice*, Appendix I, New York: the Macmillan Company, 1925.

3. Gorge H. Sabine, Rudolf Stammler's Critical Philosophy of Law, 18 *Cornell Law Quarterly* (1933).

4. Morris R. Cohen, Positivism and the Limits of Idealism in the Law, 27 *Columbia Law Review* (1927).

5. John C. H. Wu, Stammler and His Critics, *The Theory of Justice*, Appendix I, New York: the Macmillan Company, 1925.

6. Max Weber, R. Stammlers "Ueberwindungder" materialistischen Geschichtsauffasung（鲁道夫·施塔姆勒对唯物历史观的"超越"）, 24 *Archiv fuer Sozialwissenschaft und Sozial-*

---

〔35〕 据1928年版，第一版为1921年，第二版为1922年，第三版为1928年，施塔姆勒分别写有序言、再版序言、三版序言。因此笔者将此书的出版年定为1921，将张季忻译《现代法学之根本趋势》"原本作者概略"中的1922改为1921。

〔36〕 此文在民国时期已由张季忻翻译为中文，2003年重新出版，即〔德〕司丹木拉（施塔姆勒）：同上注〔1〕所引书。

〔37〕 更多的评论信息请参考吴经熊的文章《施塔姆勒及其批评者》（John C. H. Wu, Stammler and His Critics, *The Theory of Justice*, Appendix I, New York: the Macmillan Company , 1925）。

〔38〕 此文即作者翻译施塔姆勒之 *The Theory of Justice* 的序言。

politik（1907）.[39]

7. H. U. Kantorwiczd, *Zur Lehre vom richtigen Recht*（论正义法理论），Berlin, 1909.

8. V. G. Simkhovvitch, Rudolf Stammler（鲁道夫·施塔姆勒），27*Educational Review*（1904）.

9. G. A. Wielikowski, *Die Neukantianer in der Rechtsphilosophie*（法哲学中的新康德主义者），Muenchen, 1914.

10. Julius Binder, *Rechtsbegriff und Rechtsidee：Bemerkungen zur Rechtsphilosophie R. Stammler*（法的概念与法的理念：施塔姆勒法哲学评注），Leipzig, 1915.

11. Roscoe Pound, The Scope and Purpose of Sociological Jurisprudence（continued），25*Harvard L. Rev.*（1911）.

12. Brütt, Lorenz, *Die Kunst der Rechtsanwendung*（法学应用的艺术），Berlin, 1907.

---

[39] 英译本可参考 Max Weber, R. Stammler's Surmounting of the Materialist Conception of History, part 1, transl. by Martin Albrow, 2 *British Journal of Law and Society*（1975）；Max Weber, R. Stammler's Surmounting of the Materialist Conception of History, part 2, transl. by Martin Albrow, 3*British Journal of Law and Society*（1976）.

公共性的复兴：从极权主义到公民共和主义
——纪念阿伦特诞辰100周年

朱 振*

  汉娜·阿伦特（Hannah Arendt,1906—1975）是极富原创性并颇有争议的政治哲学家，被公认为是20世纪最重要的政治哲学家之一。[1] 阿伦特生前即富有盛名，身后更是引起关注与争议。阿伦特曾将大批资料捐赠给美国国会图书馆，现在这些资料已逐渐公开[2]，利用这些资料已出版了数本专著与通信集，加之阿伦特所研究的主题（极权主义、暴力、恐怖等）对于当下后"9·11"世界所具有的现实意义以及阿伦特思想对于当今政治学领域"共和主义复兴"所具有的理论意义，欧美学界的阿伦特研究（Arendt's studies）正日益受到重视。

  阿伦特研究的主题包括极权主义、公共领域、"艾克曼审判"事件、革命、

---

* 朱振，吉林大学理论法学研究中心教师、2003级法学理论专业博士研究生。

 [1] Dana R. Villa, Introduction: the Development of Hannah Arendt's Political Thought, in Dana Villa (ed.), *The Cambridge Companion to Hannah Arendt*, London: Cambridge University Press, 2000, p. 1.

 [2] Papers of Hannah Arendt, http://lcweb2. loc. gov/service/mss/eadxmlmss/eadpdfmss/2001/ms001004. pdf, 访问于2006年7月10日。

人之思维与判断的哲学问题等。阿伦特的学术见解当然得自于她早年在德国所受的哲学训练,她先后受教于20世纪的哲学大师海德格尔与雅斯贝尔斯,尤其是后者的研究方法对她产生了决定性的影响;除此之外,阿伦特关注的题域则更是与20世纪的政治实践紧密相关,正如莱斯诺夫所指出的:"在我们这个世纪,就一个政治思想家的生平对于理解其思想的至关重要性而言,显然没有谁能够把这一点表现得比她更为真实,也没有哪个政治思想家比她更好地反映着这个世纪的政治史。"[3] 阿伦特是一位犹太女性,亲身经历了纳粹的极权统治,后以无国籍难民身份流亡巴黎,最后在美国定居,对20世纪的大屠杀与极权统治有着切身的体会,她一生的学术志业即在于抗拒极权主义,这也构成了她以后学术研究的主要关注点。1951年出版的《极权主义的起源》成为研究极权主义的典范性著作并从中引申出一系列重要的政治哲学问题,奠定了阿伦特在政治学领域一流学者的地位。正如 Canovan 指出的,《极权主义的起源》能被看成理解阿伦特思想的关键,反思大灾难的思想线索能够探索到她后期更加理论化著述的核心本质。[4] 下文即对阿伦特就极权主义起源问题的思考及其共和主义的解决路径作一概要式的简介与评论。

阿伦特的学术生涯源于对极权主义(Totalitarianism)的探讨,她也是第一位在政治哲学的层面上研究极权主义之起源的学者。《极权主义的起源》探讨了反犹主义、帝国主义与极权主义三个相互关联的主题,阿伦特对极权主义之起源的研究深入到了对整个现代性以及现代性所造成的人性问题的反思,她认为极权主义很大程度上源于资本主义的内在危机所造成的"孤独和缺少正常的社会联系"[5]的个人,孤立的、无根基的个人丧失了合理地判断经验和常识的能力,"他们不相信自己的实在经验中一切明显可见的事物;他们不相信自己的眼睛和耳朵,只相信自己的想象……使群众信服的不是事实,甚至也不是编造的事实,而是一种他们在其中成为组成部分的系统一致性"[6]。这些人远离公共领域,成了社会上多余的人,当这样的"群众"被一般的政党所抛弃的时候,极权主义组织正好利用了他们,而且他们也极易被极权组织利用。因此,在后极权主义的时代,消除产生极权主义的根源在于重建公共空间,即消除孤独的、原子化的个人组成的分散的分子式社会,复兴公共领域。尽管阿伦特的政治思想不成体系,其"作品涉及一个广泛领域的

---

[3] 〔英〕莱斯诺夫:《二十世纪的政治哲学家》,冯克利译,商务印书馆2001年版,第79页。
[4] Margaret Canovan, Arendt's Theory of Totalitarianism: a Reassessment, in Dana Villa(ed.), *The Cambridge Companion to Hannah Arendt*, London: Cambridge University Press, 2000, p.25.
[5] 〔美〕汉娜·阿伦特:《极权主义的起源》,林骧华译,台北时报出版公司1995年版,第451页。
[6] 同上注,第496页。

主题,但有一核心的线索贯穿其中:她对人之行为能力与政治自由的关注以及人只有在公共领域中才能完全实现他自己的信念"[7]。概括来讲就是"人的行为及其实践的基本条件——公共空间","阿伦特以这两项概念为轴心,反复探索政治权力、权威、宪政法治、政治判断的要义",通过这两点"尝试建立一套'新的政治学理'","其论旨含义在于,激励那曾经被极权政体摧毁的政治实践之动力及其尊严"[8]。

在《人的条件》中,阿伦特把人类活动区分成三种:劳动、工作和行动。劳动是服从生物本能的活动,从大自然中生产维持生命的物质;工作具有创造性,它创造了一个不同于自然世界的人造世界,包括各种器物及政治、法律制度;行动是人与人之间的活动。阿伦特主要是区分工作与行动,工作可单独进行,不与他人发生联系,其成果也具有"持久性"。而行动的意义在于行动者的"自我彰显",特别是言论行为,同时行动具有"易逝性",它们更重要的区别在于行动是发生于人与人之间的关系之中,这就是行动的空间性。人的行为与公共空间紧密结合在一起,"一切人类活动都要受到如下事实的制约:即人必须共同生活在一起。一旦超出了人类社会的范围,行动是不可想象的,并且也唯有行动是如此"[9]。人的积极行动总在于人与人的关系之中,行动必须依赖于其他人的恒久在场。由此可见,阿伦特的"主题彰显性"并不陷于"独我论",行动必然发生于人与人交往、互动的空间,行动必有他者在场。"行动者是在人之间的活动。一位工匠的制造或创造的活动无须'他者'在场,甚至必须排斥'他者'的同在。隔离,或孤独是制造或创造活动的存在处境。"[10] 从工作与行动的划分中阿伦特区分出了私人领域与公共领域,公共领域的概念由来已久,但她赋予了公共领域以古典含义。"私人领域"指人与物发生关系的场合,而公共领域是人与人之间以言行而表现的空间。"据此,公共领域的'公共性'意指彰显、开展、表现,而彰显、表现都发生于'有他人在场'的领域或空间,有人在场目睹、耳闻、见证、辨认、解释、判断所出现与发生的行为、言论、现象与事件。公共领域是指一开展的空间,在其中,言论、行为与政治事物和现象均能得其方位。"[11]

同时,行动必然与自由联系在一起,不同于野蛮的极权主义的"非世界",人之世界的起源在于人的积极生活;积极生活之行动只有在自由行为的最后体认中才是可理解的;

---

[7] Leroy A. Cooper, Hannah Arendt's Political Philosophy: An Interpretation, 38 *The Review of Politics* 145 (1976), pp. 147.

[8] 蔡英文:《政治实践与公共空间:阿伦特的政治思想》,新星出版社2006年版,第265页。

[9] [美]汉娜·阿伦特:《公共领域和私人领域》,载汪晖、陈燕谷主编:《文化与公共性》,三联书店2005年版,第57页。

[10] 相关论述参见蔡英文,同上注[8]所引书,第123页。

[11] 同上注,第97页。

这样的自由构成了人之实在。[12] 用阿伦特自己的话说就是："在人之生活的所有能力中，行动与政治是我们不假定自由的存在即不能构想的唯一事物……严格说来，没有自由政治生活将是无意义的。政治的存在目的是自由，而其体认的领域是行动……"[13] 于是，阿伦特对自由也作出了共和主义传统的解释，自由是一种参与式自由，即积极参与政治共同体之事务的政治实践，此种意义上的共和主义又被称为自由的共和主义（liberal republicanism）[14]，这与西方启蒙传统的远离政治生活领域的消极自由有很大的不同。

自源于启蒙运动的现代性以来，私人领域对公共领域的不断侵犯以致全面代替导致了极权主义的产生，任何政治制度都可能存在极权因素，抗拒极权倾向的资源来自于公民政治行动的实践，Canovan 指出："阿伦特经历了纳粹极权统治，体会[西方之政治文化]无法强有力地抵抗此政治之罪恶，她的政治反思作了如是的结论：抗拒极权统治[或任何独断之支配]的防御工事在于确立'共和体制'（republic）以保障平等之权利，同时，公民时时刻刻体会公民之行动的权力与共和体制的价值，并且以实践去护卫共和体制。"[15] 为抗拒极权主义，阿伦特旨在复兴一种公民共和主义（civic republicanism），这已为许多论者所批评，被认为是"对古希腊城邦的怀旧"，对于解决西方现代社会的问题难有现实意义，这些批评在很大程度上误解了阿伦特政治存在学的本意，正如蔡英文所评论的，阿伦特并不是单纯地关心历史问题，她关切的重点是："古典的共和主义传统能提供给西方现代世界一真切的、富有生机的政治的理念，而这样的政治理念在西方从柏拉图以来的政治理论的传统，以及在现代化的过程中被掩埋。……了解阿伦特的公共领域理论，其重点在：它如何从古典共和主义的传统提炼出她所认为的真实的政治理念。"[16]

阿伦特思考极权主义的问题走的不再是自由主义的老路[17]，这与她对西方现代性的认识有关，启蒙运动的自由主义及其政治、法律制度在极权主义的冲击面前不堪一击，

---

[12] Jerome Kohn, Freedom: the Priority of the Political, in Dana Villa (ed.), *The Cambridge Companion to Hannah Arendt*, London: Cambridge University Press, 2000, p. 126.

[13] Hannah Arendt, *Between Past and Future*, New York: Penguin, 1968, p. 146.

[14] Margie Lloyd, In Tocqueville's Shadow- Hannah Arendt's Liberal Republicanism, 57 *The Review of Politics* 1 (1995), pp. 31—58.

[15] Margaret Canovan, *Hannah Arendt: A Reinterpretation of Her Political Thought*, London: Cambridge University Press, 1992, p. 163. 转引自蔡英文，同上注[8]所引书，第251页。

[16] 蔡英文，同上注[8]所引书，第102页。

[17] 阿伦特不同于波普尔、哈耶克等论者对相关问题的研究进路，在一定意义上可以说，哈耶克的《通往奴役之路》、《致命的自负》等著作也是在反思极权主义的问题，哈耶克认为极权主义的根本原因在于用建构论的唯理主义代替了进化论的理性主义，以组织秩序取代了自生秩序，哈耶克的解决之道主要是复兴古典自由主义。

"西方文化的结构及其蕴含的信仰、传统与判断的准则证明它们皆丧失了激励与引导人之实践的作用"[18]。为此,她复兴了"古典共和主义"的思想,阿伦特认为她从古典共和主义的传统中提炼出了真实的政治理念,我们在根本上要政治地行动,我们需要被一种政治语言去占有,不能把政治语言化约为哲学、历史以及经济学的语言,这也是政治理论的尊严。[19] 阿伦特是在为政治思想探索一条独特的思维路径并为西方现代性的危机提供别样的解决方式,这一探索本身就是对政治理论的贡献,用她自己的话说就是:

我所激起的思考之风,如果已将你从睡梦中摇醒,并使你完全清醒及活着的话,那你将会发现所掌握的就只有困惑(perplexity)罢了,我们所能做的就是将此困惑相互分享。[20]

附:研究阿伦特的参考文献
一、著作
(一)中文部分
阿伦特译著

1. 〔美〕汉娜·阿伦特:《人的条件》,上海人民出版社1999年版。

2. 〔美〕汉娜·阿伦特等:《〈耶路撒冷的艾希曼〉:伦理的现代困境》,孙传钊编译,吉林人民出版社2003年版。

3. 〔美〕汉娜·鄂兰:《共和危机》,蔡佩君译,台北时报文化出版企业公司1996年版。

4. 〔美〕汉娜·鄂兰:《极权主义的起源》,林骧华译,台北时报文化出版企业公司1995年版。

5. 〔美〕汉娜·鄂兰:《帝国主义》,蔡英文译,台北联经出版事业公司1982年版。

6. 〔美〕汉娜·鄂兰:《极权主义》,蔡英文译,台北联经出版事业公司1982年版。

研究专著

1. 〔日〕川崎修:《阿伦特:公共性的复权》,斯日译,河北教育出版社2002年版。

---

[18] Margaret Canovan, *Hannah Arendt: A Reinterpretation of Her Political Thought*, London: Cambridge university press, 1992, p. 159. 转引自蔡英文,同上注[8]所引书,第156页。

[19] Gerard P. Heather, Matthew Stolz, Hannah Arendt and the Problem of Critical Theory, 41 *The Journal of Politics* 1 (1979), p. 19.

[20] Hannah Arendt, *The Life of Mind (Thinking)*, New York: Harcourt Brace Jovanovich Publisher, 1978, p. 175. 转引自莫大华:《汉娜·鄂兰政治思想的特色与省思》,载《复兴岗学报》(台北)2004年第82期。

2. 蔡英文:《政治实践与公共空间——阿伦特的政治思想》,新星出版社2006年版。

3. 〔美〕理查德·沃林(Richard Wolin):《海德格尔的弟子:阿伦特、勒维特、约纳斯和马尔库塞》,张国清、王大林译,江苏教育出版社2005年版。

4. 〔美〕帕特里夏·奥坦伯德·约翰逊(Patricia Altenbernd Johnson):《阿伦特》,王永生译,中华书局2006年版。

5. 〔德〕阿洛伊斯·普林茨:《爱这个世界——汉娜·阿伦特传》,焦洱译,社会科学文献出版社2001年版。

6. 〔加〕菲利普·汉森:《历史、政治与公民权:阿伦特传》,刘佳林译,江苏人民出版社2004年版。

7. 孙爱玲:《充满激情的思索:汉娜阿伦特》,贵州人民出版社1999年版。

(二) 英文部分

阿伦特本人著作

1. Hannah Arendt, *The Origins of Totalitarianism*, London: Allen & Unwin, 1958.

2. Hannah Arendt, *The Human Condition*, Chicago: University of Chicago Press, 1998.

3. Hannah Arendt, *On Revolution*, Westport, Conn: Greenwood Press, 1963.

4. Hannah Arendt, *Men in Dark Times*, New York: Harcourt, Brace & World, 1968.

5. Hannah Arendt, *On Violence*, New York: Harcourt, Brace & World, Inc., 1970.

6. Hannah Arendt, *Crises of the Republic*, New York: Harcourt, Brace, Jovanovich, 1972.

7. Hannah Arendt, *Between Past and Future*, enlarged edition, London: Penguin Books, 1977.

8. Hannah Arendt, *The Life of the Mind*, vol. Ⅰ: *Thinking*; vol. Ⅱ: *Willing*, ed. Mary McCarty, New York: Harcourt, Brace, Jovanovich, 1978.

9. Hannah Arendt, *Lectures on Kant's Political Philosophy*, edited, and with an interpretive essay by Ronald Beiner, Chicago: University of Chicago Press, 1982.

10. Hannah Arendt, *The Promise of Politics*, edited and with an introduction by Jerome Kohn, New York: Schocken Books, 2005.

研究专著

1. Seyla Benhabib, *The Reluctant Modernism of Hannah Arendt*, London: SAGE, 1996.

2. Margaret Canovan, *The Political thought of Hannah Arendt*, London: J. M. Dent, 1974.

3. Margaret Canovan, *Hannah Arendt, A Reinterpretation of Her Political Thought*, London: Cambridge University Press, 1992.

4. B. Honing(ed.), *Feminist Interpretations of Hannah Arendt*, University Park, PA: Penn. State Press.

5. Hannah Patkin, *The Attack of the Blob: Hannah Arendt's Concept of the Social*, Chicago: Chicago University Press, 1998.

6. Lewis P. Hinchman and Sandra K. Hinchaman(ed.), *Hannah Arendt: Critical Essays*, New York: SUNY Press, 1994.

7. John McGowan, *Hannah Arendt: an Introduction*, Minneapolis: University of Minnesota Press, 1998.

8. Ronald Beiner and Jennifer Nedelsky(ed.), *Judgment, imagination, and politics: themes from Kant and Arendt*, Lanham, Md.: Rowman & Littlefield, 2001.

9. Robert Fine, *Political Investigations: Hegel, Marx, Arendt*, London: Routledge, 2001.

10. Dana Villa(ed.), *The Cambridge Companion to Hannah Arendt*, Cambridge, U.K.; New York: Cambridge University Press, 2000.

二、论文

(一) 中文部分

阿伦特论文译文

1. 〔美〕汉娜·阿伦特：《真理与政治》、《哲学与政治》、《什么是自由》、《传统与现代》、《权力与暴力》、《征服空间和人的价值》，载贺照田主编：《西方现代性的曲折与展开》，吉林人民出版社 2002 年版。

2. 〔美〕汉娜·阿伦特：《公共领域和私人领域》，载汪晖、陈燕谷主编：《文化与公共性》，三联书店 1998 年版。

研究论文

1. 张慎：《实践先于理论，行动先于思维——记杰出政治理论家和哲学家哈娜·阿伦特》，载《国外社会科学》1994 年第 5、6 期。

2. 朱士群：《公共领域的兴衰——汉娜·阿伦特政治哲学述评》，载《社会科学》1994 年第 6 期。

3. 〔英〕玛丽娅·马尔库斯：《汉娜·阿伦特的反女权主义》，王寅丽译，载《国外社会科学》1998 年第 4 期。

4. 王寅丽、陈君华:《浮上水面的潜流——汉娜·阿伦特论公共领域的衰落》,载《华东师范大学学报(哲学社会科学版)》1998年第6期。

5. 陈周旺:《理解政治现象:汉娜·阿伦特政治思想述评》,载《政治学研究》2000年第2期。

6. 陈嘉映:《纠缠与疏朗——海德格尔的阿伦特牵连和纳粹牵连》,载《开放时代》2000年第7期。

7. 崔卫平:《沉默的背后——关于海德格尔和阿伦特》,载《开放时代》2000年第7期。

8. 周威锋:《公共领域的概念:从阿伦特到哈贝马斯》,载《浙江学刊》2002年第3期。

9. 曾纪茂:《阿伦特论人的境况》,载《西南民族大学学报(人文社科版)》2003年第7期。

10. 应奇:《政治的审美化与自由的绝境——康德与阿伦特未成文的政治哲学》,载《哲学研究》2003年第4期。

11. 于云:《汉娜·阿伦特:生存论意义上的政治观》,载《南都学坛》2003年第3期。

12. 王音力:《汉娜·阿伦特论思的政治意义》,载《华东师范大学学报(哲学社会科学版)》2003年第6期。

13. 陈伟:《阿伦特的极权主义研究》,载《学海》2004年第2期。

14. 何历宇:《论政治与真理的冲突——阿伦特的政治真理观述评》,载《中共浙江省委党校学报》2004年第3期。

15. 周凯建:《阿伦特论马克思》,载《兰州学刊》2004年第4期。

16. 杜战锋:《在"行动"中享受艺术人生——从〈人的条件〉看阿伦特的人学思想》,载《理论月刊》2005年第6期。

17. 陈伟:《汉娜·阿伦特的"政治"概念剖析》,载《南京社会科学》2005年第9期。

18. 涂文娟:《阿伦特政治哲学研究述评》,载《哲学动态》2005年第9期。

19. 浦永春:《汉娜·阿伦特的哲学之思》,载《浙江学刊》2005年第6期。

20. 卫璎宁:《阿伦特的忠诚与爱》,载《书屋》2005年第12期。

21. 钟志清:《"艾赫曼审判"与以色列人对大屠杀的记忆——读阿伦特〈艾赫曼在耶路撒冷〉》,载《中国图书评论》2006年第4期。

22. 杨仁忠:《阿伦特公共领域理论的提出及其宪政意义》,载《河南师范大学学报》2006年第3期。

23. 蔡英文:《政治实践与历史叙述:论说汉娜·鄂兰的历史理念》,载《新史学》1992

年第3(2)期。

24. 蔡英文:《汉娜·鄂兰的公共领域理论及其问题》,载钱永祥、戴华主编:《哲学与公共规范》,台北,"中央研究院"中山人文社会科学研究所。

25. 江宜桦:《政治之美感化:对汉娜·鄂兰之政治理论的一种阐释》,载《人文与社会科学集刊》,台北,"中央研究院"中山人文社会科学研究所编,第6卷第1期。

26. 江宜桦:《汉娜·鄂兰论政治参与与民主》,载张福建、苏文流主编:《民主理论:古典与现代》,台北,"中央研究院"中山人文社会科学研究所编。

27. 莫大华:《汉娜·鄂兰的政治行动论》,载《复兴岗学报》1998年第64期。

28. 莫大华:《政治生活与政治判断:汉娜·鄂兰的观点》,载《复兴岗学报》2000年第69期。

29. 莫大华:《汉娜·鄂兰政治思想研究之回顾与展望》,载《哲学与文化》1999年第26卷第6期。

30. 莫大华:《汉娜·鄂兰政治思想的特色与省思》,载《复兴岗学报》2004年第82期。

31. 江宜桦:《汉娜·鄂兰政治思想之研究》,台北:台湾大学政治学研究所1987年硕士论文。

32. 李培元:《汉娜·阿莲政治行动论之解析》,台北:政治大学政治研究所1988年硕士论文。

33. 潘非欧:《思与公共领域的重建:汉娜·阿伦特政治哲学探要》,复旦大学2004年博士论文。

(二) 英文部分

1. *The Hidden Philosophy of Hannah Arendt*, by Betz Hull, Margaret Alison. ; , Ph. D. Source: Dissertation Abstracts International, Volume: 62-05, Section: A, page: 1857. ; Chair: Joseph Margolis.

2. *L'horreur et le quotidien: L'Holocauste dans les oeuvres de Theodor W. Adorno et Hannah Arendt* (French text), by Lacroix, Yannick. ; , M. A. Source: Masters Abstracts International, Volume: 42-02, page: 0422. ; Directrice: Marie-Helene Parizeau.

3. *Private Faces in Public Spaces: Hannah Arendt's "The Life of the Mind" towards an Ethics of Personal Responsibility*, by Assy, Bethania. ; , Ph. D. Source: Dissertation Abstracts International, Volume: 65-01, Section: A, page: 0162. ; Adviser: Agnes Heller.

4. *Improvising Freedom: Action through the Prism of Marx, Arendt and Foucault* (Karl

Marx, Hannah Arendt, Michel Foucault, Maurice Merleau-Ponty), by Clark-Rapley, Elaine. ; , Ph. D. Source: Dissertation Abstracts International, Volume: 65-05, Section: A, page: 1968. ; Adviser: Lorne Dawson. .

功能现实主义的法人类学观

——纪念霍贝尔诞辰 100 周年

杨晓畅*

埃德蒙森·霍贝尔(1906—1993),20 世纪美国著名的法人类学家,曾任美国民族学会会长和美国人类学协会主席,1929 年至 1972 年先后执教于纽约大学、犹他大学和明尼苏达大学,并任明尼苏达大学人类学系主任,以研究前文字社会的法律体系而闻名。[1] 在其漫长的学术生涯中,霍贝尔一直致力于从人类学的视角给予法律问题、法律现象以持续的关注和独到的解析。正如美国法律与社会评论杂志 1973 年为霍贝尔授奖时所称:"作为一个人、一名教师和一位学者,霍贝尔教授在法律与社会研究的发展中起到了重要的作用。他关于法律制度的观念帮助一代社会科学家认识到要将法律置于它

---

* 杨晓畅,吉林大学理论法学研究中心 2006 级硕士研究生。
〔1〕 在霍贝尔的法律思想的形成过程中有一位重要人物不得不提,他就是美国现实主义法律运动的代表人物之一——卡尔·卢埃林。1933 年,当霍贝尔还是一名研究生的时候,他接受了时任哥伦比亚大学 Betts 教授的卢埃林的提议,满怀激情地与后者一同参加了对于部落法的合作调查。卢埃林成为了霍贝尔的论文执导教师,二者于 1941 年合作出版了《切依因纳人方式》这本在法人类学发展历程中脍炙人口的著作。可以说,是卢埃林引导霍贝尔进入了法人类学这一领域,并对后者的法律思想产生了深远的影响。

的社会和文化背景中考察。"[2]

在出版于1954年的《初民的法律——法的动态比较研究》一书中,霍贝尔明确提出并详细阐述了功能现实主义的法人类学观这个在其法人类学思想中极为核心的观点。尽管霍贝尔对于法律问题的关注涉及法的定义、法的功用、法与习惯、法与宗教、非国家的多元的法律观等等庞杂的论题,但在我看来,对于这些论题的理解和考察都有必要置于功能现实主义的法人类学观这一背景之下。可以说,这一观点为我们从整体上提纲挈领地把握霍贝尔的法人类学思想并厘清其主要理论主张提供了一个基点。

霍贝尔功能现实主义的法人类学观主要是针对传统自然法学派超验的研究方法和实证分析法学派脱离法与社会的内在联系的研究方法所存在的限度提出的。与这二者相对,他认为他的功能现实主义所追求的是"对社会各种制度进行经验的观察和解剖,并对与社会整体功能密不可分的法律机制及其在社会有机体之中的生理学上的原动力加以分析"[3]。这使得霍贝尔的功能现实主义的法人类学观具有如下三方面的理论关怀:其一,将人类学中的行为主义、经验主义的研究方法引入法学的研究,主张采用以经验材料和感觉事实为基础的经验的、客观的、科学的研究方法。其二,将法视作文化的组成部分,主张在社会整体中分析法与文化的其他组成要素之间的关系,以便更清楚地认识法的意义和作用。其三,由于实证分析法学家往往将注意力集中于国家制定的法,这使得他们认为"在原始水平上,不可能存在像法这样精密深刻、这样基于某一权力而良好组织且具有目的性的东西",而"原始人的法律生活与其说是未经探索的,还不如说是根本就不存在的"[4]。这种观点实际上带有很强的西方的民族中心主义色彩,并且使得原始人的法律现象无论在法学家那里还是在人类学家那里都被搁置在了被遗忘的角落。而霍贝尔对于原始社会的法的全面而广泛的关注使得这一未开垦的处女地重回学者们的视线,并因此在一定程度上避免了民族主义的倾向。

具体言之,霍贝尔的功能现实主义的法人类学观包含着下述三项重要的理论主张,即将法置于其文化母体中进行分析、案例研究的方法和世界法的构想。

霍贝尔认为将法置于其文化母体中进行分析是考察任何法律现象——包括原始法、古代法和现代法——都必须遵循的指导原则。在这一原则的指导下,他对于诸多学者们

---

[2] Richard D. Schwartz, President's Message: To Ad Hoebel- with thanks, 7 *Law & Society Review*, (Summer, 1973), p. 531.

[3] 〔美〕E. A. 霍贝尔:《初民的法律——法的动态比较研究》,周勇译,罗致平校,中国社会科学出版社1993年版,第6页。

[4] E. A. Hoebel, Law and Anthropology, *32 Virginia Law Review* (1946), Symposium: Integrating Law and Other Learned Professions. , p. 836.

历来争讼不已的法律问题进行了十分有价值的探讨。在这里我们仅举两例进行简要分析。其中之一是霍贝尔从法与文化的关系角度重新审视了法律是什么这个问题以及与该问题紧密勾连的原始世界是否有法的问题。在我看来,美国法律与社会评论杂志的 Richard Schwartz 在这一问题上的评论是十分中肯的。他认为一代甚或是两代西方人类学家已经将过多的精力耗费于最初由马林诺夫斯基在其关于特罗布里恩群岛的专题论著《野蛮社会的犯罪与习惯》中提出的定义性问题。而霍贝尔通过将我们的注意力转向法与社会其他组成部分之间的内在关系,将马氏对于法是什么这一定义性的提问方式转向更富有成效并以经验为依据的提问方式。[5] 可以说,霍贝尔所关心的不是法律是什么这一定义性的问题,而是西方法律体系的基本要素可以在人类社会的范围内以不同的程度被发现。另一个例子是霍贝尔从法与文化的关系角度重新审视法与宗教之间的关系。这一问题在《初民的法律》一书中也得到了很好的阐述,在此不赘述。需要特别指出的是,霍贝尔虽然主张应当分析文化的诸种要素对法律的影响,但他并没有陷入文化决定论的误区,而是认为应该给予个人在法律实践中的作用以充分的认识。这一点在《切依因纳人方式》一书中也可以得到佐证。在该书中,他生动地记录了一位切依因纳的印第安首领在一桩盗马的案件中发布了一项新的规则的案件,并给予该首领的行为充分的肯定。[6]

霍贝尔将案例研究的方法视作实践上述指导原则的客观、科学的方法。他认为在对法的人类学研究中,存在着三种研究方法,即规则的方法、描述的方法和案例的方法。所谓规则的方法,是设想和寻求能恰当引导和控制人类行为的各种规则,这种方法往往通过将调查表发给被调查对象来实现。霍贝尔认为尽管这种研究方法与法的目的相联系,但却存在两方面的缺陷。其一是导致了法的抽象化,它所描绘的法仅为一种幻影,很少有血有肉。其二是在调查的过程中,发现普遍原则的愿望占据了优势,这往往使调查者将其本身对法律原则、规则的看法投射到其研究对象之上,从而失去了真实性及探求真实情况的可能性。而描述的方法虽然在一定程度上避免了上述问题,但因为偏重于描述人的行为而对具体案例关注过少。与前两者相对,案例研究的方法具体研究一些是非瓜葛、争执冤屈和麻烦事,查究因何发生争议和如何解决,是一种从特殊到一般,再从对一般的检验回到特殊的方法。需要指出的是,正如人类学家波斯皮瑟尔认识到的,霍贝尔并没有像马林诺夫斯基一样,将他的方法仅仅运用于单一文化的研究之上,而是对多个

---

[5] Richard D. Schwartz, supra note [2], p. 531.
[6] K. N. Llewellyn & E. A. Hoebel, *The Cheyenne Way*, Norman: University of Oklahoma Press, 1941, p. 128.

原始民族法进行了跨文化的动态比较研究,并试图在此基础上归纳出原始社会的法的某些普遍规则。[7]

与许多法人类学家不同的是,霍贝尔并不满足于在上述原则的指导下通过案例研究的方法进行单纯的田野调查并对其调查结果进行简单的描述,而是在将其调查结果进行理论化处理的基础上提出了世界法这一宏大的理论假设。霍贝尔经由对原始社会的法律制度的调查和分析得出了完全不同于梅因的由身份到契约的法的发展趋向的论断。他认为在原始法的发展过程中真正重大的转变是在程序法上所发生的重心的重大转移,即"维护法律规范的责任和权力从个人及其亲属团体的手中转由作为一个社会整体的政治机构的代表所掌管"[8]。然而,在我看来更应引起我们重视的是在这一论断背后隐含的较之程序法上的转变更为关键的问题,即霍贝尔认为人类社会从原始到现代逐渐形成了社会整体并出现了为社会整体所具有的社会利益。[9] 可以说,对社会利益的认同和保障是霍贝尔眼中法律发展趋向的真实反映。更为重要的是,这种社会利益构成了霍贝尔对于世界法的构想的基础。霍贝尔在《初民的法律》一书中将现今的国家比作原始部落,其共同点是尚未形成统一的社会意识;进而将现今的国际法比作原始法,其共同点是尚缺乏对统一规范的认同,因此缺乏一个权威的机构对该统一规范进行保障。在此基础上,霍贝尔认为既然原始社会能形成并认同统一的社会意识,那么世界社会也会如此;既然原始社会能发展出以统一的社会利益为核心的法律规范,世界社会也能发展出同样的世界法。在该书的结尾,他颇为乐观地指出:法的动态比较研究有助于促进在世界社会范围内原始法向现代的实质性转变。倘若这项工作能在我们的时代付诸实行,我们将非常幸运参与了这一法律史上最伟大的事变。[10]

然而,今天我们在纪念霍贝尔的学术贡献的同时,也不无遗憾地看到当今的国际社会并没有像霍贝尔乐观地预想的一样趋向一致,而是愈发多元、异质和分裂。而距离霍贝尔构想的被国际社会普遍认同的世界法的出现仍然遥遥无期。因此,我们有必要对如下两个问题进行进一步的追问:其一,何谓社会整体利益?社会整体利益在一个多元、异

---

[7] See Leopold Pospisil, E. Adamson Hoebel and the Anthropology of Law, *17 Law and Society Review* (1973), pp. 539—540.

[8] 〔美〕E. A. 霍贝尔,同上注〔3〕所引书,第369页。

[9] 霍贝尔在关于法律的发展趋向的论述中多次提到社会整体和社会利益。例如,他认为"在初民社会中,法律的斗争所经过的几个发展阶段都是围绕如何将以亲缘关系为中心的心理置于整个社会之下的问题来进行的","法律发展的主流不是作为一种压迫的工具,而是社会的成员为了适应社会本身的内在条件,探求实现其基本的社会文化前提原理的措施和方法,以及对他们加以维护和解决其利益冲突的一种手段"。此处的论述详见〔美〕E. A. 霍贝尔,同上注〔3〕所引书,第367页。

[10] 参见〔美〕E. A. 霍贝尔,同上注〔3〕所引书,第361—374页。

质的社会中乃至国际社会中何以可能?当一些人以社会利益的名义要求法律对某些所谓的社会利益予以承认和保障的时候,是否会意味着要求法律对某个群体既有的相对地位施以保护或者是在要求法律对某个群体既有的利益予以增进?[11] 在全球化所带来的问题日益彰显的今天,这一问题值得我们深思。其二,更进一步讲,霍贝尔声称其世界法的构想等理论主张建立在他所谓的客观、科学的研究方法之上,然而这种实证的调查研究能否保证其研究过程真正不存在理论的前提假设且价值不涉?在我看来,这些问题在一定程度上构成了霍贝尔的功能现实主义的法人类学观的限度,但同时也成为了我们进一步思考并推进其研究的起点。

附:研究霍贝尔的参考文献

一、霍贝尔本人著述[12]

1. E. A. Hoebel, *The Political Organization and Law-ways of the Comanche Indians*, Menasha, Wisconsin: Memoir 54, American Anthropological Association, and Contribution of the Laboratory of Anthropology, 1940.

2. K. N. Llewellyn & E. A. Hoebel, *The Cheyenne Way: Conflict and Case Law in Primitive Jurisprudence*, The University of Oklahoma Press, 1941.

3. E. A. Hoebel, Law-Ways of the Primitive Eskimos, 31 *Journal of Criminal Law and Criminology*(1931—1951),(Mar., 1941).

4. E. A. Hoebel & L. J. Chamberlain, Anthropology Offerings in American Undergraduate Colleges, 44 *American Anthropologists*.

5. E. A. Hoebel, Fundamental Legal Concepts as Applied in the Study of Primitive Law, 51 *The Yale Law Journal*, (Apr., 1942).

6. E. A. Hoebel, Primitive Law and Modern, 5 *Transactions of the New York Academy of sciences* (1941, Series II).

7. E. A. Hoebel, *Comparative Systems of Law*, Chicago, Illinois: University of Chicago

---

[11] 霍贝尔关于社会整体利益的观点在很大程度上借鉴了罗斯科·庞德提出的社会利益理论。邓正来先生曾经对庞德的社会利益理论进行了深刻的分析和批判,详见邓正来:《社会学法理学中的"社会神"——庞德法律理论的研究和批判》,载《研究与反思——关于中国社会科学自主性的思考》,中国政法大学出版社 2004 年版,第 219—225 页。

[12] 由于篇幅所限,本文仅列出在笔者看来霍贝尔的较为重要著述,其他著述及针对霍贝尔著述的书评详见霍贝尔本人所列 Complete Bibliography of Publications(to date),7 *Law & Society Review* (Summer, 1973).

Civil Affairs Training School, 1945.

8. E. A. Hoebel, *The Function of Law*, Chicago, Illinois: University of Chicago Civil Affairs Training School, 1945.

9. E. A. Hoebel, Law and Anthropology, *32 Virginia Law Review*, Symposium: Integrating Law and Other Learned Professions (Jun., 1946).

10. E. A. Hoebel, *Man in the Primitive World: An Introduction to Anthropology*, New York: McGraw-Hill, 1949.

11. E. A. Hoebel, *The Law of Primitive Man: A Study in Comparative Legal Dynamics*, Cambridge, Massachusetts: Harvard University Press, 1954.[13]

12. E. A. Hoebel, Major Contributions of Southwestern Studies to Anthropological Theory, *56 American Anthropologist*, New Series, Southwest Issue (Aug., 1954).

13. E. A. Hoebel, The Study of Primitive Law, in J. B. Casagrande and T. Gladwin (eds.) *Some Uses of Anthropology: Theoretical and Applied*, Washington, D.C: Anthropological Society of Washington, 1956.

14. E. A. Hoebel, Karl Llewellyn: Anthropological Jurisprudence, *18 Rutgers Law Review* (1964).

15. E. A. Hoebel, Status and Contract in Primitive Law, in F. S. C. Northrup and H. H. Livingston (eds.) *Cross Cultural Understanding: Epistemology in Anthropology*, New York: Harper and Row, 1964.

16. E. A. Hoebel, Fundamental Cultural Postulates and Judicial Lawmaking in Pakistan, *67 American Anthropologist*, New Series, Part 2: The Ethnography of Law (Dec., 1965).

17. E. A. Hoebel, Anthropological Perspectives on National Character, *Annals of the American 370 Academy of Political and Social Science*, National Character in the Perspective of the Social Sciences (Mar., 1967).

二、对霍贝尔的研究著述

1. Pierre B. Gravel, Hoebel's Anthropology: The Study of Man: A Comment, *71 American Anthropologist*, (Apr., 1969).

2. Richard D. Schwartz, President's Message: To Ad Hoebel- with thanks, *7 Law & So-

---

[13] 此书目前在中国有两个译本,一译为《初民的法律——法的动态比较研究》,周勇译,罗致平校,中国社会科学出版社 1993 年版。一译为《原始人的法》(修订译本),严存生等译,法律出版社 2006 年版。

ciety Review, (Summer, 1973).

3. Leopold Pospisil, E. Adamson Hoebel and the Anthropology of Law, 7*Law & Society Review*, (Summer, 1973).

4. Philip C. Parnell, Hoebel's Crucible: Information and Misinformation in Case Studies of Law, *6Law and Human Behavior*, Historical Lessons for Contemporary Problems, (1982).

拒绝"讹诈"
——纪念米歇尔·福柯诞辰80周年

韩 平[*]

米歇尔·福柯1926年出生于普瓦捷,于1984年6月25日在巴黎的萨勒贝蒂尔医院去世,这间医院也曾经是他写《疯癫与文明》时候考察过的医院。而这样的巧合正是预示着福柯的思想中的核心,即对于理性与非理性的、正常的与病态的、生的与死的这一对对的关系性的并且是共生性的范畴的探讨与考察,从而理解本真的"人"。

福柯的文风可以说是绚丽的但同时也是冷静的,是生动的也是冷漠的,他的语言是冷僻的与怪诞的,充满着否定性的论调,但字里行间流露着一种激情也流露着一种才华。他的著作中总是充满着一些令人感到怪异但却很有节奏感与视觉感的东西,如他在《疯癫与文明》中对于愚人船的描述,《规训与惩罚》中对达米安的折磨以及《词与物》中对委拉斯开兹的《宫中侍女》的描绘等等。在这些语言描述与叙述中,福柯给出了他对于差异与非理性的关注。无疑,对于20世纪的学术界来说,福柯是尼采的最伟大的信徒,同时也是西方知识界中最能引起同行进行学术关注与学术批判的学者之一。他被

---

[*] 韩平,吉林大学理论法学研究中心2005级博士研究生。

大家经常冠以的名称或标签就是"后现代主义者",尽管福柯曾经否认他是一个后现代主义者,并且福柯也特别反对给某物贴标签的方法,但是,他对于"人"的本质的消解、对于本源的拒斥以及对于差异的尊重都无不显示着他对于传统的现代主义的相异之处。

福柯的文章中勾勒的都是诗人、疯癫、小偷、流浪汉、反常、罪行、性等曲折并且隐秘的历史,医院、精神病院、监狱、工厂、兵营、家庭在福柯的历史书写中表现出了压抑的面目。在福柯的书目中,历史不再是统治者、英雄、帝王的舞台。正是在将这样关注点的转换中,福柯揭示出了,自笛卡尔以来西方文化传统中根深蒂固的哲学基础,即人类学主体主义。而这样的人类学主体主义是以大写的理性为基础的,福柯认为,这样的理性是以在精神上将癫狂从理性中排除出去了为代价的。他认为,笛卡尔的我思中的"我",即作为思想的主体,是不可能发疯的,这样就把癫狂排除在理性运作之外了,从而癫狂被置于一个受排斥的区域里。理性先确定了自己的权威,将自己设定为正常的人、正义的人和秩序的象征,所以,理性的对立面就是反常的、邪恶的和无序的象征。而福柯反对的就是,自笛卡尔以来的这种二元对立的思维模式,这种思维模式是一种非此即彼的思维方式,认为不是理性的,那么就是非理性的,而非理性的就是坚决反对的。福柯称那种对理性采取非此即彼的极端态度是"讹诈":"人们经常讹诈整个理性批判或讹诈批判性的思考:要么接受理性,要么堕入非理性主义。"[1]

可以说,福柯作为理性的批判者,他批判理性并不是想否定理性,他的目的只是要摧毁理性的绝对的权威、理性的至高无上,从而可以将人从理性的痴迷中唤醒,将被理性所压制的非理性释放出来。可以说,对于理性的检视,福柯并不是第一人,康德就已经将人的理性划了界限,将理性局限于现象界,认为人的理性绝不能僭越经验的界限。福柯认为,虽然康德是将理性划界于现象界,但是他与笛卡尔一样,承认了他们共同承认的一个认知之可能性的先验,即在先验层面上把主体与思维的我等同了起来,这样的先验的假设还是承认了理性的优先与绝对。而他要做的就是,要摆脱这个先验,以确立起人类认识的历史条件和转化。他要进行最大限度的历史化,认为人的认识、规则都是出现于历史进程中的,反对并怀疑主体的基础性与至上性,认为理性也只是历史性的一个插曲。因此,福柯反对哈贝马斯所认为的他是精妙地描述了"理性分岔的时刻",而福柯认为,"他所以解决的不仅仅是理性的一次分岔,而是一种复杂的、没有中断过的分岔,一种丰富的分岔"[2]。他要谈的是"所有推动和允许关于自我的技术发展的一切","在繁多的

---

[1]〔法〕福柯:《结构主义与后结构主义》,钱翰译,载杜小真编译:《福柯集》,上海远东出版社2003年版,第494页。

[2] 同上注。

分枝和岔口、断裂和顿挫中,理性的分岔是一个重要事件和插曲,产生了引人注目的后果,但并非独一无二"[3]。

当福柯将理性的权威性消解之后,那么是不是他就是承认了非理性的权威,福柯说,不是。在1970年的法兰西学院的就职演说《话语的秩序》中,他针对德里达的解构学派说,认为解构学派允许一种非历史的放任态度。在《答德里达》中,他认为德里达假定了"哲学是一切知识的普遍标准"[4],福柯认为,"在每个时期,哲学话语也和其他任何企图具有合理性的话语形式一样,要遵循知识赖以形成的某些条件和规则"[5]。这就表明了福柯与一般性的后现代主义者相区别的地方,他承认差异,赞美差异,但是却没有"中心化了"差异。

那么,对于理性与非理性二者的关系,我们应当如何处理呢?福柯反对结构主义对二者所作的结构化的理解。他认为,结构主义将二者结构化,这种理解是一种形式法则的规范,是一种历史先验知识和形式先验知识的相结合。福柯认为这样的理解,本身就存在着一个理论的前设,即承认先验性的存在。福柯反对这结构性的先验存在,他说,"我只是将一般的、空洞的变化范畴暂时搁置起来。这是为了揭示不同层面上存在的转换活动。我拒绝接受千篇一律的时间化模式。"[6]同时,福柯也审视了胡塞尔和海德格尔的意识,他认为他们虽然重新质疑了我们所有的认识及其基础,但要去找寻起源性的意义,福柯认为他们这样做是诉诸起源的,从而牺牲了全部被言说的历史内涵,他们最终设定的还是一个根本与基础。

因此,对于福柯来说,他拒斥的就是一种本源,当他批判了笛卡尔主义的理性主义权威之后,他既没有走向现象学或者说存在主义的意识哲学之路,也没有走向结构主义的形式之路,他认为,这两条路给我们指出的还是一种本质主义的东西,还是一种专断。那么福柯如何去看待这二者呢?并且,福柯面对的还有一个根本性的问题就是,当福柯将主体的理性从独断与权威中去除之后,并且还否认一种差异的本源化,那么作为存在的个体,不能从理性中反照自己,那么你如何去言说你自己,也即我们如何认识自己。而这个问题,也正是福柯在后期极为关注的一个问题。

可以说,福柯要做的工作就是,一方面,他要指出理性的专断是如何产生的,这也是

---

[3] 同上注,第495页。

[4] [法]福柯:《答德里达》,董芳译,载杜小真编译:《福柯集》,上海远东出版社2003年版,第191页。

[5] 同上注。

[6] Foucault, *Archaeology of Knowledge*, trans. by A. Sheridan Smith, New York, Pantheon, 1971, pp. 199—200.

不同于其他学者之处,其他的学者可能会说为什么本质性的或者说本源性的就是专断,福柯就是指出了如何产生的理性的本质性专断。另一方面,他要说明,我们如何认识自己的问题。

福柯学术的考古学与系谱学时代就是要去解决第一方面的问题,他将这一方面分解成为几个问题域。其一是"疯癫"的问题,是什么导致了理性对疯癫的统治,使得疯癫者只能生活在沉默之中;人们怎样才能说出生病(疯癫)的主体的真实,或者说,疯癫的主体的真实性何在?其二是有关话语主体、知识的主体的真实性问题,他们是先于语言而存在的、构成语言所有意义的本源,还是本身仅仅是话语"构成规则"的条件的产物?其三是关于罪犯与惩罚的问题,自我之所以成为犯罪主体的真实原因是什么?可以说,通过对第一个问题的回答,福柯解决了非理性的历史型构过程,指出理性非理性本身是一个历史性的区分。第二个问题解决了话语与权力的问题,指出知识本身支撑了理性对于非理性的控制。而第三个问题解决了微观权力的机制问题,指出理性如何依靠制度性的规制来加强了对于非理性的控制,并将其合理化。对于如何认识自我,福柯在他的后期的对于性的问题的研究来阐释了主体怎样才能说出关于自我作为快感主体的真实。

可以说,无论是揭示理性如何专断还是定义自我,福柯都强调了当下历史的现时性的意义。

福柯在1984年写的《什么是启蒙》一文中,分析了康德的文本,他认为康德在对其时代的反省中,采取了一种与其他哲学家不同的方式,即并不试图在一个"整体性"的或未来结果的基础上理解其时代,而是"紧密而内在地把他的作品对于认识的意义同对历史的思考和对他写作的特别时刻所作的特殊分析联系起来","把'今日'作为历史上的一种差异,作为完成特殊的哲学使命的契机来思考"[7]。但是当康德规定"启蒙"就是人走出一种不成熟的状态,那么,这就预示着康德认为我们的现在是不成熟的,而人类是有一个总体走向成年的过程的,那么这种成年也就"规定着相对于总体运动的现时性及它的基本的走向"[8]。

福柯认为,人们应当将现代性看作为一种态度而不是历史的一个时期,态度是指对于现时性的一种关系方式:一些人所作的自愿选择,一种思考和感觉的方式,一种行动、行为的方式。[9]

---

[7] [法]福柯:《何为启蒙》,顾嘉琛译,载杜小真编译:《福柯集》,上海远东出版社2003年版,第533页。

[8] 同上注。

[9] 同上注,第534页。

因此,对于理性与非理性来说,我们不能从历史的本源中找到形而上学的关系,也不能在二者之间划出界限,而应当将二者都消解于当下的历史之中。从现时的历史出发来分析,不能对二者划出一个二元性的界分,而只能从历史的事件中具体地分析,应当关注一些具体的有关人的事实,如性、监禁、疯癫等,以便从经验性、历史性的事实中得出有关人的真正认识。不论是考古学还是谱系学,福柯声言他的这些研究方式所追求的目标完全是非形而上学的,或者说,他所持的是一种历史的、批判的态度,它属于实验性的,是通过现实来检验的。这就是意味着,我们对于我们自身的界定工作,一方面应当打开历史性调查的领域,另一方面,应当经受现实和现时的考验,这既是为了把握住变化的可能性的方向,也是为了确定这种变化的准确形式。[10]

福柯强调,这就意味着"我们自身的历史本体论应当避开所有一切所谓的总体的和彻底的方案"[11]。反之,假如想脱离当代的现实而去构想、制订出有关某种社会、思想、文化的整体方案,这种做法只会导致"最危险的传统的复辟"。因此,我们要具有一种哲学气质,这种气质就是批判的气质,即通过我们自身的历史本体论,对我们之所说、所思、所做进行批判。这种哲学气质表现为"极限态度"的特点。这种态度不是一种排除法。不是在外部与内部之间交替,在二者之间设置边界。批判正是对极限的分析和对界限的反思。康德想弄清的是如何避免超越界限,而福柯认为,批判就是要在对我们来说是普遍的、必然的、不可避免的东西中,有哪些是个别的、偶然的、专断强制的成分。[12]

总之,无论有多少人在赞同或在批判福柯的思想,无可否认的是,福柯思想的力量与影响力是令人惊讶的,同时也将是永恒与长久的。福柯最大的贡献就在于,打破了作为人文科学和社会科学研究基础的人类学的认同模式和主体身份,不认为文化和社会中的一切都是源于根本不变的笛卡尔的自我或个体的英雄主义,而是指出这都是历史本身的作品。他打破了意识形态的偏见,指出一个医生从事医学实践或者历史学家在书写历史本身并不是技术专业化的个人禀赋,而更是一种先天的无意识。这种无意识承认了一种区分与划界,并且承认了个体在划界中预设的本质性的根源与规定,而福柯指出了"构成我们规则的规则",但是这种规则本身不是系统的与条文性的,而是一种批判的态度与精神气质,认为只有在批判中我们才可以拒绝"讹诈",走向本真。

---

[10] 同上注,第540页。
[11] 同上注。
[12] 同上注,第539页。

附：研究福柯的参考文献

一、著作

（一）中文部分

福柯译著

1. 〔法〕米歇尔·福柯：《规训与惩罚》，刘北成、杨远婴译，上海三联书店1998年版。

2. 〔法〕米歇尔·福柯：《词与物——人文科学考古学》，莫伟民译，上海三联书店2001年版。

3. 〔法〕米歇尔·福柯：《癫狂与文明》，刘北成、杨远婴译，上海三联书店1998年版。

4. 〔法〕米歇尔·福柯：《临床医学的诞生》，刘北成译，译林出版社2001年版。

5. 〔法〕米歇尔·福柯：《性史》，黄勇民、俞宝发译，上海文化出版社1988年版。

6. 〔法〕米歇尔·福柯：《知识考古学》，谢强、马月译，上海三联书店1998年版。

研究专著

1. 〔法〕迪迪埃·埃里蓬：《权力与反抗——米歇尔·福柯传》，谢强、马月译，北京大学版社1997年版。

2. 〔法〕吉勒·德勒兹：《德勒兹论福柯》，杨凯麟译，麦田出版社2000年版。

3. 〔美〕艾莉森·利·布朗：《福柯》，聂保平译，中华书局2002年版。

4. 〔美〕詹姆斯·米勒：《福柯的生死爱欲》，高毅译，时报文化出版社1995年版。

5. 〔美〕露易丝·麦克尼：《福柯》，张世英译，黑龙江人民出版社1999年版。

6. 〔澳〕J.丹纳赫、T.斯奇拉托、J.韦伯：《理解福柯》，刘瑾译，百花文艺出版社2002年版。

7. 〔德〕克拉达、〔德〕登博夫斯基编：《福柯的迷宫——商务新知译丛》，朱毅译，商务印书馆2005年版。

8. 〔德〕米勒：《福柯的生死爱欲——世纪人文系列丛书》，高毅译，上海人民出版社2005年版。

9. 〔英〕塔姆辛·斯巴格：《福柯与酷儿理论——后现代交锋丛书》，赵玉兰译，北京大学出版社2005年版。

10. 〔德〕尤尔根·哈贝马斯：《关于现代性的哲学话语》，曹卫东等译，译林出版社2004年版。

11. 王治河：《福柯》，湖南教育出版社1999年版。

12. 汪民安：《福柯的界限》，中国社会科学出版社2002年版。

13. 刘北成：《福柯思想肖像》，北京师范大学出版社1995年版。

14. 杜小真编:《福柯集》,上海远东出版社2003年版。
15. 汪民安、陈永国、马海良编:《福柯的面孔》,文化艺术出版社2001年版。
16. 陆阳:《后现代性的文本解释:福柯与德里达》,上海三联书店2000年版。
17. 黄华:《权力,身体与自我——福柯与女性主义文学批评》,北京大学出版社2005年版。
18. 莫伟民:《莫伟民讲福柯——未名讲坛》,北京大学出版社2005年版。
19. 高宣扬:《福柯的生存美学——当代思想方向丛书·高宣扬作品》,中国人民大学出版社2005年版。
20. 余虹:《艺术与归家:尼采·海德格尔·福柯》,中国人民大学出版社2005年版。
21. 李晓林:《审美主义:从尼采到福柯——审美文丛》,社会科学文献出版社2005年版。

(二) 英文部分

福柯本人著作

1. Michel Foucault, *Preface to Anti-Oedipus*, Minneapolis: University of Minnesota Press, 1983.

研究专著

1. John S. Ransom and Durham, *Foucault's Discipline: The Politics of Subjectivity*, Duke University Press, 1997.

2. Mark Philp, *Foucault on Power: A Problem in Radical Translation?* Political Theory, Vol. 11, No. 1, Feb., 1983.

3. Hubert L. Dreyfus and Paul Rabinow, *Michel Foucault: Beyond Structuralism and Hermeneutics*, University of Chicago Press, 1983

4. Derrida, J, 1981: *Writing and Difference*, Rout ledge.

5. Laclau and Mouffe, *Hegemony and Socialist Strategy: Towards a Radical Democratic Politics*. Verso: London, 1985.

6. Habermas, J, *The Philosophical Discourse of Modernity*, Polity Press, 1987.

7. McNay, L, *Foucault: a Critical Introduction*. Polity press: Cambridge, 1994.

8. Fraser, N, Foucault *on Modern Power: Empirical Insights and Normative Confusions*, in *unruly practices: power, discourse and gender in contemporary social theory*, polity press, Cambridge, 1989.

9. Dews., *Power and Subjectivity in Foucault*, New Left Review, 144:72—75, 1984.

10. Hindess, *Discourses of Power: from Hobbes to Foucault*. Blackwell: Oxford, 1996.

11. Gutting, G, *Michel Foucault: a User's Manual*, in G. Gutting (ed.), The Cambridge *Companion to Foucault*. Cambridge University Press: Cambridge, 1994.

12. Richard Wolin, *Foucault's Aesthetic Decisionism*, Telos67, 1986.

13. Mariana Valverde, *Derrida's Justice and Foucault's Freedom: Ethics, History, and Social Movements*, Law and Social Inquiry, summer, 1999.

14. Alan Hunt and Gary Wichham, *Foucault and Law: Towards a Sociology of Law as Governance*, London: Pluto Press, 1994.

15. Garth Gillan and Charles Lemert, *Michel Foucault: Social Theory as Transgression*, New York, Columbia University Press, 1982.

二、论文

（一）中文部分

福柯本人论文译文

1. 〔法〕米歇尔·福柯:《戴面具的哲学家》,莫伟民译,载《世界哲学》2002年第5期。

2. 〔法〕米歇尔·福柯:《福柯答复萨特》,莫伟民译,载《世界哲学》2002年第5期。

3. 〔法〕米歇尔·福柯:《反俄狄浦斯》序言,麦永雄译,载《国外理论动态》2003年第7期。

4. 〔法〕米歇尔·福柯:《反法西斯主义的生活艺术》,李猛译,载《天涯》2000年第1期。

研究论文

1. 陈炳辉:《福柯的权力观》,载《厦门大学学报》2002年第4期。

2. 汪民安:《疯巅与结构:福柯与德里达之争》,载《外国文学研究》2002年第3期。

3. 吕一民:《作为历史学家的米歇尔·福柯》,载《世界历史》1995年第1期。

4. 赵一凡:《福柯的话语理论》,载《读书》1994年第5期。

5. 汪民安:《福柯与哈贝马斯之争》,载《外国文学》2003年第1期。

6. 符浩:《福柯与马克思主义》,载《浙江大学学报》第32卷。

7. 汪民安:《论福柯的人之死》,载《天津社会科学》2003年第5期。

8. 钱翰:《真理:追寻与拒绝——福柯与真理意志》,载《国外文学》2002年第4期。

9. 莫伟民:《福柯与理性批判哲学》,载《中国社会科学》1994年第4期。

10. 周建漳:《福柯与现代性》,载《厦门大学学报》1999年第3期。

11. 智河:《福柯权力观探微》,载《国外社会科学》1997 年第 1 期。

12. 万象客:《霍伊对哈贝马斯的批判》,载《国外社会科学》1996 年第 1 期。

13. 李小林:《福柯与法兰克福学派审美功能观比较》,载《厦门大学学报》2003 年第 3 期。

14. 莫伟民:《福柯的反人类学主体主义和哲学的出路》,载《哲学研究》2002 年第 1 期。

15. 张法:《福柯与历史重写》,载《华中师范大学报》2002 年第 7 期。

16. 于其智:《福柯及其生平著作和思想》,载《国外社会科学》1997 年第 1 期。

17. 文兵:《福柯的现代权力观述评》,载《北京行政学院学报》2002 年第 3 期。

18. 王利民:《解释过去 了解现在——从系谱学看福柯的历史社会观》,载《社会》2000 年第 12 期。

19. 张文喜:《批判理性及其与现代性的关系——评现代性问题上哈贝马斯与福柯的对立》,载《上海社会科学院学术季刊》2002 年第 2 期。

20. 和党根:《德勒兹对福柯哲学思想形成影响探析》,载《重庆大学学报》2003 年第 9 卷第 3 期。

21. 杨春福:《"现代之后"的权利观及其对中国社会转型的意义——以福柯和哈贝马斯为例》,载《江苏社会科学》2005 年第 1 期。

22. 郭洪雷:《面向文学史"说话"的福柯——也谈中国当代文学史研究中的知识考古学、知识谱系学问题》,载《天津社会科学》2005 年第 1 期。

23. 于伟、戴军:《福柯教室中的微观权力理论述评》,载《东北师大学报(哲学社会科学版)》2005 年第 2 期。

24. 李震:《福柯谱系学视野中的身体问题》,载《求是学刊》2005 年第 2 期。

25. 李晓林:《审美主义:从尼采到福柯》,载《厦门大学学报(哲学社会科学版)》2005 年第 2 期。

26. 张之沧:《论福柯性道德观中的虚无主义》,载《伦理学研究》2005 年第 2 期。

27. 张之沧:《福柯的微观权力分析》,载《福建论坛(人文社会科学版)》2005 年第 5 期。

28. 许斗斗:《启蒙、现代性与现代风险社会——对康德、福柯、吉登斯之思想的内在性寻思》,载《东南学术》2005 年第 3 期。

29. 刘魁:《真理、文化权威与知识生产的时代性——兼评福柯对真理话语的微观权力分析》,载《南京政治学院学报》2005年第3期。

30. 尚杰:《空间的哲学:福柯的"异托邦"概念》,载《同济大学学报(社会科学版)》2005年第3期。

31. 程党根:《在欲望与权力之间:德勒兹与福柯思想互动探析》,载《天津社会科学》2005年第4期。

32. 何成洲:《"自我的教化":田纳西·威廉斯和福柯》,载《南京社会科学》2005年第8期。

33. 王立:《什么是启蒙:康德与福柯》,载《社会科学战线》2005年第5期。

34. 高宣扬:《福柯的生存美学的基本意义》,载《同济大学学报(社会科学版)》2005年第1期。

35. 余虹:《现在:我们自己的历史存在论——福柯哲学的精神态度与内在空间》,载《社会科学研究》2005年第6期。

36. 王冬梅:《福柯的微观权力论解读》,载《西北大学学报(哲学社会科学版)》2005年第5期。

37. 莫伟民:《福柯思想渊源梳理》,载《云南大学学报(社会科学版)》2005年第5期。

38. 何雪松:《空间、权力与知识:福柯的地理学转向》,载《学海》2005年第6期。

39. 毛升:《可疑的真理——福柯"谱系学"之评析》,载《广西师范大学学报(哲学社会科学版)》2005年第3期。

40. 周舒:《生产"看"的场域——一种对福柯的解读方式》,载《西南民族大学学报(人文社科版)》2005年第12期。

41. 张媛、王振卯:《从〈临床医学的诞生〉看福柯的社会历史观》,载《南京医科大学学报(社会科学版)》2005年第4期。

42. 张政文:《康德与福柯:启蒙与现代性之争》,载《哲学动态》2005年第12期。

43. 胡水君:《惩罚的合理性——福柯对人道主义的批判分析》,载《环球法律评论》2006年第2期。

44. 〔美〕D.C.霍伊:《批判的抵抗——福柯和布尔迪厄》,张妮妮译,载《国外社会科学》1996年第1期。

(二) 英文部分

福柯本人论文

1. Michel Foucault, *Two Lecture in Power/Knowledge*, ed. by Colin Gordon, New York,

pantheon books.

2. Michel Foucault, *Power and Strategies*, reprinted in *Power/Knowledge*, ed. by Colin Gordon, Pantheon, New York, 1980.

3. Michel Foucault, The Subject and Power, *Critical Inquiry*, Vol. 8, No. 4, Summer, 1982.

4. Michel Foucault, *Revolutionary Action*:" Until Now ," *Language*, *Counter-Memory*, *Practice*, ed. by Donald F Bouchard, Cornell University Press,1977.

5. Michel Foucault, *About the Concept of the "Dangerous Individual" in 19th Century Legal Psychiatry*, International Journal of Law and PsychiatryI, 1978.

6. Michel Foucault, *Space*, *Knowledge*, *and Power*, interview with Rabinow, Skyline, *The Architecture and Design Review*, March, 1982.

7. Michel Foucault, *Sexual Choice*, *Sexual Act*, interview with James O'Higgins, Salmagundi, Fall 82-Winter 83.

8. Michel Foucault, *Questions of Method*, interview with historians, trans. Colin Gordon, Ideology and Consciousness8, Spring 1981.

研究论文

1. Charles Taylor, Foucault on Freedom and truth, *12political Theory*(1984)..

2. William E. Connolly, Beyond Good and Evil: The Ethical Sensibility of Michel Foucault, *21Political Theroy*,(1993).

3. William E. Connolly, Discipline, Politics, ambiguity, *Political Theory*, (August1983).

4. Thomas McCarthy, The Critique of Impure Reason, Foucault and the Frankfurt School, *18Political Theroy*,1980.

5. Stephen k. White, Foucault's Challenge to Critical theory, *80American Political Science Review*.

6. John O'Neill, The disciplinary society: From Weber to Foucault, *37The British Journal of Sociology*, (1986).

7. Stephen k. White, Foucault's Challenge to Critical theory, *80American Political Science Review*.

8. Nancy Fraser, Foucault's Body-Language,: A Post-Humanist Political Rhetoric? *Salmagundi*, Fall, 1983.

9. Nancy Fraser, The French Derrideans: Politicizing Deconstruction or Deconstructing The Political? 33 *New German Critique*.

10. John Rajchman, The Story of Foucault's History, *Social Text*, Winter 1983—1984.

11. Mark Philip, Foucault on Power: A Problem in Radical Translation?, *Political Theroy* (February, 1983).

12. David Hoy, Power, Repression Progess: Foucault, Lukes and The Frankfurt School, *52 Triquarterly*.

13. David Hoy, The Unthought and How to Think it, *Typescript*, (1982).

14. Thomas R. Flynn, Truth and Subjectivation in the Later Foucault, *82 The Journal of Philoshophy* (1995).

15. Charles E. Scott, Comments on Foucault's Anachronistic Truth, *82 The Journal of Philosophy* (1985).

16. Tom Keenan, The "Paradox" of Knowledge and Power: Reading Foucault on a Bias, *15 Political Theory* (1987).

17. Stephen White, Foucault's Challenge to Critical Theory, *80 American Political Science Review* (1986).

18. Charles Taylor, Connolly, Foucault, and Truth, *13 Political Theory* (1985).

Yearbook of Western Legal Philosophers Study

西方法律哲学家
研究年刊

[305—328]

名 著 序 跋

《法与现代心智》*第六次印刷序言

〔美〕弗兰克 著　于晓艺** 译

萧伯纳于1891年首次出版了著作《易卜生主义精华》,而在1913年版的序言中他写道:"在下述篇章中,我并未试图篡改那个人在过去35岁时所写的著作。我未曾承认年长的作者有改变年轻作者著作的权利,甚至当这个年轻作者碰巧是他自己时。"我不是萧,但是在为1930年出版的著作再次印刷而作序时,我重申他的观点。

然而,我承认今天我不会完全像18年前那样来写序。其中的一个原因是,在提出自己对法律一词的定义时我犯下了一个严重的错误。因为这个词充满了模棱两可的意思,所以至少已经存在了十几种可辩解的定义。多增加一个也是无益的。更糟的是,我发现自己立即被相互不同的法律定义者们所攻击。一场更无益的、花费大量时间的争论是难以想象的。相应地,我立即退出了那场愚蠢的语词之争。在1931年,我发表了一篇文章,其中写道,在将来任何关于本书主题的著作中,只要可能,我将避免使用法律一词;相反我将直接陈述——不插入此术语的定义——我所要写的东西,即:(1)具体的法律判决;(2)它们是多么地难以预测和统一;(3)制定它们所依赖的程序,

---

* Jerome Frank, *Law and the Modern Mind*, Peter Smith, 1970.
** 于晓艺,吉林大学理论法学研究中心2004级博士研究生。

(4)为了对公民公正,这一程序在多大程度上可以并且应该被改善。希望在本书中我已经遵循了这一步骤。我相信,读者无论何时遇到"法律",将会理解为(正如在第一部分第5章的末尾所言)我仅仅是谈及具体诉讼的实际的过去判决,或者对未来判决的预测。

当使用"法律现实主义"这一短语来标注我在本书中所采取的这一有关法院工作的立场时,我犯下了另一个错误,引起了误解。这一术语是我以极大的热忱从朋友卡尔·卢埃林那里借鉴而来的。他用此来标明许多美国法律人的观点,这些法律人在20世纪前20年以各自的方式在他们的著作中质疑了对一种或另外一种有关法律事务(matters legal)的传统观念。但是在1931年,本书出版后不到一年,我发表了一篇文章来表达使用此标签的懊悔,因为在其他事物之中,在哲学文献中,"现实主义"有一个已被接受的且完全与所谓"法律现实主义者"的观点无关的涵义。从而,我建议将法律现实主义者称为"建设性怀疑论者",并且将他们的看法称为"建设性怀疑主义"。[1]

后悔将"现实主义者"用作给那些法律怀疑论者贴标签的一种方法,还有一个更有说服力的原因。这一标签使得一些批评者将现实主义者视为一个同质的学派,即学者之间对所有或大部分主题观点一致。这种误解——并非是任何仔细阅读他们著作的结果——导致了似是而非的指责,认为"现实主义学派"不切实际地信奉不一致的观念。事实上,这样的学派并不存在。在上面提到的那篇文章中,我引用一位批评者对这种混为一谈方法的使用方式:

> 它可以被粗略地描述为:(1)琼斯不同意史密斯对关税的看法,(2)鲁滨逊不同意史密斯关于泡菜汁好处的看法,(3)既然琼斯和鲁滨逊都不同意史密斯关于一些事情的看法,由此得出,(a)每个人不同意史密斯关于每一件事的看法,并且(b)琼斯和鲁滨逊同意其他人关于关税、泡菜汁好处、国家联盟、货币的数量理论、生机论、萧伯纳、普鲁斯特、好彩香烟、共产主义、威尔·罗杰斯以及其他事情的看法。卢埃林、格林、库克、尹特马、奥利芬特、哈钦森、宾汉以及弗兰克按照他们各自的方式表达了与传统理论不同的看法。因此,狄更生假定:(a)他们因为完全相同的原因不同意那一理论,并且(b)他们同意其他人提出的那一理论的替代品。正如他要假设,所有在特定时刻离开芝加哥的人正在向北走,并且准备去同一个城镇。狄更生给他正在讨论的作者们拍了一张混合的照片。可以说,人们看到格林的头发、尹特马的眉毛、库克的牙齿、奥利芬特的脖子、卢埃林的嘴唇……这幅照片是一种不真实的虚构的生物,即一个陌生的、畸形的、不孕的杂交生物的图像。

---

[1]在1931年发表的一篇文章中,我建议"现实主义者"可以被称为"经验主义者"。

事实上,这些所谓的现实主义者只有一个共同的联系,即一个已被注意的否定性特征:关于一些传统法律理论的怀疑主义,即一种为了公正,改革法院办案方式的渴望所激发的怀疑主义。尽管在他们肯定性的观点中缺乏某种同质性,粗略地讲,这些"建设性怀疑论者"的确分为两派;然而,在这两派之间存在着被批评者所忽视的明显的不同。

一派,其中卢埃林可能是杰出代表,我称之为"规则怀疑论者"。他们致力于更大的法律确定性。也就是说,他们认为这一点在社会中是值得追求的,即律师应该能够在大多数还未开始的诉讼中向当事人预测判决。他们认为,在太多的情形中,如果外行人的行为将涉及一场诉讼,他不能依据法院如何判决的保证来行动。正如这些怀疑论者所看到的,麻烦的是,明确体现于法院司法意见的正式法律规则——有时被称为"书面规则"——太经常被证明,其作为判决预测的指导是不可靠的。他们认为,在书面规则的背后可以发现一些描述实际司法行为一致性与恒常性的真实规则,并且那些真实规则将用作更可靠的预测工具,对未来诉讼结果产生大量的行之有效的可预测性。规则怀疑论者几乎完全集中于上级法院(upper-court)的司法意见。他们从不自问,在一个普通案件到初审法院提起诉讼或开始审判之前,他们自己的或任何其他预测手段是否可以使律师或外行对案件将如何判决作出预测成为可能。换句话说,这些规则怀疑论者不是对初审法院的判决,而是初审法院判决被上诉时对上级法院的判决作出精确猜想而寻求手段。这些怀疑论者冷落了初审法院。然而,在大多数情形中,那些怀疑论者并未告知读者他们主要论述上级法院。

另一派,我称为"事实怀疑论者"。他们也通过规则怀疑主义来洞见"书面规则"。与规则怀疑论者一起,他们促进了对影响上级法院判决而法院司法意见又未给予关注的各种因素的兴趣。但是事实怀疑论者走得更远。他们的主要兴趣在初审法院。事实怀疑论者认为,无论正式法律规则多么简明或精确,无论在那些正式规则背后可以发现多么大的一致性,因为判决依赖的各种事实的难以掌握,在大部分(不是所有)还未开始诉讼或还未审判的诉讼中,预测未来的判决是不可能的,并将一直是不可能的。事实怀疑论者认为,对极大增长的法律确定性的追求就大部分而言是无益的——并且这种追求的确可能产生非正义,因而他们宁愿致力于增长的司法正义。除此之外,事实怀疑论者这一派包括迪安·利昂·格林、马克思·瑞丁、瑟曼·阿诺德、威廉·O.道格拉斯,可能还包括 E. M. 摩根。

在这两个派别的内部,对于很多观念而言也都是存在着观点上的不同的。但是,我认为,一般而言可以这样来看待,将自己限制于上级法院层面的大多数规则怀疑论者活在一个人为的二维法律世界中,而事实怀疑论者的法律世界是三维的。显而易见,出现在事实怀疑论者三维宇宙中的许多事件在规则怀疑论者的宇宙中是看不到的,并且因此也是想不到的。

批评的怀疑论者也生活在这个人为的上级法院世界。自然地,相较于事实怀疑论者他们更少批评规则怀疑论者。举个例子,批评者认为卢埃林有点野性,还不是整体上不能接受,但是像迪安·格林那种人就明显错误地夸大了法律不确定性的范围(亦即判决的不可预测性)。在我看来,批评者穿错了鞋:规则怀疑论者与批评者都极大地夸大了法律确定性的范围,因为他们自己的著述只涉及对上级法院判决的预测。事实上,规则怀疑论者仅仅是传统的左翼追随者。事实怀疑论者却正是从传统本身进行反叛。

阅读本书将揭示我是一个事实怀疑论者。尤其参见第一部分第12—16章,附录二注7以及附录五,这些内容与初审法院的行为相关。那里所关注的要点可以作如下概括:如果一个人像改正错误一样接受对法院判决的传统描述,那么任何诉讼的判决从由一项法律规则或多项规则的适用而产生,转变为由诉讼的各项事实而产生。这听起来相当简单,并且显而易见地使得预言判决非常容易,甚至是一个还未开始诉讼或审判案件的判决,尤其当,正如经常发生的,所适用的规则是明确且精确的(举个例子,关于右侧行驶的规则)。但是,特别当审判中的重要证据是口头的且相互冲突,正如在大部分诉讼中,初审法院的事实调查卷入了众多难以控制的因素:其一,非陪审团审判中的初审法官或者陪审团审判中的陪审团必须从证人那里获悉各种事实;并且有着人类易错性的证人在观察他们所见所闻、或在他们回忆观察、或在法庭报告回忆的过程中经常犯错误。其二,初审法院或陪审团,也是人,可以有偏见地——经常不意识,甚至自己也不知道——支持或反对一些证人、诉讼当事人或者律师。

当这些偏见是种族的、宗教的、政治的、经济的,有时可能被其他人所推测。但是存在一些初审法官或陪审员隐藏的、不意识的偏见——例如像对已婚女子或未婚女子、或红发女人、或深色头发的白种女人、或者低音或高音说话的男人、或者带着深色眼镜的男人、或者用手语或有神经性痉挛的人或强或弱的反应——没人能意识到的偏见。隐蔽的、高习性的这种偏见——尤其对于每个个体法官或陪审员——不能阐释为一致性或塞入规范化的"行为模式"。在这一方面,法官和陪审员都不是标准化的。

那么,由于那些难以理解的因素,预言初审法院判决的主要障碍就是无力预见每个个别初审法官或陪审团将相信什么是事实。特别是,考虑到律师被询问猜测还未开始诉讼的判决结果的困惑:他必须猜测一些证人的说谎是否会使人相信,或者会诚实地但有说服力地给出不精确的证词;通常,因为他即使不知道会审理此案的初审法官或陪审团,他也必须猜测一个不认识的初审法官或陪审员对证人、当事人和律师的反应。

这些困难却被大多数关注法律确定性和判决预测性的作者(包括规则怀疑论者)所忽视。他们经常将自己的理论称为法理学,但是,因为他们几乎从未考虑陪审团和陪审团审判,人们可能会指责他们忘记了"法理学"。

此外,他们中的大部分人忽视了对法院如何判决案件的传统描述中未揭示的另一特征,即一个通常令人困惑的特征:根据传统描述,初审法院的审判是由最初就完全分开但在逻辑上结合在一起而产生一个判决的两种成分组成的。据说,上述两种成分是:(1)事实的确定,以及(2)确定何种规则应该适用于那些事实。然而,现实中,这些成分经常不是完全分开的,而是交织于初审法官和陪审团的思维过程之中。判决经常是一种不区分的合成物,这先于对事实和规则的任何分析和分类。就所有人能辨别的许多时候,初审法官不带有解释地作出判决时不作如此分析或分类。但是即使当他作出了一种解释,这可能是对判决作出方式的错误描述。判决程序的这一令人困扰的方面,因为与初审法官相联系,在第一部分第12—13章进行了讨论。合成物的非贯穿性明显地显现在陪审团案件中,在第一部分第16章和附录五中进行了讨论。有兴趣的读者将发现合成物这一主题,我新近在《哈佛法律评论》总第61卷上发表的《伴随音乐来谈论》一文进行了更为广泛的讨论;在那里我将这种合成物看作一种格式塔。

由于缺乏关注初审的各项事实,为其他法律人或外行论述法院的这些法律人成为上级法院神话的受害者。他们用两种相关的错误信念误导自己以及许多非法律人,这两种信念分别是:(1)他们相信法律不确定性的主要原因是规则的不确定性,因此如果法律规则——或者是隐藏在"纸面规则背后"的真实规则——是完全清晰且简洁的,对于未来判决的困惑很大程度上就消灭了。(2)他们相信,就上诉而言,初审法院的大部分错误可以被上级法院所改正。事实上,如上所述,法律不确定性的主要原因是事实的不确定性——在判决之前,初审法院会将什么作为事实的不易知性,并且在判决之后,初审法院调查事实方式的不易知性。如果初审法院错误地将一个诚实但未精确描述的证人或一个撒谎证人的口头证据当作真实的,上级法院很少能发现这个错误;上级法院因此通常采纳初审法院调查的事实。上级法院这样做是因为初审法官看见、听见证人作证,而上级法院面前的仅仅是证据的无生命的书面报告,即不包含证人行为的一个报告,而证人的行为经常是非常重要的揭示。

当初审法院依赖于不精确的证据而误解了真实的事实,它对一个不真实的、基于假设的案件作出判决。上级法院仍更可能这样做;因为,它远离真实事实,通常不得不使用初审法院对作为特定事物的事实的描述。正如在大多数案件中,初审法院对于选择这些事实——即,去选择相信一个而不是另一个证人——有一种不可控制的权力(自由裁量权)。这些法院,而不是上级法院,在整个司法过程(court-house government)中扮演了主要角色。所有这些都是用来揭示上级法院神话的谬误。

以这种视角,我们重新审视遵循先例原则。这一原则要求,当法院在一个案件中已经适用——明确地或暗示地——一项规则时,除了特殊情况,法院应该对基本上呈现类似事实的后来案件适用同一规则。这一原则——正如在本书39页所引用的格雷的评论中所表达的——相较更热心遵循它的辩护律师而言,对普通人有更少的实践意义。然而,既理智又见闻广的人不会否认,在适当的限度内,法官遵循先例具有很大的价值以至于废弃它是不可接受的(我在1942年 Aero Spark Plug v. B. G. Corp. ,130F. (2d)290,294—299 的司法意见中阐述了我所认为的这个原则的优点和恰当的限度;正如我在那里所言,"法院在破除先例时应该是极其谨慎地——至少回顾地——依据这些先例,人们可能极大地改变他们的立场"。也参见《哥伦比亚法律评论》总第47卷上的《语词与音乐》一文)。

然而,即使是适当且谨慎的适用,遵循先例的实践也不能保证这种稳定性和确定性,这似乎向一些将观察限定于上级法院的人们作出暗示。因为,在上级法院通常不存在事实调查问题,正如各种事实已被初审法院所调查,超出辩驳的范围。那么,对于上级法院而言,通常的问题是:目前提起诉讼的案件的事实是否与早先案件的事实足够类似,以至于适用哪一案件的规则?如果存在这样一种相似性,当下那个规则应当被适用或者应该被修改或废弃吗?尽管有才能的律师们不可能总是猜到上级法院将如何回答上述问题,但是在大多数情形中,那些律师的才能使得猜测是令人满意的。在初审法院,当诉讼当事人就事实达成一致以至于事实无可辩驳时,即法院仅仅面对相同的问题,通常,有才能的律师便可以猜到答案。

但是,重复一下,在初审法院的大部分案件中,当事人争论的是案件事实,并且关于事实的证据是口头的且相互冲突。在任何这样一个案件中,认为案件事实基本上类似于早先案件的事实意味着什么呢?至多,它仅意味着初审法院将两个案件的事实当作是大概相同的。然而,既然没有人知道初审法院会将什么作为案件事实,那么就没有人能猜到是初审法院或如果出现上诉,上级法院应该或将遵循什么先例。当人们考虑"合成物"因素,即在初审法院判决中规则和事实的相互交织,先例原则的缺陷变得越来越明显了。

这一缺陷也涉及了任何建立在规则怀疑论者可能发现的"真实规则"的基础之上的替代性先例系统,其发现过程是通过人类学——亦即民德、民俗、民风——或者心理学、或者统计学、或者对法官政治、经济以及社会背景的研究,或者其他方式来实现的。因为没有规则可以被密封地封存以防止被初审法官或陪审团可以相信的错误的或不精确的口头证据侵蚀。[2]

　　先例学说的缺陷是第一部分第12、13、14章重复出现的主题。正如许多篇幅所显示的,这些章节处理了初审法院判决的问题,尤其是涉及口头证据的案件。既然这些观点是新颖的,那么我没有更多地强调是有过错的。如果这样做了,我也许可能预先阻止批评者的下述批评,即在我看来,任何法院——即使当事实是无争论的,或者,正如在许多上诉案件中,事实无可争辩——是并且应该不受先例或制定法的语言所束缚。当然,这不是我的立场。

　　因为在几乎任何一个诉讼中,某一方提起一项事实问题,都能使得该判决将依赖于初审法官或陪审团对相互冲突的口头证据的某一部分的不可预见的信任或不信任,令人惊讶的是,像罗斯科·庞德这样一位如此睿智的思想家会认为并会说服许多人认同这种观点:当一个案件与"财产"或"商业或商务交易"相关时,判决通常将会很容易预测,因为它将由"预先权威描述的以及机械适用的"简明的法律规则而产生。只要有一个人拒绝每天观察初审法院所发生的事情,这一庞德式的问题(在第二部分第1章讨论的)就似乎是真的。正如我在1931年所写下的:

> 在涉及……期票……的各类案件中,引入与欺诈、疏忽、错误、变更或者禁止翻供相关的某个事实问题一直是可能的。在大多数有争议的案件中[3],一方或另一方通常提出这样一个问题,假设这样一个案件由陪审团审判并且事实问题"由陪审团裁决",那么认为各项规则将被机械地适用的看法不荒谬吗?任何一个曾关注陪审团审判的人都知道各项规则经常变成一个仅仅次要的细节,即变成在陪审团缺乏主观意识状态而存在的情形下,由法官吟诵的无意义但庄严的礼拜仪式的一部分,并且陪审团很少注意这一细节。认为由陪审团审理且判决时确定的规则总是控制着财产和商业案件的说法就是否认清楚的事实。原告的美丽、或其宗教信仰、或其经济状况、或各自律师的举止、或类似的情形,很可能是导致判决的决定性因素。并且如果没有陪审团,一名法官审理并判决而且提出相似的事实问题,关于同一期票,明确且不可改变的规则会机械地产生判决吗?确定不会。当然,如果法官作出司法意见,模式化的规则会出现在意见之中。但是法官会以一种或另一种方式来判决"事实",并且那些"事实"随着具体案件和法官对那些事实的印象而变化——尽管诉讼中的票据是一个和任何其他期票一样的期票。事实就是对在财产或商业或其

---

〔2〕 如果任何人对于这一记载有疑惑,就让他阅读科尔宾在耶鲁法律期刊上的权威论述。
〔3〕 在此,"有争议的"是指一个就相关和有争议的事实问题提出相互冲突的口头证据的案件。

他案件中规则的机械适用的谈论无论如何都不是对争议案件中法院真正发生事情的描述。它是一种基于不充分观察的信条。因为它没有考虑到下述重要情形:关于一纸财产或商业合同的任何未来的法律诉讼都可能是有争议的,并且如果有争议,就可能会因涉及采用相互冲突的证据而引起事实问题……正如案件中经常发生的那样,诉讼中卷入事实问题,也正如我们所见到的,事实可能是决定性的……并且注意那些事实尤其是法官的一项职责。某种而不是其他类型的证人可能引起法官更多关注。或者可能引起他反感,或者博得他同情。"事实"不是客观的,这一点从不应该被忽视。它们是法院认为是的东西。并且法官认为它们是什么,这依赖于证人作证时法官的所见所闻——这可能不是,并且经常不是,其他法官会看到和听到的。("虚构的")假设与商业交易相关的规则有彻底的刚性。尽管如此,因为"事实"仅仅是法官认为是的东西,判决会随着法官对事实的理解而变动。也就是说,在我们所谓的"有争议的"案件中,规则并不产生判决的一致性,而仅仅产生包含规则的那部分意见的一致性。阿尔法法官可能审理一个与期票有关的争议案件,并且作出有利于持票人的判决。如果贝特法官审理相同的案件,他可能作出有利于出票人的判决。阿尔法和贝特法官的司法意见中都包含相同的规则。多说一点,这就是关于在有争议案件中期票的非独特性的信条中存在的事实。

读者可能会承认下述的关于本书被一些法律专家误解的原因:传统主义者——右翼和左翼相似地——假设法律领域最大的不确定性根源于规则的不确定性。因此他们得出结论,当一个事实怀疑论者谈及法律不确定性时,他必定也仅仅意味着规则的不确定性,因此,传统主义者谴责我关于在诉讼提起或审理之前大部分判决是不可预测的陈述,把其当作夸张的歪曲。

法律传统主义者的观点已经影响到许多有学识的法律人,给了他们一个关于我们法院系统运作的错误的且普遍安慰的印象。在本书中,我尝试——希望以一种精明的外行可以理解的方式——驱散那种错误印象,因为我感觉,在一个民主国家中公民有权知道他们政府所有部门的真实情况,并且因为没有对法院行为的各种事实的公众认知,就不会很快对这些行为进行必要的改革。

本书没有提及自然法。但是,正如一些罗马天主教徒认为它暗含着对经院哲学(托马斯主义)式的自然法的隐蔽的批评,现在我想说[4]:我不能理解,当今任何体面的人如

---

[4] See Frank, A Sketch of An Influence, in the volume, *Interpretations of Modern Legal Philosophies*, 1947, p. 189, pp. 222—230, pp. 234—237; Frank, *Fate and Freedom*, Simon and Schuster, 1945, pp. 115—142, pp. 294—297.

何能拒绝接受托马斯·阿奎那所论述的与人类行为相关的自然法的各项基本原则作为现代文明的基础。阿奎那认为,存在着许多首要原则,例如寻求共同的善、避免伤害其他人。每个人对自己的东西享有所有权;还有一些次要原则,例如不杀人、不偷盗、返还因信任而持有的物品。现在,托马斯主义者直截了当地承认适用那些非常普遍且灵活的原则——必须采取人为规则的形式来适用——必须随着时间、地点以及情势发生变化。的确,一个托马斯主义者布伦达·布朗近来倡导了一种"经院哲学的实用主义"。更为重要的是,自然法,天主教或非天主教的,至多提出了一套关于正义和道德的标准来批评性地评价人为规则并且可能来确保那些规则的适度的确定性;但是它没有为评价大多数诉讼中初审法院的事实裁决提供有用的标准,并且也没有为确保判决一致性、确定性或预测性提供帮助。自然法致力于人为规则——亦即,抽象或一般化程度不同的关于人们可以或不可以合法做什么的人类阐释——中的正义以及适当的确定性。然而,为了具有实践意义,司法正义必须不仅是抽象层面的,而且是具体层面——在法院对许多个别私人案件作出的判决——的正义。规制伪造的一般规则或者规制违约的一般规则是完全公正且相当确定的。但是,如果一个叫坎贝尔的人事实上的确没有从事伪造,一个叫维尔康的人事实上的确没有违约,然而初审法院因为相信了与实际事实不符的口头证据的可靠性而错误地相信他们做了,那么法院对他们分别作出的判决确实是不公正的。因此,初审法院在种种私人法律诉讼的事实调查中,当有关事实关键问题的口头证据相互冲突时,就出现了获得正义、确定性和一致性的问题,即一个通过自然法,仅仅在各项自然法原则操纵且控制初审法院事实调查中的那些主观的、不可触及的、经常不意识的且非标准化的各种成分的程度上可以解决的问题。我没有看到那些原则确实如此操纵和控制的任何迹象。就我所知,自然法信徒——无论是不是天主教徒——既不考虑那个问题,也不考虑妥善处理初审法院判决中合成物的问题。

我应该加上,本书对"经院哲学"的论述是肤浅且不公正的。我曾经道歉过;参见我在 Aero Spark Plug Co. v. B. G. Corporation,130F.(2d)290,298 的司法意见,以及著作《命运与自由》(1945),第 98—99、259—260 页。[5] 在对亚里士多德的一些评论中,我也油嘴滑舌、不公正;我相信在著作《如果人是神灵》(1942)以及《命运与自由》中已作出了修正。本书关于逻辑的论述,我已经增补进两篇文章,一篇是发表在 1932 年《康纳尔法律季刊》总第 17 卷第 568 页上的《霍姆斯法官与非欧几里德的法律思维》,另一篇是发表在 1948 年《哈佛法律评论》总第 61 卷第 921,928—933,950—952 页上的《伴随音乐谈

---

[5] 如果读者偶然阅读了作为无宗教情感表达的本书第 18 章,我邀请他阅读《命运与自由》(第 168—169、206—220 页)。

论》。

本书中大部分倾向，在我成为一名法官之后，我在1943年一个与初审法官相关的司法意见中清楚地进行了表达[6]：

> 民主国家的确必定失败，除非我们的法院公正地审理案件；公正的审判不会存在，除非存在无偏私且公正的法官。然而，如果用"偏见"和"偏袒"来意指法官头脑中先见的总体缺乏，那么没有人曾有过公正的审判，并且没有人会有。人类心智，甚至在婴儿期，都不是一张白纸。我们带着倾向而生；并且受教育的过程，正式以及不正式的，在所有人身上产生了各种各样的影响判决的态度，即先于各种特殊情形中的推理以及因此通过定义而被称为偏见的态度。没有习得的"偏见"，即先见，生命不可能延续。每一种习惯构成一种预先判断；如果这些预先判断就是我们所谓的任何人都缺少的各种习惯，即如果他被迫将每一事件当作一种造成他会发疯整个新问题的前所未有的危险。兴趣、观点、偏好是生命的本质。只有死亡产生完全的冷静，因为那种冷静表明完全漠不关心。"生活就要拥有一份工作，拥有一份工作就要有一套职业道德或价值体系，有一套价值体系就要有一种观点，有一种观点就是一种成见或偏见……"[7]在心智无论如何都不包含先见的意义上，一个'开明的心智'将是一种没有学习能力的心智，将是一个完全无情感的人的心智，大致相当于精神科医生对弱智的描述。更为要害的是，每一个人类社会都有众多已形成的态度，即不受质疑的假设。宽泛地讲，他们也许是狭隘的偏见，但是他们中的许多人再次提出了公众最珍贵的价值和理想。如此的社会先见，即任何特定社会成员想当然地认为并且用作思维的不可言说的公理的"价值判断"，发现了进入社会法律系统的途径，即成为已被称为"法律评价体系"的东西。我们社会中的法官有一项根据那些法律体系固有的基本偏好行事的义务（尽管，当然他有时有权极力主张改变或废弃其中的一些）。公平的标准显然不要求法官使自己摆脱这种社会态度的不意识的影响。

然而，除了那些习得的社会价值判断，每一位法官不可避免地有许多影响他公正审判的个人习性的心智知识，即独特的个人偏见。他可能会被对案件中某些证人、律师或当事人的不意识的同情或反感所刺激。正如乔西亚·罗伊斯所观察的，"特征与性质奇特的东西，即习惯、奇怪的衣着、伤疤、普通的长相、跛行、很高或很低的嗓音、任何那些特性的微小物理变化……可能对一个人而言，是着迷好奇的目标；对另一人……则是强烈

---

[6] In re J. P. Linahan, 138 F. (2d), pp. 650, 652—654.
[7] Kenneth Burke, *Permanence and Change*, New Republic, 1935, p. 329.

的恼怒、即强烈反感的对象",坦率地承认这种偏见的存在是明智行为的一部分。尽责的法官将尽可能地意识到这种性质的偏见,并且通过自知使得它影响无效。许多伤害是由神话引起的,这个神话就是,仅仅通过穿上一件黑色长袍并且宣誓作为一位法官,一个人不再是人并且不再有任何嗜好,即变成一部无情感的思考机器。思考过程中人的因素的取消致使上述因素以一种夸张的方式而运作;意识之光对于偏见有一种防腐的作用。通过自由地宣称法官是一个人,法官可以并且应该通过自察来防止这一类偏见的运作。这种自知对法官是必须的,因为他尤其受情感影响;"法庭是一个涌现情感的地方……当事人激动地作出抗辩,经常公开藐视法庭;审议的论题经常旨在激起陪审团的同情、偏见或嘲笑"。法官的判决经常依赖于他相信什么是案件的事实。作为一个事实调查者,他本身是一位证人——证人的证人;因此他应该学会避免因为偏见经常影响那些证人的错误。

但是,正是因为他的事实调查是基于他对证人,即对作为所见所闻报告者的可靠性的估计之上,当聆听他们说话并且观察他们行为的时候,形成对他们的态度是他的职责。他必须竭尽全力去查明他们的动机、偏见、主要的爱好与兴趣,因为只有如此他才能判断出他们叙述的精确性。他也必须相当准确地观察双方律师的计策,即察觉他们通过迎合他的嗜好来影响他的努力。他必须谨慎地穿过论辩的表面来了解他们真实的意图和动机。他们有职务上的义务来具有此种意义上的偏见。无偏见不是轻信。公正不意味着像孩子似的无辜。如果法官不对所谓的初审法庭发生的一系列的戏剧性事件中的各种行为作出判断,他就永远不能作出判决。因为作为人,他不可能永不犯错,所以他对事实的调查可能是错误的;的确,一个声称是超人的法官可能被不正确的偏见所支配。

在《如果人是神灵》第 226—315 页,我尝试详尽回答了对《法与现代心智》的大部分批评。在此,我要简要地论述一些批评。[8]

在本书开始的章节中,我提出了这个问题:为什么许多法律人和非法律人认为法律现在有或可以被使得有比它有或曾经有的更大程度的确定性?为什么执意渴望一种明显不可获得的法律稳定性呢?我仅提出了一种解释,并一再声称它仅仅是片面的。我阐述了其他十四种片面的解释(附录一)。尽管如此,许多批评者仍坚决主张我将自己的解释作为唯一的解释而提出。

肯尼迪(附和庞德)认为,我试图"以弗洛伊德的系统理论"来解释"法律不确定性"。当然我没做这类事情。我试图解释对不可获得的法律确定性渴望的一种根源。在这样

---

[8] 对读者而言,在完成本书阅读之后再来读接下来的七段是明智的。

做的过程中,我使用了弗洛伊德和皮亚杰儿童心理学的一些论述,尤其是关于年幼孩子对父亲的依赖以及成人随之而来的追求父亲的替代物的倾向。一些批评者没有注意到我所讲的(附录九["参考注释"]第一部分第 2 章注释 5),我的主题与我们的"准家长制社会"相关,但不将其当作面对年幼孩子父亲承担较少惩戒性角色的社会。在第一部分第 8 章注释 2 中解答了我谈及"孩子"的建议,似乎那个词表示了一个恒量。尽管我不断重复(第 22 页注释,第 175 页、第 395—397 页)我认为心理学不是一门科学,而是一门艺术,并且仍在初级阶段,但是一些批评者仍指控我可鄙地专心于将心理学作为一门"权威科学"。卢埃林认为我的心理学讨论是令人心烦意乱的赘述。然而,既然弗洛伊德的追随者为大众杂志写文章,对于一些当今学者心理学似乎太显而易见了。但是在 1930 年,"升华"[9](sublimation)以及成人对儿童期有关父亲问题反应的观念是令人感到新奇的,特别当这些观念适用于法律主题。即使是现在,这种观念对法律思想者还没有太多影响。直到 1946 年,辛普森和菲尔德论述到,由我在其他人中建议的,心理学方法进入判决过程,仅仅是个开始并且应该进一步的发展。两位非法律人最近认为我的心理学论题在非法律领域仍有启发意义;参见施蒂文森的《道德规范与语言》(1944)以及迪·嘉西亚的《政治共同体》(1948)。

肯尼迪和其他人主张我是一位"行为主义"心理学的仰慕者。但是在本书(第 174—176 页),我批评了行为主义的一个基本信条以及(第 162 页)规则怀疑论者奥里芬特将兽医心理学(veterinary's psychology)适用于法律事务的努力;第二年(1931)我发表了一篇详细批评行为主义的文章。庞德将我归为心理学决定论者;然而,本书中没有任何内容微弱地暗示了决定主义的一种信念。关于科学的讨论(附录三),是明显的反决定论者的论述;并且在接下来的两本书中,我详尽地猛烈抨击了决定论、相信弗洛伊德学说的人、马克思主义者以及其他种类的人;参见《先拯救美国》(1938)以及《命运与自由》(1945)。

许多规则怀疑论者极力主张,创造一门法律"科学"的可欲性和可能性建立于自然科学的原型之上。许多批评者将这一愚昧的想法归于我。读者自己将发现这一主张是多么的没有根据。在后来的著作中,我尽力更详细地指出我所认为的蠢事以及力求产生法律科学或"社会科学"的不可欲性。几位批评者认为我描述自然科学好像它及其"规则"

---

[9] "升华"(sublimation)是弗洛伊德自我防御机制的一种,是指本能的欲望冲动转化为被社会所容许或赞许的目标和对象,一般总是把原有的冲动或欲望转向比较崇高的方向,使得思想和行为具有创造性和建设性意义。弗洛伊德曾明确指出,本能的升华是文化发展的一个特别令人瞩目的成就,它使得高级心理活动、科学、艺术和意识形态成为可能。它在文化生活中占有极为重要的地位。——译者注

可以给人类一种在法律领域不可获得的终局性和确定性;那些批评者可能没有阅读第一部分第 11 章、第三部分第 1 章和附录三。在那里,我对"科学"和"科学精神"作出区别,在 1931 年《宾夕法尼亚大学法律评论》总第 80 卷第 254—258 页上发表的《法官是人吗?》以及《命运与自由》(1945)第 40—41 页作了进一步阐述。

我的"法治而不是人治"的提法引起了一些异议;我的回答包含在我在《如果人是神灵》(第 12 章)对该词的更详细的论述之中。在本书中,我欢迎语义学对语词戏法(word-magic)和语病的猛烈抨击;但是我也详尽地阐述了我相信语词医生的处方不是治疗对法律事务广泛误解的百宝丹的原因。然而,一位批评者称我为独断论的语义学家,并且还荒谬地认为我相信语言是清晰思考的根深蒂固的敌人。倾向于同意认为我喜欢法律的或其他方面的混乱或持续不断变化的批评者的任何人应该阅读第三部分第 1 章以及附录十第三部分。

据卢埃林、庞德和其他人所言,我低估了源自于下述压力的司法一致性:(1)成为法官的律师在法律教育和职业经历上的相似性,和(2)共同的司法传统。但是这些压力并未足够渗入以至于在种种个别的初审法官的那些独一无二的、特异习性的、不足以引起反应的偏见与特别爱好中产生相似性,而这些偏见与特别爱好影响他们对证人、当事人和律师的反应并在事实调查中结束;并且,当然,上述压力对陪审员并不起作用。[10]

一些批评者认为,所有所谓的"现实主义者",包括我,集中于律师的兴趣之上,并且不考虑法官的观点;其他批评者恰好作出了相反的批评。我认为这一点很清楚,即尽管不充分,本书还是设法想象审理如何既依赖于律师又依赖于法官。

因为我与其他事实怀疑论者相同,也强调在法院判决制作过程中非规则成分的作用,一些批评者抱怨我愤世嫉俗地轻视法律规则,即认为它们不真实或者无用。我认为这种批评是荒谬的。如果一个人说在水中氢和氧一样存在,讨论两者,他绝不能被指控贬低氧或者被指控说氧是不真实或无用的。我一直劲头十足地支持那些跟随霍姆斯指出规则(无论是立法者制定的还是法官制定的)都是社会政策、价值、理想的体现的人以及那些因为上述原因极力主张规则应被反复地且有根据地再检测的人的目标。多说一句,在过去七年中,因为我身处主要关注规则、与事实调查几乎无关的上级法院,所以我认为规则很重要应该是一目了然的。

---

〔10〕 这应该有利于回答经济决定论者的广泛的、教条的阶级偏见的主题。在有限程度上,这一主题有时具有部分效力。但是对所有其他旁边的而言,它是无用的甚至是作为一种关于阶级偏见完全缺失的大量法律诉讼的判决的片面解释,例如,两个经济上平等的小商人之间或两个巨型公司之间或"无产阶级"中的两个成员之间。

但是规则,制定法规则或者法官制定的规则,是不能自己起作用的。由于初审法院有缺陷的事实调查,无论何时将规则适用于不存在的事实,它们都受阻止即无效。当法院弄错事实并宣判一个无辜的人有罪时,规制谋杀的高度道德性的规则事实上生效了吗?当法院由于事实的一个错误判决欺诈者不犯欺诈罪时,规制欺诈的规则是什么性质的?请注意这一点,法律规则表达道德价值是无意义的工作。但是我们的司法系统不能将其功能限制在仅仅制定和解释规则上。在个人性的诉讼中,在规则不适用于实际事实的程度之内而言,系统是不完美的。

完美是一个傻瓜的梦。即使人们可以虚构最可能的法院系统,也不能确保实际事实能一直被查明或接近;既然初审法院必须由应当知道他们可以从证人——同样是人类易错的——那里获得何种事实的易犯错误的人来管理,许多不可避免的错误就仍会出现。但是法庭关于事实的可避免的错误应该令所有信仰正义的人痛苦;并且如此错误——不归于规则而归于初审法院事实调查方面不必要的不足——导致了每天不必要的悲剧。

当我称它们是"不必要的"时,我甚至不是在暗示大部分初审法官没有上级法院法官那么有能力和正直。我的观点是:(1)初审法官的工作远比上级法院审判更困难且更令人困惑,即需要更广泛的才能,并且(2)初审法官现在被迫宽恕的我们的审判方法是无希望的陈旧方法。如果我们的司法系统尽可能适当地分配正义,我认为我们至少必须改革我们的审判方法,并且为未来的初审法官提供特别的训练。

那些认为这样改革不必要的人,即认为我们的法院现在相当称职地保护法律权利的人的自满,应该被我们伟大的、有学问的、长时间担任初审法官的汉德法官在1926年作出的评论所挫伤:"我必须说,作为诉讼当事人,我应当害怕一个超出疾病和死亡的几乎任何其他缺陷的法律诉讼。"对诉讼偶然性的简明揭示应该摧毁了由卡多佐相对平静的司法过程图景所产生的对我们法院的满意。[11] 不幸的是,卡多佐在他的描述中忽略了审判的偶然因素。如果关于上级法院的描述被认为是包含了对初审法院方式的叙述,这种描述是古怪的,就像将对白金汉宫中的行为的叙述当作对纽约地铁站高峰时期行为的真实描述一样古怪。大部分时间是一位上诉法院律师或上诉法院法官的卡多佐患有一种职业病,即上诉法院炎。在这种他耗尽职业生涯的法庭中,氛围是极其平静的。那里没有证人侵扰;律师独自向法庭陈述,并且他们必须很稳重地以一种有秩序的、庄严的方式这样做。在初审法庭不是这样的。那里极大地缺乏安静。正如魏格莫尔所注意到的,

---

[11] 参见 *Selected Writing of Benjamin N. Cardozo*(1947),其包括了 The Nature of The Judicial Process(1921)和 The Growth of The Law(1924)。也参见 Frank, Cardozo and the Upper-Court Myth, *13 Law and Contemporary Problems*(1948), p. 369.

这样一个法庭是,"充满令人分心的插曲和引起轰动的惊讶……的地方"。在那里充满中断,戏剧性事件猛烈而不稳定地进行,不时地被辩护律师与证人之间或辩护律师之间的不断冲突所打断。但是在上级法院,这些冲突仅出现在安详的、寂静的、打印的纸上。卡多佐,一个常住上级法院的人,没有论述标志着初审的不安静的任何东西。他的著作,对于上诉法院学生极为有用,从而不适当地帮助将公众的注意力从我们悲惨的、落后的审判实践上分散。

根据上述内容,读者将理解为什么我对一些批评者的评论很吃惊,他们认为,在本书中我鼓励"反理性主义"和"反理想主义";我专心致力于法庭中发生的事情;并且不仅忽视现在在司法判决中起作用的理性和道德因素,而且忽视将法庭表现中的理想与事实更紧密地联系在一起的可能性。事实是,像大多数"建设性怀疑论者"一样,我被一种热切的——可能过于热切的——改革我们司法系统的,即尽可能合理地向它的日常运行中注入更多理性和正义的渴望所激发。然而,为了完成这种改革,一个人需要看见而不是远离那些现在在法院系统起作用的非理性和非理想主义的因素。许多这样的因素是令人烦恼的。但是一个让大家注意缺点的人不应该被认为是喜欢缺点的人。一个宣传一种危险且可阻止的疾病的流行的内科医生,希望的不是这种疾病的永存而是治愈它。没有什么比当一个人是幻觉受骗者时他还是理性的这一幻觉更大地妨碍理性的成长了。人不能发现比他们已经获取的错觉更好的方式来阻止他们实现任何理想。如果我们真的珍爱民主司法(democratic justice)的理想,我们必须不满足于仅仅心不在焉地谈论。

由规则怀疑论者和事实怀疑论者倡议的规则怀疑主义无论有什么错误,我都认为它有一些显著的令人满意的重大意义。引起争论以及有时不公平的反驳,尽管如此,它已经微妙地侵入许多司法思想。它部分地促成了许多法官从过分严格的法律概念的奴役中解放——包括那些诋毁怀疑主义的人——即致使这些法官将他们的推理建立在更宽泛且更人性的规则前提的基础上。然而,我察觉到法院事实调查的微小改善,并且没有一点可以归因于事实怀疑论者的事实怀疑主义。但是也许在此,争议还可以及时地转化为新的思维习惯。也许,质疑我们现在不公正的事实调查方法的令人激动的事,不久将在更多必要的改善中进行。

《理性的性质》导言*

〔美〕诺齐克 著 邓正来 陈 昉** 译

哲学一词意指爱智(wisdom),但是哲学家们真正爱的却是推理(reasoning)。他们建构理论,并组织各种理由以佐证之;他们考虑各种反对意见,并努力回应之;他们还阐发各种反驳其他观点的论辩。即使是那些宣称理性(reason)有限的哲学家(如古希腊的怀疑论者们、大卫·休谟以及质疑科学之客观性的论者们),也无一不是提出各种理由来支撑自己观点的,并由此表明相反的观点所具有的各种棘手问题。而宣言或者格言警句却并不被视作哲学,除非它们也崇尚推理并描述出推理的过程。

哲学家推理的对象之一,即是推理本身。推理应当遵循什么原则?推理必须遵循什么原则?亚里士多德最早对演绎原则进行了明确的阐释和研究;研究科学和概率论的论者们描述了各种非演绎性推理(nondeductive reasoning)及证明的模式;笛卡尔试图说明为什么我们应当相信推理所达致的结论,而休谟则对我们相信推理结论的做法的合理性(rationality)提出了质疑;康德也为他所认为的理性的适当领域堪定了界线。在过去,对于理性的这种描述并非一项学术工作。各种新发现的观点都应当得到适用,因为只要人们的推

---

* Robert Nozick, Introduction, *The Nature of Rationality*, Chichester:Princeton University Press, 1993.
** 邓正来,吉林大学法学教授;陈昉,吉林大学理论法学研究中心硕士研究生。

理得到了改进,那么他们的信、惯习和行为也会变得更理性。苏格拉底发现,对当下的信与惯习的合理性进行探究,有着很多的风险。一个社会的各种传统有时候是经不起认真检视的,而且也并不是所有的人都愿意看到一些论者以"显白"的方式(explicitly)去检视那些"隐晦"的东西(the implicit)。即便是简单地考虑一下其他可供选择的方案,似乎也会成为一种对实际存在之状况的具有侵蚀力的颠覆,亦即一种对专断的揭露。

古希腊人认为,理性赋予了人类以独特性。"人是一种理性的动物。"合乎理性的能力把人与其他动物区分了开来,并由此而定义了人。然而,人类的这一特性自中世纪以降却一次又一次地遭到了限定——这是我回想起来的曾经读到过的最早的关于智识史的宏大论述。哥白尼、达尔文和弗洛伊德都教导我们说,人类在宇宙中并不占据某种特殊的地位,人类在起源上也不具有特殊性,而且其行为也并非总是受理性动机指导的,甚或并非总是受那些在意识上可知的动机指导的。尽管如此,持续赋予人类以某种特殊地位的,依然是人类所具有的合乎理性的能力。也许,我们并不是一以贯之地践履这一可贵品性的,但却是它使得我们人类具有了独特性。理性使得我们具有了探究和发现每一样东西的(潜在)能力;它也使得我们能够经由推理和援用原则来控制和指导我们的行为。

因此,理性乃是人类自我形象的一个关键组成部分,而不仅仅是我们获取知识或改善我们生活和社会的一项工具。对人之理性的理解,会使我们更为深刻地洞见到人的本性以及我们所拥有的那种特殊地位。希腊人认为理性就是独立于动物性,因此它肯定不是动物性的派生物。然而,进化论却使得那种视理性为诸种动物性中一种(亦即一种具有有限目的和功能的进化意义上的适应性变化)的观点成为了可能。

我相信,这一视角能够产生出重要的哲学结论。理性从来就不只是哲学家的专好,也不只是他们研究对象的一个重要部分;它始终还是哲学家用以发现真理(truth)的一项特殊工具,亦即一种潜力无限的工具[在《纯粹理性批判》(Critique of Pure Reason)一书中,康德赋予了理性以一种相对上述而言较为卑微的作用:理性并不是要去认知一个独立实在(independent reality)的实质,而是要去认识一个由理性以不完全的方式建构和型塑的经验之域(empirical realm)。虽说如此,理性发挥作用的有效范围依然是极其宽泛的]。如果理性是一种具有有限目的和功能的进化意义上的适应性变化,旨在与其他稳定的事实(亦即被理性视为当然且以之为基础的那些事实)相配合而发挥作用,但又如果哲学是一种具有无限范围的企图,亦即企图运用理性并按照合乎理性的方式证明每一种信念和假设,那么我们也就可以理解为什么许多哲学上的传统难题被证明为是难以解决的,而且还是无法通过合乎理性的方法加以解决的。也许正是试图把理性的作用扩展到其有限的进化功能以外去的那些企图,才导致了这些难题。在这里,我所谓的"难题"乃是指关于归纳的问题、关于他心(other minds)的问题、关于外部世界(external world)的问题以及关于证明目标为正当的问题。我将在后文中对这种进化视角所具有的含义和效果做一番考察。

在晚近这些年中,理性一直是一个被论者们从某种特定角度加以批判的对象。这些批判宣称说,理性是有偏见的,因为它是一个以阶级为基础的观念、或者是一个男性的观念、或者是一个西方的观念、或者是一个以其他什么东西为基础的观念。然而,致力于关注偏见(包括其自身的偏见)并力图控制与纠正这些偏见,也是理性的组成部分(试图纠正偏见这一企图本身是否有可能是一种偏见呢?但如果这是一种批判,那么这一批判又是来自于何处的呢?是否有这样一种观点,即偏见是坏的,但是纠正这一偏见的做法也是坏的?如果人们认为根除偏见是不可能的,那么指责偏见在什么意义上构成了一项批判呢?再者,这种关于根除偏见的不可能性是否意味着存在着某种在本质上无法被根除的特殊偏见,还是仅仅意味着并不是所有的偏见都能够在同时被根除?)。

指责现有的标准中含有某种偏见,并不证明偏见存在着。因为这一结论,即现有标准(在一些被适用的情形中)自身就体现着某些特定的具体扭曲和偏见,乃是通过运用推理和证据——因而也就是在使用我们现有的标准——而达致的。因此,仅仅说我们(所有的人)都是透过我们的概念框架(conceptual schemes)来看待世界的,乃是不充分的。问题在于:我们特定的概念框架与标准究竟是以什么样的具体方式以及通过哪些确切的机制而造成扭曲的?而一旦有人向我们证明了这一点,我们就可以着手进行纠正了。当然,我们现有的关于理性的标准并非完美——而何年何月我们能指望这些标准可以变得完美呢?但是,这些标准有着真正的优点,因此如果有人想表明它们是有缺陷的,那么他就至少需要拿出与这些正遭受抨击的标准具有同等分量的理性论证才行。发现这类特定的缺陷,乃是通往纠正它们并以更为适当的方式阐明这些关于理性之标准的必要的第一步。因此,应当欢迎且尽力探寻指责理性标准之中存有偏见的证据。理性标准乃是我们据以超越或者审查我们自己特有的希求、愿望和偏见的一种手段。如果当下广为流行的对理性标准的批判所导致的结果乃是否弃或颠覆人类据以能够纠正并超越个人及群体之偏见的主要手段之一的话,那么这将是既可笑又悲哀的。

关于理性的研究——它无论是对于个人还是对于社会来讲都具有极其重大的评价意义和实践意义——如今已然被搞成了一个专门性的论题。原则被集中用来描述有效的推理和把握各种有理据支撑的信念与行为的模式。演绎逻辑在19世纪晚期被哥特洛布·弗雷格(Gottlob Frege)所改造,并在20世纪突然变成了一种专门性的详尽阐释。后来,人们建立起了逻辑体系,而且还在使用逻辑手段的过程中对逻辑体系自身的属性与限度进行了探究。概率论(probability theory)引发了具有统计学推理意义的形式理论的发展,而且数学方法也充斥于如下的尝试之中,亦即试图把有关信之理性做理论化的尝试,以及试图阐发一套归纳逻辑的基本原理——或至少是若干有关接受的归纳规则的基本原理——的尝试。在20世纪,数学家、经济学家、统计学家和哲学家共同创建了一种精密而强有力的理性行为理论——亦即决策理论,而现在,这一理论已被广泛运用于各种各样的理论与实践的场合之中(这一理论工具为理性策略互动形式理论[the formal theory of rational strategic interaction]、博弈论、社会选择与福利经济学的形式理论、微观经济现象的理论以及有关政治领域的各种系统理论提供了框架)。在这些相关文献中充满了——如果说还没有被完全吞没的话——各种令人生厌的以陌生的象征符号(它们被详尽阐释成数学结构)所组成的公式。我并不是在诋毁这种转向。当今这些理论上的发展乃是与此前的理论动机和关注一脉相承的,而且还推进了此前的研究。

　　本书也将对这些专门性的问题展开讨论,并打算从理性理论所覆盖的两大领域(即"决策理性"[rationality of decision]和"信之理性"[rationality of belief])中提出一些新的专门问题。就此而言,我们拟重构现有的决策理论,使之能够含括行动的象征意义;我们拟提出一项新的理性决策规则——即决策价值(decision-value)最大化规则;然后,我们还将着手探析这项新规则对于"囚徒困境"[the Prisoner's Dilemma]与"纽康柏难题"[Newcomb's Problem]所具有的意义。信之理性涉及两个方面的内容:第一,由那些使信念变得可靠的理由而予以的支撑;第二,由一种能够可靠地产生出真实信念的程序而予以的生成(我提出的那种用以解释上述两个方面之间所具有的令人困惑的关联的进化观,逆转了康德的"哥白尼革命"的方向)。我将提出两项规则来支配"理性之信":不相信可靠性低于某一与之互斥的备选陈述的任何一项陈述——亦即智性部分的规则;而是只有在相信某项陈述所能达到的预期效用(或决策价值)大于不相信该项陈述的预期效用的情况下,才能相信该项陈述——亦即实践部分的规则。于是,这一双重结构被用来解决各种有关"信之伦理"(the "ethics of belief")的问题,而且还将就解决"抽奖悖论"(lottery paradox)问题提供一种新的方案。此外,我还将对工具理性(亦即对给定目标的有效且有效率的追求)的范围及限度进行考察,并将给目的理性(rationality of goals)提出一些新的条件。由于理性思考还包括对各种新的且富有启示意义的哲学问题和观点进行阐释,所以我也将在本书中介绍一些在这个方面作出的颇具启发意义的研究成果。故而,本书所着重关注的乃是把关于基本理性问题的思考做进一步推进所必需的那些专门性的细节问题。

然而,人们仍有某种理由担忧。在此之前,关于理性的各种问题一直都是人类的共有话题,尽管这些问题有时候是以颇为繁复的思维方式加以探讨的——任何人都不会宣称康德的《纯粹理性批判》是一本易懂的书,但是即便如此,那些愿意付出努力的论者在很大程度上还是能够理解的。后来,研究这些问题的各种新思想成了大众文化的组成部分;这些新思想塑造了我们讨论与争辩时所使用的术语,有时候甚至还塑造了我们表述感情时的用语(回忆一下康德的思想曾对柯尔瑞治[Coleridge]产生了多么大的影响)。但是现在的情形不同了——而且不限于理性这个论题。

在研究人类所关注的许多根本性论题的方面,最有成效且最令人感兴趣的研究路径正朝日趋专门性的方向转变。今天,如果我们不把握这些专门性的发展,不掌握这些发展所开放出来的新问题,不了解某些传统立场被颠覆的方式,那么我们就不可能充分地探讨这些论题。《不列颠百科全书》最近出版了《西方世界巨著丛书》(*Great Books of the Western World*)第二版,然而此举却在下述两个问题上引发了某种公开的争议:一是关于女性及少数群体论题的问题——或者说是关于女性及少数群体论题之缺失的问题,二是关于任何一部"巨著"都被公认为是精英产品的问题。[1] 然而,对于许多20世纪最伟大的智识著作因被忽略而未予收录其中这一事实,却无人进行评论。我想,这可能是因为这些著作对于那些只受过一般教育的读者来说太过专门化了。

关键并不只是20世纪所产生的值得人们关注的思想和研究成果无法被即便受过良好教育之人群中的大多数人所理解——因为自牛顿以来实际情况一直就是这样的,而是当今的这些思想所关注的乃是我们想理解和需要理解的那些论题,亦即我们认为每一个人都应当理解的那些论题。但是,如果我们在很大程度上不熟悉这些专门的知识,那么我们就无法理解这些论题,也无法以智性的方式对它们进行探讨。我们的评价术语本身就已经变得极其专门化了。

下面我将列举一些业已得到专门发展的论题:第一,公共福利的观念(和卢梭的"公意"[general will]观念)以及对于民主投票程序之目的理解,都被"阿罗不可能定理"(Kenneth Arrow's Impossibility Theorem)所重构了。这个定理向我们表明:虽说若干极为自然且可欲的条件显然应当为任何确定公共福利(或以民主的方式看最受青睐的某种其他东西)的程序所遵守,但它们却是无法被同时遵守的。因此,某些东西只得放弃。第

---

[1] 我本人认为,将许多不同论者的论著统一出版(并用一个比其中任何一本著作的书名或任何一位著者的姓名都更卓越醒目的丛书名头来加以颂扬)的做法,并不是对各种以文字方式表现出来的思想成就的一种妥适表达。但是,如果某一团体去出版此类书籍的一个书目并重印那些不易找到的书籍,那仍可能是一种有助益的努力;当然,不同的团体可以出版不同书籍的书目。

二,阿玛蒂亚·森(Amartya Sen)关于"帕累托自由悖论"(Paretian liberal paradox)的研究工作表明:一种非常自然的关于个人权利和个人自由权项之范围的解释,与一种同样自然的关于各种社会选择应当如何以理性的方式组织起来的解释,这二者是无法轻易得到同时满足的。因此,这些观念需要一种新的结构性安排。第三,物理世界的基本性质——时空结构——不可能脱离开广义相对论所阐发的关于时空的专门性知识(和数学知识)而得到理解。第四,就因果关系的性质以及物理世界的独立特性(independent character)而言,其情形亦复如此,因为这些性质乃是由我们目前所拥有的最精确最成功的科学理论(即量子领域的理论)所描述的。第五,对数学之真(mathematical truth)——自古希腊以来即是我们最好与最确定的知识之典范——的性质与地位的探讨,已然在极大的程度上被哥德尔(Kurt Godel)的"不完备定理"(Incompleteness Theorems)改变了。第六,关于"无限者"(infinity)的性质及其各个层次现在已在当代的集合论(set theory)中得到了探究和阐释。第七,如果没有关于一种价格机制及与之相配套的各种私有产权制度是如何使理性的经济计算成为可能的理论,又如果没有持续数十年的关于在一个社会里究竟是否可能进行理性计算的学术争论,我们就无法理解为什么有些社会的经济效率会如此之低。第八,在个人理性以及人与人之间理性互动的方面,也已经出现了许多理论上的进展:比如说,决策理论、博弈论、概率论和各种统计推理的理论。

　　在上述任何一个论题中,20世纪都已经贡献出了种种崭新的研究成果和理论,而如果人们缺乏对某些专门性的结构和细节的理解,那么他们将难于理解或者难于以一种可信的方式讨论这些成果和理论。我意识到,以上所述乃是一位哲学家的论题单;而社会科学家和自然科学家则会在这个单子上添加更多的论题。这一点更进一步支撑了我的观点。由知识人、受过教育的人和认真的人所形成的一般文化已经不再能够把握许多论题了,而这些论题对于理解和思考社会、人类以及整个宇宙来说都是至关重要的。我们很熟悉这样一种说法,即有许多复杂的科学上的事实性问题是我们必须请专家来帮助解决的(这些专家可能会意见不一,比如说在有关各种实践活动所产生的环境影响的问题上意见不一)。而有一种新的现象则是:我们希望用以进行评价和理解的许多术语及概念本身已经变得极其专门化了。

　　我把这个问题提出来,但是并没有指出一种解决方法。当然,这些材料的展现对于一般的读者来说仍是有必要的。但是,对这些材料最为清晰的展现方式——如果它确实是要准确地传达那些基本思想的话——将含括一些专门性的描述与推进,而这因此也会限制其读者的范围。这个方面的要求对于一部以呈现并探究新观点为目的的著作来说就更加困难了。我不想让这个关于理性的论题远离一般读者的视野。然而,一些观点只能以一种多少有些专门化的方式予以陈述、得到详尽阐释或予以辩护。我已经努力把这些专门化的细节减少到最少的程度，或者说，我至少已经努力把它们限制在特定的章节中。为了我们这个社会的智识健康——更别提我们这些知识分子的社会健康了，那些基本的思想还必须被保留在公共的视域当中。

Yearbook of Western Legal Philosophers Study

**西方法律哲学家
研究年刊**

[329—396]

学 术 简 评

追求一种现实的法律确定性
——简评卡尔·卢埃林《美国判例法体系》

刘 剑[*]

1928—1929 年,卡尔·卢埃林应邀到德国莱比锡大学作学术交流,《美国判例法体系》[1]这本书就是在对构成他此次访问期间所讲授课程基础的那些讲座、案例以及相关材料的修订的基础上形成的。《美国判例法体系》于 1933 年首先在德国出版,其英译本于 1989 年在美国出版。这本书的德文版一经出现,就立刻在德国和美国同时得到了相当程度的关注和认可,并被认为是对于法律理论的一个创始性的、复杂性的以及均衡性的贡献。而且,在特维宁(Twining)看来,如果不是因为当时政治上的原因,这本书本应当能够得到更多的认可,假如《美国判例法体系》一书得到了应有的关注的话,卢埃林也不会被视为激进的、倡导打破习俗之人。而且特维宁认为,这本书对于回应和反驳某些对于卢埃林理论的批判、对于恰当地理解卢埃林理论的内容以及其理论的意义,是会具有重大的帮助的。

---

[*] 刘剑,渤海大学政法系讲师,吉林大学理论法学研究中心 2003 级博士研究生,主要从事卢埃法律哲学和中国法律哲学研究。

[1] William Twining, Book Review: The Case Law System in America, 100 *Yale. L. J.* (1991), p. 1096.

一、《美国判例法体系》的核心内容

在这本书中，卢埃林简明扼要地描述了美国法律体系是怎样被组织起来的，案件是怎样被审理的，是怎样对待先例的，不同的社会参与者是怎样感知判例法体系的，以及这一体系是怎样发展变化的。特维宁认为，其中，卢埃林的核心关注是，要描述和阐释判例法体系在其实际的运作过程中的一些主要的特征，他特别地强调那些产生了司法自由裁量余地的因素与那些对于司法自由裁量的余地具有拘束作用的因素之间的紧张关系——即"自由余地"与"稳定性因素"之间的关系。[2] 它所蕴含的核心的信息可以被简单地概括为：我们的判例法体系不仅为法官们提供了自由裁量的余地，而且也提供了拘束——这是一种比我们通常所认为的更多的自由余地，而且也是与我们通常所看到的不同的约束。

卢埃林对于自由裁量余地的研究，是以那些传统的关于法律规则和先例原理的观念为起点的。但是，与之不同的是，在特维宁看来，卢埃林认为，法庭并不是在简单地"适用"法律规则，而是或者在扩展或者在限缩这些规则的内容和外延范围；在这种扩展或限缩的过程中，一些创造性的成分总是在所难免地存在着。而且，遵循先例的原理也并非是一个单一的原理，其本身就具有双重的内容，它一方面提供了一个用于限定那些不受欢迎的先例方法，另一方面也同时提供了另外一个用于扩展那些受欢迎的先例的技术，而这些处理先例的技术的共存对于判例法体系的存在和发展而言又是必需的。[3]

就是在明确地论证这些自由裁量余地存在的过程中，卢埃林正在为对于传统法律秩序的一种强有力的批判开放出一条崭新的道路。他正在瓦解那些对于拘束法官的东西的通常理解，瓦解对于那些赋予了司法判决以可预测性的东西的通常理解，以及对于那些给予了司法判决的制作过程以权威的东西的通常理解。这些通常的观念强调法官们是受到那些已经存在的判例的强制的，是受到法律规则的约束的，但是，就是在其他的人看到强制和约束的地方，卢埃林却看到了自由裁量的余地。卢埃林通过表明法律规则的不确定性有助于产生一种"持续的危机"，又通过在律师和法官们的操作性技术之中、在一些特定的判例的事实之中以及在"现实生活规范"之中，发现"法律确定性"（legal cer-

---

[2] Ibid., p. 1095.
[3] Karl Llewellyn, *The Case Law System in America*, The University of Chicago Press, 1989, p. 74（关于先例原理的两面性，可以参见 Karl Llewellyn 在其另一本书《荆棘丛》中的论述：Karl Llewellyn, *The Bramble Bush: On Our Law and Its Study*, Oceana Publications, 1930, p. 68.）.

tainty)的一些其他的道具,而展现了走出危机的道路。[4]

但是,特维宁认为,虽然卢埃林比传统的观念看到了更多的自由裁量余地,但是他的主旨却并非是要鼓吹法律的不确定性,而是强调在判例法体系中法律的可预测性和确定性是确实地存在的,并且强调在判例法体系中实现这种可预测性和确定性的某种手段是可以被现实地获得的。卢埃林在法律中看到的可预测性,并非是因为法官们受到先例或法律规则的强制而产生的,而是因为法官的那些操作性技术、案件的事实以及现实生活规范这些因素的动态的约束而产生的。其中,卢埃林对于训练有素的法律人的操作性技术的强调,是这本书的一个主要的贡献。[5] 对于卢埃林而言,受有训练的、由传统环境所决定的、处理法律材料的方式,是法律中的确定性和拘束力的一个强有力的来源。在《美国判例法体系》的第二部分,卢埃林对于"法律的确定性"的执著的主张,是一种切实的努力,努力为判例法以及法律本身重新主张那种他自己先前的观点看起来似乎就要瓦解掉了的确定性的品质。就是这一论点,凸现了卢埃林在法律现实主义者的群体中与那些否定法律确定性存在的学者的不同。这一论点也佐证了卢埃林并非是一个要颠覆传统的、离经叛道的激进分子,相反,他只是看到了支撑传统信念的基础的脆弱和虚假,而要努力为其更换一个更加真实、更加稳固的支柱而已。

卢埃林的论点建立在对于近六十个判例的司法意见书的描述和分析的基础之上,这些判例的司法意见书的重要的作用,是要表明遵循先例的原理实际上是怎样发挥作用的。附录中载明的这些判例,是《美国判例法体系》的一个特色,也体现了卢埃林这一法律现实主义者对于美国判例法体系所进行的研究的现实性。

二、《美国判例法体系》的理论意义

对于《美国判例法体系》的理论意义,一般上而言特维宁是持肯定态度的。他分析了这本著作在卢埃林自身的理论发展过程中的重要作用,特维宁对于《美国判例法体系》理论意义的评论,主要是通过他对于某些针对卢埃林的理论批判的回应体现出来的。

首先,《美国判例法体系》证明卢埃林自身的理论发展具有连续性。虽然这本著作是在卢埃林学术生涯的早期出版的,但是,特维宁认为,它已经包含了卢埃林对于判例法上的一些一般性观念的最简洁的、最具可读性的论述。而且在这本书中,正如在卢埃林晚期的作品中一样,卢埃林仔细地描绘了一条中间路线,一条在极端的形式主义和激进的

---

[4] Ibid., p. XVI.
[5] William Twining, super note [1], p. 1096.

不确定性主张之间的中间路线。[6] 他认为,判决中尽管不可避免地存在着自由裁量的余地,但是,美国的上诉司法审判还是展示出比人们能够合理地期待的、更大程度的恒常性和可预测性。这一主张可以说是对卢埃林30年后的总结性著作《普通法传统》的主题的集中概括。而且,《普通法传统》中的一些核心概念——诸如稳定性因素、审判风格、情境感等等——已经在《美国判例法体系》中有所体现。特维宁认为,在20世纪60年代的卢埃林如同其在20世纪30年代时一样,一直都是一个在普通法传统的内部、对于这一传统进行乐观地阐释的人。特维宁以此为据,回应了那些批判卢埃林在其学术生涯初期和晚期的理论观点存在断裂的批判。

其次,《美国判例法体系》清楚地表明贯穿着卢埃林学术生涯始终的两个核心的理论关注之间的密切关系。在卢埃林的学术生涯之中,他一直致力于构建一个全局性的、整体性的一般法社会学理论,同时他又对判例法的实际运作以及普通法方法保持着持续的关注。对此,批判者认为,即便是在卢埃林学术生涯的晚期,卢埃林也没能将对于州上诉法院的研究,放入更为宽泛的解决争端机制的整体性背景之中,因此卢埃林实际上是采纳了一个不适当的、过于狭窄的视野。而且,他因此也错过了一个将他的法社会学与其较为特定的研究联系在一起的机会,而使自己不能免于"光脚经验主义"的质疑。[7] 但是,在特维宁看来,《美国判例法体系》可以很好地回应这一批判,因为特维宁认为,在这本书中卢埃林实际上已经意识到了对于与先例相关的上诉司法实践的研究,是一个狭窄的题目,这需要被放到一个更宽阔的背景中去。[8] 这本书清楚地说明了,卢埃林的社会学关注和法学关注是怎样密切地纠缠在一起的。因为,《美国判例法体系》的一个持续的主题就是,对于正在发挥作用的、处于运作过程之中的判例法体系,从一种人类学的视角来对其进行观察。[9] 这本书远不是一种社会学和法学在知识上的分裂,而是人类学者和法律人以同一种声音在言说。它试图展现,在研究一个特定的法律现象时,人类学的视野是如何发挥作用的。特维宁进一步提出,也许《美国判例法体系》最有趣的方面就是,它代表了一种将法律社会学与对于原始材料所开展的一种非常具体的技术性的研究这两者整合为一体的一种早期的努力。[10]

---

[6] Ibid.
[7] 对于"光脚经验主义"的质疑可以参见 Schubert, The Future of Public Law, 34 *Geo. Wash. L. Rev.* (1966), pp. 593, 601.
[8] Karl Llewellyn, super note [3], p. 114.
[9] 参见《美国判例法体系》1933年德文版序言,Karl Llewellyn, super note [3], p. XXXV。
[10] William Twining, super note [1], p. 1101.

三、《美国判例法体系》开放出来的问题

　　特维宁的评论所完成的主要是对于这一著作的核心主张进行阐释、梳理以及对于某些疑惑给予澄清的任务。在这一方面，特维宁所完成的是卢埃林本应当完成的工作，而没有完成一个评论者所应当履行的另一半职责：批判和反思。特维宁没有进一步追问，卢埃林所提出的、保证法律确定性的那些方法和途径是否能够切实地实现其使命，而这对于卢埃林这一著作的意义而言是至关重要的。而且，即便是在其履行的前一半的职责之内，特维宁的工作和研究也是不完全的。如果构建一个全局性的法社会学理论是卢埃林一直的努力目标，那么卢埃林在这一道路上所取得的成果，是否仅仅表现为在《美国判例法体系》中初露端倪而没有具体展开的那种人类学的研究视角？是否，卢埃林将一般法社会学背景与对于州上诉法院的特定研究相结合的尝试，仅仅停留在这一方法之上？是否卢埃林也在实体理论的构建上取得了些许的收获？对于这些问题，特维宁在这篇评论中并没有涉及。而且，固然将《美国判例法体系》放到其作者的理论背景之中评论是一种有意义的做法，但是，如果评论的视野仅限于此，而没有对于它与其他的、关注相同问题的著作之间的比较，似乎这样的评论也是不完全的。[11]

---

　　[11]　参见《美国判例法体系》的编著者 Paul Gewirtz 为这本书写的导论，在这篇导论中，Gewirtz 比较了卢埃林与 Stanley Fish 之间，关于制作判决过程中"操作性技术"这一问题中所蕴含的"阐释共同体"问题的讨论。

关于普芬道夫的《普遍法理学原理两书》

於兴中*

  普芬道夫生于1632年1月8日,和斯宾诺莎及洛克同年。其父是萨克森尼一个小地方的路德教牧师。普芬道夫起初在莱比锡大学学的是神学,但很快就对神学失去了兴趣,而转攻法律。后来他索性离开莱比锡,去了耶拿。在耶拿他结识了当时德国著名的数学家魏格尔(Erhard Weigel),也就是莱布尼茨的老师。在魏格尔的影响下普芬道夫逐渐走上了独立的道路,开始尝试用数学原理研究自然法。遗憾的是,完成学业以后他竟然未能在本国找到一份差使。后来,在其兄 Esaias 的帮助下,普芬道夫于1658年移居哥本哈根。在那里他找到一份家教,主人是瑞典驻丹麦的大使,名叫考耶特(Petrus Julius Coyet)。可是他上任不久瑞典和丹麦之间便爆发了战争。丹麦人将瑞典大使的随员逮捕下狱,普芬道夫也不能幸免。他在监狱里度过了八个月的时间。也就是在这八个月中,普芬道夫无书可读,但却有足够的时间苦思冥想,将以前读过的格老秀斯、霍布斯及魏格尔的书融会贯通,在心中建构了一个普遍法学的体系,并将它匆匆记录下来。当时他只是为了消磨时间,并未想到要将所写下来的东西予以发表。出狱后,普芬道夫随同他的学生前往荷兰,在

---

* 於兴中,哈佛大学法学博士,香港中文大学法学教授。

莱顿大学驻足。他将在狱中写的东西给一些朋友看。有些朋友强烈建议他将该手稿整理出版。他听从了朋友的建议,在1660年出版了他的思想成果。这便是著名的《普遍法理学原理两书》(Elementa jurisprudentiae universalis libri duo)。[1]

该书是献给当时地位十分显赫的选帝侯卡尔·路德维格(Karl I Ludwig,英语为Charles I Louis)的。因此颇引人注意。路德维格为普芬道夫在海德堡设了一个新的讲席,即自然法和国际法讲席。这个教职是世界上第一个该类讲席。1665年,普芬道夫娶了一位同事的遗孀Katharina Elisabeth von Palthen为妻。1667年,在选帝侯的认可下,普芬道夫写了一个小册子《论德国的现状》(De tatu imperii germanici liber unus),以笔名在日内瓦出版。这是一篇两个兄弟之间的对话。作者直接挑战神圣罗马帝国的组织机构,以非常激烈的言辞谴责奥地利王室的过错,强有力地攻击听命于教庭的各国君王。该书出版后即引起轩然大波,结果使他失去了教席,而因此不得不于1668年离开海德堡。当时德国刚刚经历了三十年战争,还没有恢复过来,因此迁升的机会非常小。于是普芬道夫便去了瑞典。1670年,应瑞典国王的邀请,普芬道夫任教于隆德大学的法学院,教授自然法。隆德时期是他创作的最佳时期。1672年,他出版了《论自然法和万民法八书》(De jure naturae et gentium libri octo)。1675年,该书的节略版《人与公民的职责》(De Officio Hominis et Civis)出版,集中阐述了他的核心思想。

1677年普芬道夫从隆德到了斯德哥尔摩,为瑞典皇室撰写传记。此后,普芬道夫的作品就从自然法学和国际法学转向了其他领域,诸如历史、政治和神学问题。1688年,普芬道夫应召到布兰登堡(Brandenburg),为威廉一世(Friedrich Wilhelm)的宫廷服务。他接受了邀请,但是到任不久,威廉一世就去世了。他的儿子威廉三世兑现了他父亲的承诺,委任普芬道夫为皇家传记撰稿人和枢秘顾问,并让他撰写选帝侯威廉的历史。同时瑞典国王也继续对他表示友好,于1694年加封他为男爵。就在同一年,普芬道夫在瑞典中风,此后不久便在柏林去世。他被葬于St. Nicholas教堂。他的纪念碑至今仍然竖在那里。[2]

普芬道夫对后世的影响深刻久远,不仅限于德国。他被认为是德国启蒙运动、理性自然法、国际法、乃至现代法学的重要先驱。他一生多次同宗教界发生口角,曾经不得不因为被人指控散布谣言而为自己辩护。然而,他的著作从历史上来看并没有得到应有的重视,一个主要原因大概是因为普芬道夫和莱布尼茨之间的恩恩怨怨。两人经常是知识

---

[1] Michael Seidler, *Samnuel Pufendorf's on the Natural State of Men*(《塞缪尔·普芬道夫的〈论人的自然状态〉》), The Edwin Mellen Press, 1990, p. 6.

[2] 参见http://en.wikipedia.org/wiki/Samuel_Pufendorf,访问于2006年8月5日。

上的仇敌。莱布尼茨在论及普芬道夫的时候曾说,他算不上什么律师,更谈不到哲学家,("vir parum jurisconsultus et minime philosophus")。莱布尼茨在政治上和公法领域往往是失败者,他胆小怕事,性格保守,而普芬道夫则咄咄逼人。他们两人之间的矛盾因上面提到的那本小册子开始,后来越战越烈,直到两人无法正常交流。[3]

《普遍法理学原理两书》用拉丁语写成,第一版于1660年问世。现在能看到的版本是1672年版。20世纪初卡耐基国际和平基金会组织出版了一套国际法经典系列丛书,其中第十五卷即为《普遍法理学原理两书》,由牛津大学于1931年出版。全书分上下两卷。上卷为1672年拉丁文版的影印版,卷首有Hans Wehberg所撰简介,并附有勘误表及普芬道夫的画像。下卷为英文翻译本。译者为伊利诺伊大学著名古典学教授William Abbott Oldfather。该书后来绝版。1995年设在纽约水牛城的William S. Hein & Co., Inc. 出版公司将该系列丛书重印发行。此即为人们现在所能看到的版本。值得一提的是该书的影印版在网上也能看到。

在魏格尔的影响下普芬道夫运用几何学的方法研究法学。他将该书分为三大部分:定义、公理(Axiomata)与评论(Observationes)。第一部分,亦即第一卷,探讨了21个定义,包括人的行为、道德行为的对象、法律关系、道德人、权力问题、法律的分类、物的价值、人类行为的原则、义务法、法的概念、正当行为、道德行为的标准、功与过等等。该卷探讨的主要是法的基础概念及其与自然法和战争的各种关系。第二部分和第三部分,亦即第二卷,探讨了两个公理和五点评论。第一公理确定了哪些行为值得称道,哪些不值得称道。第二公理研究拥有权力的一方如何约束受制于该权力的人。五点评论包括:(1)人的判断力;(2)人的自由意志;(3)人的社会天资;(4)保护人类社会的规则;(5)为保护社会而需要权威力量的必要性。[4]

通览全书,可以看出普芬道夫当年意图建立一套科学法哲学的雄心,尽管他的尝试后来被证明不算十分成功。要言之,普芬道夫运用欧几里德定理,通过数学证明的严格程序得出了一些结论。他首先对一些基本法律概念作了严格的定义,然后分析总结自然法,提出了若干论题。由于有些论题出自人的理性,因而可以将其看作公理(Axiomata)。有些论题依赖于经验,故而称为评论(Observationes)。从这些公理和评论出发,普芬道夫

---

[3] 同上注。

[4] 普芬道夫:《普遍法理学原则两书》第二卷,英译Oldfather. (Samuel Pufendorf, *Elementorum Jurisprudentiae Universalis*, *LibriDuo*, Vol. II. Translation of the Text, by William Abbott Oldfather, with a translation [by Edwin H. Zeydel] of the introduction by Hans Wehberg. pp. xxxiv, 304. Oxford: Clarendon Press, 1931.)

推导出人的判断力、自由意志、自爱以及社会本能,并从中演绎出一条自然法的最基本原则,即每个人都不可避免地追求自我保护,但追求自我保护的方式一定不能伤害或危及社会的福利。在此基础上,普芬道夫进一步推断,一个国家不能只有自然法,自然法必须由实证法予以补充并加强。在这里我们看到格老秀斯和霍布斯对他的影响。

如果用现代人的目光来看这本书,那它可取的地方实在不多。普芬道夫所使用的几何方法有点像一生二、二生四、四生八的推断方式。比如说,根据个人追求自我保护不得伤害社会福祉的原则,可以推断出个人必须尊重他人的利益和权利。根据后者又可以推断出,不能伤害别人的人身,不能谋图别人的财产,应该信守合约、履行义务等等。正如有些学者指出的,从本质上说,几何学方法根本就不适合法学研究,更何况普芬道夫完全可以作得更连贯一些。[5] 同其他大法学家的著作相比,普芬道夫的书显然逊色。既没有格老秀斯的著作那样有力、准确、流畅,也没有根提里斯(Gentilis)[6]那样多样灵活,充满个人风格。普芬道夫的文风呆板、冗赘、没有生命力。[7] 就布局章法来看,该书也很难称得上是上乘之作。

该书初版时是否受欢迎,已无从确考。但仅凭它是献给选帝候的这一点,就可以想象它不会不被人们注意到。而其时正是科学方法和理性主义刚刚抬头的时候,该书的出版无疑是顺应了历史潮流。据说,普芬道夫的思想影响了欧洲学界达一个世纪之久,到19世纪时逐渐退出历史舞台。20世纪末经过Knud Haakonssen及T. J. Hochstrasser等学者的努力,普芬道夫的思想又重新获得了人们的关注。不过,人们所感兴趣的乃是他后来的一些作品,诸如《论自然法和万民法八书》和《人与公民的职责》,而《普遍法理学原理两书》则极少有人问津。1931年该书由卡耐基基金会出版后,几乎没有认真的评论。不足半叶的书评也只有三五篇,而且还不光是专为此书所写。[8]

尽管如此,该书仍然值得一读,尤其是学法理和学国际法的人。它的可取之处在于,它是普芬道夫日后庞大的法学体系的原初思想,虽然不够精确,但却随处闪现着智慧的光芒。它记录了一个思想者思想的轨迹和初启山林的喜悦。普芬道夫的主要思想的种

---

[5] Hans Wehberg,上引书"简介""Introduction"。

[6] Albericus Gentilis(1552—1608),意大利法学家,曾在牛津大学教授民法,国际公法研究的先驱之一。

[7] Sir John MacDonnell 等编《大法学家列传》普芬道夫篇(The Great Jurists of the World, XIV, Samuel Pufendorf.)第 237 页。

[8] Knud Haakonssen, *Grotius, Pufendorf and Modern Natural Law*(《格老秀斯、普芬道夫与现代自然法》), Ashgate, 1999. T. J. Hochstrasser, *Natural Law Theories in the Early Enlightenment*(《早期文艺复兴时期的自然法理论》), Cambridge University Press, 2000.

子已经在其中透露出发芽开花结果的信息和态势。同时也记载了普芬道夫在运用格老秀斯和霍布斯的思想成果的同时意图摆脱两者影响而独辟新径的紧张。《普遍法理学两书》未能摆脱格老秀斯和霍布斯的影响,但它建立在理性基础之上的准数学式的原始法哲学也同时吸收了笛卡尔和魏格尔学说的营养。书中关于权威、财产、义务以及契约的论述,即便是与此相关的学问已经浩如烟海的今天,也仍然有值得细究的价值。从学说发展史的角度来看,研究普芬道夫,此书是万万不可掉以轻心的。

很少有人否认普芬道夫的《论自然法和万民法八书》是杰作。孟德斯鸠和洛克都很欣赏此书。而《论自然法和万民法八书》正是在《普遍法理学原理两书》的基础上发展而来。如果没有时间和精力看完较长的著作,从短小精干者开始,也不失良策。

Hans Wehberg 教授在他为 1931 年拉丁文影印版用德语写的简介中对该书虽颇多非议,但大体上还是持肯定态度。无论如何,普芬道夫的自然法思想、财产理论、两个契约的理论以及除自然法之外国际法无其他来源的见解都深刻地影响了后来的作家和理论。

法律分析的向度
——简评朗·富勒《探求自我的法律》*

邹立君**

  法律如何能够探求自我？富勒在《探求自我的法律》这本论著开篇就打消了读者可能会产生的这一疑虑。实际上，富勒借助这一标题强调的是法律哲学家的作用：即法律哲学要求法律哲学家不仅应当对法律进行哲学探讨，而且在某种程度上应该对其自身的哲学探讨进一步哲学化以发现其最终的目的。在一定意义上，富勒对法律哲学的作用采取了一种实用主义的理解：即"试图对人的精力在法律领域的适用给予有利的和令人满意的指导"[1]，职是之故，富勒在该著中将在自然法（否认在"是"与"应当"间严格区分的可能性并因此容忍在法律讨论中混淆它们二者）与法律实证主义（坚持在实然之法与应然之法之间作出严格区分）之间的选择看作两种不同的努力，该著在一定程度上可被认为是富勒在上述二者间作出选择的努力之展现。

---

  * Lon L. Fuller, *The Law in Quest of Itself*, Chicago: The Foundation Press, 1940.
  ** 邹立君，南京大学法学院教师，吉林大学法学理论博士，主要从事富勒法律哲学和中国法律哲学研究。
  [1] Lon L. Fuller, *The Law in Quest of Itself*, Chicago: The Foundation Press, 1940, p. 2.

富勒对于法律实证主义和自然法这二者的选择是以他对法律的基本认识为基础的：他以讲故事为例说明对"是"与"应当"进行区分的困难，借此表明制定法或判决不是"现存"（being）的一部分，而是"成为"（becoming）的一个过程。继而用蒸汽机来类比法律，人们对蒸汽机的理解总是与对好蒸汽机的理解分不开的，在蒸汽机与法律这类人之目的性活动中，价值与存在不是不同的事物，而是现实整体的两个方面。回顾法律实证主义的各种理论，富勒发现它们致力于研究"法律探求它自己的某种排他性霸权，探求其存在能够不受伦理学和哲学影响的最高目的"。富勒认为并不存在这一最高目的，他是通过证明实证主义者试图区分实然之法与应然之法的标准为无效来说明这一点的。富勒对法律实证主义的考察排除了孔德、迪尔凯姆和狄骥的社会学实证主义，也排除了萨维尼所创建的历史法学派，他主要勾画了（奥斯丁、索姆洛等的）实证主义分析法理学的成长，触及到了奥斯丁关于主权的叙述的巨大模糊性，然后追溯了特征更为明显的现代实证主义理论"沿上述模糊性在两个路向上的"发展：美国的法律现实主义与 Kornfeld 和埃利希为一翼，维也纳学派为另一翼。富勒在研究中作出取舍的依据是其是否坚持"是"与"应当"的严格分离，他认为社会学实证主义和历史法学派从未坚持这一严格区分。因此，在富勒看来，实然之法与应然之法（"是"与"应当"）的区分问题是实证主义者必须解决的一个关键问题。尽管奥斯丁及其追随者在主权者概念中发现了区分实然之法与应然之法的标准，但此标准依然存在问题。在霍布斯那里，是否需要主权是一个非常重要的必须讨论的问题，但到了他的后继者那里，主权则已经成为某种具有自身内在逻辑的设定的现实，是需要描述的东西，而不是迫切需要证明的东西。对于主权者的权力如何被设置在一个既定的社会中这一问题，奥斯丁的回答是：主权者是一个社会习惯于服从的人或人的组合。他的追随者看来都十分满足于这一回答，因而，都接受了他的观点而不再做更进一步的尝试与努力。对此，富勒的分析是，对于奥斯丁及其追随者来说，习俗的这些作用仅仅是不具有法理学重要意义的事实上的现实。在分析法理学看来，习俗仅仅在确立主权时依其自身力量起作用，它可能具有的其他作用仅在主权容忍之下才能存在，并且也应与主权者的命令相一致。从这一点可以推出，如果某些主权者的命令偶然地被忽视，如果特定的法律在实践中被违反而未介入惩罚，这并没有摧毁它们作为法律的特性。如果是这样，我们检验实然之法的标准就会丧失。因为需要关注的特定规则在人们事务中被实现的问题只是一个程度的问题，所以，我们关于实然之法的判准必然会为应然之法敞开包容的大门。另外，还有一如粗心的主权者的问题，法律中的漏洞问题等都给奥斯丁等人的标准提出了难题。富勒认为奥斯丁及其追随者在霍布斯的主权者概念中发现的实然之法的判准并不能发挥其功用，除非主权者的概念具有永久性和一致性，除非它能在所有时间的改革中幸存下来。奥斯丁及持类似观点的学者的真正困境在于他们试图将他们关于法律"应当"的判准捆缚于某种外在事实之上,他们的主权者就是被树立起来以确定法律领域边界的某种外在"事实"。

既然实证主义者区分实然之法与应然之法的标准遭遇了困境,那么这是否意味着我们应当全力拥护与之相反对的法律思维倾向?是否意味着几乎任何的自然法体系都优于法律实证主义?如果不是这样,人们对待诸种自然法理论的适当态度又该是怎样的?带着这些疑问,富勒开始了有关自然法的讨论。富勒在讨论自然法之前提醒人们注意:他对自然法取向所作出的任何评论都不是要提出自然的和不可剥夺的权利原则。富勒在文中交代,之所以需要作出如此告诫的理由主要有以下两点:其一是我们已经习惯于将自然法与自然权利这两个观念等同起来;其二是我们已经习惯于设想人的自然权利的某种概念化必定存在于某一自然法体系的核心。进而,富勒对他自己的立场作出了明确的交代:"我并不倡导自然权利原则,并且我也许需进一步表明,在我看来,用来反对自然权利理论的大部分异议也适用于(反对)'推定权利的观念'或实证意义上的权利观念。""我也并不打算使我自己成为在过去已被提出的各种自然法体系中的任何一种的倡议者。尤其是,我应该不喜欢被要求去捍卫以那一杰出的哲学家即圣·托马斯·阿奎那的名义所主张的所有事情。"[2]但是富勒仍然指出那些被认为归属于自然法学派的思想家们的著作在今天仍然具有巨大价值。他是通过对自然法与法律实证主义在至少如下几个要点上加以比较来澄明这一观点的:

首先是这两者与其他社会科学的关系。极具讽刺意味的是,自然法不为现代法律思想所接受的原因之一是现代法律科学的信条之一:即法律是一个社会整体文明的必要部分,法律中大量的成果、丰富的著作都预设了其与其他社会科学——如心理学、经济学和社会学——的家族相似性。但这仅仅是自然法设想中一直被认为理所当然的一个观点的再发现而已。而实证主义者的工作本质上是无时间限制的,通过将法律从它的环境中完全抽离出来,并且不以内容而是以形式和判准来对其进行界定,他们既不冒过时的危险也不冒将除了约束和限制之外的任何东西归功于法律发展的危险。对此,富勒以奥斯丁的理论为例加以佐证:奥斯丁的理论在今天同在1832年同样真实,也同在1832年一样,同样不具有对人类事务的重要意义。

其次是自然法和法律实证主义各自的情感诉求。作出浪漫的和感情化诉求的不只是自然法,法律实证主义也有它自己甜苦参半的那种浪漫主义,它更富有吸引力是因为

---

[2] Ibid., pp. 100—101.

这种浪漫主义并不表现得很显眼。法律实证主义最主要诉求的是忠诚情感,具体可表述为"了解并遵守游戏的规则"。富勒指出实证主义式忠诚最有力的表述可以在 Tennyson 编写的故事《英烈传》(Charge of the Light Brigade,后被迈克尔·柯蒂兹改编成故事片)所描写的一群听从了错误的命令而致死的年轻人身上发现。可悲的是,他们并不质疑"为什么"的问题。

再次是自然法和法律实证主义两者与现实的关系。如果说自然法哲学家在一个方向上远离了现实,我们千万不能忽视实证主义者也可能在另一方向上以同样的速度远行。但是,这并不意味着法律实证主义与自然法都建立在假象的基础上,每一观点都不需要以幻象为基础,"我们愿意将自己设想为不是在追求目标——因为对于追求目标而言,我们的失败将太明显了——而是在遵守规则,在此,我们可以装作很完美"。标示自然法的幻象是指这一确信,即人的理性在调控社会中人们之间的关系方面的成就是无限制的,标示实证主义的幻象在于相信理性能够有意地为它自己设限并在达到该界限时停下来。富勒认为这两种设想都不能实现:社会秩序不能单纯地建立在理性的基础上,但我们也同样不可能预先规定我们的努力得以有效发挥作用的空间。在这一点上自然法具有一定的优越性,因为它释放了人们的思想能量并允许它们有最大可能的成就。

富勒还认为,法律实证主义最危险的本性不在于它在某种程度上夸大了的确信,而在于它所不可避免地加诸于人们关系的自生自发秩序(spontaneous order)的发展之上的限制作用,在于它对观念可以不依靠观念的倡议者而拥有自身力量的否认。凯尔森认为:所有形式的自然法的特征在于它们在趋向上是无政府主义的;即它们设想以对指导观念的自愿接受为基础并且不依赖于任何政府结构的社会秩序的可能性。[3] 凯尔森进而得出结论:自然法是内在的静止的,而他自己的观点是充满活力的。他之所以持这种观点是因为自然法不是从有待完善的宪法原则中,而是从某些意味深长的正义观念中推导出法律秩序的。凯尔森认为,这种观点单单忽视了这一显见事实,即观念是能够生长的,并且存在这样一个过程,通过该过程普通法——用曼斯菲尔德的重要术语来说——"使它自己纯粹"。富勒评价凯尔森的观点像空空的独轮小车一样,可以确定,你可以向其中倾倒任何你希望装进去的东西,并且你也可以把它推向任何你喜欢的方向。但是绝对没有任何东西使它前行。

通过以上要点等的比较,富勒为人们选择自然法提供了正当性理由。需要注意的

---

[3] See Ibid., pp. 110—111.

是,富勒认为较早的自然法方面的著述对于当下人们的主要价值并不在于它们所阐述的体系,而在于它们所体现出来的法律思维类型。[4] 当然,有评论指出富勒仅仅通过论证其他进路方法的缺陷并未能充分确立起自然法方法的吸引力。[5] 而且,富勒并没有澄清关于"应当"法官或教师是从哪里请求指导的。没有这样一种指导,执行和说明法律——即便被掩饰为对"民意"或"民族精神"的解释——能不成为法官或教师个人偏好的适用吗?[6] 此外,如果我们认为实证主义没有区分"法"与"非法"的合理标准,那么,这一批评似乎也是不必要的,因为它也同样适用于自然法。如果富勒希望将实然之法与应然之法都包容在"法律"这一术语的名义下,同样的问题存在:他将凭借什么标准区分"法"与"非法"呢?[7]实际上,我们可以将富勒的这本著作看作是对法律实证主义的一个批判,上述对富勒的批判之批判或许有些道理,也或许在富勒那里根本就不会成为一个问题,又或许我们在富勒后来的著述中可以发现部分答案。但是,无论如何,自然法与法律实证主义之间的论争仍在继续,也幸好它们之间的论争还在继续,我们才能更大程度上接近法律哲学与法律正义。

---

[4] 富勒指出各种法学论著中所体现出来的法律方法之谓为"自然法"是在如下双重意义上讲的:其一,当人们有意识或无意识地被实证主义哲学所抑制时,它是人们自然会遵循的方法;其二,当理性未被实证主义约束所妨碍时,它不可避免地趋向于在自然法——被认为构成了人们之间关系的基础并决定了诸文明的兴衰——中发现其停靠点。

[5] See Huntington Cairns, Book Review (reviewing Lon L. Fuller, *The Law in Quest of Itself* (1940)), 54(1) *Harvard Law Review*, (Nov., 1940), p. 159.

[6] See A. H. Campbell, Book Review (reviewing Lon L. Fuller, *The Law in Quest of Itself* (1940)), 4(3) *The Modern Law Review*, p. 233.

[7] See Huntington Cairns, supra. note [5], p. 158.

目的性与自然主义
——简评朗·富勒《人之目的与自然法》*

崔 灿**

  自然法之于人们的最大魅惑在于它被认为是"对与错的终极标准,正直生活的典范,提供了人类自我反省的一个有力激素、既存制度的一块试金石、保守与革命的正当理由"[1]。然而自然主义所受的最大指责正在于它何以从经验事实中推导出某些绝对不变的道德判准,或者更确切地说,何以从实然问题(事实判断)推导出应然问题(价值判断)。这一自休谟首倡、经由康德哲学发展到极致的认识论难题似乎成了自然主义者头顶的一道"紧箍咒",任何意图推进现代自然主义理论的尝试都不得不首先从破解这一迷题开始。朗·富勒的《人之目的与自然法》这篇文章正是意图打破这一认识论困境,从而开启我们对于自然法的重新认识与推进。本文便试图对富勒的这番努力作出考察与分析。

---

  * 感谢邓正来教授主持开设的原典精读课程以及大师思想 seminar 对富勒这篇文本的阅读与讨论,邹立君博士的文章给了笔者诸多启发,邹益民、樊安、杨晓畅诸君给予笔者诸多帮助,在此一并致谢(Lon. L. Fuller, Human Purpose and Natural Law, *The Journal of Philosophy*, Vol. 53, No. 22, University of Pennsylvania, December 27—29, 1956 (Oct., 1956), pp. 697—705)。
  ** 崔灿,吉林大学法学院 2004 级法学理论硕士研究生,主要从事菲尼斯法律思想和中国法律哲学研究。
  [1] [意]A. P. 登特列夫:《自然法——法律哲学导论》,李日章译,中国台北联经出版事业公司 1985 年版,第 1 页。

一、人之目的与事实和价值

对于人们普遍接受的事实与价值的两分法，富勒所考虑的问题在于，这种两分法能否适用于对人之行为的有目的的解释？在富勒看来，当我们接受了将人之行为视为有目的指引的观点及其结论时，事实与价值之间的关系决非是实然与应然的截然两分这么简单。他举了这样的例子来具体阐明：我们远远见一个男孩手里拿着一个小东西，他时而用双手去挤压它、时而又拿小棍来撬，然后又拿它往石头上砸，最后又点起火，把它放到火里。当我们获知这个男孩从头到尾都在试图打开一个河蚌时，我们所有的疑惑不解都会消失，所观察到的行为过程立刻被赋予了充分的意义；然而若要没有这一线索，我们就不能解释所观察到的、不能精准地记得发生过的，也不能向别人清楚地描述发生了什么。由此，富勒相信：在对事件所作的解释中（该解释将观察到的事件视作是有目的的），事实与价值合而为一了。在这种情况下，认为价值与纯粹的事实陈述格格不入、价值只是观察者投射于观察对象之上的观点是站不住脚的。因为，作为观察者的我们，在理解了男孩的行为目的之后，显然可以从他的目的角度去作出预测和判断，哪些方法是好的，从而是有价值的；哪些是不好的，是不能长久的、无价值的。

富勒认为他所举的这个例子有两点需要辨明：其一，当我们处理经由时间而展开的有目的的行为时，我们观察、回忆和陈述的结构并不存在于任何瞬间的事态中，而存在于事件的过程中，这一结构只有当我们参与到评价的过程中时才能被理解，通过这种评价，坏的被反对，好的被坚持。正如我们去观察一位解答超乎我们理解力的问题的数学家时的情形，由于我们不知道他会如何去做，我们给出的只是微不足道的陈述，因而，只有具有充足评价能力、知道接受好的东西、拒绝坏的东西意味着什么的人，才能真正理解该事件的"事实"。其二，与第一点相关的是，观察者经由参与价值评价而获致"理解"的问题是否混淆了终极价值与为实现即时性目的而选择最有效方法的问题，即为了理解与描述有目的的行为，我们所参与的理解与评价只是就"眼下的目的"而言的，存在着打开河蚌的好方法与坏方法的观点并没有触及这样一个问题：打开河蚌的行为本身能否有资格被称作好的行为。在富勒看来，我们显然不能经由认知某个即时性目的而理解整个目的性行为过程，而且就理解该行为过程而言，观察者只有参与对即时性目的之间转换的评价才能获致"理解"。对富勒而言，为了理解具有复杂性的行为过程，一个单一的目的是不够的，当我们把任何单一的人之目的从它所属的整个体系中分离出来时，该目的都是不完整的，任何特定的目的的含义总是被那些与之相配合的隐含着的目的所左右，而我们正需要对这些隐含目的的认知来获致对整个行为过程的理解,这一点之所以是可能的,根本原因在于观察者与行为者具有共同的人性(human nature),尽管这一人性永远都是不完整的,且一直处于发展之中。

二、目的与手段的难题

富勒认为,我们将事实—价值的两分法适用于人之目的时所面临的困境可以根据目的与手段的关系来重述。而就目的与手段的关系而言,存在着两条问题路径:一方面,为了实现特定目的而选择适当手段的活动是一项需要运用人的推理能力及准确的分析和观察能力的活动;而另一方面,上述这种活动必须要有一个终点,人们最终追求的目的并不能由分析或观察来确定,但必然会以某种方式被投射于(所发生的)事件之上。在富勒看来,只要这两种思考路径不被适用于任何的决定过程,它们就能相安无事。然而在作出决定的时候,使这两种思维路径彼此分离的区别消失了,而它们之间潜在的冲突变得明显起来。因为当我们有必要对一个行为的过程作出一项实际的决定的时候,手段和目的不再以前后相继的方式组织自身,而是处于循环互动之中。由此,我们便面临着一个像物理学中的波粒二相性理论一样的两难困境,即被单独看待时似乎都是合乎逻辑的两种观点被证明为不可能结合在一起。

富勒认为造成目的与手段难题的,部分在于语言,而真正的根源存在于更深层次的地方,手段—目的的问题只是生命本身更深层次奥秘的表层。生命物体结合了两种自然属性:导向性(directiveness)与适应性(adaptability)。手段—目的之难题的根源便在于这两种属性的隐而不显的互动之中。富勒认为似乎各种目的形成的奥秘只是所有生物现象中都存在的、构建了有机体自身的某种东西的特殊表现。当我们看到一种动物通过躲藏来御寒时,我们并不会感到惊讶,但是当另一种动物通过长毛来御寒时,我们会感到这近乎是奇迹。或许,在那个长出更长的毛来抵御寒冷的动物的例子中,我们理解的困难来源于这样一个事实,即我们所熟悉的手段—目的关系看起来不存在了,以至于目的看起来直接实现了它自身。换言之,当我们处理手段与目的的关系时,我们的思维感到很顺畅,但是当我们试图按彼此孤立的方式理解这一关系的每一部分的时候,我们的思维就变得不顺畅了。

三、共享目的的合作阐释——一个解决之道

对于有目的的人之行为,从事实与价值的密不可分到手段与目的的循环互动,如何

面对我们所处的困境？富勒相信，至为关键的不是如何消除问题，而是在于问题无法消除时决定应当如何行事。

实证主义显然不认可富勒所说的困境与问题的存在，其极端的表现形式正是认为人之目的和价值的有效性不是一件可以以理性方式证明的东西。尽管选择一个适当的手段具有智性工作的性质，但没有目的的手段就是一个怪物。在我们已经遵从某一意志的命令而选择了一个目的之前，任何对于手段的讨论都是无意义的。与实证主义相反，自然主义恰恰看到了在决定过程中手段与目的的互动，既然事先为理性的作用设定精确的界限是不可能的，那么所要做的就是尽可能深入地推进我们对那个被遮蔽的目的与手段互动的区域的理解，努力去发现其情境的性质所允许的尽可能多的共识。在富勒看来，自然主义的这种努力可被称为是共享目的的合作阐释（collaborative articulation of shared purposes）。

在富勒看来，普通法的发展历史正是经由时间过程展开的众多法官们共享目的合作阐释的杰作。因为普通法的发展过程中，不仅是规则本身，而且规则的实施方式都在不断地改进，尽管人们说普通法建立于先例之上，然而对于任何特定的先例的含义而言却不存在支配性的文字的表达。当新的情况发生的时候，法院在先前的案件中说过的话总是会被重新解释。这种先例的范围不仅是由判决它的法院所追求的眼下目的所确定的，而且也是由某些潜在的目的所确定的，尽管该目的并没有在当时明示地显现出来。这些眼下目的与潜在目的正是经由时空跨度下的人们的合作性阐释而得以不断地改进和重塑。因为富勒相信，基于共同的人性，我们显然能够理解互相的目的，而且都能够理解那些目的性核心，正如我们对日常事物（如火炉、钱）下定义一样，尽管我们熟知其目的性核心，但却不能立即对其给出适当的表达，从而我们要做的正是以合作阐释的方式、通过集思广益来更好地理解我们真正的目的是什么。当今的人们坚持事实与价值的截然两分，拒绝诸如"什么是艺术"这样的论点，认为其只不过是个人主观意见的表达，不相信据此能够达成共识，在富勒看来，这种观点所根本拒绝的正是人们对共享目的的合作阐释。

立基于手段与目的的持续互动这一基本认知，富勒认为我们应当继续推进（被中断了的）自然法的工作，去分析和讨论被称作是社会秩序的东西，在富勒看来，社会秩序的形式不只是实现人之目的的手段，而且社会秩序的形式本身也是目的，尽管人类创造了社会秩序的形式，但是它们使得我们成为现在的样子。任何特定的经济制度不仅旨在实现先前的需求，而且也产生了它自己独特的人类需求模式。在这种意义上，任何社会秩序的形式都包括了它自己内在的道德准则。而富勒所推动的现代自然法的工作，正是要发现和探求能够使人们过上更为可欲生活的社会秩序的形式与原则。

结　语

在我看来,富勒破解自然主义之"紧箍咒"的关键在于他将人之目的引入对行为过程的解释,从而证明在对事件所作的解释中事实与价值合而为一,尤为重要的是,富勒所指的人之目的并非只是单一目的、眼下目的,而且还包括了共同构成目的性框架整体的潜在目的。之所以人们能够就彼此目的达成理解与认同,其根源在于他们所具有的共同的人性。而正是在这一点上,我们又隐约看到了古典自然主义的痕迹。然而,富勒的更为高明与深刻之处在于他把人之目的性行为上的事实与价值问题转化为目的与手段问题,揭示出基于生命本身的导向性与适应性的目的—手段的复杂互动关系,基于对目的—手段关系及其根源的分析,富勒一方面解释了始终为实证主义者所忽略、而为自然主义所坚持的认知进路,另一方面,富勒开启了对手段—目的关系的新型认知方式,并在此基础上探究作为"目的"的社会秩序之形式本身的正当性。然而,不得不指出的是,富勒是否成功地破解了自然主义的这道"紧箍咒"呢?正如内格尔所指出的那样,富勒只是证明了对事件的解释中实然的陈述与应然的决定相关联,而非从实然推导出应然的问题,内格尔认为,"除非可以给出一个细致的关于某一行为的事实性叙述,否则我们就不会有能力判断这一行为是否具有被归之于它的价值。虽然大多数人确实是不区分他们的价值归结(value imputations)与他们所判断的事实,但是,这并不意味着人们不能做出这种区分"[2];在我看来,还有一个更为关键的问题,即富勒何以将事实与价值问题转换成目的与手段问题,仅仅是手段与目的的复杂互动,手段本身可以成为目的并不足以证明手段本身可以成为价值问题,恰有论者批判富勒的社会秩序形式的"道德性"并不足以确保人类"实质的正义与福利"[3],我认为其中原因正是在于富勒将事实与价值问题转换成目的与手段问题的做法混淆乃至屏蔽了这两对问题原本不同的向度。

---

[2] Ernest Nagel, *On the Fusion of Fact and Value: A Reply to Professor Fuller*,转引自邹立君:《富勒的讨论及其讨论方式》,http://dzl.legaltheory.com.cn/view.asp? infoid = 11543&classid = 6,访问于2006年8月5日。

[3] 如哈特以投毒者的例子来予以驳斥这种"形式道德",投毒,无疑是一种目的性活动,考虑其目的也会表明它有它自身的内在原则,但是将这些投毒者技艺的原则称作"投毒的道德"将会混淆下述两个观念间的区分,即"有利于目的的效率和道德以其各种形式关注的有关活动和目的的那些最终判准间的区别"。又如萨默斯所指出的,"Φ倾向于保证一项道德价值的实现这一事实本身并不保证Φ是道德的这一结论。毕竟,很多东西,包括财富和文化,倾向于保证道德价值,但它们本身并不是道德的"。转引自邹立君:《良好秩序观的建构——朗·富勒法律理论的研究》,http://dzl.legaltheory.com.cn/view.asp? infoid = 11639& classid = 6,访问于2006年8月5日。

法律应当如何被确认?
——简评德沃金《哈特的后记与政治哲学的特征》*

沈映涵**

尽管哈特与德沃金同样以更好地理解法律现象和法律实践为目的,然而二者的根本分歧在于法律如何被确认,以及什么样的理论可以提供一种一般性的答案,在《哈特的后记与政治哲学的特征》一文中,德沃金主要针对哈特的法律实证主义方法论进行了批判并提出了自己的主张。

一、阿基米德者(Archimedeans)

在《法律的概念》及其后记中,哈特在论述法律是什么以及有效的法律如何被确认时提出了其方案的两个重要特征。第一,它是一个描述性(descriptive)而非道德上的评价性(evaluative)方案:它旨在通过外在描述来理解普遍而详尽的法律实践;第二,它是一个哲学上(philosophical)而非法律上(legal)的方案:

---

* Ronald Dworkin, Hart's Postscript and the Character of Political Philosophy, *Oxford Journal of Legal Studies*, Vol. 24, No. 1 (2004), pp. 1—37.

** 沈映涵,吉林大学法学研究中心2006级博士研究生,主要从事哈特法律哲学和中国法律哲学研究。

它旨在以一种哲学的方式确认法律的一般意义而非法律在日常使用中的个殊意义。

德沃金指出,哈特所阐述的方案是阿基米德式的。所谓阿基米德式[1],是指诸如元伦理学和法律哲学等哲学专门领域都推测却并不参与某一社会实践,它们区分了关于实践的第一级话语(first-order discourse)与它们自己的第二级(second-order)"元"话语("meta" discourse)。[2] 在德沃金看来,阿基米德主义的观点是错误的,关于有效法律如何被确认的一般理论是对法律的一种解释(interpretation)非中立描述,即它需要证明为什么这一实践是有价值的以及它应如何被进行才可以包含并促进那一价值,由此,一种法律理论本身便立基于道德的和伦理的判断和信念,因此可以认为它日常的法律主张具有同样的特征,只不过哲学家的法律理论更抽象一些。因此,对平等、自由、法律等概念的界定或分析与任何关于那些理想的政治斗争中相互竞争的观点同样都是实质性的(substantive)、规范性的(normative)和参与性的(engaged)。

二、政治概念

不仅哈特,很多政治哲学家都认为尽管在政治美德之间进行选择是实质性和规范性的价值问题,然而对正义、自由、平等或民主等政治概念真正是什么的理解仍是一种概念性(conceptual)和描述性的政治上中立的陈述。德沃金指出,这类阐述就是阿基米德主义的,因为尽管它们是关于规范性社会实践的各种理论,但是它们主张它们本身更是哲学的或概念的理论而非规范性理论,并且这些理论仅仅是对社会实践的描述并且在形成那种实践的各种争论中是中立的。由此,德沃金提出了这类主张所面临的两个困难:

第一,对概念的争论。在德沃金看来,日常政治争论经常包括对哲学家所研究的那些概念性问题的争论。而主导性的政治概念"混合了"描述性和规范性的概念,因为对民主或自由等概念的争论并非一个中立的问题,并没有一个关于这些概念的标准定义,定义本身即存在着实质性的争议和决定。阿基米德主义忽略了政治概念事实上作用于政治争论的方式。几乎每个人都同意被讨论的价值都至少具有某种甚或非常大的重要性,但是这种共识并无法确定这些价值更准确来说是什么或意味着什么,比如关于正义的争论便几乎总是停留在"它是什么"上。因此,自由、民主等作为价值的解释性概念在日常

---

[1] 关于阿基米德主义的阐述,也可参见德沃金所著的 Objectivity and Truth: You'd Better Believe It 一文的导论部分,Ronald Dworkin, Objectivity and Truth: You'd Better Believe It, 25(2) Philosophy & Public Affairs, (Spring 1996)。

[2] 第一级话语是指非哲学家对真假、对错等进行反思和主张的话语,而在第二级话语中,第一级的概念则被界定和探究,并且第一级主张被分类并归入到哲学种类中。

思考和言说中是起作用的,描述性意义并无法离开评价性力量。

第二,以何种方式描述。德沃金指出,"描述性"一词是含混不清的。当政治哲学家们把某种东西描述为对自由的侵犯、不平等、不民主或不合法时,存在三种可能:一种是旨在揭示普通人事实上所使用的标准的一种语义学分析,然而这些标准是什么本身就不确定;一种是旨在发现人们所描述的事物的真实本质的建构性方案,然而困难的是需要说明使社会或政治安排的某种特征对其作为某一价值的特征来说是基本的(essential)而非仅仅是次要的(accidental);最后一种是寻求对某种东西的统计学上的一般化,然而同样存在无法证明其基本性和普遍性的问题。

为了阐明自己对某一价值的理解方式,德沃金首先确定了政治价值的特性——它们是一种整体性(integrated)价值而非分立性(detached)价值,即把价值视为与我们对生活得好的旨趣相结合:我们假定它是一种价值并具有其特征,是因为把它接受为具有那种特征的价值以某种方式促进了我们的生活,比如我们对正义的重视。如果政治价值是整体性的,那么就涉及这些价值如何得以确认的问题。在德沃金看来,"我们必须试图整体性和解释性地理解它们……它们都在网格球顶(geodesic dome)的结构中而非等级性地被组织起来的"[3],因为价值之间的支撑更是相互的而非等级性的,其位置只能在更大的和相互支撑的信念网络中才能被了解。因此,如果政治哲学想要更好地理解政治价值,那么它必须建构每个价值的概念以补充其他价值,并且把这些政治概念建构为一个关于价值的更具包容性结构的一部分,这个结构使政治结构不仅与更为一般性的道德相联系,而且也与伦理学相关联。

三、法　律

由于德沃金将哈特的立场认定为标准阿基米德观点的特定情形,因此,他将对阿基米德主义的异议也运用于哈特的理论。第一,哈特的理论同样无法区分法律实践中法律人的第一级主张与如何对第一级主张进行确认和判断的哲学家的第二级主张。第二,其社会渊源命题[4]的"描述性"方式也存在问题。尽管哈特指出《法律的概念》也可以被

---

[3] Ronald Dworkin, Hart's Postscript and the Character of Political Philosophy, 24(1) Oxford Journal of Legal Studies, (2004), p. 17.

[4] 德沃金所称的渊源命题可以涵盖在哈特的这句话中:"根据我的理论,法律的存在和内容可以通过参考法律的社会渊源(比如立法、司法判决、社会习俗)而被确认,而无需参考道德,除非如此被确定的法律本身即包含了确认法律的道德标准。"(H. L. A. Hart, The Concept of Law, Oxford: Oxford University Press, 1994, p. 269.)

理解为"一种描述社会学的尝试",但是他并没有详细阐明那一空洞的主张。渊源命题并不能说是一个语义学的主张,也无法认为渊源命题可以形成一种自然种类,而且,渊源命题也不是通过某种经验性概括来达成其描述性的,因为哈特及其后继者甚至没有进行任何经验性研究。

四、合法性的价值

为进一步证明其主张,德沃金着重讨论了合法性的价值,因为在他看来,首先,合法性被广泛地接受为一种真正的价值并且它对法律实践来说明显具有基础的重要性;其次,它在我们的团体内作为一种解释性价值而起作用,把它接受为一种价值的人就合法性到底是什么以及哪种政治安排能够满足它产生了分歧;最后,更好地理解它会帮助我们更好地理解法律主张,因为一个合法性的概念对于如何决定哪种特殊的法律主张是真实的来说是一种一般性说明:哈特的渊源命题便是一种合法性的概念。

在德沃金看来,用以解释合法性价值的其他价值的不同,形成了法理学的不同学派或传统:

第一,精确性(Accuracy)。德沃金指出,精确性意指政治官员以一种实质上公正和明智的方式行使国家强制性权力的权力。自然法传统便通常以这种方式来理解合法性的价值之所在,即合法性提高了精确性,官员被确立的标准所支配相较于仅仅代表其自身正当性观念的当代判断,其行为更可能是明智和公正的。

第二,效率(Efficiency)。与自然法传统不同,实证主义者则认为合法性美德的概念不在于精确性而在于效率。比如边沁便认为政治道德在于最大多数的最大善,它应当通过详细的政策而非不同的强制性或政策性决定而被保护。如果道德判准被包含在对法律进行判断的标准中,那么效率就被侵害甚或完全破坏了,因为每个人的道德判准都是不同的。因此边沁及其追随者坚持认为法律是任何并且仅是主权统治者或议会已经颁布的东西。针对实证主义,德沃金指出,他们正是通过证明这样理解合法性是如何满足于效率等价值,来捍卫他们关于合法性的概念的,而这种捍卫便假定了这些其他价值的特殊概念并且这些概念可以并已经受到挑战。实证主义不仅选择了哪一政治价值更有助于建构一种对合法性的说明,而且也根据其合法性概念来解释那些其他概念。而这个复杂的概念互动恰恰落入了他所主张的那个哲学方案中,即在一个更大的价值之网中界定一个诸如合法性的政治价值。

第三,完整性(Integrity)。德沃金认为合法性应当服务的另一个重要价值就是政治完整性,它意指在法律面前的平等,不仅在书面法律被执行的意义上,而且在更为实质性的结果意义上,即政府治理必须受制于原则上适用于所有人的一系列原则。武断的强制或惩罚会侵犯政治平等,即使它一直使政府更有效率。

通过对合法性所体现的三种不同价值,德沃金指出,在我们没有使用和捍卫同一种合法性概念并没有决定对于合法性什么真正是好的时,我们无法确认关于法律是什么的正确判准。因此,对合法性价值更应当采用实质性的实证主义主张,即先发掘出合法性的一般概念然后了解更为地方性的东西,也就是说,法理学是实质性政治道德的一种运用,任何关于合法性是什么的主张,必须更为一般性地适合于法律实践。德沃金强调,这种解释性实证主义尽管不再假定这些概念主张是中立的,但仍可以说已经确认了概念的显见部分,并且以一种特殊的方式使我们更好地理解了我们自身和我们的实践。

结　　语

事实上,这篇文章与其说是德沃金对哈特的实证主义方法论所进行的批判,毋宁说是对所有持阿基米德式观念的政治哲学家所持方法的批判。正是他的这种批判,打破了一直以来法学理论与法律实践"各自为政"的局面,它不仅揭开了理论中立性的虚伪面纱,而且将"高高在上"的法学理论拉到法律实践层面,从而使我们得以更好地理解法律实践和法律命题的意义。而他对价值的整体性理解也使我们进一步拓宽了认识某一价值的视角。然而,在我看来,尽管德沃金曾对以波斯纳为代表的实用主义法学进行了批判,但是他所主张的实质性实证主义实际上却正是在正统实证主义与实用主义之间所进行的一种折衷选择,也就是说,他既需要关于某一价值的一般性概念,同时又强调其具体适用的特定制度背景,那么,这里就面临着一个二者之间的边界问题:什么样的阐述是一般性概念,什么样的理解又是地方性的? 我们的确需要关于某一概念的最低限度的一般性说明,然而如何判断何种界定才是某一价值的"显见部分"? 我们又该依据什么标准来判断? 假设这个标准存在,那么又是谁有权力来决定这个标准?

哈特与博登海默之间的论战
——简评《二十世纪中期的分析法学:回博登海默教授》*

苗 炎**

1956年,博登海默教授(时任犹他大学法学教授)发表了《现代分析法学及其效用的局限》[1]一文,对哈特1953年就职牛津大学Regius法理学教授时发表的演讲《法理学中的定义和理论》中的观点进行了批判。博登海默的主要批判在于:第一,哈特显然视法学为一门自足的科学而认为法学不需要为了实现其适当的功能而求助于其他社会学科,否认法学研究应当超出纯粹的法律推理研究这一范围之外;第二,所有法律概念的边缘都具有模糊性,澄清这些模糊必须考虑对其具有影响的社会因素,哈特主张的对概念进行纯粹的法律解释的进路由于没有充分关注这些社会因素,因此不能被视为自对概念进行单纯定义以来的实质进步;第三,哈特提出的代替原有分析法学研究法律概念时所采用的定义方法的阐释方法,只不过是用较长的解释代替简短

---

* H. L. A. Hart, Analytical Jurisprudence in Mid-Twentieth Century: A Reply to Professor Bodenheimer, 7 *University of Pennsylvania Law Review* (1957), pp. 953—975.

** 苗炎,吉林大学理论法学研究中心2004级法学理论专业博士研究生,主要从事哈特法律哲学和中国法律哲学研究。

[1] Edgar Bodenheimer, Modern Analytical Jurisprudence and the Limits of Its Usefulness, 8 *University of Pennsylvania Law Review* (1956), pp. 1080—1086.

的字典式定义,这并不能在法律方法论方面产生重要的改进;第四,哈特根据特定情境对法律术语进行的解释无法涵盖一个术语的所有意涵;第五,分析法学并没有存在的必要,因为它所承担的分析实在法这一任务完全可以由专门的法律部门完成。

1957年,哈特发表了《二十世纪中期的分析法学:回博登海默教授》一文,对博登海默的批判予以回应。哈特认为,博登海默教授对其评论虽然新颖有趣但并不恰当,他并不像博氏认为的那样,表面上强调分析性研究(analytical inquiries)中引入新方法的重要性,实际上却试图表明分析法学的无效。他指出,关于他观点的事实真相与博氏的描绘存在许多差异。他的确认为,如果以适当的方法运用分析法学,分析法学会成为一门重要的学科,并至少能对实现这样一个目标作出重要贡献:即增进我们对作为社会控制的一种手段的法律的特点的理解,而这一目标是他和博氏都赞同的。

哈特希望利用这篇由四部分构成的文章不仅回应博氏提出的具体观点,并且向读者表明他为什么认为分析性研究是值得追求的以及哲学近来的发展如何为分析性研究提供了达致其成功的新开端的手段。他将试图阐述适当运用分析法学如何能增进我们对法律的理解以及他如何理解分析法学在法学教育中的作用。

囿于本文篇幅加之原文内容较多,笔者在此将仅对笔者认为的原文的主要观点进行归纳和介绍。

在文章的第一部分,哈特从总体上对博氏对其的误解以及人们对分析法学的误解进行了分析。他认为,博氏之所以错误地引证或误解他的观点似乎均源自一个广泛存在的具有相当重要性的错误,它已经被当代哲学家视为在许多领域引发混淆的一个根源。换言之,博氏不是不能在法律与法律概念、法律理论或者关于法律的理论与法律概念的定义之间作出区分,就是认为这种区分不重要。这使得博氏将哈特对于法律理论和法律概念的定义的特点的分析看作是他对于法律和法律概念本身的分析。哈特指出,可能正是因为完全混淆了法律理论与法律、关于法律概念的定义或者分析与这些概念本身导致博氏误以为他将法学视为一门自足的科学,法学不需要为了实现其适当的功能而求助于其他社会学科。关于分析法学的类似误解也长期存在于欧洲大陆,而实际上,无论是古典分析法学家(如奥斯丁)还是当代的分析法学家,都从未认为法学不需要为了实现其适当的功能而求助于其他社会学科,也从未认为正确的司法判决能够简单地根据纯粹的法律前提,借助严格的逻辑方法而被推导出。分析法学的成果之一就是它已经并正在展现,在有关法律的日常生活中被使用的概念其边缘的开放结构(open texture)或者模糊性(vagueness),以及涉及这类概念的法律规则无法在特定案件中确定唯一判决的许多情况。这意味着将分析法学等同于概念主义或者机械法理学是错误的。

在文章的第二部分，哈特指出了分析性研究中存在的问题并提出了他的解决之道。在哈特看来，法学家们未能充分认识到与规则的使用有关的概念所具有的特征以及被包含在非常普通的术语"法律"、"规范"或者"规则"中的许多不同现象的多样性及其种类。他们并没有对反映在法律语言中的一个法律体系的法律规则的许多种不同的使用进行鉴别。哈特认为，分析法学界一直存在一种错误倾向，即对复杂和多样的法律现象进行过分简单化的处理，这种倾向的例证就是分析法学家们经常将许多类型不同而不能化约的法律规则化约成一种单一的类型，这已然损害了人们对于法律的理解。哈特指出，要解决分析法学中存在的这些问题，首要的前提是要清除分析法学中一个长久存在的麻烦之源。一门科学中的进步往往不是因为错误的答案被提出，而是因为错误的问题类型被提出。这种情况也长期存在于关于法律概念性质的分析性研究中。这些研究总是采取一种下定义的方式，其标准的问题方式为"X是什么？"，如"义务是什么？"对于许多法律之外的一般概念而言，这种提问方式并无多少不当，因为如"椅子"这样的词与其现实世界中的对应物之间存在直接的联系，而法律概念却不然，它们与事实之间的关系更为复杂，它们之间不存在直接的关系，因此需要对这些关系进行澄清。如果以通常的定义方法分析法律概念，就会导致歪曲和混乱。哈特指出，由于法律概念的含义受到其使用情境的影响，所以在对基本法律概念的分析中应当使用一种不同的方法（即语义分析方法），即不去问语词（words）代表或意指什么，而是对语词在一个法律体系的实施中被使用时所履行的功能进行描述（characterization）。由此，对概念的阐释就通过下述方式来进行，即研究在怎样的标准情况下，一个陈述是真实的；以及在什么类型的语境下并且为了怎样的目的，特定的陈述才被作出。哈特相信，这是一种可行而有效的方法，能够增进我们对法律的理解。

在文章的第三部分，哈特预先回应了某些异议（这些异议包括了博登海默对他的批评），他认为读者可能会提出下述四个方面的疑问：第一，我们为什么需要分析？分析如何能有助益？哈特指出，之所以需要对法律中的基本概念进行分析和澄清是因为，我们虽然已经掌握了如何使用这些概念，却不能对我们使用这些概念的方式进行描述。这就如同下述情况，即一个人虽然能够识别出一头大象，但是却不能告诉别人什么是大象。这使得对概念进行哲学阐释（elucidation）成为必要。欲使对概念的分析阐释具有助益，就必须将对某一概念的分析阐释置于特定的情境中，例如，在分析义务（obligation）概念时，就不应当问"什么是一项义务？"而是问"在怎样的情境下'X承认一项义务'的一个陈述是真实的？"第二，分析法学仅仅关注语词吗？哈特指出，分析法学并非只关注语词。"分析法学关注语词还是关注事物"这样的问题包含了一种极具误导性的二分法。分析性研究是在通过对语词的研究加深我们对语词所指涉的事物的认识。通过分析性研究，我们能够得到关于语词和事物的更为广泛而细致的概览，而这是使用其他方法所得不到的。第三，如果语词是模糊或有歧义的，那么分析法学是在履行一项不可能的任务吗？哈特指出，因为法律概念具有模糊的边缘地带就认为对法律概念的这些方面进行分析是徒劳的，这种认识错误地夸大了散布在我们思想和法律语言中的非理性混乱的程度。他认为，歧义（ambiguities）以及关于法律概念的边缘意义的歧见并非没有规律（rhyme）或某种理性（reason）可循，通过艰辛的工作，我们可以在有关同一术语的许多明显不同的使用背后发现关于这一术语的基本原理（rationale）。第四，分析法学如何与独立的法律部门的日常研究相联系？博登海默教授认为，既然分析法学只关注实在法，那么它也就没有存在的必要，因为定义法律概念这样的工作，专门的法律部门完全能够完成。哈特指出，博氏的认识是错误的，而这一错误根源于对分析法学与部门法学之间存在的区别的忽视。部门法学是向那些对法律语词（legal expressions）一无所知的学生教授如何使用这些语词；分析法学则阐释关于这些语词的困惑，这些困惑是在人们知道如何使用这些语词时仍然存在的。分析法学对概念进行的阐释更关注这些概念语词的功能和意义，展示使法律概念区别于普通概念的特征和功能模式。概言之，分析法学与部门法学在概念研究方面的任务和目的是不同的，这就决定了二者都有存在的必要而不能相互替代。

在文章的第四部分，哈特简要阐释了分析法学在法学教育中的作用。他认为学生将其能够花费在法理学上的有限时间投入到分析性研究上比投入到社会学法理学上更有益：第一，哈特认为，学生的分析性研究不应当限于纯粹的法律概念，而是应当涵盖与法律关系紧密的概念，如正义、自然法、惩罚与责任。虽然哈特并不否认其他研究进路的价值，但他坚信关于法律概念和与法律关系密切的其他概念的分析性研究更具价值。第二，哈特认为，学生能在对概念的细致分析中获得技能，这种技能在提高学生学习和研究抽象的法律部门的能力方面具有最高的价值。第三，哈特指出，他并不认为分析法学是法理学的排他性形式，其他研究进路也具有其适用的领域，但他认为，无论是对于相对年轻的心理学和社会学，还是对于博登海默所认为的除了形式分析之外的许多值得法理学完成的工作，对其中所涉及的基本概念进行分析和澄清均是使这些研究获得成功的前提性条件。

《二十世纪中期的分析法学：回博登海默教授》一文基本达致了哈特为其设定的目的。通过该文，在《法理学中的定义和理论》一文的基础上，哈特进一步表明了自己的理论立场，同时回应了博登海默对他的批判。从哈特对自己立场的解释中不难发现，博登海默对他的理解的确存在一定的误读和偏差，但他们之间的分歧并不完全来自于此，或许也与他们各自的立场本身有关。哈特在坚持分析法学基本立场——即强调对基本法律概念的分析在法学研究中的基础性作用——的前提下,批判了分析法学研究中存在的弊端,主张以语义分析方法代替旧有的定义方法。笔者想指出的是,在我们承认分析法学和语义分析方法的价值的同时,似乎也需要对其所存在的限度进行检讨。就此而言,虽然博登海默对分析法学和哈特的立场存在误读,但他所提出的问题并不失为一个有意义的问题。

美国法社会学的两条进路*
——读布莱克评《法律、社会和工业正义》

侯瑞雪**

第二次世界大战后美国的法社会学研究从"边缘"走向"中心",并形成了新的研究范型。其中最引人注目的就是伯克利学派(以塞尔兹尼克为首)的"规范主义"和以布莱克和威斯康辛学派为典型的"科学主义"。[1] 而这两种范型围绕着法社会学的研究方法、目标和范围等问题进行了激烈的论战,推动了法社会学的发展。塞尔兹尼克及其合作者的《法律、社会和工业正义》[2]是塞氏所划分的法社会学发展的第三个阶段的代表作品,其中他主要探讨了法社会学的基本理论问题,如合法性、工业正义的社会基础等等,他将

---

* Book Review(untitled):Author(s) of Review:Donald J. Black, The American Journal of Sociology, Vol. 78, No. 3 (Nov., 1972), pp. 709—714.

Reviewed Work(s): *Law, Society and Industrial Justice.* by Philip Selznick; Philippe Nonet; Howard M. Vollmer, New Yorl:Russell Sage Foundation,1969.

** 侯瑞雪,吉林大学理论法学研究中心 2004 级法理学博士研究生,主要从事国家与市民社会理论和中国法律哲学研究。

〔1〕 季卫东:《从边缘到中心:二十世纪美国的"法与社会"研究运动》,http://www.fatianxia.com/paper_list. asp? id = 2653,访问于 2006 年 7 月 15 日。

〔2〕 Philip Selznick,Philippe Nonet and Howard M. Vollmer, *Law, Society and Industrial Justice*, New Yorl:Russell Sage Foundation, 1969.

自然法哲学方法引入法社会学的经验研究中,主张价值分析与经验研究相结合。这一作品的问世反映出塞氏试图通过法制手段解决社会问题的倾向。

一、塞尔兹尼克的自然法进路

布莱克在这篇评论中开宗明义地指出当时的法社会学正游移在两种学说思想的冲突中。第一种学说是自然法的路径,它具有实用的和规范的特点,且在事实与价值之间游弋,将二者严格的区分视为不可欲的;第二种是实证主义的路径,努力做到客观和中立,并坚持事实与价值的严格区分。学说一发现学说二是天真的,但学说一反过来被学说二批评为是混淆的。布莱克认为塞尔兹尼克在《法律、社会和工业正义》中的研究是这种自然法进路的最富有想象力的实例,而将他自己归类为实证主义进路的一个不妥协的拥护者。[3] 他们的论辩也正是基于哲学基础之不同而进行的。

在《法律、社会和工业正义》中,塞尔兹尼克主要关注"法治"及其对现代工业的雇佣条件的扩展,特别是将适用于公共政府的正当程序原则扩展至私人组织中,并将私人组织"建立正义"的能力视为组织自身的社会机制的一种功能。正如布莱克所言,塞氏秉承的是古典自然法的思想,他发现他自身处于证明法律改革为正当并规划法律变化的过程这样一个位置上。[4] 塞氏的研究目标是使工业雇佣关系的法律学说和社会特征获得更高的合法性,将规制公共权威实施的法律理想贯彻到私人权威(特别是工业雇佣关系)的规制中。也就是说他将一定的法律理想或价值判断标准作为衡量制定和适用法律规则合理性的依据,即运用自然法思想对实在法进行批评和检验以发现规范体系如何能更接近其内在理想。塞氏统合了富勒与哈特有关法律的概念,认为法的概念的核心是"权威",包括哈特的"第二级规则"以及富勒的"合法性",即他关注的是法的"应然",力图从方法论上将价值分析与经验实证结合起来,以改变自然法与法实证主义的二元对立。[5]

在改革法制解决社会问题的实践指向引导下,塞氏具体分析了自生的规范如何在企业中得以实现以及法律作为社会整合的工具如何发挥作用的机制。为了使工业雇佣制度达至更高的合法性要求,通过采用调查和采访数据等社会学方法,塞氏从法律和道德

---

[3] Donald J. Black, Book Review(untitled), 78 The American Journal of Sociology(, 1972), p.709. 可以说布莱克的这篇评论与塞尔兹尼克的观点是针锋相对的,对塞氏进行了尖锐的批判,这种批判在其他学者(如 James A. Black, Jerald F. Robinson and Ivar Berg 等)的相关评论中是阙如的。

[4] Ibid..

[5] [美] P. 诺内特、P. 塞尔兹尼克:《转变中的法律与社会——迈向回应型法》,张志铭译,中国政法大学出版社 2004 年版,第 3 页。

进化的视角出发审视了工业雇佣领域的合法性问题。他追溯了雇佣法律的历史发展：从主—仆框架的开端到以雇主指令为导向的合同，再到以劳方和资方之间的讨价还价为基础的集体合同。塞氏发现雇佣法对正义的要求是不充分的，因此将治理的概念从公共治理扩展至私人组织，将公法上的正当程序概念运用于雇佣关系的治理中。这是一种按照实现社会目标的效果来评价法律制度的工具主义。

二、布莱克的实证主义进路

布莱克指出塞氏的研究是一种自然法的进路，并将塞氏的贡献置于庞德所称的"社会学法理学"而不是法律社会学之中。他批评塞氏在法社会学研究中将事实与价值相混淆，他认为科学研究不能涉入道德判断，而社会学是一种科学，因此社会学和道德哲学、法理学或任何其他规范取向的研究是不同的；同时布莱克反对塞氏将科学与政策混为一谈，他认为法社会学不是对法律政策的评估，而是将法律生活视作一个行为体系来进行科学分析；布莱克认为塞氏这种规范性的和政治的分析不是社会学而是走向了法理学，因此对塞氏以自然法进路来研究法社会学持否定态度。[6] 在区分法律（法律不是科学，是规范性的，法律问题是价值问题）与社会学（社会学是科学，科学不能评判法律，在经验世界中不能掺杂价值判断）这两种学问的基础上，他主张一种纯粹法律社会学，即一种实证主义进路。

实证主义哲学传统恪守三个基本的科学知识原则：一是科学可以了解现象但不能了解本质，法律本质属于法理问题而不是科学问题；二是每一个科学观念都须指涉具体的经验，所以像正义和正当程序等概念若非立足于经验，在法社会学中就无立身之地；三是在经验世界中无法发现价值判断，所以价值判断在科学中没有任何知识上的意义。布莱克沿着上述实证主义传统来展开对塞氏的批判。

首先，布莱克对塞氏的研究进行批判的前提是：社会学是一种科学，社会学和法理学等规范研究是不同的，即事实研究和价值研究不同，因此法社会学作为一门科学不应考虑价值。布莱克认为社会学家经常避免不明确的法律、发展中的法律或瓦解中的法律，他们关注的是可预测的法，即实际的法。在社会学上，法律无论去向何方，社会学家都不能指出其合适的方向。而塞氏却关注法律的进化，不仅试图详述法律去向何方，而且告诉我们法律应该去向何方。布莱克认为这是塞氏离开社会学并进入法理学之处。其实这确实体现了塞氏的自然法进路，即追问应然的法。

---

[6] See Donald J. Black, supra note [3], pp. 709—714。

布莱克进一步指出,塞氏试图从法律自身内部秩序中发现正义,正义的概念随着法律的变化而变化。布莱克认为塞氏这个策略存在问题,因为在法律内部秩序中正义问题是不明显的。科学不能预卜从法律自身的视角而言什么是正当的,因为这是一个道德的和政治的问题。所以作为一门科学的社会学不能回答有关正义的规范性问题。在布莱克看来,塞氏已远远超越了一个社会学家的视角,其结论在逻辑上独立于他的社会学调查且充满了意识形态、评价和利益。[7]

由此,布莱克得出结论——塞氏的分析是规范性的和政治性的。社会学不能告诉我们国家在对雇员们进行权威处理中是否应该赋予雇员们正当程序标准,将社会学用于提出法理学假设是误导性的。对"自然法"的寻求、在事实的世界中对价值的寻求,都是毫无希望的。[8] 所以他认为塞氏的研究已经不属于法律社会学的研究。

结 语

从上述布莱克与塞尔兹尼克的分歧来看,由于他们对法律社会学的界定不同,以及各自的研究旨趣、对象和方法不同,因此他们的立场和侧重点也不同,这样就形成了科学主义与规范主义的矛盾。这种矛盾打破了"法与社会"研究中冷静客观的科学建构与热诚能动的改革指向之间的平衡。布莱克因极端强调科学之纯粹性而过于强调法社会学的纯粹性,因此从这样一个极端的立场上来评论作为规范主义的领袖塞尔兹尼克的作品势必会产生完全不同的结论。布莱克将塞氏归属于自然法进路这点在一定意义上是正确的,但是他有两个忽略:一是塞氏尽管与庞德的"社会学法理学"一脉相承,但是其自然法的进路却在一定程度上是对庞德等法社会学家的超越;另外,塞氏的研究并非单一的自然法进路,他是在对法律现象进行经验研究的基础上引入自然法思想,试图超越实证主义和自然法的对立,在本书中他依旧是沿着这样的思路展开论证的。同时,布莱克与塞尔兹尼克还共享着同样的理论基础——功能主义。在这共同的理论框架下,尽管他们的进路不同,但关注的问题其实是一致的,也就是他们关于法的社会功能的研究,其关注点都在于规范和制度对于社会的效力,即能产生什么结果、实现什么目标或生发什么利益的问题。因此尽管方法论和基本观点有很大差异,但是就他们的根本出发点和指向来看都未能逃脱霍姆斯以来主导美国法学界的经验主义、实用主义和工具主义的思路。那么对于布塞之论战如果我们只看表象,能否真正挖掘到他们的理论本质呢?

---

[7] Ibid., p. 712.
[8] Ibid., pp. 713—714.

作为法哲学家的罗尔斯
——简评德沃金《罗尔斯和法律》*

资 琳**

《罗尔斯和法律》这篇文章,是德沃金在福特汉姆大学(Fordham University)举办的"罗尔斯和法律"论坛上的发言。文章一开始,德沃金就明确地指出,他探讨罗尔斯和法律的关系是从罗尔斯自己作为一个法律哲学家的角度讨论,尽管罗尔斯并没有假定自己是一个法律哲学家,但是德沃金认为罗尔斯通过对政治哲学的一般性论述,对法律哲学作出了重要的贡献。所以德沃金在文章中所探讨的几个问题,都是他认为法律哲学家必须面对的重要法律问题。

一、罗尔斯与"法律是什么"

德沃金的阐述是从"法律是什么"这个问题开始的。德沃金认为,这个问

---

* Ronald Dworkin, Rawls and the Law, 72 *Fordham Law Review*, Vol. 72 (April, 2004), pp. 1387—1405.

** 资琳,中南财经政法大学教师,吉林大学理论法学研究中心博士研究生,主要从事罗尔斯法律哲学和中国法律哲学研究。

题又分为两个方面,首先是关于方法论上的,即讨论什么样的理论可以算作是对"法律是什么"这个问题的回答,也就是讨论法律哲学的性质是什么?德沃金认为,罗尔斯实际上通过对正义概念的分析直接论述了这个问题。德沃金指出,罗尔斯并不认为,享有和使用正义概念的每个人都共享着某种正义的观念,相反,罗尔斯认为,人们具有根本上不同的正义观念,人们所共享的只是,某种非常抽象的创造了所有这些正义观念的理解,但是这种共享的理解是非常弱的,几乎没有真正的内容。但是,人们在某些特定的判断正当与否的事件或例子中,具有充分一致的意见,例如每个人都会同意奴役是不正当的。因此,德沃金认为,罗尔斯实际上是主张,研究正义的哲学家们应该从事解释性的事业,这种事业就是罗尔斯称作的"反思平衡"的探寻。

德沃金认为,罗尔斯的这种"反思平衡"的解释性实践也可以看作一种法律哲学的方法。只要法律人能够确定,那些明显在发生却没有明确规定的东西,例如大家所熟悉的对行驶速度限制等等,是他们的法律的一部分,这样,法律人就能够建构另一种角色的解释性平衡,因为人们共享着一个抽象的理想,这个理想在法律理论中扮演着的作用就如同正义概念对罗尔斯理论的作用一样,这就是法律的概念。所以,法律人先可以试着提供一个合适的法律的概念,根据这个概念,产生了能最好地解释这个概念的一般性原则,然后让这些原则与具体的法律命题相平衡,以达到一个恰当的对法律概念的解释。德沃金认为,这种解释性的设计提供了一种最好的理解方式,去理解顶尖法哲学家们所实际作出的那些论点。而这种方式下的法律哲学,实际上也就是在法律的概念以及一般原则与具体的法律命题之间的"反思平衡"的解释性事业。因此,德沃金认为,罗尔斯的工作对法律哲学的自我理解作出了重要的贡献。

其次,在确定了法律哲学的方法论立场之后,德沃金认为就应该讨论哪种关于"法律是什么"的理论是最成功的?德沃金认为,各种法律的理论在很长一段时间都被大致分为两个阵营:实证主义法律理论和反实证主义理论。德沃金指出,罗尔斯并没有明确地选择哪一种立场,但是他的理论中暗含着对这个问题的回答。

德沃金认为,为了揭示出罗尔斯的理论中对这个问题的回答,可以将这个问题深入到罗尔斯所设想的作为公平的正义的结构中去,假设除了一般的正义原则之外,罗尔斯所描述的"原初状态"中的代表们还被要求选择一种关于合乎法律的观念。为了使这个选择简单一点,假设他们只有两种选择。他们可以选择一种简单化的对合乎法条的实证主义的描述,或者选择一种解释性非实证主义的描述。

德沃金认为,如果原初状态的代表们确实选择了罗尔斯所假定的他们会选择的那两个正义原则,那么他们会更倾向于选择解释主义而不是实证主义。因为从长期来看,解释主义会是获得正义的一个更好的赌注。实证主义主张严格地根据立法来确定人的权利,即使在立法没有明确规定的情形下,法院也要试图像立法机关会做的那样去补漏。但是,罗尔斯所说的选择了两个正义原则的人,将平等的基本自由赋予词序似的优先地位,并且还要求优先保护最不利地位人的社会地位和经济利益,所以这些人会对立法阶段能否保持两个正义原则的运行,怀有警惕性。因为,他们会担心,依赖于大多数人同意的立法会牺牲其他人的利益促进一些团体的利益。因此他们不会选择以制定法为旨归的实证主义,而会赞同司法机关应该具有独立权力和责任。相反,法律的解释性概念会要求法院在遇到立法漏洞时,应该尽力确定公平的或者正义的原则,并且把这些原则运用到新的案件中去,对公平或者正义原则的确定,就必然要考虑到前后一致性这个准则。根据这样的解释性概念,人们不仅具有立法制度所特别规定的法律权利,而且还有根据这些规定所做的原则性的扩展而具有的权利,同时由于公平的原则坚持了一致性,这样也就为避免区别对待提供了很好的保障。

德沃金认为,上述的第二个问题必然会引出第三个问题。即在"疑难"案件中,法官该怎么办?因为在这些案件中,那些被法律人看作是确定的法律并没有对这个问题作出直接的规定。那么法官们应该为论证他们的新判决提供什么样的根据?他们在司法推理的过程中,应该受到什么限制呢?

德沃金指出,罗尔斯的公共理性学说就是致力于准确地确定,在一个政治自由的共同体中,官员们可以使用哪些种类的论据来作出新裁决,并且他还认为,这个学说也可以适用于法官。但是,德沃金认为公共理性学说难以确定和捍卫,因为用来陈述这个学说的两种方式都存在困难。第一种方式是将公共理性诉诸相互性这个理念,这个理念意味着,公共理性所要求的正当性论证必须是政治共同体中的所有理性成员能够理性接受的。德沃金认为,相互性理念并没有确定地排除了哪些内容不可以用,而且关键的是,如果一个人认为某种特定的争议性的道德立场明显是正确的话,那么,他怎么能够不认为在他所处的共同体中的其他人不会理性地接受同样的观点呢?

第二种方式就是,公共理性要求官员们提供建立在共同体的政治价值基础上的正当性论证,而不是根据一些完备性的宗教学说或道德学说或哲学学说。但是,德沃金指出,罗尔斯自己并没有明确地区别开政治价值和完备性的道德信仰。

因此,德沃金认为,罗尔斯的公共理性学说对确定一个关于"合乎法律和法院判决"的概念并没有太多的帮助。但是他认为,罗尔斯理论所暗含的解释主义法律概念中,其实已经蕴含了对司法判决的必要限制。根据这个解释主义的概念,在疑难案件中,法官应该尽力确定公平的或者正义的原则,这些原则可以最有力地证明作为一个整体的共同体的法律是正当的,所以法官不可以诉诸宗教信仰或者自由社会的各种目标,因为在一个自由宽容的多元主义共同体中,就一种对法律结构的完备性正当性论证而言,这些信仰不能够特别地予以考虑。

二、司法评价与法律命题的客观真实

德沃金所论述的第四个问题是法院对立法的司法评价问题。德沃金认为这个问题对美国和其他成熟的民主政府的法律理论家而言,是特别紧迫的一个问题。因为,在成熟的民主政府中,宪法法院有权决定由人们选出来的并且向人们负责的立法机关所采纳的法律无效。那么这种权力与民主原则是否相一致? 如果不相一致,是否对罗尔斯所说的理性而言是不公正的?

德沃金认为,罗尔斯的理论不反对法院对立法的司法评价。首先,从罗尔斯的作为公平的正义的一般概念中,找不到任何反对司法评价的因素。尽管罗尔斯在无知之幕下确定的正义原则是考虑到结果的正当性的,其他制度只需要保证这样的正义原则所确定的基本自由而已,政治自由也包括在其中。但是,罗尔斯在《作为公平的正义:一种重述》中阐述道,这些基本的自由本身也被看作是准工具性的。他们获得正当性是因为他们是发展和实施两种基本的道德能力——形成一种正义感并且根据这种正义感行事的能力,形成一种善的观念并且根据这种善观念行事的能力——所必需的。所以尽管人们具有一种宽泛的进入民主程序的权利,因为宽泛的选举权和参与政治的权利明显是发展上述道德能力所不可或缺的;但是,人们并不具有获得任何特定的民主形式的基本权利。在德沃金看来,法院的司法评价也是民主制度的一种形式,作为公平的正义概念并不反对这种形式。其次,在建构主义的立宪层次,罗尔斯也作出了几个大致支持美国模式的论证。他在议会和受欢迎的主权之间作了区分,并且指出,美国模式与受欢迎的主权是相一致的。他认为,这种模式提高了人们的基本道德能力,因为总体而言,人们不仅仅是认可了初始的宪法,而且还在重建阶段(例如,罗斯福新政时期)已经促进了并且通盘考察了这个宪法以后的主要发展。而且,罗尔斯还指出,立宪和司法评价在更深的意义上是有助于两种道德能力的发展,而不是限制这两种道德能力的发展。

在阐述了罗尔斯认同司法评价的合法性后,德沃金进一步追问道,那么怎样的司法评价策略才是罗尔斯所赞同的呢?

罗尔斯自己强烈要求过,最高法院承认援助他人自杀的有限制的权利。但是,罗尔斯后来认为,将这种有争议的权利交给政治手段处理,以达到让整个共同体更为接受的妥协,这是更好的办法。为什么罗尔斯会作出这样似乎相矛盾的判断呢?德沃金认为,罗尔斯这样判断的答案可能是:一个最高法院的法官如果认识到理性的限制,那么他应该接受这个观点——他自己的判断可能是有缺陷的,也就是说政治程序经过几年后,可能会作出一个与他的判断不同的被广泛接受的妥协,并且相对于大多数的法官预先设计的方案而言,这个妥协会更加精确或者理性地描述出那种有争议的基本自由。

但是,德沃金认为,其实这种答案中依然存在着问题。首先,在美国的政治中,很快地达成一个没有分歧的妥协似乎是不可能的。其次,即使以政治的方式获得了一个被所有人理性接受的妥协,也没有理由认为,这个妥协会更加精确或者理性地确定正义中的基本自由。相反,无论对这些基本的自由采取什么样的观念,一个妥协都可能会意味着对一些人的不公正。

德沃金最后谈到的一个问题是关于客观真实的问题,即有争议的法律主张可不可能是客观真实的而不仅仅是主观真实的?德沃金指出,在政治自由主义中,罗尔斯确定了一个他认为适合于政治主张的客观性的概念,并且这个概念在很大程度上也可以适用于有争议的法律主张。罗尔斯认为,他所界定的意义上的客观性,不依赖于任何关于政治推理或者法律推理的理解,只有当存在一个政治的或法律的主张是真实的这个信念时,这种政治的或法律的主张才是客观真实的。这样的理解认为,一个命题要成为真实的,只需要人们提供支持这个命题的实质性理据,并不需要某种现实基础。但是这些理据不能是相互孤立的理据,必须是充分系统性的,可以相互检验的。这一点罗尔斯在《政治自由主义》中阐述得很清楚,他认为"可以将某些业已考定的判断作为基本事实来接受,但是这些基本事实必须与我们在恰当反思层面可以接受的那些概念和原则完全连贯地联系在一起时,我们才能有一种充分哲学化的政治观念"[1]。

结　语

从德沃金的上述论述可以看出,德沃金对罗尔斯与法律的论述的关键之处在于,他把罗尔斯的"反思平衡"确定为一种解释性的事业,而且将这当作法律哲学的基本方法,在这个基础上他又进一步论证出罗尔斯理论中所赞同的法律概念会是一种解释主义的概念。这些基本主张都是罗尔斯理论中没有明确阐述的,却又是与德沃金自己的法律理论相契合的。为此,德沃金也声称每个人都可以从自己的角度去理解罗尔斯,但是这种

---

[1] [美]罗尔斯:《政治自由主义》,万俊人译,译林出版社2000年版,第131页。

理解与罗尔斯的论述相符合吗？德沃金假定原初状态中的代表们会选择解释主义的法律概念，但是罗尔斯的原初状态是用来选择"适用于社会基本结构的正义原则"，[2]选择的范围是严格限定的。正义原则一旦选择出来，根据这些原则所进行的立宪、制定法律以及规范的应用等过程，却是一个逐步排除无知之幕的过程。那么，"法律的概念"在罗尔斯那里究竟是应该在原初状态下予以选择之物呢，还是只是在排除无知之幕后根据正义原则予以确定之物呢？这是德沃金必须解决的前提问题。尽管德沃金没有解决这个前提问题，但是在我看来，德沃金这种解读罗尔斯的方式，给予法律人包括中国法学界的最大启迪可能在于，不是简单地把罗尔斯的结论适用于法律之中，而是深入到他的论述逻辑和论证方法中，挖掘出他的理论与法律理论之间可能存在的深层次的关联之处。

---

[2]〔美〕罗尔斯：《正义论》，何怀宏等译，中国社会科学出版社1988年版，第9页。

替代性论辩是否可信?
——简评科恩《对哈贝马斯论民主的反思》*

邹益民**

在《在事实与规范之间》中,哈贝马斯提出了一种激进的民主理论。哈贝马斯从交往行动理论出发,认为公民的私人自主与公共自主是同源的,因而政治过程分为两部分,一是不受限制的公共领域中公民间的自由交往,一是正式的国家机关的决策过程,前者对后者进行实质性制约,发挥有效的影响,才能实现激进民主的理想。哈贝马斯实际上提出了关于商谈民主的两层模式(two—track mode of discursive democracy)。Cohen 赞同激进民主的基本原理,然而认为哈贝马斯对这些基本原理的某些要素所提供的论辩(arguments)不具有足够的说服力,因而试图提出更有说服力的替代性论辩。

一、哈贝马斯激进民主观的基本内容

哈贝马斯从私人自主与公共自主的关系出发阐述激进民主的内容。他

---

* Joshua Cohen, Reflections on Habermas on Demecory, *Ratio Juris*, Vol. 12, No. 4, December 1999, pp. 385—416.
** 邹益民,吉林大学法学院 2004 级法理学硕士研究生,主要从事哈贝马斯法律哲学和中国法律哲学研究。

认为,政治哲学一直误解了公共自主和与之相联的平等的政治自由,同私人自主和与之相联的平等的私人自由间的关系。自由主义根据公共自主保护私人自主的能力来为公共自主作辩护,因而把民主转换成保护私人自由的手段;共和主义使对个人自主的保护偶然性地依赖于民主的集体决策,从而使自由依赖于对实现集体目的最好手段的大众判断或偶然由特定共同体所接受的集体承诺。哈贝马斯拒绝私人自主或公共自主具有优先性的任何一种观点,而认为它们是同源的,同样基本的。

哈贝马斯进一步提出了对民主过程的理想化的规范性说明,阐明了为何民主必须是商议的(deliberative)以及为何商议必须是民主的,从而对民主概念作了重构。在保护私人自由和政治自由的宪政秩序下,商谈民主把集体决策过程的两个层面联系起来:在没有被组织起来的、"未驯化的"、去中心化的(不是以集中的方式协调的)公共领域中对问题的非正式讨论;和更加正式的政治过程,包括选举和立法机关的决策,以及行政机关和法院的行为。在正式过程中,候选人和被选举的立法者就问题进行商议(deliberate),通过把在非正式领域中的意见转换成法律规则的方式作出权威性决定,并且监督由行政机关对这些决定的执行。在公共领域中的商谈(discourse)是不受限制的,而正式决策程序受商议—民主合法性(legitimacy)条件的约束:例如,决策建立在理由之上;决策过程是开放和公平的;决策过程免于强制;结果由更好的论据所决定。这种民主过程的商谈模式建立在理想商谈与实际民主决策间联系的假设上,主要观点是"民主程序将会产生理性的结果",即在此种情形下,理性的结果是那些从理想的商谈中产生出来的东西。在此过程中,商议政治的两个层面发挥了不同的作用。在公共领域中的非正式交往提供了发现新问题的不受调整的场所,用非专门化的语言把新问题带到公共意见中,并且提出解决这些问题的方法。而正式的政治过程以制度化的方式提供评价各种观念的调节方法:在公平条件下对提议进行商议,对选择性解决办法进行估价,并且在适当的考虑后作出权威性决定。所以,两层政治过程会产生合理结果的主张建立在商谈民主的互动中,这种互动存在于不受限制的问题及其可能的解决办法的发现与受规训的对所提解决办法的合理评估之间。因此,哈贝马斯以程序的方式把人民主权解释为在自主的交往网络中的公共商谈对权威的政治决定所可能发生的影响。

那么,在哈贝马斯的理论中,激进民主的可能性条件也就在于公共领域的自主性。即在公共领域中,对利害关系的发现、阐明和探究以及对合理实践新理解的系统表达本身必须不受制于有组织政治或社会权力的发动以及随后的控制。只有对立法权力和行政权力的开始的以及随后的有组织的影响来自于外部公民的交往权力,即只有脱离非法权力的非正式循环时,我们才能够说权力之流来自于自由平等公民的交往,转变为立法机关的立法,并对行政机关产生约束。

二、Cohen 对哈贝马斯激进民主观的批判

(一) Cohen 对哈贝马斯激进民主观批判的依据

Cohen 认为关于人类理性性质和能力的哲学理论本身是有争议的,所以它并不能为平等的公民在民主的公共论辩中提供可欲的依据。因而,Cohen 避开哈贝马斯的哲学框架转而接受罗尔斯政治理性(political reason)具有相对自主性的主张。通过主张政治理性的相对自主性,Cohen 意图把激进民主的论辩建立在合理的多元主义和商议性论证(deliberative justification)这两个政治价值而非关于理性和行动的一般性哲学理论上。在 Cohen 那里,合理的多元主义意指在存在独特的不相容的生活哲学的条件下,被理解为平等的公民要对政治权力是公民的集体权力这一事实给予适当注意,即要注意到要在那些其余的也被理解为自由平等的人接受的条件下生活。换言之,合理的多元主义意指自由平等的公民在运用政治理性中,要承认人们会对各种生活哲学产生分歧这一事实。商议性论证是在合理的多元主义基础之上,探究自由平等的公民间的政治关系。关于民主的商议概念把公共推理放在政治论证的中心。从商议角度看待民主,民主是把集体权力的运用同平等人间的自由推理联系起来的系统。商议民主理想的核心是通过公共推理的论证,民主能够在政治商议的理想化程序中得以解释。在这样的程序中,参与者彼此是自由、平等的,并且根据其余人有理由接受的考虑来捍卫和批判公共机构和行动方案。算作可接受的政治理由的不仅仅是公民个人认为是真的或有说服力的考虑,还要得到其余公民的承认。即只有一个考虑获得由合理的公民所承认的不同的整全性观点的支持下,才是可接受的政治理由。

(二) Cohen 对哈贝马斯激进民主观的批判

在哈贝马斯的公共自主和私人自主同源性论辩中,Cohen 关注(或许反对)三个地方:(1) 不确定为什么法律形式本身在这种论辩中发挥了基本的作用;(2) 不认为平等的自由原则本身是有说服力的;(3) 集中关注商谈原则如何赋予平等的自由。Cohen 认为,似乎任何东西都可从商谈中得出来,如果没有对可接受理由的限制,那么用什么来限制以哈贝马斯方式提出的"商谈平衡"呢?所以,Cohen 认为有必要对非政治自由或私人自主在政治中的构成性作用提供一种替代性论辩。从合理的多元主义看,人们拥有某些建立在信仰上的本身并非是不合理的承诺。这一事实对个人自由——宗教,表达和道德

自由施加了压力。从商议性论证看,关于公共秩序的考虑提供了不同的可接受的理由,然而人们一定会对什么是公共秩序所需要的产生分歧,人们一般不会接受公共秩序价值超越其余一切价值的假定。所以,合理的多元主义导致在政治上无价值的限制的依据的拒绝,也会导致对其余限制依据的拒绝,这些限制并非无价值但不足以超过能够获得承认的同合理的多元主义的相一致的理由。以那些无价值或不具有足够说服力以剥夺其余合理需要的理由实施规则是对基本民主观念的违反。所以,对个人自由的保护对民主来说是构成性的,同政治自由也是同源的。

对于民主为何应是商议的以及商议为何应是民主的这两个涉及民主本身理解的问题,Cohen 认为哈贝马斯提供的两层模式论辩缺乏说服力,同样有必要提出更有说服力的论辩。对于民主为何应是商议的,即为何集体决策涉及给予适当种类的理由而非仅仅是公民利益的公平集合? 对此,Cohen 提供了三个理由。首先,一个根本原因来自于对结果不偏不倚可论证性(impartial justifiability)的关注。假定我们拥有一个有效性的假设标准:结果只有被对其余人的合理异议提出合适的强有力证据的人所接受,才是获得论证的,假定其余人是平等自由的,那么,商议性民主是获得那种不偏不倚论证性结果的自然方式。我们或许把商议民主看作"不偏不倚情形"的基本部分,它制度化了对可论证性的关注,把那种关注从反事实层面转到事实层面,并应用于具有约束力的集体选择的特殊情形。其次,商议概念提供了一幅关于基本民主观念的有说服力的透视。它要求我们提供其余人能够接受的考虑,而非仅仅是算计到别人的利益。通过要求对其余人可接受的条件的论证,商议性民主提供了一种政治自主的形式。而为政治权力行使提供对那些受政治共同体统治的人来说具有说服力的理由的必要条件,表达了在主权者群体中所有人完满和平等的身份关系。最后,商议概念对适合于民主条件的政治合法性作了阐明,并且它旨在通过理想化的商谈程序对这些条件的内容作出详细说明。

对于为何商谈应当是民主的,即为何商议的政治决策需要满足政治平等原则,确保普遍的政治权利? 哈贝马斯对这一问题提供了三个论辩:(1) 他注意到他的观点在对自主观念的承诺中,有一个"独断的核心"——"按照自主的观念,人类只有当他们所服从的法律也就是他们根据其主体间地获得的洞见而自己制定的法律的时候,才是作为自由的主体而行动"[1]。(2) 决定所有人在理想商谈中同意什么的最好方法是看在实际的民主商谈中,什么是人们实际同意的。再加上一个非规范性假设:个人是自己利益和利害关系的最好法官和最警惕的捍卫者。(3) 平等的政治自由是运用商谈原则所暗含的:在

---

[1] 〔德〕哈贝马斯:《在事实与规范之间》,童世骏译,三联书店 2003 年版,第 549 页。

理想商谈中,没有民主,就没有赞同。Cohen 认为前两点有某种说服力,但是关于政治论证的理想化说明与实际民主间的过渡能通过展开第三点而得到加强,考虑到多元主义以及公民自由平等的背景,这意味着对理想论证性质以及适于它的合理理由的种类作出更加明确的说明。具体而言,Cohen 认为有三种考虑对说明商议为何应是民主的是重要的:(1)商议观点能够诉诸于工具性的理由,即那些确保平等政治权利的制度为保护其余的基本权利提供了手段;(2)惯例上历史上对政治权利的排除或不平等的论证典型地建立在种族、性别、人种以及宗教的差别上,然而在公共商议中,这些考虑不能够提供可接受的理由;(3)竞争性的合理的不同的生活哲学的独特特征是它们每个都给予了我们形成关于集体生活适当行为的负责任判断的有说服力的理由。对这些理由分量的承认部分地反映在关于参与的平等权中。

关于激进民主可能性的问题,Cohen 引用米歇尔曼(Frank Michelman)的话,认为哈贝马斯的两层模式是"人民主权的令人沮丧的彻底垮台"[2]。需要指出的是,Cohen 对论辩的目的作了限定。Cohen 认为,如果是为了表明关于自由平等的公民的自我管理的联合这一"老式的"、激进的民主理想如何同现代政治联系起来,那么哈贝马斯的论辩是成功的。相反,如果两层模式是为了确认民主最富吸引力的可能性,那么这个观点是具有较少说服力的。Cohen 提出了他和萨贝尔(Sabel)在别处阐发的"直接商议的多头政治"(directly—deliberative polyarchy)作为兑现激进民主承诺的更有说服力的模式。这一模式的基本观念包含如下三个因素:(1)通过直接商议性参与对地方(local)问题的解决;(2)考虑到常常同地方主义相联的狭隘性,对地方单元(units)间联系的制度化;(3)确保在单元内部和单元间的商议满足这些条件的责任,即最终可归属于要对各种机构——立法机关,行政机关和法院——的授权和监督。

结　语

Cohen 试图在合理的多元主义与商议性论证上为激进民主的内容提供更具说服力的论辩,对如何实现激进民主的承诺提出更有效的兑现方式。但是,在哈贝马斯的交往行动理论中,人们对语言的使用分为断言式使用,调节性使用与表现式使用,这三种使用分别对应的是由外在事实的总体所组成的客观世界,由合法的人际关系总体所构成的主观世界,以及由个人的经历和情感的总体所组成的主观世界。听者在交往行动中提出与这

---

[2] Frank Michelman, Democracy and Positive Liberty, *21 Boston Review*(1996), pp. 3—8.

三个世界分别相对应的真理性、正当性与真诚性要求,并要求言说者提出兑现这些要求的依据,以达到相互理解的目的。如果听者对有效性要求发生疑问,则交往行动进入反思性形式——商谈,就发生问题的有效性要求进行反驳与论证。商谈包括道德商谈、伦理商谈以及实用商谈。其中,伦理商谈涉及特定个人以及共同体基于文化与历史传统,对"我是谁"和"我们是谁"的理解的问题,道德商谈则涉及"什么对所有人来说同样是好的"的问题。在哈贝马斯看来,道德商谈对于伦理商谈应具优先性,应从普遍主义的角度看待伦理问题,这样才能使拥有不同伦理理解的个人以及群体共存,这里也就是 Cohen 所提的合理的多元主义。而在交往与商谈中,对共识的达致只能靠听者对有效性要求的认可,这里也就是 Cohen 所提在商议性论证中对理由的承认。就像哈贝马斯指出的那样,尽管人们对交往理性本身有异议,然而人们不可避免地受在交往理性理论所提的前提的约束。所以,我们仍然可以设问,Cohen 的这一批判是否是多此一举?"直接商议的多头政治"的关键是把公民直接参与政治问题的解决制度化,使公民在公共领域中的商谈直接发挥政治影响。然而,哈贝马斯主张两层模式,一是因为哈贝马斯认为传统卢梭式的人民主权观使公民的参与同具体的决策过程间的联系过于密切,从而不利于充分保护个人自由;一是因为哈贝马斯受卢曼系统论影响,把现代行政和经济系统看作是具有自身运作逻辑的。那么,即使 Cohen 的模式能够避免对个人自由等基本政治价值的侵犯,但是否又能适应现代社会复杂的结构呢?是否对现代社会的复杂性条件给予了充分考虑?

如何回归康德？
——简评麦考锡《康德式的建构主义与重构主义：对话中的罗尔斯与哈贝马斯》[*]

孙国东[**]

罗尔斯与哈贝马斯间的对话是20世纪90年代西方政治哲学、道德哲学和法律哲学界的一大盛事。作为英语世界哈贝马斯研究权威，麦考锡教授在《康德式的建构主义与重构主义》一文中对此进行了总结。该文共有四个部分：第一部分探讨哈贝马斯道德和政治理论进路的基本特征，第二、三部分评述了两人之间的分歧，最后一部分对全文进行了总结和补充。本文拟就哈贝马斯与康德、罗尔斯间的分歧对该文作一简评。

哈贝马斯在评论罗尔斯《政治自由主义》时首先指出，他们是"家族内部的争议"；其所谓"家族内部"是指他们都宣称要回归康德的实践理性传统，而"争议"只是进路不同而已。

麦考锡首先从对客观有效性（实践理性普遍法则）的理解的角度指出了

---

[*] Thomas McCarthy, Kantian Constructivism and Reconstructivism: Rawls and Habermas in Dialogue, 105(1) *Ethics* (Oct., 1994), pp.44—63. 下文对该文的引用只在文中注明页码。

[**] 孙国东，吉林大学理论法学研究中心2006级博士研究生，主要从事哈贝马斯法律哲学和中国法律哲学研究。

哈贝马斯与康德的关联和差异。他认为,康德是在个体意识的视野内,经由意识的结构来理解客观有效性的。对哈贝马斯而言,有效性则是与关于可取消主张的经论辩达成的一致(reasoned agreement)相连接的。"沟通合理性的关键是寻求理由或根据——更好论辩的非强制性力量——而达致对这些主张的主体间承认。"(p.45)因此,哈贝马斯的"话语伦理学"(discourse ethics)观念可视为诉诸沟通理性对康德实践理性观念的一个重构。"粗略地说,它是对绝对命令的一个程序主义的重组:不是将我能意愿的那些准则(maxims)推及他者是有效的普遍法则(laws);而是为了商谈性地检验他者主张的普遍有效性,我必须对他者服从该法则。其重心从每个人所能不矛盾地意愿的转移到所有人经由合理的商谈都能同意的。"(p.45)其实,在其代表作《哈贝马斯的批判理论》中,麦考锡就已指出:"道德原则的证明是通过所有道德群体中每分子都参与的情况下对某一普遍性的规范取得一致的结果,而不是一个单独的理性存在物自我思辨的推论,一个准则只要能够在大家都遵循它而不会引起矛盾的情况下就可以接受为普遍的法则。"[1]哈氏也指出,"只要我们以一种独白方式进行更精确的检验的话,绝对命令仍然是一种个体化的孤立视角;从这种视角出发,每个人私下考虑所有人期望的东西,这是不恰当的"[2];"作为合理的可接受性之有效性不是私下地被证明的东西,而是与沟通过程相联接的;在这一过程中主张经由从正反两方面权衡理由的方式论辩式地获得验成。"(p.46)可见,哈贝马斯经由普遍语用学视角将康德的实践理性建基于沟通理性,从而也将康德实践理性普遍法则的"独白式的"证明方式改造成了"对话式的",亦即必须经由程序主义的论辩才能使个体准则普遍化为对一切意志都客观有效的法则。

在麦考锡看来,程序主义的商议民主观对理解哈贝马斯的全部学说来说甚为关键。"事实上,将哈贝马斯关于政治和社会的广博作品读解为对实践中商谈实施的心理、文化和制度前提和障碍的一个持续考察是可能的。"(p.48)这与哈氏一贯倡导的程序主义商议民主观是分不开的。在哈氏看来,我们应该超越文化的局限,诉诸一种普遍主义的进路;"考虑到社会、文化和意识形态的多元主义,法律—政治领域中的经论辩达成的一致典型地涉及三种不同类型的实践理性:有关如何达到结果最佳的语用学上的商谈,有关善、价值和认同的伦理学上的商谈和有关何为正义、公平或为了全体利益的平等的道德上的商谈。"(p.48)特别是与集体目标相联系,政治过程也典型地要求协商和妥协;如果

---

[1] Thomas McCarthy, *The Critical Theory of Jurgen Habermas*, Cambrigde: MIT Press, 1978, pp.325—327.

[2] Jürgen Habermas, Reconciliation Through the Public Use of Reason: Remarks on John Rawls's Political Liberalism, 92(3) *The Journal of Philosophy*, (Mar., 1995), p.117.

所达成的一致值得称之为是理性的,为了公平地均衡利益,这种协商和妥协本身将必须受到控制。这样,哈贝马斯主张的规范性的民主商议观就将协商、语用上的商议与伦理和道德商谈勾连在了一起。

在答复哈贝马斯的批评中,罗尔斯认为他和哈贝马斯之间主要有两个差异:"第一个是他的见解是整全性的(comprehensive),而我的见解则是一种政治解释,且仅限于此。这第一个差异是更根本的,因为它设置并构造了第二个差异。它关涉我所谓的我们的陈述策略(devices of representation)之间的差异:他的策略是作为其沟通行为理论之一部分的理想商谈情境,而我的则是原初状态。"[3]

对第一个差异,哈贝马斯也许是不会赞同的。对哈氏而言,他和罗尔斯的区别也许不在于是否为整全性的学说,而毋宁在于罗尔斯的政治自由主义是一种建构性的理论,而他主张一种重构性的进路。在麦考锡看来,区别这两种进路的关键在于两人对理性之公共使用的理解和采用的视角不同。罗尔斯区分了理性之公共使用与非公共使用,并将公共论坛性质的、哈贝马斯所谓的公共领域排除在理性之公共使用之外;而且,他还将理性之公共使用作了下列限定,即其大致是指在有关"宪法要素"、"基本正义"公共问题的讨论和形成良序社会中重叠共识的政治正义观和政治价值观的辩论中要遵循共同的推理原则、相关性标准和证据规则等等(pp.50—51.);同时,他还将稳定的因素纳入到政治哲学的考量中(pp.53—54.)。正是在这里,我们管窥到罗尔斯政治自由主义理论强烈的建构性。他"宣称要详尽阐述一个正义社会的理念,而公民则以该理念为平台来判断既有安排和政策的合理性"[4]。"实际上,罗尔斯将观察者的视角置于首位:因理性多元主义的事实而对稳定性的关切限制了公共证明问题中什么可以作为好理由的范围",正是经由这一视角,"他将对稳定性和共识的关切整合进了他的建构主义的进路"(pp.60—61.)。对哈贝马斯而言,理性之公共使用的形式结构不同于其实质内容,"哲学不必采用建构性的方式,而只能采用重构的方式。它将必须马上回答的实质性问题留给了大体上已经启蒙了的参与者的论战",而"排他性地聚焦于理性之公共使用的程序方面,并从权利观念的法律制度化中获致权利的体系"[5]。亦即,哈氏主张道德哲学和政治哲学应当通过对人们道德活动和社会化过程的理论重构来论证这种形式结构的普遍主义特征,并建基于此来重构康德传统的实践理性。在他看来,民主宪政国家的基本原则正是对合理

---

[3] John Rawls, Political Liberalism: Reply to Habermas, 92(3) *The Journal of Philosophy*, (Mar., 1995), p.132.

[4] Habermas, supra note [3], p.131.

[5] Ibid.

的商议在政治公共领域的官方和非官方场合得以实施的条件之回应。而罗尔斯对理性之公共使用的界定不仅过于狭窄,而且没有看到公共论坛的重要性——独立的公共论坛是人民主权的基础。因此,理性之公共使用不可避免地是开放的,我们对正义原则的理解也必须保持这一样式。"正是因为这个原因,哈贝马斯将自己限定在对民主的商议之条件和前提进行重构,而把所有实质性问题留给了理性之公共使用本身。"(p.49)不同于罗尔斯,哈贝马斯采取了一种以参与者为中心的视角,"它将找寻共同根据的任务留给了参与者本人"(p.61)。

作为哈贝马斯的信徒,麦考锡实际上更多在为哈贝马斯辩护,但我们显然不能轻易得出"重构"优于"建构"的结论。公允地说,两者都是康德实践理性事业在当代的伟大复兴者;从理论脉络上看,罗尔斯更多地偏向洛克的契约论传统和自由传统,而哈贝马斯则更多地偏向卢梭的民主传统。[6] 孰优孰劣恐怕还是要继续留给历史评说。

---

[6] 大概正是在此意义上,其伦理学说被分别冠之以"契约伦理"和"交谈论理"("话语论理")。参见石元康:《罗尔斯》,广西师范大学出版社2004年版,第148页以下。

"理论"之争
——简评德沃金《赞美理论》*

张 琪**

　　法律推理的任务是要为法律是什么的主张提供理由,那么,什么是进行推断和争辩以支持或反对某一法律主张的适当方式?换言之,如何去辨明在法律是什么的诸种主张中何者为真何者为假?德沃金在《赞美理论》一文中对法律推理活动给出了自己的说明,进而在学界引发了一场关于理论究竟具有何种作用的讨论。[1] 为了有效地进入这场学理争论进而洞见其实质,我们暂且根据德沃金对于"理论嵌入进路"与"实践进路"的区分来大体上划定美国法学界在这一问题上存在着的两大对立阵营,尽管我们知道各阵营内部

---

* Ronald Dworkin, In Praise of Theory, *Arizona State Law Journal*, Vol. 29, Summer 1997, pp. 353—376.

** 张琪,吉林大学理论法学研究中心、法学院教师,吉林大学理论法学研究中心 2003 级法学理论专业博士研究生,主要从事德沃金法律哲学和中国法律哲学研究。

[1] 相关的参考文献和讨论,请见 Richard A. Posner, Conceptions of Legal Theory: A Response to Ronald Dworkin, 29*Arizona State Law Journal*(Summer 1997), pp. 377—388; Cass R. Sunstein, From Theory to Practice, 29*Arizona State Law Journal*, (Summer 1997), pp. 389—404; F. M. Kamm, Theory and Analogy in Law,29 *Arizona State Law Journal*, (Summer 1997), pp. 405—425; Peter de Marneffe, But Does Theory Lead to Better Legal Decisions?: Response to Ronald Dworkin's In Praise of Theory, 29*Arizona State Law Journal*, (Summer 1997), pp. 427—430; Ronald Dworkin, Reply, 29*Arizona State Law Journal*, (Summer 1997), pp. 431—456.

甚至对某些核心问题具有重大分歧,并且某些学者也是以温和派的面目出现的。

"理论嵌入进路"的拥护者认为指导和检验判决的标准应该是一般性的,它是某一宏大理论结构的一部分,因此大致而言,法律推理就总是与完备理论体系的应用相关的,即把有关法律渊源或政治道德的抽象理论适用于各种分立的法律问题上。与此相反,"实践进路"拒绝对法律问题作一般性的抽象说明,它怀疑宏大理论体系在法律推理中的作用,坚持在案件的独特情境中逐一寻求裁判的标准,因此要求法官深入了解不同裁决所引发的各种后果。德沃金把前一种进路称为"理论性的",而后者则是"反理论的",认为实践进路虽然看上去是那么的务实、感性和美国式,理论嵌入进路则似乎是抽象的、形上的以及在处理现实问题时是完全不适合的,但实际上并非如此。通过《赞美理论》,德沃金捍卫了理论研究进路,试图说明这种进路不仅具有魅力而且是不可避免的,反理论的实践进路则缺乏一种掌控性,无法有效地处理实际事务。具体而言,他的论述从两个方面展开:一方面是正面描述自己对于法律推理之理论嵌入进路的理解,另一方面则着手处理由波斯纳和桑斯坦分别提出的两种主流反对意见。

德沃金认为人们在主张法律是什么时并不是在陈述过去所发生的某一简单历史事件,也不是在预言法院将会以一种怎样的方式作出判决,而是在论证蕴含于法律实践中的诸多原则。这一观点的实质在于声称,人们对于特定法律主张的证明是通过揭示那些支持当前主张的原则同样也为更具一般性的法律实践提供了最佳证明的方式实现的。在此意义上,一项关于法律是什么的主张实际上就是关于哪一个抽象原则为整个法律实践中的某一相关部分提供了较好证明的主张。德沃金把这种诉诸原则的法律论证定性为一种阐释性论证,因此,在各种法律主张相竞争时,指导人们进行选择的就是一种阐释性标准——用他的话说,就是何种主张能够更好地符合法律实践并从更好的角度阐释这项实践、赋予其最佳意义。显而易见,法律推理具有了一种理论追溯的性质,法律人被要求在必要之时把自己的视线从最为直接的个案中提升出来去关注更为宽泛的法律领域,直至关注最具一般性的关于法律或司法能力的诸多假设。与此相关,德沃金提出了一个甚为重要的概念:正当化追溯(justificatory ascent)。他声称任何法律论证都会受到正当化追溯的影响,因为人们在从事阐释性论证时经常会发现本来适合的原则却与人们必须赖以证明法律其他更大部分为正当的另一原则相矛盾或在某一方面严重分离。正当化追溯把法律人从较为特殊的个案引向较为宽泛和抽象的问题直至任何重大的理论难题;为了作出适当的判决,他们应该追问而不是逃避这些难题。在《赞美理论》一文中,德沃金通过虚构两个神话人物来进一步表述了自己的观点,即法律推理预设了一个宽泛的正当性证明领域,其中包括那些抽象的政治道德原则,尽管在大多数情况下阐释性论证只需要关注与手头案件直接相关的成文法或先例即可完成,此时原则体系及其结构被视为理所当然的;然而有时人们会在正当化追溯的引导下重新检验这一结构的某一部分,追问一些复杂的政治道德难题,此时一个看上去平常甚至是不容置疑的法律主张就会受到来自更为抽象层面的挑战。虽然作为凡人的法律人无法像神话人物那样预先建构一个完美的理论体系,也未能预先确定先前的诸多原则定理在何时以及在何种程度上会被重新检视,但总是存在着正当化追溯的可能,人们不能先验的将其排除。

德沃金在转向处理反理论阵营时,把关注对象限定在相对主流的批评者身上,为此他选择以波斯纳和桑斯坦为例展开评述。德沃金把各种反对在法律中适用道德理论或抽象理论的论点统摄到三个标题下,其分别是形而上学的论点、实用主义的论点以及职业主义的论点。

1. 形而上学。德沃金把反理论进路的形而上学论点归结为一种哲学上的怀疑论,即理论嵌入进路时常要求法律人追问的那些复杂政治道德难题不存在任何客观的正确答案,也就是说,世上不存在法律人要去发现的任何有关政治道德的客观真理。根据这种观点,人们所有关于这些问题的信念只不过是"语言游戏"的产物。这种怀疑论形而上学的论题可能从两个方面摧毁法律推理的理论嵌入进路。首先,根据理论嵌入进路,法律推理预设了某一种阐释性主张至少在一般情况下会优先于其他备选答案,这种优先性不仅在其持有者看来是确定无疑的,而且在事实上也是确定无疑的;如果不存在任何客观性的道德真理,那么没有任何一种主张能够在难以决断的疑难案件中拥有事实上的优先性。其次,理论嵌入进路之所以要求法律人尽量提供一种连贯性理论来支持自己的判断,原因在于其设置了一个旨在平等对待公民的共同体情境,其间,针对一部分公民适用一个在其他情形中共同体将予以否弃的原则体制,这会被认为是一种不公平的做法;然而这种设置本身就是一种信念,或说是一个道德问题。

对于任何主张价值具有某种客观真实性的学说而言,这种来自怀疑论形而上学的质疑必须被谨慎对待,因为它可以成为颠覆性的;这一点对于德沃金也不例外,因为支撑其理论体系的一个实质性前设就是:伦理价值或政治价值的存在并不依赖于人们的信念或确信,它们具有客观真实性。为了应对怀疑论形而上学的挑战,德沃金建构了一套复杂的价值学说。在本文中他并没有深入探讨这一论题,而是另撰文进行了专门回应。[2]

2. 实用主义。波斯纳明确宣称实用主义具有若干德沃金的著作所缺乏的优点。德

---

[2] 相关讨论,请见 Ronald Dworkin, Objectivity and Truth: You'd Better Believe It, *25 Philosophy & Public Affairs* (Spring 1996), pp. 87—94。

沃金就此回应说波斯纳对司法所提的诸多建议都是有益的、正确的然而也是空洞的,因为他没有对这些建议为什么以及如何不同于自己的法律理论给出任何详尽的说明。在本文中,德沃金针对波斯纳所列举的两个具有实质意义的实用主义优点进行评述:向前看和实验性。

在德沃金看来,实用主义向前看的特征可能同时指代两个完全不同的意义:或者可能意指法律推理应该是后果论的而非本体论的,或者可能意指在具体评价、比较法律后果及情势方面,法律推理应该是福利性的而非其他类型的后果论。德沃金认为如果指代前者,那么理论嵌入进路显然具有此种优点,该进路是后果论的而非本体论的:在整体目标上它致力于达致法律与共同体的一种平等主义式结构;每一次具体的阐释性法律论证也都指向保护一种在原则体系中被认为是更好的境况。如果波斯纳使用"向前看"意指对后果加以福利考量,或者更为具体的说是指功利主义,那么德沃金坦率承认对方在指责其理论进路并没有充分的向前看这一点上是有效的,因为该进路的整体目标是平等主义而非功利主义。然而功利主义并不具有当然的正当性,它不是用于反对理论嵌入进路的一个不证自明的理由,假如波斯纳把它作为指导判决的标准,那么他同样必须给出相应的论证以表明功利主义确实具有平等主义无法比拟的优越性。

实验主义的试错观在法律领域中究竟具有多大作用,对这一问题的不同见解构成了波斯纳与德沃金之间的一个重大理论分歧。虽然德沃金在本文中只是作了简单的回应,但是二人围绕这一论题进行了深入的后续讨论。在波斯纳看来,当遇到法律分歧时,法律人无需介入冗长乏味的复杂政治道德辩论,他们应该关注这种分歧将引发怎样的实际后果,进而尝试不同的问题解决方式以了解哪一种会在实践中获得预期效果。德沃金认为这种实验主义的忠告无甚作用,因为法官们缺乏任何用以判断何谓"获得预期效果"的标准,以及用以评价实验结果的标准,除非他们深入探究并尝试回答潜在的理论难题。波斯纳当然承认法官需要规则或标准来指导他们,但他坚持试错在法律进程中的重要性,认为通过尝试各种不同的问题解决方式,那种既具有原则性又具有可行性而为人们所赞同的答案最终会浮现出来。然而在德沃金看来,实验主义的判决方式无法使问题得到最终解决。人们会对何种实验是成功的实验这一问题意见不一,因为他们仍然对隐含在争论中的深层原则问题存有分歧;同时如果真的存在某些实践上的理由要求法官回避复杂的道德难题,那么波斯纳的这种"实用主义"就忽视了一种显而易见的成本——在持续进行的实验中随即增加的社会道德成本。

3. 职业主义。德沃金把第三种反对理论进路的表达方式称为职业主义的异议。在本文中,他暂且搁置了以哈特为代表的实证主义者在他所谓的"职业主义"方面发起的挑战[3],集中论述了一种具有较少哲学色彩的而在表面上更具实践性的职业主义观念,这一观念被桑斯坦描述为"不完全理论化"的进路。德沃金首先区分了公民与政府官员所具有的三种不同的责任以便分别考察"不完全理论化"在其间的意义及合理性。他认为在下述两种责任中——即实施自己判断时涉及到的与他人相协调的责任,以及政府官员所具有的对其决定提供正式说明的责任——桑斯坦的"不完全理论化"不失为一种明智的建议,而且都不与法律推理的理论嵌入说明相抵触。但是桑斯坦在个人的判断责任方面——即每个人必须自行判断应予支持和采取之政治立场的责任——也主张适用"不完全的理论化",这无疑是在建议法律人和法官即使是在行使个人的判断责任时也应该避免冒险进入较为抽象的政治道德理论区域。更确切的说,他旨在主张不仅政治协调和司法协作在面临理论分歧时可以由表面化的共识加以维持,而且产生共识的个人判断本身就应该是流于表面的。具体到法律领域,桑斯坦主张裁决所需要的是"中层原则"而非德沃金所宣称的"高层原则",换言之,他在德沃金的正当化追溯中设置了一个先在的界限,要求法官必须只针对"局部性"理论而非完备的综合性理论。然而,德沃金认为对于理论作这种分类并没有任何实质性意义,而且认为反思活动存在着某一先验限定的这一观点在逻辑上和现象学上也都是怪异的。因此,桑斯坦的限定最终无法把自己的研究方法与德沃金关于法律推理的理论嵌入说明区分开来,二者在理论研究方法上不可能存在任何实质性差异。

如果撇开针对"理论"一词所作的无休止的概念之争而将视野限定在当下具体的法律思想与法律实践背景下,我们就有机会分辨出在围绕《赞美理论》一文所展开的争论中可能隐含的某种实质意义。波斯纳在回应时曾指出,"理论"的必备要件仅是某种程度的概括或抽象以及坚持前后一致,借此德沃金无力指责他们是反理论的。然而这种回应过于表面化;一旦德沃金把法律理论视为实践性的、参与性和规范性的,即法学家的理论主张与日常人的法律主张一样都是在寻求标准以辨明法律上的正确答案,与此同时,一旦他把相对主义和怀疑主义视为我们这个时代智识精神的核心,那么,法律"理论"在这个时代便成了一个问题,换言之,致使概括性、抽象性和一致性成为可能及可欲的"标准"本身就成了一个问题。在此意义上,标准之争正是这一关于建构抽象理论体系与关注具体经验事实在法律推理中孰轻孰重问题的真正要害,它标示出德沃金与美国法律实用主义的真正分歧。

---

[3] 对于哈特理论的专门评述,请见 Ronald Dworkin, Hart's Postscript and the Character of Political Philosophy, *24 Oxford Journal of Legal Studies*(2004), pp. 1—37。

规范式的法律经济分析
——简评卡拉布雷西《事故的成本——一个法律的和经济的分析》[*]

毕竞悦[**]

法律的经济分析兴起于20世纪60年代的美国。1961年,科斯发表了《社会成本问题》[1]一文,次年,卡拉布雷西发表了《关于风险分配与侵权法的一些思考》[2],这两篇文章标志着一个交叉领域——法律经济学的出现,代表了经济分析运用于法律领域中的最初尝试。1970年由耶鲁大学出版刊行的《事故的成本》是第一本可以称为"新"法律经济学的书。一般来说,经济分析是一种实证主义的进路,但是卡拉布雷西的研究却并非建立在经验研究的基础上,他的经济分析通篇未用一个数学公式和图表,他仍旧保留了规范研究的特色。这或许表明了作为先驱者,其方法论的未成熟之处,但也反映了当时学科发展的状况。

---

[*] Guido Calabresi, *The Costs of Accidents: A Legal and Economic Analysis*, Yale University Press, 1970.
[**] 毕竞悦,北京大学法学硕士。
[1] Ronald Coase, The Problem of Social Cost, 2 *Journal of Law and Economics* (1960), pp. 2—144.
[2] Guido Calabresi, Some Thoughts on Risk Distribution and the Law of Torts, *70 Yale L. J. 499* (*1961*).

一、把经济分析应用于事故

运用经济方法分析法律问题、注重法律的经济影响是早已有之的事情。从16世纪中期起,随着治理术(art of government)问题的出现,大批著作关注于把经济引入到政治实践中,然而当时的经济还仅限于家政的领域。亚当·斯密、马克思、马歇尔等人的政治经济学著作可以被视为宏观经济学,他们关注于国家、社会的经济运行,而非个人。在科学主义的潮流下,统计学获得了显著的发展,生老病死、婚丧嫁娶、犯罪裁判等领域都被认为可以通过数字获得确定性的结果。边沁的功利主义从个人的角度出发谈及了效用问题,认为人的活动、制度和法律的目标在于求得最大多数人的最大幸福。霍姆斯提出了"普通人(average man)"的概念,"即具有正常智力以及理性的审慎的人"[3]。这也是后来法律经济分析中"理性人"、"经济人"假设的早期模版,因而霍姆斯的著作也常被视为法律经济学的源头活水。霍姆斯还看到了,威慑是刑罚配给的后果,刑罚的重要作用在于预防。[4]

把经济分析直接应用于法律的研究首先发生在反托拉斯法、公司法、政府管制和税法等领域。在这些领域,经济学是法律的内容,法律的规制与商业活动有关,这些也一直是经济学家研究的领域。而20世纪60年代法律经济学的诞生则意味着把研究的重点放在确定法律对于人们行为的影响上。在《事故的成本》这本书中,卡拉布雷西把责任归责对于行为的影响作为研究的重心,这本书是把经济分析的方法应用于所有法律领域、包括与经济行为无关的领域的最初尝试。从这个意义上可以说,卡拉布雷西的工作是先创性的。正如波斯纳所说:"当卡拉布雷西开始他的工作时,没有支持他的传统,没有经济学家和社会科学家的先导性工作可以依托。"[5]

《事故的成本》这本书讲的是普通法中最常见的侵权问题。普通法与法律经济学的关联是波斯纳非常重视的问题,然而在本书中,卡拉布雷西并没有突出普通法的微观经济学特征。[6] 他更加关注于法律的经济后果。他指出,法律可以影响潜在的侵权者和受害者的行为,法律有某种配给(allocation)效果、而不仅仅是分配(distribution)效果。事

---

[3] 〔英〕霍姆斯:《普通法》,冉昊、姚中秋译,中国政法大学出版社2006年版,第45页。
[4] 同上注,第38—45页。
[5] Richard A. Posner, Book Review, *37 U. Chi. L. Rev.* (1970), p. 636.
[6] Richard A. Posner, Guido Calabresi's The Costs of Accidents: A reassessment, *64 Md. L. Rev.* 12 (2005), p. 15.

故法不仅在于补偿受害者,还在于避免事故;不仅在于减少与事故直接相关的成本,还在于减少社会成本。他注重事故法对于人们采取避免事故的措施、人们从事具有事故易发性的行为的影响,也就是把事故法不仅仅看作一个对个案的决定具有意义的工具,而是认为事故法会影响可能牵涉到事故中的人甚至一般人以后的行为。

与波斯纳推崇效率至上不同,卡拉布雷西试图调和各种价值的冲突。在他的研究中存在着某种价值先行,从而有别于实证研究对事实与价值的区分。他首先提出了事故法的目标,然后根据目标来检视事故法的方案。

二、事故法的目标与方法

卡拉布雷西提出,认为社会应该不计成本防止事故是一种错误的认识。从社会成本的角度考虑,事故法的目的不仅仅是减少事故,还要减少事故发生后的社会成本以及减少预防事故的成本。在这个基础上,他提出了事故法的两个首要目标,以及其中一个首要目标的三个次目标。

事故法体制的首要目标有二:首先,必须是正义与公平;其次,必须减少事故的成本。[7] 在这里,卡拉布雷西首先考虑的就是正义与公平。除了对正义的必要条件之外,他把事故成本的减少的目标视作不证自明的公理,"事故法的首要功能就是减少事故成本与避免事故的成本的总和"[8]。

成本减少的目标又可以划分成三个次目标,针对每一个次目标,卡拉布雷西都提出了解决方案。[9] 第一个是减少事故的数量与严重程度,也被称为首要事故成本减少。针对首要事故成本减少存在两种截然不同的进路,即"一般威慑"或者说市场方法,以及"特殊威慑"或者说集体方法。这是卡拉布雷西很重要的一对概念,在此他把刑法中的威慑理论应用于民事侵权领域。这两种不同的方式实际上暗含着不同的意识形态,要求进行不同的法律制度设计,导致不同的成本负担后果。卡拉布雷西认为,单纯依靠任何一种方式都不可能真正达到预防事故的目的,而需要结合市场的方法与集体的方法。

第二个成本减少的次目标与减少事故的数量和其严重程度都没有关系。相反它关注于减少由事故产生的社会成本,被称为次要事故成本减少。现实的事故的社会成本可

---

[7] Guido Calabresi, *The Costs of Accidents: A Legal and Economic Analysis*, Yale University Press, 1970, p. 25.

[8] Ibid., p. 26.

[9] Ibid., pp. 26—28.

以通过首先采取手段避免事故得到最大程度的减少。这个成本减少的次目标可以通过两种方法实现,这两种方法一般都涉及转移事故的损失,即风险分散以及劫富济贫。

第三个事故成本减少的次目标涉及减少我们处理事故的管理成本。这个目标被称为"第三位的",因为它意在减少实现首要的和次要的成本减少目标的成本。

除此之外,事故法还承担着一些外部目标,比如用作减少收入分配不平等的手段、起对垄断征税的作用等等。

这些目标各自独立,又彼此关联。针对一个目标的已有的事故法体制可能并不适用于其他目标,而事故法是为了实现上述混合目标,因而需要混合方法。实际上,卡拉布雷西在书中没有给出明确的事故法体制,这与他的"混合目标"、"混合方法"的说法相应。也暗示着,在他的观念中没有以"效率"为一元标准。

三、事故与正义

为什么法律经济学的奠基之作多以"事故"为主题?这本身就是一个很有趣的问题。实际上,事故背后是分配与正义的问题。"正义"是卡拉布雷西这本书中一个重要的主题。正是在正义的观点之下,他对经济效率的一元论提出了质疑:

> 正如经济学不能为我们决定是否要挽救被困矿工的生命一样,它也不能告诉我们在挽救生命和减少事故成本上我们会走多远。经济学可以为作出决定提出一种方法——市场。但是权衡生命与金钱、便利的决定不可能纯粹是与金钱有关的,因而市场的方法绝不是唯一的方法。[10]

减少事故成本的经济上的最佳体制如果造成了不公正,也会令人无法接受。在事故法体制中,"正义必须最终取胜"[11]。在此,卡拉布雷西也动摇了"市场"的神圣地位。

法律经济学常被认为,有着某种"脱意识形态"的倾向。事实上这样的一种倾向本身就表明了一种意识形态。与古典经济学主要依赖于市场方法不同,现代经济学通常要面临着在集体方法与市场方法之间的选择。在本书中,作者提出的一般威慑与特殊威慑正是对这个问题的回应。卡拉布雷西提出了特殊威慑、也就是集体方法的五个主要理由[12]:第一个就是一般威慑的基本假设的对立面,个人不知道什么对自己最好;第二个,

---

[10] Ibid., p.18.
[11] Ibid., p.26.
[12] Ibid., p.96.

在决定我们需要多少导致事故的活动时，必须比较市场不能解决的非货币化的"成本"与"收益"；第三个是，在决定支持还是反对事故时，我们不应仅关注于成本，尽管成本也是广义的，但是必须考量道德观念；第四个是，资源分配理论固有的局限性需要某种集体决定；最后一个是，一般威慑不能有效地实现活动分类，几乎从未实现我们称为行动的那些非常小的活动的子类划分，要有经济效率地实现这些，集体行动是必需的。不是所有理由都能被每个人接受，但每个人或许都能至少接受其中的一个。在实践中，往往是一般威慑与特殊威慑相结合。

在美国的法律经济学运动中，有耶鲁学派和芝加哥学派之分。以卡拉布雷西为代表的耶鲁学派比较注意公正和衡平对于效率的制约，偏重规范分析的手法；而芝加哥学派则把经济效益强调到极限，采用实证分析的手法。国内的研究往往重芝加哥、轻耶鲁，这或许部分是由于耶鲁学派有某种"因循守旧"的倾向，而以波斯纳为代表的芝加哥学派常常"离经叛道"，更易吸引眼球和人气。

但是，如果经济分析缺乏了正义之维，那也可能"行之不远"。正如弗兰克·H.奈特常常强调的，福利经济学的问题最终必然归结为美学和伦理学问题。法律经济学也离不开正义与公平的学问。

谁看见了"皇帝的新装"？
——简评弗兰克《卡多佐和上级法院神话》*

王虹霞**

"实际生活是令人不快的,这是一片贫瘠而且多石的土地,但是从这上面却可以生长出有价值的理论,改进的第一步是当面检视事实。"文章的开篇作者弗兰克即用上面这句话表明了自己的态度,这一态度的获得来自对《本杰明·N.卡多佐选集》一书的评论。这本书几乎包括了卡多佐在法庭之外的所有作品。在书中杰出的法官卡多佐坦诚地阐明了他的法哲学,给予律师和法官们很多的启示。这是每一位有思想的律师和法官都会常备在手边的一本书,不断地反复阅读这本书是值得的。弗兰克认为毫无疑问卡多佐是很伟大的,然而卡多佐对司法过程的讨论却存在着很大的问题。在弗兰克看来,卡多佐在无视初审法院运作情况的基础上即未经限定的情况下意在描述整个司法过程,这种无视所导致的是卡多佐的眼界狭隘,故无法洞见司法过程的

---

* Jerome Frank, Cardozo and the Upper-Court Myth, 13 *Law and Contemporary Problems* (1948), pp. 369—390.

** 王虹霞,吉林大学理论法学研究中心 2005 级硕士研究生,主要从事卡多佐法律哲学和中国法律哲学研究。

在本文写作的过程中,无论是对弗兰克思想的理解还是最后问题的形成都受到了于晓艺师姐很大的启发,特此致谢。

本质。弗兰克意欲成为看见皇帝新装的那个男孩,认清司法过程的本质。本文试图对弗兰克这篇评论文章中所表达出的思想进行简要考察和评析。

一、关于初审法院

弗兰克明确指出,卡多佐完全回避了初审法院的运作,好像意味着或者初审法院不重要或者它们独特的裁判活动和功能在那一过程中没有一席之地,卡多佐排除了发生于成千上万案件之初审阶段的事件,即发生于初审法院而从不发生于上级法院的事件:证人作证,律师对证人的询问和交叉询问,陪审员聆听证人作证以及律师的论辩,初审法官(在没有陪审团的审判中作出判决时)将证人口头证言的可靠性呈给上级法院等对每一位初审法官来说都是司空见惯的现象,因此他提供的法院运作方式图是稳定的、可信赖的。然而弗兰克认为法院真实的运作情况却并非如此。对于卡多佐这一回避和排除的做法以及由此而导致的无法认识到初审法院所发挥的重要作用的原因,在弗兰克看来,一方面源于卡多佐对初审法院独一无二特征的无视,即在初审法院中,陪审团或者是在没有陪审团案件中的初审法官能够对口头作证证人的举止进行观察,而上诉法官不能这样做。另一方面也是更为重要的是与卡多佐对案件事实认识的偏狭有关。弗兰克指出上级法院主要关注的是法律规则和原则,卡多佐在他的书中亦是如此。因此案件的事实在司法过程的上诉阶段是作为给予法庭的材料来考虑的,虽然卡多佐也承认事实具有不可否认的重要意义,但是他认为并未触动法理,这与他认为的法理学仅包括法律概括、法律规则和原则的认识密切相关。然而在初审阶段,案件的事实并不是实际发生的事实,并不是存在于法庭之外的事情,而是始终被初审法院审核过的,是初级法院特殊的产物。弗兰克指出如果没有初审法院对事实的查明,那么对法律规则的司法强制实施就很难进行,所以在几乎所有的案件中,初审法院对事实的查明完全与任何法律规则同等重要,并且对于法院要作出判决的特定法律诉讼的人们来说,确定事实的重要意义更自不待言。由此弗兰克认为一项意在涵盖司法过程的研究,即一部关于"法理学"("jurisprudence")的论著将会包括对初审法院查明事实的方法以及对初审法院查明事实产生的影响的广泛讨论;将会对卷入初审法院查明事实中的多种因素进行解释;将会对大部分案件中由于证人、陪审员和初审法官不可避免的错误而出现的初审法院对事实的查明中不可改变的偶然性和不确定性予以强调。

二、关于自由裁量权

弗兰克认为,卡多佐经由人为地对司法过程进行限制而得出的有能力的律师能够在审判之前对大部分法律诉讼的结果进行预测的结论是不符合现实的。因为自由裁量权的行使经常导致预测不能的后果。弗兰克指出,初审法院(陪审团或初审法官在没有陪审团的情况下审判案件)在查明事实方面具有惊人的自由裁量权,当证据是口头证据以及若干证人不能就事实达成一致意见时,初审法院在决定事实方面的自由裁量权甚至是根本无法控制的。而自由裁量权的存在之所以导致预测不能,在弗兰克看来是因为证人作为人会犯人的错误,没有人发现或发明了任何工具或客观方法,通过该工具或方法陪审团或初审法官能够辨识出证人的错误(如果有的话)。没有哪个证人精确地观察到了争议中的事实,精确地记住了他们看到的东西,精确地(不带任何偏见或偏好或伪证)在法庭上说出他们记住的所观察到的东西。在这种情况下,弗兰克认为陪审团或初审法官在对依赖于其上的证言的各部分进行选择时必须作出猜测。在这种猜测性的选择中(事实的查明根据该选择而得以建构)自然存在着很多难以捉摸的、难以理解的主观性:不仅是证人对已经过去的事件(关于这些事件他们要作出证明)的反应贯穿着主观性,而且陪审团或初审法官对证人亦是如此,所以对事实的查明遭遇到了多重的主观性。弗兰克指出,卡多佐并没有提到任何赋予陪审团和初审法官关于事实的自由裁量权的论述。因为在弗兰克看来,卡多佐所认为的司法过程中的自由裁量权仅仅是由内在于规则中的自由裁量权或对规则进行选择中的自由裁量权组成的,而这或许解释了他从来没有注意到陪审员和初审法官的自由裁量权的原因。弗兰克表示,卡多佐亦注意到了"喜欢和不喜欢,偏好和先见,情绪、习惯和信念"等"力量"的影响,但是在卡多佐那里,这些"力量"仅是在一定程度上影响了对规则的选择。而在初审法院,那些"力量"经常不可估量地影响到对事实的选择,这一选择在陪审员和初审法官广泛的自由裁量权范围之内。所以弗兰克认为既然那一选择是一种猜测,并且经常通过神秘莫测的因素推导出来,那么试图对判决进行预测的律师正在从事的就是一项令人困惑的事业。他正试图预测的是将被查明的事实是什么,所以是对陪审团或初审法官将来猜测的猜测。这样的一种猜测必然是不自信的,纵使所有的法律规则和原则如对数表那样精确,如北极星那样固定,这样的猜测亦是不自信的。所以在弗兰克看来,当人们讨论法律的确定性和可预测性时,仅仅讨论规则的确定性以及对法院将会援用什么规则的预测的确定性而拒绝谈论判决是很误导人的。

三、关于现实主义

弗兰克指责卡多佐对现实主义者的批判是专断的而且是无视现实的。弗兰克指出，现实主义者由于关注点的不同可以被概略地划分为"规则怀疑论者"和"事实怀疑论者"两个阵营。弗兰克本人就是一个事实怀疑论者。卡多佐将现实主义者归入"无法无天的同行"中并认为：他们所使用的措辞显示出对"秩序、确定性和理性的一致性"赌气式的（petulant）轻蔑，他们企图贬低"原则、规则和概念"，他们存有夸大"案件判决中不确定性或机会因素的趋势"以及他们对一致性和秩序被法官认为毫无益处而加以拒绝这一观点的拥护。弗兰克认为这种观点是完全无视下述事实的结果，即卡多佐所批评的现实主义者中的一些人正试图描绘出的是初审法院在当前的实际运作而不是说它的好话。弗兰克主张现实主义的目的是表明传统法理学著作对司法过程的描述已经严重夸大了法律的确定性程度并且导致对律师在特定诉讼中预测很多判决的能力估计过高，原因在于无论多数规则或原则是多么地确定，在很多诉讼中对事实却是不能预先确定的。卡多佐在提出其批评意见时并没有对"规则怀疑论者"和"事实怀疑论者"进行区分，原因在弗兰克看来，不在于"事实怀疑论者"不值得引起卡多佐的重视，因为他曾数次引用至少其中之一论者的作品；而在于卡多佐假定法律的不确定性完全来自规则的不确定性，所以当"事实怀疑论者"说到法律的不确定性时，卡多佐得出了结论即这必定仅意味着规则的不确定性，所以他对"事实怀疑论者"反复说他们心中的不确定性来自对影响事实查明的偶发事件视而不见。"事实怀疑论者"主张遵循先例经常产生确定性只是一个幻想，主要不是因为规则的不稳定性，而是因为——即使所有的规则都是不容置疑地清晰和确定，即使法院总是照搬遵循先例——由初审法院查明的事实经常不会被预见到，而这种观点在卡多佐看来是一种蔑视先例的表现，即一种抛却遵循先例的计划的表现。卡多佐指出最根本的社会利益之一是法律应该是一致的和不偏不倚的。在法律发生作用的过程中一定不能有偏见、偏爱甚或是武断的突发奇想或者反复无常。然而在现实主义者看来，根据陪审团的裁定作出的判决众所周知缺乏一致性与公正性，即充满着偏见与反复无常。通过卡多佐与现实主义者之间观点的交锋，弗兰克得出结论说，卡多佐的立场是司法过程和法理学开始并且终结于上级法院，这种立场导致的后果是严重的，卡多佐本人想要相信并且想要其他人相信，整体上法院运用的完全是理性的程序，而这与既存的法庭事实是不一致的。

四、弗兰克的主张

弗兰克在批判卡多佐的思想之后亦明确提出了自己的主张和目的。弗兰克认为就实体法律规则而言,不管是民事的还是刑事的都体现了社会政策即社会价值判断,而强制实施这样的政策被认为是法院的主要责任之一。然而保证这种政策得以实施的前提之一在于法院正确地查明事实。因为在弗兰克看来,实体规则仅仅宣称的是特定的法律后果依附于特定的事实状态,因而规则仅是在那些事实实际上出现的特定情况下才应是有效的。反之如果法院在对一个案件进行判决时错误地理解了实际上发生的事实而将那一规则适用于实际上从未存在过的事实,这与不正确地将一项错误的实体规则适用于实际发生的事实相比较更加地不公正,更是一项错误的司法执行操作,两者都不能实现任何规则中得以表述的社会政策。据此公正地查明事实具有重要的意义。但是弗兰克指出任何案件中所涉及的事实都是过去的事实,它们并没有走进法庭。司法上查明的事实,通过一个人或一些人试图重建一个"客观的"过去的片段这一人为的过程是难免有错误的。因为它是一项书写历史的工作,并且像所有的书写历史那样难免包含"主观的"因素,并且有时遭遇到无法克服的障碍。再加上人为地对初审阶段不关注的原因,在今天查明事实仍是司法中的弱点所在。因此我们要将更多的注意置于初审法院对事实的查明上。弗兰克主张,毫无疑问为着分析的目的正式地区分"实体的"与"程序的"权利具有很大的作用。然而,司法判决是"实体性法律规则适用于程序性确立的事实的结果",其一旦以这一正式分析的方式得到陈述,显而易见的就是,错误地"程序性确立的事实"在法庭看来就破坏了已经声称的实体性权利,那么就法院而言,对任何"实体权利"的有效主张整个地就依赖于权利主张者维持其所谓的"程序性权利"的能力。换句话说,就实际运行的法院而言,并没有实体性的权利存在——无论该权利是由私人主张的还是由政府以实体性刑法规则的辩护者角色主张的——除非法院作出有利于主张权利的权利持有者的强制实施性判决。然而,一般说来即使当法院使用看似正确的规则,如果它在事实认定上出现错误的话,它也不会作出这样的判决。当然,相似地,事实查明中的一个错误可能会造成不利于对一个已提出的主张进行辩护的人的错误判决。这一判决过程的正式理论在弗兰克看来(即司法决定或判决是实体法律规则适用于案件事实的结果),如果用图式表示出来的话就是:$R * F = D$,R表示规则,F表示事实,D即决定或判决。据此一个错误的事实导致一个错误的判决。因为事实是由初审法院所认为的过去的事实所组成的,如果法院是由于相信不正确的证据而获得事实的话,那么事实以及因此判决将会是错误的。所以弗兰克再次主张初审法院应该承担尽可能更多的确定诉讼争议中实际事实的责任。

结　语

　　弗兰克的这篇文章自始至终贯穿的一条主线就是他提醒人们关注初审法院功能的重要性，尤其是初审法院对事实查明的重要性，因为在他看来，这一非常重要的事实被很多论者（包括卡多佐）所忽略了。然而在我看来，虽然弗兰克作出此努力所具有的重要意义是毫无疑问的（这里因为篇幅所限暂且不论弗兰克对卡多佐思想观点的解读中可能存在的问题），但是应该引起我们注意的是，实际上在卡多佐那里，法律的秩序、一致性、确定性只是他所推崇的其中一种价值而并非全部价值，卡多佐所勾勒的司法体系运作图亦并非如弗兰克所指责的那样是稳定的、不需要什么改进的，而是主张司法过程中的不确定性是不可避免的，在法官作出判决的过程中，包括逻辑的方法、进化的方法、传统的方法、社会学的方法以及法官的喜好、偏见、本能和情感等因素都在发挥着作用。而卡多佐指出如何确定这些信息在多大比重上对判决结果产生了作用，如何在这些因素中作出选择进而实现正义，他提出了社会福利这一标准来予以衡量。反观弗兰克，他在使我们关注存在于初审法院查明事实过程中的种种不确定性因素的同时，并没有提出什么判断、调和这些不确定性因素的依据，并没有指出这些因素到底在多大程度上影响着法官作出判决的过程，就此而论，弗兰克本人所主张的公正查明事实的目的何以能够实现？体现在规则中的社会政策又何以能够实现？此外，正如弗兰克批判卡多佐过于关注上级法院的运作那样，弗兰克本身是否有可能陷入这种境地，即过于关注初审法院自身的运作方式而忽视了整个司法过程？如果这样的话，他能看见"皇帝的新装"吗？

Yearbook of Western Legal Philosophers Study
西方法律哲学家
研究年刊

[397—434]

旧 文 重 刊

知与无知的知识观
——哈耶克社会理论的再研究

邓正来*

引论:过程分析与"核心概念"的路径

在西方自由主义社会理论或社会哲学的领域中,弗里德利希·哈耶克无疑是一位极重要的人物,然而一如我先前在"哈耶克的社会理论"的长篇论文中所指出的,"他的重要性……并不在于他曾经是本世纪西方最为重要的自由主义学术团体'朝圣山学社'(The Mont Pelerin Society)的领袖人物,也不在于他是 1974 年诺贝尔经济学奖的得主,而毋宁在于他对现代自由主义理论的转向或发展以及他对当代社会理论研究领域的拓宽所做的知识上的贡献——亦即我称之为的'知识增量'"[1]。

---

* 邓正来,吉林大学法学教授。

[1] 参见拙文《哈耶克的社会理论》,载《研究与反思:中国社会科学自主性的思考》,辽宁大学出版社 1998 年版,第 213—214 页;另参见 S. Gordon 对哈耶克政治经济学的贡献所作的评论,"哈耶克要比罗尔斯、弗里德曼、熊彼特或 J. 克拉克更重要,甚至比任何以经济学为基础而对政治哲学给出综合论述的论者更重要,当然,在这些论者当中,F. 奈特可能是一个例外"(S. Gordon, The Political Economy of A. Hayek, in J. C. Wood&R. N. Woods(ed.), *F. A. Hayek: Critical Assessments*, Routledge, 1991, Vol Ⅲ, p.290.);哈耶克在学术上的这种重要性,还可以从西方学术界对他的思想所作的研究努力中见出,就这方面的文献而言,我在《哈耶克的社会理论》一文注[4]中已开列了一些研究著述:F. Machlup (ed.), *Essays on Hayek*, Routledge, 1977; S. Kresge &L. Wenar (ed.), *Hayek on Hayek*, Routledge, 1994; A. Seldon, *Agenda for a Free Society: Essays on Hayek's The Constitution of Liberty*, Hutchinson, 1961; M. Sandel (ed.), *Liberalism and Its Critics*, Oxford, 1984; A. Arblaster, *The Rise and Decline of Western Liberalism*, Oxford, 1985; J. N. Gray, *Liberalism*, Milton Keynes, 1986; 1987 年由 D. Miller 主持的《布莱克维尔政治思想百科全书》亦收入"哈耶克"的条目[参见邓正来主编:《布莱克维尔政治学百科全书》(中译本),中国政法大学出版社 1992 年版,第 313—334 页]; N. Barry, *Hayek's Social and Political Philosophy*, London, 1979; J. N. Gray, *Hayek on Liberty*, Oxford, 1984;

在这种"知识增量"的视角下,我们可以将"哈耶克的社会理论研究"置于相关理论脉络之中进行考量,并经由这些"设定"的理论脉络而揭示出他的社会理论所具有的知识贡献以及对我们认识社会的启示意义,亦即哈耶克立基于苏格兰启蒙思想传统和主张社会行为规则可以被视为承载有关人与社会的知识的工具的洞见而引发的当代社会哲学发展过程中的重大的"认识论转向"(epistemological turn),以及经由确立与自生自发社会秩序理论紧密相关的文化进化理论这一范式转换而产生的"进化论转向"(evolutionary turn)[2],当然这也是我撰写"哈耶克的社会理论"那篇论文所试图达到的目的。但是,我们必须承认,这样一种我所谓的"知识增量"的研究路径,尽管在互文性的思考方面极具意义,然而在相当大的程度上却是以"外部设定"的学术衡量标准或各种理论彼此之间的关系为其限度的,所以依据这种研究路径所获致的"哈耶克社会理论",乃是将哈耶克学术研究过程的"时间之箭"以及其间所隐含的理论问题之转换或拓深的过程"悬置"起来而达至的结果;换言之,这种"非时间"的阐释论式必定会在某种程度上将哈耶克跨度长达六十多年且经历了相当大的知识立场转换的繁复研究化约或简化为一个相当同质性的整体性的"哈耶克研究"。正是对这种"知识增量"研究路径的意义和限度的认识,为我撰写这篇以时间为维度的"哈耶克社会理论的再研究"论文作出了知识上的规定。

当然,促使我从这样一个角度对哈耶克社会理论进行探究的一个直接的原因,乃是汉语学界中所存在的一种非常普遍的现象,即论者在解释哈耶克的理论时,往往在意识或不意识的情形下就趋于以某种"同质性"的标签遮蔽哈耶克繁复且无法化约的社会理论建构过程:不是简单化为"功利主义",就是化约为"保守主义"[3];不是庸俗化为"经验主义理论",就是简单化为"主观主义理论"[4];毋庸置疑,这样一种以贴标签为特征的"庸俗化"或"简单化"的思维取向,亦即我所

R. Butler, *Hayek: His Contribution to the Political and Economic Thought of Our Time*, London, 1983; B. L. Crowley, *The Self, the Individual, and the Community: Liberalism in the Political Thought of F. A. Hayek and Sidney and Beatrice Webb*, Oxford, 1987; C. Kukathas, *Hayek and Modern Liberalism*, Oxford, 1989; J. C. Wood &R. N. Woods (ed.), *F. A. Hayek: Critical Assessments*, Routledge, 1991;除了这些文献以外,这里再补充一些我认为对研究哈耶克社会理论颇具重要意义的新近出版的西方论著:Chris M. Sciabarra, *Marx, Hayek, and Utopia*, State University of New York Press, 1995; S. Frowen (ed.), *Hayek the Economist and Social Philosopher: A Critical Retrospect*, London: Macmillan, 1995; S. Fleetwood, *Hayek's Political Economy: The Socio-economics of Order*, London and New York: Routledge, 1995; J. Shearmur, *Hayek and After: Hayekian Liberalism as a Research Programme*, London and New York: Routledge, 1996; Andrew Gamble, *Hayek: The Iron Cage of Liberty*, Westview Press, 1996; Gerald P. O'Driscoll, Jr. And Mario J. Rizzo, *The Economics of Time and Ignorance*, London and New York: Routledge, 1996.

[2] See J. N. Gray, *Hayek on Liberty*, Oxford, 1984, pp. 134—135.

[3] 参见拙文《哈耶克的社会理论》(载《研究与反思:中国社会科学自主性的思考》,辽宁大学出版社1998年版)一文的结论"哈耶克的哲学困境",其间我专门对西方学界关于"哈耶克的功利主义"和"哈耶克的保守主义"的解释进行了讨论,尤其参见此文注释[143]中的说明文字(第274—275页),并对这些解释进行了批判(第254—261页)。

[4] 关于哈耶克是"经验主义"者抑或是"主观主义"者的问题,最为凸显于林毓生为其论文集《热烈与冷静之间》所作的长篇序文"试图贯通于热烈与冷静之间"中的一段文字,他指出,"一位读者,在知道先师海耶克先生的文明演化论的一些皮毛以后,竟把海氏归类于英国经验主义传统之中,并告诫笔者不应思考作为导向的'中国传统的创造性转化'的有关问题,认为那是有违师门之教的。殊不知出生于维也纳的海耶克先生是奥国主观(subjectivist)经济学派第四代的领导人物。他的学术,虽然重视经验并汲取了英国经验论特别是休谟的优点,在出发点上却更接近新康德学派。事实上,海氏……在基本立场上……是反对经验主义的"(参见贺照田、赵汀阳主编:《学术思想评论》,辽宁大学出版社1997年版,第454页);我在这里征引林毓生的观点,并不是说他的批评错了,而在于强调他在批判的过程中,由于采取了同样的批判模式,而与他所批判的对象一起堕入了同样的陷阱之中,即把哈耶克思想复杂的转化过程化约为某种我所谓的同质性的"哈耶克研究"。

反对的"印象式"理解方式中最为重要的一种取向〔5〕,不仅在实际上遮蔽了哈耶克社会理论内在演化发展的繁复过程,而且还在公共话语的建构过程中炮制出了因各自理论分析框架或意识形态取向而定的无数个同质性的甚至彼此相互冲突的"哈耶克理论"。这里至关紧要的,也是往往为人们所熟视无睹甚或不意识的,就是在这些作为结果的无数"虚构"的哈耶克理论的背后,各种借"哈耶克理论"为名的理论主张实际上正在为各自知识的"真理性"或"正当性"展开话语争夺,甚至在更为深刻的层面上展开着不同意识形态之间的论争;此处不争的是,要害并不在于不同论式中的"哈耶克理论"之间的差异,而是隐含于各种论式背后的不同的意识形态担当以及由此而采取的不同的理论解释框架之间的较量。显而易见,就揭示各种"哈耶克理论"论式背后的不同意识形态担当和相应的不同理论解释框架以及它们之间展开的话语争夺而言,对它们进行详尽的知识爬梳和知识社会学分析无疑会具有极为重要的意义〔6〕,然而这并不是本文的研究目的,本文的旨趣毋宁在于对各种有关哈耶克的"同质性"论式进行解构,而采取的方式则是直接对哈耶克社会理论的建构过程以及构成此一过程的核心概念进行梳理和探究,因为通过对哈耶克理论的演化过程本身的揭示,可以映照出各种"宣称的"哈耶克理论在公共话语建构中的"策略性"或"工具性"。

此外,促使我从时间这样一个角度对哈耶克社会理论进行探究,还有一个更重要的原因,而这个原因则与哈耶克本人所具有的两重知识性格紧密相关:一方面,哈耶克是本世纪最为重要且最具原创力的社会理论家之一,另一方面,他又是本世纪自由主义意识形态的最为重要的捍卫者之一,是各种形式的集体主义的坚定批判者和古典自由主义的弘扬者,而这构成了哈耶克社会理论研究中意识形态的封闭性与其学术研究的开放性之间的高度紧张。长期以来,这种紧张因其意识形态的封闭性而对人们确切认识哈耶克社会理论在学术研究层面的贡献构成了一种障碍,而对于那些持非自由主义意识形态的论者平实地理解他的社会理论在知识上的贡献也构成了一种障碍〔7〕;更不能忽视的是,哈耶克在主张自由主义意识形态方面的封闭性,实际上还在相当大的程度上构成了那些自视为"自由主义者"的论者沉湎于意识形态脉络下的问题论辩而无视哈耶克社会理论的知识洞见的当然理由。需要注意的是,我并不主张社会理论应当或可能与意识形态截然两分,而毋宁在于指出我们不应当把哈耶克在意识形态方面的封闭性视作我们无视他的社会理论的意义的理由〔8〕然而囿于篇幅,本文不打算对哈耶

---

〔5〕 关于我对"印象式"理解方式的界定和批判,请参见拙文,同上注〔3〕所引文,第214、262—263页注释〔6〕中的说明文字。

〔6〕 这里需要指出的是,我并不关心如何对话语争夺本身进行价值判断的问题,而只是关注那些在知识生产和话语争夺过程中往往为人们所熟视无睹的各种思想资源;关于这个问题,我将在正在撰写的《知识社会学研究》的专著中进行详尽讨论。

〔7〕 参见 Andrew Gamble, *Hayek: The Iron Cage of Liberty*, Westview Press, 1996, pp.1—5; Andrew Gamble 除了指出这一极为重要的观点以外,甚至还根据哈耶克关于"每一种社会秩序都立基于一种意识形态之上"的观点,认为哈耶克意识形态的封闭性阻碍了他本人进一步发展其社会科学方面的洞见,一如他所言,"本书的主要论点之一,乃是哈耶克的一些最为重要的洞见因其意识形态对其研究的封闭而在他的著述中未得到发展"(p.3)。

〔8〕 关于社会理论研究对某种意识形态的深层担当的问题,参见拙文(郑莱)《一谈学科的迷思》和《再谈学科的迷思》,载《读书》1998年第2、3期;本文原名为《否思社会科学:学科的迷思》,全文请参阅《中国书评》1998年总第12期。

克意识形态的封闭性与其社会科学研究的开放性之间的紧张关系进行分析,也不旨在对那些因哈耶克意识形态的封闭性而被人们所忽视的知识洞见予以专门揭示,而是一如上述,直接对哈耶克社会理论的建构过程以及促使这种过程发生转换的核心概念进行厘定和分析。

哈耶克的自由主义社会理论极为繁复,除了我在此前的论文中所指出的哈耶克研究的跨学科"综合"性质〔9〕及其在长达六十多年的学术生涯中对各种问题所采取的"复合性"思考〔10〕以外,就本文的研究视角而言,一个更为棘手的问题是哈耶克的观点在长期的发展过程中所呈现出来的那种重叠交叉的现象,以及他因不同学术思潮的偶然影响和生活史中的偶然事件而对自己观点所作的不断修正和发展甚至在更深的层面上所进行的研究进路的转换。〔11〕众所周知,自生自发秩序的理念以及与其相关的原理——亦即迈克·博兰尼所谓的"自由的逻辑"——在我看来,可以说是亚当·斯密经济社会秩序研究一脉的经济学家〔12〕的拉克托斯之"内核"定理,同时也是哈耶克自由主义社会理论的"核心观念"〔13〕,更是他

---

〔9〕 关于社会理论研究的跨学科的问题,哈耶克曾反复作了强调:例如他在 1960 年出版的《自由秩序原理》一书中指出,"我们必须把关于自由的哲学、法理学和经济学综合交融为一体,或者说为了增进我们对自由的洞见,我们必须把哲学、法理学和经济学综合起来对自由进行探究"(〔英〕哈耶克:《自由秩序原理》,邓正来译,三联书店 1997 年版,"导论"第 6—7 页);他在 1962 年《经济学、科学和政治学》(The Economy, Science and Politics)一文中也强调指出,"那种只是一个经济学家的人,不可能成为一个好的经济学家,因为几乎不存在仅依据某个单一特定的学科便能恰当回答的问题"(Hayek, *Studies in Philosophy, Politics and Economics*, Routledge & Kegan Paul, 1967, p. 267);他在 1973 年时又指出,"尽管适当的社会经济秩序的问题,在今天乃是从经济学、法理学、政治科学、社会学和伦理学等不同角度加以研究的,但是只有把这个问题视作一个整体问题,方能得到成功的研究"(Hayek, *Law, Legislation and Liberty: Rules and Order* (*I*), The University of Chicago Press, 1973, p. 4)。

〔10〕 我在《哈耶克的社会理论》一文的开篇中就指出:"从他 1924 年发表第一篇论文至 1988 年的最后一部论著《致命的自负》这一长达六十多年的学术生涯中,哈耶克一直在追问各种不同的理论问题;因此,试图仅依据哈耶克的《自由秩序原理》一部著作来把握哈耶克的理论,显然不是一种确当的研究路径。"而且值得注意的是,哈耶克所关注的各种问题经常以交叉复合的方式出现,例如心理学的问题,他早在 20 世纪 20 年代就已经开始研究,然而此后就没有再涉及这个题域,而只是到了 50 年代才又进行了专门研究。

〔11〕 就这个问题而言,我想强调个人生活史与学术发展之间的某种关系,因为人们往往倾向于忽略甚至否认它们之间的关系,然而这种关系,尤其是它们之间的偶然关系,实际上常常会影响甚至改变一个人的学术发展方向。例如,哈耶克之所以能在 1944 年出版《通向奴役之路》一书,在很大的程度上是因为他最初是奥地利人的缘故:当时第二次世界大战已经爆发,他在伦敦经济学院的同事都被招入政府部门为赢得战争出谋策划,而哈耶克因原奥地利国籍的缘故只能留在学院,就是在这样的偶然因素影响下,哈耶克才得以将他的精力投入到对那些使西方世界走向崩溃的各种力量进行深刻的研究之中;再者,哈耶克当时并不想离开英国,但是战争一结束,哈耶克就开始迁往美国,其间的一小部分原因是《通向奴役之路》一书引起的争议,而起决定作用的原因则是他的第二次婚姻,因为这次婚姻使他与当时的许多看不惯此事的经济学同事断绝关系,甚至与他的密友罗宾斯闹翻,近十年不再往来和说话,而这一切对他转而研究非纯粹经济学的问题也一定产生了某种影响。考虑到生活史研究本身所需要的材料问题,本文对此不进行探讨,但是,由此并不能消解这个问题,因此在这里特别提请读者注意这个问题。

〔12〕 参见 S. Fleetwood, *Hayek's Political Economy: The Socio-economics of Order*, London and New York: Routledge, 1995, p. 3;他指出,亚当·斯密的事业,亦即寻求对社会经济秩序的解释,一直延续至 20 世纪,就此人们可以界定出两大趋势:一是由社会政治理论家凸显的趋势,而另一是由可以被称为广义经济学家所呈现的趋势。社会政治理论家,由于相对忽视经济现象,而在某种意义上承续了由霍布斯和卢梭等人发动的事业,即对社会政治面相的秩序进行解释。在经济学家当中,承继斯密事业的思想学派主要有:马克思主义者、一般均衡理论家和奥地利学派(尤其是哈耶克)。

〔13〕 参见拙文,同上注〔3〕所引文,尤其是第二部分"哈耶克的社会理论:规则系统与行动结构",第 227—241 页。

的社会理论试图认识和解释的支配性问题,一如哈耶克本人所说,"社会理论的整个任务,乃在于这样一种努力,即重构存在于社会世界中的各种自生自发的秩序"[14];而 G. C. Roche 则更加明确地指出,"在很大程度上我们要感谢哈耶克的洞见,是他使我们现在认识到了自由与社会组织的密切关系以及自由与法治的密切关系",因为"'自生自发的秩序'概念是哈耶克最伟大的发现,亦是其法学和经济学的根本原理。这项发现可以追溯到亚当·斯密及其'看不见的手'的比喻,亦即认为'市场'是人类社会内的陀螺仪(gyroscope),它不断产生着自生自发的秩序"[15]。

据此,我们可以宣称,对个人自由与社会整体秩序间这种关系的认识和解释就是"哈耶克的终身问题"[16],因为正是这个"哈耶克问题"反映了或支配着哈耶克整个社会理论建构的过程[17],换言之,哈耶克社会理论的繁复建构过程乃是从这一问题中产生并围绕这一问题而展开的。正如哈耶克于1966年"朝圣山学社"东京会议上发表的"自由社会秩序的诸原则"(The Principles of a Liberal Social Order)一文中所指出的,"因此,自由主义源出于对社会事务中存在的一种自我生成的或自生自发的秩序的发现(这种发现会导致这样一种认识,即存在着一种为理论社会科学所研究的对象),这种秩序就是使所有社会成员的知识和技术比在任何由中央指导而创造的秩序中得到更加广泛的运用"[18]。值得我们注意的是,这个所谓的"哈耶克终身问题"并不是如这个术语所隐含的"遮全性"那般一次性确立的,或者说哈耶克的这一社会理论并不是一开始就确立的,因此我们绝不能以这种结果性术语去遮蔽或替代哈耶克型构这个理论问题以及由此而发展其社会理论的丰富和复杂的过程。然而,个人以为,我们却可以把这种作为结果形式的哈耶克问题或社会理论作为我们对其演化过程进行分析的参照构架,而依据此一构架,至少可以凸显出哈耶克在建构他的社会理论的过程中所存在的一些紧密相关但却处于不同层面的"紧张"问题,正如哈耶克本人所指出的:

> 我关于人在新的和不可预见的情形的生活中协调持续性行动需要抽象规则所做的论述,甚至更适用于具体情势中许多不同个人的行动的协调,这些情势只在部分上为每个个人所知道,而且也只有在它们出现的时候才能为他们所知道。这导使我达致,在我个人的学术发展中,我进行所有反思的出发点,而且它或许可以解释为什么我……从专门经

---

[14] Hayek, Kinds of Rationalism, in *Studies in Philosophy, Politics and Economics*, Routledge & Kegan Paul, 1967, p.71.

[15] George C. Roche III, The Relevance of Friedrich A. Hayek, in F. Machlup(ed.), *Essays on Hayek*, Routledge & Kegan Paul, 1977, p.10.

[16] 我之所以把这个自生自发秩序的问题视作"哈耶克的终身问题",实是因为有些论者认为哈耶克只是在20世纪50年代方从迈克·博兰尼的观点中征引了"自生自发秩序"的问题和观念。然而,这种观点并不确切,实际上,哈耶克早在1933年就具有了"自生自发"的观念,当时他在伦敦经济学院发表的教授就职演说中就对我们所承继的复杂的和非设计的社会机制给出了如下评论:"当我们开始理解它们的运作和作用时,我们一次又一次地发现,'自生自发'的制度发挥着必要的功用。如果我们试图依凭审慎设计的调整方式来运作该体制,那么我们就不得不发明这些制度,然而在我们乍见它们时,甚至还不理解它们。"

[17] 参见[英]哈耶克:《致命的自负》,刘戟锋、张来举译,东方出版社1991年版,第106页。

[18] Hayek, The Principles of a Liberal Social Order, in *Studies in Philosophy, Politics and Economics*, Routledge & Kegan Paul, 1967, p.162.

济学转入了对所有那些常常被视为哲学的问题的探究。回顾这些变化，这似乎始于我将近30年前所发表的"经济学与知识"的论文；在这篇论文中，我考察了在我看来纯粹经济学理论所具有的一些核心困难。该文的主要结论是，经济学理论的任务乃在于解释一种经济活动的整体秩序（overall order）是如何实现的，而这个过程运用了并非集中于任何一个心智而只是作为无数不同的个人的独立的知识而存在的大量的知识。但是，从这一认识到获致下述恰当的洞见还有很远的路要走，即个人在其行动中遵循的抽象规则与作为个人回应（亦即在那些抽象规则加施于他的限度内对所遇到的具体而特定的情势所作的回应）的结果而形成的抽象的整体秩序之间关系的洞见。……我达致了我所认为的一幅关于自生自发秩序之性质的全新图景〔19〕

显而易见，如果我们尚无充分的理由把哈耶克在追问社会秩序问题方面表现出来的前后时期的差异，简单地化约为作为结果性成果的哈耶克的社会理论，那么我们就必须首先对如何认识哈耶克社会理论的建构过程这个问题进行追问，因为对这个问题的回答将直接关系到本文如何确定研究哈耶克社会理论建构过程的分析路径的问题。就我个人的阅读范围而言，西方论者在此一方面最为精彩的努力是由 S. Fleetwood 在其所著《哈耶克的政治经济学：社会经济秩序》（参见 S. Fleetwood, *Hayek's Political Economy: The Socio-economics of Order*, London and New York: Routledge, 1995）一书中作出的，而且本文的研究也受到了他的很大影响。他在该著作中指出，就哈耶克社会理论的研究而言，最为重要的是对哈耶克在不同时期的哲学观进行分析〔20〕从我个人的知识取向来讲，我对 Fleetwood 所主张的哲学分析是非常赞同的，但是我对他把"哲学追究"转换成一种研究哈耶克理论的"哲学路径"却持保留态

---

〔19〕 Hayek, *Studies in Philosophy, Politics and Economics*, Routledge & Kegan Paul, 1967, pp. 91—92.

〔20〕 参见 S. Fleetwood, supra note〔12〕；除了 Fleetwood 所主张的这种哲学的研究进路以外，就我个人的阅读所涉，至少还可以指出另外两种努力：一是编年性的研究进路；二是问题归类的研究进路。就前者而言，关于究竟采取何种进路研究哈耶克自由主义思想发展进程的问题颇为复杂，一般论者大都为了回避这个问题而直接采取以哈耶克学术编年的时段为标准而确立的描述方式，其间最为典型的，在我看来，可能是 Andrew Gamble 在其所著 *Hayek: The Iron Cage of Liberty* 一书中所给出的以哈耶克所在国家和时间为标志的描述方式。尽管这种"非分析性"的个人思想编年史为研究者把握哈耶克的各个时段的思想关注点提供了某个向度的线索，但是显而易见，这种仅以非学术的个人性"时空"事件简单地切割哈耶克的社会理论建构过程却负面甚多，囿于篇幅，此处不赘。

关于上述以问题为核心的第二种研究进路，最为明确地体现在 N. Bosanquet 把哈耶克思想划分为"三个主要阶段"的进路之中（参见 N. Bosanquet, *After the New Right*, London: Heinemann, 1983）。在他的分析框架中，他把哈耶克的自由主义思想理解为"从几个有关知识和行为的核心命题出发而形成的关于一系列问题的连续一贯的观念的发展，而其间似有三个主要阶段"（p.28）：第一个阶段是从 1936 年至 1953 年的所谓的"主观主义"阶段，其间哈耶克所集中关注的乃是知识和心理学等问题；第二个阶段则从 1960 年至 70 年代初期，其间哈耶克所主要关注的是政治哲学和法学问题，而核心论题则是自由以及如何以最好的方式来维护自由的问题；第三个阶段则以哈耶克于 1973 年至 1979 年期间所撰写的《法律、立法与自由》为标志，而其间的论题则侧重于自生自发的秩序、社会行为规则、进化理性主义、立宪形式等问题。对于 Bosanquet 以 1936 年为其"三个阶段划分法"的时间起点，我是完全同意的。我之所以赞成这个时间起点，乃是因为 1936 年实际上是哈耶克发表"经济学与知识"演讲的一年，而这篇演讲稿则标志着他对当时的主流经济学的否弃和对实证主义的背离，正如哈耶克晚年所指出的，这篇以演讲为基础的论文之发表，"是我世界观改变的关键点"（S. Kresge & L. Wenar, *Hayek on Hayek*, London: Routledge, 1994, p.80）。然而，我也必须指出，我对 Bosanquet 以 1936 年为研究哈耶克社会理论的时间起点的赞成，并不意味着我也赞同他立基于此的"三阶段划分法"。因为，在我看来，Bosanquet 的划分法乃是以这样一个进路为基础的，即构成哈耶克研究的实质性三个阶段的各种问题，而这些问题却在较为一般的意义上遮蔽了哈耶克终身试图解决的一个支配性问题，亦即我在前文中指出的关于个人自由与社会整体秩序间关系的认识和解释的"哈耶克问题"。个人以为，哈耶克在不同时期对各种问题的关注，实际上都是哈耶克试图在更深刻的层面上洞识和解释这个"哈耶克问题"而逐步展开的，换言之，正是这个"哈耶克问题"支配着哈耶克整个社会理论建构的过程。基于上述考虑，本文也不准备采纳这两种研究进路。

度,因为哈耶克在他的研究中并没有专门就其哲学观的问题进行过讨论,而且我们也没有充分的理由表明哈耶克是从哲学观入手展开其社会理论研究的,相反,哈耶克实际上是经由真实的社会研究过程而不断展示其哲学观的[21],因此在我看来,这种在哈耶克那里"被展示"的哲学观本身,只能成为我们研究哈耶克社会理论的对象,而不能成为我们的研究路径。

我认为,要理解哈耶克社会理论的建构过程,关键之处在于把握哈耶克在不同时期设问自生自发秩序这个问题所依凭的知识观,因为在我看来,哈耶克关于这个问题的答案在一定程度上已隐含在他的相关的问式之中,而这些问式所涉的范围和深度则又取决于他在不同时期所选择的知识观。然而,欲把握哈耶克不同时期的知识观,要害又在于对那些使这些知识观成为可能的核心概念进行探究和理解,因为归根结底,哈耶克在不同时期对知识观的选择及其可能性并不是通过哲学叙述完成的,而是通过核心概念的转换或发展来实现的——这些核心概念不仅反映了哈耶克的知识观及其思维方式,而且还在更深的层面上决定了哈耶克进一步提出理论问题的可能性和发展或修正某种知识观的可能性;更为重要的是,这些核心概念的转换过程本身,标示出了哈耶克知识观的转换或发展过程,进而也展示了哈耶克立基于这一知识观发展过程之上的社会理论的建构过程。依据这个前提性判断,我们就必需依循哈耶克在此一过程中所采纳的核心概念以及其间所存有的理论发展脉络,以发现哈耶克在不同时期所设定的不同的具体理论问题,进而揭示出哈耶克社会理论的建构过程所依凭的知识观。因此,对那些支配了哈耶克知识观及其理论问题的核心概念进行爬梳和厘定,对构成这些概念之间的转换的逻辑脉络加以分析,进而认识和把握哈耶克社会理论的建构过程,便是本文所设定的基本分析进路;而透过这一分析进路并经由我所认为的哈耶克社会理论的核心概念,揭示出促成哈耶克实质性社会理论发生变化之背后的运思脉络和那些为人们熟视无睹的核心概念所开放出来的各种理论问题,则构成了本文所欲达到的目的。当然,哈耶克本人的反思性文字也足以表明本文所设定的分析路径的重要意义,一如他在1988年发表的最后一部论著《致命的自负》总结自己研究的结论性文字中所指出的,"理解信息(或者实践性知识)的传播所发挥的作用,为理解扩展的秩序打开了方便之门。……我坦率地承认,从我在'经济学与知识'这篇论文中实现的第一次突破,到对'作为发现过程的竞争'的承认,以及我的论文'知识的诡妄',直到最后提出我的信息分散理论并从中导出我关于自发形成优于中央指令的结论,实在是花了相当长的一段时间"[22]。

当然,从不同的追问目的或角度出发,我们可以在哈耶克社会理论中确立或发现不同的核心概念,然而具体到哈耶克社会理论的建构过程来讲,我认为最为重要的却是那些构成哈耶克知识观之基础的概念:"分立的个人知识"、"知道如何"的默会知识和"无知",因为正是经由这些核心概念的引入和转换,哈耶克实现了我所谓的从"知"到

---

[21] 参见〔英〕哈耶克:《个人主义:真与伪》,载《个人主义与经济秩序》,贾湛等译,北京经济学院出版社1991年版,第1—31页,尤其是其间哈耶克对那种以个人孤立存在的虚构假设为基础的伪个人主义的批判以及对那种以个人作为社会存在为基础的真个人主义的主张。此外,即使Fleetwood所关注的哈耶克的哲学观具有前设作用,但是哲学观本身的可能性乃至选择性还是需要依赖相关的概念工具作为先导。

[22] 〔英〕哈耶克,同上注[17]所引书,第124—125页。

"无知"脉络上的知识观的转换,并在这个基础上提出了他关于自生自发秩序的不同的具体问题,而他在不同时期对这些不同问题的不同回答也恰恰成了他的社会理论建构过程的表征。正是立基于这三个核心概念,形成了本文的叙述架构:第一部分侧重于讨论"知"意义上的"分立的个人知识",并由此指出哈耶克从"观念依赖"到"观念决定"的主观主义发展过程;第三部分则强调"无知"意义上的知识观的建构过程,并明确指出哈耶克由此发现的"一般性社会行为规则"对其真正建构社会理论的意义;而第二部分则通过对"默会知识"这个核心概念的分析而力图揭示出哈耶克知识观发生转换的承前继后的阶段。

哈耶克在早年追问社会整体秩序如何形成的问题时所强调的最为重要的论题之一乃是"知识"(knowledge),一如他在1936年发表的"经济学与知识"一文中所指出的,"我刚才讨论过的问题是关于人们可能获得必要知识的条件,以及获取这些知识所通过的途径;这些问题在过去的讨论中至少还得到一些重视。但是,还有一个更深刻的问题,我看起码与上述问题具有同等的重要性,可是却似乎根本没有引起人们的注意。这个问题是,不同的个体必须拥有多少知识以及何种知识,我们才能够谈及均衡"[23]。当然,哈耶克在20世纪60年代以后所强调的依旧是"知识"或"如何运用知识"的论题,然而值得我们注意的是,正是这里存在着哈耶克前后所依凭的知识观之间的差异:前者的"知识"是在"知"的知识观脉络上展开的理论建构,后者的"知识"则是在"无知"的知识观意义上进行的理论重塑和发展,因为哈耶克于50年代末和60年代初开始转而诉诸苏格拉底式的知识论,一如他在其所撰《自由秩序原理》一书中所宣称的:"苏格拉底认为,承认我们的无知乃是开智启慧之母"[24],并且在1964年又告诫我们说,"是我们更认真看待无知的时候了"[25]。正是在这种"无知"的知识观而非"知"的知识观的支配下,哈耶克在80年代初指出,"我渐渐相信,市场秩序的目标从而也是我们解释的对象……,乃是如何应对每个人对大多数决定市场秩序的特殊事实所具有的不可避免的无知"[26]。当然,在1988年出版的《致命的自负》这本论著中,哈耶克更加明确地指出了这个问题:"我们早先的主张,即获得的传统服务于'对未知的适应',必须从严格的意义上予以对待。对未知的适应乃是一切进化的关键,现代市场秩序不断使自身与其相适应的事件总体,的确对任何人来说都是未知的东西。"[27]

毋庸置疑,哈耶克透过设定"知识"或"如何运用知识"的论题而切入自生自发秩序问题所凭靠的知识观之间的差异极具关键意义,因为它首先导致了哈耶克在"自生自发秩序"这个一般性问题下前后所设定的具体问题本身之间的"紧张"。众所周知,哈耶克早在1936年"经济学与知识"的演讲中就指出:"存在于不同的心智之中

---

[23]〔英〕哈耶克:《个人主义与经济秩序》,贾湛等译,北京经济学院出版社1991年版,第48页。

[24]〔英〕哈耶克:《自由秩序原理》,邓正来译,三联书店1997年版,第19页。

[25] Hayek, The Theory of Complex Phenomena, in *Studies in Philosophy, Politics and Economics*, Routledge & Kegan Paul, 1967, p.39.

[26] Hayek, *Knowledge, Evolution and Society*, London: Adam Smith Institute, 1983, p. 19.

[27]〔英〕哈耶克,同上注[17]所引书,第106页。这里需要注意的是,哈耶克自20世纪60年代起所强调的是"无知"(ignorance),而在晚年却强调"未知"(unknowing),尽管这在知识观上未发生质的变化,但是毕竟牵涉行动者对客观存在的社会行为规则的认识可能性的问题,所以意义极为丰富。囿于篇幅,本文无法给出详尽讨论。

的零星知识的结合,是如何可能导致这样的结果的,即如果人们要经由思虑而刻意导致这样的结果,那么它就要求指挥者的心智拥有一种任何单个个人所不可能拥有的知识?"〔28〕当哈耶克在60年代回顾其早年学术发展过程的时候,再次确认了这个问题,并指出他提出自生自发秩序观念最早就是为了解决这样一个具体的经济学难题,亦即为了"解释整个经济活动的秩序是如何实现的,这个过程运用了大量的知识,而这些知识并不是集中在任何单个人脑中的知识,而仅仅是作为不计其数的不同的个人的分立的知识而存在的"〔29〕。然而,需要我们注意的是,哈耶克在60年代的一系列著述中却提出了一个与此相关但却不尽相同的问题,亦即他在1965年发表的"理性主义的种类"一文中以比较明确的方式提出的问题:"个人在其行动中遵循的抽象规则与那种抽象的整体秩序之间的种种关系,那种抽象的秩序乃是个人在那些抽象的规则加施于他的限度内对所遇到的具体而特殊的情形所作出的反应的结果。"〔30〕

显而易见,哈耶克在30年代与60年代提出的具体问题之间存在着某种根本性的差异。一方面,我们可以通过把它们转换成命题的方式来揭示它们的差异:前者可以表述为这样一个命题,即整体社会秩序乃是经由个人行动者之间的互动而达致的;而后者则可以表述为又一个命题,即整体社会秩序不仅是由个人行动者间的互动达致的,而且更是由行动者与表现为一般性抽象结构的社会行为规则之间的互动而形成的。另一方面,我们还可以通过把它们转换成实质性问题的方式来指出它们间的差异,因为一如我们所知,这里的关键在于,社会秩序问题的设定所要求的远不止于对这种秩序所赖以为基的条件进行形式层面的描述,而是必须对置身于该社会秩序之中的行动者是如何始动其行动这个实质性问题进行追究:这样,前者可以转换成行动者是如何在"知"的情形下始动其行动并相互协调的;而后者又可以表述为行动者是如何在对一般性社会行为规则"无知"的情形下进行其行动并应对这种无知的。

哈耶克关于自生自发秩序两个实质性问题的设定以及他产生这两个问题的认识路径的不同,无疑还会导致他对这些问题的探究——亦即他的实质性社会理论——极具差异,因为对行动者如何根据沟通性知识以协调他们行动的问题进行探究是一回事,而对行动者在处于无知状态下协调他们行动的问题进行追究则是完全不同的另一回事。更为重要的是,这种最终可以表述为从自生自发秩序只是由人与人之间的互动构成的命题向自生自发秩序毋宁是由此基础上的人与其外部世界的互动关系构成的命题的转换,还在更深的层面上表现出 Fleetwood 所尖锐指出的哈耶克社会理论在哲学本体论层面的根本转换,亦即从早期的以行动者观念构成社会世界的主观主义本体论向社会行为规则乃是客观存在的实体性本体论的转换〔31〕这是因为一旦哈耶克认识到了行动者能够在无知的状况下协调他们的行动并形成社会秩序,那么他实际上也就在更深的一个层面上预设了某种独立于行动者的知识但却切实影响或支

---

〔28〕 〔英〕哈耶克,同上注〔23〕所引书,第52页(译文有所改动——本文作者注)。
〔29〕 Hayek, supra note〔19〕, p.92.
〔30〕 Hayek, Kinds of Rationalism, in *Studies in Philosophy, Politics and Economics*, Routledge & Kegan Paul, 1967, p.92.
〔31〕 See S. Fleetwood, supra note〔12〕, pp.1—20.

配行动者之行动的社会行为规则亦即哈耶克所谓的"一般性的抽象规则"的存在,从而行动者并不知道的社会行为规则以及行动者与这些规则之间的互动也就成为哈耶克真正进入社会理论的途径并且还直接关涉他的社会理论新的研究对象的建构。

一、"知"意义上的分立知识观

影响哈耶克社会理论发展的知识观,最初是他在20世纪20年代参与"社会主义计划计算"的大论战的过程中通过提出"分立的个人知识"这个核心概念而达致的。当时由他负责编辑并撰写导论的《集体主义经济计划》(Collectivist Economic Planning)这部批判Lange等人观点的论文集,就反映了他在这一方面的知识努力,因为哈耶克在批判这类"计算谬误"的过程中,正如Andrew Gamble在其所著Hayek: The Iron Cage of Liberty一书中所指出的,他"必须阐明奥地利学派反对新古典经济学各种假设的理由,并经由此一阐释而发展出了他关于知识的理论,而他的这一理论构成了他对社会科学的最为深远的贡献"[32]。的确,从思想渊源来讲,哈耶克不仅承继了由门格尔(Menger)[33]首创并由其导师F. von Wieser及其同事米塞斯(L. von Mises)所推进的奥地利经济学派,而且还在此一基础上原创性地深化并精化了奥地利学派的主观价值理论——该理论认为,价值是由行动者的主观偏好赋予资源之上的,且不能被解释为资源的一种内在固有的品质。正是这一深刻的洞见,终止了以李嘉图、穆勒和马克思等人为代表的那种认为价值须从客观角度加以分析的古典经济学理论传统的支配地位。[34] 但是值得我们注意的是,哈耶克在主观论方向上走得更远,因为他在此

---

[32] Andrew Gamble, *Hayek: The Iron Cage of Liberty*, Westview Press, 1996, p. 67. 此外需要指出的是,《集体主义经济计划》一书由哈耶克编辑并于1935年出版,该书收入了米塞斯一篇新论文的译文和其他一些论者对米塞斯观点进行修正和补充的文章,同时由哈耶克作序并收入了他的两篇论文:一是"关于此一问题的历史和性质"(The Nature and History of the Problem),二是"此次论战的状况"(The State of the Debate);当然,这两篇文章后来也被收入哈耶克《个人主义与经济秩序》的论文集中。在这些文字中,哈耶克对主流经济学关于人对所有相关基据拥有完全知识的假设进行了批判,认为这对于人而言,不仅是不可行的,而且也是不可能的。

[33] 卡尔·门格尔(1840—1921)从1873年至1903年退休一直是维也纳大学的教授,是奥地利主观价值论经济学派的创始人,也是最初激励哈耶克从事经济学研究的学者。1934年,哈耶克欣然接受了由伦敦经济学院资助发起的重新编辑门格尔著述这一任务。在编辑工作的过程中,哈耶克对门格尔关于社会科学方法论的著述给予了极为严肃的关注,这或许是他第一次如此关注门格尔的社会科学方法论思想。一如哈耶克在晚些时候所指出的,在门格尔的著述中,"有关制度自生自发的观念,比我阅读过的任何其他著作都阐述得更加精彩"(参见S. Kresge & L. Wenar, *Hayek on Hayek*, London: Routledge, 1994, pp. 13—14);因此,我们可以将门格尔的思想视作哈耶克的一个重要的思想渊源。

[34] 就此而言,我所指的主要是哈耶克对米塞斯观点的发展。米塞斯的努力主要在于表明理性计算在社会主义经济中的不可能性,因为他认为,在没有自由市场的情况下,就不会有价格机制,而且在没有价格机制的情况下,给定根据劳动而非货币的计算的缺陷,就不可能有经济计算。哈耶克在一般的意义上接受米塞斯的这一立场,但是哈耶克对集体主义的批判则在于表明,经济中的根本问题并不是计算的问题,而是一个知识论的问题。一如他在"知识在社会中的运用"一文中所解释的,当我们试图建构一"理性的经济秩序"时所要解决的问题,并不是一个如果我们拥有了所有有关偏好和生产因素的相关信息就能克服的逻辑问题,这是因为经济计算所始于的资料数据,绝不可能为任何个人心智所完全掌握。相反,一合理经济秩序的问题的性质,"完全是由这样一个事实决定的,即我们必须运用的关于各种情势的知识,从未以集中的或整合的形式存在过,而且是作为彼此独立的个人所掌握的不完全的和常常是相互矛盾的知识的分散的部分而存在的"(参见[英]哈耶克,同上注[23]所引书,第74页)。

后指出，甚至连社会研究的基据本身也是主观现象。

哈耶克把奥地利经济学派的主观价值理论扩展至整个社会客体的领域的立场，最为明确地见之于他在1936年发表的"经济学与知识"的著名演讲〔35〕。在这篇演讲中，哈耶克在批判主流经济学理论的一般均衡模式时强调了三个方面的问题：一是关于个人计划在经济活动中是不相一致的；二是被经济学界视为哈耶克立基于"劳动分工"之上提出的最具原创力的"知识分工"（division of knowledge）问题；三是关于市场经由价格机制传播知识而具有着致使人们的计划相协调的作用的问题。正是通过对上述三个问题的强调，哈耶克显然已开始着手处理这样一个一般性的理论问题，即社会秩序是如何创造并维续自身的问题。当然，早在20年代，哈耶克在试图解释感觉如何转换成认知问题的心理学论文中就已然初步洞见到了这个问题；然而需要指出的是，在哈耶克的这篇早年的心理学论文中，这个有关秩序的问题乃是在人之生理学和心理学的运思脉络中加以讨论的，而在1936年的"经济学与知识"论文中，这个问题在很大程度上则是在人类社会组织的运思脉络中予以探究的〔36〕，并且由此形成了"自生自发秩序"问题的雏形——亦即侧重于市场的自生自发秩序的问题。

"经济学与知识"这篇论文的发表，可以说是哈耶克学术生涯中的一个重要的转折点，因为他由此建构起了"分立的个人知识"概念，进而确立了"知"意义上的主观知识观；这可以通过哈耶克在社会理论研究方面的两个向度上的主要发展线索而得到展示。第一条线索是哈耶克对处于支配地位的实证主义的否定，而这又表现在两个方面：首先，哈耶克对他自己所接受的实证主义进行了否弃。在1936或1935年以前，一如我们所周知的，哈耶克大体上可以被视为一个实证主义者，他对"狭隘的专门经济学"的信奉实是因他采纳实证主义观点所致，进而也是因他在更深的层面上采纳了一种经验主义的本体论所致〔37〕，哈耶克本人于1942年在剑桥大学伦理科学俱乐部所作的著名演讲"社会科学的事实"中也承认："我本人起初是满怀着对自然科学方法普遍有效的信心来开始详尽探讨自己的论题（即社会科学）的；不仅我最初的专门训练，在很大程度上乃是狭义的科学训练，而且在哲学或科学方法方面，我所受的少得可怜的训练，也完全是E. 马赫学派式的训练，此后也只是逻辑实证主义式的训练。"〔38〕正是这样一种实证主义式的训练，在相当大的程度上规定了他只能对经验领域进行探究，这即是说，他必须把经验性质的事件作为他的研究对象并根据此一对象展开他的研究；因此，在1936年以前，哈耶克基本上与其他实证主义经济学家一样，也把均衡观念以及支撑此一观念的一系列知识假设视作社会经济活动的组织原则。

其次，哈耶克在意识到主流经济学关于知识的假设极端肤浅的基础上对这种经济学所隐含的一系列观念展开了批判。正如一些研究哈耶克思

---

〔35〕 关于哈耶克《经济学与知识》一文对主观主义价值论的推进，请参见 S. Kresge & L. Wenar, supra note 〔33〕, pp. 13—15。

〔36〕 Ibid.

〔37〕 关于哈耶克的实证主义问题，请参见 T. Lawson, Developments in Hayek's Social Theorising, in S. Frowen (ed.), *Hayek the Economist and Social Philosopher: A Critical Retrospect*, London: Macmillan, 1995。

〔38〕 〔英〕哈耶克，同上注〔23〕所引书，第54—55页（译文有所改动——本文作者注）。

想的西方论者所指出的,哈耶克"经济学与知识"一文"所具有的意涵,实际上乃是对那些构成实证主义经济学计量经济学(econometrics)和任何试图建构'宏观经济学'的努力之基础的逻辑预设和经验假设的否弃"[39],也即是对当时占支配地位的实证主义科学观的背离。哈耶克对主流实证主义经济学的背离,最主要地表现在他对那种含括了均衡理论的"经济人"(Homo economcns)观念的否定,并对其间所隐含的有关知识是客观的且可为行动者和经济学家依据科学方法获得这个支配性假设的彻底否弃,而这个假设就浓缩在"给定基据"(given data)这样一个概念之中。哈耶克明确指出:"合理的经济秩序问题之所以有这么一个独立的性质,是因为我们所必须利用的关于各种具体情况的知识,从未以集中的或完整的形式存在,而只是以不全面而且时常矛盾的形式为各自独立的个人所掌握。这样,如果'给定'在此意指给定一个能有意识地解决这些'数据'所构成的问题的单一心智,那么社会的经济问题就不只是如何分配'给定'的资源,而是如何确保充分利用每个社会成员所知道的资源,因为其相对重要性只有这些个人才知道。简而言之,它是一个如何利用并非整体地给定任何人的知识的问题"[40]。于此,哈耶克还进一步强调指出,所谓"客观事实"的知识实际上并不是客观的,而是为行动者主观拥有的或者是主观解释的,它们是分散的或分立的且受制于持续的变化,为行动者以不同的量所拥有[41]。因此,诸如货币、资本和工具这类社会客体,实际上是由行动者的信念和观念构成的,更为确切地说,它们具有着一种"观念依赖"(idea-dependent)的品格,因此人们绝不能以客观的或物理的方法对它们进行分析。

哈耶克这篇"经济学与知识"的论文所表现出来的不仅是从一个"否定"的向度推进了他对其个人此前的和主流的实证主义经济学研究的背离,而且同时也是从一个"肯定"的路向启动了标示着他此后为之持续不断发展的非实证主义的社会理论研究——这即是上述哈耶克理论研究发展的第二条主要线索;就此而言,哈耶克甚至指出,行动者之间经由时间而发现和传播"分立的个人知识"的方式,乃是社会理论理解经济行动如何得以协调或社会秩序如何得以自行创造和维续的关键之所在。毋庸置疑,哈耶克对实证主义的否弃以及其后对主观主义的采纳,必定与他关注知识的经济学思考紧密相关,一如 Weimer 所宣称的,"哈耶克至始至终都是一个知识论者,尤其当他处理专门经济学的时候"[42];当然,哈耶克本人也明确指出:"这里显然存在着一个知识分工的问题,它与劳动分工问题非常相似,起码具有同等的重要性。但是,自从我们的科学诞生以来,后者就是研究的主要课题之一,而前者则完全被忽略了,尽管在我看来这个问题实际上是作为社会科学的经济学的中心问题。我们力图解决的问题是,每个仅拥有一点知识的许多人自发的相互活

---

[39] S. Kresge & L. Wenar, supra note [33], p.13.
[40] [英]哈耶克,同上注[23]所引书,第74—75页(译文有所改动——本文作者注)。
[41] 参见[英]哈耶克:《经济学与知识》,载《个人主义与经济秩序》,贾湛等译,北京经济学院出版社1991年版,第32—53页。
[42] W. Weimer & D. Palermo, *Cognition and the Symbolic Process*, London: Lawrence Erlbaum, 1982, p.263. 值得我们注意的是,我在这里之所以采用"关于知识的经济学思考"的说法,乃是为了区别于国内当下颇为流行的"知识经济学"的说法,因为后者所强调的与哈耶克的观点相差甚远,它所侧重的基本上是科学知识和科技知识在经济发展中的作用,尚未触及自生自发秩序以及相关的非唯理主义的知识观问题。

动,怎样导致了价格与成本相一致的状态,等等。"[43]显而易见,哈耶克经由"分立的个人知识"概念的引入而对知识或知识分工重要性的意识,一方面导致他的实质性社会经济理论发生了极大的变化,因为这一洞见开放了哈耶克社会理论研究的对象并且使其有可能在一个新的基础上重新建构研究对象:除了原有研究对象中的感觉经验中给定的事件和行动以外,还包括了为行动者所拥有的观念或理念;另一方面,哈耶克经由"分立的个人知识"概念的提出,也在一个更为深刻的层面上开放出了某种可能性,即他在知识观和本体论立场方面发生相应变化的可能性,因为一如上述,这一核心概念所隐含的深刻洞见开放出了一个比事件或行动更为深刻的题域——即行动者所拥有的观念或理念的题域,而正是这一变化促使哈耶克有可能在此一题域中不再把"基据"视作某种独立于行动者的识别的客观现象,而是作为一种与主观的行动者观念紧密勾连的东西。

值得我们注意的是,1942年以后,哈耶克立基于"分立的个人知识"而在社会理论的主观方面走得更远了,亦即从前述的"观念依赖"转向了此时的"观念决定"(idea-determined)立场——我所谓的"知识首位性"的立场,因为他在1942年发表的"科学主义与社会研究"(Scientism and the Study of Society)论文中彻底将客观的、心智不涉的现象从社会理论的研究对象中排除了出去,一如他所言,"就人之行动而言,事物乃是行动之人所认为之物"[44];不仅如此,哈耶克甚至更加明确地指出,反思的或有意识的观念不仅构成了行动者采取行动的基础,进而也构成了社会科学研究的基据:"社会科学……所关注的乃是人之有意识的或反思的行动。"[45]指出这一点极为重要,因为这意味着哈耶克在这个时候还未能意识到"分立的个人知识"这个概念本身所具有的限度,也未能达及这样一种观点,即人之行动往往立基于其无意识拥有的观念或以默会(tacit)方式拥有的知识,尤其需要强调的是,行动者在"无知"的意义上以默会的方式遵循社会行为规则的问题尚未进入哈耶克的社会理论建构过程之中。[46]

上文关于哈耶克透过"分立的个人知识"这个概念而在批判实证主义经济学和转向主观主义知识论的过程中所形成的"知识首位性"的讨论,在一定的意义上揭示出了哈耶克形成关于知识首位性的认识途径以及经由这种意识的确立而必然导致的他对社会理论研究对象进行重新建构的脉络,然而,哈耶克立基于"分立的个人知识"之上的"知识首位性",乃是以"知识种类"的存在为前提的;而对这一前提的承认,又必然关涉不同知识在地位上的相对重要性这个问题,当然,其间最为重要的乃是哈耶克对"理论知识"(theoretical knowledge)限度的深刻洞见。哈耶克在1945年发表的"知识在社会中的运用"论文中指出:"在这一点上,不同种类的知识,其地位显然是不同的。所以,回答我们问题的关键就在于不同种类知识的相对重要性:是那些更可能为特定个人所支配的知识重要呢?还是那些我们认为更为被经适当挑选的专家所组成的权威机构所掌握的知识重要?"[47]再者,在哈耶克那里,理论知识始终而且只能是有关抽象秩序或模式的知识,甚至往往

---

[43]〔英〕哈耶克,同上注[23]所引书,第48页。
[44] Hayek, Scientism and the Study of Society, *Economica*, 1942, p. 278.
[45] Ibid., p. 277.
[46] See S. Fleetwood, supra note [12], p. 44.
[47]〔英〕哈耶克,同上注[23]所引书,第76页。

只是人们据以理解这类秩序或模式的原理的知识,但是这种理论知识却是以巨大无边的"分立的个人知识"为背景和为依托的。实际上,恰恰是这种"分立的个人知识",亦即这种"不为他人所知的对一瞬即逝的情况的专门了解,在社会中起着重大的作用。奇怪的是,这种知识今天一般遭到蔑视,掌握这种知识的人如果胜过掌握更好的理论或技术知识的人,那么他几乎就会被认为是行为不端"[48]。

尽管哈耶克关于分立的个人知识与理论知识的界分及其规定的关系本身不是本文所关注的重点,但是哈耶克的这一界分并非无关宏旨,因为这一界分至少具有如下的意义:第一,在人们日常的认识当中,"知识"这一术语的通常用法,往往趋于遮蔽这样一个重要的事实,即知识实际上并不是同质的(homogeneous);而哈耶克关于"知识种类"的深刻洞见,不仅为他界分"分立的个人知识"与"理论知识"提供了知识论基础,而且也为他此后在更为深刻的层面上界分"分立的个人知识"本身提供了知识论上的可能性,更为重要的是它还表明哈耶克有可能已然意识到了人们以不同的方式获得"知识"或以不同的方式"知道"的可能性。第二,正是"知识种类"这一前提的确立,隐含了哈耶克对理论知识限度的意识以及他于此后对那种在当时构成支配话语的"科学主义"的根本批判,一如哈耶克所反复强调指出的,"如果当前人们广泛地认为后者(即为专家和权威机构所支配的知识)更为重要,那只是因为一种叫科学知识的知识在公众的想象中占据了至高无上的地位,以致我们几乎忘记了这种知识并非绝无仅有"[49]。第三,哈耶克关于"理论知识"对"分立的个人知识"的依附性的命题所导致的一个最为重要的后果,即是哈耶克根据这个对理论知识的怀疑论认识而得以把市场价格体系视作一种协调个人知识的机制,因为至少从理论上讲,非中央控制(decentralized)的市场允许个人运用他们自己特有的关于特定时空的知识,而且也只有市场"才能保证及时利用有关特定时间和地点之具体情势的知识"[50]。也因此,哈耶克在1962年任弗莱堡大学政治经济学教授时所发表的就职演讲"经济学、科学和政治学"(The Economy, Science, and Politics)中对经济学家提出了严肃的告诫,"并不是因为经济学家知道太多,而是因为他知道进行成功干预他必须知道多少东西,而且也是因为他知道他将永远不会知道所有相关的情势,所以他就应当尽量不建议采取一些孤立的干预措施,即使在理论告诉他这些措施有时会产生裨益的情形下也是如此"[51]。

毋庸置疑,阐明哈耶克在社会秩序研究过程中形成的"分立的个人知识"与"理论知识"的界分观,显然为我们进一步探究哈耶克的知识观设定了限度或路径,但是仅此尚不足以使我们洞见到哈耶克此时主张的"分立的个人知识"的特性,因此我们还需要对他的这个概念做进一步的厘定。

哈耶克所谓的"分立的个人知识",套用他本人的话来说,乃是一种为不同的个人分散拥有的关于"特定时空下的情势"的知识;当然,哈耶克

---

[48] 同上注,第77页。
[49] 同上注,第76页。
[50] 同上注,第79—80页。
[51] Hayek, The Economy, Science, and Politics, in *Studies in Philosophy, Politics and Economics*, Routledge & Kegan Paul, 1967, p. 264.

在1936年时对此尚不明确,当时他把这种知识称之为与特定的人具有关系的"相关的知识"[52],而只是在1945年的论文中才大量使用"特定时间和地点的知识"[53]或为"现场的人"所拥有的关于"特定时空下的情势的知识"[54]。显而易见,这种关于"特定时空下的情势的知识"实际上还隐含着各种不同种类的知识:第一,这种行动者关于"即时性环境的事实的知识"显然包括一种独立于"知道者"(knower)而隐含于一系列形式制度中的知识种类。这种知识隐存于教育、图书馆、传媒广告等这类形式制度中,并且具有相当高的时间性和地方性,任何行动者都可以经由学习而获得这种地方性知识并在社会活动中使用它和发展它。第二,这种关于"特定时空情势的知识"当然也包括那种为行动者以外的其他行动者所拥有的知识,亦即有一知道主体的知识种类,而这种知识也是可以为特定的行动者在社会互动中"发现的"。但是需要强调指出的是,这种关于"特定时空下的情势的知识"中的不同知识种类,尽管是哈耶克经由对"分立的个人知识"与"理论知识"界分的突破而在"分立的个人知识"题域中的拓展运用,然却并未涉及此一题域中知识的不同性质问题。

显而易见,哈耶克所言的这种知识,第一个特性就是它所具有的"分散性"或"分立性",这是因为哈耶克认为,并不存在一种整合了的社会知识,也不存在那种把全部知识都化约成"科学知识"的知识,所存在的只是无法加以组织的为无数个人所特有分立的知识:尽管在"今天,谁要是认为科学知识不是全部知识的概括,简直就是异端邪说。但是稍加思索就会知道,当然还存在许多非常重要但未组织起来的知识,即有关特定时间和地点的知识,它们在一般意义上甚至不可能被称为科学的知识。但正是在这方面,每个人实际上都对所有其他人来说具有某种优势,因为每个人都掌握着可以利用的独一无二的信息,而基于这种信息的决策只有由每个个人作出,或由他积极参与作出,这种信息才能被利用"[55]。这里需要再一次强调,知识的这种"分散特性"所关涉的还只是知识的一种存在状态,而未能涉及知识本身的内在性质,而关于后者,我们将在下文讨论。

其次,上述那种关于"特定时间和空间的情势"的分立的个人知识,实际上是一种"可以发现的"或"可传播的"和"可以阐明的"知识,因为在哈耶克那里,这种知识主要是一种独立于"知道者"且常常隐含于各种形式制度之中或为其他行动者所拥有的知识,所以行动者本人未必一开始就拥有这种知识,但是他们却能够经由学习等手段而掌握这类知识;而这也就意味着,行动者对这类知识的把握和传播,实是以一种"知"或"有意识"的方式达致的,因为行动者知道他们所需要的知识和所知道的东西并且能够阐明它们。从这个意义上讲,哈耶克此时所宣称的关于"特定时空下的情势的知识"只是一种吉尔伯特·赖尔意义上的"知道那个"(know that)的知识,而非他所指出的那种"知道如何"(know how)的知识。值得我们注意的是,正是哈耶克宣称的这种知识具有着"知道那个"的知识的品格,所以他在此一阶段的研究中也就更关注个人所拥有的实质性知识

---

[52] 〔英〕哈耶克,同上注〔23〕所引书,第48页。
[53] 同上注,第77页。
[54] 同上注,第78—79页。
[55] 同上注。

的问题〔56〕,进而在考虑如何协调分散的知识的过程中也只能强调对知识的量的追求,哈耶克对此曾极为明确地指出:关于制度的效率问题,"主要取决于我们可望在哪一种制度下能够更为充分地利用现有的知识,而知识的充分利用又取决于我们怎样做才更有可能取得成功;是将所有应被利用的但原来分散在许多不同的个人间的知识交由一个单一的中央权威机构来处理呢,还是把每个人所需要的附加的知识都灌输给他们,以使他们的计划能与别人的计划相吻合"〔57〕?

从逻辑上讲,只要哈耶克经由"分立的个人知识"概念的提出而开始质疑主流经济学处理知识问题时所采用的实证主义的方法,只要哈耶克因此而采取主观主义的知识观和社会科学中方法论个人主义的进路,他就不仅会对社会的非同质性保有高度的警省,进而考虑知识的构成问题,而且还必定会主张不同情形和环境中的不同行动者拥有着不同量的实质性知识,进而探究这些行动者发现和传播这类知识并增进这类知识的发现和传播所依凭的机制问题,而这个问题则实实在在与哈耶克所试图回答的有关社会秩序如何维续和发展自身的问题紧密相关。

实际上,哈耶克在 1936 年"经济学与知识"一文中就已经初步意识到了发现和传播这类知识的问题,一如他在当时所指出的,"所有社会科学的核心问题乃是,存在于不同的心智之中的零星知识的结合,是如何可能导致这样的结果的,即如果人们要经由思虑而刻意导致这样的结果,那么它就要求指挥者的心智拥有一种任何单个个人所不可能拥有的知识"〔58〕。但是,哈耶克于此时的论述虽说触及了这个问题并且还有可能开放出有关增进这种知识发现和传播的机制的问题,然而这毕竟还只是一个问题,因为哈耶克尚不具有相应的概念工具和理论对它进行审视。即使一如上述,哈耶克于 1942 年发表的"科学主义与社会研究"和"社会科学的事实"这两篇论文虽说都明确发展了 1936 年论文中所提出的主观论题,但因论题的限制也未能对知识的发现和传播的机制问题进行专门的探究。只是在 1945 年发表的"知识在社会中的运用"的论文中,哈耶克才真正开始对这个问题展开了讨论,据此,我们有必要对他在该文中所作的论述进行比较详尽的征引:

"如果我们可以同意社会经济问题主要是适应具体时间和地点情况的变化问题,那么我们似乎就由此推断出,最终的决策必须要由那些熟悉这些具体情况并直接了解有关变化以及立即可以弄到的应付这些变化的资

---

〔56〕 的确,正如 S. Kresge & L. Wenar 在 *Hayek on Hayek* 一书中所指出的,"他早先在经济学理论中的大多数研究工作都强调这样一个问题,即要将时间性因素(time factors)引入均衡过程之中极为困难。但是在大量的经济学理论中,人际关系中极为重要的时间性因素——什么时间发生了什么,以及原因与结果之间间隔了多长时间——却被那些关于预期、风险和产出等因素的漫不经心的讨论而切割掉了"(S. Kresge & L. Wenar, supra note〔33〕, p.21),但是在我看来,哈耶克当时在试图把时间引入秩序问题的研究的过程中,所强调的仍然是"知道那个"的知识,而不是"知道如何"的默会知识;需要我们注意的是,哈耶克在 1960 年就时间进行的讨论,却显然发生了很大的变化,一如他所说,"当我们言及知识传承与知识传播(transmission and communication of knowledge)时,我们乃意指文明进程的两个方面:一是我们累积的知识在时间上的传承,二是同时代人之间就其行动所赖以为基础的信息所进行的传播。但是,这二者并不能够截然两分,因为同时代人之间用以传播知识的工具,乃是人们在追求其目的时常常使用的文化遗产的一部分"(〔英〕哈耶克,同上注〔24〕所引书,第 25 页)。

〔57〕 〔英〕哈耶克,同上注〔23〕所引书,第 76 页。

〔58〕 同上注,第 52 页(译文有所改动——本文作者注)。

源的人来作出。我们不能指望通过让此人首先把所有这些知识都传递给某一中央机构,然后该中央机构综合了全部知识再发出命令这样一种途径来解决这个问题,而只能以非集权化的方法来解决它。因为只有后者才能保证及时利用有关特定时间和地点之具体情况的知识,但是,'在现场者'又不能光依据他有限然而又直接的对周围环境的了解来作出决策。所以,仍然存在如何向他传递他所需要的信息以使其决策符合更大范围经济体系的整个变化模式这样一个问题"[59],或者"由此我们可以知道,根据统计资料制订的中央计划,由其本质决定,是无法直接考虑这些具体时间和地点的情况,因而中央计划者必须找出一种方法,让'在现场者'来作这种基于具体情况的决策"[60];因此,"人们赖以制订计划的知识传递给他们的各种途径,对任何解释经济过程的理论来说,都是至关重要的问题"[61]。

在哈耶克看来,能够解决这个问题的机制就是他所谓的市场"价格体系",甚至可以把它与传播信息的"电信系统"(telecom system)等而视之,因为"如果我们想理解价格体系的真正作用,就必须把它视作传播信息的这样一种机制。……价格体系的一个最为重要的事实是,它运作中的知识很经济。……把价格体系描述成一种……电信系统不只是一种隐喻"[62];Samuel Brittan 在讨论哈耶克的社会理论时也指出,"哈耶克强调说,市场乃是传播分散于无数人之手的信息的手段。……市场系统乃是一种'发现的技术',而非一种配置众所周知的资源的方式"[63];这是因为"通过价格体系的作用,不但劳动分工成为可能,而且也有可能在平均分配知识的基础之上协调地利用资源……并因而能自由地利用其知识和技能的程度"[64];而且从根本上来讲,"在一个关于相关事实的知识掌握在分散的许多人手中的体系中,价格能协调不同个人的单独行为,就像主观价值观念能帮助个人协调其计划的各部分那样"[65]。

哈耶克在型构他的知识观和发现和传播这种知识的机制以回答他所提出的"自生自发秩序"的问题的过程中所作的论述无疑要比人们想象得更繁复,我们在这里至少可以指出下述两点:第一,尽管哈耶克当时主要把"分立的个人知识"视作关于特定时空下的情势的那种实质性知识,但是我们由此并不能简单地认为他对其间可能存有不同性质的知识根本没有意识,因为早在"经济学与知识"一文中哈耶克实际上已经指出:"在这个意义上的知识比通常说成为技术的东西要广,并且我们这里所谈到的知识的分工比劳动分工的含义要多。简单地说,'技术'仅仅指一个人在他的行业中所使用的知识,而同时,为了能对社会变化的过程说出些道道,我们就必须懂得一些更深一层的知识,这些知识是人们不直接使用的有关行为选择可能性的知识。需要补充的是,在这里

---

[59] 同上注,第79—80页。
[60] 同上注,第79页。
[61] 同上注,第79页。
[62] 同上注。
[63] Samuel Brittan, *The Role and Limits of Government, Essays in Political Economy*, University of Minnesota Press, 1983, p. 59.
[64] 〔英〕哈耶克,同上注〔23〕所引书,第83页。
[65] 同上注,第81页。

知识只在所有的知识都是预见的能力这一意义上，才与预见是一致的。"[66]哈耶克的这段论述显然表明他已经意识到了作为一种技术的知识与作为知道一系列事实的知识之间的区别，然而由于他所提出的"分立的个人知识"这个概念的特性，使他未能在社会理论的建构过程中运用这一区别，也因此，更为准确地说，作为技术的知识的含义在哈耶克当时的社会理论中不仅相当狭窄，而且在他的社会理论中的位置也相当低下。

第二，就哈耶克有关个人行动者之间发现和传播知识的机制的讨论而言，我们也同样不能因哈耶克对作为"电信系统"的价格体系的强调而简单地断定他对深隐于经济社会内部的发现和传播知识的其他机制毫无意识。在1945年发表的"知识在社会中的运用"论文中，哈耶克在强调价格体系的作用时实际上也已经意识到了植根于规则、习惯和制度之中的知识，以及这种规则、习惯和制度在发现和传播知识方面的作用；就此而言，哈耶克甚至还征引了Whitehead的话来阐明他的观点："所有的习字帖和大人物演说时反复引用的说法——我们应该养成思考我们在做什么的习惯，是一个大错特错的陈词滥调。事实恰恰相反，文明的进步，乃是通过增加我们毋需考虑便能运作的重大活动的数量来实现的"，并且进一步指出："这在社会领域极为重要，我们不断地利用我们不理解的公式、符号和规则，并通过这种利用，使我们能够得到那些我们个人所未掌握的知识之帮助"[67]；即使在讨论价格体系的时候，哈耶克也敏锐地指出，价格体系本身也是人类的一种偶然发现，实是人类未经理解便学会运用的发现和传播知识的机制。[68]哈耶克的这些论述不仅表明他已经开始意识到了诸如"默会知识"(tacit knowledge)这样一种性质的知识的存在，而且还在一定的程度上触及了发现和传播这些知识的一般性社会行为规则。哈耶克指出："他们关于可以选择的知识乃是各种情势在市场上发生的结果，亦即诸如广告等活动的结果，而且整个市场组织的主要任务就在于满足传播购买者行事所依凭的信息。"[69]哈耶克在这里所强调的"整个市场组织"极为重要，它不仅表明他意识到了有许多知识的发现和传播是无法由电信系统单独承担加以完成的，而且还表明他初步意识到了电信系统之外的一些其他机制也在促进知识的发现和传播。

当然，我们必须指出，大约从1936年至1945年的这段时间中，哈耶克经由"分立的个人知识"这个概念的提出而确立的"知"意义上的知识观所具有的限度——在结果的角度上可以说是他的极端主观主义知识观的限度，致使他于此一期间的论述只能关注到个人知识的主观性质和分散性质，或者说，致使他在意识到了技术知识与事实知识的区别甚至触及了默会知识的状况下也只能在理论逻辑上把关于"特定时空下的情势"的分立的个人知识作为一种含括不同种类知识的总称并含混地将这些不同的知识种类放在一起进行处理，更是无力洞见到"默会知识"这种特殊性质的知识在解释自生自发秩序方面所具有的重要意义，当然也无法运用这些知识间的差异去反思他自己原有的研究对象和"知"意义上的知识观。

---

[66] 同上注，第49页注释[1]。
[67] 同上注，第83页。
[68] 同上注，第83—84页。
[69] 同上注，第91页（译文有所改动——本文作者注）。

只是到了1952年,哈耶克在回答"为什么行动者主观拥有的观点与客观世界相符合"或"为什么行动者以相同的方式认识客观世界"等问题时发表的理论心理学专著《感觉秩序》(Sensory Order)中,才第一次表明他意识到了吉尔伯特·赖尔关于"知道如何"的知识与"知道那个"的知识在性质上的区别以及这种区别所具有的重要意义[70],甚至只是在1960年发表《自由秩序原理》一书时才论及迈克·博兰尼的"默会知识"观。

最为重要的是,从另一个角度看,哈耶克经由"分立的个人知识"概念的引入而确立的"知"意义上的主观知识观,只能允许他认识到那些为行动者"有意识"运用的增进知识的发现和传播的诸如电信系统、广告、人际关系等机制,但是却把那些为行动者并"非有意识"运用的大量的一般社会行为规则从知识论的基础上切割了出去,而这些机制本身不仅是发现和传播大量知识所必需的,而且还是电信系统这种机制本身得以植根于其间的社会网络基础;换言之,由于哈耶克提出的"分立的个人知识"这个概念以及由此确立的"知"意义上的知识观所存在的限度,一方面致使他在意识到个人知识首位性的同时只能把发现和传播知识的问题基本上归结于这样一个问题,即分散的个人知识是如何为他所认为的电信系统和其他形式制度所发现和传播的,并且在讨论的过程中只能一如当初那般对价格体系的作用做夸大的宣称,"我担心我们那种以几乎每个人的知识都几乎是完全的假设来处理问题的推理习惯,使我们看不清价格机制的真正作用,并使我们以错误的标准来判断其效力。……即使并非每个人都能在一个瞬息万变的世界中相处得如此融洽,以致他们的利润率总是保持相等或同样的'正常'水平,这仍不失为一个奇迹"[71],而另一方面则致使他在初步意识到知识的复杂性质并开始认识到仅价格体系本身并不能充分增进复杂社会中不同行动者间进行协调所必需的知识发现和传播的所有要求的同时,也依旧无力对比价格体系更宽泛更基本的发现和传播知识的其他替代性机制(一般性社会行为规则)进行详尽的探讨。

二、默会知识与实践的意义

在20世纪50年代,准确地说是在60年代,哈耶克的社会理论建构发生了根本性的变化,而就此点言之,最值得我们注意的是哈耶克从两个路向出发的一系列概念的转换,因为正是这些概念的转换,标示着哈耶克实质性社会理论的建构路径的变化,标示着哈耶克原有的自生自发秩序题域中的具体问题的变化,也在更深刻的层面上意味着哈耶克知识观和本体论的变化。当然,最显见的是从观念向规则的转换,正如Lawson所尖锐指出的,哈耶克在大约60年代建构其社会理论时所采用的术语发生了极大的变化,诸如"观念"(opinions)、"信念"(beliefs)、"理念"(ideas)、"态度"(attitudes)等术语开始为"支配行动的规则"(rules that govern action)、"人们所遵循的规则"(rules people obey)等术语所替代[72] 显而易见,这并不只是一种语义学上的简单变化,而是反映了哈耶克在解释社会世界时所使用的范畴和所

---

[70] Hayek, *The Sensory Order*, London: Routledge & Kegan Paul, 1952, p.39.
[71] [英]哈耶克,同上注[23]所引书,第82页。
[72] T. Lawson, Realism and Hayek:a Case of Continuous Transformation, in M. Colona and H. Hageman (eds.), *The Economics of Hayek*(vol. 1):*Money and Business Cycles*, Edward Elgar, 1994, p.151.

依凭的知识观的转换,套用哈耶克本人的说法,这些概念的转换意味着在关于社会行为规则乃是客观存在这样一种洞识与不愿违背那些在行动中通常得到遵守的规则的倾向之间存在着某种内在关联,进而在关于事件遵循规律的信念与一种行动者"应当"在其行动中遵循社会行为规则的感觉之间也存有某种内在联系。[73]

从某种程度上来讲,我们必须承认 Lawson 在理论洞察方面的敏锐力,然而极为遗憾的是,Lawson 并没有由此而作进一步的深究;而我认为,哈耶克于此一层面的概念变化,恰恰是一种"表层的"或更确切地说是一种"结果性"的变化,因为这一路向上的变化实际上是由另一脉络的概念变化而引发的,而这就是我所谓的哈耶克经由"无知"这个核心概念的引入而表现出来的从"知"意义上的"分立的个人知识"观(在某种意义上也可以称为"明确知识"[74])到"无知"意义上的"默会知识"观的直接转化:诸如"知识"、"观念"(opinions)、"信念"(beliefs)、"理念"(ideas)等术语开始为"无知"(ignorance)、"必然的无知"(necessary ignorance)、"不可避免的无知"(inevitable ignorance)等概念所替代。为此,同时也是出于逻辑的考虑,我以为有必要从哈耶克社会理论建构过程中此一更为深刻的核心概念变化层面入手,对构成哈耶克社会理论发生变化的运思脉络以及其间所含有的理论问题进行探究。

当然,不容我们忽视的是,哈耶克从"知"到"无知"知识观的转换并不是一蹴而就的,其间还经历了一个极为重要的阶段,亦即构成哈耶克社会理论建构过程的承前启后的阶段,而最能够表现这个阶段特征的,便是哈耶克在受到吉尔伯特·赖尔和迈克·博兰尼的影响下所初步提出的"默会知识"和"知道如何"的观点。一如上述,尽管哈耶克倾向于使用"关于特定时空下的情势"的个人知识这种含括了不同种类知识的总称而致使他未能明确洞见和阐明"默会知识"的重要意义,但是他在此一时期已然初步意识到的以"知识种类"为基础的作为一种技术的知识与作为一种事实的知识间的差异,却在一定意义上为他于此后真正洞见到"默会知识"和"知道如何"的知识的重要意义开放出了某种可能性。

根据我个人的研读,哈耶克乃是在1952年出版《感觉秩序》时第一次通过明确征引赖尔"知道如何"与"知道那个"的知识二分法而论及"默会知识"问题的,并且由此提出了他的社会理论中,在我看来,一个相当重要的命题,亦即默会知识相对于其他知识的首位性命题,一如约翰·格雷所指出的,"哈耶克的认识论在其整个学术生涯中

---

[73] 参见 Hayek, Notes on the Evolution of Systems of Rules of Conduct, in *Studies in Philosophy, Politics and Economics*, London: Routledge & Kegan Paul, 1967, pp.66—81。这里需要强调指出的是,"规则"(rules)也是哈耶克社会理论发展过程中起着关键作用的一个核心概念,因为在20世纪60年代以前,哈耶克因其"知"意义上的知识观的支配作用而无法在其实质性社会理论的研究中对"规则"的问题进行详尽探究,只是在他的知识观发生了转换以后才具有了这种可能性,在此基础上实现了从具体的"行动规则"(rules of action)到一般且抽象的"行为规则"(rules of conduct)的转换,并且一直延用此一概念至他的最后一部论著。这个问题也同样繁复,然却不是本文所讨论的问题,但是我将在即将出版的《哈耶克学术思想评论》的专著中对这个问题进行探讨。

[74] 尤其参见哈耶克《自由秩序原理》一书第二章中对各种理性知识(指"理论知识"(theoretical knowledge)、"有意识的知识"(conscious knowledge)和"明确的知识"(explicit knowledge)等)所做的专门讨论,他在这一章节中明确指出:"然而,就本书的讨论而言,上述对理性知识的不同种类进行界分的工作,并非很重要;而且在本书的分析中,笔者实际上是将这些不同种类的理性知识集合于一体而统称为明确知识的。"([英]哈耶克,同上注[24]所引书,第24页)

都持之一贯。理解哈耶克知识论立场的核心著作,即《感觉秩序》(1952),亦是认识其政治理论一以贯之论辩的一个不可或缺的渊源。哈耶克的认识论立场的最佳总结,可见之于他在著述中反复强调的一个命题:关于人之理性和知识的不证自明的命题,乃是哈所意味的人之心智的结构性限度(constitutional limitation),或者默会知识优位于理论知识"[75]。

在《感觉秩序》一书中,哈耶克透过此一命题试图达致的目的,始终在于阐明和界定理解世界的理性这种力量的性质和限度,而哈耶克对这个问题的论证则显见于他所提出的三种秩序的结构之中。哈耶克所谓的三种秩序:一是"物理秩序"(the physical order),亦即经由对客体之间关系的精确或数理陈述而得到表达的世界,套用哈耶克的话说,"外部世界的物理秩序,或物理刺激因素,就我们眼下的目的而言,我们必须假设它是已知的,尽管我们关于它的知识,当然是非全涉的(imperfect)";二是传导刺激的神经纤维的"神经秩序"(the neural order),它"尽管毋庸置疑是整个物理秩序的一部分,然而它的另一部分则不是能够直接为人所知的,而只能被重构";三是"感觉秩序"(the sensory order),亦即作为一种为人们所感知的世界;哈耶克认为,"感觉的思想或现象秩序(以及其他思想秩序)是可以直接为人所知的,尽管我们关于它的知识在很大程度只是一种'知道如何'而非一种'知道那个'的知识,而且尽管我们可能永远没有能力通过分析而揭示出决定那个秩序的所有关系"[76]。

当然,与哈耶克上述命题的关系而言,他在这些秩序结构中更为关注的乃是上述第二与第三秩序间的关系,因为他论证说,思想或现象秩序乃是由大脑和神经系统回应刺激因素的生理过程而产生的,因此,神经秩序在很大程度上是一种"类分器官"(an apparatus of classification),它经由决定神经系统中关系系统或刺激因素的方式而产生感觉和其他思想秩序[77]。显而易见,上述秩序间的关系颇有助于哈耶克说明这种默会知识的性质:

首先,就这种默会知识而言,行动者并不需要"有意识"地去获致它,因为他们已经拥有了它:他们在生活和学习的过程中已然掌握了在社会中生活和遵循社会行为规则的技术,亦即已然掌握了知道"如何"这种默会的知识。正是默会知识与感觉秩序之间所具有的这种内在关系,导致哈耶克得出结论说,人之心智本身乃是一种社会和文化构成的产物,它无力使自身与那些使它进行分类的规则相分离,这即是说,心智的构成性规则始终高于对心智本身的理解,也因此它"绝不能充分解释其本身的运作"[78]。

其次,一如上述,每个个人所感知的秩序都与默会知识有着内在的关系,而这种作为毋须明言阐释的知识的默会知识为人们在各种情形中行事提供了一种一以贯之的指导。这种知识乃是独立于理性,通过学习和阐释的经验、最基本的是通过

---

[75] 参见 J. N. Gray, *Hayek on Liberty*, Oxford, 1984, pp. 1—9;但是需要指出的是,我对格雷关于哈耶克认识论持之一贯的论点不敢苟同,因为从20世纪60年代开始,哈耶克的认识论实际上发生了很大的变化,详尽的分析请参见本文第三部分的讨论;此外,我个人认为,哈耶克的默会知识不仅只优位于理论知识,更重要的还优位于作为非理论知识的"知道那个"的分立的个人知识,而这也是格雷所未能识见的。

[76] See Hayek, supra note [70], p. 39.
[77] See Ibid., p. 53.
[78] See Ibid., p. 185.

那种由诸如家庭这类制度传承下来的文化传统所提供的。哈耶克经由把他此前所主张的理论知识以分立的个人知识为背景的观点与他此时从赖尔那里继承来的关于"知道那个"的知识源出于"知道如何"的知识的观点相结合,主张"明确"或"有意识"的知识植根于最初由文化传统形成的默会知识之中。他的这一洞见导使他认为这种"知道如何"的默会知识并不是由形式制度储存和传播的,而是隐含于社会的非正式的制度网络之中的(informal institutional network),而处于这种网络核心位置的便是人们遵循但并不知道其结果的一般社会行为规则。

最后,虽说这种"知道如何"的默会知识隐含于文化传统之中,但文化传统并不决定默会知识的具体内容,因为由个人拥有的默会知识乃是一种高度个人化的知识,或者说它是相当依附于"知道者"本人的;这种知识所反映的是作为一个人感觉的他个人所处的环境,而这种反映是独特的,从而也只在一个相当有限的程度上是可以传播的。因此,默会知识乃是一种实践性知识,是一种"能确使有机体持续存在"的知识,是与个人关于对事件的回应如何影响生存的感觉相关的,而且也是由这种感觉形成的。〔79〕哈耶克此一研究进路的意义在于,我们作为个人的所作所为乃是与我们关于生存之习惯性认知紧密相关的;再者,"知道如何"遵循社会行为规则的行动者,毋需而且不用知道隐含于这些规则本身之中的一系列事实。在这里,我们又看到了吉尔伯特·赖尔对哈耶克的影响,因为赖尔在1945年亚里士多德哲学学会所发表的"知道如何与知道那个"(Knowing How and Kowing That)的主席演讲中指出,"知道一项规则……并不像拥有一些额外信息,而是能够践履某一智识上的作用(或运作)"〔80〕;这即是说,知道一项规则免除了增加"一些额外信息"的必要性,换言之,尽管遵循一项规则的行动者确实拥有了更多的知识(就他们是该项规则更富技术的运用者而言,他们在更深的层面上知道了"如何"),但是关键之处却在于他们并没有因此而增加任何关于"那个"的知识。当然,我们于此也发见了博兰尼在《个人知识》(Personal Knowledge)这一名著中所提出的关于"默会知识"的理论对哈耶克的影响,而最为明显的影响就表现在哈耶克对其原有观点的修正并得出知识在本质上是实践性的知识的论断,以及表现在哈耶克对博兰尼下述观点的明确运用,即我们所运用的大量知识都具有默会性质,所以我们知道的要比我们能用语言表达的多。

经由上述的分析,我们可以发现,在关于默会知识首位性的命题中,哈耶克还经由宣称大多数知识必定储存或体现于那些支配行动和观念的社会行为规则之中而对实践在建构人类知识中的首要性作出了预设,这实是因为他认为,默会知识在根本上乃是一种实践性的知识,正如 W. Butos 对哈耶克的知识观所做的较为明确的总结:哈耶克头脑中的那种知识,要比那些被纳入主流经济学模式的典型知识宽泛得多:除了价格、数量和价格预期以外,它还意指可为个人所运用的各种各样的实践性知识,以及那些在很大程度上是关于行为的一般性规则、传统和社会习

---

〔79〕 See Ibid., p. 82.
〔80〕 Gilbert Ryle, Knowing How and Knowing That, in *Proceedings of the Aristotelian Society*, 46(1945—1946), p. 7.

俗的默会知识。[81] 当然,在我看来,格雷的评价更为确切:"我们可以说,哈耶克的著述表明他把吉尔伯特·赖尔所谓的'知道如何'、迈克·博兰尼所谓的默会知识、迈克·奥克肖特所谓的传统知识等都视作我们所有知识的渊源。正是在这个意义上——认为知识的品格在根本上是实践性的——我们可以说哈耶克赞同这样一个命题,即实践在人类知识的建构过程中具有首要性。这并不意味着哈耶克对理论建构事业的轻视,而是他把我们对实践性知识的理论重构视作必然不是全涉的。"[82]

尽管哈耶克经由"默会知识"这个核心概念的引入而提出的默会知识首位性的命题以及其间隐含的实践在知识建构中具有首要性的预设,都表明了他对默会知识的承认,但是我们必须指出,对于哈耶克的社会理论建构而言,他的这个命题还只是一个初步命题,因为他关于默会知识的洞识,在他为回答社会秩序如何创建并维续自身这个问题而必须展开的关于知识的发现和传播方面的讨论过程中并没有发生任何作用;再者,哈耶克于此还只是直接采纳博兰尼和赖尔的观点而未能在根本上超越他们关于知识的个人性质和知识型构的生理性质的观点,而这最为明确地表现在他未能洞穿默会知识的可能路径而对储存和传播甚至协调不同的个人知识的社会行为规则作出进一步探究。然而我们无论如何还是必须承认,哈耶克经由"知道如何"的默会知识这个概念的确立而提出的上述命题及其预设依旧为哈耶克的社会理论真正建构展开了一系列可能性:

首先,对"知道如何"与"知道那个"的知识进行区别的重要意义,乃在于哈耶克把"默会知识"这个概念变成了某种信念,进而确立了它在性质上与非默会知识的不同。正是在这里,哈耶克已然从知识的存在状态转向了对知识性质的审视:他从"知识种类"的可能性中探及了知识在性质上的区别而非仅仅在量或类上的区别,而这反过来又使他关于"知识种类"的主张具有了开放理论问题的实质性意义。与非默会的知识完全不同,"知道如何"的默会知识提出了这样一种可能性,即行动者或许以默会的方式知道事物并以默会的方式遵循规则。这里需要指出的是,"默会"这个术语通常所意指的是某些东西被理解而毋需被陈述,因此这个术语所强调的毋宁是知道对象的方式,而不是陈述知道对象的能力。正如哈耶克征引赖尔的观点所指出的,"知道如何"乃存在于根据规则行事的方式之中,而就这些规则而言,人们虽说可能有能力发现它们,但却不用为了遵循它们而必须有能力去陈述它们。[83]

更为重要的是,这种默会知识还为哈耶克最终进入并确立他的"无知"立场提供了某种可能性:由于我们的知识在很大程度上是默会知识,由于我们知道的要比我们能陈述的多,而且由于调

---

[81] See W. Butos, Hayek and General Equilibrium Analysis, *Southern Economic Journal*, 52(1985, October), p. 340.

[82] J. N. Gray, *Hayek on Liberty*, Oxford, 1984, p. 14. 吉尔伯特·赖尔所谓的"知道如何"的知识,请参见 Gilbert Ryle, Knowing How and Knowing That, in *Proceedings of the Aristotelian Society*,46(1945—1946), pp. 1—16;迈克·博兰尼所谓的"默会知识"的观点,请参见 M. Polanyi, *Personal Knowledge*, London: Routledge & Kegan Paul, 1958, 以及 *The Tacit Dimension*, London: Routledge & Kegan Paul, 1966;而迈克·奥克肖特所谓的"传统知识"的观点,请参见 M. Oakeshott, *Rationalism in Politics*, London: Methuen, 1962。

[83] See Hayek, Rules, Perception and Intelligibility, in *Studies in Philosophy, Politics and Economics*, London: Routledge & Kegan Paul, 1967, p. 44, fn. 4.

整我们行为和感觉的社会行为规则以及那些支配我们遵循规则的规则归根到底都处于阐释不及的状态,所以在某些情势下,我们就可能只拥有极为有限的知识甚或没有知识,也就是说我们有可能是无知的。一如前述,探究行动者如何根据沟通性知识来协调他们间的互动是一回事,而探究行动者如何在无知的状况下始动其行动并相互协调则完全是另一回事,因此,哈耶克就必须从"知"意义上的知识观向"无知"意义上的知识观进行转换。

其次,与上述进入"无知"意义上的知识观的可能性相关的是,哈耶克经由"默会知识"这一概念而确立的关于默会知识首位性的重要命题,还为他切实进入社会理论更深层面的题域提供了某种可能性。一如上述,哈耶克所持有的"分立的个人知识"观和方法论上的个人主义进路不仅使他对社会的异质性保有着高度的警省,而且还使他认识到不同的行动者在不同的情形和环境中会拥有不同量的知识。然而,在这些知识当中,重要的并不是"知道那个"的非默会知识而是"知道如何"的默会知识,而这种默会知识却显然不是哈耶克在此前所宣称的作为发现和传播知识的机制的电信系统(即价格体系)所能储存、发现和传播的,因此,如果在社会秩序自生自发过程中传播并发挥作用的大量默会知识并不能由电信系统作为传承中介,那么就会产生下述两个极具重要意义的可能性:第一,哈耶克的这一认识有可能否定他本人就电信系统之作用和效用所做的夸张性主张,因为大量的默会知识并不是由电信系统发现、传播和储存的;第二,哈耶克关于电信系统有限作用的这个可能的认识,有可能从肯定性的路向上激励他对其他增进这种知识发现、传播和储存的机制作出进一步的追究;一如我们所见,哈耶克此后的研究渐渐使他洞见到了承载集体智慧或知识的社会行为规则的重要意义并由此真正确立起了他的社会理论。

个人以为,理解哈耶克于20世纪50年代只是提出"默会知识首位性"的初步命题以及这一命题为哈耶克社会理论的发展开放出了一系列可能性这一点,极为重要,因为哈耶克关于默会知识首位性的命题的真正确立,实是与他在1960年发表的《自由秩序原理》著作中开始创建的"无知观"以及由此而引发的实质性社会理论的推进紧密勾连在一起的。众所周知,哈耶克只是到了1960年出版《自由秩序原理》一书[84]而且更为重要的是1962年发表"规则、认知和可知性"(Rules, Perception and Intelligibility)这篇著名论文的时候,才开始将博兰尼和赖尔关于"知道如何"的默会知识观引入他自己的社会理论发展脉络之中。哈耶克在"规则、认知和可知性"一文中以言说者、骑自行车者、手艺人、滑雪者等作为范例,以说明行动者在知道如何方面的"知"然却同时在知道那个方面的"无知",正如哈耶克所指出的,"我们将视作出发点的最为显著的现象事例,乃是小孩以符合语法规则和习惯语的方式运用语言的能力,然而这些语法规则和习惯语则是他们所完全不意识的"[85];由此出发,哈耶克更为明确地指出,"上述现象乃是一种极为宽泛的现象,而且含括了我们所谓的所有的技术。手艺人或运动员的技术——在英语中这种技术被称作'知道如何'——雕刻,骑自行车,滑雪或打绳结等,都

---

〔84〕 参见〔英〕哈耶克,同上注〔24〕所引书,第二章第23页以及相关注释〔4〕(第326页)。

〔85〕 Hayek, Rules, Perception and Intelligibility, in *Studies in Philosophy, Politics and Economics*, London: Routledge & Kegan Paul, 1967, p.43.

属于这一范畴"[86]。哈耶克列举这些范例的深刻含义乃在于指出,在社会经济生活中,有许多现象是个人行动者无从阐明、并不知道也不可能知道的,正如他所言的,"这些技术的特征就是我们通常无力明确(以语言方式)陈述其间所隐含的行事方式"[87]。

然而值得我们注意的是,此一层面的"不知道"并不会防阻行动者采取行动,因为他们知道如何遵循社会行为规则和如何行事。哈耶克在《致命的自负》一书中对此一观点给出了总结性的评论:

> 遵守行为规则与知道一些东西,二者之间存在一种差异。这种差异已由各种各样的人物以各种各样的方式予以指出。例如,吉尔伯特·赖尔就曾在"知道如何"与"知道那个"之间作出区分。遵守行为准则的习惯,迥然不同于知道自己的行为将产生某种效果。应该根据它的本来面目来看待这种行为。事实上,它是一种技能,人们借此使自己与一种模式相适应乃致相融合。对于这种模式的存在,人们可能很少知晓;对于它的效果,人们可能也不得而知。尽管不能解释或者描述,多数的人毕竟可以认识几种不同的行为模式并使自己与之相适应。所以,一个人对已知的事件如何反应,绝不必然地由关于自己行为效果的知识来决定,因为我们经常不具备而且也无法具备这种知识。既然我们无法具备这种知识,那就几乎不存在什么合理的理由要求我们拥有它;事实上,如果我们的所作所为真的全都只听命于我们就这种效果所拥有的有限知识,我们恐怕会变得更加贫穷。[88]

显而易见,哈耶克在 1960 年以后关于知识问题的讨论中,不仅没有忽略知识的分散性质,而且还在社会理论强调社会行为规则的脉络上增加了知识的默会性质,因为哈耶克对默会知识和以默会方式遵循的社会行为规则的探究,并未停止在类似于骑自行车或言说一种语言这样一些物理性的行动(physical acts)层面。尽管哈耶克仍然认为"知识只会作为个人的知识而存在,所谓整个社会的知识,只是一种比喻而已。所有个人的知识(the knowledge of all the individuals)的总和,绝不是作为一种整合过的整体知识(an integrated whole)而存在的"[89],但是需要我们注意的是他又紧接着强调指出,"这种所有个人的知识的确存在,但却是以分散的、不完全的、有时甚至是彼此冲突的信念的形式散存于个人之间的,因此我们如何能够做到人人都从此种知识中获益,便成了一个我们必须正视的大问题"[90]。正是哈耶克于此处所说的"一个我们必须正视的大问题"以及他对这个问题的回答,表明哈耶克不仅超越了他自己在《感觉秩序》一书中的观点,而且也超越了像博兰尼和赖尔这样一些主要关注生理性行动或实践方式的思想家,因为哈耶克经由此而把探究的范围扩大到了诸如工作活动、文化传统、制度或社会行为规则等这样一些社会活动题域。因此,个人以为,哈耶克透过这个"大问题"的设定和回答而将默会知识扩展到这些社会题域之中,实是他的社

---

[86] Ibid.
[87] Ibid.
[88] 〔英〕哈耶克,同上注〔17〕所引书,第 109—110 页。
[89] 〔英〕哈耶克,同上注〔24〕所引书,第 22 页。
[90] 同上注。

三、无知观与社会理论的确立

根据上文的分析,我们可以发现,哈耶克主要在赖尔和博兰尼等论者的影响下[91],经由"知道如何"这种默会知识概念的引入才有可能于60年代开始考虑一种允许他将知识、默会知识、无知、规则和电信系统等论题结合进他对自生自发秩序发展过程的阐释之中的极为繁复的社会理论,进而才有可能使他原本受"知"意义上的知识观支配的社会理论发生实质性的变化。当然,一如上述,哈耶克于社会理论建构方面的变化,最主要的是通过确立"无知"这个核心概念,亦即通过确立那个被《时间与无知的经济学》(The Economics of Time and Ignorance)[92]一书的作者 Gerald P. O'Driscoll 和 Mario J. Rizzo 看来极为重要的"不可知"(the unknowable)或"根本无知"(radical ignorance)的观点而予以实现的,因为正是"无知"这一概念的引入才有可能使所谓行动者理性有限的观念具有真实意义,并使真实的社会行为规则得以独立于行动者对它们的辩识而存在,而这种境况则是哈耶克于此前所采取的那种关于社会乃由行动者的观念构成的"知"意义上的知识观所无法理解的,也不可能触及的。J. Barry 对哈耶克的社会理论所做的下述评论颇为正确,即"构成哈耶克社会哲学之全部基础,乃是一种关于知识的理论。此一理论最为重要的特征乃是哈耶克对人之无知的强调"[93],当然,这一精彩的评论只是相对于哈耶克于1960年以后的研究才是确切的。

在1960年以前,尽管哈耶克意识到了"默会知识"的重要意义而且这种"默会知识"的洞见还开放出了一系列颇具意义的可能性,但是哈耶克却并未明确讨论过无知问题;只是自1960年发表《自由秩序原理》以后[94],哈耶克才愈来愈强调无知的重要意义,而在不同形式的无知当中,他所强调的最为重要的无知形式便是那种"必然无知",正如哈耶克在《自由秩序原理》第二章开篇所指出的,"苏格拉底认为,承认我们的无知(ignorance),乃是开智启慧之母。苏氏的此一名言对于我们理解和认识社会有着深刻的意义,甚至可以说是我们理解社会的首要条件;我们渐渐认

---

[91] 尽管哈耶克当时在《自由秩序原理》一书中没有指出波普尔对他建构"无知观"的影响,但是根据我个人的研究,波普尔于同年(1960年)发表的"论无知和知识的渊源"的论文实际上对哈耶克具有着某种影响,因为这种影响可以见之于哈耶克对波普尔这篇论文的征引(Hayek, *Studies in Philosophy, Politics and Economics*, London: Routledge & Kegan Paul, 1967, p.40, fn. [33]),尽管这一征引只是在1964年才出现在哈耶克发表的 The Theory of Complex Phenomena 文之中。实际上,哈耶克的"无知观"还受到了奥地利经济学派主观价值理论代表人物门格尔的影响,因为他早在《经济学和社会学诸问题》(*Problems of Economics and Sociology*)一书中就论及了行动者的无知问题;在该书中,门格尔表明了这样一种观点,即在某些情势中,行动者对行动非意图的结果的无知,要比有意识的计划能够更"有效地"趋向于某些可欲的目标(门格尔的这部著作,由 L. Schneider 撰写译本导论,由 F. J. Nock 翻译,并由 Urbana 于1963年出版),一如 Schneider 在该书的译序中所指出的,"正是哈耶克花费了最大力气运用了门格尔这一独特的洞见",并且解释了为什么在某些情势下"无知"比"知"更有效的问题(参见 p.16)。

[92] See Gerald P. O'Driscoll, Jr. & Mario J. Rizzo, *The Economics of Time and Ignorance*, London: Routledge, 1996.

[93] N. Barry, *Hayek's Social and Political Philosophy*, London, 1979, p.9.

[94] 一如前述,哈耶克最早提出"无知"这个论题是在1960年《自由秩序原理》一书之中,此后他又在1973年出版的《法律、立法与自由》(第一章)以及其他论著中重申了这个问题。

识到,人对于诸多有助于实现其目标的力量往往处于必然的无知(necessary ignorance)状态。社会生活之所以能够给人以益处,大多基于如下的事实,即个人能从其所未认识到的其他人的知识中获益;这一状况在较为发达的社会中尤为明显。我们因此可以说,文明始于个人在追求其目标时能够使用较其本人所拥有的更多的知识,始于个人能够从其本人并不拥有的知识中获益并超越其无知的限度"[95]。

到 1964 年,哈耶克在一篇纪念波普尔的著名论文"复杂现象的理论"(The Theory of Complex Phenomena)[96]中更加明确地指出,为了反对"科学主义"所产生的误导影响,人们应当更加认真地对待无知,一如他在此文专门讨论"无知的重要性"的第九部分中所指出的,"因科学的成功实现而产生的极大富足中,那些限制我们关于事实的知识的各种情势,以及由此形成的施加于理论知识运用的疆界,为人们在相当程度上忽略了,这或许是极自然的事情。然而,现在已完全是我们更加认真对待我们的无知的时候了。正如波普尔和其他人所指出的,'我们对这个世界了解得越多,我们习得的东西越多,我们对我们所不知道的东西的知识——亦即我们对我们无知的知识——也会更有意识,更加具体且越发明确'。在许多领域中,我们已学到了足够多的东西使我们知道我们无力知道我们在充分解释这些现象时所必须拥有的一切知识"[97]。

对于哈耶克来讲,知识在传统上一直是以标示人之理性的力量的方式而加以讨论的,而这一点在 17 世纪以笛卡尔等人为代表的法国唯理主义哲学中获得了最为充分的表达。哈耶克对此一过程中的一个事实极为不满,即一方面"明确知识"在数世纪中得到了无数学者的广泛关注,然而无知却只得到了极少论者的关注。哈耶克认为,正是这样一个以科学主义为标榜的"理性时代",通过掩盖无知的重要作用而误导了此后数代的社会科学思想家,并且导致了政治上和知识上的两重不幸。哈耶克指出:

> 人对于文明运行所赖以为基的诸多因素往往处于不可避免的无知状态,然而这一基本事实却始终未引起人们的关注。但是值得我们注意的是,尽管以完全知识(perfect knowledge)预设为基础而展开的关于道德问题或社会问题的讨论,作为一种初步的逻辑探究,偶尔也会起些作用,然而欲图用它们来解释真实世界,那么我们就必须承认,它们的作用实在是微乎其微。这里的根本问题乃在于这样一个"实际困难",即我们的知识在事实上远非完全。科学家倾向于强调我们确知的东西,这可能是极为自然的事情;但是在社会领域中,却往往是那些并不为我们所知的东西更具有重要意义,因此在研究社会的过程中采取科学家那种强调已知之物的取向,很可能会导致极具误导性的结果。[98]

更为具体地说,按照哈耶克的观点,由这种"理性时代"导致的政治后果之所以是不幸的,乃

---

[95] 〔英〕哈耶克,同上注〔24〕所引书,第 19 页。
[96] The Theory of Complex Phenomena 一文先发表在纪念波普尔的论文集中:M. Bunge (ed.), *The Critical Approach to Science and Philosophy: Essays in Honor of K. R. Popper*, New York: The Free Press, 1964.
[97] Hayek, supra note〔19〕, pp. 39—40.
[98] 〔英〕哈耶克,同上注〔24〕所引书,第 19—20 页。

是因为它致使一些人相信人之理性创造了社会，进而人也因此有能力依照其有意识的设计去改造和革新社会，甚至导引人们推行革命政治；而由它导致的知识后果之所以也是不幸的，乃是因为人因此而无法理解那些由无知作为其基础的社会行为规则和非正式制度的运作或者这些规则和制度植根于其间的社会文化网络结构，一如哈耶克所宣称的，"人往往会对其知识的增长感到自豪和得意。但是不容我们忽视的是，在知识增长的同时，作为人自身创造的结果，对于人有意识的行动会产生重要影响的人的有意识知识的局限、从而也是人的无知范围，亦会不断地增加和扩大。……人类的知识愈多，那么每一个个人的心智从中所能汲取的知识份额亦就愈小。……我们的文明程度愈高，那么每一个个人对文明运行所依凭的事实亦就一定知之愈少。知识的分散特性(division of knowledge)，当会扩大个人的必然无知的范围，亦即使个人对这种知识中的大部分知识必然处于无知的状态"。[99] 如果社会科学家不承认或不意识行动者所具有的这种"必然无知"类型，那么他们就会趋向于夸大他们的心智能力，试图在完全认识的基础上采取干预措施以"规范"社会经济秩序，或者在根本无视社会理论内在限度的前途下对这种知识完全不及的社会日常生活进行所谓的"文化批判"，或者按照另一种经由审慎设计的社会经济秩序类型来改造既有的社会经济秩序。

从另一方面来看，哈耶克于60年代以后所提出的"无知"这一深刻概念，也为他的自由主义社会理论的发展提供了一个崭新的转折点，亦即哈耶克开始从行动者的无知角度主张自由，换言之，哈耶克对于自由正当性的主要论证所依据的是所有的行动者对于他们大多数目的和福利之实现所依凭的各种各样的因素都具有必然的无知。哈耶克在《自由秩序原理》一书中指出："主张个人自由的依据，主要在于承认所有的人对于实现其目的及福利所赖以为基础的众多因素，都存有不可避免的无知。我们之所以需要自由，乃是因为我们经由学习而知道，我们可以从中期望获致实现我们诸多目标的机会。"[100] 当然，哈耶克在1962年进一步指出："我在晚近的一部著作中力图表明，个人自由(personal freedom)之所以如此重要的终极原因，乃是人们对于大多数决定所有其他人的行为的情势存在着不可避免的无知，而这些其他人的行为则是我们得以不断从中获得助益的渊源。"[101]

但是值得我们注意的是，从无知的角度主张自由的逻辑，并不意味着由于我们的知识极端有限，所以它支持一种允许人们在生活中进行各种尝试的自由社会秩序，而毋宁意味着一种自由的社会秩序允许我们运用我们并不知道（甚至永远不会知道）或无力陈述自己拥有的那种知识，因为自由的社会秩序在为不可预见者或不可预测者提供空间方面甚为重要，而任何中央集权的社会秩序由于只依赖于那种明确的知识而必然只能运用散存于社会之中的一小部分知识，因此，否弃个人自由和按照某种有意识的设计安排或改造社会，或许会给人们带来某些裨益，但是它们更可能被证明是一种灾难。

---

[99]　同上注，第25页。
[100]　同上注，第28页。
[101]　Hayek, The Economy, Science, and Politics, in *Studies in Philosophy, Politics and Economics*, Routledge & Kegan Paul, 1967, p. 265.

哈耶克所讲的"无知"的涵义极为繁复,远非只是意指一般意义上的那种缺乏知识的状态,它实际上还包括着各种各样的复杂状态。当然,我们能够宣称行动者始终是有知的,因为在他们始终知道"如何"遵循社会行为规则的意义上讲,他们从来就不是无知的;而且根据哈耶克关于社会行为规则乃是社会集合智慧的体现的观点,我们也同样能够因社会行为规则允许行动者获致"如何"行事的知识而宣称他们始终是有知的,因为如果行动者不具有关于社会行为规则的知识,那么他们就将无从行事。因此,从上述两个意义上讲,我们都可以说行动者是有知的而从来不是无知的。然而,这只是事实的一部分,尚有许多方面尤其是无知的方面未能探及。就此而论,我们需要就行动者对什么东西是无知的问题进行追问,这即是所谓"无知的对象"问题,然而仅对行动者对什么东西是无知的问题进行追问,尚不能使我们探知行动者所处的无知状态的性质问题,因为一如我们所知,尽管一个行动者因并不拥有必需的知识而处于的那种无知状态能够在一合理的时间期限中以某种付出为代价而得到克服,但是一个行动者至少因对未来处于无知或对其行动的非意图后果处于无知的那种所谓的"必然无知"状态却是根本无从克服的,而只能应对。这也就是说,它们是两种截然不同性质的无知。

当然,上文所述的"无知对象"和"无知性质"的问题虽说意义不同,但却也是紧密勾连无法简单割裂的,因此我将把它们结合起来一起讨论,而侧重点则在于"无知性质"方面。与此同时,正如哈耶克所言,"我们必须承认,要对无知展开分析,实是一项极为棘手的工作"[102],但就本文的研究而言,在我个人看来,我们在理解哈耶克本人的无知观的方面将遭遇更大的困难,这不仅是因为对无知的分析相当棘手,而且更是因为哈耶克本人关于无知的论述相当繁复和分散。然而无论如何,只要我们欲对哈耶克所指出的那些能使行动者克服或应对这些无知状态的机制或制度进行理解,那么我们就必须首先对哈耶克所说的行动者力图应对或克服的"无知"这种东西作出进一步的厘定和解析。我个人以为,哈耶克关于行动者的无知性质问题的观点,一如前述可以被归纳为他对无知在性质上的两分观:一种无知被认为是可以克服的,另一种无知则被认为是无从克服而只能应对的;前者乃是一种"一般的无知",而后者则是哈耶克所谓的"必然无知"。对此,我们可以比较详尽地阐释如下:

一方面,行动者对于其开始某种特定行动所必需的知识范围是无知的,亦即他们对许多特定事实是无知的。显而易见,这种无知与哈耶克此前所主张的关于"特定时空下的情势的知识"的观点有着某种内在的发展关联,因为这种无知主要源出于那些开始某种特定行动所必需的关于事实的知识量,进而也更源出于行动者采取行动时所处的特定的时空位置,尽管这种无知与行动者对其行动的非意图后果的无知以及知识的默会性质紧密相关,但是它在基本的意义上仍须与其所必需的关于事实的知识量和特定时空位置相复合而成。正如哈耶克所明确指出的,"易言之,作为文明社会成员的人在追求个人目的方面,之所以比脱离了社会而独自生活的人更能成功,其部分原因是文明能使他们不断地从其作为个人并不拥有的知识中获益,而另一部分原因则是每一个个人对其特殊的知识的运用,本身就会对他人实现他们的目的有助益,尽管他并不认识这些人。所

---

[102] 〔英〕哈耶克,同上注[24]所引书,第20页。

有的社会活动为了能向我们提供我们经由学习而不断期待的物事,就必须持续不断地与某些事实相调适,而正是这些特定的事实,我们知之甚少"[103]。然而需要指出的是,这种关于知识范围的无知或者"一般的无知",并不是不可能超越和克服的,而是一如上述,是有可能为特定的行动者在一合理的期间以某种付出为代价而得到克服的;因此,在哈耶克的社会理论建构过程中,这种一般的无知并不具有根本的意义。

另一方面,行动者对于其开始行动时所遵循的社会行为规则处于"部分"的无知状态,而这种无知状态则是与下述两个事实紧密相关的:首先,哈耶克指出:"我们在行动中预设并运用的许多'纯粹习惯'(mere habits)和所谓'无意义的制度'(meaningless institutions),乃是我们实现目的的基本条件;当然,它们也是社会作出的成功调适的一部分,它们一方面经常为人们所改进,而另一方面它们又是人们能够实现多少成就所赖以为据的基本条件。……我们的发展一刻也不能不以它们为基础"[104],但是,一般行动者对于因这些"纯粹习惯"和"无意义的制度"得到遵循而对其本人的目的的实现以及因此而给社会所带来的助益却是无知的;也正因为此,哈耶克反复强调说,我们尽管倾向于服从非设计的规则和约定惯例,而它们的重要性和意义却是我们在很大程度上并不理解的,而且"人对于其努力的成功在多大程度上决定于他所遵循的连他自己都没意识到的那种习惯,通常也是无知的。"[105]其次,一般行动者对于他们在行动时所选择遵循的社会行为规则中所隐含的大量知识也是无知的,亦即在"知道那个"方面的无知。一如前述,在哈耶克那里,存在于社会秩序中的知识整体,不仅无法被集合在一个地方,而且也无法为单个行动者所完全掌握,因为这种知识不只是分散的,更是一种为"社会"所知道的知识,"我们还拥有许多其他工具(tools,此处采该词的最宽泛的意义);这些工具乃是人类经悠久岁月而逐渐发展形成的产物,而且通过对它们的运用,我们才得以应对我们周遭的环境"[106]。可见,这里所言的知识已远远超越了个人意义上的劳动分工和知识分立的问题,因为它还意味着,这种知识乃是承载于那些个人并不意识到其价值甚至存在的表现为社会行为规则的某种特定时空的制度性结构之中的,而且也只在这个层面上被整合在一起。也正是在这个意义上,哈耶克指出,行动者既意识不到这种知识,也不宣传这种知识,而这不仅意味着其他人对这种知识仍处于无知状态,而且还意味着不存在可以克服这种无知状态的手段,这是因为"文明是人的行动的产物,更准确地说,是数百代人的行动的产物。然而这并不意谓着文明是人之设计(design)的产物,甚至更不意谓着人知道文明功用或其生生不息之存续所依凭的所有基础性条件"[107];这即是说,行动者因并不知道导使型构这些社会规则的整个进化历史而对这些以传统的形式传播下来的社会行为规则所承载的社会知识处于必然的无知状态。哈耶克在60年代对他自己的这一深刻洞见做了极为精彩的总结:

---

[103] 同上注,第23页。
[104] 同上注,第35页。
[105] 同上注,第26页。
[106] 同上注。
[107] 同上注,第21页。

指导个人行动的有意识的知识（conscious knowledge），只是使其个人够达致其目标的诸多条件的一部分。对于这个问题，我们须从下述两个重要方面加以认识。首先，事实上，人的心智本身就是人生活成长于其间的文明的产物，而且人的心智对于构成其自身的大部分经验并不意识——这些经验通过将人的心智融合于文明之构成要素的习惯、习俗、语言和道德信念之中而对它发生影响。因此，其次，我们可以更进一步指出，任何为个人心智有意识把握的知识，都只是特定时间有助于其行动成功的知识的一小部分。如果我们对他人所拥有的知识在多大程度上构成了我们成功实现我们个人目标的基本条件这个问题进行反思，那么我们就会发现，我们对于我们行动的结果所赖以为基的环境极其无知，而且这种无知的程度甚至会使我们自己都感到惊诧。"[108]

"至此，我们的论辩完全是立基于下述不争的假设（assumption）之上的，即我们在事实上无力阐释全部支配我们观念和行动的规则。我们仍必须考虑这样一个问题，即人们是否可以想象我们当有能力以语言的方式描述所有（或者至少是我们喜欢的任何一项）规则，或者心智活动是否必须始终受某些我们在原则上无力阐释的规则的指导。如果结果表明人们基本上不可能陈述或传播支配我们行动的全部规则……那么这就意味着我们可能的明确知识的内在限度，而且尤其意味着充分解释我们自己的复杂心智的不可能性。"[109]

或者说，有意识的明确知识必须被设定为受着"这样一些规则的调整或支配，但这些规则不能够反过来是有意识的——通过一种'超意识的机制'，或者一如哈耶克有时倾向于称谓的一种'元意识的机制'（meta-conscious mechanism）：它对意识的内容发生作用，但其本身却不是有意识的"[110]。

当然，哈耶克还进一步指出了行动者在选择遵循社会行为规则方面的无知，尽管这种无知在性质上与上述的无知并无差异，但却是哈耶克思想的研究者常常忽略的。我个人认为，正是这种无知，更能说明哈耶克所言的上述第二种无知的"必然"性质，以及他所说的这种必然无知只能应对而无从克服的含义所在。哈耶克指出："这些由前人逐渐形成的并构成其适应其所处之环境之措施中重要内容的'工具'，所含括的远远不止于物质性的器具。它们还存在于人们习惯于遵循但却不知其就里的大多数行为方式中。它们由我们所谓的'传统'（traditions）和'制度'（institutions）构成；人们之所以使用这些传统和制度，乃是因为它们对他们而言是一种可资运用的工具：它们是累积性发展的产物，而绝不是任何个人心智设计的产物。一般而言，人不仅对于自己为什么要使用某种形式之工具而不使用他种形式之工具是无知的，而且对于自己在多大程度上依赖于此一行动方式而不是他种行动方式亦是无知的。人对于其努力的成功在多大程度上决定于他所遵循的连他自己都没意识到的那种习惯，通常也是无知的。"[111] 显而易见，哈耶克在这里所言的"无知"还至少包括：(1) 行动者对于自己为什么要使用

---

[108] 同上注，第22页。
[109] Hayek, supra note [19], p. 60.
[110] Ibid., p. 61.
[111] [英]哈耶克，同上注[24]所引书，第26页。

某种形式的工具是无知的;(2)行动者对于自己在多大程度上依赖于某一行动方式而不是他种行动方式亦是无知的。

　　这里需要强调的是,我之所以把哈耶克所言的上述第二种无知称之为"部分"无知,实是因为这种无知本身并不含括行动者在"知道如何"方面那一部分的知识;当然,这种无知在性质上与前述第一种关于事实的知识范围的无知不同,因为它是一种人们在行动中只能加以应对而根本无从克服的无知。毋庸置疑,哈耶克透过把"默会知识"到"必然无知"等至关重要的概念引入到他的社会理论的建构过程之中以及从这一从知识观出发对无知的"必然"性质的承认而对行动者在社会经济活动中具有的无知状态的性质的追究,又为哈耶克真正确立他的社会理论奠定了基础。我们可以将哈耶克关于行动者必然无知这一知识论命题的重要意义简要分析如下:

　　首先,哈耶克从性质的角度对无知进行分疏厘定极为重要,因为正是这一努力揭示出了哈耶克的社会理论所侧重的关键之点:哈耶克所主要关注的显然不是行动者关于事实知识范围方面的那种"一般性无知",因为在哈耶克看来,这种一般性无知并不会妨碍知道"如何"遵循社会行为规则的行动者正常行事;相反,哈耶克所主要关注的毋宁是那种"必然的无知",因为从表层逻辑上看,必然无知意味着知识绝不能为行动者所获致,而且如果知识不能被行动者所获致,那么它也就不可能被交流、传播,并被用作行动者正常行动的指导。然而,正是在这里,我个人以为,里程碑似地标示着哈耶克在1960年以后对他前此设定的理论问题的转换,亦即从试图解答"行动者如何在'知'的状态下始动其行动和如何协调他们之间的行动进而维续社会秩序"的问题,向力图回答"行动者如何可能在'必然无知'的状态下依旧开始其行动和如何协调他们之间的行动而维续社会秩序"的问题的转换,正如哈耶克所明确强调的,"本书通篇贯穿着这样一个观点,即尽管我们通常不会意识到这一点,但是增进自由的所有制度都是适应无知这个基本事实的产物,这种适应旨在应对机遇和或然之事象,而非确然之事。在人类事务中,我们无力达致这种确然性,亦正是基于此一原因,为最佳地使用我们所拥有的知识,我们必须遵循那些为经验表明能在总体上产出最佳结果的规则,虽说我们并不知道在特定情势下遵循这些规则会产生何种后果"[112];毋庸置疑,哈耶克关于行动者必然无知的原创性洞见还在另一方面更深刻地涉及了哈耶克理论问题的拓深,因为它不仅关涉行动者如何最佳运用各种"分立的个人知识"的问题,而且还探及了为什么须由行动者个人运用以及行动者个人如何可能运用这些分立知识的原因,这个原因就是哈耶克所宣称的所有行动者都具有的必然无知。

　　与此同时,哈耶克对"必然无知"性质的分析还深刻地揭示了行动者于"必然无知"意义上的知识的限度,而这种限度在最为根本的方面就表现为这种意义上的知识所侧重的乃是一种"知道如何"的知识,而非"知道那个"的知识。哈耶克经由确立"必然无知"的性质而达致的这种知识观,一方面维续了这样一种可能性,即尽管"知道如何"这种知识的存在并不能消除行动者所具有的必然无知,但是行动者在存有这种必然无知的情形下依旧能够凭靠这种知识而正常行动,因为一如上述,这种"知道如何"的默会知识能自然而然地引导个人行动者依循社会行为规则正常行

---

[112] 同上注,第30页。

事；换言之，哈耶克所主张的遵循社会行为规则的行动者知道"如何"而非"那个"的观点，实际上意味着承载着社会集合智慧的社会行为规则在消除了行动者把握"那个"知识的必要性（即如果一个人"知道如何"，那么他也就未必要"知道那个"）的情势下依旧能促成行动者正常行事。另一方面，哈耶克的这一努力还在根本的意义上致使他把从赖尔和博兰尼那里征引来的"知道如何"的默会知识观置于其社会理论的建构过程之中的首要地位，进而又使"实践性知识首要性"的主张具有了实质性意义，正如Nyiri所解释的那样，这种知识成了"一种无法被分解为某种命题性的知识（propositional sort）……是一种所有知识立基于其上的基石"[113]。

其次，哈耶克立基于"无知"意义上的默会知识观而引发的自生自发秩序问题的转换，从另一个角度也反映出了Fleetwood所尖锐指出的哈耶克社会理论的"哲学立场"的转换，其核心要点就在于那些原本为行动者所"知"的社会行为规则现在却在性质上转换成了独立于这些行动者对它们的辨识或"知"而存在的规则；这里需要强调的是，不仅行动者所遵循的社会行为规则，而且由这些社会行为规则所增进或促成的行动者的行动本身，也往往是他们本人所不知的。在这种情形下，如果行动者在语言上并不知道或不能恰当地概念化那些增进或促成他们正常行动的社会行为规则，那么显而易见，社会就不能仅从行动者的观念中综合出来，而这也就当然地导致了哈耶克对其理论研究对象的重构：原来根本不可能进入其研究对象的社会行为规则，现在也就当然地成了其研究对象的最为重要的组成部分；换言之，如果社会并不能够从极端主观主义的角度被简单地化约为只是行动者"有意识"形成的观念，那么那些并非源出于行动者主体观念的现象或结构也就当然被纳入了哈耶克社会理论必须探究的题域之中。

哈耶克经由一系列核心概念的变化而形成的在社会理论研究对象方面的改变，在很大程度上还只是一种运思的内在理路所引发的结果，因此在我看来，真正具有意义的是哈耶克于此一基础之上所提出的认识社会自生自发秩序的又一个重要命题，即社会自生自发秩序不仅是由行动者与其他行动者发生互动而形成的，而且更重要的还是由行动者与那些并不为他们所知（"知道那个"的知识）但却直接影响他们行动的社会行为规则发生互动而构成的。哈耶克于1962年指出，"这些我们无力陈述的规则，不仅只支配我们的行动，而且还支配我们的认知，尤其是我们对其他人的行动的认知"[114]，而恰恰是作为行动者的我们与这些规则间的互动关系构成了我们生活于其间的社会秩序的基础性结构，"我们之所以……能够成功地根据我们的计划行事，是因为在大多数的时间中，我们文明社会中的成员都遵循一些并非有意构建的行为模式，从而在他们的行动中表现出了某种常规性（regularity）；这里需要强调指出的是，这种行动的常规性并不是命令或强制的结果，甚至常常也不是有意识地遵循众所周知的规则的结果，而是牢固确立的习惯和传统所导致的结果。对这类惯例的普遍遵守，乃是我们生存于其间的世界得以有序的必要条件，也是我们在这个世界上得以生存的必要条件，尽管我们并不知道这些惯例的重要性，甚或对这些惯例的存在亦

---

[113] J. Nyiri, Tradition and Practical Knowledge, in B. Smith & J. Nyiri, *Practical Knowledge: Outlines of a Theory of Traditions and Skills*, London: Croom Helm, 1988, p.23.

[114] Hayek, Rules, Perception and Intelligibility, in *Studies in Philosophy, Politics and Economics*, London: Routledge & Kegan Paul, 1967, p.45.

可能不具有很明确的意识"[115]。哈耶克的此一洞见,显然"有助于我们对于下述状况获致一种较为真实的认识:在我们实现我们的智识所构设的目标这一有意识的努力与制度、传统及习惯所具有的功用之间,存在着持续不断的互动"[116]。简而言之,一旦哈耶克认识到行动者在没有社会行为规则框架的情形下无法采取任何社会行动,从而社会秩序也就无从型构,那么他的关注重点就不再会是行动者个人及其观念了,而变成了个人行动者与繁复的由历史文化进化传承下来的社会行为规则相互动的综合体,正如哈耶克本人所言,"一个群体中的整个行动秩序,远不只是个人行动中可遵循的常规性的总和,而且也不能化约成这些常规性"[117],因为"对于整体之存在的至关重要的那些关系的存在,并不能由部分间的互动得到完全的说明,而只能由它们与个别部分和整体构成的那个外部世界之间的互动给出说明"[118]。

此外,哈耶克通过把他关于行动者与社会行为规则进行互动的命题成功地整合进了他的社会理论分析之中而发展出了另一个与此相关的重要命题,即人在本质上乃是一种遵循规则的动物[119],"人的社会生活,甚或社会动物的群体生活,之所以可能,乃是因为个体依照某些规则行事"[120]。哈耶克的这个命题的关键之处,乃在于行动者在很大的程度上是通过遵循社会行为规则而把握他们在社会经济世界中的行事方式的,并且是通过这种方式而在与其他行动者的互动过程中维续和扩展社会秩序的,因为在哈耶克看来,遵循社会行为规则,"把我们从这样一种麻烦中解救了出来,即在某些问题每次发生时都对它们进行思考的那种麻烦"[121],或者说社会行为规则有助于把我们在特定情势中所需要考虑的各种情势缩略化,"因此,我们别无他择,只有遵循那些我们往往不知道其存在之理由的规则,而且不论我们是否能够确知在特定场合对这些规则的遵循所能达致的具体成就,我们亦只有遵循这些规则"[122]。与此相关的是,我们也可以说这一发展是哈耶克研究知识发现和传播的机制方面的一个转折点,因为这些规则超越了作为电信系统的价格体系所具有的作用:在哈耶克的社会理论中,这些社会行为规则不仅能够使行动者在拥有知识的时候交流或传播这些知识,而且还能够使他们在并不拥有必需的知识的时候应对无知,一如哈耶克所言,这些社会行为规则乃是"社会的集合知识的体现"。更为具体地说,如果一个行动者成功地遵循了一项社会行为规则,那么这个行动者就通过此项规则具有了实施某一行动的能力。一如前述,行动者因知道如何遵循社会行为规则而消除了切实知道"那个"的必要性,进而也可能不会增加他关于"那个"的知识储存,但是这里的要害则在于这个行动者经由成功地遵循社会行为规则而成了一个具有更高技巧的操纵"如何"这种

---

[115] 〔英〕哈耶克,同上注〔24〕所引书,第 71—72 页。
[116] 同上注,第 22 页。
[117] Hayek, supra note〔19〕, p. 71.
[118] Ibid.
[119] Hayek, *Law, Legislation and Liberty: Rules and Order (I)*, The University of Chicago Press, 1973, p. 11.
[120] 〔英〕哈耶克,同上注〔24〕所引书,第 184 页。
[121] 参见 Hayek, supra note〔19〕, pp. 90—91。这里需要补充指出的是,哈耶克还认为,人们之所以遵循社会行为规则,更主要地是因为只有这样,人们才能生产出某种像一个理性整体的东西。
[122] 〔英〕哈耶克,同上注〔24〕所引书,第 77—78 页。

知识的行动者。[123]

最后,当作为自生自发秩序基础性结构的社会行为规则在哈耶克那里不再被化约为行动者的观念而成为客观实体这样一种洞见与行动者在"无知"观的前设下以默会的方式知道这些社会行为规则(亦即他们知道"如何"遵循这些规则)的观点结合在一起时,显而易见,哈耶克的社会理论在回答自生自发秩序如何创造和维续自身的方面也就获得了我在"哈耶克的社会理论"一文中所讨论的哈耶克对"行动结构"与"规则系统"的界分[124],并在此基础上进一步确立了他所反复强调的文化"进化与秩序的自发型构这一对孪生观念"[125]的重要意义[126],而其间有关社会行为规则系统"文化进化"的深刻识见则更是为他奠定一种新的解释路径提供了可能性,即这些社会行为规则不仅引导着那些以默会的方式遵循它们但对为什么遵循它们或对它们的"那个"并不知道的行动者如何采取行动,而且还在更深的层面上设定了社会秩序的自生自发性质,亦即通过行动者对他们所遵循的社会行为规则的"文化进化"选择而达致的自生自发进程;在这个进程中,作为社会行为规则的"一些惯例一开始被采纳是为了其他的原因,甚或完全是出于偶然,尔后这些惯例之所以得到维续,乃是因为它们使它们产生于其间的群体能够胜过其他群体"[127]。毋庸置疑,正是在对社会行为规则这一系统的文化解释过程中,哈耶

---

[123] 于这个问题,我们可以"学骑自行车"为例:尽管我们不知道自行车在运行不倒时的力学规律,亦即关于自行车不倒的"那个"知识,但是我们只要遵循骑自行车的规则,比如上车后要立刻用力踩车等规则这类"如何"的知识,我们在骑车的实践中就能应付自如。

[124] 我在《哈耶克的社会理论》一文中指出:"我们无论如何还是不能混淆两种不同类型的自发社会秩序:一是作为进行个人调适和遵循规则的无数参与者之间互动网络的秩序(或称为行动结构),二是作为一种业已确立的规则或规范系统的秩序。哈耶克对此明确指出,'个人行为的规则系统与从个人依据它们行事而产生的行动的秩序,并不是同一事情;这个问题一经得到陈述,就应当是显而易见的,即使这两种秩序在事实上经常被混淆'。在这些文字中,他实际上明确表达了这样一种观念,即自发社会秩序乃是经由参与其间的个人遵循一般性规则并进行个人调适而展现出来的作为一种结果的状态,而这就意味着,这些行为规则系统早已存在并业已有效了一段时间。显而易见,自发社会秩序在这里并不意指行为规则系统本身。在市场中生成的经济秩序,亦即哈耶克自发社会秩序的一个范式个案,便充分阐明了这一要点。哈耶克解释说,自发的经济秩序'产生于市场,通过在财产、侵权和契约法的规则范围内行事的人'。"(参见拙文,同上注[3]所引文,第233—234页)

[125] Hayek, supra note [119], p. 23.

[126] 参见拙文,同上注[3]所引文,第234页:"通过这一类分,能使我们洞见两种不同类型的自发社会秩序所依赖的不同进化进程以及哈耶克社会理论对这两种类型所确立的不同的解释逻辑。行动的有序结构与其所依据的那些规则系统,在哈耶克看来,都是'人之行动而非人之设计的结果',然而他同时又强调指出,这些相似性并不能做无限的扩大,因为行动结构的生成依据规则,而规则的文化进化则否。哈耶克的这一论式向我们揭示了两种不同的'看不见的手'的进化过程:一种进化方式乃是在一规定的环境中展开的,或者说,这种进化过程的结果乃是在受到制约的意义上被决定的。这就是作为自发社会秩序的行动结构的进化方式;因此这一方式的一个特征在于它是在明确可辨的规则基础限制下发生的,而且是一永久循环的过程,而它的另一个特征则在于它是否定性的:它规定了何者不能存在,而不是何者能存在。另一种进化方式乃是在非规定的环境中发生的,或者说,这种进化过程的结果由于不存在规定的条件而在很大程度上是不确定的。这就是作为自发社会秩序的道德、法律以及其他规则系统的进化发展方式;这一方式的特征在于它不遵循任何'进化之法则'。"

[127] Hayek, supra note [119], p. 9. 我在《哈耶克的社会理论》一文中还指出:"更加具体地说,这些规则之所以得到发展,一是'因为实施它们的群体更为成功并取代了其他群体';二是因为这些群体'比其他群体更繁荣并发展起来';三是'因为它们使那些实施它们的群体能够繁演生殖更成功并包容群体外的人'。因此,对较为有效的规则的采纳,并不产生于人的理性选择,而是'通过选择的过程演化生成于他们所生活的社会之中'。"(第237页)哈耶克甚至指出:"我们几乎不能被认为是选择了它们;毋宁说,是这些约束选择了我们。它们使我们能够得以生存。"([英]哈耶克,同上注[17]所引书,第12—13页)

克最终形成了他的社会理论中的另一个命题,即"相互竞争的传统的自然选择命题"(在这里,"传统"也就是本文前述的社会行为或认知规则的整个复合体),一如他所指出的,自生自发社会的规则系统乃是"一个缓慢进化过程的产物,而在这个进化的过程中,更多的经验和知识被纳入它们之中,其程度远远超过了任何一个人能完全知道者"[128];在他看来,这些规则系统"乃是对一种事实上的常规性的调适,而对于这种常规性,我们一方面依赖于其上,但同时我们只是部分地知道它们,而且只要我们遵循这些规则,那么我们就能对它们有所信赖"[129],这是"因为它们有助于我们应对某些类型的情形"[130],而这即是哈耶克著名的关于社会行为规则系统的"文化进化理论"[131]。

* * *

一如我在开篇所交代的,本文设定的乃是一种对那些支配了哈耶克社会理论建构过程的核心概念进行爬梳和厘定以及对构成这些概念之间的转换的逻辑脉络加以审视的分析进路。依据此一进路并借助我认为的哈耶克社会理论过程中的核心概念,本文对哈耶克从"分立的个人知识"经"知道如何"的默会知识再到"无知"概念的转换过程进行了探究和分析,由此指出了哈耶克从"知"意义上的主观知识观向"无知"意义上的超验知识观的转化——可以典型地表述为从"观念依赖"到"观念决定"再转向"必然无知"的发展过程——并在过程分析的基础上揭示出了哈耶克为回答那个关于个人自由与社会整体秩序间繁杂关系的"哈耶克终身问题"而展开的社会理论建构过程,揭示出了那些促成哈耶克实质性社会理论发生变化之背后的运思脉络和那些为人们熟视无睹的观念所开放出来的各种理论问题,实际上也揭示出了哈耶克经由社会行为规则进入社会理论研究的过程。[132] 显而易见,对哈耶克自由主义社会理论这一繁复的发展过程的分析,使我们获致了哈耶克社会理论中许多极具启示意义的识见,然而个人以为,至此我们还是有必要对我的一个重要观点做进一步的重申,即哈耶克的自由主义社会理论实际上是在不断的发展过程中丰富而形成的,因此我们绝不能用一个简单的称谓"标签"来指称哈耶克的社会理论。这个重要观点的意义乃在于它从一个重要的方面为我们认真反思汉语学界在当下公共话语建构的过程中征用"哈耶克的社会理论"——包括其他西方重要学术理论——时所隐含的各自理论立场和意识形态担当提供了一种"位置"的知识基础,并使我们有可能进入世界性的知识生产结构之中反思我们进行知识生产的结构性规定因素。当然,这也可以转换为另外一个需要我们大家都以严肃态度进行追究的大问题,即我们所引进和援用的西方社会理论与我们所处的"位置"和我们的各自主张之间究竟存有何种关系,而这种关系又在多大的程度上左右或支配了我们对自己所引进和援用的各种理论的认识?

---

[128] Hayek, supra note [19], p. 92.
[129] Ibid., p. 80.
[130] Hayek, *Law, Legislation and Liberty: The Mirage of Social Justice (II)*, The University of Chicago Press, 1976, p. 4.
[131] 参见拙文,同上注[3]所引文,第 233—241 页。
[132] 囿于篇幅,本文将不讨论哈耶克由此建构的实质性社会理论以及其间所存在的问题,当然,有兴趣的论者可以参见拙文,同上注,第 213—278 页。

Yearbook of Western Legal Philosophers Study

西方法律哲学家
研究年刊

[435—478]

研 究 文 献

西方法律哲学家研究文献(2005年)

4W 小组编辑

阿伦特(Arendt, Hannah)

一、著作

1. Hannah Arendt, *The Promise of Politics*, edited and with an introduction by Jerome Kohn, New York: Schocken Books, 2005.

2. 〔美〕理查德·沃林(Richard Wolin):《海德格尔的弟子:阿伦特、勒维特、约纳斯和马尔库塞》,张国清、王大林译,江苏教育出版社2005年版。

二、论文

（一）中文部分

1. 杜战锋:《在"行动"中享受艺术人生——从〈人的条件〉看阿伦特的人学思想》,载《理论月刊》2005年第6期。

2. 陈伟:《汉娜·阿伦特的"政治"概念剖析》,载《南京社会科学》2005年第9期。

3. 涂文娟:《阿伦特政治哲学研究述评》,载《哲学动态》2005年第9期。

4. 浦永春:《汉娜·阿伦特的哲学之思》,载《浙江学刊》2005年第6期。

5. 卫樱宁:《阿伦特的忠诚与爱》,载《书屋》2005年第12期。

（二）英文部分

1. Hannah Arendt and International Relations: Readings across the Lines, in *Reference and Research Book News*, Portland: Nov 2005. Vol. 20, Iss. 4; p. n/a.

2. Thiele, Leslie Paul, Judging Hannah Arendt: A Reply to Zerilli, in *Political Theory*［H. W. Wilson-SSA］. Oct 2005. Vol. 33, Iss. 5; p. 706.

3. Sigrid Meuschel, Hannah Arendt's Concept of Totalitarianism and the Post-Stalinist Constellation, in *Telos*, New York: Fall 2005. p. 99.

4. Kai Evers, The Holes of Oblivion: Arendt and Benjamin on Storytelling in the Age of Totalitarian Destruction, in *Telos*, New York: Fall 2005. p. 109.

5. A S Rosenbaum, Hannah Arendt: for Love of the World, in *Choice*, Middletown: May 2005. Vol. 42, Iss. 9; p. 1603 (1 page).

6. Sidonia Blättler, Irene M Marti, Rosa Luxemburg and Hannah Arendt: Against the Destruction of Political Spheres of Freedom, in *Hypatia*, Bloomington: Spring 2005. Vol. 20, Iss. 2; p. 88 (16 pages).

7. Claudia Lenz, The End or the Apotheosis of "Labor"? Hannah Arendt's Contribution to the Question of the Good Life in Times of Global Super-

fluity of Human Labor Power, in *Hypatia*, Bloomington: Spring 2005. Vol. 20, Iss. 2; p. 135 (21 pages).

8. Linda M G Zerilli, "We feel our freedom": Imagination and Judgment in the Thought of Hannah Arendt, in *Political Theory*, Thousand Oaks: Apr 2005. Vol. 33, Iss. 2; p. 158.

9. C Fred Alford, Augustine, Arendt, and Melanie Klein: The (De)Privation of Evil, in *Psychoanalysis, Culture & Society*, Houndmills: Apr 2005. Vol. 10, Iss. 1; p. 44.

10. Mark Button, Arendt, Rawls, and Public Reason, in *Social Theory and Practice*, Tallahassee: Apr 2005. Vol. 31, Iss. 2; p. 257 (24 pages).

11. Vikki Bell, On the Critique of Secular Ethics: An Essay with Flannery O'Connor and Hannah Arendt, in *Theory, Culture & Society*, London: Apr 1, 2005. Vol. 22, Iss. 2; p. 1.

12. The Reluctant Modernism of Hannah Arendt, in *Reference and Research Book News*, Portland: Feb 2005. Vol. 20, Iss. 1; p. n/a.

13. Aaron Fichtelberg, Crimes Beyond Justice? Retributivism and War Crimes, in *Criminal Justice Ethics*, New York: Winter 2005. Vol. 24, Iss. 1; p. 31 (16 pages).

14. Renee Jeffery, Beyond Banality? Ethical Responses to Evil in Post-September 11 International Relations, in *International Affairs*, London: Jan 2005. Vol. 81, Iss. 1; p. 175.

15. Charles C Turner, The Motivating Text: Assigning Hannah Arendt's Eichmann in Jerusalem, in *PS, Political Science & Politics*, Washington: Jan 2005. Vol. 38, Iss. 1; p. 67 (3 pages).

布尔迪厄(Bourdieu, Pierre)

一、著作

(一)中文部分

1. 〔法〕皮埃尔·布尔迪厄:《言语意味着什么:语言交换的经济》,褚思真、刘晖译,商务印书馆 2005 版。

2. 〔法〕皮埃尔·布尔迪厄:《科学的社会用途——写给科学场的临床社会学》,刘成富、张艳译,南京大学出版社 2005 版。

3. 张意:《文化与符号权力:布尔迪厄的文化社会学导论》,中国社会科学出版社 2005 版。

(二)英文部分

1. Pierre Bourdieu, *The Social Structures of Economy*, translated by Chris Turner, Cambridge, UK, Malden, MA Polity, 2005.

二、论文

(一)中文部分

1. 周鸿:《布迪厄的阶层场域论与阶层的形成》,载《学术论坛》2005 第 1 期。

2. 曹国新:《社会区隔:旅游活动中的文化社会学本质———一种基于布迪厄文化资本理论的解读》,载《北京第二外国语学院学报》2005 年第 1 期。

3. 范可:《"再地方化"与象征资本——一个闽南回族社区近年来的若干建筑表现》,载《开放时代》2005 年第 2 期。

4. 田耕:《社会学知识中的社会意象——Doxa 概念与布迪厄的社会学知识论》,载《社会学研究》2005 年第 1 期。

5. 谢元媛:《从布迪厄的实践理论看人类学田野工作》,载《社会科学研究》2005 年第 2 期。

6. 周鸿:《阶级阶层理论探析》,载《学术探索》2005 年第 2 期。

7. 刘飞:《炫耀性消费——凡勃伦与布迪厄的比较》,载《消费经济》2005年第3期。

8. 张叶云:《转型期社会资本在青年农民工就业中的地位》,载《中国青年研究》2005年第6期。

9. 朱伟珏:《超越主客观二元对立——布迪厄的社会学认识论与他的"惯习"概念》,载《浙江学刊》2005年第3期。

10. 朱伟珏:《"资本"的一种非经济解读——布迪厄"文化资本"概念》,载《社会科学》2005年第6期。

11. 杨子怡:《经典的生成与文学的合法性——文化生产场域视野中的传统诗经学考察》,载《西北师大学报(社会科学版)》2005年第4期。

12. 黄宗智:《认识中国——走向从实践出发的社会科学》,载《中国社会科学》2005年第1期。

13. 毕向阳:《转型时代社会学的责任与使命:布迪厄〈世界的苦难〉及其启示》,载《社会》2005年第4期。

14. 张国举:《"场域—惯习论":创新机制研究的新工具》,载《中共中央党校学报》2005年第3期。

15. 朱卫平、何亦名:《社会资本与经济分析视野的拓展》,载《经济学动态》2005年第4期。

16. 郭凯:《文化资本与教育场域:布迪厄教育思想述评》,载《当代教育科学》2005年第16期。

17. 胡春光、杨宁芳:《布迪厄的教育社会学思想除魅:作为符号权力的文化》,载《外国教育研究》2005年第7期。

18. 肖倩:《超越整体主义和个人主义:试论布迪厄的关系主义方法论》,载《晋阳学刊》2005年第5期。

19. 刘中一:《场域、惯习和农民生育行为:布迪厄实践理论视角下的农民生育行为》,载《社会》2005年第6期。

20. 邓玮、董丽云:《布迪厄:用场域理论研究法律》,载《学术探索》2005年第5期。

21. 〔法〕雷米·勒努瓦:《社会空间与社会阶层》,杨亚平译,载《东南学术》2005年第6期。

22. 朱国华:《当代文论语境中的布迪厄》,载《社会科学》2005年第12期。

23. 王南溟:《艺术的新闻批评:汉斯·哈克及其与布迪厄的谈话》,载《美术观察》2005年第5期。

24. 刘拥华:《社会学何以可能:论布尔迪厄社会理论的建构》,载《中国书评》2005年第3辑。

25. 刘晖:《反思何以可能》,载《中国书评》2005年第3辑。

(二) 英文部分(资料来源:JSTOR Sandbox 以及 ProQuest(原 UMI)—Academic Research Library(综合参考及人文社会科学期刊论文数据库)之 Academic Research Library 栏目)

1. John Hagan, Ron Levi, Crimes of War and the Force of Law, in *Social Forces*, Chapel Hill: Jun 2005. Vol. 83, Iss. 4; p. 1499 (36 pages).

2. Benedikte Brincker, Peter Gundelach, Sociologists in Action: A Critical Exploration of the Intervention Method, in *Acta Sociologica*, Oslo: Dec 2005. Vol. 48, Iss. 4; p. 365.

3. Richard Giulianotti, Towards a Critical Anthropology of Voice: The Politics and Poets of Popular Culture, Scotland and Football, in *Critique of*

Anthropology, London: Dec 2005. Vol. 25, Iss. 4; p. 339.

4. Martin B Carstensen, Bourdieu and the Journalistic Field, in *European Journal of Communication*, London: Dec 2005. Vol. 20, Iss. 4; p. 543.

5. Valerie Hey, The Contrasting Social Logics of Socialit and Survival: Cultures of Classed Be/Longing in Late Modernity, in *Sociology: the Journal of the British Sociological Association*, Cambridge: Dec 1, 2005. Vol. 39, Iss. 5; p. 855.

6. Suellen Shay, The Assessment of Complex Tasks: a Double Reading, in *Studies in Higher Education*, Abingdon: Dec 2005. Vol. 30, Iss. 6; p. 663.

7. Mustafa Emirbayer, Eva M Williams, Bourdieu and Social Work, in *The Social Service Review*, Chicago: Dec 2005. Vol. 79, Iss. 4; p. 689 (38 pages).

8. Craig Jeffrey, Patricia Jeffery, Roger Jeffery, Reproducing Difference? Schooling, Jobs, and Empowerment in Uttar Pradesh, India, in *World Development*, Oxford: Dec 2005. Vol. 33, Iss. 12; p. 2085.

9. Alex Bumas, Suzanne Laberge, Silvai M Straka, Older Women's Relations to Bodily Appearance: the Embodiment of Social and Biological Conditions of Existence, in *Ageing and Society*, Cambridge: Nov 2005. Vol. 25; p. 883.

10. Jerry Wellington, Jon Nixon, Shaping the Field: the Role of Academic Journal Editors in the Construction of Education as a Field of Study, in *British Journal of Sociology of Education*, Oxford: Nov 2005. Vol. 26, Iss. 5; p. 643.

11. L Braude, Pierre Bourdieu: Agent Provocateur, in *Choice*, Middletown: Nov 2005. Vol. 43, Iss. 3; p. 575 (2 pages).

12. Oyvind Ihlen, The Power of Social Capital: Adapting Bourdieu to the Study of Public Relations, in *Public Relations Review*, Greenwich: Nov 2005. Vol. 31, Iss. 4; p. 492

13. Mustafa Ozbilgin, Ahu Tatli, Book Review Essay: Understanding Bourdieu's Contribution to Organization and Management Studies, in *The Academy of Management Review*, Briarcliff Manor: Oct 2005. Vol. 30, Iss. 4; p. 855.

14. David Lipset, Author and Hero-Rereading Gregory Bateson: The Legacy of a Scientist1, in *Anthropological Quarterly*, Washington: Fall 2005. Vol. 78, Iss. 4; p. 899 (17 pages).

15. Troy D Glover, John L Hemingway, Locating Leisure in the Social Capital Literature, in *Journal of Leisure Research*, Arlington: Fourth Quarter 2005. Vol. 37, Iss. 4; p. 387 (15 pages).

16. Peter Collins, Science of Science and Reflexivity, in *Journal of the Royal Anthropological Institute*, London: Sep 2005. Vol. 11, Iss. 3; p. 627 (1 page).

17. Karsten R Stueber, How to Think about Rules and Rule Following, in *Philosophy of the Social Sciences*, Thousand Oaks: Sep 2005. Vol. 35, Iss. 3; p. 307.

18. Alex Dumas, Suzanne Laberge, Social Class and Ageing Bodies: Understanding Physical Activity in Later Life, in *Social Theory & Health*, Houndmills: Aug 2005. Vol. 3, Iss. 3; p. 183.

19. Stephanie Lawler, Disgusted Subjects: the Making of Middle-class Identities, in *The Sociologi-*

cal Review, Keele: Aug 2005. Vol. 53, Iss. 3; p. 429.

20. Pamela A Moss, Toward "Epistemic Reflexivity" in Educational Research: A Response to Scientific Research in Education, in Teachers College Record, New York: Jan 2005. Vol. 107, Iss. 1; p. 19 (11 pages)

21. Allon J Uhlmann, Jennifer R Uhlmann, Embodiment below Discourse: The Internalized Domination of the Masculine Perspective, in Women's Studies International Forum, Oxford: Jan/Feb 2005. Vol. 28, Iss. 1; p. 93.

22. Elizabeth B. Silva, Gender, Home and Family in Cultural Capital Theory, in The British Journal of Sociology, Andover: Mar 2005. Vol. 56. Iss. 1; p. 83.

23. David Wright, Mediating Production and Consumption: Cultural Capital and "Cultural Workers", in The British Journal of Sociology, Andover: Mar 2005. Vol. 56, Iss. 1; p. 105.

24. Tony Bennett, The Historical Universal: the Role of Cultural Value in the Historical Sociology of Pierre Bourdieu, in The British Journal of Sociology, Andover: Mar 2005. Vol. 56, Iss. 1; p. 141.

25. Derek Robbins, The Origins, Early Development and Status of Bourdieu's Concept of "Cultural Capital", in The British Journal of Sociology, Andover: Mar 2005. Vol. 56, Iss. 1; p. 13.

26. Simon Gunn, Translating Bourdieu: Cultural Capital and the English Middle Class in Historical Perspective, in The British Journal of Sociology, Andover: Mar 2005. Vol. 56, Iss. 1; p. 49.

27. Charles L Briggs, Communicability, Racial Discourse, and Disease, in Annual Review of Anthropology, Palo Alto: 2005. Vol. 34; p. 269 (23 pages).

28. William F Hanks, Pierre Bourdieu and the Practices of Language, in Annual Review of Anthropology, Palo Alto: 2005. Vol. 34; p. 67 (17 pages).

29. Practising theory; Pierre Bourdieu and the Field of Cultural Production, Reference and Research Book News, Portland: May 2005. Vol. 20, Iss. 2; p. n/a.

30. Archana Singh-Manoux, Michael Marmot, Role of Socialization in Explaining Social Inequalities in Health, in Social Science & Medicine, Oxford: May 2005. Vol. 60, Iss. 9; p. 2129.

31. Jan Angus, Pia Kontos, Isabel Dyck, Patricia McKeever, Blake Poland, The Personal Significance of Home: Habitus and the Experience of Receiving Long-term Home Care, in Sociology of Health & Illness, Oxford: Mar 2005. Vol. 27, Iss. 2; p. 161.

32. Nick Prior, A Question of Perception: Bourdieu, Art and the Postmodern, in The British Journal of Sociology, Andover: Mar 2005. Vol. 56. Iss. 1; p. 123.

33. Mike Savage, Alan Warde, Fiona Devine, Capitals, Assets, and Resources: Some Critical Issues1, in The British Journal of Sociology, Andover: Mar 2005. Vol. 56, Iss. 1; p. 31.

34. T J Berard, Rethinking Practices and Structures, in Philosophy of the Social Sciences. Thousand Oaks: Jun 2005. Vol. 35, Iss. 2; p. 196

35. Locating Bourdieu, Reference and Research Book News, Portland: May 2005. Vol. 20, Iss. 2; p. n/a.

36. Pierre Bourdieu; Agent Provocateur, *Reference and Research Book News*, Portland: May 2005. Vol. 20, Iss. 2; p. n/a.

37. G Prendiville, The Social Magic of Correspondence: Conceptions of the Mails in Early Nineteenth Century Ireland, in *Journal of Historical Geography*, London: Jul 2005. Vol. 31, Iss. 3; p. 459.

38. Jan Blommaert, James Collins, Stef Slembrouck, Spaces of Multilingualism, in *Language & Communication*, Oxford: Jul 2005. Vol. 25, Iss. 3; p. 197.

39. Madeleine Leonard, Children, Childhood and Social Capital: Exploring the Links, in *Sociology: the Journal of the British Sociological Association*, Cambridge: Oct 2005. Vol. 39, Iss. 4; p. 605.

40. Pascal Gielen, Art and Social Value Regimes, in *Current Sociology*, London: Sep 2005. Vol. 53, Iss. 5; p. 789.

41. Xianlin Song, Signs of the Times: The Discourse of "Three Represents" and Globalisation, in *East Asia: An International Quarterly*, Brunswick: Fall 2005. Vol. 22, Iss. 3; p. 25.

卡多佐（Cardozo, Benjamin Nathan）

论文

1. 王咏晖、陶莎：《法律过程中如何实现正义——卡多佐司法过程的性质思想简析》，载《江苏大学学报（社会科学版）》2005年9月第7卷第5期。

2. 刘路刚：《从司法过程看法的内在逻辑——本杰明·N.卡多佐的法哲学思想论述》，载《河南社会科学》2005年9月第13卷第5期。

3. 刘道强：《例外何以吞噬规则——从过失产品责任的产生看卡多佐的"法官立法"观》，载《甘肃社会科学》2005年第4期。

4. 〔美〕理查德·波斯纳：《卡多佐的司法哲学》，张海峰译，载《比较法研究》2005年第4期。

德沃金（Dworkin, Ronald）

一、著作

（一）中文部分

德沃金译著

1. 罗纳德·德沃金：《原则问题》，张国清译，江苏人民出版社2005年版。

研究专著

1. 李晓峰：《德沃金法律思想研究》，人民法院出版社2005年版。

二、论文

（一）中文部分

1. 张二芳：《德沃金的权利公正论及其当代意义》，载《理论探索》2005年第1期。

2. 黄斌、朱晓飞：《德沃金论法律的一致性观念》，载《黑龙江省政法管理干部学院学报》2005年第1期。

3. 张国清：《在原则与政策之间——罗纳德·德沃金和理想法律人的建构》，载《浙江大学学报（人文社会科学版）》2005年第2期。

4. 刘宏斌：《德沃金的道德客观性思想初探》，载《湖南师范大学社会科学学报》2005年第3期。

5. 张杰：《论德沃金"作为整体的法律"理论》，载《内蒙古大学学报（人文.社会科学版）》2005年第3期。

6. 郭义贵、马琳：《古典自然法与自然权利学说的现代表述——从《法律帝国》看德沃金对当代西方法理学的贡献》,载《福建政法管理干部学院学报》2005年第2期。

7. 赵波:《法哲学的方法及其特征——评德沃金〈哈特的后记和政治哲学的特征〉》,载《西南政法大学学报》2005年第3期。

8. 刘宏斌:《德沃金的资源平等论探微》,载《伦理学研究》2005年第5期。

9. 〔美〕查尔斯·雅布隆:《法官是说谎者吗?——对德沃金〈法律帝国〉的维特根斯坦式批评》,陈林林、刘诚译,载《法制与社会发展》2005年第5期。

10. 傅鹤鸣:《界说德沃金的法哲学思想》,载《中国市场》2006年1—2期。

11. 邱雅婧:《试论整体性法律观的多重面向》,载《山东社会科学》2005年第7期。

12. 王本存:《规则抑或原则:哈特与德沃金》,http://law-thinker.com/show.asp?id=2811。

13. 胡玲:《德沃金的法律解释理论——评〈作为整体的法律:德沃金的解释转向〉》,http://www.legaltheory.com.cn/info.asp?id=9790。

14. 〔美〕詹姆斯·多纳托:《德沃金和法律解释的主观性》,lancelotang译,http://lancelotang.iblog.cn/post/5911/25525。

15. 〔美〕德沃金:《波斯纳的指责:我的立场究竟是什么》,高中译,载http://www.law-thinker.com/show.asp?id=2997。

(二) 英文部分

德沃金本人论文

1. Ronald Dworkin, Judge Roberts on Trial, in *the New York Review of Books*, Volume 52, Number 16, October 20, 2005

研究论文

1. Stefanie A Lindquist and Frank B Cross, Empirically Testing Dworkin's Chain Novel Theory: Studying the Path of Precedent, in *New York University Law Review*, Oct 2005. Vol. 80, Iss. 4; pg. 1156.

2. Chris Armstrong, Equality, Risk and Responsibility: Dworkin on the Insurance Market, in *Economy and Society*, Aug 2005. Vol. 34, Iss. 3; pg. 451.

3. Hanoch Sheinman, Are Tradeoffs Between Justice and Welfare Possible? Calabrest and Dworkin on the Normative Founations of Law and Economics, in *Maryland Law Review*, vol. 64, 2005, p. 250.

4. Andrew Halpin, Or, Even, What the Law Can Teach the Philosophy of Language: a Pesponse to Green's Dworkin's Fallacy, in *Virginia Law Review*, vol. 91, 2005, p. 175.

5. Michael Steven Green, Halpin on Dworkin's Fallacy: a Surreply, in *Virginia Law Review*, vol. 91, 2005, p. 187.

6. James E. Fleming, Taking the Constitution Seriously Outside the County, in *Fordham Law Review*, vol. 73, 2005, p. 1377.

7. Linda C. McClain and James E. Fleming, Constitutionalism, Judicial Review, and Progressive Change, in *Texas Law Review*, vol. 84, 2005, p. 433.

8. Michael C. Dorf, The Coherentism of Democracy and Distrust, in *The Yale Law Journal*, vol. 114, 2005, p. 1237.

爱波斯坦(Epstein, Richard A.)

一、著作

1. Richard A. Epstein, *Free Markets under*

Seige: Cartels, Politics, and Social Welfare, Hoover Inst Pr., 2005.

二、论文

1. Richard A. Epstein, Contractual Principle versus Legislative Fixes: Coming to Closure on the Unending Travails of Medical Malpractice, in *54 DePaul L. Rev.* 503, 2005.

2. Richard A. Epstein, The Roman Law of Cyberconversion, in *Mich. St. L. Rev.* 103, 2005.

3. Richard A. Epstein, Randal C. Picker, Antitrust: Introduction, in *72 U. Chi. L. Rev.* 1, 2005.

4. Richard A. Epstein, Antitrust: Monopoly Dominance or Level Playing Field? The New Antitrust Paradox, in *72 U. Chi. L. Rev. 49*, 2005.

5. Richard A. Epstein, Digital Copyright Conference: Liberty versus Property? Cracks in the Foundations of Copyright Law, in *42 San Diego L. Rev. 1*, 2005.

6. Richard A. Epstein, Kelo: An American Original: of Grubby Particulars & Grand Principles, in *8 Green Bag 2d 355*, 2005.

7. Richard A. Epstein, Pharmaceutical Innovation and Cost: An American Dilemma: Regulatory Paternalism in the Market for Drugs: Lessons from Vioxx and Celebrex, in *5 Yale J. Health Pol'y L. & Ethics 741*, 2005.

8. Mark Siegler, M. D., Alix Weisfeld, and Richard A. Epstein, Pharmaceutical Innovation and Cost: An American Dilemma: Introduction, in *5 Yale J. Health Pol'y L. & Ethics 713*, 2005.

9. Richard A. Epstein, Takings, Commons, and Associations: Why the Telecommunications Act of 1996 Misfired, in *22 Yale J. on Reg. 315*, 2005.

福柯(Foucault, Michel)

一、著作

(一)中文部分

1. 黄华:《权力,身体与自我——福柯与女性主义文学批评》,北京大学出版社 2005 年版。

2. 高宣扬:《福柯的生存美学》,中国人民大学出版社 2005 年版。

3. 余虹:《艺术与归家:尼采·海德格尔·福柯》,中国人民大学出版社 2005 年版。

4. 李晓林:《审美主义:从尼采到福柯——审美文丛》,社会科学文献出版社 2005 年版。

5. 莫伟民:《莫伟民讲福柯》,北京大学出版社 2005 年版。

6. 〔德〕克拉达、〔德〕登博夫斯基编:《福柯的迷宫——商务新知译丛》,朱毅译,商务印书馆 2005 年版。

7. 〔德〕米勒:《福柯的生死爱欲》,高毅译,上海人民出版社 2005 年版。

8. 〔英〕塔姆辛·斯巴格:《福柯与酷儿理论——后现代交锋丛书》,赵玉兰译,北京大学出版社 2005 年版。

(二)英文部分

1. Jonathan Xavier Inda(ed.), *Anthropologies of Modernity*; Foucault, Governmentality, and Life Politics, Blackwell Publishing, 2005.

2. Jardine and Gail McNicol, *Foucault & Education*, Peter Lang Publishing Inc, 2005.

3. Gary Gutting (ed.), *The Cambridge Companion to Foucault*, 2d ed., Cambridge U. Pr., 2005.

4. Brent Pickett, *On the Use and Abuse of Foucault for Politics*, Lexington Books, 2005.

二、论文

(一) 中文部分

1. 杨春福:《"现代之后"的权利观及其对中国社会转型的意义——以福柯和哈贝马斯为例》,载《江苏社会科学》2005年第1期。

2. 郭洪雷:《面向文学史"说话"的福柯——也谈中国当代文学史研究中的知识考古学、知识谱系学问题》,载《天津社会科学》2005年第1期。

3. 于伟、戴军:《福柯教室中的微观权力理论述评》,载《东北师大学报(哲学社会科学版)》2005年第2期。

4. 李震:《福柯谱系学视野中的身体问题》,载《求是学刊》2005年第2期。

5. 李晓林:《审美主义:从尼采到福柯》,载《厦门大学学报(哲学社会科学版)》2005年第2期。

6. 张之沧:《论福柯性道德观中的虚无主义》,载《伦理学研究》2005年第2期。

7. 张之沧:《福柯的微观权力分析》,载《福建论坛(人文社会科学版)》2005年第5期。

8. 许斗斗:《启蒙、现代性与现代风险社会——对康德、福柯、吉登斯之思想的内在性寻思》,载《东南学术》2005年第3期。

9. 刘魁:《真理、文化权威与知识生产的时代性——兼评福柯对真理话语的微观权力分析》,载《南京政治学院学报》2005年第3期。

10. 尚杰:《空间的哲学:福柯的"异托邦"概念》,载《同济大学学报(社会科学版)》2005年第3期。

11. 程党根:《在欲望与权力之间:德勒兹与福柯思想互动探析》,载《天津社会科学》2005年第4期。

12. 何成洲:《"自我的教化":田纳西·威廉斯和福柯》,载《南京社会科学》2005年第8期。

13. 王立:《什么是启蒙:康德与福柯》,载《社会科学战线》2005年第5期。

14. 高宣扬:《福柯的生存美学的基本意义》,载《同济大学学报(社会科学版)》2005年第1期。

15. 余虹:《现在:我们自己的历史存在论——福柯哲学的精神态度与内在空间》,载《社会科学研究》2005年第6期。

16. 王冬梅:《福柯的微观权力论解读》,载《西北大学学报(哲学社会科学版)》2005年第5期。

17. 莫伟民:《福柯思想渊源梳理》,载《云南大学学报(社会科学版)》2005年第5期。

18. 何雪松:《空间、权力与知识:福柯的地理学转向》,载《学海》2005年第6期。

19. 毛升:《可疑的真理——福柯"谱系学"之评析》,载《广西师范大学学报(哲学社会科学版)》2005年第3期。

20. 周舒:《生产"看"的场域——一种对福柯的解读方式》,载《西南民族大学学报(人文社科版)》2005年第12期。

21. 张媛、王振卯:《从〈临床医学的诞生〉看福柯的社会历史观》,载《南京医科大学学报(社会科学版)》2005年第4期。

22. 张政文:《康德与福柯:启蒙与现代性之争》,载《哲学动态》2005年第12期。

23. 胡水君:《惩罚的合理性——福柯对人道主义的批判分析》,载《环球法律评论》2006年第2期。

(二) 英文部分

1. Sara Mills, Abnormal: Lectures at the College de France 1974—1975, in *The Sociological Review*. Keele: Nov 2005. Vol. 53, Iss. 4; p. 774.

2. Murat Yildiz, Foucault and the Iranian Revolution: Gender and the Seductions of Islamism, in *The Middle East Journal*. Washington: Autumn 2005. Vol. 59, Iss. 4; p. 701 (2 pages).

3. Steve Kroll-Smith, Governing Sleepiness: Somnolent Bodies, Discourse, and Liquid Modernity, in *Sociological Inquiry*, Austin: Aug 2005. Vol. 75, Iss. 3; p. 346.

4. Alan Milchman, Alan Rosenberg, Michel Foucault: Crises and Problemizations, in *The Review of Politics*, Notre Dame: Spring 2005. Vol. 67, Iss. 2; p. 335 (18 pages).

5. Christian Borch, Acta Sociologica, Systemic Power: Luhmann, in *Foucault, and Analytics of Power*, Oslo: Jun 2005. Vol. 48, Iss. 2; p. 155.

富勒(Fuller, L.)

一、著作

1. 〔美〕富勒：《法律的道德性》，郑戈译，商务印书馆2005年版。

二、论文

1. 邹立君：《良好社会秩序的孜孜探求者：法学家朗·富勒》，载《社会科学论坛》2005年12月上半月刊。

2. 邹立君：《法律的内在道德：一种通达目的性事业的观念》，载《社会科学论坛》2005年12月上半月刊。

哈贝马斯(Habermas, Jürgen)

一、著作

(一) 中文部分

哈贝马斯译著

1. 〔德〕尤尔根·哈贝马斯：《对话伦理学与真理的问题》，沈清楷译，中国人民大学出版社2005年版。

研究专著

1. 曹卫东著：《曹卫东讲哈贝马斯》，北京大学出版社2005年版。

2. 贺翠香著：《劳动·交往·实践——论哈贝马斯对历史唯物论的重建》，中国社会科学出版社2005年版。

3. 〔美〕博拉朵莉著：《恐怖时代的哲学——与哈贝马斯和德里达对话》，王志宏译，华夏出版社2005年版。

(二) 外文部分

1. Thomas Biebricher, *Selbstkritik der Moderne, Foucault und Habermas im Vergleich*, Frankfurt am Main: Campus, 2005. (藏于中国国家图书馆外文图书阅览室)

二、论文

(一) 中文部分

哈贝马斯本人论文译文

1. 〔德〕哈贝马斯：《从康德到黑格尔：罗伯特·布兰顿的语用学语言哲学》，韩东晖译，载《世界哲学》2005年第6期。

研究论文

1. 〔美〕A. 华莱士：《理性、社会与宗教：从哈贝马斯的观点反思"9·11"事件》，彭海红摘译，载《国外社会科学》2005年第5期。

2. 〔美〕理查德·伯恩斯坦：《现代性后现代性的比喻：哈贝马斯与德里达》，江洋编译，载《马克思主义与现实》2005年第6期。

3. 〔美〕安德鲁·费恩伯格：《哈贝马斯或马尔库塞：两种类型的批判?》，朱春艳译，载《马克思主义与现实》2005年第6期。

4. 单秋梅,董宏伟:《浅谈哈贝马斯的"科学技术意识形态"论》,载《哈尔滨学院学报》2005年第2期。

5. 杨春福:《"现代之后"的权利观及其对中国社会转型的意义——以福柯和哈贝马斯为例》,载《江苏社会科学》2005年第1期。

6. 陶红茹:《哈贝马斯与利奥塔的现代性之争评析》,载《理论与现代化》2005年第1期。

7. 曾屹丹、辛治洋:《哈贝马斯后现代理论对现代教育的批判与建设》,载《外国教育研究》2005年第1期。

8. 王凤才:《后现代语境中话语伦理学的困境及其意义》,载《哲学动态》2005年第2期。

9. 陆玉胜:《哈贝马斯〈交往行动理论〉中的一般与个别》,载《长春工程学院学报(社会科学版)》2005年第1期。

10. 唐涛:《哈贝马斯对韦伯形式主义法律观的批判与超越》,载《江苏科技大学学报(社会科学版)》2005年第1期。

11. 周濂:《沟通行动具备独立性与优先性吗?——试论哈贝马斯言语行为理论》,载《求是学刊》2005年第2期。

12. 李佃来:《重置理性的路标:哈贝马斯现代性批判之维》,载《求是学刊》2005年第2期。

13. 谢行宽:《哈贝马斯对康德伦理思想的继承和超越》,载《肇庆学院学报》2005年第1期。

14. 徐震:《对马克思和哈贝马斯两种不同交往概念的简单考察》,载《宜宾学院学报》2005年第1期。

15. 张雪伟:《论法兰克福学派的法律思想及其对构建当代法治社会的现实意义》,载《中共伊犁州委党校学报》2005年第1期。

16. 李瑞昌:《商谈民主:哈贝马斯与吉登斯的分歧》,载《浙江学刊》2005年第2期。

17. 吴苑华:《"规范语用学"与哈贝马斯》,载《华侨大学学报(哲学社会科学版)》2005年第1期。

18. 刘芬:《马克思与哈贝马斯交往观之比较》,载《中共杭州市委党校学报》2005年第2期。

19. 李颖川:《哈贝马斯的文化理论解读》,载《中共杭州市委党校学报》2005年第2期。

20. 任慧:《哈贝马斯的公共领域理论及其现代启示》,载《长江大学学报(社会科学版)》2005年第1期。

21. 朱海龙:《哈贝马斯的公共领域与中国农村公共空间》,载《科技创业月刊》2005年第5期。

22. 张卓:《浅谈"理性化"到"合理化"——关于韦伯与哈贝马斯的社会理论的比较分析》,载《理论界》2005年第4期。

23. 马宗军、商军:《哈贝马斯论公共领域的发生》,载《山东大学学报(哲学社会科学版)》2005年第3期。

24. 朱海英、郭为桂:《人民如何"现身"——从宪政民主到程序民主的思想进路》,载《社会科学》2005年第5期。

25. 薛利山:《2001——哈贝马斯访华引起的争论》,载《社会科学论坛》2005年第3期。

26. 曹卫东:《哈贝马斯在汉语世界的历史效果——以〈公共领域的结构转型〉为例》,载《现代哲学》2005年第1期。

27. 吴惟义:《科学技术对人类社会的作用及其局限——读尤尔根·哈贝马斯〈作为"意识形态"的技术与科学〉一文》,载《中国科技论坛》2005年第3期。

28. 龚群:《哈贝马斯关于卢梭人民主权思想的再阐释》,载《哲学动态》2005年第5期。

29. 唐涛:《推进生活世界的合理化——哈贝马斯后形而上学思想的现实关照》,载《江淮论坛》2005年第3期。

30. 周宗培:《哈贝马斯思想对我国基础教育的启示》,载《当代教育论坛》2005年12期。

31. 朱海英、郭为桂:《"人民"的本体性变奏——从宪政民主到程序民主》,载《宁夏社会科学》2005年第3期。

32. 童世骏:《正义基础上的团结、妥协和宽容——哈贝马斯视野中的"和而不同"》,载《马克思主义与现实》2005年第3期。

33. 孟凡东、何爱国:《哈贝马斯的合理性理论与东亚现代化》,载《社会科学家》2005年第3期。

34. 张向东:《哈贝马斯的伦理思想研究——兼与麦金太尔相比较》,载《华北水利水电学院学报(社科版)》2005年第2期。

35. 宋宏:《民主的危机与合法性的重建——哈贝马斯对民主的思考》,载《学海》2005年第3期。

36. 孙岩:《哈贝马斯的认知与无指称实在论》,载《自然辩证法研究》2005年第6期。

37. 邹兴明:《哈贝马斯"交往行动"概念述评》,载《黄冈师范学院学报》2005年第2期。

38. 胡向明:《哈贝马斯的理性重建——交往理性》,载《中北大学学报(社会科学版)》2005年第3期。

39. 唐晓燕:《哈贝马斯的商谈伦理学》,载《广西社会科学》2005年第7期。

40. 陶红茹、曹红钢:《从哈贝马斯与利奥塔的现代性之争看现代性的危机与出路》,载《淮南师范学院学报》2005年第1期。

41. 潘小军:《从托克维尔到哈贝马斯:探寻法治的社会基础》,载《法学论坛》2005年第3期。

42. 姚大志:《哈贝马斯与政治合法性》,载《同济大学学报(社会科学版)》2005年第3期。

43. 贾中海:《哈贝马斯对罗尔斯事实与价值关系二元论的批判》,载《学习与探索》2005年第3期。

44. 黄湘:《从哈贝马斯和卢曼的分歧看欧盟立宪危机》,载《博览群书》2005年第8期。

45. 王和:《体悟哈贝马斯——兼谈历史学的功能、价值与智慧》,载《东北师大学报(哲学社会科学版)》2005年第4期。

46. 张秀琴:《批判的向度及其旨趣:马克思与哈贝马斯意识形态理论比较研究》,载《辽宁大学学报(哲学社会科学版)》2005年第4期。

47. 汪行福:《"新启蒙辩证法"——哈贝马斯的现代性理论》,载《马克思主义与现实》2005年第4期。

48. 周运江:《哈贝马斯的科学技术社会功能理论》,载《黔东南民族师范高等专科学校学报》2005年第4期。

48. 姚大志、高玉平:《哈贝马斯的权利理论》,载《浙江学刊》2005年第4期。

50. 桂海君:《"强价值介入"在社会工作研究和实务中的运用——对哈贝马斯的批判诠释学的初浅理解》,载《贵州大学学报(社会科学版)》2005年第3期。

51. 姚大志:《哈贝马斯的程序主义》,载《吉林大学社会科学学报》2005年第4期。

52. 周国文:《公共性与公民伦理——兼论哈贝马斯《在事实与规范之间》的公民伦理思想》,载《人文杂志》2005年第5期。

53. 李桂花:《科学技术是意识形态吗?——

兼评阿尔都塞和哈贝马斯的观点》,载《吉林师范大学学报(人文社会科学版)》2005年第3期。

54. 赵前苗:《论哈贝马斯对道德规范的建构》,载《道德与文明》2005年第5期。

55. 陈纪、吕伟东:《评述哈贝马斯解决现代社会危机之策略》,载《黑龙江教育学院学报》2005年第5期。

56. 金丹、张娟:《话语伦理学:在传统与后现代之间》,载《河南师范大学学报(哲学社会科学版)》2005年第5期。

57. 吴苑华:《重建语境中的历史唯物主义(上)——从卢卡奇到哈贝马斯》,载《华侨大学学报(哲学社会科学版)》2005年第3期。

58. 贾英健:《论哈贝马斯的交往行动和话语伦理思想》,载《济南大学学报(社会科学版)》2005年第5期。

59. 刘力红:《哈贝马斯早期公共领域思想的规范视角》,载《理论界》2005年第9期。

60. 费尚军、王玉:《基于交往的意识形态批判——哈贝马斯意识形态理论解析》,载《兰州学刊》2005年第5期。

61. 李莉琴:《试论哈贝马斯合法性理论》,载《前沿》2005年10期。

62. 尉利工:《利奥塔与哈贝马斯的现代性之争》,载《泰安教育学院学报岱宗学刊》2005年第3期。

63. 何捷一:《交往理论与历史唯物主义建构——兼评哈贝马斯对历史唯物主义的"重建"》,载《武汉大学学报(人文科学版)》2005年第5期。

64. 贺翠香:《历史唯物主义的反思性——评哈贝马斯对马克思劳动观的批判》,载《江西社会科学》2005年第9期。

65. 王展鹏:《宪法爱国主义与欧洲认同:欧盟宪法的启示》,载《欧洲研究》2005年第5期。

66. 王明文:《程序主义法律范式:哈贝马斯解决法律合法性问题的一个尝试》,载《法制与社会发展》2005年第6期。

67. 王睿欣:《精神分析与批判话语——论哈贝马斯对弗洛伊德精神分析学的整合》,载《社会科学研究》2005年第6期。

68. 赵光锐:《欧洲大众传媒领域一体化运动评析——从哈贝马斯"公共领域"的视角》,载《湖北社会科学》2005年12期。

69. 王庆丰:《哈贝马斯生活世界理论的语用学转型》,载《马克思主义与现实》2005年第6期。

70. 李佃来:《话语民主:哈贝马斯政治哲学的关键词》,载《武汉大学学报(人文科学版)》2005年第6期。

71. 严海良:《超越人权与人民主权的对峙:哈贝马斯的人民主权理论探析》,载《学海》2005年第6期。

72. 刘俊香、邱仁宗:《哈贝马斯关于基因技术应用的人性论论证》,载《医学与哲学》2005年第13期。

73. 陈忠:《哈贝马斯"生活世界理论"与马克思"全面生活理论"之比较》,载《江苏社会科学》2005年第6期。

74. 陆自荣:《对韦伯和哈贝马斯合理化理论的研究》,载《中国矿业大学学报(社会科学版)》2005年第4期。

75. 王江涛:《论哈贝马斯的团结观》,载《理论观察》2005年第6期。

76. 郑璐:《哈贝马斯"理想的话语环境"评析》,载《南京政治学院学报》2005年第6期。

77. 肖云忠:《失序与重构:哈贝马斯与迪尔凯姆社会秩序思想的比较》,载《成都理工大学学报（社会科学版）》2005年第4期。

78. 刘力红：《追寻政治理性的社会基础——哈贝马斯早期公共领域思想探析》，载《沈阳师范大学学报（社会科学版）》2005年第6期。

79. 曾赟：《韦伯与哈贝马斯法治观之元理论比较》，载《湘潭大学学报（哲学社会科学版）》2005年第6期。

80. 李庆林：《传播研究的多维视角——马克思、哈贝马斯、麦克卢汉的传播观比较》，载《新闻与传播研究》2005年第4期。

81. 陈秋苹：《马克思主义交往理论与哈贝马斯交往理论辨析》，载《扬州大学学报（高教研究版）》2005年第6期。

82. 吴苑华：《宽容："他者"在场——从〈包容他者〉的道德视域出发》，载《哲学动态》2005年第11期。

83. 吴冠军：《正当性与合法性之三岔路口——韦伯、哈贝马斯、凯尔森与施米特》，载《清华法学》第五辑，清华大学出版社2005年版，第46—94页。

（二）英文论文

哈贝马斯本人论文

1. Jürgen Habermas, Concluding Comments on Empirical Approaches to Deliberative Politics, *Acta Politica*. Houndmills: Sep 2005. Vol. 40, Iss. 3.

研究论文

1. Hans Wiklund, In Search of Arenas for Democratic Deliberation: a Habermasian Review of Environmental Assessment, Impact Assessment and Project Appraisal, in *Guildford*: Dec 2005. Vol. 23, Iss. 4.

2. Lilian Alweiss, Philosophy in a Time of Terror: Dialogues with Jürgen Habermas and Jacques Derrida, in *The Review of Metaphysics*. Washington: Dec 2005. Vol. 59, Iss. 2.

3. Sharon Krause, Desiring Justice: Motivation and Justification in Rawls and Habermas, in *Contemporary Political Theory*, Avenel: Nov 2005. Vol. 4, Iss. 4.

4. Agustin Martin G Rodriguez, The Ground of Solidarity in Post-metaphysical Polities: From Consensus to Discourse, in *Philosophy Today*, Celina: Fall 2005. Vol. 49, Iss. 3.

5. Jari I Niemi, Jürgen Habermas's Theory of Communicative Rationality: The Foundational Distinction Between Communicative and Strategic Action, in *Social Theory and Practice*, Tallahassee: Oct 2005. Vol. 31, Iss. 4.

6. Richard Wolin, Jürgen Habermas and Post-Secular Societies, in *The Chronicle of Higher Education*, Washington: Sep 23, 2005. Vol. 52, Iss. 5.

7. Mitzen Jennifer, Reading Habermas in Anarchy: Multilateral Diplomacy and Global Public Spheres, in *The American Political Science Review* [H. W. Wilson - SSA], Aug 2005. Vol. 99, Iss. 3.

8. Arash Abizadeh, In Defence of The Universalization Principle in Discourse Ethics, in *Philosophical Forum*, Oxford: Summer 2005. Vol. 36, Iss. 2.

9. Morton Schoolman, Avoiding "Embarrassment": Aesthetic Reason and Aporetic Critique in Dialectic of Enlightenment, in *Polity*, Amherst: Jul 2005. Vol. 37, Iss. 3.

10. Robert W T Martin, Between Consensus and Conflict: Habermas, Post-Modern Agonism and the Early American Public Sphere, in *Polity*, Amherst: Jul 2005. Vol. 37, Iss. 3.

11. Wohlgemuth, Michael, The Communicative Character of Capitalistic Competition: A Hayekian Response to the Habermasian Challenge, in *The Independent Review* [H. W. Wilson - SSA], Summer 2005, Vol. 10, Iss. 1.

12. Corneliu Bjola, Legitimating the Use of Force in International Politics: A Communicative Action Perspective, in *European Journal of International Relations*, London: Jun 2005. Vol. 11, Iss. 2.

13. Simon Lumsden, Introduction to German Philosophy: From Kant to Habermas, in *International Philosophical Quarterly*, Bronx: Jun 2005. Vol. 45, Iss. 2.

14. Chris Barrigar, "Thick" Christian Discourse in the Academy: A Case Study with Jürgen Habermas, in *Christian Scholar's Review*, Holland: Spring 2005. Vol. 34, Iss. 3.

15. Stephen Chilton, Maria Stalzer Wyant Cuzzo, Habermas's Theory of Communicative Action as a Theoretical Framework for Mediation Practice, in *Conflict Resolution Quarterly*, San Francisco: Spring 2005. Vol. 22, Iss. 3.

16. Minh Q Huynh, Viewing E-Learning Productivity from the Perspective of Habermas' Cognitive Interests Theory, in *Journal of Electronic Commerce in Organizations*, Hershey: Apr—Jun 2005, Vol. 3, Iss. 2.

17. Day Wong, Foucault Contra Habermas: Enlightenment, Power, and Critique, in *Philosophy Today*, Celina: Spring 2005, Vol. 49, Iss. 1.

18. Konstantinos Kavoulakos, From Habermas to Horkheimer's Early Work: Directions for a Materialist Reconstruction of Communicative Critical Theory, in *Telos*, New York: Spring 2005.

19. Ejvind Hansen, The Foucault-Habermas Debate: The Reflexive and Receptive Aspects of Critique, in *Telos*, New York: Spring 2005.

20. David Martin Jones, Peace Through Conversation, in *The National Interest*, Washington: Spring 2005.

21. Steve Harrist, Scott Gelfand, Life Story Dialogue and the Ideal Speech Situation Critical Theory and Hermeneutics, in *Theory & Psychology*, London: Apr 2005, Vol. 15, Iss. 2.

22. Myra Bookman, Mcdowell and Habermas in a Post-traditional World, in *Philosophy Today*, Celina: 2005, Vol. 49, Iss. 5.

23. Thomas Diez, Jill Steans, A Useful Dialogue? Habermas and International Relations, in *Review of International Studies*, London: Jan 2005, Vol. 31, Iss. 1.

24. Kimberly Hutchings, Speaking and Hearing' Habermasian Discourse Ethics, Feminism and IR, in *Review of International Studies*, London: Jan 2005. Vol. 31, Iss. 1.

25. Andrew Linklater, Dialogic Politics and the Civilising Process, in *Review of International Studies*, London: Jan 2005, Vol. 31, Iss. 1.

26. Joel Anderson, Review: The Future of Human Nature, in *Ethics*, Chicago: Jul 2005. Vol. 115, Iss. 4; p. 816 (6 pages).

27. Christopher Farrands, Owen Worth, Critical Theory in Global Political Economy: Critique? Knowledge? Emancipation? in *Capital & Class*, London: Spring 2005. p. 43 (19 pages).

28. Martin Weber, The Critical Social Theory

of the Frankfurt School, and the "Social Turn" in IR, in *Review of International Studies*, London: Jan 2005. Vol. 31, Iss. 1.

29. Jurgen Haacke, The Frankfurt School and International Relations' on the Centrality of Recognition, in *Review of International Studies*, London: Jan 2005. Vol. 31, Iss. 1; p. 181.

30. Nicole Deitelhoff, Harald Muller, Theoretical Paradise——Empirically lost? Arguing with Habermas, in *Review of International Studies*, London: Jan 2005. Vol. 31, Iss. 1; p. 167.

31. Perry Anderson, Arms and Rights: Rawls, Habermas and Bobbio in an Age of War, in *New Left Review*, Feb 2005.

32. Kenneth G MacKendrick, Intersubjectivity and the Revival of Death: Toward a Critique of Sovereign Individualism, in *Critical Sociology*, Volume 31, Numbers 1—2, April 2005.

33. Lachapelle, Morality, Ethics, and Globalization: Lessons from Kant, Hegel, Rawls, and Habermas, in Erick, *Perspectives on Global Development and Technology*, Volume 4, Numbers 3—4, 2005, pp. 603—644(42).

34. Grumley John, Hegel, Habermas and the Spirit of Critical Theory, in *Critical Horizons*, Volume 6, Number 1, 2005, pp. 87—99(13).

35. Johnson Pauline, Habermas: A Reasonable Utopian? in *Critical Horizons*, Volume 6, Number 1, 2005, pp. 101—118(18).

36. Renault Emmanuel, Radical Democracy and an Abolitionist Concept of Justice. A Critique of Habermas' Theory of Justice, in *Critical Horizons*, Volume 6, Number 1, 2005, pp. 137—152(16).

37. Melissaris Emmanuel, The Limits of Institutionalised Legal Discourse, in *Ratio Juris*, Volume 18, Number 4, December 2005, pp. 464—483 (20).

38. Finlayson James Gordon, Habermas's Moral Cognitivism and the Frege-Geach Challenge, in *European Journal of Philosophy*, Volume 13, Number 3, December 2005, pp. 319—344(26).

39. Vaki Fotini, Adorno contra Habermas: The Claims of Critical Theory as Immanent Critique, in *Historical Materialism*, Volume 13, Number 4, 2005, pp. 79—120(42).

40. Prusak Bernard G., Rethinking "Liberal Eugenics": Reflections and Questions on Habermas on Bioethics, in *Hastings Center Report*, November—December 2005, pp. 31—47(17).

41. Noonan Jeff, Modernization, Rights, and Democratic Society: The Limits of Habermas's Democratic Theory, in *Res Publica*, Volume 11, Number 2, June 2005, pp. 101—123(23).

42. Grodnick Stephen, Rediscovering Radical Democracy in Habermas's Between Facts and Norms, in *Constellations*, Volume 12, Number 3, September 2005, pp. 392—408(17).

43. Steele Meili, Hiding from History: Habermas's Elision of Public Imagination, in *Constellations*, Volume 12, Number 3, September 2005, pp. 409—436(28).

44. Anievas Alexander, Critical Dialogues: Habermasian Social Theory and International Relations, in *Politics*, Volume 25, Number 3, September 2005, pp. 135—143(9).

45. Vargova Mariela, Democratic Deficits of a Dualist Deliberative Constitutionalism: Bruce

Ackerman and Jürgen Habermas, in *Ratio Juris*, Volume 18, Number 3, September 2005, pp. 365—386(22).

46. Feldman Stephen M, The Problem of Critique: Triangulating Habermas, Derrida, and Gadamer Within Metamodernism, in *Contemporary Political Theory*, Volume 4, Number 3, August 2005, pp. 296—320(25).

47. Bernstein J. M., Suffering Injustice: Misrecognition as Moral Injury in Critical Theory, in *International Journal of Philosophical Studies*, Volume 13, Number 3, September 2005, pp. 303—324(22).

48. Cooke Maeve, Avoiding Authoritarianism: On the Problem of Justification in Contemporary Critical Social Theory, in *International Journal of Philosophical Studies*, Volume 13, Number 3, September 2005, pp. 379—404(26).

49. Gilabert Pablo, A Substantivist Construal of Discourse Ethics, in *International Journal of Philosophical Studies*, Volume 13, Number 3, September 2005, pp. 405—437(33).

50. Small Neil; Mannion, A Hermeneutic Science: Health Economics and Habermas, in Russell, *Journal of Health, Organisation and Management*, Volume 19, Number 3, March 2005, pp. 219—235(17).

51. Hodge Suzanne, Competence, Identity and Intersubjectivity: Applying Habermas's Theory of Communicative Action to Service User Involvement in Mental Health Policy Making, in *Social Theory & Health*, Volume 3, Number 3, August 2005, pp. 165—182(18).

52. Lupel Adam, Tasks of a Global Civil Society: Held, Habermas and Democratic Legitimacy beyond the Nation-state, in *Globalizations*, Volume 2, Number 1, May 2005, pp. 117—133(17).

53. Niemi Jari, Habermas and Validity Claims, in *International Journal of Philosophical Studies*, Volume 13, Number 2, June 2005, pp. 227—244(18).

54. Li Victor, Rationality and Loss: Habermas and the Recovery of the Pre-modern Other, in *Parallax*, Volume 11, Number 3, July—September 2005, pp. 72—86(15).

55. Ingram David, Habermas and the Unfinished Project of Democracy, in *Human Studies*, Volume 28, Number 2, June 2005, pp. 223—225(3).

56. Brookfield Stephen, Learning Democratic Reason: The Adult Education Project of Jürgen Habermas, in *The Teachers College Record*, Volume 107, Number 6, June 2005, pp. 1127—1168(42).

57. Kaszynska Patrycja, Review: Habermas and Aesthetics: The Limits of Communicative Reason, in *British Journal of Aesthetics*, Volume 45, Number 3, 17 July 2005, pp. 317—319(3).

58. Whipple Mark, The Dewey-Lippmann Debate Today: Communication Distortions, Reflective Agency, and Participatory Democracy, in *Sociological Theory*, Volume 23, Number 2, June 2005, pp. 156—178(23).

59. Dahlberg Lincoln, The Habermasian Public Sphere: Taking Difference Seriously? in *Theory and Society*, Volume 34, Number 2, April 2005, pp. 111—136(26).

60. Kirk Simpson; Peter Daly, Citizenship Education and Post-16 Students: A Habermasian Perspective, in *Citizenship Studies*, Volume 9, Number

1, February, 2005, pp. 73—88(16).

61. Mark Murphy, Between Facts, Norms and a Post-national Constellation: Habermas, Law and European Social Policy, in *Journal of European Public Policy*, Volume 12, Number 1, February 2005, pp. 143—156(14).

62. Thomassen Lasse, Habermas and his Others, in *Polity*, Volume 37, Number 4, October 2005, pp. 548—560(13).

哈特(Hart, H. L. A.)

一、著作

1. 〔英〕H. L. A. 哈特:《法理学与哲学论文集》,支振锋译,法律出版社 2005 年版。

2. 〔英〕H. L. A. 哈特、托尼·奥诺尔:《法律中的因果关系》(第二版),张绍谦、孙战国译,中国政法大学出版社 2005 年版。

二、论文

(一) 中文部分

1. 成善红:《论哈特对分析实证主义的推进》,载《集团经济研究》2005 年第 16 期。

2. 陈锐:《从外在视点到内在视点:哈特与法律实证主义的诠释学转向》,载《西南民族大学学报(人文社科版)》2005 年第 10 期。

3. 赵波:《法哲学的方法及其特征——评德沃金〈哈特的后记和政治哲学的特征〉》,载《西南政法大学学报》2005 年第 3 期。

4. 刘奇耀:《哈特的司法解释理论及其发展述评》,载《山东社会科学》2005 年第 5 期。

5. 〔美〕罗伯特·S. 萨默斯:《H. L. A. 哈特论正义》,周林刚译,http://www. law. tsinghua. edu. cn/lawtsinghua/ReadNews. asp? NewsID =6001。

6. 〔美〕布莱恩·贝克斯:《H. L. A. 哈特与法律实证主义》,周林刚译,http://www. law. tsinghua. edu. cn/lawtsinghua/ReadNews. asp? NewsID =3607。

(二) 英文部分

1. David Sugarman, Hart Interviewed: H. L. A. Hart in Conversation with David Sugarman, in *Journal of Law and Society*, Volume32, pp. 267—293, June, 2005.

2. Brain Leiter, Beyond the Hart/Dworkin Debate: The Methodology Problem in Jurisprudence, in *U of Texas Law*, Public Law Research Paper No. 34.

3. Jeanne L. Schroeder, His Master's Voice: H. L. A. Hart and Lacanian Discourse Theory, in *Cardozo Law Legal Studies Research Paper*, No. 108, April, 2005.

4. Robin Bradley Kar, How an Understanding of the Second Personal Standpoint Can Change Our Understanding of the Law: Hart's Unpublished Response to Exclusive Legal Positivism, in *Loyola—LA Legal Studies Paper*, No. 2005-16.

5. The Hon Justice Michael Kirby, H. L. A. Hart, Julius Stone and the Struggle for the Soul of Law, *Syd L. Rev.* 14, 2005. http://www. austlii. edu. au/au/journals/SydLRev/2005/14. html.

6. Samantha Besson, Deconstructing Hart: A Review of Lacey's A Life of H. L. A. Hart(2004), in *General Law Journal*, Vol. 06, No. 07,2005.

7. Pablo Kalmanovitz, H. L. A Hart, Internal Points of View and Legal Systems, http://www. columbia. edu/cu/polisci/pdf-files/kalmanovitz. pdf.

8. Neil Duxbury, English Jurisprudence between Austin and Hart, in *Virginia Law Review*, March, 2005, 91 Va. L. Rev. 1.

哈耶克(Hayek, F. A.)

一、著作

1. 〔英〕安德鲁·甘布尔:《自由的铁笼:哈耶克传》,王晓冬、朱之江译,江苏人民出版社2005年版。

2. 周德伟:《周德伟论哈耶克》,北京大学出版社2005年版。

二、论文

(一)中文部分

1. 高歌、孙振宇:《试析哈耶克的市场机制理论》,载《理论学刊》2005年第2期。

2. 李姝兰:《知识网络与哈耶克的知识观》,载《农业图书情报学刊》2005年第1期。

3. 黄长健:《哈耶克经济伦理思想研究综述》,载《山东省农业管理干部学院学报》2005年第1期。

4. 危玉妹:《宪法语境中的权力和权利——解读弗里德里希·冯·哈耶克的宪法思想》,载《福建工程学院学报》2005年第2期。

5. 娄和标:《本能的渴求和理性的自负——哈耶克对极权主义的深层批判》,载《内蒙古社会科学(汉文版)》2005年第3期。

6. 罗建国:《哈耶克"自生自发秩序"概念评析》,载《武汉理工大学学报(社会科学版)》2005年第2期。

7. 王志伟:《哈耶克与新自由主义经济学》,载《福建论坛(人文社会科学版)》2005年第5期。

8. 张东华、潘志瀛:《公法与私法的区分——哈耶克的进路》,载《河北法学》2005年第4期。

9. 娄和标:《哈耶克进化理性主义中的建构理性成分》,载《广西社会科学》2005年第6期。

10. 陈洪涛:《自由秩序规则——哈耶克法律观述要》,载《宁夏社会科学》2005年第3期。

11. 张曙光:《哈耶克自由主义理论》,载《读书》2005年第7期。

12. 刘坚、刘健:《论杜威的"教育无目的论"与哈耶克的"自生秩序"》,载《湖南科技大学学报(社会科学版)》2005年第4期。

13. 黎玉琴:《哈耶克社会发展理论及其启示》,载《当代世界与社会主义》2005年第4期。

14. 宋清华:《哈耶克有限理性论的认识论基础》,载《电子科技大学学报(社科版)》2005年第3期。

16. 童建华:《哈耶克自由与法治论述评——读〈自由秩序原理〉》,载《井冈山学院学报》2005年第2期。

17. 刘晓云:《论哈耶克个人主义知识观的意义》,载《前沿》2005年第9期。

18. 李翔:《贫富难题:游走于罗宾汉与哈耶克之间》,载《中国社会导刊》2005年第12期。

19. 周兴国:《从政府控制到市场运作——哈耶克自由主义教育政策观的思路与困境》,载《比较教育研究》2005年第9期。

20. 杨琳:《自由是善——浅析哈耶克的个人自由观》,载《北京电子科技学院学报》2005年第3期。

21. 冯杨、周呈奇:《市场秩序与政府干预——哈耶克的解读及其对新古典的批判》,载《南开经济研究》2005年第5期。

22. 储殷:《哈耶克政治制度理论研究:关于自发秩序理论下普通法法治国建构路径之探讨——兼评〈规则·秩序·无知——关于哈耶克自由主义的研究〉》,载《法制与社会发展》2005年第5期。

23. 张海芳:《哈耶克经济体系的竞争市场论解析》,载《理论学习》2005年第11期。

24. 娄超：《刑事诉讼视野下的秩序与自由——以哈耶克的法律思想为启示》，载《甘肃政法成人教育学院学报》2005年第4期。

25. 林中浩：《哈耶克秩序理论解析》，载《集团经济研究》2005年第17期。

26. 徐改：《哈耶克的知识论对职业教育研究的启示》，载《教育评论》2005年第6期。

27. 邹益民：《从意见与意志的区分看哈耶克的政治理论》，载《白城师范学院学报》2005年第4期。

（二）英文部分

1. Andrew Neil, What Britain Can Learn from China, in *The Spectator*, London: Dec 10, 2005. p. n/a.

2. Jerry Z Muller, Book Review: Economics as Ideology: Keynes, Laski, Hayek, and the Creation of Contemporary Politics, in *Business History Review*, Boston: Autumn 2005, Vol. 79, Iss. 3; p. 673 (3 pages).

3. Michael S Lawlor, Book Review: Economics as Ideology: Keynes, Laski, Hayek and the Creation of Contemporary Politics, in *Journal of British Studies*, Chicago: Oct 2005. Vol. 44, Iss. 4; p. 901 (3 pages).

4. Marian Tupy, Mugabe Should Heed Warnings of Hayek, from *FT.com*, London: Jul 27, 2005. p. 1.

5. Meghnad Desai, Book Review: Hayek's Challenge: An Intellectual Biography, in *Business History Review*, Boston: Summer 2005. Vol. 79, Iss. 2; p. 429 (3 pages).

6. Mark Pennington, Liberty, Markets, and Environmental Values: A Hayekian Defense of Free-Market Environmentalism, in *The Independent Review*, Oakland: Summer 2005, Vol. 10, Iss. 1; p. 39 (19 pages).

7. Michael Wohlgemuth, The Communicative Character of Capitalistic Competition: A Hayekian Response to the Habermasian Challenge, in *The Independent Review*, Oakland: Summer 2005, Vol. 10, Iss. 1; p. 83 (33 pages).

8. John Hood, Hayek, Strauss, and the Political Waltz, in *Freeman*, Irvington-on-Hudson: Jun 2005, Vol. 55, Iss. 5; p. 19 (6 pages).

9. Vernon L. Smith, Hayek and Experimental Economics, in *Review of Austrian Economics*, Washington: Jun 2005, Vol. 18, Iss. 2; p. 135.

10. D P O'Brien, Book Reviews: Hayek's Challenge: An Intellectual Biography of F. A. Hayek, in *History of Political Economy*, Durham: Spring 2005, Vol. 37, Iss. 1; p. 159.

11. Nick Gillespie, Hayek for the 21st Century, Reason, in *Los Angeles*, Jan 2005. Vol. 36, Iss. 8; p. 44 (6 pages).

12. M Ulric Killion, Western Institution Building: The War, Hayek's Cosmos and the WTO, in *Global Jurist Advances*, Berkeley: 2005. Vol. 5, Iss. 1; p. 1.

13. Robert Leonard, Book Review: Hayek's Challenge: An Intellectual Biography of F. A. Hayek, Isis. *Philadelphia*: Mar 2005. Vol. 96, Iss. 1; p. 141 (3 pages).

霍姆斯（Holmes, Oliver Wendell）

一、著作

〔美〕斯蒂文·J.伯顿主编：《法律的道路及其影响——小奥利弗·温德尔·霍姆斯的遗产》，张芝梅、陈绪纲译，北京大学出版社2005年版。

二、论文

1. 〔美〕霍姆斯:《学问与科学——1895年6月25日在哈佛法学院纪念.C.C.朗道尔教授协会餐会上的演讲》,陈绪纲译,载 fzs. cupl. edu. cn/scholar_c/homusi/homusi_d_z. htm。

2. 柯岚:《霍姆斯法官的命运》,载 http://dzl. legaltheroy. com. cn/info. asp? id = 10235。

3. 柯岚:《霍姆斯的"坏人论"及其神话——兼评〈法律之道〉》,载《清华法学》第五辑,清华大学出版社2005年版,第113—138页。

4. Evan B. Brandes, Legal Theory and Property Jurisprudence of Oliver Wendell Holmes, JR, and Louis D. Brandeis: An Analysis of Pennsylvania Coal Company V. Mahon, Copyright (c) 2005 Creighton University School of Law Creighton Law Review 2005 38 Creighton L. Rev. 1179.

黄宗智(Huang, Philip C C)

一、论文

（一）中文部分

黄宗智本人论文

1. 〔美〕黄宗智:《走出二元对立的语境》,载《中国改革》2005年第1期。

2. 〔美〕黄宗智:《悖论社会与现代传统》,载《读书》2005年第2期。

3. 〔美〕黄宗智:《认识中国——走向从实践出发的社会科学》,载《社会观察》2005年第3期、《中国社会科学》2005年第1期、《当代中国研究》2005年第4期(以上三个刊物载的均是同一文章)。

4. 〔美〕黄宗智:《近现代中国和中国研究中的文化双重性》,载《开放时代》2005年第4期。

研究论文

1. 张佩国:《乡村纠纷中国家法与民间法的互动——法律史和法律人类学相关研究评述》,载《开放时代》2005年第2期。

2. 陈新宇:《比较民法史:力量与弱点——〈法典、习俗与司法实践:清代与民国的比较〉评介》,载《政法论坛》2005年第2期。

3. 兰林友:《"同姓不同宗":对黄宗智、杜赞奇华北宗族研究的商榷(上)》,载《广西民族学院学报(哲学社会科学版)》2005年第5期。

（二）英文部分

1. Philip C C Huang, Divorce Law Practices and the Origins, Myths, and Realities of Judicial "Mediation" in China, in *Modern China*, Apr 2005.

康德(Kant, Immanuel)

一、著作

（一）中文部分

康德译著

1. 李秋零主编:《康德著作全集》(第4卷),中国人民大学出版社2005年版。

2. 〔德〕伊曼努尔·康德:《论教育学》,赵鹏、何兆武译,上海世纪出版集团2005年版。

3. 〔德〕伊曼努尔·康德:《实用人类学》,邓晓芒译,上海世纪出版集团2005年版。

4. 〔德〕伊曼努尔·康德:《永久和平论》,何兆武译,上海世纪出版集团2005年版。

研究专著

1. 靳凤林:《道德法则的守护神:伊曼努尔·康德》,河北大学出版社2005年版。

2. 李蜀人:《道德王国的重建:康德道德哲学研究著》,中国社会科学出版社2005年版。

3. 朱高正:《朱高正讲康德》,北京大学出版社 2005 年版。

4. 张政文:《康德批判哲学的还原与批判》,社会科学文献出版社 2005 年版。

(二) 英文部分

康德译著

1. Immanuel Kant, Paul Guyer, Allen W. Wood, and Curtis Bowman, *Notes and Fragments*, The Cambridge Edition of the Works of Immanuel Kant in Translation.

2. Immanuel Kant and J. B. Schneewind, *Kant: Groundwork of the Metaphysics of Morals*, (Cambridge Philosophical Texts In Context), Cambridge University Press (December 31, 2005).

3. Immanuel Kant and J. H. Bernard, *Critique of Judgment (Philosophical Classics)*, Dover Publications; New Ed edition (September 21, 2005).

4. Immanuel Kant and Mary Campbell Smith, *Perpetual Peace*, Cosimo (November 2005).

5. Immanuel Kant, *The Moral Law (Routledge Classics)*, Routledge; 2 edition (April 12, 2005).

6. Immanuel Kant and Paul Carus, *Kant's Prolegomena to Any Future Metaphysics*, Kessinger Publishing (April 30, 2005).

7. Immanuel Kant and Thomas Kingsmill Abbott, *The Critique of Practical Reason*, Nuvision Publications (September 30, 2005).

8. Immanuel Kant and J. M. D. Meiklejohn, *The Critique of Pure Reason*, Nuvision Publications (September 30, 2005).

研究专著

1. Jay F. Rosenberg, *Accessing Kant: A Relaxed Introduction to the Critique of Pure Reason*, Oxford University Press, USA (December 1, 2005).

2. Robert Adamson, *On the Philosophy of Kant*, Adamant Media Corporation (November 30, 2005).

3. Graham Bird, *The Revolutionary Kant: A Commentary on the Critique of Pure Reason*, Open Court (November 9, 2005).

4. Anthony Savile, *Kant's Critique of Pure Reason: An Orientation to the Central Theme*, Blackwell Publishing, Incorporated (May 1, 2005).

5. Jeanine Grenberg, *Kant and the Ethics of Humility: A Story of Dependence, Corruption and Virtue*, Cambridge University Press (March 28, 2005).

6. Elisabeth Ellis, *Kant's Politics: Provisional Theory for an Uncertain World*, Yale University Press (February 11, 2005).

7. Christian Helmut Wenzel, *Introduction to Kant's Aesthetics: Core Concepts and Problems*, Blackwell Publishing, Incorporated (October 7, 2005).

8. Claire Colebrook, *From Kant to Deleuze*, Edinburgh University Press; New Ed edition (September 1, 2005).

9. Angelica Nuzzo, *Kant and The Unity of Reason (History of Philosophy Series)*, Purdue University Press (February 10, 2005).

10. Jeanine Grenberg, *Kant and the Ethics of Humility: A Story of Dependence, Corruption and Virtue*, Cambridge University Press (March 28, 2005).

11. Pabitrakumar Roy, *Kant's Concept of the Sublime: A Pathway to the Numinous*, Decent Books (December 12, 2005).

12. A. Seth Pringle-Pattison, *Kant and the Idea of Intrinsic Value*, Kessinger Publishing (December 2005).

13. Kenneth R. Westphal, *Kant's Transcendental Proof of Realism*, Cambridge University Press (January 10, 2005).

14. George di Giovanni, *Freedom and Religion in Kant and his Immediate Successors: The Vocation of Humankind*, 1774—1800, Cambridge University Press (February 7, 2005).

15. Sachidanand Prasad, *Concept of God in the Philosophy of Kant*, Classical Publishing (September 1, 2005).

16. C. Howard Hinton, *The Fourth Dimension and Its Application to Kant's Theory of Experience*, Kessinger Publishing (December 2005).

17. Rudolf Steiner, *The Fundamental Problem of Kant's Theory of Knowledge*, Kessinger Publishing (December 2005).

18. John Joseph Neubauer, *The Role of Feelings in Kant's Moral Philosophy (Immanuel Kant): (Dissertation)*. ProQuest / UMI (March 17, 2005).

19. Katerina Deligiorgi, *Kant and the Culture of Enlightenment (S U N Y Series in Philosophy)*, State University of New York Press (June 2005).

20. John Watson, *Kant and His English Critics: A Comparison of Critical and Empirical Philosophy*, Adamant Media Corporation (January 19, 2005).

21. William Bragg Ewald, *From Kant to Hilbert*, Oxford University Press (April 21, 2005).

22. Waxman Wayne, *Kant and the Empiricists: Understanding Understanding*, Oxford University Press, USA (July 7, 2005).

23. Guyer Paul, *Kant's System of Nature and Freedom: Selected Essays*, Oxford University Press, USA (June 30, 2005).

24. Banham Gary, *Kant's Transcendental Imagination*, New York, Palgrave Macmillan, 2005.

二、论文

1. Helge Svare, Body and Practice in Kant, in *Studies in German Idealism*, Springer; 1 edition (December 22, 2005).

2. Gerard Mannion, Book Review: Themes in Kant's Metaphysics and Ethics, in *Theological Studies*, Thomson Gale (December 22, 2005).

3. Béatrice Longuenesse and Robert B. Pippin, Kant on the Human Standpoint, in *Modern European Philosophy*, Cambridge University Press (November 17, 2005).

4. Holzhey Helmut, Historical Dictionary of Kant and Kantianism, in *Historical Dictionaries of Religions*, Philosophies and Movements, Scarecrow Press, Inc. (June 28, 2005).

5. Philip J. Rossi, *The Social Authority Of Reason: Kant's Critique, Radical Evil, And The Destiny Of Humankind (S U N Y Series in Philosophy)*, State University of New York Press (April 7, 2005).

6. Javier A. Ibanez-Noe, Book Review: Kants "Kritik der Praktischen Vernunft": Ein Kommenta, in *Theological Studies*, Thomson Gale (December 22, 2005).

7. Lee Hardy, Melnick Arthur. Themes in Kant's Metaphysics and Ethics. (Book Review), in

The Review of Metaphysics, Philosophy Education Society, Inc.

8. Eugene Thomas Long, Sherover, Charles M. From Kant and Royce to Heidegger: Essays in Modern Philosophy. (Book Review), in *The Review of Metaphysics*, Philosophy Education Society, Inc. (July 25, 2005).

洛克(John Locke)

一、论文

(一) 中文部分

1. 李志强:《"漫画"中的指挥——读约翰·洛克〈教育漫画〉》,载《吉林体育学院学报》2005年第21卷。

2. 李军兰:《洛克的健康教育思想解读》,载《外国教育研究》2005年第8期。

3. 李军兰、潘玉龙:《洛克的教师观》,载《太原师范学院学报(社会科学版)》2005年9月第4卷第3期。

4. 高丽、关美:《洛克的教育思想对当今家庭教育的启示》,载《教育导刊》2005年第1期。

5. 蒙丽:《洛克经验主义认识论浅析》,载《哈尔滨学院学报》2005年第6期。

6. 夏江旗:《生死关怀在现代政治哲学中的展开——从马基雅维里、霍布斯到洛克》2005年第4期。

(二) 英文部分

1. Virginia Heffernan, Lies and the Lying Doctors and Cons Who Tell Them, in *New York Times* (Late Edition (East Coast)), New York, N.Y.: Dec 25, 2005. p. 2.24

2. Micah Schwartzman, The Relevance of Locke's Religious Arguments for Toleration, in *Political Theory*, Thousand Oaks: Oct 2005. Vol. 33, Iss. 5; p. 678.

3. Kevin Walby, Rebels, Reds, Radicals: Rethinking Canada's Left History, in *The Canadian Review of Sociology and Anthropology*, Toronto: Aug 2005. Vol. 42, Iss. 3; p. 369.

4. Paul E Sigmund, Jeremy Waldron and the Religious Turn in Locke Scholarship, in *The Review of Politics*, Notre Dame: Summer 2005. Vol. 67, Iss. 3; p. 407.

5. Robert Faulkner, Preface to Liberalism: Locke's First Treatise and the Bible, in *The Review of Politics*, Notre Dame: Summer 2005. Vol. 67, Iss. 3; pg. 451.

6. Jeffrey Reiman, Towards a Secular Lockean Liberalism/Response to Critics, Jeremy Waldron, in *The Review of Politics*, Notre Dame: Summer 2005. Vol. 67, Iss. 3; p. 473.

7. Danny Scoccia, Neutrality, Skepticism, and the Fanatic, in *Social Theory and Practice*, Tallahassee: Jan 2006. Vol. 32, Iss. 1; p. 35.

8. Catherine Zuckert, Symposium on God, Locke, and Equality, in *The Review of Politics*, Notre Dame: Summer 2005. Vol. 67, Iss. 3; p. 405.

9. John Dunn, What History Can Show: Jeremy Waldron's Reading of Locke's Christian Politics, in *The Review of Politics*, Notre Dame: Summer 2005. Vol. 67, Iss. 3; p. 433.

10. Eldon J Eisenach, The Biblical Politics of John Locke, in *Canadian Journal of Political Science*, Toronto: Jun 2005. Vol. 38, Iss. 2; p. 513.

11. G G Meynell, John Locke and the Preface to Thomas Sydenham's Observationes Medicae, in *Medical History*, London: Jan 2006. Vol. 50, Iss. 1; p. 93.

诺齐克(Nozick, Robert)

一、著作

1. 罗克全:《最小国家的极大值:诺齐克国家观研究》,社会科学文献出版社2005年版。

二、论文

(一)中文部分

1. 龚群:《诺齐克与罗尔斯比较:一种个人权利论》,载《教学与研究》2005年第4期。

2. 杜翠梅、赵兰香:《解读诺齐克的"元乌托邦"设想》,载《中国矿业大学学报(社会科学版)》2005年第2期。

3. 张小迎:《诺齐克的个人权利思想探究——读诺齐克的〈无政府、国家与乌托邦〉札记》,载《哈尔滨学院学报》2005年第4期。

4. 王贵贤、田毅松:《诺齐克个人权利观探析》,载《理论学习》2005年第3期。

5. 葛四友:《权利还是资格——评诺齐克的国家理论》,载《中国社会科学评论》2005年6月第4卷。

(二)英文部分

1. Barbara H Fried, Begging the Question with Style: Anarchy, State, and Utopia at Thirty Years, in *Social Philosophy & Policy*, Oxford: Winter 2005, Vol. 22, Iss. 1; p. 221.

2. David Schmidtz, History and Pattern, in *Social Philosophy & Policy*, Oxford: Winter 2005, Vol. 22, Iss. 1; p. 148.

3. Loren E Lomasky, Libertarianism at Twin Harvard, in *Social Philosophy & Policy*, Oxford: Winter 2005, Vol. 22, Iss. 1; p. 178.

4. Christopher W Morris, Natural Rights and Political Legitimacy, in *Social Philosophy & Policy*, Oxford: Winter 2005, Vol. 22, Iss. 1; p. 314.

5. Jeremy Waldron, Nozick and Locke: Filling the Space of Rights, in *Social Philosophy & Policy*, Oxford: Winter 2005, Vol. 22, Iss. 1; p. 81.

6. Richard A Epstein, One Step Beyond Nozick's Minimal State: The Role of Forced Exchanges in Political Theory, in *Social Philosophy & Policy*, Oxford: Winter 2005, Vol. 22, Iss. 1; p. 286.

7. Eric Mack, Prerogatives, Restrictions, and Rights, in *Social Philosophy & Policy*, Oxford: Winter 2005, Vol. 22, Iss. 1, p. 357.

8. John Patrick Diggins, Sidney Hook, Robert Nozick, and the Paradoxes of Freedom, in *Social Philosophy & Policy*, Oxford: Winter 2005, Vol. 22, Iss. 1, p. 200.

9. John Hasnas, Toward a Theory of Empirical Natural Rights, in *Social Philosophy & Policy*, Oxford: Winter 2005, Vol. 22, Iss. 1, p. 111.

10. Sherrilyn Roush, *Testability and Candor: in Memory of Robert Nozick*, Jun 2005. Vol. 145, Iss. 2; p. 233, from University of Auckland, Academic Research Library, U. S. National Newspaper Abstracts (3).

11. Julian Sanchez, Conservatism: Burke, Nozick, Bush, Blair?, *Cato Journal*. Washington: Fall 2005. Vol. 25, Iss. 3; p. 646 (4 pages),来自于新西兰奥克兰大学 Ejournal Academic Research Library。

波斯纳(Posner, Richard A.)

一、著作

(一)中文部分

波斯纳译著

1. 〔美〕理查德·A. 波斯纳:《法律、实用主义与民主》，凌斌、李国庆译，中国政法大学出版社 2005 年版。

2. 〔美〕威廉·M. 兰德斯、〔美〕理查德·A. 波斯纳：《侵权法的经济结构》，王强、杨媛译，北京大学出版社 2005 年版。

3. 〔美〕威廉·M. 兰德斯、〔美〕理查德·A. 波斯纳：《知识产权法的经济结构》，金海军译，北京大学出版社 2005 年版。

研究专著

1. 〔美〕尼古拉斯·麦考罗、〔美〕斯蒂文· G. 曼德姆：《经济学与法律：从波斯纳到后现代主义》，吴晓露、潘晓松、朱慧译，法律出版社 2005 年版。

2. 林立：《波斯纳与法律经济分析》，上海三联书店 2005 年版。

（二）英文部分

波斯纳本人著作

1. Richard A. Posner, *Preventing Surprise Attacks: Intelligence Reform in the Wake of 9/11*, Rowman & Littlefield Publishers, Inc., 2005.

二、论文

（一）中文部分

1. 史晋川、潘晓松：《波斯纳与〈法律的经济分析〉》，载《浙江社会科学》2005 年第 1 期。

2. 戴桂洪：《波斯纳及其经济分析法学述评》，载《现代管理科学》2005 年第 4 期。

3. 田立年：《市场、政治、波斯纳之箭——评波斯纳〈公共知识分子：衰落之研究〉》，载《社会学研究》2005 年第 4 期。

4. 〔美〕理查德·A. 波斯纳：《卡多佐的司法哲学》，张海峰译，载《比较法研究》2005 年第 4 期。

（二）英文部分

波斯纳本人论文

1. Richard A. Posner, Empirical Measures of Judicial Performance: Judicial Behavior and Performance: an Economic Approach, in *Florida State University Law Review*, Summer, 2005. (32 Fla. St. U. L. Rev. 1259)

2. Richard A. Posner, Honorable Helen Wilson Hies Memorial Lecture in Intellecture Property Law: Do We Have Too Many Intellecture Property Rights? in *Marquette Intellectual Property Law Review*, Summer, 2005. (9 Marq. Intell. Prop. L. Rev. 173)

3. Richard A. Posner, Calabrests the Costs of Accidents: a Generation of Impact on Law and Scholarship: Guido Calabrests the Costs of Accidents: a Reassessment, in *Maryland Law Review*, 2005. (64 Md. L. Rev. 12)

4. Richard A. Posner, Antitrust: Vertical Restraints and Antitrust Policy, in *University of Chicago Law Review*, Winter, 2005. (72 U. Chi. L. Rev. 229)

5. Richard A. Posner, Constitutional Law from a Pragmatic Perspective, in *University of Toronto Law Journal*, Spring, 2005. (55 Univ. of Toronto L. J. 299)

6. Richard A. Posner, Foreword: a Political Court, in *Harvard Law Review*, November, 2005. (119 Harv. L. Rev. 31)

7. Richard A. Posner, The Law and Economics of Contract Interpretation, in *Texas Law Review*, May, 2005. (83 Tex. L. Rev. 1581)

8. Richard A. Posner, Our Incompetent Government, in *The New Republic*. Washington: Nov 14, 2005. Vol. 233, Iss. 20; p. 23.

9. Richard A. Posner, Keynote Address: Vertical Restrictions and "Fragile" Monopoly, in *Anti-

trust Bulletin. New York: Fall 2005. Vol. 50, Iss. 3; p. 499.

研究论文

1. Robert A. Ferguson, Tribute to Judge Richard A. Posner, in *New York University Annual Survey of American Law*, 2005. (61 N. Y. U. Ann. Surv. Am. L. 1)

2. Larry D. Kramer, Tribute to Judge Richard A. Posner, in *New York University Annual Survey of American Law*, 2005. (61 N. Y. U. Ann. Surv. Am. L. 5)

3. Pierre N. Leval, Tribute to Judge Richard A. Posner, in *New York University Annual Survey of American Law*, 2005. (61 N. Y. U. Ann. Surv. Am. L. 9)

4. Geoffrey Miller, William T. and Stuyvesant P. Comfort: Tribute to Judge Richard A. Posner, in *New York University Annual Survey of American Law*, 2005. (61 N. Y. U. Ann. Surv. Am. L. 13)

5. William Patry, Tribute to Judge Richard A. Posner, in *New York University Annual Survey of American Law*, 2005. (61 N. Y. U. Ann. Surv. Am. L. 15)

6. Michael P. Stone, Anti-Prognostication: Catastrophe: Risk and Response, in *University of Miami Law Review*, April, 2005. (59 U. Miami L. Rev. 435)

7. The Day After Tommorrow: Catastrophe: Risk and Response, in *Harvard Law Review*, February, 2005. (118 Harv. L. Rev. 1339)

庞德(Pound, Roscoe)

一、著作

1.〔美〕庞德:《庞德法学文述》,雷宾南、张文伯编译,中国政法大学出版社2005年版。

2. 吴经熊:《法律哲学研究》,清华大学出版社2005年版。

二、论文

1.〔澳〕朱利斯·斯通:《罗斯科·庞德:〈法理学〉》,翟志勇译,周林刚校,载《清华法学》第五辑,清华大学出版社2005年版,第228—239页。

2.〔美〕贾维亚·特里维诺(A. Javier Trevino):《从〈通过法律的社会控制〉一书看庞德的法律思想》,郭辉译,载 http://www.jus.cn/include/shownews.asp? key = &newsid = 722(注:此文是特里维诺为1997年出版的庞德的《通过法律的社会控制》一书写的介绍,题目为译者所加)。

3. 周雅菲:《西法何以未能东鉴——庞德与中国近代的法律改革浅析》,载《湖南科技大学学报(社会科学版)》2005年2期。

4. 刘小平:《传承和演进:法律哲学发展的历史——解读罗斯科·庞德的〈法律史解释〉》,载《吉林大学社会科学学报》2005年第3期。

5. 邹立君:《从知识增量的角度解读罗斯科·庞德〈法理学〉(第一卷)》,载《吉林大学社会科学学报》2005年第3期。

6. 刘莉:《论庞德的社会控制理论》,载《贵州工业大学学报(社会科学版)》2005年第3期。

7. 张丽清:《20世纪西方社会法学在中国本土的变革——以庞德的社会法学为例》,载《华东师范大学学报(哲学社会科学版)》2005年第4期。

8. 李宇先:《普通法的精神何在?》,载《预防犯罪·导刊》2005年第3期。

9. 程乃胜:《何谓法理学——读庞德的〈法理学〉(第一卷)》,载 http://dzl.legaltheory.com.cn/info.asp? id = 7456。

10. 程乃胜:《法律的目的追问——读罗斯科·庞德的〈法理学〉(第一卷)》,载 http://dzl.legaltheory.com.cn/info.asp? id = 6238。

11. 陈夏红:《师徒"二人转"——战后庞德、杨兆龙恢复和重建中国法制的尝试》,载 http://dzl.legaltheory.com.cn/info.asp?。

12. 朱晓东:《庞德法理学提纲初论——评〈法律的社会控制〉和〈法律史解释〉》,载 http://dzl.legaltheory.com.cn/info.asp? id = 4646。

罗尔斯(Rawls, John)

一、著作

(一)中文部分

1. 李小科、李蜀人:《正义女神的新传人(约翰·罗尔斯)》,河北大学出版社 2005 年版。

2. 胡真圣:《两种正义观:马克思、罗尔斯正义思想比论》,中国社会科学出版社 2005 年版。

3. 〔美〕约翰·罗尔斯(John Rawls):《万民法》,李国维等译,台北联经出版事业股份有限公司 2005 年版。

(二)外文部分

1. Thom Brooks and Fabian Freyenhagen (ed.), *The legacy of John Rawls*, Thoemmes, Continuum press, 2005.

2. Kasanda Lumembu Albert, *John Rawls, les bases philosophiques du libéralisme politiqu.*, Harmattan Press, 2005.

3. Ekanga Basile, *Social Justice and Democracy: the Relevance of Rawl's Conception of Justice in Africa*, Frankfurt am Main; New York: Peter Lang, 2005.

4. ジョン・ロールズ[著],ロールズ哲学史講義,バーバラ・ハーマン編,久保田顕二[ほか]訳,東京:みすず書房,2005.2.

5. 川本隆史著,ロールズ:正義の原理,東京:講談社,2005.12.

二、论文

(一)中文部分

1. 谢友倩:《三种对正义优先性的论证》,载《江淮论坛》2005 年第 1 期。

2. 马晓燕,《〈正义论〉中社会契约探析》,载《内蒙古大学学报(人文·社会科学版)》2005 年第 1 期。

3. 马晓燕:《正义在家庭的缺失——女性主义对新自由主义的一种批判视角》,载《中华女子学院学报》2005 年第 1 期。

4. 龚群:《诺齐克与罗尔斯比较:一种个人权利论》,载《教学与研究》2005 年第 4 期。

5. 张福建:《美国宪政史上的政治言论自由案——罗尔斯的观点》,载《开放时代》2005 年第 3 期。

6. 李小科:《"政治家"与"政客"》,载《领导文萃》2005 年第 5 期。

7. 彭诚信:《罗尔斯和诺齐克正义理论导读——兼谈现代哲学研究的理论困境与思维转型》,载《法制与社会发展》2005 年第 3 期。

8. 程广云:《从理想原则到现实关怀——罗尔斯理性主义解析》,载《哲学动态》2005 年第 5 期。

9. 龙浴:《析罗尔斯自由的法治观》,载《江西师范大学学报(哲学社会科学版)》2005 年第 3 期。

10. 李淑梅:《罗尔斯的自由观:自由与平等结合》,载《求是学刊》2005 年第 3 期。

11. 寇东亮:《自由优先于德性——罗尔斯伦理思想的一种解读》,载《伦理学研究》2005 年第

3期。

12. 丁雪枫:《罗尔斯伦理思想研究综述》,载《中共浙江省委党校学报》2005年第3期。

13. 沈晓阳:《基于责任的正义与基于正义的责任——兼论柏拉图与罗尔斯正义观的互补关系》,载《杭州师范学院学报(社会科学版)》2005年第3期。

14. 贾中海:《哈贝马斯对罗尔斯事实与价值关系二元论的批判》,载《学习与探索》2005年第3期。

15. 韩水法:《权利的公共性与世界正义——世界公民主义与万民法的比较研究》,载《中国社会科学》2005年第1期。

16. 孙海燕:《试析罗尔斯正义论二原则的人性依据》,载《兰州学刊》2005年第4期。

17. 万俊人:《从政治正义到社会和谐——以罗尔斯为中心的当代政治哲学反思》,载《哲学动态》2005年第6期。

18. 谭杰、毛兴贵:《罗尔斯对功利主义的批判》,载《华中科技大学学报(社会科学版)》2005年第4期。

19. 罗庆菊:《罗尔斯正义理论的建构》,载《湘潭大学学报(哲学社会科学版)》2005年第1期。

20. 刘永红:《论罗尔斯对功利主义的批判》,载《北京行政学院学报》2005年第3期。

21. 杨礼银:《论作为选择机制的原初状态》,载《重庆社会科学》2005年第10期。

22. 谭杰、邱永琼:《论罗尔斯的契约论选择》,载《道德与文明》2005年第5期。

23. 冯祥武、蒋彩娟:《正义原则和制度原则的优先性——读罗尔斯的〈正义论〉》,载《甘肃政法成人教育学院学报》2005年第3期。

24. 刘威:《现代与后现代间的正义——罗尔斯法哲学理论之进演》,载《黑龙江省政法管理干部学院学报》2005年第5期。

25. 何建华:《罗尔斯分配正义思想探析》,载《中共浙江省委党校学报》2005年第5期。

26. 肖小芳、蒋福民:《试论罗尔斯对两个正义原则的修正》,载《哈尔滨学院学报》2005年第11期。

27. 丁雪枫:《论罗尔斯契约对功利的价值颠覆》,载《南京政治学院学报》2005年第5期。

28. 毛兴贵、谭杰:《论罗尔斯的政治义务理论》,载《现代哲学》2005年第4期。

29. 蒋先福:《从实体正义到程序正义:卢梭与罗尔斯契约正义观之比较》,载《伦理学研究》2005年第6期。

30. 黄岩、吴瀚:《捍卫公共理性——论罗尔斯"政治的正义"的基础》,载《社会科学家》2005年第6期。

31. 刘须宽:《罗尔斯"分配的正义观"要分配什么?》,载《新疆大学学报(哲学人文社会科学版)》2005年第6期。

32. 郭夏娟:《重新解读罗尔斯的正义原则——一种女性主义视角》,载《哲学动态》2005年第11期。

33. 丁雪枫:《罗尔斯正义论与康德道义论的异同》,载《江淮论坛》2005年第6期。

34. 刘舒适:《罗尔斯正义理论的宪政之维——从〈正义论〉到〈政治自由主义〉》,载《新疆社会科学》2005年第6期。

35. 陈宜中:《罗尔斯的国际正义论与战争的正当性》,载 http://dzl.legaltheory.com.cn/info.asp? id=8436。

36. 刘娟:《契约与正义:罗尔斯政治哲学研究》,中国人民大学2005年博士论文。

37. 刘永红:《政治自由主义的发展逻辑:从洛克和密尔到伯林和罗尔斯》,中国人民大学 2005 年博士论文。

38. 卞松华:《罗尔斯与诺齐克正义理论比较研究》,首都师范大学 2005 年硕士论文。

39. 马庆:《论罗尔斯的反思平衡理念》,武汉大学 2005 年硕士论文。

40. 刘小波:《论罗尔斯的公民不服从理论》,武汉大学 2005 年硕士论文。

41. 唐静:《个人权利与社会正义——诺齐克与罗尔斯正义理论比较研究》,华东师范大学 2005 年硕士论文。

42. 王源林:《罗尔斯正义理论对功利主义的批判与超越》,广西师范大学 2005 年硕士论文。

43. 刘太英:《罗尔斯正义论及其中国意义》,北京大学 2005 年硕士论文。

44. 陈志:《罗尔斯与诺齐克的正义观比较研究》,中国人民大学 2005 年硕士论文。

(二) 英文部分

1. Ronald C. Den Otter, Can a Liberal Take His Own Side in an Argument? The Case for John Rawl's Idea of Political Liberalism, in *Saint Louis University Law Journal*, Winter, 2005.

2. Kevin A. Kordana and David H. Tabachnick, Rawls and Contract Law, in *The George Washington Law Review*, April, 2005; see http://law.bepress.com/uvalwps/olin/art15。

3. Goldin Owen, Tamir, Rawls and the Temple Mount, in *Journal of Applied Philosophy*, Vol. 22, No. 3, 2005.

4. Ho Mun Chan, Rawls' Theory of Justice: A Naturalistic Evaluation 1, in *Journal of Medicine and Philosophy*, Vol. 30, No. 5, 2005.

5. James Aaron, Constructing Justice for Existing Practice: Rawls and the Status Quo, in *Philosophy and Public Affairs*, Vol. 33, No. 3, 2005.

6. Traub S; Seidl C and Schmidt U; Levati, M Friedman, Harsanyi, Rawls, Boulding—or Somebody else? An Experimental Investigation of Distributive Justice, in *Social Choice and Welfare*, vol. 24 no. 2, 2005.

7. James Scott Johnston, Rawls's Kantian Education Theory, in *Educational Theory*, Vol. 55 No. 2, 2005.

8. Idil Boran, Rawls and Arnap on Doing Philosophy Without Metaphysics, in *Pacific Philosophical Qparterly*, Dec. Vol. 86, 2005.

9. Sharon Krause, Desiring Justice: Motivation and Justification in Rawls and Habermas, in *Contemporary Political Theory*, Nov. Vol. 4, 2005.

10. Mary Esteve, Shipwreck and Autonomy: Rawls, Riesman, and Oppen in the 1960s, in *The Yale Journal of Criticism*, Fall Vol. 18, 2005.

11. Colin Farrelly, Dualism, Incentives and the Demands of Rawlsian Justice, in *Canadian Journal of Political Science*, Sep. Vol. 38, 2005.

12. Gutierrez, Daniel, John Rawls and Policy Formation, in *Review of Policy Research*, Sep. Vol. 22, 2005.

13. Nicole Lancia, Same Difference, Different Ends, Eudaimonia, in *the Georgetown Philosophical Review*, SpringVol. 2, 2005.

14. Mark Button, Arendt, Rawls, and Public Reason, in *Social Theory and Practice*, Apr. 31, 2, 2005 Wilson Social Sciences Abstracts.

15. K. Roberts Skerrett, Political Liberalism and the Idea of Public Reason: A Response to Jeff-

rey Sto, in *Social Theory and Practice*, Apr. 31, 2 2005, Wilson Social Sciences Abstracts.

16. Hilary Putnam, John Rawls, in *Proceedings of the American Philosophical Society*, Mar. Vol. 149, 2005.

17. Shaw, Brian J., Rawls, Kant's Doctrine of Right, and Global Distributive Justice, in *The Journal of Politics*, Feb, Vol. 67, 2005.

18. Erick Lachapelle., Morality, Ethics, and Globalization: Lessons from Kant, Hegel, Rawls, and Habermas, in *Perspectives on Global Development and Technology*, Vol. 4, 2005.

19. David Schmidtz., History and Pattern, in *Social Philosophy & Policy*. Winter, Vol. 22, 2005.

20. Loren E Lomasky., Libertarianism at Twin Harvard, in *Social Philosophy & Policy*, Winter, Vol. 22, 2005.

21. Nien-hê Hsieh., Rawlsian Justice and Workplace Republicanism, in *Social Theory and Practice*, Jan, Vol. 31, 2005.

22. Song, Edward Hokeun Kim, *The Bounds of Justice: Rawls on Global Justice and International Obligation*, In Dissertation Abstracts International, Volume: 66-01, Section: A, page: 0206.; 2005.

拉兹(Raz, Joseph)

一、著作

1.〔英〕拉兹:《法律的权威》,朱峰译,法律出版社2005年版。

二、论文

（一）中文部分

1.〔英〕拉兹:《纯粹理论的纯粹性?》,胡昌明、王麟译,载 http://www.legaltheory.com.cn/info.asp? id = 9477。

2.〔英〕拉兹:《法律实证主义与法律渊源》,俞静贤译,载 http://www.gongfa.com/razfalvshizhengzhuyi.htm。

3.〔英〕拉兹:《以规则来推理》,雷磊译,载 http://www.law-thinker.com/show.asp? id = 2908。

4. 朱峰:《排他性法律实证主义——兼评拉兹的法律权威理论》,载《河南省政法管理干部学院学报》2005年第1期。

（二）英文部分

1. Joseph Raz, The Myth of Instrumental Rationality, in *Jesp*, Vol. 1, No1, April 2005.

2. Leslie Green, Three Themes from Raz, *Oxford Journal of Legal Studies*, Volume 25, Number 3 (2005), pp. 503—523.

3. Rights, Culture and the Law: Themes from the Legal and Political Philosophy of Joseph Raz, in *The Modern Law Review*, Oxford: May 2005. Vol. 68, Iss. 3; p. 516.

4. Jonathan Dancy, Review: The Practice of Value, in *Mind*, Oxford: Jan 1, 2005. Vol. 114, Iss. 453; p. 189.

5. Brian H. Bix, Raz, Authority, and Conceptual Analysis, in *The American Journal of Jurisprudence*, 2005, 50 Am. J. Juris. 311.

6. Cristobal Orrego, Joseph Raz's Service Conception of Authority and Natural law Theory, in *The American Journal of Jurisprudence*, 2005, 50 Am. J. Juris. 317.

桑托斯(Santos, Boaventura de Sousa)

一、著作

1. Santos, *Law and Counter-hegemonic Global-*

ization: Toward a Cosmopolitan Legality, (co-edited with Cezar Rodriguez-Gavarito), Cambridge: Cambridge University Press, 2005.

二、论文

（一）桑托斯本人论文

1. Santos, Beyond Neoliberal Governance: The World Social Forum as Subaltern Cosmopolitan Politics and Legality, http://www.ces.fe.uc.pt/bss/papers.htm.

2. Santos, Law, Politics, and the Subaltern in Counter-Hegemonic Globalization, http://www.ces.fe.uc.pt/bss/papers.htm.

3. Santos, The Future of the World Social Forum: The Work of Translation Development, http://www.ces.fe.uc.pt/bss/papers.htm.

4. Santos, Two Democracies, Two Legalities: Participatory Budgeting in Porto Alegre, Brazil, http://www.ces.fe.uc.pt/bss/papers.htm.

（二）研究论文

1. Laura Spitz, The Gift of Enron: An Opportunity to Talk About Capitalism, Equality, Globalization, and the Promise of a North-American Charter of Fundamental Rights, in Ohio State Law Journal, 66, 2005 (66 Ohio St. L. J. 315,).

2. Margaret Davies, The Ethos of Pluralism, in The Sydney Law Review, March, 27, 2005 (27 Sydney L. Rev. 87).

施米特（Schmitt, Carl）

一、著作

1.〔美〕约翰·麦考米克：《施米特对自由主义的批判》，徐志跃译，华夏出版社2005年版。

2.〔德〕迈尔：《古今之争中的核心问题——施密特的说学与施特劳斯的论题》，林国基等译，华夏出版社2005年版。

3. 刘小枫：《现代人及其敌人——公法学家施密特引论》，华夏出版社2005年版。

二、论文

1. 周枫：《列奥·施特劳斯为什么以及怎样批评卡尔·施米特》，载《同济大学学报》第16卷3期。

2. 李卫海：《探求危机因应之道——施米特紧急状态理论生成与演进的脉络分析》，载《理论探索》2005年第6期，总第156期。

3. 张旭：《施密特的"政治的概念"》，载"世纪中国网"。

4. 曹卫东：《狡猾的刺猬——施密特解读笔记之一》，载"世纪中国网"。

5. 杨国成：《从总体决断论到政治决断论——适逢其时的施密特政治法学》，载"世纪中国网"。

6. 杨国成：《普通法、施密特与唯理论》，载"世纪中国网"。

7. 刘小枫：《施密特与游击队理论》，载"世纪中国网"。

8. 吴哲良：《游击队与人民：对施密特政治论述的解构式阅读》，载"世纪中国网"。

9. 舒奎翰：《从〈游击队理论〉谈理解911时间的另一种路径》，载"世纪中国网"。

11. 杨国成：《民主政治的本体和方法——施密特与毛泽东的隐匿对话》，载"世纪中国网"。

12. 张旭东：《施密特的挑战——读〈议会民主制的危机〉》，载《开放时代》2005年第2期。

13. 杨国成：《政治的和去政治的神学》，载"世纪中国网"。

14. 杨国成：《政治浪漫和浪漫政治》，载"世纪中国网"。

15. 张志扬：《西蒙的问题与现代性危机》，载"世纪中国网"。

16. 张步峰:《自由主义制宪权理论及其批评者:西耶斯与施密特》,载"世纪中国网"。

17. 胡继华:《现代性地平线上的三颗救赎之星——本雅明、施密特和海德格尔》,载"世纪中国网"。

18. 张旭东,《主权、例外情况、与"人类最后的战争"——施米特与自由主义时代的政治前景》,载"世纪中国网"。

19. 张旭东,《政治的概念——谈谈近代西方思想谱系中的施米特》,载"世纪中国网"。

20. 吴冠军:《正当性与合法性之三岔路口——韦伯、哈贝马斯、凯尔森与施米特》,载《清华法学》第五辑,清华大学出版社2005年版,第46—94页。

21. 张永会:《卡尔·施米特政治观研究》,中国人民大学2005年博士论文。

特维宁(Twining)

一、特维宁本人的著作

1. Twining, *General Jurisprudence*, in M. Escamilla and M. Savedra(ed.), *Law and Justice in A Global Society* (in English and Spanish) pp. 563—650. Proceedings of the XXIInd World Congress on Legal and Social Philosophy, Annales de la Catedra Fransisco Suarez, Granada.

2. Twining, *Have Concepts: Will Travel: Analytical Jurisprudence in a Global Perspective*, International Jo. of Law in Context 1: pp. 5—40.

3. Twining, Diffusion of Law: A Global Perspective, Jo. Legal Pluralism, p.1—43.

4. Twining, Social Science and Diffusion of Law, in *Journal of Law and Society*, Oxford: Jun 2005. Vol. 32, Iss. 2; p. 203.

5. Twining, *Human Rights: Southern Voices*, MacDonald Lecture, University of Alberta, 2005 forthcoming.

二、研究论文

1. 周晓虹:《一般法理学的"乌托邦":述评〈全球化与法律理论〉》,载《法制与社会发展》2005年第6期。

韦伯(Weber, Marx)

一、著作

(一) 中文部分

韦伯译著

1. 韦伯:《韦伯作品集Ⅶ——社会学的基本概念》,顾中华译,广西师范大学出版社2005年版。

2. 韦伯:《韦伯作品集Ⅵ——非正当性的支配:城市的类型学》,康乐、简惠美译,广西师范大学出版社2005年版。

3. 韦伯:《韦伯作品集Ⅷ——宗教社会学》,康乐、简惠美译,广西师范大学出版社2005年版。

4. 韦伯:《韦伯作品集Ⅸ——法律社会学》,康乐、简惠美译,广西师范大学出版社2005年版。

5. 韦伯:《韦伯作品集Ⅹ——印度的宗教:印度教与佛教》,康乐、简惠美译,广西师范大学出版社2005年版。

研究专著

1. 顾中华:《韦伯〈新教伦理与资本主义精神〉导读》,广西师范大学出版社2005年版。

(二) 英文部分

韦伯译著

1. Max Weber, Stephen Kalberg (ed.), *Max Weber: Readings and Commentary on Modernity*, Malden, MA; Oxford: Blackwell, 2005.

研究专著

1. Mohammad Nafissi, *Ancient Athens & Modern Ideology: Value, Theory & Evidence in Historical Sciences. Max Weber, Karl Polanyi & Moses Finley*, London: Institute of Classical Studies, School of Advanced Study, University of London, 2005.

2. Richard Swedberg, *Max Weber Dictionary: Key Words and Central Concepts*, Stanford, Calif.: Stanford Social Sciences, 2005.

3. Charles Camic, Philip S. Gorski, and David M. Trubek (ed.), *Max Weber's Economy and Societ: a Critical Companion*, Stanford, Calif.: Stanford University Press, 2005.

4. Basit Bilal Koshul, *Postmodern Significance of Max Weber's Legacy: Disenchanting Disenchantment*, New York: Palgrave Macmillan, 2005.

5. Austin Harrington (ed.), *Modern Social Theory: an Introduction*, Oxford: Oxford University Press, 2005.

6. Jessé Souza and Valter Sinder (ed.), *Imagining Brazil*, Lanham, Md.: Lexington Books, c2005.

二、论文

(一) 中文部分

1. 唐涛：《哈贝马斯对韦伯形式主义法律观的批判与超越》，载《江苏科技大学学报（社会科学版）》2005年第1期。

2. 李颖怡：《论法律的合理性——韦伯的法律思想解读》，载《中山大学学报论丛》2005年第5期。

3. 曾赟：《韦伯与哈贝马斯法治观之元理论比较》，载《湘潭大学学报（哲学社会科学版）》2005年第6期。

4. 赵大宇、田鹏颖：《马克斯·韦伯的社会技术哲学思想述评》，载《社会科学辑刊》2005年第6期。

5. 刘群、孟永：《马克斯·韦伯的社会分层与文化》，载《巢湖学院学报》2005年第1期。

6. 黑马：《韦伯的海德堡》，载《译林》2005年第1期。

7. 张旭东：《韦伯的立场》，载《读书》2005年第1期。

8. 何新华：《韦伯中国命题与东亚资本主义的发展》，载《东南亚研究》2005年第1期。

9. 王锟：《工具理性和价值理性——理解韦伯的社会学思想》，载《甘肃社会科学》2005年第1期。

10. 金林南：《生产、历史与批判——在与韦伯的比较中解读马克思的阶级理论》，载《马克思主义与现实》2005年第1期。

11. 孟永、刘群：《评译马克斯·韦伯的社会分层与文化》，载《广西右江民族师专学报》2005年第1期。

12. 袁张帆、蔡璞：《天职观对资本主义的影响——马克斯·韦伯〈新教伦理与资本主义精神〉脉络探析》，载《天水行政学院学报》2005年第1期。

13. 张艳梅：《浅析马克斯·韦伯社会科学方法论中的"价值无涉"原则》，载《沈阳工程学院学报（社会科学版）》2005年第1期。

14. 吴新叶：《韦伯命题的"去帕森斯化"诠释——资本主义精神伦理的历史时效性再探讨》，载《新疆大学学报（社会科学版）》2005年第2期。

15. 阳春花：《卢卡奇物化理论的历史逻辑探议——从马克思、韦伯到卢卡奇》，载《中共南京市委党校南京市行政学院学报》2005年第2期。

16. 李纯斌:《对韦伯"组织理论"的思考》,载《重庆师范大学学报(哲学社会科学版)》2005年第2期。

17. 周来顺:《韦伯的新教伦理思想与中国现代化寻求》,载《广西社会科学》2005年第4期。

18. 苏菡丽、刘小刚:《论中国传统文化的现代化之路——对马克思·韦伯文化观的解读》,载《经济与社会发展》2005年第3期。

19. 张卓:《浅谈"理性化"到"合理化"——关于韦伯与哈贝马斯的社会理论的比较分析》,载《理论界》2005年第4期。

20. 周发源、丁知平:《韦伯官僚制的理论局限及启示》,载《求索》2005年第3期。

21. 段炼:《马克斯·韦伯读什么书——读〈马克斯·韦伯传〉》,载《书屋》2005年第5期。

22. 夏光:《现代性与文化:韦伯的理论遗产之重估》,载《社会学研究》2005年第3期。

23. 陆江兵:《非人的"人":从"组织图"到科层制——论M.韦伯科层制模式对人性的背离》,载《学海》2005年第2期。

24. 李峰:《迪尔凯姆与韦伯的社会学方法论之比较》,载《理论与改革》2005年第3期。

25. 吴德群、吴国阳:《从韦伯的"理性"矛盾到科学发展观》,载《零陵学院学报》2005年第3期。

26. 张盾:《马克思主义当代视域中的韦伯》,载《南京大学学报(哲学.人文科学.社会科学版)》2005年第3期。

27. 宇红:《论韦伯科层制理论及其在当代管理实践中的运用》,载《社会科学辑刊》2005年第3期。

28. 李陈华:《企业理论丛林中的新韦伯主义》,载《外国经济与管理》2005年第5期。

29. 陆自荣:《"价值无涉"与"价值关联":韦伯思想中的一对张力》,载《西安交通大学学报(社会科学版)》2005年第2期。

30. 陈纪:《试比较福柯与韦伯的权力观》,载《邢台学院学报》2005年第2期。

31. 马秀华:《韦伯的行动理性化:人类社会的前进方向》,载《边疆经济与文化》2005年第7期。

32. 林安源:《浅析韦伯的"卡理斯玛"及其发展》,载《江南大学学报(人文社会科学版)》2005年第3期。

33. 成然:《纪律与现代性——从韦伯与迪尔凯姆的观点看》,载《浙江学刊》2005年第4期。

34. 何树贵:《韦伯的企业家理论及其现实意义》,载《生产力研究》2005年第7期。

35. 戈士国:《新教伦理:西方现代资本主义的道德支撑——解读马克斯·韦伯和〈新教伦理与资本主义精神〉》,载《天府新论》2005年第5期。

36. 崔宜明:《韦伯问题与职业伦理》,载《河北学刊》2005年第4期。

37. 樊浩:《韦伯伦理—经济"理想类型"的道德哲学结构》,载《南京大学学报(哲学.人文科学.社会科学版)》2005年第5期。

38. 杨芳、陈强:《浅议韦伯官僚制理论的历史意义和当代价值》,载《台声.新视角》2005年第1期。

39. 张志庆:《论韦伯的"价值无涉"》,载《文史哲》2005年第5期。

40. 周霄:《小议社会组织分类——从韦伯到帕森斯》,载《安徽农业大学学报(社会科学版)》2005年第5期。

41. 尚洪波:《非经济因素的决定性角色扮演——马克斯·韦伯经济伦理视角的现代启

示》,载《江苏教育学院学报(社会科学版)》2005年第5期。

42. 陈绍芳:《论理性的三维结构——对马克斯·韦伯理性"二维结构"的补充》,载《江西行政学院学报》2005年第4期。

43. 周尚君、王泳杰、蔡飞:《韦伯论学术的合法性》,载《理论界》2005年第11期。

44. 张钰:《解读韦伯的三大隐喻 探测韦伯对现代性的洞察》,载《社会》2005年第6期。

45. 陆自荣:《对韦伯和哈贝马斯合理化理论的研究》,载《中国矿业大学学报(社会科学版)》2005年第4期。

46. 张炎兴:《韦伯命题与浙商精神》,载《社会科学战线》2005年第6期。

47. 孙莉莉:《韦伯范式下的科层制组织的困境及突破》,载《中共郑州市委党校学报》2005年第6期。

48.《论伦理精神与我国社会转型期的市场经济——从"韦伯命题"谈起》,载《温州大学学报》2005年第4期。

49. 〔英〕M.巴克:《康德是对韦伯的一个问题》,载苏国勋、刘小枫编:《社会理论的开端和终结》,上海三联书店2005年版。

50. 〔德〕沃尔夫冈·施卢赫特:《韦伯的研究纲领》,载苏国勋、刘小枫编:《社会理论的开端和终结》,上海三联书店2005年版。

51. 〔美〕乔纳森·特纳、伦纳德·比格利:《韦伯的社会科学方法论》,载苏国勋、刘小枫编:《社会理论的开端和终结》,上海三联书店2005年版。

52. 〔英〕B.S.特纳:《韦伯与马克思的发展社会学理论》,载苏国勋、刘小枫编:《社会理论的开端和终结》,上海三联书店2005年版。

53. 〔德〕M.赖纳·莱普齐乌斯:《利益与观念——韦伯著作中的归因问题》,载苏国勋、刘小枫编:《社会理论的开端和终结》,上海三联书店2005年版。

54. 〔德〕伊斯拉厄尔:《韦伯论合理性》,载苏国勋、刘小枫编:《社会理论的开端和终结》,上海三联书店2005年版。

55. 〔美〕欧文·M.齐特林:《韦伯论印度宗教》,载苏国勋、刘小枫编:《社会理论的开端和终结》,上海三联书店2005年版。

56. 〔英〕斯特鲁恩·雅各布斯:《波普尔、韦伯与社会解释的理性主义途径》,载苏国勋、刘小枫编:《社会理论的开端和终结》,上海三联书店2005年版。

57. 吴冠军:《正当性与合法性之三岔路口——韦伯、哈贝马斯、凯尔森与施米特》,载《清华法学》第五辑,清华大学出版社2005年版,第46—94页。

58. 谢泉峰:《马克思、韦伯、涂尔干社会分层理论比较》,武汉大学社会学专业2005年硕士论文。

59. 张巍:《韦伯理想型科层制理论的合理性问题研究》,东北师范大学社会学专业2005年硕士论文。

60. 江远山:《马克斯·韦伯政治思想探微——试论韦伯对现代政治的思考》,复旦大学2005年硕士论文。

61. 臧桂朋:《论韦伯的法律理性化进程理论》,南京师范大学2005年硕士论文。

(二) 英文部分

1. Max Weber, Remarks on Technology and Culture, in Theory, in *Culture & Society*, London: Aug 1, 2005, Vol. 22, Iss. 4; pg. 23.

2. Fritz Ringer, Book Review (Max Weber: an Intellectual Biography), in *History and Theory*,

Middletown: Oct 2005, Vol. 44, Iss. 3; pg. 481.

3. G. Schollgen, Book Review (Max Weber: an Intellectual Biography), in *Historische Zeitschrif*, Jan 2005, pg. 125.

4. C T Loader, Book Review (Max Weber: an Intellectual Biography), in *Choice*, Middletown: May 2005, Vol. 42, Iss. 9; pg. 1675, 1 pgs.

5. Nicholas Gane, Book Review (Max Weber: A Critical Introduction), in *the Journal of the British Sociological Association*, Cambridge: Oct 2005, Vol. 39, Iss. 4; pg. 780.

6. C Dobson, Book Review (The Max Weber dictionary: key words and central concepts), in *Choice*, Middletown: Sep 2005, Vol. 43, Iss. 1; pg. 83, 1 pgs.

7. Michael Jensen, Book Review (Leo Strauss, Max Weber, And The Scientific Study Of Politics), in *Canadian Journal of Political Science*, Toronto: Jun 2005, Vol. 38, Iss. 2; pg. 517.

8. Leonard Seabrooke, Inner Meaning And Practical Politics, (Book Review: Max Weber's Politics of Civil Society), in *The Review of Politics*, Notre Dame: Fall 2005, Vol. 67, Iss. 4; pg. 784, 3 pgs.

9. Alan Sica, Book Review (Max Weber's Politics of Civil Society), in *Contemporary Sociology*, Washington: May 2005, Vol. 34, Iss. 3; pg. 326—327.

10. Leonard Feldman, Book Review (Max Weber's Politics of Civil Society), in *Perspectives on Political Science*, Washington: Winter 2005, Vol. 34, Iss. 1; pg. 60, 2 pgs.

11. J L Miller, Book Review (Max Weber's Politics of Civil Society), in *Choice*, Middletown: Nov 2005, Vol. 43, Iss. 3; pg. 569, 1 pgs.

12. Jan-Werner Muller, Book Review (The State of the Political: Conception of Politics and the State in the Thought of Max Weber), in *The American Historical Review*, Washington: Jun 2005, Vol. 110, Iss. 3; pg. 887—888.

13. Eric Kurlander, Book Review (The State of the Political: Conception of Politics and the State in the Thought of Max Weber), in *German Studies Review*, Feb 2005, vol. 28(1), pg. 221—222.

14. M. Endres, Money, Time, and Rationality in max weber: Austrian Connections (review), in *History of Political Economy*, Jan 2005, Vol. 36 (4), pg. 765—767.

15. Zoltan Tarr, Book Review (Sven Eliaeson. Max Weber's Methodologies. Interpretation And Critique; And Nobuko Gerth. "between Two Worlds" Hans Gerth. Eine Biographie 1908-197), in *Journal of the History of the Behavioral Sciences*, Jan 2005, vol. 41(1), pg. 67—69.

16. Thomas M Kemple, Instrumentum Vocale: A Note on Max Weber's Value-free Polemics and Sociological Aesthetics, in *Theory, Culture & Society*, London: Aug 1, 2005, Vol. 22, Iss. 4; pg. 1.

17. Kiichiro Yagi, Karl Knies, Austrians, and Max Weber: a Heidelberg connection? in *Journal of Economic Studies*, Glasgow: 2005. Vol. 32, Iss. 4; pg. 314—330.

18. Munyaradzi Felix Murove, The Incarnation of Max Weber's Protestant Ethic and the Spirit of Capitalism in Post-Colonial Sub-Saharan African Economic Discourse: The Quest for an African Economic Ethic, in *Mankind Quarterly*, Washington:

Summer 2005. Vol. 45, Iss. 4; pg. 389—407.

19. Anonymous, Max Weber's Economy and Society: A Critical Companion, in *Journal of Economic Literature*, Nashville: Jun 2005, Vol. 43, Iss. 2; pg. 534.

20. Michael Novak, Max Weber Goes Global, in *First Things*, New York: Apr 2005, Iss. 152; pg. 26—29.

21. Jeffrey Friedman, Popper, Weber, and Hayek: The Epistemology and Politics of Ignorance, in *Critical Review*, Astoria: 2005, Vol. 17, Iss. 1/2; pg. R1, 58 pgs.

22. Jonathan Eastwood, The Role of Ideas in Weber's Theory of Interests, in *Critical Review*, Astoria: 2005, Vol. 17, Iss. 1/2; pg. 89—100.

23. Pursey Heugens, A Neo-Weberian Theory of the Firm, in *Organization Studies*, Berlin: 2005, Vol. 26, Iss. 4; pg. 547.

24. Michael Lounsbury, Edward J Carberry, From King to Court Jester? Weber's Fall from Grace in Organizational Theory, in *Organization Studies*, Berlin: 2005, Vol. 26, Iss. 4; pg. 501.

25. Royston Greenwood, Thomas B Lawrence, The Iron Cage in the Information Age: The Legacy and Relevance of Max Weber for Organizational Studies, in *Organization Studies*, Berlin: 2005, Vol. 26, Iss. 4; pg. 493—499.

26. M. C. Howard, Max Weber's The Protestant Ethic And The Spirit Of Capitalism, in *History of Economics Review*, Jan 2005, vol. ? (42), pg. 100.

27. P. Baehr, Personal Dilemma Or Intellectual Influence? The Relationship between Hannah Arendt and Max Weber, in *Max Weber Studies*, Jan 2005, vol. 5(PART 1), pg. 125.

28. G. Roth, Transatlantic Connections: A Cosmopolitan Context for Max and Marianne Weber's New York Visit 1904, in *Max Weber Studies*, Jan 2005, vol. 5(PART 1), pg. 81.

29. A. Mcculloch, Jesus Christ and Max Weber: Two Problems of Charisma, in M*ax Weber Studies*, Jan 2005, vol. 5(PART 1), pg. 7.

30. Nicholas Gane, Max Weber as Social Theorist: Class, Status, Party', in *European Journal of Social Theory*, May 2005, vol. 8(2), pg. 211.

31. Warren S. Goldstein, The Dialectics of Religious Rationalization and Secularization: Max Weber and Ernst Bloch, in *Critical Sociology*, Apr 2005, vol. 31(1/2), pg. 115.

(三) 法文部分

1. Werner Sombart, Max Weber, Déclaration, in *Revue Française de Sociologie*, Paris: Oct—Dec 2005, Vol. 46, Iss. 4, pg. 921.

2. Hubert Treiber, La "sociologie de la domination" de Max Weber à la lumière de publications récentes, in *Revue Française de Sociologie*, Paris: Oct—Dec 2005, Vol. 46, Iss. 4, pg. 871—882.

3. Sabine Frommer, La psychologie expérimentale, la psychiatrie et la psychopathologie dans les écrits méthodologiques de Max Weber (1), in *Revue Française de Sociologie*, Paris: Oct—Dec 2005, Vol. 46, Iss. 4, pg. 767—782.

4. Max Weber, La théorie de l'utilité marginale et la "loi fondamentale de la psychophysique", in *Revue Française de Sociologie*, Paris: Oct—Dec 2005, Vol. 46, Iss. 4, pg. 905, 16pgs.

5. Romain Melot, Le capitalisme médiéval entre communauté et société: retour sur les travaux d'histoire du droit de Max Weber, in *Revue Française de Sociologie*, Paris: Oct—Dec 2005, Vol. 46, Iss. 4, pg. 745—766.

6. François Chazel, Les écrits politiques de Max Weber: un éclairage sociologique sur des problèmes contemporains, in *Revue Française de Sociologie*, Paris: Oct—Dec 2005, Vol. 46, Iss. 4, pg. 841—870.

7. Anonymous, Liste des publications de la Max Weber-Gesamtausgabe, in *Revue Française de Sociologie*, Paris: Oct—Dec 2005, Vol. 46, Iss. 4, pg. 941—944.

8. Anonymous, Liste des traductions françaises de Max Weber, in *Revue Française de Sociologie*, Paris: Oct—Dec 2005, Vol. 46, Iss. 4, pg. 945—949.

9. Anne Revillard, Max Weber, in *Revue Française de Sociologie*, Paris: Oct—Dec 2005, Vol. 46, Iss. 4, pg. 987—989.

10. Friedmann Voigt, Max Webers Studien des antiken Judentums. Historische Grundlegung einer Theorie der Moderne [Les études de Max Weber sur le judaïsme antique. Fondement historique d'une théorie de la modernité]., in *Revue Française de Sociologie*, Paris: Oct—Dec 2005, Vol. 46, Iss. 4, pg. 982—984.

11. Hinnerk Bruhns, Max Weber Studies, in *Revue Française de Sociologie*, Paris: Oct—Dec 2005, Vol. 46, Iss. 4, pg. 974—978.

12. Wolfgang Schluchter, Max Weber und Rational Choice, in *Revue Française de Sociologie*, Paris: Oct—Dec 2005, Vol. 46, Iss. 4, pg. 951—956.

13. Anonymous, Max Weber à Willy Hellpach, in *Revue Française de Sociologie*, Paris: Oct—Dec 2005, Vol. 46, Iss. 4, pg. 929—930.

14. Jean-Pierre Grossein, Max Weber "à la française"? De la nécessité d'une critique des traductions, in *Revue Française de Sociologie*, Paris: Oct—Dec 2005, Vol. 46, Iss. 4, pg. 883—904.

15. Simone Lässig, Max Webers deutsch-englische Familiengeschichte 1800—1950, in *Revue Française de Sociologie*, Paris: Oct—Dec 2005, Vol. 46, Iss. 4, pg. 989—992.

16. Sylvain Parasie, Max Weber et les relations ethniques. Du refus du biologisme racial à l'état multinational, in *Revue Française de Sociologie*, Paris: Oct—Dec 2005, Vol. 46, Iss. 4, pg. 985—986.

17. Hinnerk Bruhns, Max Weber and the idea of economic sociology, in *Revue Française de Sociologie*, Paris: Oct—Dec 2005, Vol. 46, Iss. 4, pg. 978—981.

18. Pierre Monnet, Max Weber und die Stadt im Kulturvergleich, in *Revue Française de Sociologie*, Paris: Oct—Dec 2005, Vol. 46, Iss. 4, pg. 957—964.

19. Max Weber, Max Weber à Hans Gruhle, in *Revue Française de Sociologie*, Paris: Oct—Dec 2005, Vol. 46, Iss. 4, pg. 931—932.

20. Anonymous, Max Weber à Robert Liefmann, in *Revue Française de Sociologie*, Paris: Oct—Dec 2005, Vol. 46, Iss. 4, pg. 923—928.

21. Laurent Fleury, Max Weber sur les traces de Nietzsche?, in *Revue Française de Sociologie*, Paris: Oct—Dec 2005, Vol. 46, Iss. 4, pg.

807—839.

22. Emmanuel Pedler, Musica e razionalizzazione in Max Weber, Fra Romanticismo e scuola di Vienna, in *Revue Française de Sociologie*, Paris: Oct—Dec 2005, Vol. 46, Iss. 4, pg. 964—970.

23. Max Weber, Romain Melot: Parlementarisme Et Education Politique Chez Max Weber, in *Critique - paris-*, Jan 2005, pg. 524. (期次)NUMERO 697/698

24. F. Vandenberghe, Entre Science Et Politique: La Conjonction Du Positivisme Et Du Decisionnisme Dans La Sociologie Du Droit De Max Weber, in *Canadian Journal Of Law And Society*, Jan 2005, vol. 20(1), pg. 157.

25. R. Meyran, Elke Winter, max weber et les relations ethniques: du refus du biologisme racial a l'Etat multinational, in *Homme -Paris-Ecole Pratique Des Hautes Etudes Then Ecole Des Hautes Etudes En Sciences Sociales-*, Jan 2005, 卷 175/176 期, pg. 492—493.

（四）德文部分

1. G. Kuenzlen, Max Weber: Religion Und Entzauberung, in *Synthesis Philosophica*, Jan 2005, vol. 20(PART 2), pg. 471.

2. C. Senigaglia, Subjektivität Und Politik Bei Max Weber: Die Funktion Des Parlamentarismus, in *Parliaments Estates And Representation*, Jan 2005, vol. 25, pg. 201.

3. A. Maurer, Siegfried Hermes, Soziales Handeln Und Struktur Der Herrschaft. Max Webers Verstehende Historische Soziologie Am Beispiel Des Patrimonialismus, in *Soziologische Revue*, Jan 2005, vol. 28(PART 4), pg. 352.

4. M. Pollak, Ein Text In Seinem Kontext. Max Webers Analyse Der Lebenssituation Ostpreussischer Landarbeiter, in *Osterreichische Zeitschrift Fur Soziologie*, Jan 2005, pg. 3.

5. J. Weiss, Shiro Takebayashi, Die Entstehung Der Kapitalismustheorie In Der Grundungsphase Der Deutschen Soziologie. Von Der Historischen Nationalokonomie Zur Historischen Soziologie Werner Sombarts Und Max Webers, in *Soziologische Revue*, Jan 2005, pg. 259.

6. W. Thaa, Kulturkritik Und Demokratie Bei Max Weber Und Hannah Arendt, in *Zeitschrift Für Politik*, Jan 2005, pg. 23.

7. M. Spitzer, Arbeiten Und Einkaufen-Bis Zum Umfallen? Max Weber Und Materialismus, Affektregulation Und Krankheit, in *Nervenheilkunde*, Jan 2005, pg. 59.

8. F. Rotter, Max Weber: Zur Musiksoziologie. Nachlass 1921. Herausgegeben von Christoph Braun und Ludwig Finscher. Max Weber Gesamtausgabe Band I/14. Herausgegeben von Horst Baier, M. Rainer Lepsius, Wolfgang J. Mommsen, Wolfgang Schluchter, Johannes Winckelmann, in *Kolner Zeitschrift Für Soziologie Und Sozialpsychologie*, Jan 2005, pg. 564—565.

9. W. Schluchter, Zwei unbekannte Texte Max Webers, in *Kolner Zeitschrift Für Soziologie Und Sozialpsychologie*, Jan 2005, vol. 57 (PART 1) pg. 135—138.

10. B. Scheller, Das herrschaftsfremde Charisma der Coniuratio und seine Veralltaglichungen. Idealtypische Entwicklungspfade der mittelalterlichen Stadtverfassung in Max Webers „Stadt„, in *Historische Zeitschrift*, Jan 2005, pg. 307—336.

11. G. Schollgen, W. Schluchter, Handlung, Ordnung und Kultur. Studien zu einem Forschungsprogramm im Anschluss an Max Weber, in *Historische Zeitschrift*, Jan 2005, pg.400— .

其他

一、著作

1. 梁晓俭:《凯尔森法律效力论研究——基于法学方法论的视角》,山东人民出版社 2005 年版。

2. Thom Brooks(ed.), *Rousseau and law*, Aldershot, Hants: Ashgate, 2005.

二、论文

(一) 中文部分

1. 汪庆华:《宪法与人民——从布鲁斯·阿克曼〈我们人民:奠基〉谈起》,载《政法论坛》2005 年第 6 期。

2. 郑贤君:《宪法权利抑或刑事程序?——评美国宪法学家阿玛尔的〈宪法与刑事程序〉》,载《环球法律评论》2005 年第 4 期。

3. 简海燕:《托马斯·阿奎那自然法思想》,载《湖南税务高等专科学校学报》2005 年第 1 期。

4. 刘素民:《阿奎那自然法对神圣与世俗的有机共构》,载《教学与研究》2005 年第 6 期。

5. 胡玉鸿:《边沁法律思想之研究》,载《政法论丛》2005 年第 5 期。

6. 谌洪果:《在迷惑和清醒之间徘徊:边沁的法律语言观及其对立法科学化的追求》,载 http://dzl.legaltheory.com.cn/info.asp?id=8596。

7. 刘小平:《卡尔·J.弗里德里希:极权主义与宪政国家》,载《社会科学论坛·学术评论卷》2006 年第 1 期。

8. 张潇剑:《评柯里的"政府利益分析说"》,载《环球法律评论》2005 年第 4 期。

9. 徐国栋:《罗马共和宪政的回光返照——西塞罗案件评析》,载《中外法学》2005 年第 1 期。

10. 齐延平:《论西塞罗理性主义自然法思想》,载《法学论坛》2005 年第 1 期。

11. 邹利琴:《无涉道德的宪法——重读戴西的宪法理论》,载《当代法学》2005 年第 3 期。

12. 王威:《伏尔泰的法社会学先驱思想》,载《广东社会科学》2005 年第 2 期。

13. 张国清:《黑格尔理性宪政思想及其当代意义》,载《同济大学学报(社会科学版)》2005 年第 6 期。

14. 李道刚:《黑格尔论"罪"与"罚"》,载《山东社会科学》2005 年第 2 期。

15. 朱学平:《黑格尔法哲学思想探源》,载《现代法学》2005 年第 2 期。

16. 贺然:《马克思视野中的东方法律文化》,载《理论导刊》2005 年第 9 期。

17. 邵燕芬:《一次启蒙式的阅读——奥托·迈耶的〈德国行政法〉读后》,载《比较法研究》2005 年第 1 期。

18. 叶秋华、郝刚:《梅因与〈古代法〉及历史法学方法论》,载《河南政法管理干部学院学报》2005 年第 1 期。

19. 潘志恒:《飘荡在虚无中的自由——萨特〈存在与虚无〉一书中的自由理论评析》,载《比较法研究》2005 年第 4 期。

20. 陈颐:《萨维尼历史法学方法论简释——以〈论立法与法学的当代使命〉为中心》,载《比较法研究》2005 年第 5 期。

21. 屈广清、贺连博:《萨维尼的法哲学思想与法学实践评析》,载《法学杂志》2005 年第 1 期。

22. 李锋:《个人、法律与社会——涂尔干的法社会学思想》,载《重庆社会科学》2005 年第 3 期。

23. 〔德〕罗伯特·阿列克西:《法哲学的本质》,载郑永流主编:《法哲学与法社会学论丛》2005 年卷(总第 8 期),北京大学出版社 2005 年版。

24. 张真理:《法律判断如何正当化——拉伦茨〈法学方法论〉的解读与批判》,载郑永流主编:《法哲学与法社会学论丛》2005 年卷(总第 8 期),北京大学出版社 2005 年版。

25. 〔德〕米夏埃尔·马廷内克:《鲁道夫·冯·耶林:生平与作品》,载郑永流主编:《法哲学与法社会学论丛》2005 年卷(总第 8 期),北京大学出版社 2005 年版。

26. 〔德〕乌尔弗里德·诺伊曼:《法律论证理论大要》,载郑永流主编:《法哲学与法社会学论丛》2005 年卷(总第 8 期),北京大学出版社 2005 年版。

27. 〔德〕托马斯·维滕贝格尔:《法律方法论之晚近发展》,载郑永流主编:《法哲学与法社会学论丛》2005 年卷(总第 8 期),北京大学出版社 2005 年版。

28. 〔比利时〕海姆·佩雷尔曼:《旧修辞学与新修辞学》,载郑永流主编:《法哲学与法社会学论丛》2005 年卷(总第 8 期),北京大学出版社 2005 年版。

29. 〔荷兰〕亨利·帕克:《论法律论证理论中举证责任的形式化》,载郑永流主编:《法哲学与法社会学论丛》2005 年卷(总第 8 期),北京大学出版社 2005 年版。

(二) 英文部分

1. N. W. Barber, Professor Loughlin's Idea of Public Law, in *Oxford J. Legal Studies*, Spring 2005; 25.

2. David Held, Toward a New Consensus, in *Harvard International Review*, Cambridge: Summer 2005. Vol. 27, Iss. 2; pg. 14, 4 pgs.

3. John Finnis, Foundations of Practical Reason Revisited, in *The American Journal of Jurisprudence*, 2005, 50 Am. J. Juris.

《西方法律哲学家研究年刊》稿约

《西方法律哲学家研究年刊》是西方法哲学家研究专刊,每年出版一辑,为海内外知识分子提供从中国出发引介、探讨和批判西方法哲学经典作家的平台。在各位学人的支持和帮助下,将于 2006 年开始正式出版。

《西方法律哲学家研究年刊》的宗旨是:关注中国、研究西方。

《西方法律哲学家研究年刊》暂定设置如下栏目:1. 研究专论;2. 书评与评论;3. 大师纪念;4. 名著序跋;5. 学术简评;6. 旧文重刊;7. 研究文献等。

《西方法律哲学家研究年刊》试图成为立基于中国意识而对西方法哲学大师的思想进行批判性研究的最高水平学术刊物,以期可能为中国自己法哲学的创建做前提性或奠基性准备。这也一定是关注中国命运的知识人的热切期望。为此,我们诚挚邀请学术界同仁和广大的读书人与我们一道共同为《西方法哲学家研究年刊》的健康发展作出我们各自的知识贡献。

《西方法律哲学家研究年刊》诚挚地向各位朋友约稿:

第一,举凡引介、探讨和批判西方法哲学经典作家之理论的论文、译文、评介、短论或序跋,一律欢迎。

第二,稿件请以电子邮件形式直接发至 jlu2000@126.com,邓正来收;请注明《西方法律哲学家研究年刊》文章;切勿一稿两投。

第三,注释采用页面底端脚注,编号格式为"1,2,3,……",每文连续编号。

西文注释体例从西方学术规范,中文引注按照顺序标明:

作者(外籍作者在作者名前用中括号加注国别)、著作/论文名称(著作、论文皆标注书名号)、译者(译作注明此项)、出版社/刊物名称、出版时间、页码。中文引注示例如下:

示例 1—专著

邓正来:《规则·秩序·无知:关于哈耶克自由主义的研究》,生活·读书·新知三联书店 2004 年版,第 371 页。

示例2——编著

张文显主编:《法理学》,北京大学出版社、高等教育出版社1999年版,第50页。

示例3——译著

〔英〕弗里德利希·冯·哈耶克:《自由秩序原理》(上),邓正来译,生活·读书·新知三联书店1997年版,第221页。

示例4——期刊类论文

张文显:《WTO与中国法律发展》,载《法制与社会发展》2002年第2期,第7页。

示例5——报纸类论文

郑成良:《美国的法治经验及其启示》,载《人民法院报》2001年9月9日,第4版。

示例6——文集类论文

朱景文:《法律全球化:法理基础和社会内容》,载张文显、李步云主编:《法理学论丛》第2卷,法律出版社2000年版,第7页。

第四,大陆学者来稿一经采用即付稿酬,每千字人民币50元。

第五,来稿请附评论、译介之作品的书名、作者名、出版社、出版年代等信息。

第六,来稿请附作者个人简介和联系地址,以便寄赠样书和稿费。